天津统计年鉴

TIANJIN STATISTICAL YEARBOOK

No.30 总第30期

中英文对照 Chinese/English

2014

天津市统计局 国家统计局天津调查总队 编

Compiled by Tianjin Municipal Bureau of Statistics & Survey Office of the National Bureau of Statistics in Tianjin

中国统计出版社
China Statistics Press

全市生产总值(亿元)及增速(%)
GDP(100 million yuan) and Increase Rate(%)

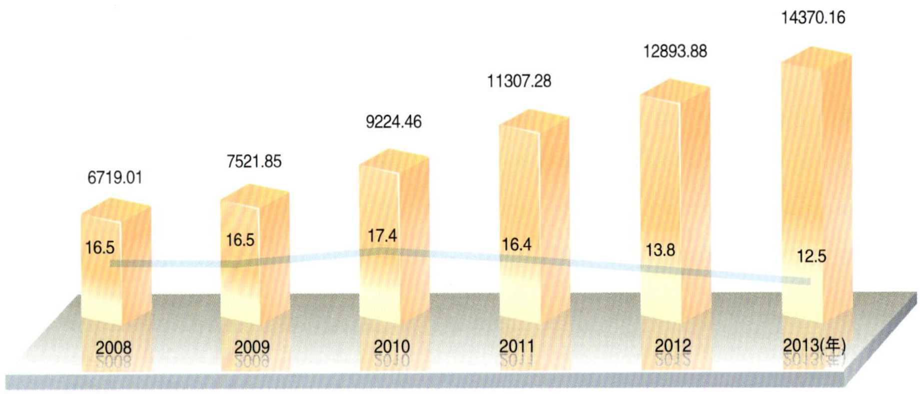

产业结构(%)
Industrial Structure(%)

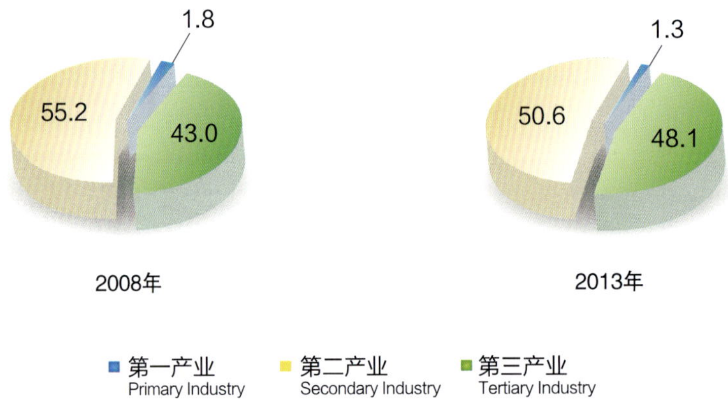

2013年每天主要社会经济活动情况
Average Daily Social and Economic Activities in 2013

全市生产总值39.37亿元
GDP(3.937 billion yuan)

工业增加值18.30亿元
Added Value of Industry (1.830 billion yuan)

第三产业增加值18.92亿元
Added Value of Teriary Industry (1.892billion yuan)

公共财政收入5.70亿元
Public Finance Revenue (570 million yuan)

天然原油产量8.34万吨
Output of Crude Petroleum Oil (83 412 tons)

轿车产量1371辆
Output of Cars (1 371 units)

移动电话机产量28.99万部
Output of Mobile Phones (289 890 pieces)

天然气产量513万立方米
Output of Natural Gas (5.13 million cu.m)

邮电业务总量5370万元
Business Value of Post and Telecommunication Services (53.70 million yuan)

港口货物吞吐量137.16万吨
Freight Handled in Port (1.37 million tons)

社会货物运输量141万吨
Freight Traffic (1.41 million tons)

社会消费品零售总额12.25亿元
Total Retail Sales of Consumer Goods (1 225 million yuan)

外贸出口总额1.34亿美元
Total Valuo Exports in Foreign Trade (USD 134 million)

入境旅游人数7248人次
Number of International Tourists (7 248 person-times)

生活用水94万吨
Water for Living (944 630 tons)

生活用电2060万千瓦时
Electricity for Living (20.60 million kwh)

全社会固定资产投资与城市基础设施投资（亿元）
Total Investment in Fixed Assets and Urban Infrastructre Investment(100 million yuan)

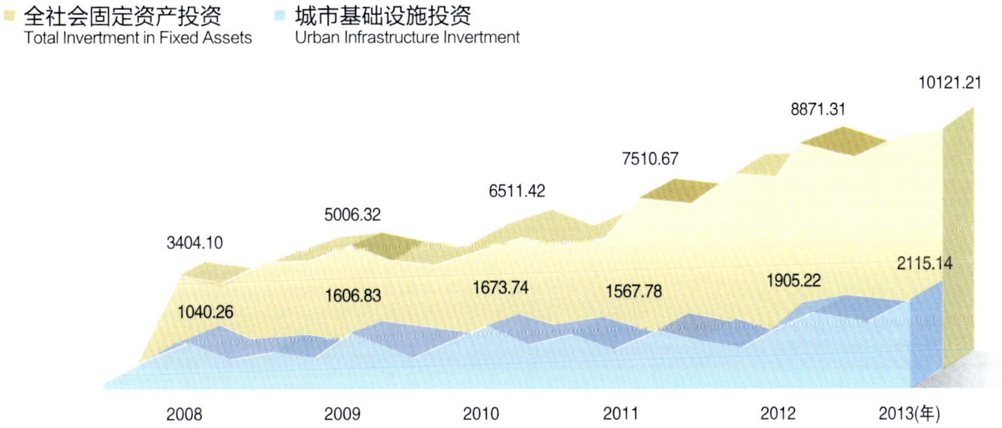

外贸进、出口总额（亿美元）
Total Value of Imports and Exports in Foreign Trade(USD 100 million)

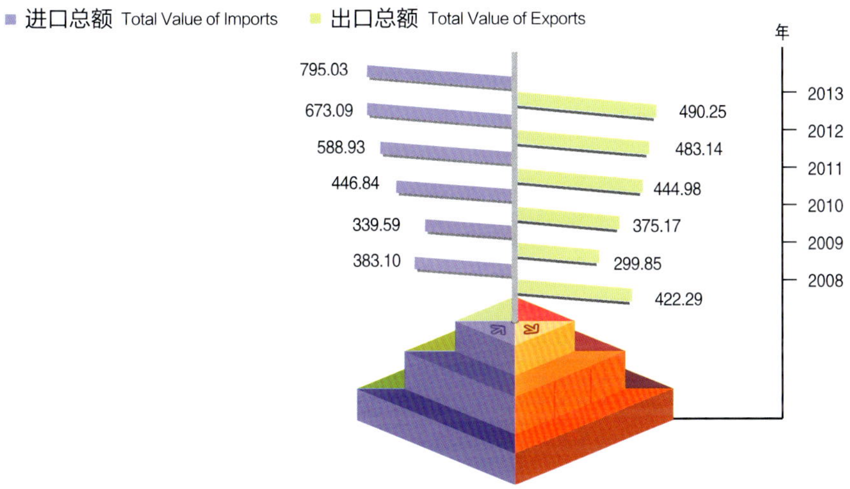

实际直接利用外资额（亿美元）
Actual Direct Utilization of Foreign Capital(USD 100 million)

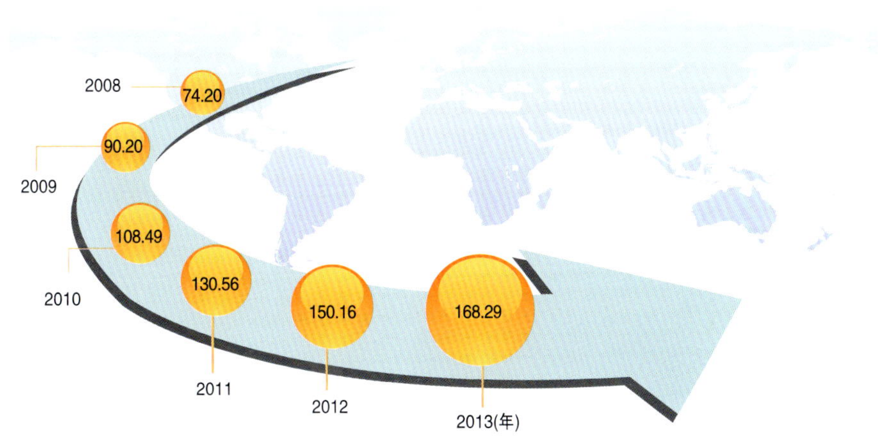

单位生产总值、单位工业增加值电耗（千瓦小时/万元）
Electricity Power Consumption per Unit of GDP and Value Added in Industry(kwh/10 000 yuan)

■ 单位生产总值电耗 Electricity Power Consumption per Unit of GDP
■ 单位工业增加值电耗 Electricity Power Consumption per Unit Value Added in Industry

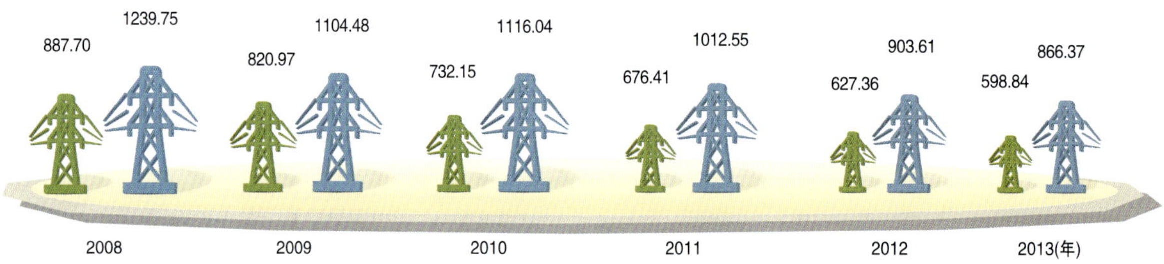

公共财政收入和公共财政支出（亿元）
Public Finance Revenue & Expenditure(100 million yuan)

■ 公共财政收入 Public Finance Revenue
■ 公共财政支出 Public Finance Expenditure

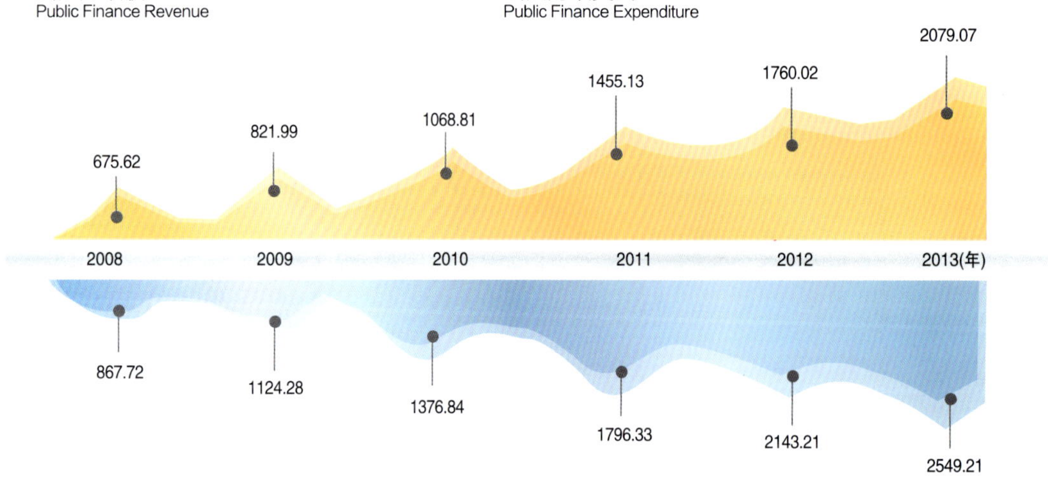

城市物价指数（上年=100）
Urban Price Indices(preceding year=100)

■ 城市居民消费价格指数 Urban Consumer Price Index
■ 城市商品零售价格指数 Urban Retail Price Index

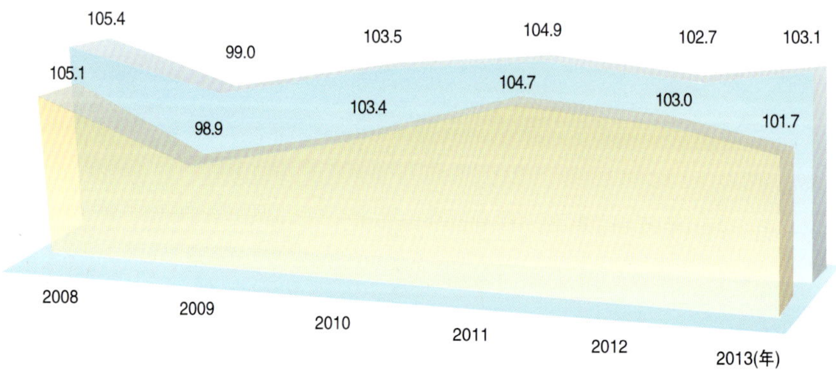

城市居民家庭生活收支（元）
Domestic Income and Expenditure of Urban Households(yuan)

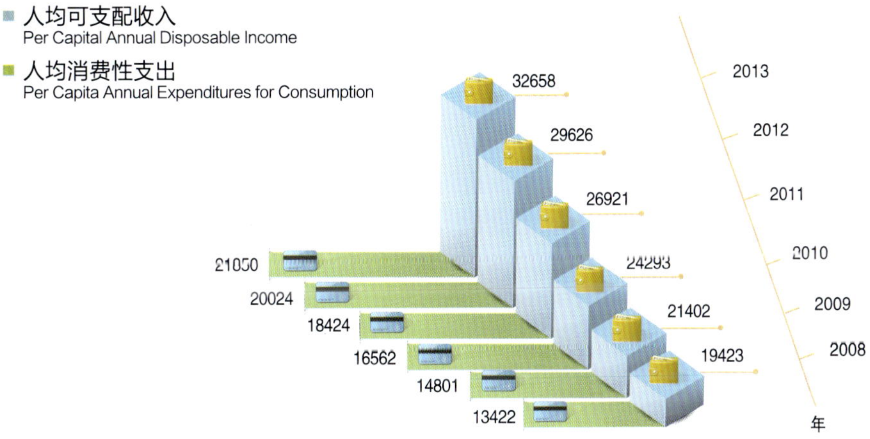

2013年城市居民人均消费性支出构成（%）
Composition of per Capita Annual Expenditures for Consumption of Urban Households in 2013(%)

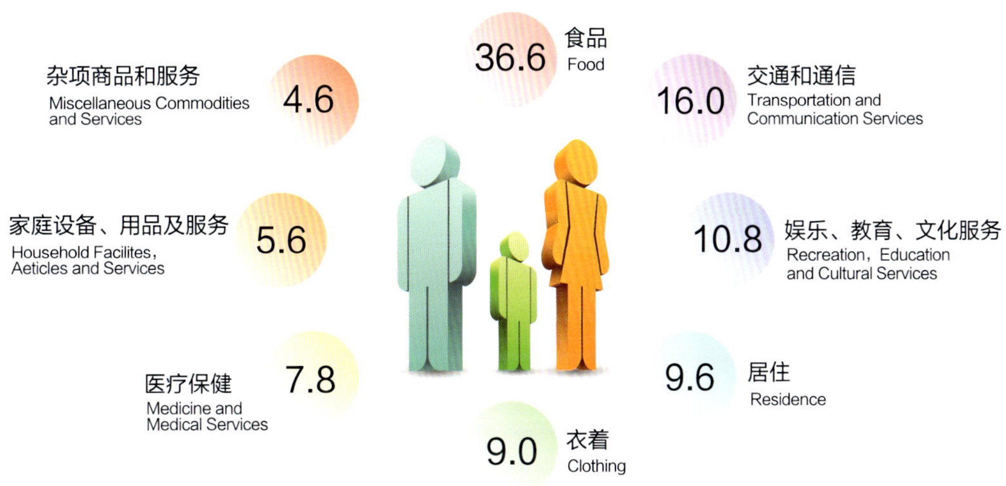

城市居民人均住宅建筑面积（平方米）
Per Capita Floor Space of Urban Residential Building (m²)

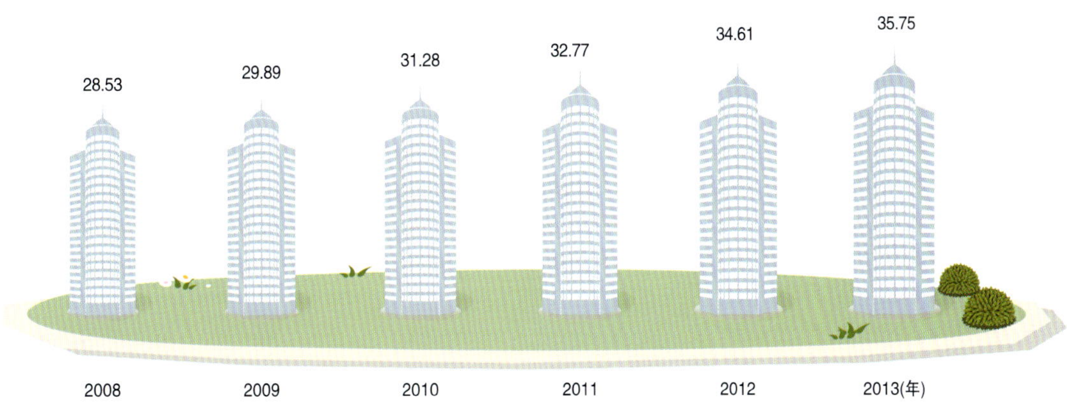

工业总产值(亿元)及增速(%)

Gross Output Value of Industry(100 million yuan)and Increase Rate(%)

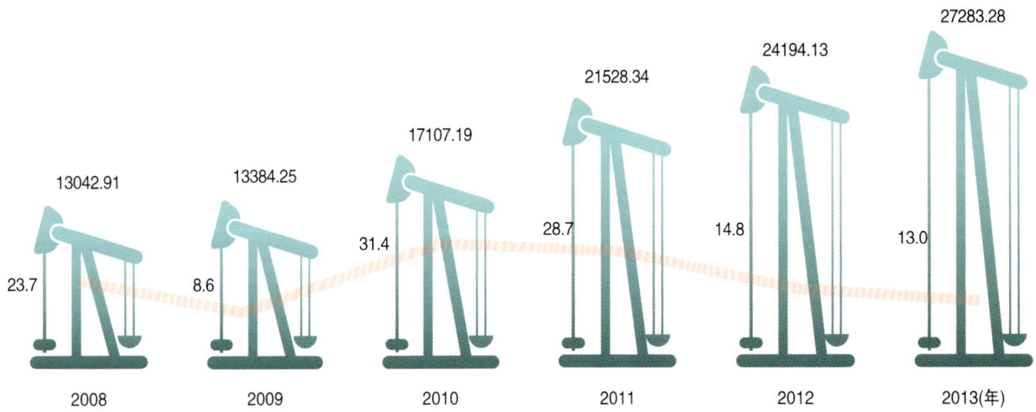

2013年天津市优势产业产值构成(%)

Compostition of Output Value of Tianjin Competitive Industries in 2013(%)

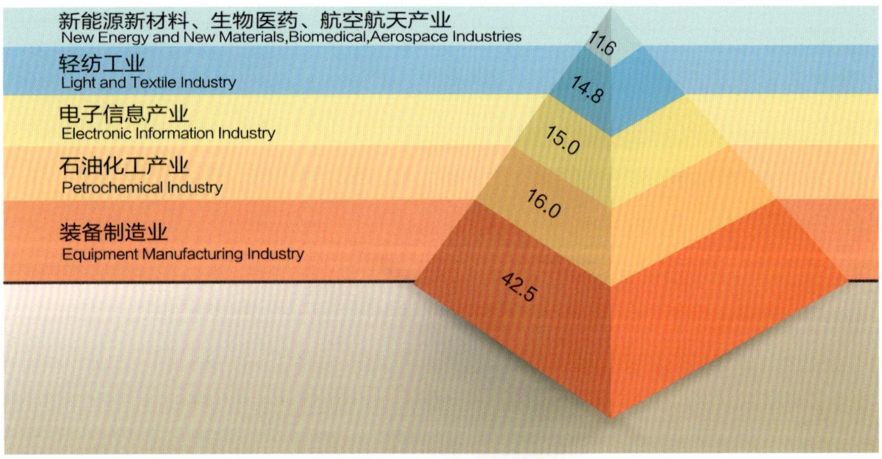

港口货物吞吐量(万吨)

Volume of Freight Handled in Ports(10 000 tons)

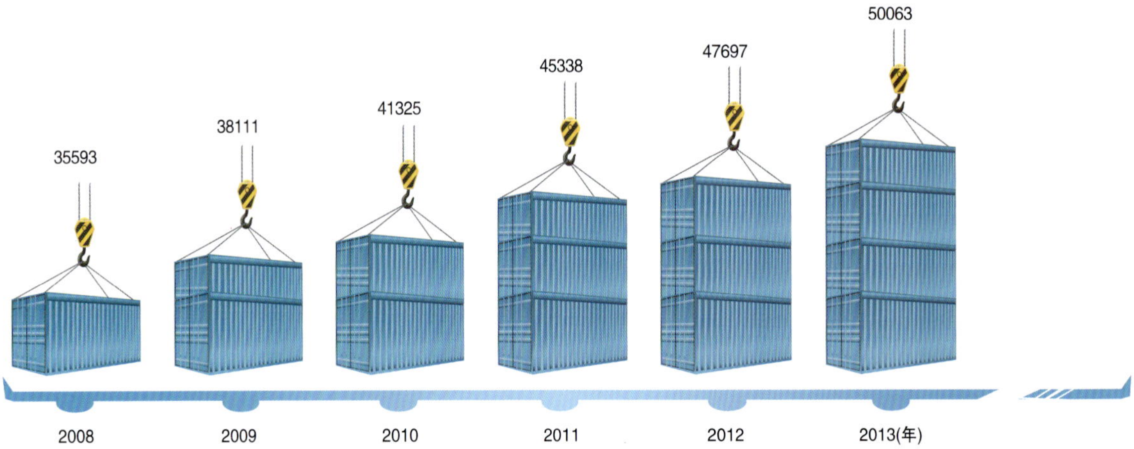

邮电业务总量(亿元)
Business Value of Post and Telecommunication Services(100 million yuan)

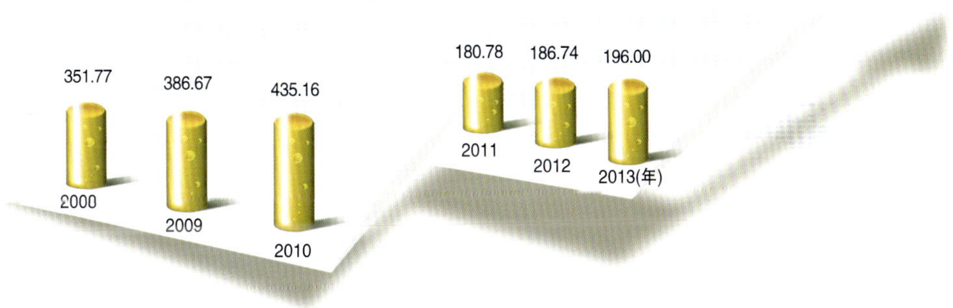

社会消费品零售总额(亿元)及增速(%)
Total Retail Sales of Consumer Goods(100 million yuan)and Increase Rate(%)

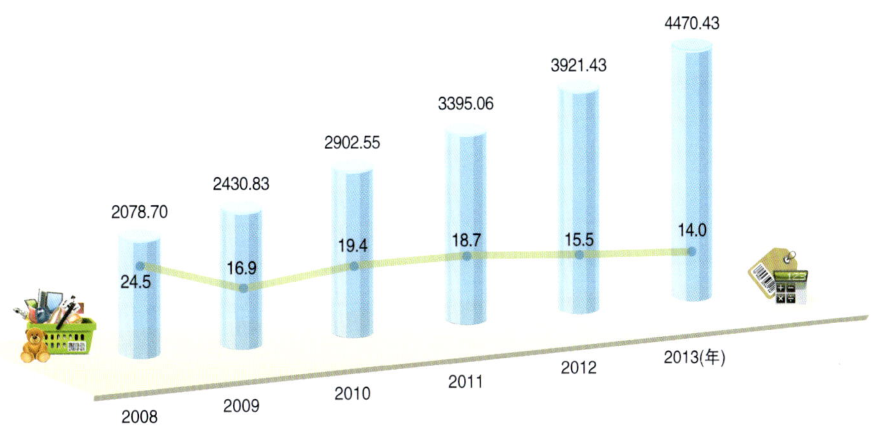

中外资金融机构年末存贷款余额(亿元)
Deposit and Loan Balance of Chinese & Foreign Financial Institutions at Year-end(100 million yuan)

《天津统计年鉴2014》编辑委员会

Tianjin Statistical Yearbook 2014 Editorial Board and Staff

编者说明

一、《天津统计年鉴》是一部全面反映天津市国民经济和社会发展情况的大型资料性年刊，创刊于 1984 年，逐年出版，形成系列。2014 版《天津统计年鉴》系统收录了天津市 2013 年经济、社会各方面的统计数据，以及其他重要历史年份的全市主要统计数据。全书中英文对照，配有光盘。

二、本年鉴文字资料主要登载有《2013 年天津市国民经济和社会发展统计公报》、《2013 年天津经济形势分析》、《2013 年天津社会发展报告》。为方便读者使用，书的篇目索引标明了全书结构。在书中每篇后附有主要统计指标解释。

三、本年鉴的统计数据主要取自各专业统计年报，少部分取自抽样调查数据和专业部门统计数据。国民经济核算为初步统计数据，建筑业为年度快报数据。

四、本年鉴所使用的度量衡单位均采用国际统一标准计量单位；行业分类标准采用《国民经济行业分类》（GB/T4754-2011）；计算人均指标时，采用常住人口计算；从 2006 年开始，城乡划分标准执行国统字[2006]60 号文件的新规定。

五、本年鉴中部分数据的合计数和相对数由于四舍五入取舍不同而产生的计算误差，均未做机械调整。

六、本年鉴表中的符号使用说明："空格"表示该项统计指标无数据、数据不足本表最小单位数或数据不详；"#"表示其中的主要项。

七、由于与不同年份有关专业的普查、调查、清查结果相衔接，以及国家统计制度变化和有关主管部门提供的统计数据有调整等原因，年鉴中部分指标的历史年度数据会有变动。读者在使用历史资料时，凡以前年度的年鉴与本年鉴数据有出入的，均以本年鉴为准。

八、《天津统计年鉴》自公开出版以来，得到了国内外广大读者的关心和支持，对本年鉴的内容和编辑工作提出了许多宝贵意见，对此我们深表谢意。限于我们的水平，书中难免有不足之处，敬请广大读者继续给予批评指正，帮助我们进一步改进年鉴编辑工作、提高年鉴编辑水平，更好地为广大读者服务。

Preface

I. *Tianjin Statistical Yearbook* is a large-sized statistics publication to reflect various aspects of Tianjin's economic and social development, which was started in 1984 and published year after year, having formed a series of yearbooks. *Tianjin Statistical Yearbook 2014* takes Tianjin economic and social statistics of 2013 systematically, and other statistics of main years. The book is written in Chinese & English, and is equipped with electric CD.

II. Written materials in the book include *Statistical Communique on the 2013 National Economic and Social Development of Tianjin*, *Analysis of Tianjin Economic Situation 2013*, *Tianjin Social Development Report 2013*. In order to help readers using these statistical materials better, Subject Index is used to describe the framework of the book, and Explanatory Notes on Main Statistical Indicators are attached after each chapter.

III. The major data sources of this book are obtained from annual professional statistical report, a few from sample surveys and departments' statistics. Data of National Accounts and Construction are preliminary statistics.

IV. The units of measurement used in this book are internationally standard measurement units; sector listed in this table is classified by *the standard of GB/T4754-2011*. When calculating per capital indicators, we use permanen population. From 2006, the division standard of urban and rural areas adopts the new rules of National Bureau of Statistics Regulation (2006)60.

V. Statistical discrepancies due to rounding are not adjusted in this book.

VI. Notations used in this book: "blank" indicates the data not available or the figure is not large enough to be measured with the smallest unit in the table. "#" indicates the major items of the total.

VII. As a result of keeping consistent with data of census, surveys and checks, the change of national statistics system and adjustment of figures provided by departments, some data in this yearbook is different from former yearbook. When using historical data, users should take the data of this book as standard.

VIII. Since *Tianjin Statistical Yearbook* had been published openly, we have been concerned and supported by the readers at home and abroad. They advance much valuable suggestion on content and edition of the yearbook, we deeply thanks for this all. Based on our limited level, perhaps there are some mistakes in this book, we welcome all of the readers give us your criticism in order to help us further improving our edition level, and providing services for the readers better.

篇目索引

SUBJECT INDEX

目　　录

CONTENTS

第二篇 国民经济核算
Chapter 2 National Accounts

第三篇 人 口
Chapter 3 Population

第四篇 就业和劳动工资
Chaptcr 4 Employment and Remuneration

第五篇 固定资产投资和房地产
Chapter 5 Investment in Fixed Assets and Real Estate

第六篇　对外经济贸易和旅游
Chapter 6 Foreign Trade, Economic Cooperation and Tourism

第七篇 能源生产和消费
Chapter 7 Energy Production and Consumption

第八篇 财 政
Chapter 8 Government Finance

第九篇　价格指数
Chapter 9 Price Indices

第十篇　人民生活
Chapter 10 People's Living Conditions

第十一篇 资源环境和公共设施
Chapter 11 Resources Environment and Public Facilities

第十二篇 农 业
Chapter 12 Agriculture

第十三篇 工 业
Chapter 13 Industry

第十四篇　建筑业
Chapter 14 Construction

第十五篇　交通运输和邮电
Chapter 15 Transportation, Post and Telecommunication Services

第十六篇 批发和零售业与住宿和餐饮业
Chapter 16 Wholesale and Retail Trade, Accommodation and Catering Services

第十七篇 金融业
Chapter 17 Financial Intermediation

第十八篇 教育和科技
Chapter 18 Education, Science and Technology

第十九篇　卫生和社会服务
Chapter 19 Public Health and Social Services

第二十篇 文化和体育
Chapter 20 Culture and Sports

第二十一篇 公共管理及其他
Chapter 21 Public Management and Others

第二十二篇　区县基本情况
Chapter 22 Basic Statistics on Districts and Counties

2013年天津市国民经济和社会发展统计公报

天津市统计局

国家统计局天津调查总队

2014年3月1日

2013年，面对错综复杂的国内外经济环境，全市人民在市委、市政府的正确领导下，认真贯彻落实中央各项宏观调控政策措施，坚持稳中求进、稳中求优，积极推进转型发展，加快建设美丽天津，经济社会发展取得明显成绩，社会和谐稳定，民生持续改善。

一、综合

初步核算，全年实现地区生产总值（GDP）14370.16亿元，按可比价格计算，比上年增长12.5%。分三次产业看，第一产业增加值188.45亿元，增长3.7%；第二产业增加值7276.68亿元，增长12.7%；第三产业增加值6905.03亿元，增长12.5%。三次产业结构为1.3:50.6:48.1。

图1：2009-2013年地区生产总值

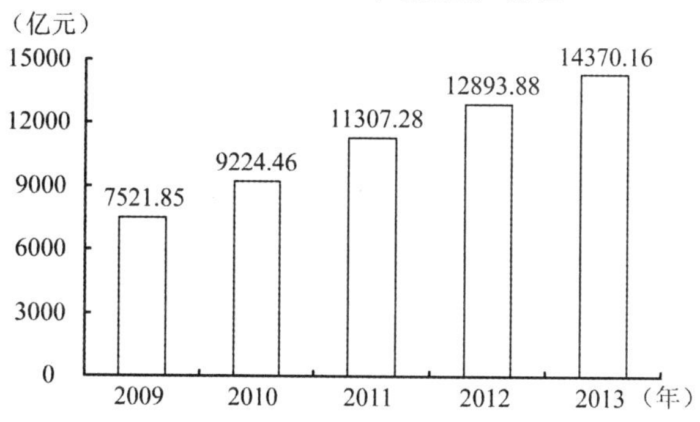

财政收入较快增长。全年地方一般预算收入2078.30亿元，增长18.1%。地方税收收入1309.91亿元，增长18.5%。其中，增值税225.88亿元，增长50.7%；营业税424.83亿元，增长6.0%；企业所得税203.98亿元，增长8.7%；个人所得税58.31亿元，增长17.6%。“营改增”改革试点范围进一步扩大，全市试点企业5.3万户，减负面达到96%，全年减轻企业负担34.7亿元。全面落实小微企业减免税政策，惠及13万户企业。

图2：2009-2013年地方一般预算收入

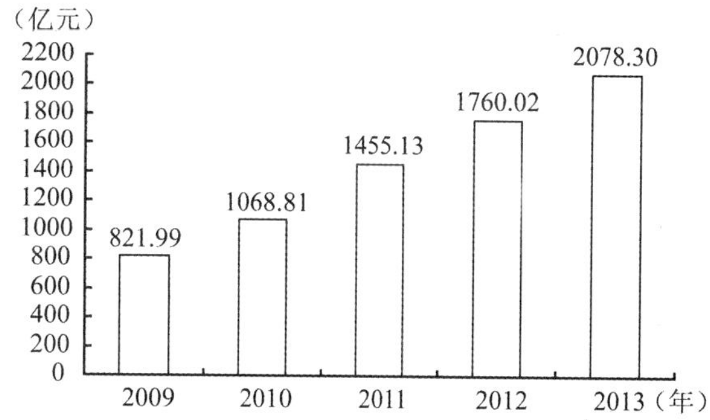

财政支出继续向民生领域倾斜。全年地方一般预算支出2506.25亿元，增长18.7%。其中，教育支出增长21.0%，医疗卫生支出增长21.6%，社会保障和就业支出增长19.1%，农林水事务支出增长24.7%，文化体育与传媒支出增长21.3%。

民营经济活力增强。出台《关于进一步加快民营经济发展的意见》，大力发展民营经济。全年新注册民营企业3.03万户。全年民间投资5103.52亿元，增长23.5%，占全社会投资的比重为50.4%。民营工业企业增加值增长25.0%，快于规模以上工业12.0个百分点。民营企业出口93.31亿美元，增长16.4%，快于全市出口14.9个百分点。

全社会固定资产投资首次突破万亿。全年全社会固定资产投资10121.20亿元，增长14.1%。其中，城镇投资9528.09亿元，增长14.2%；农村投资593.11亿元，增长11.7%。在城镇投资中，第一产业投资63.56亿元，增长15.2%；第二产业投资4208.74亿元，增长14.1%，其中，工业投资4178.17亿元，增长14.2%；第三产业投资5255.79亿元，增长14.3%。三次产业投资结构为0.6:44.2:55.2。推出新一批170项重大项目，总投资超过2200亿元。

图 3：2009-2013 年全社会固定资产投资

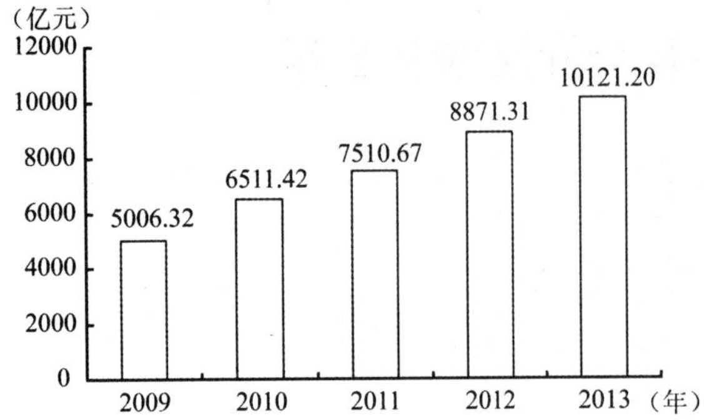

消费价格同比上涨。全年居民消费价格总水平比上年上涨 3.1%，其中，新涨价因素拉动 2.5 个百分点，滞后因素拉动 0.6 个百分点。八大类商品和服务价格“七升一降”，其中，食品类价格上涨 5.8%。工业生产者出厂价格下降 3.0%，工业生产者购进价格下降 2.6%。

表 1　居民消费价格比上年涨跌幅度

指　标	比上年±%
居民消费价格	3.1
其中：食　品	5.8
烟酒及制品	0.9
衣　着	1.1
家庭设备用品及维修服务	2.0
医疗保健和个人用品	0.6
交通和通信	-1.4
娱乐教育文化用品及服务	2.5
居　住	4.4

二、农业

都市型农业稳步发展。全年农业总产值 412.36 亿元，增长 3.8%。其中，种植业产值 217.16 亿元，增长 4.4%；林业产值 3.09 亿元，增长 2.8%；畜牧业产值 108.63 亿元，增长 2.4%；渔业产值 73.20 亿元，增长 5.4%；农林牧渔服务业产值 10.28 亿元，增长 0.4%。全年粮食总产量 174.71 万吨，增长 8.0%；蔬菜产量 455.06 万吨，增长 1.6%。新增农民专业合作社 2136 家，总数达到 5136 家；国家级和市级龙头企业达到 222 个。

新农村建设取得新进展。示范小城镇建设有序推进，新开工建设农民住房 1000 万平方米，竣工 600 万平方米，累计 55 万农民迁入新居；第二批“三改一化”试点进展良好，美丽乡村建设和“四清一绿”工程扎实推进。31 个示范工业园区拓展区建设加快，投资强度和产出效益进一步提高，成为区县新的经济增长点。推进农业产业园区建设，建成现代农业示范园区 11 个，养殖示范园区 27 个。

表 2　主要农副产品产量

产品名称	单位	产量	比上年增长（%）
粮　食	万吨	174.71	8.0
棉　花	万吨	4.85	-15.8
肉　类	万吨	46.48	1.5
蔬　菜	万吨	455.06	1.6
禽　蛋	万吨	18.89	1.2
牛　奶	万吨	68.24	0.5
水产品	万吨	39.86	9.2
水　果	万吨	54.17	-6.9

三、工业和建筑业

工业生产平稳增长。全年全部工业增加值 6678.60 亿元，增长 12.8%。其中，规模以上工业增加值增长 13.0%。全部工业总产值 27169.14 亿元，增长 13.0%；其中，规模以上工业总产值 26400.37 亿元，增长 13.1%。

表 3　主要工业产品产量

产品名称	单位	产量	比上年增长（%）
天然气	亿立方米	18.73	持平
汽油	万吨	211.31	15.1
乙烯	万吨	130.85	15.6
成品钢材	万吨	6640.93	15.4
汽车	万辆	55.68	-12.8
移动通信手持机	万部	10336.33	12.4
电子元件	亿只	6290.85	11.1
家具	万件	940.50	9.7
精制食用植物油	万吨	613.12	31.0

工业结构调整呈现积极变化。全年航空航天、石油化工、装备制造、电子信息、生物医药、新能源新材料、轻纺和国防等八大优势产业完成工业总产值 23578.60 亿元，增长 12.7%，占规模以上工业的 89.3%。高新技术产业完成工业总产值 8136.02 亿元，增长 16.5%，占规模以上工业的 30.8%，比

上年提高 0.6 个百分点。航空航天、新一代信息技术、生物技术与健康、高端装备制造等战略性新兴产业不断发展壮大，产业聚集效应进一步显现，国家新型工业化产业示范基地达到 8 家。

企业效益继续增长。全年规模以上工业企业完成主营业务收入 27011.12 亿元，增长 13.1%；实现利税总额 3170.05 亿元，增长 6.4%，其中，利润总额 1992.76 亿元，增长 2.2%。在 39 个工业行业大类中，有 37 个行业实现盈利。

建筑业发展保持稳定。全年建筑业增加值 598.08 亿元，增长 11.4%；总产值 3670.53 亿元，增长 12.6%。当年新签合同额 4041.82 亿元，增长 14.7%。年末全市有总承包和专业承包资质的建筑企业 1756 家。

四、批发零售和住宿餐饮

全年批发和零售业增加值 1902.52 亿元，增长 11.2%；住宿和餐饮业增加值 241.34 亿元，增长 3.8%。

商贸流通规模进一步扩大。全年批发和零售业商品销售总额 31932.26 亿元，增长 20.5%。其中，金属材料、石油及制品、汽车、煤炭及制品四大支柱类商品合计实现销售额 2.09 万亿元，占限额以上销售额的 77.6%。全市亿元以上批发市场 60 家，主要集中在金属材料、农副产品、建筑装饰材料、汽车、五金机电五大行业，成交额达到 3009 亿元，增长 10.0%。社会消费品零售总额 4470.43 亿元，增长 14.0%。其中，当当网、唯品会、苏宁易购、亚马逊等互联网销售企业实现零售额 70.48 亿元，增长 79.8%。

大众餐饮消费增势良好。全年住宿餐饮业营业额 661.76 亿元，增长 13.5%。其中，限额以下住宿餐饮业营业额 519.83 亿元，增长 20.1%，高于全市平均水平 6.6 个百分点，占全市的 78.6%；限额以上住宿餐饮业营业额 141.93 亿元，下降 5.5%。

五、交通、邮电和旅游

全年交通运输、仓储及邮政业增加值 725.05 亿元，增长 10.0%。

交通运输平稳增长。全年货运量 51602.54 万吨，其中，公路 31985.00 万吨，增长 15.3%；铁路 8445.95 万吨，增长 6.8%；水运 9884.42 万吨。货物周转量 5390.47 亿吨公里，其中，公路 368.46 亿吨公里，增长 15.8%；铁路 273.47 亿吨公里，下降 4.6%；水运 4741.83 亿吨公里。全年客运量 29518.36 万人，增长 3.7%；旅客周转量 472.89 亿人公里，增长 9.3%。港口货物吞吐量 5.01 亿吨，增长 5.0%；集装箱吞吐量 1301.20 万标准箱，增长 5.8%。机场旅客吞吐量 1003.58 万人次，增长 23.3%；货邮吞吐量 21.44 万吨，增长 10.4%。

公共交通出行量持续增长。全年公共交通客运量 16.08 亿人次，其中轨道交通客运量 2.43 亿人次，增长 1.2 倍；公共汽电车客运量 13.65 亿人次，增长 0.5%。年内新辟公交线路 25 条，累计公交线路达 566 条；年末公交运营车辆 9670 辆，运营出租车 31940 辆。

汽车拥有量快速增长。截至年末，全市民用汽车拥有量 273.31 万辆，增长 16.8%，其中私人汽车 224.42 万辆，增长 14.4%；民用轿车拥有量 174.38 万辆，增长 19.7%，其中私人轿车 157.46 万辆，增长 21.9%。当年新注册民用汽车 42.65 万辆，增长 22.9%，其中民用轿车 28.88 万辆，增长 24.6%。

邮电业务量持续扩大。全年邮电业务总量 220.53 亿元，增长 7.8%。其中，电信业务总量 173.79 亿元，增长 7.0%；邮政业务总量 46.74 亿元，增长 10.9%。全年发送邮政函件 17751.50 万件，其中，快递 1418.50 万件。年末公网固定电话用户 352.82 万户，移动电话用户 1323.15 万户。互联网用户 930.89 万户，增长 11.6%；其中，宽带接入用户 271.88 万户，增长 12.0%，光纤接入用户 92.68 万户，增长 44.3%。

旅游市场繁荣活跃。全年接待国际旅游人数 264.54 万人次，增长 13.0%；其中，外国人 242.03 万人次，增长 13.3%。国际旅游外汇收入 25.91 亿美元，增长 16.4%。接待外省市游客人数比上年增长 13.4%，国内旅游收入增长 19.3%。全市 30.26 万人次出国出境旅游，增长 9.3%；出国旅游人均支出 17768.59 元，增长 6.6%。华侨城天津欢乐谷、欢乐海魔方、米立方水世界等旅游项目建成开放。年末全市有星级宾馆 106 家；旅行社 390 家，其中有出境资质的 36 家；A 级及以上景区 94 个；国家和市级工农业旅游示范点 59 个。

六、金融

全年金融业增加值 1202.04 亿元，增长 18.3%。截至年末，全市金融机构（含外资）本外币各项存款余额 23316.56 亿元，增长 14.9%。全年新增存款 2976.68 亿元，比上年多增 251.08 亿元；其中，新增单位存款 1918.19 亿元，新增个人存款 914.35 亿元。各项贷款余额 20857.80 亿元，增长 13.4%。全年新增贷款 2427.27 亿元，比上年少增 39.03 亿元；其中，新增短期贷款 1096.55 亿元，新增中长期贷款 911.74 亿元，新增融资租赁 469.74 亿元。

金融改革创新稳步推进。全年新增 12 家法人金融机构，累计达到 56 家，天津成为拥有金融全牌照的城市之一。新型金融服务业态集聚发展，新增融资租赁公司 81 家，累计达到 197 家；新增商业保理公司 47 家，累计达到 96 家；新开业小额贷款公司 29 家，累计达到 156 家；村镇银行累计达到 13 家，实现涉农区县全覆盖。股权投资基金、创新型交易市场规范发展，意愿结汇试点取得成效。

证券交易规模大幅增长。年末全市境内上市股票 38 只。全年各类证券交易额 16696.40 亿元，增长 55.4%。其中，股票交易额 10373.49 亿元，增长 33.8%；债券交易额 464.55 亿元，增长 4.1 倍；基金交易额 417.82 亿元，增长 1.4 倍。年末证券帐户开户 286.35 万户，增长 0.8%。全年期货市场成交量 6234.20 万手，增长 46.5%；成交额 68628.24 亿元，增长 48.1%。

保险市场平稳运行。年末全市共有保险总公司 5 家，当年新成立资产管理类公司 1 家。年末共有各类保险分公司 49 家，各类保险支公司、营业部、营销服务部和专属机构 551 家，保险专业中介机构 102 家。全年原保险保费收入 276.80 亿元，增长 16.2%。其中，财产险收入 102.28 亿元，增长 12.7%；人身险收入 174.52 亿元，增长 18.4%。全年赔款和给付 102.00 亿元，增长 25.9%。其中，财产险赔付 58.98 亿元，增长 31.8%；人身险赔付 43.03 亿元，增长 18.6%。

七、对外经济

对外贸易规模扩大。全年外贸进出口总额 1285.28 亿美元，增长 11.2%。其中，进口 795.03 亿美元，增长 18.1%；出口 490.25 亿美元，增长 1.5%。在出口额中，一般贸易出口 206.39 亿美元，增长 11.0%；加工贸易出口 250.42 亿美元，下降 2.3%。全年机电产品出口 341.78 亿美元，占全市出口额的 69.7%；高新技术产品出口 192.89 亿美元，占全市出口额的 39.3%。对非洲、巴西、东盟等新兴市场出口分别增长 32.3%、28.1%和 15.0%。

内引外联取得积极成效。全年新批外商投资企业 564 家，合同外资额 207.33 亿美元，增长 11.6%；实际直接利用外资 168.29 亿美元，增长 12.1%。其中，服务业实际直接利用外资 94.73 亿美元，增长 31.3%，占全市的比重达到 56.3%；制造业实际直接利用外资 72.04 亿美元，下降 5.5%。全年实际利用内资 3120.82 亿元，增长 20.0%。

服务外包增势强劲。全年服务外包接包合同额 23.5 亿美元，增长 53.8%；执行额 19.3 亿美元，增长 57.2%，其中，离岸执行额 10.6 亿美元，增长 41.8%。

对外合作交流进展顺利。新签对外承包工程合同额 27.13 亿美元，增长 74.4%，全年完成营业额 31.29 亿美元，增长 0.9%。全年对外承包工程派出 8649 人，年末在外合计 10881 人。全年对外劳务合作派出 6515 人，年末在外合计 6669 人。

对口支援工作扎实推进。援疆、援藏、援青、援助甘肃等工作取得明显成效。全年拨付对口援助新疆资金 8.70 亿元，开工实施 100 个援助项目。

八、滨海新区

综合配套改革进一步深化。顺利完成第二个综合配套改革三年行动计划。建立了股权、碳排放、金融资产等 10 个创新型交易市场，成为全国非上市公司场外交易市场首批扩容试点区。东疆建设北方国际航运中心核心功能区方案获国务院批复，船舶登记制度、国际航运税收、离岸金融、租赁业务和商业保理等改革措施先行先试。成为全国社会管理创新综合试点区、全国构建和谐劳动关系综合试验区。口岸通关效率明显提高，口岸进出口总额达到 2148.15 亿美元。

功能区建设继续加快。开发区加快推进产业升级，长城汽车二期等项目竣工投产，大众汽车变速箱等项目加快推进。保税区空港商务园建成运营。滨海高新区渤龙湖总部基地基本建成，未来科技城基础设施加快建设。东疆港区第二港岛工程启动，国际邮轮码头二期建成。中新生态城开发建设全面推进，五年形成宜居社区目标如期实现。临港经济区完成造陆 120 平方公里，双向 10 万吨级航道竣工通航。中心商务区招商引资力度不断加大，铁狮门金融广场、罗斯洛克金融中心等一批楼宇加快推进，滨海商业中心开工建设。

九、城市基础设施和房地产

综合交通网络体系日趋完善。全年基础设施投资 2113.43 亿元，增长 10.9%。天津港 30 万吨级航道二期、滨海国际机场二期加快建设。津秦客运专线建成通车，南港铁路开工建设。京秦高速公路等工程快速推进，国道 112 线东段延长线具备通车条件。地铁 2 号线全线通车，机场延伸线盾构贯通，3 号线南站配套工程试运营，5、6 号线建设顺利推进。年末城市铺装道路长度 6840 公里，新增 378 公里；铺装道路面积 12457 万平方米，新增 846 万平方米。

公用事业服务水平不断提升。全社会用电量 774.49 亿千瓦时，增长 7.2%。全市自来水综合生产能力 439.60 万立方米/日。全年新增供热面积 1700 万平方米。新建、改造一批公交场站，拓宽改造一批卡口，在城市主干道增设安全岛，进一步方便群众出行。

房地产市场保持平稳增长。全年房地产业增加值 519.37 亿元，增长 11.9%。房地产开发投资 1480.82 亿元，增长 17.5%。商品房销售面积 1847.11 万平方米，增长 11.2%；销售额 1615.47 亿元，增长 18.3%。存量房交易面积 962.70 万平方米，交易金额 822.80 亿元，分别增长 43.5%和 55.8%。

十、教育和科学技术

年末全市各级各类学校 1523 所，其中，普通高校 55 所，中等职业教育[4]学校 112 所，普通中学 518 所，小学 838 所。

全年招收研究生 1.71 万人，在学研究生 5.06 万人，毕业生 1.50 万人。普通高校本专科招生 14.37 万人，在校生 48.99 万人，毕业生 12.10 万人。中等职业教育招生 4.27 万人，在校生 11.83 万人，毕业生 4.66 万人。普通中学招生 14.09 万人，在校生 43.59 万人，毕业生 14.08 万人。小学招生 10.74 万人，在校生 55.21 万人，毕业生 8.61 万人。成人高校招生 3.28 万人，在校生 7.36 万人，毕业生 2.56 万人。特殊教育学校 20 所，在校生 2980 人。幼儿园在园幼儿 23.32 万人。成功举办 2013 年全国职业院校技能大赛。海河教育园区二期工程加快建设。

科学技术成果丰硕。全市 15 项科技成果获得国家科学技术奖，其中，技术发明奖 4 项，科技进步奖 11 项，涉及装备制造、水利水电、电气工程、生物医药等多个领域。全年完成市级科技成果 2385 项，增长 17.5%。其中，基础理论成果 171 项，应用技术成果 2190 项，软科学成果 24 项；属于国际领先水平 63 项，达到国际先进水平 336 项。全年签订技术合同 15817 项，合同成交额 300.68 亿元，增长 19.7%。

自主创新能力不断增强。全年研究与试验发展（R&D）经费支出占地区生产总值的比重达到 2.8%。建成全国首家 863 产业化促进中心、国家锂离子动力电池研究中心等创新平台，电动汽车、3D 打印等重大科技示范工程加快推进。实施新一轮科技小巨人发展计划，新增科技型中小企业 1.45 万家，累计达到 4.92 万家；其中，新增小巨人企业 636 家，累计达到 2435 家。年末全市专利拥有量达到 6.85 万件，每万人口发明专利拥有量达到 9 件，比上年增加 1.5 件。截至年末，全市有国家级重点实验室 9 个，国家部委级重点实验室 45 个，国家级工程（技术）研究中心 35 个，国家级科技产业化基地 26 个。

科技人才队伍进一步壮大。年末在津两院院士 37 名，引进聚集国家“千人计划”人才 97 人，国家杰出青年科学基金获得者 63 人，国家“973 计划”项目首席科学家 33 名，国家级优秀创新群体和团队 30 个。引进外地人才 3537 人，新建博士后工作站 26 个，年末博士后流动站 74 个和工作站 180 个，在站博士后 850 人。

十一、文化、卫生和体育

公共文化服务不断拓展。年末全市有艺术表演团体 43 个，文化馆 18 个，博物馆 21 个，公共图书馆 31 个。天津文化中心服务示范作用进一步体现，全年共举办展览 66 个、演出 179 场、公益讲座 550 余场，外借图书 130 万余册次，接待观众 200 余万人次。全年摄制电影故事片 12 部。全市 264 个电影放映单位放映电影 59.90 万场次，观影人数 1772 万人次，票房收入 3.28 亿元。全市广播节目 11 个频率，市级电视节目 16 个频道。全年出版图书 5122 万册，报纸 8.33 亿份，杂志 3827 万册。

医疗卫生资源加快调整。胸科医院、天津医院、中医一附院新建工程完工，第二儿童医院主体建成，天津和睦家医院、天津新世纪儿童医院等一批社会办医机构投入运营。年末全市有各类卫生机构 4696 个，其中，医院、卫生院 482 个，社区卫生服务中心 108 个，卫生防疫防治机构 24 个，妇幼保健机构 23 个，村卫生室 2248 个。卫生机构床位 5.77 万张，其中，医院、卫生院 5.31 万张，社区卫生服务中心 3141 张。卫生技术人员 8.10 万人，其中，执业医师及执业助理医师 3.21 万人，注册护士 2.97 万人。

体育事业全面发展。天津体育健儿在第十二届全运会共获得 20 枚金牌、14 枚银牌和 11 枚铜牌。承办国际性综合赛事第六届东亚运动会取得圆满成功。成功举办 2013 中国·海河龙舟节、天津市第四届全民健身运动会等群众性体育活动。

十二、人口和就业

外来人口成为全市人口增量主体。年末全市常住人口 1472.21 万人，比上年末增加 59.06 万人；其中，外来人口 440.91 万人，增加 48.12 万人，占常住人口增量的 81.5%。年末全市户籍人口 1003.97 万人，其中，农业人口 371.74 万人，非农业人口 632.23 万人。全市人口出生率 8.28‰，死亡率 6.00‰，自然增长率 2.28‰。

就业结构继续优化。多渠道开发就业岗位，促进创业带动就业，实施百万技能人才培训计划，出台大学生就业帮扶政策。截至年末，全市社会从业人员 847.46 万人，比上年末增加 44.32 万人。其中，城镇从业人员 663.88 万人，乡村从业人员 183.58 万人。从就业结构看，第一产业 68.99 万人，比上年末减少 2.24 万人；第二产业 353.85 万人，增加 22.96 万人；第三产业 424.62 万人，增加 23.60 万人，占全市社会从业人员的比重达到 50.1%。

十三、人民生活和社会保障

居民收入保持两位数增长。全年城市居民人均可支配收入 32658 元，增长 10.2%，其中，工资性收入、经营性收入、转移性收入和财产性收入分别增长 10.5%、6.2%、9.9%和 15.4%；农村居民人均可支配收入 15405 元，增长 13.5%，其中，工资性收入、经营性收入、转移性收入和财产性收入分别增长 14.8%、9.3%、13.3%和 21.6%。

社会保障范围继续扩大。截至年末，全市参加基本养老保险 627.1 万人，其中参加城镇职工基本养老保险 520.7 万人，参加城乡居民养老保险 106.4 万人。参加医疗保险 1001.5 万人，其中参加城镇职工基本医疗保险 493.1 万人，参加城乡居民医疗保险 508.4 万人。新建保障性住房 8 万套，新增住房补贴 1 万户。

表 4　社会保险参保人数

指　　标	参保人数（万人）	比上年增长（%）
城镇职工基本医疗保险	493.1	2.9
城乡居民医疗保险	508.4	1.2
城镇职工基本养老保险	520.7	6.2
城乡居民养老保险	106.4	3.8
城镇职工失业保险	278.7	3.7
城镇职工工伤保险	335.1	1.5
城镇职工生育保险	249.1	2.6

社会福利与救助不断加强。截至年末，城乡低保对象 26.88 万人，其中城市 16.04 万人，农村 10.84 万人。全市设救助站 11 个，全年救助人数达 12818 人。新增各类福利院床位 4514 张，总量达 38402 张；年末在院收养 2.39 万人。新建老年日间照料服务中心 103 个，总量达到 498 个；老年日间照料服务站 405 个。全年城镇残疾人新增就业 2501 人。

十四、环境保护

加快建设美丽天津。启动实施“美丽天津·一号工程”，全面推进“四清一绿”行动。全年化学需氧量排放量22.15万吨，比上年下降3.5%；二氧化硫排放量21.68万吨，下降3.4%。饮用水源地水质达标率继续保持100%。道路交通噪声平均声级67.6分贝，中心城区区域环境噪声平均声级54分贝，比上年有所下降。全市共有环境监测站21个，国家生态示范区1个，自然保护区8个，自然保护区面积9.06万公顷。

十五、安全生产和口岸检疫

安全生产形势保持稳定。全年各类安全事故共死亡977人，比上年下降1.3%；其中，道路交通事故死亡836人，工矿商贸安全生产事故死亡81人。全市亿元生产总值生产安全事故死亡人数为0.071人，比上年下降12.2%。

全年天津口岸截获植物有害生物260种、11388种次，其中，截获植物检疫性有害生物41种、614种次；截获动物疫病7种13批次。

注：

1、2013年各项统计数据为快报数。

2、全市生产总值、各产业增加值绝对数按当年价格计算，增长速度按可比价格计算。

3、邮电业务总量按2010年不变价格计算。

4、中等职业教育包括中等专业学校、成人中等教育、职业中学和技工学校。

2013 年天津经济形势分析

2013 年，面对错综复杂的国内外经济环境，全市上下认真贯彻落实中央各项宏观调控政策措施，坚持稳中求进、稳中求优，深入开展“促发展、惠民生、上水平”活动，积极推进经济转型发展，加快建设美丽天津，全市经济保持平稳较快增长，发展质量和效益进一步提升。

一、经济发展的基本判断：经济运行总体稳健，转型升级初现成效

初步核算并经国家统计局评估审定，2013 年全市生产总值 14370.16 亿元，按可比价格计算，比上年增长 12.5%。分三次产业看，第一产业增加值 188.45 亿元，增长 3.7%；第二产业增加值 7276.68 亿元，增长 12.7%，其中工业增加值 6678.60 亿元，增长 12.8%；第三产业增加值 6905.03 亿元，增长 12.5%，占全市生产总值的比重达到 48.1%，比上年提高 1.1 个百分点。从全年经济走势看，一季度和上半年均增长 12.5%，前三季度增长 12.6%，全年增长 12.5%，经济增长的稳定性进一步增强。从主要经济指标看，实现“123”“万亿级”新突破：全社会固定资产投资突破 1 万亿，金融机构存贷款余额双双超过 2 万亿，批发零售业商品销售总额达到 3 万亿。

图 1　全市生产总值和第三产业增加值累计增长速度

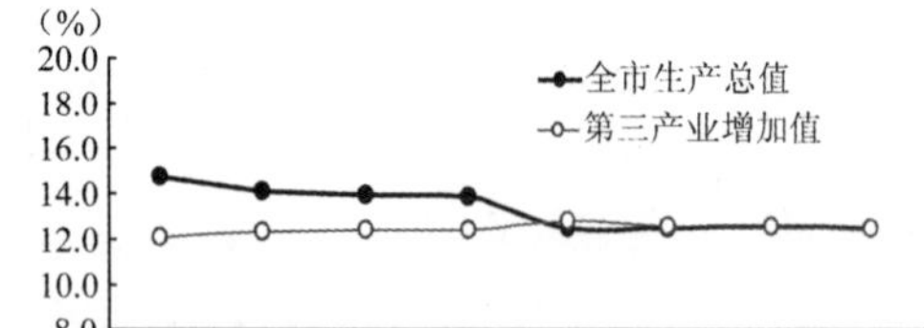

	2012.3	6	9	12	2013.3	6	9	12
全市生产总值	14.7	14.1	13.9	13.8	12.5	12.5	12.6	12.5
第三产业增加值	12.1	12.3	12.4	12.4	12.8	12.6	12.6	12.5

与上年相比，尽管经济增速“减了一档”，但转型发展“快了一拍”，主要体现在以下三个方面：

一是创新能力不断提升。建成全国首家 863 产业化促进中心、国家锂离子动力电池研究中心等创新平台，电动汽车、3D 打印等重大科技示范工程加快推进，全社会研发经费支出占生产总值的比重提高到 2.98%。实施新一轮科技小巨人发展计划，全年新增科技型中小企业 1.45 万家，累计达到 4.92 万家；其中，新增小巨人企业 636 家，累计达到 2435 家。自主知识产权数量快速增长，年末全市专利拥有量达到 6.85 万件，增长 31%；每万人口发明专利拥有量达到 9 件，比上年增加 1.5 件。

二是民营经济活力增强。出台 27 条支持民营经济政策，全年新注册民营企业 3.03 万户，比上年多增 4400 余户。全市民间投资 5103.52 亿元，增长 23.5%，占全社会投资的比重为 50.4%。民营工业企业增加值增长 25.0%，快于规模以上工业 12.0 个百分点。民营企业出口 93.31 亿美元，增长 16.4%，快于全市出口 14.9 个百分点。

三是节能减排取得成效。结构调整和技术创新促进了能源利用效率的提高，全市万元 GDP 能耗比上年下降 4.41%；规模以上工业单位增加值能耗下降 6.7%，六大高耗能行业单位增加值能耗均呈下降态势。突出抓好工业污染减排，共关闭污染企业 669 家，停产整治污染企业 144 家，淘汰 140 万吨炼铁、229 万吨水泥落后产能。

二、经济运行的主要特点

（一）从生产供给看：实体经济支撑有力，产业结构优化升级

现代都市型农业稳步发展。粮食生产连续十年丰收，全年粮食种植面积 499.19 万亩，增长 3.1%；粮食总产量 174.71 万吨，增长 8.0%。主要农副产品供应稳定。蔬菜产量 460.68 万吨，增长 2.9%；猪肉产量 29.82 万吨，增长 2.1%；水产品产量 38.5 万吨，增长 5.5%；禽蛋产量 18.89 万吨，增长 1.2%。都市型农业发展迈出新步伐，现代农业示范园区带动能力不断增强。

工业结构调整出现积极变化。全年工业总产值突破 2.7 万亿元，达到 27283.28 亿元，增长 13.0%。其中，规模以上工业总产值 26514.51 亿元，增长 13.1%；工业增加值增长 13.0%。主要特点：一是优

势产业贡献突出。航空航天、石油化工、装备制造、电子信息、生物医药、新能源新材料、轻纺和国防等八大优势产业完成工业总产值23613.06亿元，增长12.7%，占规模以上工业的比重达到89.1%。其中，装备制造业突破1万亿大关，电子信息产业产值规模首次超过轻纺工业，跃升至第三位。二是高新技术比重提升。高新技术产业完成工业总产值8317.13亿元，增长16.5%，占规模以上工业的31.4%，比上年提高1.2个百分点。三是新兴产业加快布局。航空航天、新一代信息技术、生物技术与健康、高端装备制造业等战略性新兴产业不断发展壮大，产值增速保持在20%以上，占规模以上工业的比重超过两成；建成7个国家级新型工业化示范基地，产业聚集效应进一步显现。

图2　2013年各月规模以上工业增加值和出口交货值增速

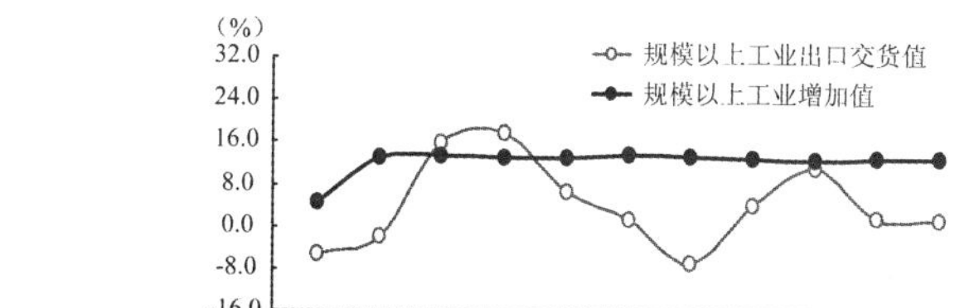

	2013.2	3	4	5	6	7	8	9	10	11	12
规模以上工业出口交货值	-5.2	-1.9	15.9	17.7	6.7	1.3	-6.7	4.2	11.1	1.6	1.5
规模以上工业增加值	4.6	12.9	13.3	13.0	12.9	13.7	13.3	12.9	12.8	12.9	12.9

表1　2013年八大优势产业总产值完成情况

单位：亿元，%

项　　目	工业总产值	比上年增长	占全市比重
全市规模以上工业合计	26514.51	13.1	100
优势产业合计	23613.06	12.7	89.1
航空航天产业	474.18	59.0	1.8
石油化工产业	3778.03	3.0	14.2
装备制造业	10038.57	10.8	37.9
电子信息产业	3552.07	24.2	13.4
生物医药产业	1047.35	30.7	4.0
新能源新材料	1219.85	11.1	4.6
轻纺工业	3503.00	11.2	13.2

注：八大优势产业中的“国防科技”数据统计在其他产业中。

服务业发展迈上新台阶。全面落实服务业发展30条意见，着力打造服务业集聚区，一批大型商业综合体和旅游项目建成开业，总部经济、服务外包、文化创意等新兴服务业取得新进展。主要特点：一是商贸流通规模扩大。全年批发零售业商品销售总额超过3万亿元，达到3.19万亿元，增长20.5%。二是现代物流快速发展。港口货物吞吐量突破5亿吨，达到5.01亿吨，增长5.0%；机场旅客吞吐量突破千万人次，达到1003.58万人次，增长23.3%。三是服务外包增势强劲。全市离岸服务外包执行额10.61亿美元，增长41.8%。四是旅游市场繁荣活跃。接待入境旅游人数264.54万人次，增长13.0%；实现外汇收入25.91亿美元，增长16.4%。

（二）从需求动力看：投资消费双轮驱动，对外贸易规模扩大

投资结构不断优化。全年全社会固定资产投资突破1万亿元，达到10121.21亿元，增长14.1%。其中，城镇投资9528.09亿元，增长14.2%；农村投资593.12亿元，增长11.7%。推出新一批170项重大项目，总投资超过2200亿元，为全市经济增长注入新的动力。主要特点：一是实体经济仍为最主要的投资领域。实体经济投资6526.93亿元，增长14.6%，占全社会投资的比重为64.5%。二是服务业继续保持投资主体地位。第三产业投资5359.05亿元，增长16.6%，占城镇投资的比重为56.2%。三是民生领域投资增长较快。教育、卫生、文化等民生行业投资257.17亿元，增长20.3%，比上年加快3.7个百分点，高于城镇投资平均增幅6.1个百分点。

图3　2013年各月全社会固定资产投资和房地产开发投资累计增长速度

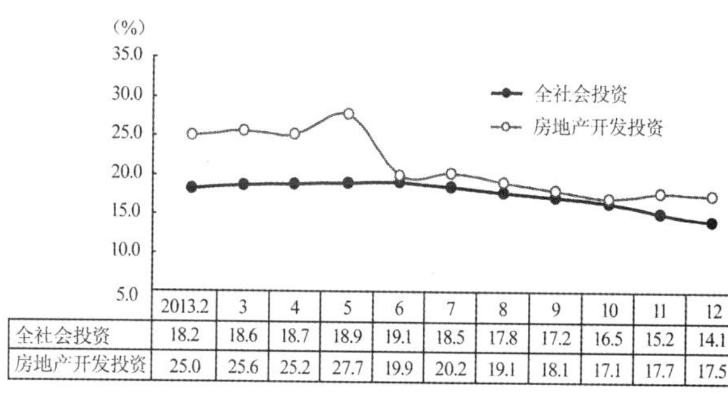

	2013.2	3	4	5	6	7	8	9	10	11	12
全社会投资	18.2	18.6	18.7	18.9	19.1	18.5	17.8	17.2	16.5	15.2	14.1
房地产开发投资	25.0	25.6	25.2	27.7	19.9	20.2	19.1	18.1	17.1	17.7	17.5

消费市场呈现新亮点。全年社会消费品零售总额4470.43亿元，增长14.0%。城市居民人均消费性支出21850元，增长9.1%。主要特点：一是文化消费快速增长。体育娱乐用品类零售额增长62.5%，书报杂志类零售额增长73.2%。二是网上零售持续升温。当当网、唯品会、苏宁易购、亚马逊等互联网销售企业实现零售额70.48亿元，增长79.8%。三是重点商品稳定支撑。金属材料、石油及制品、汽车、煤炭及制品等四大支柱类商品合计实现销售额2.09万亿元，占全市限额以上销售额的77.6%。

四是大众餐饮消费增势良好。限额以下住宿餐饮业营业额 519.83 亿元，增长 20.1%，高于全市平均水平 6.6 个百分点，占全市的 78.6%。高端餐饮业持续走低。限额以上住宿餐饮业营业额 141.9 亿元，下降 5.5%；全市营业额前 100 家企业中，60 余家企业营业额同比下降，经营高档正餐的企业受到较大影响。

图 4　2013 年各月社会消费品零售总额和限上批发零售业商品销售总额累计增长速度

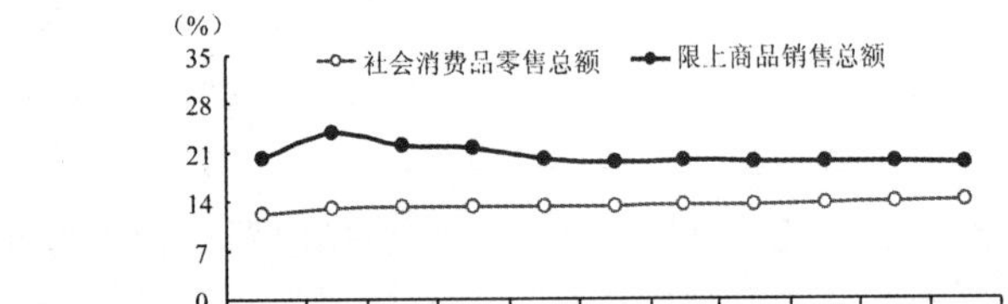

	2013.2	3	4	5	6	7	8	9	10	11	12
社会消费品零售总额	12.3	13.0	13.2	13.2	13.3	13.3	13.4	13.5	13.6	13.8	14.0
限上商品销售总额	20.2	23.8	21.9	21.6	20.0	19.6	19.8	19.6	19.6	19.6	19.3

进出口规模继续扩大。全年外贸进出口总额 1285.28 亿美元，增长 11.2%。其中，进口 795.03 亿美元，增长 18.1%；出口 490.25 亿美元，增长 1.5%。主要特点：一是自主出口能力进一步增强。一般贸易出口好于加工贸易，出口额为 206.39 亿美元，增长 11.0%，占全市出口额的 42.1%，比上年提高 3.6 个百分点；加工贸易出口 250.42 亿美元，下降 2.3%。二是对新兴市场出口表现活跃。我市对非洲、巴西、东盟出口分别增长 32.3%、28.1%和 15%，新兴市场份额占到 45.8%；对美国、日本、欧盟等经济体出口下滑，分别下降 0.6%、6.7%和 12.0%。

图 5　2013 年各月外贸出口与进口累计增长速度

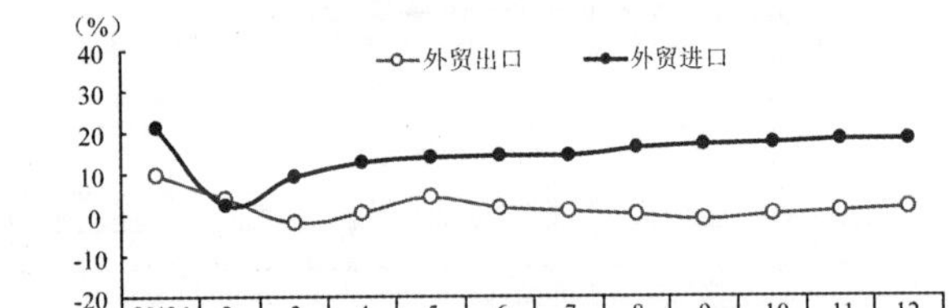

	2013.1	2	3	4	5	6	7	8	9	10	11	12
外贸出口	9.8	3.8	-2.0	0.3	4.1	1.5	0.9	0	-1.2	0.1	0.6	1.5
外贸进口	21.1	2.2	9.1	12.6	13.8	14.4	14.4	16.3	16.8	17.5	18.1	18.1

（三）从发展质量看：产出效益稳步提升，民计民生持续改善

财政收入总量突破两千亿元。全年公共财政收入 2079.07 亿元，增长 18.1%。税收收入 1310.66 亿元，增长 18.6%。其中，增值税 225.88 亿元，增长 50.7%；营业税 425.17 亿元，增长 6.1%；企业所得税 204.38 亿元，增长 8.9%；个人所得税 58.31 亿元，增长 17.6%。推进“营改增”试点，5.3 万户试点企业减负面达 96%；提高小微企业税收起征点，惠及 13 万户企业。

企业效益继续增长。2013 年，全市规模以上工业企业主营业务收入 2.71 万亿元，增长 13.1%。利税总额 3725.25 亿元，增长 6.4%；其中，利润总额 2258.93 亿元，增长 2.2%。在 39 个工业行业大类中，有 36 个行业实现盈利。

群众生活得到进一步改善。把保障和改善民生作为头等大事，全面落实20项民心工程，财政支出75%以上用于民生领域。一是就业规模继续扩大。实施更加积极的就业创业扶持政策，重点做好高校毕业生、失业人员和农村转移劳动力就业工作，多渠道开发就业岗位，全年新增就业48.58万人，增长2.8%，城镇登记失业率稳定在3.6%。劳动力调查数据显示，截至年末，全市就业人口达到847.46万人。二是城乡居民收入保持两位数增长。大力实施19项增收政策措施，最低工资标准、企业退休人员养老金分别增加190元和205元，城乡低保、优抚对象抚恤、农村五保供养、特困救助标准继续提高，居民收入与经济增长的同步性增强，城乡居民收入差距进一步缩小。全年城市居民人均可支配收入32658元，增长10.2%；其中，工资性收入增长9.4%，拉动可支配收入增长6.5个百分点。农村居民人均可支配收入15405元，增长13.5%，快于城市居民收入3.3个百分点；其中，工资性收入增长14.8%，拉动可支配收入增长8.6个百分点。三是民生投入力度加大。公共财政用于医疗卫生、教育、住房保障等民生领域支出分别增长21.7%、21.8%和56.4%。新建保障性住房8万套，新增住房补贴1万户，完成480个旧楼区综合提升改造，实施中心城区成片危陋房屋和农村危房改造，扎实推进城中村改造。

（四）从区域经济看：滨海新区龙头带动，三个层面协调发展

滨海新区开发开放步伐加快。出台促进新区发展的 10 项措施，加大财税、金融、土地等方面支持力度，全面推进滨海新区开发开放。全年滨海新区规模以上工业总产值 1.62 万亿元，增长 13.2%；区域公共财政收入 563.27 亿元，增长 22.3%；全社会固定资产投资 5036.68 亿元，增长 13.1%。重点项目建设进展顺利。年产 25 万辆长城汽车二期、阿尔斯通全球研发中心等项目竣工投产，大众汽车

变速箱等项目加快推进。功能区建设继续加快。东疆港区第二港岛工程启动，国际邮轮码头二期建成；中新生态城开发建设全面推进，五年形成宜居社区目标如期实现；中心商务区招商引资力度不断加大，一批商务楼宇投入使用；开发区、高新区、空港经济区、临港经济区建设成效显著。

中心城区服务功能明显提升。民园广场改造工程收尾，津湾广场二期主体完工，五大道、五大院等重点区域文化品位和载体功能不断提升。高端服务业集聚发展，建成一批总部聚集区、特色街区、创意产业园区。楼宇经济蓬勃发展，截至年末，全市税收收入超过亿元的楼宇达到120座。

郊区县经济实力继续增强。深入推进新型城镇化，大力推动示范工业园区、农业产业园区、农村居住社区“三区”联动发展。示范小城镇建设扎实推进，新开工建设农民住房1000万平方米，竣工600万平方米，累计55万农民迁入新居；31个示范工业园区拓展区建设加快，投资强度和产出效益进一步提高；设施农业提升工程和农业科技创新工程全面完成，在全国率先建成农业物联网综合应用平台；第二批“三改一化”试点进展良好，美丽乡村建设和“四清一绿”工程扎实推进。

（五）从运行环境看：市场价格总体稳定，资金供应保持平稳

消费价格同比上涨。全年居民消费价格上涨3.1%，涨幅比上年提高0.4个百分点。主要特点：一是价格走势稳中有升。从同比价格看，物价水平逐季走高，一季度为2.6%，二季度为2.7%，三季度为3.3%，四季度为3.8%，全年平均上涨3.1%。二是新涨价因素拉动作用明显。在全年居民消费价格3.1%的涨幅中，新涨价因素拉动2.5个百分点，滞后因素拉动0.6个百分点。三是八大类商品和服务价格“七升一降”。除交通和通信类价格下降1.4%，其他七大类商品和服务价格均出现不同程度上涨。四是食品价格上涨仍是推动价格指数上涨的主因。全年食品类价格上涨5.8%，拉动消费价格总水平上涨1.78个百分点，对CPI影响达到57.4%，涨幅较大的包括肉禽及其制品(14.6%)、在外用膳(14.0%)、干鲜瓜果(9.9%)、蔬菜(9.2%)。

图6　2013年各月居民消费价格涨幅

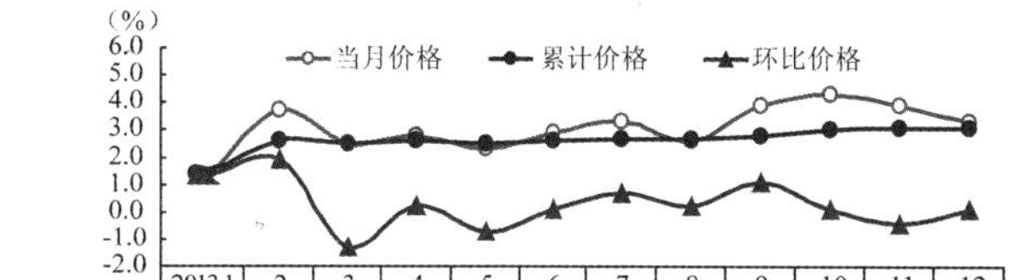

	2013.1	2	3	4	5	6	7	8	9	10	11	12
当月价格	1.4	3.7	2.5	2.8	2.3	2.9	3.3	2.6	3.9	4.3	3.9	3.3
累计价格	1.4	2.6	2.5	2.6	2.5	2.6	2.7	2.7	2.8	3.0	3.1	3.1
环比价格	1.3	1.9	-1.3	0.2	-0.7	0.1	0.7	0.2	1.1	0.1	-0.4	0.1

表2　2013年居民消费价格指数（CPI）

指　　标	指数（上年同期=100）
居民消费价格指数	103.1
食　品	105.8
烟酒及制品	100.9
衣　着	101.1
家庭设备用品及维修服务	102.0
医疗保健和个人用品	100.6
交通和通信	98.6
娱乐、教育、文化用品及服务	102.5
居　住	104.4

内引外联取得积极成效。从吸引外资看，出台全面提高对外开放水平的决定，面向全球组织资源要素。全年新批外商投资企业564家，合同外资额207.33亿美元，增长11.6%；实际直接利用外资168.29亿美元，增长12.1%。其中，服务业实际直接利用外资94.73亿美元，增长31.3%，占全市的比重达到56.3%；制造业实际直接利用外资72.04亿美元，下降5.5%。从利用内资看，借重用好首都资源，积极打造京津发展“双城记”，不断深化环渤海区域交流合作。全年实际直接利用内资突破3000亿元，达到3120.82亿元，增长20%；其中，环渤海企业在津投资1598.1亿元，增长21.3%，占全市的51.2%。

存贷款规模均超过两万亿元。截至年末，全市金融机构（含外资）本外币各项存款余额23316.56亿元，增长14.9%，全年新增存款2976.68亿元，比上年多增251.08亿元；各项贷款余额20857.80亿元，增长13.4%，全年新增贷款2427.27亿元，比上年少增39.03亿元。金融改革创新稳步推进，我市成为全国少数拥有金融全牌照的城市之一，以融资租赁、商业保理、小额贷款等为代表的新型金融业态集聚发展。年末全市156家小额贷款公司开业运营，成为小微型企业信贷资金的重要来源。

三、经济运行中需要关注的问题

总的看，2013年我市经济保持平稳较快增长，但市场需求依然疲弱，经济运行中自主增长的内在动力相对不足，回升基础和可持续性有待进一步巩固和增强。

（一）有效需求仍显不足

从外需看，国际经济环境有所改善但仍不稳固，受劳动力成本上升、人民币升值等因素影响，出口形势依然严峻。2013年，我市出口同比微增1.5%，低于全国平均增幅6.4个百分点，对美国、欧盟、日本等主要贸易伙伴出口继续下降；规模以上工业出口交货值增长2.9%，比上年回落9个百分点。从内需看，工业生产者出厂价格持续下行，流通领域回升乏力，反映产能过剩的矛盾仍然突出。全年工业生产者出厂价格下降3.0%，已连续24个月走低，钢铁、石化等主要产品价格仍低于去年同期水平。从企业调查看，订单不足依然是制约企业正常生产经营的重要原因。据2013年四季度工业景气调查数据显示，认为因订单不足而影响正常生产经营的企业占32.0%，其中，纺织行业这一比重为53.3%，钢铁行业为45.7%，建材行业为42.1%。

（二）工业提速难度较大

2013年，规模以上工业增加值增长13.0%，比上年回落3.1个百分点。一是大型企业生产增长放缓。全年大型工业企业总产值增长9.3%，低于规模以上工业3.8个百分点；利润下降1.1%，低于规模以上工业3.3个百分点。二是一些主要行业生产低迷。今后很长一段时间钢铁产品价格仍将处于低位徘徊状态，钢铁行业又面临环保需求倒逼产能压缩的压力，增速可能继续下滑；汽车行业由于品牌竞争力不强、市场订单不足、整车出口不旺等原因，生产经营不容乐观。全年钢铁行业产值增长9.0%，汽车行业产值增长7.3%，均低于规模以上工业平均增幅。三是用工成本上升挤压企业盈利空间。工业景气调查数据显示，认为因用工成本上升而影响生产经营的企业占36.6%，在诸多影响企业生产经营的因素中，用工成本上升成为首要因素。

（三）项目储备有待增强

一是后续大项目跟进不足。2013年，城镇新开工项目5196个，增长13.1%，比上年回落8.3个百分点；其中，新开工亿元以上项目903个，增长21.4%，比上年回落46.2个百分点，后续大项目明显不足，尤其是工业项目偏少。二是制造业投资拉动作用减弱。制造业投资增长10.2%，比上年回落11.9个百分点，低于城镇投资平均增幅4个百分点。三是地方融资平台发展受限。近来国家着手对地方政府债务进行审计，平台公司申请新贷款收紧，未来资金筹措难度加大，可能对基础设施建设投资增长产生不利影响。

（黄瑛　郑礼　李娜）

2013年天津社会发展报告

2013年，在市委、市政府的正确领导下，我市坚持稳中求进、稳中求优，以提高发展的质量效益为中心，创新驱动、转型发展，深化改革、扩大开放，经济社会发展取得明显成绩。统筹经济社会协调发展，坚持把保障和改善民生作为头等大事，精心实施20项民心工程，不断完善社会公共服务，优化资源布局，加大投入力度，积极发展教育、卫生、文化、体育等事业，人民群众生活持续改善，社会事业发展良好。

一、人口总量持续增加，聚集效应进一步凸显

1．常住人口规模继续扩大，外来人口拉动增长作用明显

随着我市经济发展水平的不断提升，城市对外来人口吸纳作用进一步增强，带动了全市常住人口规模持续扩大。截至年末，我市常住人口1472.21万人，比上年末增加59.06万人，增长4.2%，增量比上年增加0.49万人。其中，外来人口440.91万人，占常住人口的比重29.9%，比上年末提高2.2个百分点。全年外来人口增加48.12万人，增长12.2%，占全市常住人口增量的81.5%，继续成为拉动全市人口增长的主要因素。

2．劳动者素质显著提高，高层次人才聚集优势日益增强

围绕加快产业转型升级和创新发展，我市积极吸引高层次人才来津创业。实施了“三年引进千人”计划、引进海外高层次人才“千人计划”、吸引外国专家的“外专千人计划”等一系列人才引进计划；组织开展“津洽会”人才智力引进、第九届海外人才网上交流洽谈会等一系列人才引进活动。截至年末，在津两院院士37名，引进聚集国家“千人计划”人才97人，国家杰出青年科学基金获得者63人，国家“973计划”项目首席科学家33名，国家级优秀创新群体和团队30个。引进外地人才3537人，新建博士后工作站26个，年末博士后流动站74个和工作站180个，在站博士后850人。

高端人才引进战略的实施，使我市就业人口中高等教育人口比重持续上升，劳动者素质明显提高。全年16岁及以上就业人口平均受教育年限为10.93年，大学及以上受教育程度人口比重为24.9%，人才智力对经济发展的支撑作用进一步增强。

3．低生育水平保持稳定，人口自然增长率小幅下降

坚持人口计生工作与促进人的全面发展相结合，与促进经济社会资源环境协调发展相结合。通过分类指导，突出重点，狠抓农村地区和流动人口计生管理服务，加强农村城镇化进程和城市建设改造中的计生工作。撤村建居期间，实施“对位管理、走动服务”，推广“网格化”社区服务管理模式，落实现居住地管理责任，着力破解人户分离和管理“盲区”等难点问题，低生育水平保持稳定。2013年，全市人口出生率为8.28‰，死亡率6.00‰，分别比上年回落0.47个和0.12个千分点；人口自然增长率2.28‰，比上年回落0.35个千分点。

二、就业形势基本稳定，就业结构进一步改善

1．扩大和稳定就业取得积极成效，就业形势基本稳定

围绕重大项目建设和科技型中小企业发展，多渠道开发就业岗位，扩大就业规模。促进创业带动就业，实施百万技能人才培训计划，累计开发职业培训包420个。适时出台服务企业用工七条新措施，组织百场定向招聘会，开展跨省市劳务对接，缓解部分企业“招工难”。出台大学生特别是困难家庭毕业生就业帮扶政策，应届高校毕业生就业率保持较高水平。实施困难群体就业综合帮扶，各类困难群体就业安置率达到86%以上，“零就业”家庭动态为零。2013年，全市新增就业48.58万人，比上年增加1.32万人，城镇登记失业率保持在3.6%。

2．就业结构继续优化，第三产业比重过半

2013 年，全市社会从业人员 847.46 万人，比上年末增加 44.32 万人。其中，城镇从业人员 663.88 万人，乡村从业人员 183.58 万人。从产业结构看，第一产业 68.99 万人，比上年末减少 2.24 万人；第二产业 353.85 万人，增加 22.96 万人；第三产业 424.62 万人，增加 23.60 万人。三次产业从业人员结构为 8.2∶41.7∶50.1，第三产业从业人员比重首次超过 50%。

图 1　2009-2013 年社会从业人员产业结构

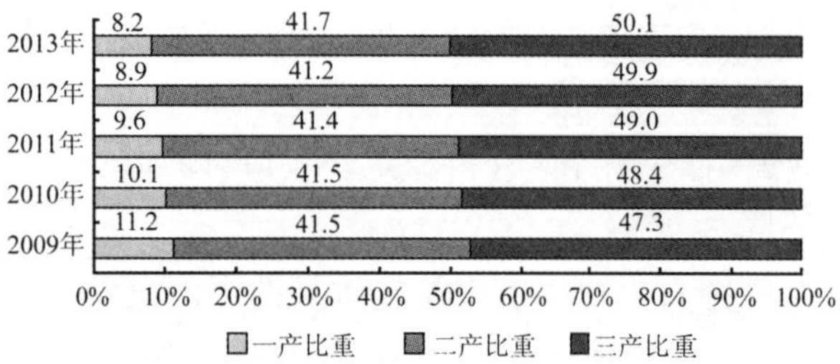

三、城乡居民收入稳步增长，消费水平进一步提高

1．经济发展和政策保障“双轮驱动”，居民收入保持增长

2013 年，我市经济保持平稳较快发展，发展质量和效益进一步提升，居民收入持续增长的经济基础进一步稳固。各项增收政策加大力度，实施 19 项增加群众收入措施，福利待遇与社会平均工资联动调整，推进企业工资集体协商，城乡低保、优抚对象抚恤、农村五保供养、特困救助标准均有新提高。据国家统计局天津调查总队统计资料显示，2013 年，城市居民人均可支配收入 32658 元，增长 10.2%。其中，工资性收入 23553 元，增长 9.4%，拉动可支配收入增长 6.5 个百分点，成为首要拉动因素；转移性收入 10726 元，增长 10.5%；财产性收入 595 元，增长 15.4%，连续两年保持两位数增长；经营净收入 1275 元，增长 6.2%。实施农民收入倍增计划，农村居民人均可支配收入 15405 元，增长 13.5%。

“提低”政策效果明显，低收入群体收入增长较快。最低工资标准由每月 1310 元提高到 1500 元；连续第九年提高企业退休人员养老金，月均达到 2085 元；城市居民最低生活保障标准由每人每月 520 元调整为 600 元；农村居民最低生活保障标准由每人每月 320 元调整为 400 元。据国家统计局天津调查总队统计资料显示，2013 年，我市最低收入组城市居民家庭收入增长最快，人均可支配收入增长 19.2%，高于全市平均增幅 9.0 个百分点。最高、最低收入组收入差距比由上年的 3.97:1 下降为 3.53:1。

2．消费结构明显优化，发展和改善型消费比重提高

2013 年，城市居民人均消费支出 21850 元，增长 9.1%。食品消费稳步增长，城市居民人均食品消费支出 7993.48 元，增长 8.8%；食品支出比重为 36.6%，比上年回落 0.1 个百分点。居住条件改善带动居住类支出增加。全年新建保障性住房 8 万套，新增住房补贴 1 万户。城市居民人均住房面积为 25.89 平方米，增长 5.3%。人均居住类消费支出 2101.88 元，增长 13.4%。家庭汽车拥有量明显增加，交通和通信支出持续增长。年末居民家庭百户汽车拥有量达到 30.4 辆，比上年末增加 5.5 辆。医药管理效果显现，居民保健意识增强。城市居民医疗保健支出 1705.05 元，增长 9.6%，其中，滋补保健品支出增长 25.8%。饰品和美容美发类产品和服务的消费势头强劲。居民洗理和美容费用增长 50.5%，金银珠宝饰品消费支出增长 8.9%。家庭教育投入加大，健身旅游增长较快。城市居民人均教育费用支出 956 元，增长 15.8%。人均健身活动支出增长超过 80%，人均团体旅游支出增长 16.6%。消费方式日趋多样，网络消费日益普遍。城市居民通过互联网购买商品或服务年人均支出 265 元，增长 2.1 倍，占消费性支出的比重由上年的 0.4%上升到 1.2%。

表 1　2009-2013 年城市居民家庭人均收支及增幅

年份	人均可支配收入		人均消费性支出	
	(元)	增幅±%	(元)	增幅±%
2009	21402	10.2	14801	10.3
2010	24293	13.5	16562	11.9
2011	26921	10.8	18424	11.2
2012	29626	10.1	20024	8.7
2013	32658	10.2	21850	9.1

3．价格水平同比上涨，服务类价格上涨较快

2013 年，居民消费价格总水平比上年上涨 3.1%，其中，新涨价因素拉动 2.5 个百分点，滞后因素拉动 0.6 个百分点。八大类商品和服务价格“七

升一降”，其中，食品类上涨5.8%，居住类上涨4.4%，娱乐教育文化用品及服务类上涨2.5%，家庭设备用品及维修服务类上涨2.0%，衣着类上涨1.1%，烟酒类上涨0.9%，医疗保健和个人用品类上涨0.6%；交通和通讯类下降1.4%。食品类和居住类价格是2013年CPI上涨的主要推动力，涨幅位居8大类前两位，共同推动CPI上涨2.77个百分点。受人力成本上涨较快影响，服务类价格涨幅达3.8%，改变了自2001年以来服务类价格涨幅低于CPI的态势。

四、民生保障显实效，社会保障体系进一步完善

1．社会保障水平不断提高，参保范围继续扩大

补助标准不断提高，参保人数持续增长。为适应城镇化发展需求，继续完善城乡一体养老、医疗保险制度，依法推进“扩面参保”。截至年末，全市参加城镇职工基本养老保险520.67万人，增长6.2%；参加城乡居民养老保险106.41万人，增长3.8%。参加医疗保险人数首次突破1000万人，达到1001.52万人，增长2.1%。其中参加城镇职工基本医疗保险493.08万人，参加城乡居民医疗保险508.44万人，比上年分别增长2.9%和1.2%。医疗保险补助标准由每人每年300元提高到420元，医保住院报销比例提高5个百分点。出台《天津市城乡居民生育保险规定》，参保人员产前检查费、生育医疗费和计划生育手术费纳入支付范围，个人不缴纳生育保险费。2013年，参加城镇职工生育保险249.14万人，增长2.6%。参加失业和工伤保险分别为278.69万人和335.06万人，分别比上年增长3.7%和1.5%。

表2　2009-2013年社会保险参保人数

单位：万人

指　　标	2009年	2010年	2011年	2012年	2013年
城镇职工基本医疗保险	444.06	469.98	474.52	479.07	493.08
城乡居民医疗保险		486.00	498.27	502.23	508.44
城镇职工基本养老保险	401.53	431.45	458.71	490.26	520.67
城乡居民养老保险		92.23	98.00	102.60	106.41
失业保险	239.22	246.09	258.75	268.69	278.69
工伤保险	292.21	304.45	320.42	330.06	335.06
生育保险	204.61	212.02	234.60	242.72	249.14

2．提高救助标准，着力构建社会救助“最后一道保障网”

先后出台《关于调整完善医疗保障政策减轻困难家庭医疗负担的意见》和《关于加强最低生活保障工作的实施意见》，扩大医疗救助覆盖范围，提高救助标准。城乡低保救助标准均提高80元，分别达到每人每月600元和400元。扩大享受城乡基本生活必需品价格上涨与困难群众生活联动机制补助的低收入家庭范围，由家庭月人均收入低于低保标准的140%调整为低于低保标准的150%。农村五保供养标准由每人每年5560元调整为6540元。对生活突发变故造成生活困难的群众发放临时救助，7.3万户次困难群众受益。截至年末，全市社会救助总人数达28.14万人，享受城乡最低生活保障为26.87万人，其中，城市16.04万人，农村10.83万人。

3．推进社会工作服务能力建设，社会福利普惠程度明显提升

全面推进城乡养老服务体系建设，推动养老服务专业化发展。建成老年人配餐中心、社区食堂264个，中心城区老年助餐覆盖率达到90%，新建老年日间照料中心103个，总量达到498个；老年日间照料服务站405个。全市2.56万名困难老人享受到政府购买的居家养老服务。增强对弱势群体的收养安置力度，全年新增各类福利院床位4514张，总量达到38402张。全市12个救助站对1.33万人次实施了救助，其中，市救助管理站救助6634人次。拥军优抚安置体系服务能力增强。提高城乡优抚对象定期抚恤补助标准、一至四级残疾人员护理费标准及义务

兵优待金标准。建立无工作单位一至四级残疾军人护理费补贴制度。福利彩票对社会福利事业发挥重要作用，全年共销售福利彩票30.04亿元，增长31.8%，筹集公益金8.80亿元。

五、城乡基础设施建设不断推进，居民出行和居住条件进一步改善

1．城乡一体化进展平稳，新型城镇化建设明显加快

以宅基地换房建设示范小城镇试点工作扎实推进，新开工建设农民住房 1002 万平方米，竣工 604 万平方米，累计 55 万农民迁入新居。第二批“三改一化”试点进展顺利，更多农民成为“四金”农民，实现了安居乐业有保障。农村基础设施和环境面貌进一步改善。城镇化水平进一步提高，2013 年，我市城镇化率为 82.01%，比上年提高 0.46 个百分点。

2．综合交通网络体系日趋完善， 基础设施载体功能持续提升

天津港 30 万吨级航道二期、国际邮轮码头二期进展顺利。滨海国际机场二期 T2 航站楼工程主体完工。津秦客专竣工通车，京津城际延伸线、津保铁路等加快推进；西南环线、南港铁路、西北联络线开工建设。地铁在施 5 条线段 105 公里。三号线南站延伸线试运营，二号线机场延伸线工程盾构贯通，五、六号线 70 座场站全面开工建设。截至年末，轨道交通通车里程达到 134 公里，车站 82 座，日均客流超过 80 万人次，高峰日超百万，缓解了地面交通压力。道路建设全面提速，红星北路、正义道等 100 条城市道路和海河春意桥完工。年末城市铺装道路长度 6840 公里，新增 378 公里；铺装道路面积 12457 万平方米，新增 846 万平方米，道路通行能力进一步提升。

3．公用设施加快升级改造，公用事业服务水平不断提升

推动水、气、热主干管网和设施建设，完成燃气高压主干管线 103 公里。建成临港液化天然气分输站和大港液化天然气应急调峰站。完善了维抢基地建设，开展应急演练，提高了全市燃气储备、应急能力。完成自来水干管建设 38 公里。新建、改造一批公交场站，拓宽改造一批卡口，在城市主干道增设安全岛，进一步方便群众出行。 2013 年，全社会用电量 774.49 亿千瓦时，增长 7.2%。全市自来水综合生产能力 439.60 万立方米/日。全年新增供热面积 1700 万平方米。

六、文化体育事业和产业齐头并进，体制改革进一步深化

1．公共文化服务不断拓展，体系建设进一步完善

天津数字广播大厦、天津数字电视大厦，周恩来邓颖超纪念馆、平津战役纪念馆、自然博物馆新馆等公共文化设施改扩建。推动城市书吧建设，完成农家书屋出版物补充更新。加强精品图书生产，全年出版图书 5134 万册，报纸 8.18 亿份，杂志 3965 万册。全市公共图书馆、美术馆、文化馆、科技馆和街乡镇文体中心（文化站）全部免费开放。年末全市有艺术表演团体 43 个，文化馆 18 个，博物馆 20 个，公共图书馆 31 个。广播影视事业创新发展，天津农村广播、天津校园英语广播开播，启动农村有线电视数字化、双向化、信息化建设。2013 年，全市广播电视网络用户突破 300 万户。全市拥有数字影院 51 家、银幕 345 块。其中，新建影院 10 家，新增银幕 73 块，IMAX 巨幕 6 块、X-LAND 或其他品牌国产巨幕 4 块。全市 266 个电影放映单位放映电影 59.90 万场次，观影人数 1450 万人次，票房收入 3.28 亿元。

2．出台政策支持，文化产业发展取得新进展

出台《关于推动文化产业发展的实施意见》，着力增强天津文化产业的发展动力、创新能力、整体实力和影响力，推动文化产业扩大规模、提升质量。完成文化大发展大繁荣攻坚战前三批重点项目，推出第四批40个重点项目，总投资256亿元。举办2013中国国际新闻出版技术装备博览会、第三届（天津滨海）国际文化创意展交会，建设中国天津新闻出版装备产业园，加快推进天津影视文化艺术产业改革创新试验基地、天津台湾文化生活创意产业园区、东疆国际文化贸易休闲岛、国家级滨海广告产业园和天津市文化金融创新试验基地等建设。全市文化产业园区达到35个，其中，国家级园区9个，入驻企业2000多家。建成国家动漫产业综合示范园动漫与影视超级渲染云计算平台、天津国

家数字出版基地计算中心实验开发平台、国家影视网络动漫实验园和研究院影视动漫公共网络支撑平台。

3．体育事业全面发展，体育产业有序推动

深入贯彻《全民健身条例》，全民健身活动蓬勃开展，参加全民健身系列活动的人数超过400万人次。竞技项目成绩优异，399名运动员参与第十二届全运会，是我市参加全运会决赛阶段人数最多的一届。在24个大项、137个小项中获得决赛席位，夺得20枚金牌、14枚银牌和11枚铜牌，位列金牌榜的第九位。首次举办国际性综合运动会第六届东亚运动会，取得圆满成功。健康产业园体育新基地建设进展顺利。体育彩票在安全规范的前提下，销售额取得新突破。2013年，天津体育彩票销售35.24亿元，增长17%。

七、全面启动"美丽天津·一号工程"，城乡环境进一步改观

1．环境设施建设力度不断加大，生态环境保护不断加强

扎实推进"美丽天津·一号工程"。清新空气、清水河道、清洁村庄、清洁社区和绿化美化"四清一绿"行动全面展开，创建120个美丽社区和225个清洁村庄试点村。陈塘庄热电厂煤改气搬迁工程一套机组基本建成，配套供热管网工程和32座供热锅炉改燃并网工程全面完工，全年共淘汰140万吨炼铁、229万吨水泥落后产能和7万辆黄标车。综合治理河道22条，建成污水处理厂6座，津沽污水处理厂试运行。于桥水库水质保护全面加强。新增造林18.8万亩，新建改造城市绿地面积1600万平方米，西青郊野公园一期建成。生态城市建设和环境污染治理力度加大。继续实施清水工程、绿化工程、净化工程，加大扬尘污染治理、重点项目改造提升、循环经济发展等实施力度。

2．城市管理取得新进展，市容环境明显改善

推进网格化、数字化和分级分类管理，城市精细化管理不断加强。加大交通秩序整治力度，实行小客车总量调控管理。提升改造道路107条，整修建筑3200栋，建设改造公园44个，城乡环境面貌有新的提升。制定重污染天气应急预案，加强污染防治和雾霾天气治理，提前供应国IV标准汽油。化学需氧量、氨氮、二氧化硫和氮氧化物排放量同比分别下降3.5%、2.8%、3.4%和6.8%，市容环境持续改善。

八、深化卫生体制改革，医疗能力和服务水平进一步增强

1．医药卫生体制改革取得新进展，居民就医环境改善

全面实施《天津市"十二五"期间深化医药卫生体制改革规划暨实施方案》，加快健全全民医保体系，巩固完善基本药物制度和基层医疗卫生机构运行机制，积极稳妥推进公立医院改革，统筹做好基本公共卫生服务等配套改革，着力解决城乡居民"看病难、看病贵"问题。

2．医疗卫生资源加快调整，医疗卫生服务体系不断完善

新建、改建、扩建、迁建一批公立医院。区县综合医院、中医医院、基层医疗机构提升改造和公共卫生机构标准化建设持续推进。胸科医院、天津医院、中医一附院新建工程完工，第二儿童医院主体建成。年末全市有各类卫生机构4696个，增加145个；卫生机构床位57743张，增加4234张；卫生技术人员80983人，增加4061人。

表3　2009-2013年卫生事业基本情况

年份	卫生事业机构(个)	#医院、卫生院	卫生机构床位数(张)	#医院、卫生院	卫生技术人员数(人)	#执业(助理)医师	#注册护士
2009	2617	437	46353	41921	67560	27261	23081
2010	2687	438	48828	44080	70040	28478	24193
2011	4431	461	49423	44661	73321	29833	25815
2012	4551	465	53509	48896	76922	30710	27637
2013	4696	482	57743	53062	80983	32059	29715

注：2011年以前卫生机构不含村卫生室。

3．公立医院改革不断深化，多元办医格局逐步形成

积极稳妥推进区县公立医院改革。出台《天津市区县公立医院综合改革指导意见》和《天津市区县公立医院综合改革政府投入政策实施意见》。新建天津马光社区连锁医院、天津和睦家医院、天津新世纪儿童医院、天津美津宜和妇儿医院、天津祥云皮肤病医院、天津捷希肿瘤医院等一批社会办医机构。启动了天津东方妇儿医院、天津中慈医院、天津广泰医院、天津德润医院、恒大原辰（天津）美容医院、天津佰德医院和天津百信医院等建设项目。社会资本办医事业不断发展，全市社会办医机构累计达到1100余家（不含民办村卫生室），床位数占全市的18%。

4．基本公共服务均等化水平提升，医疗卫生服务能力不断增强

制定疾病预防控制体系建设规划框架，完善精神卫生体系，将重性精神疾病管理治疗纳入社区基本公共卫生服务项目。免费向全市居民提供76项基本公共卫生服务。疾病防控、卫生监督保障工作扎实开展。中医“国医堂”实现基层医疗机构全覆盖。实施妇女儿童健康促进计划，出生缺陷发生率控制在10‰以内。孕产妇死亡率和婴儿死亡率连续八年控制在10／10万和6‰以内。推行全时段应诊和无假日门诊，公休日诊疗人次占总量的22%。开展多种形式的预约诊疗服务，三级医院综合预约率达36.8%，预约诊疗676.6万人次，占门诊总诊疗人次的29.3%，提高了医疗卫生服务能力和效率。

九、科技引领教育优先，驱动和支撑天津创新发展的作用进一步显现

1．自主创新能力大幅提升，科技创新体系建设取得进展

利用部市会商、院地合作平台，建成一批研发转化平台和技术创新联盟，推动一批重大科技项目在津投产，全年启动实施第八批自主创新产业化重大项目20项，累计实施160项，全年研究与试验发展经费支出占地区生产总值的比重为2.98%。建成全国首家863产业化促进中心、国家锂离子动力电池研究中心等创新平台，电动汽车、3D打印等重大科技示范工程加快推进。新增认定的科技企业孵化器21家，总数达121家，其中国家级孵化器23家，新增5家，市级科技企业孵化器25家，建设孵化转化一体化载体22家。通过认定的生产力促进中心131家，新增30家，市级示范生产力促进中心45家，新增18家。工程技术中心151家，其中国家级工程技术中心35家，市级工程技术中心116家。国家级重点实验室9个，国家部委级重点实验室45个，国家级科技产业化基地26个。

2．科技型中小企业发展提速，科技小巨人发展壮大

2013年，全市新增科技型中小企业1.45万家，累计达4.92万家。科技型中小企业专利申请量和发明专利申请量分别比上年增长31%和29%，在新能源、生物医药、节能环保、现代装备等领域培育出一批战略性新兴产业集群，成为科技与经济结合的中坚力量。实施新一轮科技小巨人发展计划，全年新增小巨人企业636家，累计达到2435家。

3．科技成果逐年递增，专利创造能力快速提升

原始创新能力显著增强。全年15项科技成果获得国家科学技术奖，其中，技术发明奖4项，科技进步奖11项，涉及装备制造、水利水电、电气工程、生物医药等多个领域。全年完成市级科技成果2385项，增长17.5%。其中，基础理论成果171项，应用技术成果2190项，软科学成果24项；属于国际领先水平63项，达到国际先进水平336项。全年签订技术合同15817项，合同成交额300.68亿元，增长19.7%。被国际三大检索系统收录科技论文20021篇，其中被SCI收录6794篇，被EI收录9956篇，被CPCI收录3271篇。全年专利申请60915件，年末有效专利68540件，增长31.0%，每万人口发明专利拥有量达到9件，比上年提高1.5件。7项专利荣获第十五届中国专利奖。商标注册申请2万件，累计达到12.35万件，拥有著名商标1145件，其中新认定著名商标169件。232种产品获得天津名牌称号，名牌产品总量达到519种，地理标志产品12种。

4．教育现代化水平明显提高，改革开放进一步深化

启动学前教育提升计划（2013-2015年），完成20所幼儿园新建改扩建工程。截至年末，全市幼儿园1702所，比上年增加241所，在园幼儿23.32万人，

增加0.47万人。推进新一轮义务教育学校现代化标准建设，首批120所学校验收达标。全市小学838所，在学学生55.21万人，增加1.98万人。实施普通高中现代化标准建设，新建改扩建首批10所农村高中，建设第二批12所特色高中实验校。全市普通中学518所，在校学生43.59万人，学生规模保持稳定。国家职业教育改革创新示范区建设不断加快。全市中等职业教育学校112所，在校学生11.83万人。高校学科建设成效明显，新增博士学位授权院校2所。全市普通高校55所，在读研究生5.06万人，增加0.22万人；普通本专科在校学生48.99万人，增加1.68万人；成人高等教育在学人数7.36万人，增加0.46万人。国家级6项和市级112项教育体制改革试点工作有序推进，成立外国留学生预科学院，新增孔子学院（课堂）5所。各类在津外国留学生达到2.15万人。

图2　2009-2013年全市普通本专科、普通中学和普通小学在校生数

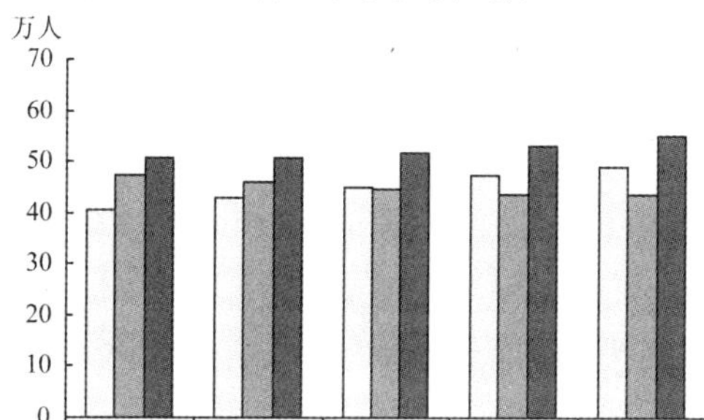

	2009年	2010年	2011年	2012年	2013年
□普通本专科	40.60	42.92	44.97	47.31	48.99
▨普通中学	47.46	45.86	44.74	43.78	43.59
■普通小学	50.74	50.59	51.85	53.23	55.21

十、社会治安保持稳定，行政效能和服务管理水平进一步提高

1.“促发展、惠民生、上水平”活动取得实效，行政效能水平切实提升

深入开展“促发展、惠民生、上水平”活动，全市4451名机关干部组成673个服务工作组，深入7746家企业、项目和基层单位开展帮扶，共解决影响企业发展、项目建设、基层稳定等各类急难问题7390个，解决率达到92.6%。减少下放行政审批取得了新进展新成效。市级行政审批事项由495项减少到382项。滨海新区承接市级审批事项及权限94项，累计达到236项。向各区县普遍下放73项，累计下放144项。市和区县有关单位继续实行24小时开门服务，8个区县政府和29个市级部门的政务微博开通上线，成为政府与群众沟通新渠道。

2．社会管理推陈出新，预防和化解社会矛盾的能力不断提升

完善社会矛盾源头化解机制。加大推动《重大事项社会稳定风险评估办法》、《重点建设项目社会稳定风险分析》和《评估细则》的落实力度，全面实行社会稳定风险评估机制，有效预防化解了重点领域、重点群体中的矛盾纠纷，大量社会矛盾在基层得到有效解决。建立和完善人民调解、行政调解、司法调解“三位一体”的大调解体系。2013年，全市共有调解组织5848个，调解员34153名，行业协会调解机构479个，医患纠纷、劳动纠纷、物业管理纠纷等行业性调解组织发挥重要作用。完善应急管理体系，应对各类突发事件的能力进一步提高。

3．平安天津建设扎实推进，治安防控体系日臻完善

深化平安建设十项系列行动，坚持严打方针，持续开展打击“两抢一盗”和打击网络谣言等专项行动，遏制刑事犯罪高发势头。治安防控体系日臻完善。推进警防、民防、技防“三张网”建设，实行指挥、巡控一体化和公安、武警联勤联动巡逻常态化。全面开展治理整顿交通秩序、黑出租汽车、加强犬类管理专项行动。全面加强和改进社会治安管理，为我市经济社会发展创造了稳定、良好的社会治安环境。据2013年度社会公众安全感与满意度调查显示，全年公众安全感和满意度均超过96%。

4．专项整治有效开展，安全生产形势基本稳定

2013年，我市继续强化生产、施工、消防、交通等安全监管，深入开展各类安全大检查，大力排查治理隐患，防止重特大安全事故发生。全年各类安全事故死亡978人，全市亿元生产总值生产安全事故死亡人数0.071人，比上年下降12.2%，全年未发生较大以上事故。其中，道路交通事故死亡836人，下降1.4%；工矿商贸安全生产事故死亡81人。食品安全形势保持稳定，全年未发生重大食品安全责任事故。作为全市20项民心工程之一的放心食品系列工程建设进展顺利。

（李萍　戴颖　申娟）

1 综合 General Survey

1-1 行政建制(2013年底)

Administrative Divisions, End of 2013

单位：个(unit)

项　目	Item	街道办事处 Subdistrict Offices	居民委员会 Residents' Committees	镇政府 Town Governments	乡政府 Township Governments	村民委员会 Village Committees
全市总计	**Total**	**113**	**1545**	**121**	**6**	**3707**
市辖区	**Districts under City Administration**	**112**	**1452**	**69**		**2093**
和平区	Heping District	6	63			
河东区	Hedong District	13	164			
河西区	Hexi District	13	168			
南开区	Nankai District	12	172			
河北区	Hebei District	10	109			
红桥区	Hongqiao District	10	171			
东丽区	Dongli District	11	103			57
西青区	Xiqing District	2	61	7		151
津南区	Jinnan District		39	8		165
北辰区	Beichen District	7	112	9		126
武清区	Wuqing District	6	54	24		685
宝坻区	Baodi District	8	27	16		765
滨海新区	Binhai New Area	14	209	5		144
市辖县	**Counties under City Administration**	**1**	**93**	**52**	**6**	**1614**
宁河县	Ninghe County		29	11	3	282
静海县	Jinghai County		36	16	2	383
蓟　县	Jixian County	1	28	25	1	949

资料来源：天津市民政局。
Source: Tianjin Municipal Civil Affairs Bureau.

1-2 土地面积(2012年)

Area of Land,2012

项　目	Item	面　积 (平方公里) Area(sq.km)	占全市土地总面积比重(%) Percentage to Total Area (%)
全市土地总面积	**Total Land Area**	**11916.85**	**100.0**
农用地	**Land for Agricultural Production**	**7061.73**	**59.3**
耕　地	Cultivated Land	4392.78	36.9
园　地	Garden Plot	306.71	2.6
林　地	Afforested Land	555.86	4.7
其他农用地	Others	1806.39	15.2
建设用地	**Land for Construction**	**3999.25**	**33.5**
居民点及工矿用地	Land for Residents and Industry	3207.41	26.9
交通用地	Land for Transportation	258.30	2.1
水利设施用地	Land for Water Conservancy	533.54	4.5
未利用地面积	**Unused Area**	**855.87**	**7.2**
未利用土地	Unused Soil	165.02	1.4
其他土地	Other Land	690.85	5.8

资料来源：天津市国土资源和房屋管理局。
Source: Tianjin Municipal Bureau of Land Resources and Housing Administration.

1-3 各月份气象资料(2013年)

Meteorological Data of Each Month,2013

月 份 Month	平均气温 Average Temperature (℃)	最高气温 Highest Temperature (℃)	最低气温 Lowest Temperature (℃)	平均相对湿度 Average Relative Humidity (%)	日照时数(小时) Hours of Sunshine (hour)	降水量(毫米) Precipitation (mm)	一日最大降水量(毫米) Largest Precipitation in One Day(mm)	平均风速(米/秒) Average Wind Speed (m/sec)
全 年 Year	**12.8**	**38.0**	**-15.3**	**61.8**	**2268.2**	**425.7**	**76.8**	**2.1**
一 月 January	-4.6	4.3	-15.3	68.7	116.3	3.3	4.0	1.8
二 月 February	-1.1	15.2	-15.2	60.8	146.9	5.0	5.1	2.0
三 月 March	5.8	21.5	-6.2	50.8	208.6	10.1	13.7	2.5
四 月 April	11.8	28.8	-1.8	45.5	255.7	3.4	5.9	3.1
五 月 May	21.0	35.9	6.0	54.1	245.5	7.7	13.8	2.6
六 月 June	24.2	35.4	13.6	72.2	154.4	79.9	50.2	2.3
七 月 July	27.2	38.0	18.6	76.2	192.3	117.7	76.8	1.8
八 月 August	27.9	37.9	13.6	72.5	214.4	97.5	60.7	1.8
九 月 September	21.2	31.7	5.7	74.0	161.9	74.6	52.3	1.7
十 月 October	14.1	27.4	-0.1	65.2	199.6	21.4	23.9	1.7
十一月 November	6.7	20.4	-6.7	48.0	188.3	2.0	3.4	2.1
十二月 December	-0.4	15.0	-14.5	52.9	184.5	3.1	6.5	1.7

1-4 各区县气象资料(2013年)

Meteorological Data by District and County,2013

地 区 Region	全年平均气温 Annual Average Temperature (℃)	平均相对湿度 Average Relative Humidity (%)	日照时数(小时) Hours of Sunshine (hour)	降水量(毫米) Precipitation (mm)	无霜期(天) Non-frosting Period (day)	雾天数(天) Foggy Days (day)
市 区 Urban District	14.1	56		371.9		
东丽区 Dongli District	13.4	60	1996.2	343.4	211	14
西青区 Xiqing District	12.8	59	2255.2	411.5	231	21
津南区 Jinnan District	12.8	64	2430.1	384.3	206	21
北辰区 Beichen District	12.4	63	2280.1	440.6	195	17
武清区 Wuqing District	12.9	58	2119.4	516.2	229	16
宝坻区 Baodi District	11.7	63	2333.0	442.7	194	31
滨海新区 Binhai New Area						
# 塘 沽 Tanggu	13.1	61	2440.1	368.1	191	16
汉 沽 Han'gu	12.6	69	2458.0	388.0	202	37
大 港 Dagang	13.2	62	2246.5	459.8	240	15
宁河县 Ninghe County	12.2	69	2205.9	378.6	191	25
静海县 Jinghai County	13.0	62	2261.6	469.1	196	30
蓟 县 Jixian County	12.8		2192.2	560.3	183	19

资料来源：天津市气象信息中心。
Source: Tianjin Meteorological Information Center.

1-5 国民经济和社会发展总量与速度指标

指 标	Item	总量指标 Aggregate Data 1978	1990	2000
人口与就业	**Population and Employment**			
人 口(万人)	**Population(10 000 persons)**			
年末常住人口	Year-end Resident Permanent	724.27	884.03	1001.14
# 城镇人口	Urban		611.11	720.53
年末户籍人口	Year-end Registered Population	724.27	866.25	912.00
# 非农业人口	Non-agricultural Population	358.45	485.44	532.51
就 业(万人)	**Employment(10 000 persons)**			
社会从业人员	Number of Employment Personnel	366.70	470.07	486.89
# 城镇非私营单位从业人员	Employment Personnel in Urban Non-Private Units	217.40	284.31	201.75
城镇登记失业人数	Registrated Unemployment in Urban Areas			10.50
宏观经济	**Macro Economy**			
国民经济核算	**National Accounting**			
全市生产总值(亿元)	Gross Domestic Product(100 million yuan)	82.65	310.95	1701.88
第一产业	Primary Industry	5.03	27.32	73.69
第二产业	Secondary Industry	57.53	181.38	863.83
第三产业	Tertiary Industry	20.09	102.25	764.36
人均生产总值(元)	Per Capita GDP (yuan)			
(按常住人口计算)	(Calculated by Resident Population)	1133	3487	17353
固定资产投资	**Investment in Fixed Assets**			
全社会固定资产投资总额(亿元)	Total Investment in Fixed Assets(100 million yuan)	20.30	87.69	608.80
# 地 方	Local Govemment	10.03	57.47	463.83
城镇房地产开发	Real Estate Development			133.93
全社会房屋竣工面积(万平方米)	Floor Space of Buildings Completed (10 000 sq.m)		686.39	1459.36
消 费(亿元)	**Consumption(100 million yuan)**			
社会消费品零售总额	Total Retail Sales of Consumer Goods	25.20	139.88	736.63
对外贸易(亿美元)	**Foreign Trade(USD 100 million)**			
货物进出口总额	Total Value of Imports and Exports	9.88	22.10	171.57
出口额	Exports	8.65	17.86	86.29
进口额	Imports	1.24	4.24	85.28

注：1.本表价值指标除邮电业务总量按不变价格计算外，其余均按当年价格计算。邮电业务总量2000年及以前按1990年不变价格计算，2001—2010年按2000年不变价格计算，2011年起按2010年不变价格计算。表15—10和15—11同。2.本表速度指标中，国内生产总值及三次产业增加值、农林牧渔业总产值、工业总产值、公共财政收支、邮电业务总量和城市居民收入指标均按可比价格计算。固定资产投资平均增长速度按累计法计算。以下各表同。3.农村居民人均可支配收入2011年以前为农村居民人均纯收入。

Principal Aggregate Indicators on Nationnal Economic and Social Development and Growth Rates

		指数(%)(2013为以下各年) Index (%) (2013 as Percentage of the Following Years)				平均增长速度(%) Average Annual Growth Rate (%)		
2012	2013	1978	1990	2000	2012	1979–2013	1991–2013	2001–2013
1413.15	1472.21	203.3	166.5	147.1	104.2	2.0	2.2	3.0
1152.49	1207.36		197.6	167.6	104.8		3.0	4.1
993.20	1003.97	138.6	115.9	110.1	101.1	0.9	0.6	0.7
616.36	632.23	176.4	130.2	118.7	102.6	1.6	1.2	1.3
803.14	847.46	231.1	180.3	174.1	105.5	2.4	2.6	4.4
289.07	302.44	139.1	106.4	149.9	104.6	0.9	0.3	3.2
20.40	21.69			206.6	106.3			5.7
12893.88	14370.16	4400.8	1805.1	606.5	112.5	11.4	13.4	14.9
171.60	188.45	661.6	271.0	167.7	103.7	5.5	4.4	4.1
6663.82	7276.68	5031.2	2216.4	746.3	112.7	11.8	14.4	16.7
6058.46	6905.03	4870.6	1676.6	502.2	112.5	11.7	13.0	13.2
93173	99607	2226.4	1116.9	413.1	107.9	9.3	11.1	11.5
8871.31	10121.21	49858.2	11542.0	1662.5	114.1	19.0	23.1	24.7
8231.15	9420.26	93920.8	16391.6	2031.0	114.4	21.3	25.0	26.6
1260.00	1480.82			1105.7	117.5			20.5
3636.54	4415.88		643.3	302.6	121.4		8.4	8.9
3921.43	4470.43	17739.8	3195.9	606.9	114.0	15.9	16.3	14.9
1156.23	1285.28	13008.9	5815.7	749.1	111.2	14.9	19.3	16.8
483.14	490.25	5667.6	2745.0	568.1	101.5	12.2	15.5	14.3
673.09	795.03	64115.3	18750.7	932.3	118.1	20.3	25.6	18.7

Note:a) Figures in value terms in this table are at current prices, except that on the business value of post and telecommunication services which is at 1990 constant prices before 2000 and at 2000 constant prices from 2000 to 2010.Since 2011, it was calculated at 2010 constant prices. Same as table 15-10 and 15-11.b)The indices and growth rates of the follow indicators are calculated at constant prices: Gross Domestic Product and value-added of the three strata of industry,Gross Output Value of Agriculture,Forestry,Animal Husbandry and Fishery,Gross Output Value of Industry,Public Finale Revenue and penditure,business Value of Post and Telecommunication Services,Per Capita Income of Urban and Rural Residents.The average annual growth rate of total investment in fixed assets is calculated at the accumulate method.Same as following next.c)Before 2011, Per Capita Annual Disposable Income of Rural Residents refers to per capita annual net income of rural households.

1-5续表1

指　　标	Item	1978	1990
实际利用外资额(亿美元)	**Actually Utilization of Foreign Capital(USD 100 million)**		
外商直接投资	Foreign Direct Investments		0.83
财　政(亿元)	**Government Finance(100 million yuan)**		
公共财政收入	Public Finance Revenue	39.25	44.88
公共财政支出	Public Finance Expenditure	14.51	40.20
物价总指数(上年=100)	**Price Indices(preceding year=100)**		
居民消费价格指数	Consumer Price Index	100.0	103.0
商品零售价格指数	Retail Price Index	100.0	102.7
能源生产与消费(万吨标准煤)	**Production and Consumption of Energy(10 000 tons of SCE)**		
能源生产总量	Total Energy Production		
能源消费总量	Total Energy Consumption		1961.58
产　　业	**Industry**		
农　业(亿元)	**Agriculture(100 million yuan)**		
农林牧渔业总产值	Gross Output Value of Agriculture, Forestry, Animal Husbandry and Fishery	6.72	51.72
工　业(亿元)	**Industry(100 million yuan)**		
工业总产值	Gross Output Value of Industry	157.90	679.94
轻工业	Light Industry	81.47	354.50
重工业	Heavy Industry	76.43	325.44
建筑业(亿元)	**Construction(100 million yuan)**		
建筑业总产值	Gross Output Value	8.78	31.70
交通运输、邮政业和信息传输	**Transportation,Postal and Information Transmission**		
客运量(万人)	Passenger Traffic (10 000 persons)	1991	2175
货运量(万吨)	Freight Traffic(10 000 tons)	9241	15929
港口货物吞吐量(万吨)	Volume of Freight Handled at Coastal Ports (10 000 tons)	1131	2063
集装箱吞吐量(万TEU)	Handled Containers(10 000TEU)	1	29
邮电业务总量(亿元)	Business Value of Post and Telecommunication Services (100 million yuan)	0.27	3.27
移动电话年末用户(万户)	Number of Mobile Telephone Subscribers at Year-end (10 000 subscribers)		
固定电话年末用户(万户)	Number of Fixed Telephone Subscribers at Year-end (10 000 subscribers)	8.36	31.78
旅游业	**Tourism**		
入境旅游过夜游客(万人次)	Number of Tourists(Overnight Visitors)(10 000 person-times)		5.60
国际旅游外汇收入(万美元)	Foreign Exchange Earnings from International Tourism (USD 10 000)		2314
金融业(亿元)	**Financial Intermediation(100 million yuan)**		
中资金融机构人民币存款年末余额	RMB Deposits Balance of Chinese Financial Institutions year-end	33.24	263.21
中资金融机构人民币贷款年末余额	RMB Loans Balance of Chinese Financial Institutions year-end	80.14	415.91
股票筹资额	Raised Capital of Listed Companies		
保险公司保费金额	Insurance Premium of Insurance Companies		3.43
保险公司赔款及给付金额	Indemnity Expenditure and Payment of Insurance Companies		0.98

Continued

总量指标 Aggregate Data			指数(%)(2013为以下各年) Index(%)(2013 as Percentage of the Following Years)				平均增长速度(%) Average Annual Growth Rate (%)		
2000	2012	2013	1978	1990	2000	2012	1979–2013	1991–2013	2001–2013
25.60	150.16	168.29		20275.9	657.4	112.1		26.0	15.6
133.61	1760.02	2079.07	9946.8	8699.0	1556.1	118.1	14.0	21.4	23.5
187.05	2143.21	2549.21	23209.7	8377.4	1362.8	118.9	16.8	21.2	22.3
99.6	102.7	103.1	600.6	304.9	134.1	103.1	5.3	5.0	2.3
98.6	103.0	101.7	394.6	195.2	115.3	101.7	4.0	3.0	1.1
1201.94	4709.44	4635.07			385.6	98.4			10.9
2553.60	7927.48	8627.77		439.8	337.9	108.8		6.7	9.8
156.30	375.62	412.36	1005.0	332.5	175.0	103.8	6.8	5.4	4.4
3080.74	24194.13	27283.28	19551.1	6091.8	1172.8	113.0	16.3	19.6	20.9
1263.10	4728.22	5861.38	10507.2	3035.7	685.4	112.9	14.2	16.0	16.0
1817.64	19465.91	21421.90	26855.9	9099.7	1500.1	113.0	17.2	21.7	23.2
238.10	3258.57	3670.53	41805.6	11579.0	1541.6	112.6	18.8	22.9	23.4
3474	28462	29518	1482.6	1357.1	849.7	103.7	8.0	12.0	17.9
26400	47698	51603	558.4	324.0	195.5	108.2	5.0	5.2	5.3
9582	47697	50063	4426.4	2426.7	522.5	105.0	11.4	14.9	13.6
171	1230	1301	130100.0	4486.2	760.8	105.8	22.7	18.0	16.9
75.37	186.74	196.00	131261.3	22113.5	960.5	105.0	22.8	26.5	19.0
122.80	1303.34	1323.15			1077.5	101.5			20.1
247.06	354.18	352.80	4220.1	1110.1	142.8	99.6	11.3	11.0	2.8
15.97	73.75	75.86		1354.6	475.0	102.9		12.0	12.7
23176	222641	259139		11198.7	1118.1	116.4		22.8	20.4
2281.55	19356.08	22268.27	66992.4	8460.3	976.0	115.0	20.4	21.3	19.2
1863.60	16977.76	18987.54	23693.0	4565.3	1018.9	111.8	16.9	18.1	19.5
32.79	376.52	376.52			1148.3	100.0			20.7
31.47	238.16	276.80		8070.0	879.6	116.2		21.0	18.2
7.20	81.02	102.00		10408.2	1416.7	125.9		22.4	22.6

1−5续表2

指 标	Item	1978	1990
教育、科技、文化	**Education, Science and Technology and Culture**		
教 育	**Education**		
在校学生数(万人)	Students Enrollment(10 000 persons)	162.30	134.97
专任教师数(万人)	Full-time Teachers(10 000 persons)	9.25	10.53
科 技(亿元)	**Science and Technology**		
研究与试验发展经费支出	Expenditures on Research and Development(100 million yuan)		
文 化	**Culture**		
图书出版总印数(万册)	Number of Books Published(10 000 copies)	7367	13048
电视节目制作时间(万小时)	Time for TV Programs Production(10 000 hours)		
人民生活	**People's Living Conditions**		
婚姻家庭	**Marriages and Divorces, Family Size**		
城镇居民平均每户家庭人口(人)	Average Household Size in Urban Areas(person)		3.20
农村居民平均每户常住人口(人)	Average Household Size in Rural Areas(person)	5.80	4.40
结婚登记总数(对)	Registered Number of Marriages(couples)	63599	77210
离婚数(对)	Number of Divorces(couples)	1481	6967
居 住(平方米)	**Housing(sq.m)**		
城市人均住宅建筑面积	Per Capita Floor Space of Urban Residential Buildings	4.3	9.8
农村人均住房面积	Per Capita Floor Space of Rural Residents	9.0	18.0
生 活	**Living**		
城市居民人均可支配收入(元)	Per Capita Annual Disposable Income of Urban Residents(yuan)	388	1639
农村居民人均可支配收入(元)	Per Capita Annual Disposable Income of Rural Residents(yuan)	153	1069
中资金融机构人民币储蓄存款余额(亿元)	RMB Deposit Balance of Saving Deposits of Chinese Financial Institutions(100 million yuan)	4.02	126.92
社会保险(亿元)	**Social Insurance(100 million yuan)**		
社会保险基金收入	Revenue of Social Insurance Fund		
社会保险基金支出	Expenses of Social Insurance Fund		
卫 生	**Health Care**		
医院、卫生院(个)	Number of Hospitals(unit)	310	293
执业(助理)医师(万人)	Number of Licensed (Assistant) Doctors(10 000 persons)	1.58	3.20
医院、卫生院床位数 (万张)	Number of Beds of Hospitals(10 000 units)	1.73	3.34
城市市政建设	**Municipal Works**		
自来水供水总量(亿吨)	Annual Supply of Tap Water(100 million tons)	2.16	6.32
天然气销售量(亿立方米)	Volume of Natural Gas Supply(100 million cu.m)	2.05	2.49
供热面积(万平米)	Heating Area(10 000 sq.m)		
年末实有铺装道路长度(公里)	Length of Paved Roads at Year-end(km)	764	2932
排水管道长度(公里)	Length of Sewer Pipelines(km)	1051	2645
年末公共交通车辆运营数(辆)	Number of Public Vehicles in Operation at Year-end(unit)	1205	1857
城市绿地面积(平方公里)	Areas of Green Land (sq.km)		
环 境	**Environment**		
废水中化学需氧量排放量(万吨)	COD Discharge of Waste Water(10 000 tons)		
废气中二氧化硫排放量(万吨)	Sulphur Dioxide Emission of Waste Gas(10 000 tons)		

Continued

总量指标 Aggregate Data			指数(%)(2013为以下各年) Index(%)(2013 as Percentage of the Following Years)				平均增长速度(%) Average Annual Growth Rate (%)		
2000	2012	2013	1978	1990	2000	2012	1979–2013	1991–2013	2001–2013
162.22	156.16	158.88	97.9	117.7	97.9	101.7	-0.1	0.7	-0.2
11.07	11.80	11.90	128.6	113.0	107.5	100.8	0.7	0.5	0.6
24.69	360.49	428.09			1733.9	118.8			24.5
5881	4537	5134	69.7	39.3	87.3	113.2	-1.0	-4.0	-1.0
	2.5	2.8				112.0			
3.08	2.85	2.72		85.0	88.3	95.4		-0.7	-1.0
3.69	3.26	3.28	56.6	74.5	88.9	100.6	-1.6	-1.3	-0.9
61416	101389	102574	161.3	132.9	167.0	101.2	1.4	1.2	4.0
13338	34790	44093	2977.2	632.9	330.6	126.7	10.2	8.4	9.6
13.90	34.61	35.75	831.4	364.8	257.2	103.3	6.2	5.8	7.5
23.60	30.26	31.80	353.3	176.7	134.7	105.0	3.7	2.5	2.3
8141	29626	32658	1401.4	653.6	299.1	106.9	7.8	8.5	8.8
4370	13571	15405				113.5			
1172.40	6991.09	7563.46	188145.8	5959.2	645.1	108.2	24.0	19.4	15.4
	624.87	696.31				111.4			
	531.47	611.30				115.0			
488	465	482	155.5	164.5	98.8	103.7	1.3	2.2	-0.1
3.00	3.07	3.21	203.2	100.3	107.0	104.6	2.0		0.5
3.88	4.89	5.31	306.9	159.0	136.9	108.6	3.3	2.0	2.4
6.11	7.72	7.86	363.9	124.4	128.6	101.8	3.8	1.0	2.0
2.35	25.38	26.96	1315.1	1082.7	1147.2	106.2	7.6	10.9	20.6
3260	30000	32897			1009.1	109.7			19.5
3602	6462	6933	907.3	236.4	192.4	107.3	6.5	3.8	5.2
7032	17756	18644	1773.9	704.9	265.1	105.0	8.6	8.9	7.8
5358	8405	9670	802.5	520.7	180.5	115.1	6.1	7.4	4.6
17.70	82.60	83.16			469.8	100.7			12.6
	22.95	22.15				96.5			
	22.45	21.68				96.6			

1-6 各时期国民经济主要指标年均增长速度(一)

Annual Increase Rate of National Economy In Different Period(Ⅰ)

单位：%(%)

指 标 Item	“恢复”时期 Rehibilatation Period 1950-1952	“一五”时期 First Five-year Plan Period 1953-1957	“二五”时期 Second Five-year Plan Period 1958-1962	“调整”时期 Adjustment Period 1963-1965	“三五”时期 Third Five-year Plan Period 1966-1970	“四五”时期 Fourth Five-year Plan Period 1971-1975	“五五”时期 Fifth Five-year Plan Period 1976-1980
户籍人口数 Registered Population	2.9	3.8	2.4	2.3	0.5	1.5	1.3
社会从业人员数 Number of Employment Personnel	5.8	3.2	1.8	3.7	3.5	4.0	3.7
全市生产总值 Gross Domestic Product	17.6	13.5	-1.7	15.5	8.3	7.2	7.4
第一产业 Primary Industry	11.4	6.5	-2.9	21.2	-1.1	3.2	1.8
第二产业 Secondary Industry	19.7	17.3	-0.7	19.3	10.7	10.3	7.3
第三产业 Tertiary Industry	15.9	10.3	-2.9	6.0	5.1	7.2	9.0
人均生产总值 Per Capita GDP	39.9	9.3	-4.4	12.7	7.9	5.6	5.7
社会劳动生产率 Society Labour Productivity		9.7	-4.1	12.6	5.1	3.4	2.9
农业总产值 Gross Output Value of Agriculture	25.0	3.8	-2.6	18.8	1.1	1.1	3.5
工业总产值 Gross Output Value of Industry	38.5	16.6	0.4	15.5	10.3	8.5	6.0
轻工业 Light Industry	36.3	13.5	-1.3	12.8	7.5	6.7	7.7
重工业 Heavy Industry	53.9	29.5	4.5	20.6	14.5	10.6	4.1
中资金融机构人民币存款余额 RMB Deposits Balance of Chinese Financial Institutions	154.8	3.0	27.4	5.7	3.6	12.1	11.8
# 储蓄存款余额 Savings Deposit Balance	354.3	16.0	-2.3	19.0	0.3	12.6	22.5
中资金融机构人民币贷款余额 RMB Loans Balance of Chinese Financial Institutions	222.9	88.3	18.0	0.4	9.1	11.9	8.4
全市财政收入 Total Government Revenue	106.6	15.5	4.1	10.9	16.0	6.9	0.9

1-6续表 *Continued*

单位：%(%)

指 标 Item	"恢复"时期 Rehibila-tation Period 1950-1952	"一五"时期 First Five-year Plan Period 1953-1957	"二五"时期 Second Five-year Plan Period 1958-1962	"调整"时期 Adjus-tment Period 1963-1965	"三五"时期 Third Five-year Plan Period 1966-1970	"四五"时期 Fourth Five-year Plan Period 1971-1975	"五五"时期 Fifth Five-year Plan Period 1976-1980
全市财政支出 Total Government Expenditures	81.7	8.6	8.8	12.0	12.8	10.6	6.7
全社会固定资产投资额 Total Investment in Fixed Assets	17.5	20.8	24.4	26.4	6.7	22.0	6.5
社会货运量 Freight Traffic	18.5	11.3	3.2	-0.5	7.0	6.9	15.6
港口货物吞吐量 Freight Handled in Ports	33.6	30.9	6.6	12.0	8.3	0.2	7.6
邮电业务总量 Total Business Value of Post and Telecommunications	5.5	0.9	9.0	4.1	0.5	7.5	5.8
社会消费品零售总额 Total Retail Sales of Consumer Goods		5.5	0.8	4.0	3.7	7.8	8.8
外贸进出口总额 Total Value of Imports & Exports in Foreign Trade			-0.8	13.8	0.2	19.9	15.6
# 出 口 Exports		5.5	-1.2	13.5	-1.4	19.4	14.8
城镇非私营单位从业人员工资总额 Total Remuneration of Employment Personnel in Urban Non-Private Units		12.1	4.7	10.0	0.6	4.4	11.2
城镇非私营单位从业人员平均工资 Average Remuneration of Employment Personnel in Urban Non-Private Units					-1.4	-1.1	4.5
城市居民人均可支配收入 Per Capita Disposable Income of Urban Residents		1.5	-1.3	5.0	1.9	2.9	8.8
城市居民人均消费性支出 Per Capita Expenditure for Consumption of Urban Residents		2.0	-0.3	3.2	2.1	3.0	8.6
农村居民人均纯收入 Per Capita Annual Net Income of Rural Residents	15.9	5.6	-6.7	12.3	9.5	0.3	13.6
各类学校在校学生数 Students Enrollment By Type of School	21.0	8.0	4.9	11.7		2.8	-3.9
医院、卫生院床位数 Hospital Beds	16.7	12.2	11.3	2.3	0.2	7.0	3.3
卫生技术人员数 Medical Technical Personnel	17.8	12.3	9.5	3.4	-2.2	7.4	8.5
# 执业(助理)医师 Licensed(Assistant) Doctors	8.3	10.7	9.3	7.1	-3.1	6.4	10.7

注：本表社会消费品零售总额，城镇非私营单位从业人员工资平均增速均已扣除价格因素；下表同。
Note: The average increase rates of Total Retail Sales of Consumer Goods and The Renuneration of Employment Personnel in Urban Non-Private Unites have deducted price sectors.Same as following next.

1-7 各时期国民经济主要指标年均增长速度(二)

Annual Increase Rate of National Economy In Different Period(Ⅱ)

单位：%(%)

指 标 Item	"六五"时期 Sixth Five-year Plan Period 1981-1985	"七五"时期 Seventh Five-year Plan Period 1986-1990	"八五"时期 Eighth Five-year Plan Period 1991-1995	"九五"时期 Ninth Five-year Plan Period 1996-2000	"十五"时期 Tenth Five-year Plan Period 2001-2005	"十一五"时期 Eleventh Five-year Plan Period 2006-2010
户籍人口数 Registered Population	1.4	1.5	0.6	0.4	0.6	1.0
社会从业人员数 Number of Employment Personnel	2.9	0.6	1.9	-1.1	2.2	6.1
全市生产总值 Gross Domestic Product	9.3	5.2	11.7	11.3	14.0	16.1
第一产业 Primary Industry	7.7	7.5	4.6	5.2	5.6	2.9
第二产业 Secondary Industry	8.6	4.1	11.7	11.3	16.5	17.8
第三产业 Tertiary Industry	11.6	7.6	13.4	12.2	11.7	14.6
人均生产总值 Per Capita GDP	8.0	3.2	10.2	10.7	12.8	11.6
社会劳动生产率 Society Labour Productivity	6.0	4.4	9.7	12.0	12.3	10.0
农业总产值 Gross Output Value of Agriculture	9.7	8.6	7.0	6.2	6.1	3.1
工业总产值 Gross Output Value of Industry	9.7	10.6	20.7	15.2	21.5	21.5
轻工业 Light Industry	10.1	10.2	16.3	15.8	10.4	15.7
重工业 Heavy Industry	9.1	11.2	24.9	14.8	27.4	22.8
中资金融机构人民币存款余额 RMB Deposits Balance of Chinese Financial Institutions	20.5	18.2	32.6	16.1	20.0	47.5
# 储蓄存款余额 Savings Deposit Balance	29.8	34.0	34.1	16.3	16.0	36.4
中资金融机构人民币贷款余额 RMB Loans Balance of Chinese Financial Institutions	13.2	16.8	21.8	10.8	18.8	23.8
全市财政收入 Total Government Revenue	3.3	-1.4	21.2	15.9	24.3	29.8
全市财政支出 Total Government Expenditures	12.9	8.3	17.6	18.3	19.9	33.1
全社会固定资产投资额 Total Investment in Fixed Assets	20.8	6.7	36.8	10.6	19.4	32.7
全社会新增固定资产 Total Newly Increased Fixed Assets	23.6	13.4	35.1	9.1	13.4	31.8
全社会房屋建筑竣工面积 Total Floor Space of Buildings Completed		-10.9	13.0	2.9	14.4	3.4
# 住 宅 Residential Buildings		-11.3	8.1	5.7	12.8	2.4

1-7续表 *Continued*

单位：%(%)

指 标 Item	“六五”时期 Sixth Five-year Plan Period 1981-1985	“七五”时期 Seventh Five-year Plan Period 1986-1990	“八五”时期 Eighth Five-year Plan Period 1991-1995	“九五”时期 Ninth Five-year Plan Period 1996-2000	“十五”时期 Tenth Five-year Plan Period 2001-2005	“十一五”时期 Eleventh Five-year Plan Period 2006-2010
社会货运量 Freight Traffic	5.5	-2.7	8.6	2.0	8.8	
港口货物吞吐量 Freight Handled in Ports	9.3	2.1	22.9	10.6	20.2	11.4
邮电业务总量 Total Business Value of Post and Telecommunications	10.8	24.9	41.7	32.1	26.0	19.8
社会消费品零售总额 Total Retail Sales of Consumer Goods	9.3	6.5	9.2	14.8	14.4	16.0
实际利用外资额 Foreign Capital Actually Used	94.6	34.7	44.5	6.0	27.2	24.8
# 客商直投 Foreign Direct Investment	74.7	13.5	78.8	11.0	32.0	26.7
天津口岸进出口总额 Total Value of Imports & Exports In Tianjin Port		-2.2	20.4	6.5	22.4	14.9
# 出 口 Exports		16.2	24.6	5.3	22.0	12.2
外贸进出口总额 Total Value of Imports & Exports in Foreign Trade	-4.1	8.3	24.3	21.3	25.5	9.0
# 出 口 Exports	-5.7	9.1	10.9	23.5	26.0	6.5
城镇非私营单位从业人员工资总额 Total Remuneration of Employment Personnel in Urban Non-Private Units	8.4	5.2	5.2	4.4	11.3	15.0
城镇非私营单位从业人员平均工资 Average Remuneration of Employment Personnel in Urban Non-Private Units	5.3	4.4	5.3	11.6	12.9	13.3
城市居民人均可支配收入 Per Capita Disposable Income of Urban Residents	7.2	3.5	7.8	8.4	9.5	11.0
城市居民人均消费性支出 Per Capita Expenditure for Consumption of Urban Residents	6.6	3.5	6.4	6.4	8.3	8.5
农村居民人均纯收入 Per Capita Annual Net Income of Rural Households	15.2	13.6	18.8	11.5	10.5	10.4
农村居民人均生活消费支出 Per Capita Annual Expenditure for Consumption of Rural Residents	15.4	11.5	18.6	6.7	8.5	9.3
各类学校在校学生数 Students Enrollment By Type of School	-2.7	2.2	2.8	0.9		-1.2
专业技术人员 Special Technical Personnel of State-owned Units	8.8	6.9	-1.8	0.1	-3.8	
医院、卫生院床位数 Hospital Beds	6.1	5.8	2.2	0.8	0.3	2.2
卫生技术人员数 Medical Technical Personnel	3.6	2.2	1.2	-1.9	-1.2	2.7
# 执业(助理)医师 Licensed(Assistant) Doctors	4.5	4.6	1.2	-2.3	-3.5	2.6

1-8 国民经济和社会发展结构指标

Structural Indicators of National Economy and Social Development

单位：%(%)

指　标	Item	2000	2010	2012	2013
人　口	**Population**				
常住人口	**Resident Permanent**				
按城乡分	Grouped by Urban and Rural				
城　镇	Urban	72.4	79.6	81.6	82.0
乡　村	Rural	27.6	20.4	18.4	18.0
户籍人口性别分	**Grouped by Sex**				
男　性	Male	50.5	50.3	50.2	50.2
女　性	Female	49.5	49.7	49.8	49.8
就　业	**Employment**				
社会从业人员产业结构	Grouped by Industry				
第一产业	Primary Industry	16.7	10.1	8.9	8.1
第二产业	Secondary Industry	45.6	41.5	41.2	41.8
第三产业	Tertiary Industry	37.7	48.4	49.9	50.1
国民经济核算	**National Accounting**				
全市生产总值产业结构	Grouped by Industry				
第一产业	Primary Industry	4.3	1.6	1.3	1.3
第二产业	Secondary Industry	50.8	52.4	51.7	50.6
第三产业	Tertiary Industry	44.9	46.0	47.0	48.1
投　资	**Investment**				
产业结构	Grouped by Industry				
第一产业	Primary Industry	0.9	1.5	1.4	1.2
第二产业	Secondary Industry	48.7	45.2	41.9	42.0
第三产业	Tertiary Industry	50.4	53.3	56.7	56.8
资金使用结构	Grouped by Use of Funds				
建设工程	Construction	54.4	55.3	56.1	56.4
安装工程	Installation	5.3	4.3	5.4	5.4
设备、工具、器械购置	Purchase of Equipment and Instruments	26.1	18.6	17.2	17.3
其他费用	Others	14.2	21.7	21.3	20.9
财　政	**Government Finance**				
公共财政收入结构	Structure of Public Finance Revenue				
# 增值税(25%)	Value-added Tax (25%)	19.5	11.2	8.5	10.9

1-8续表1 *Continued*

单位：%(%)

指　标	Item	2000	2010	2012	2013
营业税	Business Tax	28.6	26.6	22.8	20.5
企业所得税	Income Tax of Enterprises	21.9	11.8	10.7	9.8
个人所得税	Individual Income Tax	8.5	4.0	2.8	2.8
利用外资	**Utilization of Foreign Capital**				
实际利用外资结构	Structure of Foreign Capital Actually Used				
对外借款	Foreign Loans	9.4	1.9	1.0	2.4
直接利用外资	Foreign Direct Investment	90.6	98.1	99.0	97.6
能　源	**Energy**				
能源使用结构	Structure of Energy Consumption				
第一产业	Primary Industry	2.3	1.4	1.4	1.3
第二产业	Secondary Industry	61.5	71.5	72.5	72.8
第三产业	Tertiary Industry	24.9	16.1	15.4	15.2
生活消费	Living Consumption	11.4	11.0	10.8	10.7
农　业	**Agriculture**				
农林牧渔业产值结构	Structure of Gross Output Value of FFAF				
农　业	Farming	53.4	53.0	52.2	52.7
林　业	Forestry	0.9	0.7	0.7	0.7
牧　业	Animal Husbandry	33.1	27.6	28.0	26.3
渔　业	Fishery	12.6	15.8	16.4	17.8
农林牧渔服务业	FFAF Services		2.9	2.7	2.5
工　业	**Industry**				
全部工业总产值结构	Structure of Gross Output Value of Industry				
轻工业	Light Industry	41.0	16.4	19.5	21.5
重工业	Heavy Industry	59.0	83.6	80.5	78.5
建筑业	**Construction**				
建筑业总产值结构	Structure of Gross Output Value of Construction				
房屋和土木工程建筑业	Building and Civil Engineering	81.4	81.9	85.7	86.3
建筑安装业	Equipment Installation	16.6	10.7	8.7	8.3
其他建筑业	Others	2.0	5.3	5.6	5.5
交通运输业	**Transportation**				
货运量结构	Structure of Freight Traffic				
铁　路(天津地区)	Railway (Tianjin Area)	11.6	18.3	16.6	16.4

1-8续表2 *Continued*

单位：%(%)

指　标	Item	2000	2010	2012	2013
公　路	Highway	70.7	50.1	59.2	62.0
水运、民航	Waterway and Civil Aviation	15.7	28.6	21.7	19.2
管道运输	Pipelines	1.9	3.0	2.6	2.5
国内商业	**Domestic Trade**				
社会消费品零售总额构成	Composition of Retail Sales of Consumer Goods				
批发和零售业	Wholesale and Retail Trade	51.5	88.3	88.1	88.8
住宿和餐饮业	Accommodation and Catering Services	10.7	11.7	11.9	11.2
其他行业	Others	37.8			
对外经济贸易	**Foreign Trade and Economic Cooperation**				
进出口贸易总额结构	Structure of Imports and Exports				
出口总额	Exports	50.3	45.6	41.8	38.1
进口总额	Imports	49.7	54.4	58.2	61.9
国际旅游	**International Tourism**				
来津旅游人员结构	Structure of Tourists in Tianjin				
外国人、华侨	Foreigners and Overseas Chinese	81.8	88.0	86.4	87.0
港澳台同胞	Compatriots from Hong Kong, Macao and Taiwan	18.2	12.0	13.6	13.0
金融业	**Financial Intermediation**				
中资金融机构人民币存款结构	Structure of RMB Deposits of Chinese Financial Institutions				
# 单位存款	Corporate Deposits	38.2	42.1	58.6	59.3
储蓄存款	Saving Deposits	51.4	34.7	36.1	34.0
中资金融机构人民币贷款结构	Structure of RMB Loans of Chinese Financial Institutions				
# 短期贷款	Short-term Loans	66.4	21.6	26.6	28.2
中长期贷款	Medium-term & Long-term Loans	25.4	68.8	59.4	57.6
教　育	**Education**				
在校学生结构	Structure of Student Enrollment				
大学生	University and College Students	7.3	28.1	30.3	30.8
中学生	Secondary School Students	48.5	38.8	35.6	34.4
小学生	Primary School Students	44.2	33.1	34.1	34.8

1-8续表3 *Continued*

单位：%(%)

指　标	Item	2000	2010	2012	2013
专任教师结构	Full-time Teachers by Type				
大　学	University and College	9.2	24.3	25.4	26.0
中　学	Secondary Schools	48.6	43.4	42.6	41.9
小　学	Primary Schools	42.2	32.3	32.0	32.1
科　技	**Science and Technology**				
研究与试验发展经费内部支出结构	Composition of R&D Internal Expenditures				
基础研究	Basic Research		4.1	3.9	4.2
应用研究	Applied Research		16.5	12.2	12.5
试验发展	Experimental Development		79.4	83.9	83.3
卫　生	**Health Care**				
卫生机构结构	Structure of Health Care Institutions				
# 医院、卫生院	Hospitals and Health Care Centers	16.4	16.3	10.2	10.3
卫生技术人员结构	Structure of Medical Technical Personnel				
# 执业(助理)医师	Licensed (Assistant) Doctors	46.1	40.7	39.9	39.6
注册护士	Registered Nurses	33.3	34.5	35.9	36.7
生　活	**People's Life**				
城市居民消费结构	Consumption Structure of Urban Residents				
食品类	Food	40.1	35.9	36.7	36.6
衣着类	Clothing	8.9	9.4	9.4	9.0
用品及其他	Articles for Daily Use and Others	41.8	45.0	44.6	44.8
居　住	Residence	9.2	9.8	9.3	9.6
农村居民消费结构	Consumption Structure of Rural Residents				
食品类	Food	42.6	39.0	36.2	34.9
衣着类	Clothing	9.3	9.0	9.4	9.1
用品及其他	Articles for Daily Use and Others	19.0	26.5	39.2	42.2
居　住	Residence	29.1	25.5	15.2	13.8
环　境	**Environment**				
空气质量结构	Structure of Air Quality				
二级和好于二级的天数	Days of Grade II and Better than Grade II		84.4	83.3	40.0

注：2013年起执行新《环境空气质量标准》(GB3095—2012)，空气质量达到及好于二级的天数与以前年度不可比。

Note:The data of this table dicharge new *Ambient Air Quality Standard* (*GB3095-2012*) since 2013,the indicator of Days of Grade II and Better than Grade II is not comparable with the previous year.

1-9 国民经济和社会发展比例和效益指标(2010—2013年)

Main Indicators of Proportion and Benefit in National Economy and Social Development,2010-2013

单位：%(%)

指　标	Item	2000	2010	2012	2013
人　口	**Population**				
出生率(‰)	Birth Rate (‰)	7.7	8.2	8.8	8.3
死亡率(‰)	Death Rate (‰)	6.2	5.6	6.1	6.0
自然增长率(‰)	Natural Growth Rate (‰)	1.6	2.6	2.6	2.3
就　业	**Employment**				
城镇登记失业率	Unemployment Rate Registered in Urban Areas	3.2	3.6	3.6	3.6
国民经济核算	**National Accounting**				
经济增长贡献率	Contribution to Gross Domestic Product				
第一产业	Primary Industry	1.8	0.3	0.3	0.4
第二产业	Secondary Industry	61.9	66.3	58.6	54.9
# 工　业	Industry	61.6	63.3	55.9	51.1
第三产业	Tertiary Industry	36.3	33.4	41.1	44.7
固定资产投资	**Investment in Fixed Assets**				
全社会固定资产投资相当于全市生产总值比例	Proportion of Total Investment in Fixed Assets to GDP	35.8	70.6	68.8	70.4
新增固定资产交付使用率	Rate of Newly Increased Fixed Assets Transferred and in Use	71.3	50.6	50.3	57.8
财　政	**Government Finance**				
公共财政收入相当于全市生产总值比例	Proportion of Public Finance Revenue to GDP	7.9	11.6	13.7	14.5
公共财政支出相当于全市生产总值比例	Proportion of Public Finance Expenditure to GDP	11.0	14.9	16.6	17.7
实际利用外资	**Utilization of Foreign Capital**				
直接利用外资额相当于签约额比例	Proportion of Acutal Direct Utilization of Foreign Captial to Foreign Investment Contracted	55.7	70.9	80.8	81.2
能　源	**Energy**				
能源消费弹性系数	Elasticity Ratio of Energy Consumption	0.87	0.93	0.58	0.60
单位生产总值能耗(吨标准煤/万元)	Energy Consumption per Unit of GDP (ton of SCE/10 000 yuan)	1.64	0.74	0.67	

1-9续表1 *Continued*

指 标	Item	2000	2010	2012	2013
农 业	**Agriculture**				
每公顷耕地农业机械总动力(千瓦)	Total Power of Agricultural Machinery per Hectare of Cultivated Land (kw)	14.0	14.7	14.4	14.1
每公顷播种面积农产品产量(吨)	Output of Crops per Hectare of Sown Area (ton)				
粮 食	Grain	3.6	5.1	5.0	5.2
棉 花	Cotton	1.2	1.2	1.0	1.2
油 料	Oil-bearing Crops	1.3	2.9	2.9	3.2
工 业	**Industry**				
总资产贡献率(%)	Ratio of Total Assets to Industrial Output Value (%)	8.9	17.3	17.6	17.4
成本费用利润率(%)	Ratio of Pre-tax Profits to Industrial Cost (%)	6.5	9.8	9.8	9.1
资金利税率(%)	Ratio of Profits and Taxes to Total Assets (%)	9.0	18.3	18.4	18.6
建筑业	**Construction**				
技术装备率(万元/人)	Value of Machinery per Labour (10 000 yuan/person)	1.07	4.14	9.10	
产值利税率(%)	Ratio of Profits and Taxes to Gross Output Value (%)	4.0	6.0	6.0	
全员劳动生产率(万元/人)	Overall Labour Productivity (10 000 yuan/person)	8.68	37.03	65.49	53.05
邮电通信业	**Post and Telecommunication Services**				
电话普及率(含移动电话)(部/百人)	Access to Telephones (include mobile phone) (set/100 persons)	46.6	112.1	117.3	113.8
移动电话普及率(部/百人)	Access to Mobile Phones (set/100 persons)	12.3	83.9	92.2	89.9
每一邮电局所服务面积(平方公里)	Average Service Area per Post and Telecommunications Office (sq. km)	21.2	14.1	13.2	14.0
对外经济贸易	**Foreign Trade and Economic Cooperation**				
进出口总额相当于全市生产总值比例(%)	Proportion of Total Value of Imports & Exports in Foreign Trade to GDP (%)	83.5	60.3	56.6	55.4
出口总额相当于全市生产总值比例(%)	Proportion of Total Value of Exports to GDP (%)	42.0	27.5	23.7	21.1
国际旅游	**International Tourism**				
每一来津游客花费(美元)	Expenditure per Tourist in Tianjin (USD)	651	855	951	980

1−9续表2 *Continued*

单位：%(%)

指　　标	Item	2000	2010	2012	2013
金融业	**Financial Intermediation**				
金融机构存款相当于全市生产总值比例	Deposits of Financial Institutions as Percentage of GDP	134.1	178.9	157.4	162.3
金融机构贷款相当于全市生产总值比例	Loans of Financial Institutions as Percentage of GDP	109.6	149.3	142.7	145.1
教　育	**Education**				
新增劳动力平均受教育年限(年)	Average Year of Education of Newly Increased Labour (year)		14.68	15.18	15.20
学龄儿童毛入学率	Percentage of School-aged Children Enrolled	99.99	122.95	105.62	105.68
初中毕业升学率	Percentage of Entering Senior Secondary Schools	89.4	110.3	95.0	97.0
各级普通学校生师比	Student-teacher Ratio	15	13	13	14
科　技	**Science**				
研究与实验发展经费支出相当于全市生产总值比例	R&D Expenditures as Percentage of GDP	1.51	2.49	2.79	2.98
卫　生	**Health Care**				
平均每个医院负担人口(人)	Average Burden Population of Each Hospital (person)	18686	28847	29761	29931
病床周转次数(次)	Turnover of Beds (time)	13	23	26	25
病床使用率	Utilization Rate of Beds	56	78	80	78
文　化	**Culture**				
每百万人有艺术表演团体(个)	Number of Troupes per Million Persons (unit)	1.6	1.3	1.2	1.1
每百万人有公共图书馆(个)	Number of Public Libraries per Million Persons (unit)	3.2	2.5	2.2	2.1
每百万人有博物馆(个)	Number of Museums per Million Persons (unit)	1.4	1.4	1.4	1.4
婚　姻	**Marriages and Divorces**				
粗离婚率(‰)	Grude Divorce Rate (‰)	1.4	2.2	2.5	3.1
生　　活	**People's Life**				
城市与农村居民收入增长率比例(以农村居民收入指数为100)	Proportion of Growth Rate of Annual Income of Urban Residents to the Growth Rate of Annual Income of Rural Residents (rural=100)	98.7	102.7	96.5	97.1
环境保护	**Environmental Protection**				
污水处理率	Percentage of Sewage Treatment	58.8	85.3	88.2	90.0
工业固体废物综合利用率	Rate of Comprehensive Utilization of Industrial Waste Residue	88.0	98.6	99.2	98.9

1-10 平均每天社会经济活动(2010—2013年)

Average Daily Social and Economic Activities,2010-2013

指 标	Item	单 位	Unit	2010	2011	2012	2013
全市每天创造的财富	**Daily Production**						
全市生产总值	Gross Domestic Product	万 元	10 000 yuan	252725	309788	353257	393703
第一产业	Primary Industry	万 元	10 000 yuan	3988	4376	4701	5163
第二产业	Secondary Industry	万 元	10 000 yuan	132609	162420	182570	199361
工 业	Industry	万 元	10 000 yuan	120845	148790	167755	182975
建筑业	Construction	万 元	10 000 yuan	11764	13630	14815	16386
第三产业	Tertiary Industry	万 元	10 000 yuan	116127	142993	165985	189179
公共财政收入	Public Finance Revenue	万 元	10 000 yuan	29283	39867	48220	56961
主要工业产品产量	Output of Major Industrial Products						
粗 钢	Crude Steel	吨	ton	59236	62897	58199	63152
钢 材	Steel Products	吨	ton	122841	141473	156400	190850
水 泥	Cement	吨	ton	22184	20973	21487	26616
天然原油	Crude Petroleum Oil	吨	ton	91308	87336	84885	83412
原 盐	Salt	吨	ton	5688	5042	4101	4240
发电量	Electricity	万千瓦时	10 000 kwh	16139	16961	16156	17096
汽 车	Motor Vehicle	辆	unit	2022	2122	1748	1525
彩色电视机	Color Television	台	set	5827	5113	5282	7592
自行车	Bicycle	辆	unit	61395	61185	61996	66974
微波炉	Microwave Oven	台	set	22848	25084	25046	22199
移动电话机	Mobile Phone	部	unit	249532	248265	251886	289890
布	Cloth	万 米	10 000 m	72	76	54	58
纱	Yarn	吨	ton	104	84	84	138
农用化肥	Chemical Fertilizer	吨	ton	41	174	324	437
化学农药原药	Chemical Pesticide	吨	ton	22		16	35
硫 酸	Sulfuric Acid	吨	ton	886	811	846	769
烧 碱	Caustic Soda	吨	ton	886	3552	3120	3494
合成洗涤剂	Synthetic Detergents	吨	ton	16	17	38	589
饮料酒	Alcoholic Beverage	千 升	kl	1194	1146	910	850
主要农产品产量	Output of Major Farm Products						
粮 食	Grain	吨	ton	4376	4434	4432	4787
棉 花	Cotton	吨	ton	172	198	158	133
油 料	Oil-bearing Crops	吨	ton	18	18	15	16
肉 类	Meat	吨	ton	1167	1176	1255	1273
蛋 类	Eggs	吨	ton	546	528	522	518
奶 类	Milk	吨	ton	1899	1901	1868	1878
蔬 菜	Vegetables	吨	ton	11488	11816	12266	12467
水产品	Aquatic Products	吨	ton	945	965	1000	1092

1-10续表 *Continued*

指　　标	Item	单　位	Unit	2010	2011	2012	2013
全市每天消费量	**Daily Consumption**						
最终消费支出	Final Consumption Expenditure	亿　元	100 million yuan	9.69	11.74	13.37	
居民消费支出	Households Consumption	亿　元	100 million yuan	6.18	7.50	8.71	
农村居民	Rural	亿　元	100 million yuan	0.59	0.70	0.86	
城镇居民	Urban	亿　元	100 million yuan	5.59	6.80	7.86	
政府消费支出	Government Consumption	亿　元	100 million yuan	3.51	4.25	4.65	
社会消费品零售总额	Total Retail Sales of Consumer Goods	亿　元	100 million yuan	7.95	9.30	10.74	12.25
生活用煤、气、水、电	Coal, Gas, Water & Electricity for Living						
煤	Coal	万　吨	10 000 tons	0.18	0.17	0.19	0.18
液化石油气	Liquid Petroleum Gas	吨	ton	200	202	182	218
天然气和煤气	Natural Gas and Coal Gas	万立方米	10 000 cu. m	113	120	129	134
水	Water	万　吨	10 000 tons	57.0	80.9	88.9	94.5
电	Electricity	万千瓦时	10 000 kwh	1847	1818	2019	2060
每天其他经济活动	**Other Daily Economic Activities**						
社会货物运输量	Freight Traffic	万　吨	10 000 tons	114	122	131	141
客运量	Passenger Traffic	万人次	10 000 person-times	68.1	69.4	78.0	80.9
港口货物吞吐量	Freight Handled at Ports	万　吨	10 000 tons	113.22	124.21	130.68	137.20
邮电业务总量(不变价)	Total Business Value of Post and Telecommunication Services (constant price)	万　元	10 000 yuan	11922	4953	5116	5370
出版图书	Books Published	万　册	10 000 copies	10	11	12	14
出版报纸	Newspapers Issued	万　份	10 000 copies	258	253	249	224
出版期刊	Magazines Issued	万　册	10 000 copies	10	10	10	11
邮寄函件	Letters Delivered	万　件	10 000 copies	29	47	54	47
外贸出口总额	Total Value of Exports in Foreign Trade	万美元	USD 10 000	10279	12191	13237	13432
实际利用外资额	Foreign Capital Actually Used	万美元	USD 10 000	3030	3627	4155	4725
全社会竣工房屋建筑面积	Total Floor Space of Buildings Completed	万平方米	10 000 sq. m	9.26	9.59	9.96	12.10
接待来津国际旅游人数(过夜)	Accommodated International Tourists (Stay for Night)	人　次	person-time	1641	2002	2020	2078
每天人口和婚姻动态	**Daily Population Changes And Marriages**						
出生人口	Births	人	person	283	312	332	333
死亡人口	Deaths	人	person	193	221	232	242
结婚对数	Marriages	对	couple	238	285	278	281
离婚对数	Divorces	对	couple	77	84	95	121

1-11 国民经济主要指标人均水平(2010—2013年)

Per Capita Annual Level of Main Indicators of National Economy,2010-2013

指 标	Item	单 位	Unit	2010	2011	2012	2013
1. 全市生产总值	Gross Domestic Product	元	yuan	72994	85213	93173	99607
2. 公共财政收入	Public Finance Revenue	元	yuan	8458	10966	12718	14411
3. 公共财政支出	Public Finance Expenditure	元	yuan	10895	13537	15487	17670
4. 全社会固定资产投资	Total Investment in Fixed Assets	元	yuan	51525	56601	64105	70156
5. 工业总产值	Gross Output Value of Industry	元	yuan	135371	162240	174829	189115
6. 主要工业产品产量	Output of Major Industrial Products						
天然原油	Crude Petroleum Oil	吨	ton	2.64	2.40	2.24	2.11
天然气	Natural Gas	立方米	cu. m	136	139	135	130
发电量	Electricity	千瓦时	kwh	4661	4665	4261	4325
粗 钢	Crude Steel	吨	ton	1.71	1.73	1.54	1.60
钢 材	Steel Products	吨	ton	3.55	3.89	4.13	4.83
水 泥	Cement	吨	ton	0.64	0.58	0.57	0.67
布	Cloth	米	m	21	21	14	15
纱	Yarn	公 斤	kg	3.0	2.3	2.2	3.5
7. 农林牧渔业总产值	Gross Output Value of FFAF	元	yuan	2511	2634	2714	2858
8. 主要农产品产量	Output of Major Farm Products						
粮 食	Grain	公 斤	kg	126	122	117	121
棉 花	Cotton	公 斤	kg	5.0	5.4	4.2	3.4
油 料	Oil-bearing Crops	公 斤	kg	0.5	0.5	0.4	0.4
蔬 菜	Vegetables	公 斤	kg	332	325	324	315
肉 类	Meat	公 斤	kg	34	32	33	32
蛋 类	Eggs	公 斤	kg	16	15	14	13
奶 类	Milk	公 斤	kg	55	52	49	48
水产品	Aquatic Products	公 斤	kg	27.0	26.5	26.4	27.6
鲜 果	Fresh Fruits	公 斤	kg	24.7	24.0	22.1	19.1
9. 社会消费品零售总额	Total Retail Sales of Consumer Goods	元	yuan	22968	25586	28337	30987
10. 城市居民主要商品购买量	Purchase Volume of Major Products of Urban Households						
粮 食	Grain	公 斤	kg	44.7	45.0	43.6	48.9
食用植物油	Edible Vegetable-oil	公 斤	kg	7.6	7.3	8.0	9.5
猪牛羊肉	Pork, Beef and Mutton	公 斤	kg	23.5	23.3	24.1	24.7
蛋 类	Eggs	公 斤	kg	18.7	19.4	19.9	19.7
鲜 菜	Fresh Vegetables	公 斤	kg	125.7	131.9	128.6	129.3
鱼	Fish	公 斤	kg	9.3	9.4	9.1	9.7
鲜 奶	Milk	公 斤	kg	20.4	19.8	20.8	21.5
鲜瓜果	Fresh Fruits	公 斤	kg	75.6	71.9	75.9	71.8
服 装	Garments	件	piece	6.7	6.7	6.8	
鞋 类	Shoes	双	pair	2.4	2.4	2.6	2.4
11. 外贸出口总额	Total Value of Exports in Foreign Trade	美 元	USD	2969	3353	3491	3398
12. 社会货物运输量	Freight Traffic	吨	ton	32.9	33.6	34.5	35.8
13. 年末储蓄存款	Year-end Saving Deposit Balance	元	yuan	43130	45732	50493	52274

1-12 天津在全国的地位

Position of Tianjin in the Whole Nation

指 标	Item	2008 天 津 Tianjin	2008 占全国比重(%) As Percentage to Nation (%)	2013 天 津 Tianjin	2013 占全国比重(%) As Percentage to Nation (%)
年末常住人口(万人)	**Resident Permanent(year-end) (10 000 persons)**	**1176.00**	**0.9**	**1472.21**	**1.1**
社会从业人员(万人)	**Total Employment Personnel (10 000 persons)**	**647.32**	**0.9**	**847.46**	**1.1**
全市生产总值(亿元)	**Gross Domestic Product (100 million yuan)**	**6719.01**	**2.1**	**14370.16**	**2.5**
第一产业	Primary Industry	122.58	0.4	188.45	0.3
第二产业	Secondary Industry	3709.78	2.5	7276.68	2.9
# 工 业	Industry	3418.87	2.6	6678.60	3.2
第三产业	Tertiary Industry	2886.65	2.2	6905.03	2.6
人均生产总值(元)	**Per Capita GDP (yuan)**	**58656**	**高34948**	**99607**	**高57699**
城市居民人均可支配收入(元)	**Per Capita Annual Disposable Income of Urban Resident (yuan)**	**19423**	**高3642**	**32658**	**高5703**
财政、金融(亿元)	**Government Finance and Financial Intermediation (100 million yuan)**				
公共财政收入	Public Finance Revenue	675.62	2.4	2079.07	3.0
公共财政支出	Public Finance Expenditure	867.72	1.8	2549.21	2.1
金融机构本外币存款余额	Balance of RMB and Foreign Currency Deposits	9954.16	2.1	23316.56	2.2
金融机构本外币贷款余额	Balance of RMB and Foreign Currency Loans	7689.12	2.4	20857.80	2.7
保费收入	Premium	175.62	1.8	276.80	1.6
主要工业产品产量	**Output of Major Industrial Products**				
天然原油(万吨)	Crude Petroleum Oil (10 000 tons)	1993.86	10.5	3044.53	14.5
发电量(亿千瓦小时)	Electricity (100 million kwh)	382.12	1.1	624.01	1.2
天然气(亿立方米)	Natural Gas (100 million cu. m)	14.01	1.7	18.73	1.6
原 盐(万吨)	Salt (10 000 tons)	234.25	3.5	154.76	2.4
化学纤维(万吨)	Chemical Fibers (10 000 tons)	10.82	0.4	12.09	0.3
纱(万吨)	Yarn (10 000 tons)	4.95	0.2	5.05	0.2
布(亿米)	Cloth (100 million m)	2.89	0.4	2.12	0.2
乙 烯(万吨)	Ethylene (10 000 tons)	17.02	1.7	130.85	8.1
水 泥(万吨)	Cement (10 000 tons)	549.72	0.4	971.50	0.4
生 铁(万吨)	Pig Iron (10 000 tons)	1520.14	3.2	2214.20	3.1
粗 钢(万吨)	Crude Steel (10 000 tons)	1686.40	3.4	2305.06	3.0
汽 车(万辆)	Motor Vehicles (10 000 units)	54.12	5.8	55.68	2.5
自行车(万辆)	Bicycles (10 000 units)	1853.23	29.1	2444.56	29.8
房间空气调节器(万台)	Air Conditioners (10 000 sets)	499.84	6.1	218.19	1.7

1-12续表 *Continued*

指 标	Item	2008 天 津 Tianjin	2008 占全国比重(%) As Percentage to Nation (%)	2013 天 津 Tianjin	2013 占全国比重(%) As Percentage to Nation (%)
移动电话机(万部)	Mobile Phones (10 000 units)	9004.82	16.1	10580.98	7.3
集成电路(亿块)	Integrated Circuits (100 million units)	5.58	1.3	13.91	1.6
主要农产品产量(万吨)	**Output of Major Farm Products (10 000 tons)**				
粮 食	Grain	148.93	0.3	174.71	0.3
肉 类	Meat	37.13	0.5	46.48	0.5
禽 蛋	Eggs	19.69	0.7	18.89	0.7
水产品	Aquatic Products	33.67	0.7	39.86	0.6
全社会固定资产投资额(亿元)	**Total Investment in Fixed Assets (100 million yuan)**	**3404.10**	**2.0**	**10121.21**	**2.3**
# 房地产开发投资额	Real Estate Development	653.72	2.1	1480.82	1.7
运输、邮政、电信	**Transportation, Post & Telecommunication Services**				
沿海主要港口货物吞吐量(万吨)	Freight Handled in Major Coastal Harbors (10 000 tons)	35593	8.3	50063	6.9
社会货物运输量(万吨)	Freight Traffic (10 000 tons)	55065	2.1	51603	1.3
邮电业务总量(亿元)	Business Value of Post & Telecommunication Services (100 million yuan)	351.77	1.5	196.00	1.2
商业、外贸、外经	**Commerce, Foreign Trade & Economic Cooperation**				
社会消费品零售总额(亿元)	Total Retail Sales of Consumer Goods (100 million yuan)	2078.70	1.8	4470.43	1.9
外贸出口总额(亿美元)	Total Value of Exports in Foreign Trade (USD 100 million)	422.29	3.0	490.25	2.2
实际直接利用外资额(亿美元)	Actual Direct Utilization of Foreign Capital (USD 100 million)	74.20	8.0	168.29	14.3
教育、科技、卫生、文化	**Education, Science & Technology, Health Care, Culture**				
高等学校在校学生数(万人)	Number of Students Enrollment in the Institutions of Higher Education(10 000 persons)	38.64	1.9	48.99	2.0
研究与试验发展经费支出(亿元)	R&D Expenditures (100 million yuan)	155.72	3.4	428.09	3.6
技术市场成交额(亿元)	Transaction Value in Technical Market (100 million yuan)	64.97	2.4	221.84	3.0
专利申请授权量(件)	Patent Applications Granted (item)	6621	1.6	24856	1.9
医 院(个)	Number of Hospitals (unit)	248	1.3	333	1.3
医院床位(万张)	Number of Hospital Beds (10 000 units)	3.82	1.3	4.91	1.1
图书出版数(万册)	Number of Books Published (10 000 copies)	3921	0.6	5134	0.6
期刊出版数(万册)	Number of Magazines Issued (10 000 copies)	3603	1.2	3965	1.2
报纸出版数(亿份)	Number of Newspapers Issued (100 million copies)	9.45	2.1	8.18	1.7

1-13 法人和产业活动单位数(2013年底)(按登记注册类型分)

Number of Judicial Entities and Establishments, End of 2013(Grouped by Registered Type)

单位：个(unit)

项 目	Item	合 计 Total	法人单位 Judicial Entities	# 企业法人 Enterprise Judicial Entities	产业活动单位 Establishments
总 计	**Total**	**234079**	**215321**	**194108**	**18758**
内资企业	**Domestic-funded**	**225603**	**208503**	**187347**	**17100**
国 有	State-owned	17074	12303	3777	4771
集 体	Collective-owned	5695	4874	4284	821
股份合作	Cooperative	1007	880	857	127
联营企业	Joint Ownership Enterprises	491	379	335	112
国有联营	State Joint Ownership	89	67	60	22
集体联营	Collective Joint Ownership	204	144	136	60
国有与集体联营	State-owned and Collective Joint Ownership	57	42	36	15
其他联营	Others	141	126	103	15
有限责任公司	Limited Liability Corporations	35193	32465	32163	2728
国有独资公司	Sole State-owned Corporations	467	324	320	143
其他有限责任公司	Other Limited Liability Corporations	34726	32141	31843	2585
股份有限公司	Share Holding Corporations Ltd.	4165	1906	1857	2259
私营企业	Private Enterprises	141636	137947	136616	3689
私营独资	Sole Private Enterprises	14637	14367	13967	270
私营合伙	Private Partnership	4105	4060	3904	45
私营有限责任公司	Private Limited Liability Corporations	120641	117376	116645	3265
私营股份有限公司	Private Share Holding Corporations Ltd.	2253	2144	2100	109
其 他	Others	20342	17749	7458	2593
港、澳、台商投资企业	**Enterprises with Investment from Hong Kong, Macao and Taiwan**	**2407**	**1786**	**1769**	**621**
与港澳台商合资经营	Hong Kong, Macao and Taiwan Joint Venture	716	608	606	108
与港澳台商合作经营	Hong Kong, Macao and Taiwan Cooperative Operation	92	34	30	58
港澳台商独资	Hong Kong, Macao and Taiwan Funded Solely	1386	1074	1064	312
港澳台商投资股份有限公司	Hong Kong, Macao and Taiwan Share Holding Corporations Ltd.	123	49	49	74
其他港澳台投资	Others	90	21	20	69
外商投资企业	**Foreign Funded Enterprises**	**6069**	**5032**	**4992**	**1037**
中外合资经营	Chinese-foreign Joint Venture	1529	1397	1393	132
中外合作经营	Chinese-foreign Cooperative Operation	164	147	144	17
外资企业	Foreign Investment Enterprise	3953	3292	3264	661
外商投资股份有限公司	Foreign-funded Share Holding Corporations Ltd.	268	124	120	144
其他外商投资	Others	155	72	71	83

1-14 法人活动单位数(2013年底)(按行业类别分)

Number of Judicial Entities, End of 2013(Grouped by Sector)

单位：个(unit)

项 目	Item	合 计 Total	法人单位 Judicial Entities	#企业法人 Enterprise Judicial Entities	产业活动单位 Establishments
总 计	**Total**	**234079**	**215321**	**194108**	**18758**
农、林、牧、渔业	**Farming, Forestry, Animal Husbandry and Fishery**	**4803**	**4757**	**2607**	**46**
农 业	Farming	2412	2405	1096	7
林 业	Forestry	321	317	174	4
畜牧业	Animal Husbandry	1002	993	632	9
渔 业	Fishery	516	514	373	2
农、林、牧、渔服务业	FFAF Services	552	528	332	24
采矿业	**Minerals Mining**	**185**	**170**	**170**	**15**
煤炭开采和洗选业	Mining and Washing of Coal	9	9	9	
石油和天然气开采业	Extraction of Petroleum and Natural Gas	19	14	14	5
黑色金属矿采选业	Mining and Processing of Ferrous Metal Ores	19	19	19	
有色金属矿采选业	Mining and Processing of Non-Ferrous Metal Ores	5	5	5	
非金属矿采选业	Mining and Processing of Nonmetal Ores	52	51	51	1
开采辅助活动	Mining Assistant Activities	70	61	61	9
其他采矿业	Mining of Other Ores	11	11	11	
制造业	**Manufacturing**	**47573**	**47131**	**47047**	**442**
农副食品加工业	Processing of Food from Agricultural Products	1006	997	996	9
食品制造业	Manufacture of Food	969	948	948	21
酒、饮料和精制茶制造业	Manufacture of Alcohol, Beverages and Refined Tea	258	252	252	6
烟草制品业	Manufacture of Tobacco	2	2	2	
纺织业	Manufacture of Textile	1029	1023	1023	6
纺织服装、服饰业	Manufacture of Textile Wearing and Apparel	1552	1542	1541	10
皮革、毛皮、羽毛及其制品和制鞋业	Manufacture of Leather, Fur, Feather and Related Products, Footware	370	367	366	3
木材加工及木、竹、藤、棕、草制品业	Processing of Timber, Manufacture of Wood, Bamboo, Rattan, Palm and Straw Products	741	738	738	3
家具制造业	Manufacture of Furniture	832	828	828	4
造纸和纸制品业	Manufacture of Paper and Paper Products	1348	1334	1334	14
印刷和记录媒介复制业	Printing, Reproduction of Recording Media	1267	1256	1256	11
文教、工美、体育和娱乐用品制造业	Manufacture of Articles for Culture, Education, Industrial Art, Sport Activity and Amusement	1315	1310	1310	5
石油加工、炼焦和核燃料加工业	Processing of Petroleum, Coking, Processing of Nuclear Fuel	190	183	183	7

1-14续表1 *Continued*

单位：个(unit)

项　　目	Item	合　计 Total	法人单位 Judicial Entities	#企　业 法　人 Enterprise Judicial Entities	产业活动 单　位 Establishments
化学原料和化学制品制造业	Manufacture of Raw Chemical Materials and Chemical Products	2665	2629	2629	36
医药制造业	Manufacture of Medicines	479	473	472	6
化学纤维制造业	Manufacture of Chemical Fibers	53	50	50	3
橡胶和塑料制品业	Manufacture of Rubber and Plastic	2805	2786	2782	19
非金属矿物制品业	Manufacture of Non-metallic Mineral Products	2230	2189	2188	41
黑色金属冶炼和压延加工业	Smelting and Pressing of Ferrous Metals	1353	1348	1348	5
有色金属冶炼和压延加工业	Smelting and Pressing of Non-ferrous Metals	572	566	565	6
金属制品业	Manufacture of Metal Products	6786	6744	6681	42
通用设备制造业	Manufacture of General Purpose Machinery	5755	5714	5713	41
专用设备制造业	Manufacture of Special Purpose Machinery	4059	4022	4017	37
汽车制造业	Manufacture of Motorcar	1114	1108	1108	6
铁路、船舶、航空航天和其他运输设备制造业	Railway, Watercraft, Aerospace and Other Transport Equipment	1663	1652	1652	11
电气机械和器材制造业	Manufacture of Electrical Machinery and Equipment	2557	2531	2531	26
计算机、通信和其他电子设备制造业	Manufacture of Computers, Communication and Other Electronic Equipment	1901	1878	1877	23
仪器仪表制造业	Manufacture of Measuring Instruments	981	967	966	14
其他制造业	Other Manufacturing	750	742	740	8
废弃资源综合利用业	Comprehensive Recycling of Waste	381	378	378	3
金属制品、机械和设备修理业	Metal Products, Machine and Equipment Repair	590	574	573	16
电力、热力、燃气及水生产和供应业	**Production and Supply of Electricity, Heat, Gas and Water**	**789**	**614**	**586**	**175**
电力、热力生产和供应业	Production and Supply of Electric Power and Heat Power	407	314	299	93
燃气生产和供应业	Production and Supply of Gas	189	128	125	61
水的生产和供应业	Production and Supply of Water	193	172	162	21
建筑业	**Construction**	**10881**	**10153**	**10145**	**728**
房屋建筑业	Building Engineering	1836	1617	1613	219
土木工程建筑业	Civil Engineering	2549	2303	2300	246
建筑安装业	Building Installation	2618	2517	2516	101
建筑装饰和其他建筑业	Building Decoration and Others	3878	3716	3716	162

1-14续表2 *Continued*

单位：个(unit)

项 目	Item	合 计 Total	法人单位 Judicial Entities	# 企业法人 Enterprise Judicial Entities	产业活动单位 Establishments
批发和零售业	**Wholesale and Retail Trade**	**69150**	**64507**	**64354**	**4643**
批发业	Wholesale	49032	47753	47693	1279
零售业	Retail	20118	16754	16661	3364
交通运输、仓储和邮政业	**Transportation, Storage and Post Services**	**11181**	**10278**	**10063**	**903**
铁路运输业	Railway Transport	136	110	109	26
道路运输业	Highway Transport	3436	3278	3204	158
水上运输业	Waterway Transport	357	324	309	33
航空运输业	Air Transport	96	69	67	27
管道运输业	Pipeline Transport	13	10	10	3
装卸搬运和运输代理业	Load & Unload and Transportation Agent	5262	4915	4816	347
仓储业	Storage Services	1374	1324	1316	50
邮政业	Post Services	507	248	232	259
住宿和餐饮业	**Accommodation and Catering Services**	**3966**	**3131**	**2929**	**835**
住宿业	Accommodation	874	789	727	85
餐饮业	Catering Services	3092	2342	2202	750
信息传输、软件和信息技术服务业	**Information Transmitting, Software and Information Technology Services**	**6983**	**6421**	**6202**	**562**
电信、广播电视和卫星传输服务	Telecommunication, Broadcast Television and and Satellite Transmission Services	661	262	250	399
互联网和相关服务	Internet and Relative Services	614	565	540	49
软件和信息技术服务业	Software and Information Technology Services	5708	5594	5412	114
金融业	**Financial Intermediation**	**5652**	**2846**	**2750**	**2806**
货币金融服务	Monetary and Financial Services	3337	1071	1002	2266
资本市场服务	Capital Market Services	749	648	643	101
保险业	Insurance	640	236	225	404
其他金融业	Others	926	891	880	35
房地产业	**Real Estate**	**7322**	**6283**	**6080**	**1039**
租赁和商务服务业	**Leasing and Business Services**	**23113**	**21877**	**20725**	**1236**
租赁业	Leasing Services	1969	1913	1878	56
商务服务业	Business Services	21144	19964	18847	1180

1-14续表3 *Continued*

单位：个(unit)

项　　目	Item	合　计 Total	法人单位 Judicial Entities	#企　业法　人 Enterprise Judicial Entities	产业活动单　位 Establishments
科学研究和技术服务业	**Scientific Research and Technical Services**	**12882**	**12421**	**11509**	**461**
研究与试验发展	R&D	824	804	699	20
专业技术服务业	Special Technical Services	6067	5738	5180	329
科技推广和应用服务业	Science and Technology Generalizing and Application Services	5991	5879	5630	112
水利、环境和公共设施管理业	**Management for Water Conservancy, Environment and Public Facilities**	**1551**	**1385**	**871**	**166**
水利管理业	Management for Water Conservancy	325	262	66	63
生态保护和环境治理业	Ecological Protection and Management for Environment	145	139	103	6
公共设施管理业	Management for Public Facilities	1081	984	702	97
居民服务、修理和其他服务业	**Resident Services, Repair and Other Services**	**6172**	**5759**	**5193**	**413**
居民服务业	Resident Services	2264	2014	1696	250
机动车、电子产品和日用产品修理业	Motor Vehicle, Electronic Products and Household Products Repair Industry	1740	1679	1607	61
其他服务业	Others	2168	2066	1890	102
教　育	**Education**	**4318**	**3593**	**664**	**725**
卫生和社会工作	**Health Care and Social Work**	**2681**	**1633**	**383**	**1048**
卫　生	Health Care	2286	1304	349	982
社会工作	Social Work	395	329	34	66
文化、体育和娱乐业	**Culture, Sports and Recreational Services**	**2659**	**2487**	**1830**	**172**
新闻和出版业	News Publication	201	189	116	12
广播、电视、电影和影视录音制作业	Broadcast, TV, Movies, Video and Record Production Industry	305	279	213	26
文化艺术业	Culture and Art	922	844	595	78
体　育	Sports	283	257	139	26
娱乐业	Recreational Services	948	918	767	30
公共管理、社会保障和社会组织	**Public Management,Social Security and Social Organizations**	**12218**	**9875**		**2343**
中国共产党机关	Chinese Communist Party Agencies	203	183		20
国家机构	Government Agencies	3909	2648		1261
人民政协、民主党派	The People's Political Consultative Conference Committees and Democratic Parties	65	59		6
社会保障	Social Security	391	148		243
群众团体、社会团体和其他成员组织	Mass Organizations, Social Organizations and Other Groups	2175	1692		483
基层群众自治组织	Grass-roots Mass Autonomy Organizations	5475	5145		330

主要统计指标解释

国民经济行业分类

《国民经济行业分类》（GB/T 4754-2011）是由国家统计局组织修订，2011 年 4 月 29 日经国家质检总局和国家标准化委员会批准发布，自 2012 年定期报表开始使用的。此次修订《国民经济行业分类》，门类、大类的调整在参考联合国 ISIC Rev.4 的同时，更多的是考虑部门管理和统计工作需要；中类的调整多为部门管理需要；小类的调整除考虑上述因素外，还要保证与联合国标准的对接转换。修订后的《国民经济行业分类》（GB/T 4754-2011）共有门类 20 个，大类 96 个，中类 432 个，小类 1094 个。

三次产业划分

《三次产业划分规定》是根据修订的《国民经济行业分类》（GB/T 4754-2011）的基础上制定的。

第一产业是指农、林、牧、渔业（不含农、林、牧、渔服务业）；第二产业是指采矿业（不含开采辅助活动），制造业（不含金属制品、机械和设备修理业），电力、热力、燃气及水生产和供应业，建筑业；第三产业即服务业，是指除第一产业、第二产业以外的其他行业。第三产业包括：批发和零售业，交通运输、仓储和邮政业，住宿和餐饮业，信息传输、软件和信息技术服务业，金融业，房地产业，租赁和商务服务业，科学研究和技术服务业，水利、环境和公共设施管理业，居民服务、修理和其他服务业，教育，卫生和社会工作，文化、体育和娱乐业，公共管理、社会保障和社会组织，国际组织，以及农、林、牧、渔业中的农、林、牧、渔服务业，采矿业中的开采辅助活动，制造业中的金属制品、机械和设备修理业。

登记注册类型

指企业或企业产业活动单位的登记注册类型，按其在工商行政管理机关登记注册的类型填写。机关、事业单位和社会团体及其他组织的登记注册类型，按其主要经费来源和管理方式，根据实际情况，比照《关于划分企业登记注册类型的规定》确定。

工商行政管理部门对企业（单位）登记注册的类型分为以下几种。

国有企业 指企业全部资产归国家所有，并按 《中华人民共和国企业法人登记管理条例》规定登记注册的非公司制的经济组织。不包括有限责任公司中的国有独资公司。

集体企业 指企业资产归集体所有，并按《中华人民共和国企业法人登记管理条例》规定登记注册的经济组织。

股份合作企业 指以合作制为基础，由企业职工共同出资入股，吸收一定比例的社会资产投资组建，实行自主经营，自负盈亏，共同劳动，民主管理，按劳分配与按股分红相结合的一种集体经济组织。

联营企业 指两个及两个以上相同或不同所有制性质的企业法人或事业单位法人，按自愿、平等、互利的原则，共同投资组成的经济组织。联营企业包括国有联营企业、集体联营企业、国有与集体联营企业和其他联营企业。

有限责任公司 指根据《中华人民共和国公司登记管理条例》规定登记注册，由两个以上，五十个以下的股东共同出资，每个股东以其所认缴的出资额对公司承担有限责任，公司以其全部资产对其债务承担责任的经济组织。有限责任公司包括国有独资公司以及其他有限责任公司。

股份有限公司 指根据《中华人民共和国公司登记管理条例》规定登记注册，其全部注册资本由等额股份构成并通过发行股票筹集资本，股东以其认购的股份对公司承担有限责任，公司以其全部资产对其债务承担责任的经济组织。

私营企业 指由自然人投资设立或由自然人控股，以雇佣劳动为基础的营利性经济组织。包括按照《公司法》、《合伙企业法》、《私营企业暂行条例》以及《个人独资企业法》规定登记注册的私营独资企业、私营合伙企业、私营有限责任公司、私营股份有限公司和个人独资企业。

其他内资企业 指上述第（1）条至第（7）条之外的其他内资经济组织。

与港澳台商合资经营企业 指港澳台地区投资者与内地的企业依照 《中华人民共和国中外合资经营企业法》及有关法律的规定，按合同规定的比例投资设立，分享利润和分担风险的企业。

与港澳台商合作经营企业 指港澳台地区投资者与内地企业依照 《中华人民共和国中外合作经营企业法》及有关法律的规定，依照合作合同的约定进行投资或提供条件设立，分配利润、分担风险和亏损的企业。

港澳台商独资经营企业 指依照《中华人民共和国外资企业法》及有关法律的规定，在内地由港澳台地区投资者全额投资设立的企业。

港澳台商投资股份有限公司 指根据国家有关规定，经商务部（原外经贸部）批准设立，并且其中港、澳、台商的股本占公司注册资本的比例达 25%以上的股份有限公司。凡其中港、澳、台商的股本占公司注册资本的比例小于 25%的，属于内资中的股份有限公司。

其他港、澳、台商投资企业 指在中国境内参照《外国企业或个人在中国境内设立合伙企业管理办法》和《外商投资合伙企业登记管理规定》，依法设立的港、澳、台商投资合伙企业。

中外合资经营企业 指外国企业或外国人与中国内地

企业依照《中华人民共和国中外合资经营企业法》及有关法律的规定，按合同规定的比例投资设立，分享利润和分担风险的企业。

中外合作经营企业 指外国企业或外国人与中国内地企业依照《中华人民共和国中外合作经营企业法》及有关法律的规定，依照合作合同的约定进行投资或提供条件设立，分配利润、分担风险和亏损的企业。

外资企业 指依照《中华人民共和国外资企业法》及有关法律的规定，在中国内地由外国投资者全额投资设立的企业。

外商投资股份有限公司 指根据国家有关规定，经商务部（原外经贸部）批准设立，并且其中外资的股本占公司注册资本的比例达25%以上的股份有限公司。凡其中外资股本占公司注册资本的比例小于25%的，属于内资中的股份有限公司。

其他外商投资企业 指在中国境内依照《外国企业或个人在中国境内设立合伙企业管理办法》和《外商投资合伙企业登记管理规定》，依法设立的外商投资合伙企业。

经济类型

本《年鉴》中的经济类型分组，从1998年开始是在企业登记注册类型分组基础上的再加工，其中国有经济包括国有企业、国有独资和国有与国有联营企业；集体经济包括集体企业、股份合作企业和集体与集体联营企业。私有经济包括私营企业和个体经营。

城乡划分标准

根据国务院国函[2008]60号文件中《统计上划分城乡的规定》，城乡划分标准为：以我国的行政区划为基础，以民政部门确认的居民委员会和村民委员会辖区为划分对象，以实际建设为划分依据，将我国的地域划分为城镇和乡村。

实际建设是指已建成或在建的公共设施、居住设施和其它设施。

城镇包括城区和镇区。

城区是指在市辖区和不设区的市，区、市政府驻地的实际建设连接到的居民委员会和其他区域。

镇区是指在城区以外的县人民政府驻地和其他镇，政府驻地的实际建设连接到居民委员会和其他区域。与政府驻地的实际建设不连接，且常住人口在3000人以上的独立的工矿区、开发区、科研单位、大专院校等特殊区域及农场、林场的场部驻地视为镇区。

乡村是指该规定划定的城镇以外的区域。

现行价格（或称当年价格）

指报告期的实际价格，如工业品的出厂价格，农副产品的收购价格，商业的零售价格等。它反映当年的实际情况，使国民经济各项指标互相衔接，便于对生产、流通、分配、消费之间进行综合平衡。

可比价格

指计算各种总量指标所采用的扣除了价格变动因素的价格，可进行不同时期总量指标的对比。按可比价格计算总量指标有两种方法：一种是直接用产品产量乘某一年的不变价格计算；另一种是用价格指数进行缩减。

平均增长速度

平均增长速度表明社会经济现象在一个较长的时期内逐期平均增长变化的程度，它不能根据各个环比增长速度直接求得，但与平均发展速度之间存在着一定的数量关系：

平均增长速度＝平均发展速度－1

平均发展速度是一种根据环比发展速度计算的序时平均数，由于各时期对比的基础不同，所以计算平均发展速度不能采用一般的序时平均数的计算方法，计算方法分为水平法和累计法。水平法，又称几何平均法，即将环比发展速度按连乘法用几何平均数公式计算。累计法，也称方程法，根据一段时期内各年发展水平总和与基期水平的关系，列出方程式计算平均发展速度。水平法着重考虑最后一年所达到的发展水平；累计法着重考虑整个时期累计发展水平的总量。

本《年鉴》内所列的平均增长速度，除固定资产投资用“累计法”计算外，其余均用“水平法”计算。从某年到某年平均增长速度的年份，均不包括基期年在内。如建国四十三年以来的平均增长速度是以1949年为基期计算的，则写为1950-1992年平均增长速度，其余类推。

Explanatory Notes on Main Statistical Indicators

Industrial Classification of National Economy

The Industrial Classification of National Economy (GB/T 4754-2011) is introduced starting from the compilation of 2012 annual statistics. The revision, was organized by the National Bureau of Statistics, and the new Classification was promulgated by the General Administration of Quality Supervision, Inspection and Quarantine, together with Standardization Administration on April 29, 2011. The revision taking into more consideration of demand of management and statistic than ISIC/Rev.4 of the United Nations in major divisions and divisions, and the demand of management is more considered in major groups, besides aforesaid factors, combine with ISIC/Rev.4 of the United Nations is ensured in groups.The revised version of the Industrial Classification of the National Economy (GB/T 4754-2011) is composed of 20 major divisions, 96 divisions, 432 major groups and 1094 groups.

Category of Three Industries

Three industries are categorized according to the standard of the Industrial Classification of the National Economy (GB/T 4754-2011).

Primary Industry includes agriculture, forestry, animal husbandry and fishery（excluding of service industry of agriculture, forestry, animal husbandry and fishery）.

Secondary Industry includes minerals mining (excluding mining auxiliary activities), manufacturing (excluding metal products, machinery and equipment repair), production and supply of electricity, heat, gas and water and construction..

Tertiary Industry namely service industry , includes all other industries not included in primary or secondary industry, including wholesale and retail trade; transportation, storage and post services; accommodation and catering services; information transmitting, software and information technology services; finance; real estate; leasing and business services; scientific research and technical services; management for water conservancy, environment and public facilities; resident services, repair and other services; education; health care and social work; culture, sports and recreational services; public management, social security and social organizations, and service industry of agriculture, forestry, animal husbandry and fishery, mining auxiliary activities of minerals mining , metal products, machinery and equipment repair of manufacturing.

Registration Status

Judicial Entities and Establishments grouped by Registered Type in industrial and commercial administration agencies. For the Registered Type of government agencies, institutions and social organizations, which are classified mainly by their sources of funding and manner of management. According to the actual instance, confirming in accordance with Provisions on the registration of enterprises registered type.

Enterprises (units) are grouped by the fllowing several Registered Type in industrial and commercial administration agencies:

State-owned Enterprises refer to non-corporation economic units where the entire assets are owned by the state and which have registered in accordance with the Regulation of the People's Republic of China on the Management of Registration of Corporate Enterprises. Excluded from this category are sole state-funded corporations in the limited liability corporations.

Collective-owned Enterprises refer to economic units where the assets are owned collectively and which have registered in accordance with the Regulation of the People's Republic of China on the Management of Registration of Corporate Enterprises.

Cooperative Enterprises refer to a form of collective economic units (enterprises) where capitals come mainly from employees as their shares, with certain proportion of capital from the outside, where production is organized on the basis of independent operation, independent accounting for profits and losses, joint work, democratic management, and a distribution system that integrates remuneration according to work with divided according to capital share.

Joint Ownership Enterprise refer to economic units established by two or more corporate enterprises or corporate institutions of the same or different ownership, through joint investment on the basis of equality, voluntory participution and mutual benefits. They include state joint ownership enterprises, collective joint ownership enterprises, joint state-collective enterprises, and other joint ownership enterprises.

Limited Liability Corporations refer to economic units established with investment from 2-50 investors and registered in accordance with the Regulation of the People's Republic of China on the Management of Registration of Corporate Enterprises, each investor bearing limited liability to the corporation depending on its share of investment, and the corporation bearing liability to its debt to the maximum of its total assets. Limited liability corporations include exclusive state-funded limited liability corporations and other limited liability corporations.

Share-holding Corporations Ltd. refer to economic units registered in accordance with the Regulation of the People's Republic of China on the Management of Registration of Corporate Enterprises, with total registered capitals divided into equal shares and raised through issuing stocks. Each investor bears limited liability to the corporation depending on the holding of shares, and the corporation bears liability to its debt to the maximum of its total assets.

Private Enterprises refer to profit-making economic units invested and established by natural persons, or controlled by natural persons using employed labour. Included in this category are private-owned enterprises, private partnership enterprises, private limited liability corporations, private share-holding corporations Ltd. and sole private enterprises registered in accordance with the Corporation Law, Partnership Enterprises Law, Interim Regulations on Private Enterprises and sole proprietorship enterprise law.

Other Domestic-funded Enterprises refer to domestic-funded economic units other than those mentioned above from one to seven.

Joint Venture Enterprises with Funds from Hong Kong, Macao and Taiwan refer to Enterprises established by investors from Hong Kong, Macao and Taiwan with enterprises in the mainland of china in accordance with the law of the people's Republic of China on Sino-foreign joint ventures and other relevant laws, Where the establishment of the investment and the sharing of profits and risk are stipulated under joint venture contract.

Cooperative Enterprises with Funds From Hong Kong, Macao and Taiwan established by investors from Hong Kong, Macao and Taiwan with enterprises in the mainland of china in accordance with the law of the people's Republic of China on Sino-foreign Contractual Joint Venture and other relevant laws, Where the investment or provision of facilities and the sharing of profits and risk are stipulated under cooperative contract.

Enterprise with Sole Investment from Hong Kong, Macao and Taiwan refer to enterprises established in the mainland of china with exclusive investment from investors from Hong Kong, Macao and Taiwan in accordance with the law of the people's Republic of China on Wholly Foreign-owned Enterprises and other relevant laws.

Share-holding Corporation Ltd. With Investment from Hong Kong, Macao and Taiwan refer to share-holding corporations Ltd. Established with the approval from Ministry of Commerce of the People's Republic of China (the former Ministry of Foreign Trade and Economic) Relations in line with relevant state regulations ,where the share of investment from Hong Kong, Macao and Taiwan businessmen exceeds 25% of the total registered capital of the corporation. In case the share of investment from Hong Kong, Macao and Taiwan is less than 25% of the total registered capital, the enterprise is to be classified as domestic-funded share-holding corporation Ltd.

Other Enterprises with Funds From Hong Kong, Macao and Taiwan refer to partnership enterprises with investments from Hong Kong, Macao and Taiwan established within the territory of China in accordance with Administrative Measures on the Establishment of Partnership Enterprises in China by Foreign Enterprise or Foreign Individuals and Regulation for the Administration of the Registration of Foreign-invested Partnership Enterprise.

Joint Venture Enterprise with Foreign Investment refer to enterprises jointly established by foreign enterprises or foreigners with enterprises in the mainland of China in accordance with the Law of the People's Republic of China on Sino-foreign Contractual Joint Venture and other relevant laws, where the investment or provision of facilities and the sharing of profits and risks are stipulated under cooperative contracts.

Cooperative Enterprise with Foreign Investment refer to enterprise jointly established by foreign enterprises or foreigners with enterprises in the mainland of China in accordance with the Law of the People's Republic of China on Sino-foreign Contractual Joint Venture and other relevant laws, where the investment or provision of facilities and the sharing of profits and risks are stipulated under cooperative contracts.

Enterprises with Sole Foreign Investment refer to enterprise established in the mainland of China with exclusive investment from foreign investors in accordance with the Law of the People's Republic of China on Wholly Foreign-owned Enterprises and other relevant laws.

Share-holding Corporations Ltd. With Foreign Investment refer to share-holding corporations Ltd. Established with the approval from Ministry of Commerce of the People's Republic of China (the former Ministry of Foreign Trade and Economic) Relations in line with relevant state regulations , where the share of investment from foreign investors exceeds 25% of the total registered capital of the corporation. In case the share of foreign investment is less than 25% of the total registered capital, the enterprise is to be classified as domestic-funded share-holding corporation Ltd.

Other Enterprises with Foreign Funds refer to partnership enterprises established within the territory of China in accordance with Administrative Measures on the Establishment of Partnership Enterprises in China by Foreign Enterprises or Foreign Individuals and Regulations for the Administration of the Registration of Foreign-invested Partnership Enterprises.

Type of Ownership

refers to enterprises classified as various type of ownership in accordance with registered categories of enterprises after 1998.In which, state-owned economy refer to state-owned enterprises, sole state-funded enterprises, state joint ownership enterprises, collective-owned economy refer to collective-owned enterprises, cooperative enterprises, collective joint ownership enterprises; private economy refer to private enterprises and individual.

The Division Standard of Urban and Rural Areas

According to The Regulation on The Division of Urban and Rural Areas in Statistics of State Department No.60 [2008], the division standard of Urban and Rural Areas is as follows: based on the administrative division, with the residents' committee and village committee areas confirmed by The Department of Civil Affairs as the division objects, with the actual construction as the division basis, our region is divided into urban and rural areas.

The actual construction refers to the public facilities, residential facilities and other facilities which are completed or under construction.

Urban Area including city and township.

City refers to the residents' committee and other areas connected with the actual construction of district and municipal government in the districts of city and the city without districts.

Township refers to the residents' committee and other areas connected with the actual construction of district and municipal government outside city zones and other areas. Township also including the independent mining areas, development areas, scientific research units, universities and other special areas, as well as the station of farms and forest farms, which are not connected with the actual construction of government and the resident population is more than 3000 people.

Rural areas refer to the areas besides urban areas defined by the regulation.

Actual Price (current price)

includes all other industries not included in primary or secondary industry, including transport, storage, post services; information transmitting, computer services and software; wholesale and retail trade; accommodation and catering services; finance; real estate; leasing and business services; scientific research, technical services and geological prospecting; management for water conservancy, environment and public facilities; resident services and other social services; education; health care, social security and social welfare; culture, sports and recreational services; public management and social organizations and so on.

Constant Price

refer to prices that are used to remove the factors of price change in calculating economic aggregates, so as to facilitate comparison of aggregates over time. Two methods are used for calculating economic aggregates at constant prices, a) Multiplying the output of products by their constant prices of certain year; b) Deflation of data at current prices by relevant price index.

Average Annual Increase Rate

shows the average growth rate of social and economic development during a longer period. It can not be directly calculated by chain based growth rate. The relation is:

Average Annual Growth Rate = Average Speed of Development−1

Average speed of development is the time series average of speed which calculated by chain based. Because the reference bases during the different periods are not same, average speed of development can not be calculated by the general method. Level approach and accumulative approach for calculating average speed of development rate are applied. The "level approach", or the method of calculating the geometric average, is derived by the formula of geometric average of the chain-based speeds of development, or comparing the level of the last year of the interval with that of the beginning year; the other is called the "accumulative approach" or the "algebraic average", "equation" method, which is derived by the summation of the actual figure of each year in the interval divided by the figure in the base year. The level approach focuses on the level of the last year, while the accumulative approach emphasizes the aggregate development in the duration.

The average annual growth rates listed in the Yearbook are calculated by the level approach except for the growth rate of investment in fixed assets. The base year is not listed in the duration for which average annual growth rates are computed. For instance, the average annual growth rate of the 43 years since 1949 is shown as the average annual growth rate of 1950-1992 without showing the base year 1949.

国民经济核算 National Accounts 2

2-1 全市生产总值(1978—2013年)

Gross Domestic Product,1978-2013

单位：亿元(100 million yuan)

年 份 Year	全市生产总值 Gross Domestic Product	第一产业 Primary Industry	第二产业 Secondary Industry	工 业 Industry	建筑业 Construction	第三产业 Tertiary Industry	人均生产总值(元) GDP Per Capita (yuan)	社会劳动生产率(元/人) Society Labour Productivity (yuan/person)
1978	82.65	5.03	57.53	54.39	3.14	20.09	1133	2300
1979	93.01	6.54	64.82	61.01	3.81	21.65	1241	2489
1980	103.53	6.53	72.56	67.48	5.08	24.44	1357	2671
1981	107.96	5.18	76.97	71.06	5.91	25.81	1458	2672
1982	114.11	7.00	79.86	72.30	7.56	27.24	1469	2737
1983	123.42	7.60	84.47	76.69	7.78	31.35	1555	2883
1984	147.53	11.13	96.47	87.97	8.50	39.93	1853	3342
1985	175.78	12.95	114.92	104.80	10.12	47.91	2169	3892
1986	194.74	16.51	123.33	111.90	11.43	54.90	2352	4220
1987	220.12	19.63	138.02	125.05	12.97	62.47	2621	4694
1988	259.71	26.21	160.96	146.73	14.23	72.54	3035	5549
1989	283.49	26.85	177.54	160.73	16.81	79.10	3261	6064
1990	310.95	27.32	181.38	165.59	15.79	102.25	3487	6617
1991	342.65	29.26	196.60	179.75	16.85	116.79	3777	7216
1992	411.04	30.26	233.41	212.80	20.61	147.37	4481	8516
1993	538.94	35.40	308.40	280.73	27.67	195.14	5800	10901
1994	732.89	46.55	414.95	371.43	43.52	271.39	7751	14426
1995	931.97	60.80	518.55	467.93	50.62	352.62	9769	18126
1996	1121.93	67.67	609.10	549.81	59.29	445.16	11734	21842
1997	1264.63	69.52	676.01	609.65	66.36	519.10	13142	24668
1998	1374.60	74.14	697.99	622.15	75.84	602.47	14243	26915
1999	1500.95	71.14	758.51	682.52	75.99	671.30	15405	29539
2000	1701.88	73.69	863.83	785.96	77.87	764.36	17353	34208
2001	1919.09	78.73	959.06	869.15	89.91	881.30	19141	39357
2002	2150.76	84.21	1069.08	968.44	100.64	997.47	21387	43851
2003	2578.03	89.91	1337.31	1217.88	119.43	1150.82	25544	51380
2004	3110.97	105.28	1685.93	1549.67	136.26	1319.76	30575	59902
2005	3905.64	112.38	2135.07	1957.95	177.12	1658.19	37796	72982
2006	4462.74	103.35	2457.08	2261.52	195.56	1902.31	42141	80741
2007	5252.76	110.19	2892.53	2661.87	230.66	2250.04	47970	89268
2008	6719.01	122.58	3709.78	3418.87	290.91	2886.65	58656	106545
2009	7521.85	128.85	3987.84	3622.11	365.73	3405.16	62574	113585
2010	9224.46	145.58	4840.23	4410.85	429.38	4238.65	72994	131232
2011	11307.28	159.72	5928.32	5430.84	497.48	5219.24	85213	151586
2012	12893.88	171.60	6663.82	6123.06	540.76	6058.46	93173	164641
2013	14370.16	188.45	7276.68	6678.60	598.08	6905.03	99607	174120

注：2005年及以后数据为第二次经济普查初步核算后修订数据；2013年为初步统计数据，表2-2至2-7同。

Note: Data from 2005 are preliminary calculated and adjusted figures of Second Economic Census.Data of 2013 were preliminary statistics.Same as table 2-2 to 2-7.

2-2 全市生产总值构成(1978—2013年)

Composition of Gross Domestic Product,1978-2013

单位：%(%)

年 份 Year	全市生产总值 Gross Domestic Product	第一产业 Primary Industry	第二产业 Secondary Industry	工 业 Industry	建筑业 Construction	第三产业 Tertiary Industry
1978	100	6.1	69.6	65.8	3.8	24.3
1979	100	7.0	69.7	65.6	4.1	23.3
1980	100	6.3	70.1	65.2	4.9	23.6
1981	100	4.8	71.3	65.8	5.5	23.9
1982	100	6.1	70.0	63.4	6.6	23.9
1983	100	6.2	68.4	62.1	6.3	25.4
1984	100	7.5	65.4	59.6	5.8	27.1
1985	100	7.4	65.4	59.6	5.8	27.2
1986	100	8.5	63.3	57.4	5.9	28.2
1987	100	8.9	62.7	56.8	5.9	28.4
1988	100	10.1	62.0	56.5	5.5	27.9
1989	100	9.5	62.6	56.7	5.9	27.9
1990	100	8.8	58.3	53.2	5.1	32.9
1991	100	8.5	57.4	52.5	4.9	34.1
1992	100	7.4	56.8	51.8	5.0	35.8
1993	100	6.6	57.2	52.1	5.1	36.2
1994	100	6.4	56.6	50.7	5.9	37.0
1995	100	6.5	55.7	50.2	5.5	37.8
1996	100	6.0	54.3	49.0	5.3	39.7
1997	100	5.5	53.5	48.2	5.3	41.0
1998	100	5.4	50.8	45.3	5.5	43.8
1999	100	4.7	50.6	45.5	5.1	44.7
2000	100	4.3	50.8	46.2	4.6	44.9
2001	100	4.1	50.0	45.3	4.7	45.9
2002	100	3.9	49.7	45.0	4.7	46.4
2003	100	3.5	51.9	47.3	4.6	44.6
2004	100	3.4	54.2	49.8	4.4	42.4
2005	100	2.9	54.6	50.1	4.5	42.5
2006	100	2.3	55.1	50.7	4.4	42.6
2007	100	2.1	55.1	50.7	4.4	42.8
2008	100	1.8	55.2	50.9	4.3	43.0
2009	100	1.7	53.0	48.2	4.9	45.3
2010	100	1.6	52.4	47.8	4.6	46.0
2011	100	1.4	52.4	48.0	4.4	46.2
2012	100	1.3	51.7	47.5	4.2	47.0
2013	100	1.3	50.6	46.5	4.2	48.1

2-3 全市生产总值指数(1978—2013年)

Indices of Gross Domestic Product,1978-2013

上年=100(preceding year = 100)

年 份 Year	全市生产总值 Gross Domestic Product	第一产业 Primary Industry	第二产业 Secondary Industry	工 业 Industry	建筑业 Construction	第三产业 Tertiary Industry	人均生产总值 GDP Per Capita	社会劳动生产率 Society Labour Productivity
1978	120.9	115.6	123.3	121.1	167.9	116.0	119.6	117.1
1979	110.0	117.4	110.4	110.4	110.7	107.0	107.1	105.9
1980	110.0	99.8	111.4	110.6	122.0	108.7	108.0	106.0
1981	104.8	79.1	107.0	106.6	112.2	104.8	108.0	100.5
1982	104.3	112.9	103.5	102.4	117.5	105.3	99.4	101.1
1983	108.3	109.2	106.0	106.0	106.3	114.8	106.0	105.5
1984	119.3	122.8	116.6	117.5	106.2	125.9	118.9	115.6
1985	110.6	121.1	110.5	110.0	116.5	108.8	108.7	108.1
1986	105.8	108.0	105.5	105.0	111.8	106.0	103.6	103.6
1987	107.6	106.0	108.3	108.2	108.9	106.3	106.1	105.9
1988	105.8	107.7	107.7	108.3	101.2	100.4	103.8	106.0
1989	101.6	111.4	98.1	97.8	101.2	109.3	100.0	101.8
1990	105.4	104.6	101.1	102.0	91.6	116.4	102.7	104.8
1991	106.0	103.4	105.5	105.8	102.1	107.5	104.2	104.9
1992	111.7	100.7	111.5	112.4	101.2	114.6	110.4	109.8
1993	112.1	107.4	112.9	113.6	103.6	111.7	110.6	109.4
1994	114.3	105.3	114.7	114.1	122.7	115.6	112.3	111.2
1995	114.9	106.3	114.1	114.5	109.9	117.9	113.9	113.5
1996	114.3	108.2	114.3	114.6	110.1	115.4	114.0	114.4
1997	112.1	107.7	111.7	111.8	110.1	113.4	111.4	112.3
1998	109.3	106.7	107.4	107.0	112.7	113.0	109.0	109.9
1999	110.0	100.1	111.7	112.6	99.2	108.9	109.0	110.5
2000	110.8	103.7	111.5	112.2	100.9	110.5	110.0	113.1
2001	112.0	106.3	112.8	112.7	114.3	111.7	109.6	114.3
2002	112.7	106.1	114.3	114.6	112.2	111.4	112.3	111.9
2003	114.8	106.1	118.0	118.6	112.4	111.9	114.4	112.2
2004	115.8	105.1	119.8	121.5	101.7	111.9	114.9	111.8
2005	114.9	104.3	117.6	117.9	113.5	112.1	113.1	111.5
2006	114.7	103.4	116.2	116.2	117.0	113.6	112.0	111.1
2007	115.5	101.2	116.6	117.1	110.4	115.0	111.7	108.5
2008	116.5	103.2	118.0	118.7	109.8	115.2	111.4	108.7
2009	116.5	103.4	118.0	118.3	113.9	115.2	111.1	111.0
2010	117.4	103.3	120.2	120.8	112.7	114.2	111.7	110.6
2011	116.4	103.8	118.3	119.3	108.6	114.7	110.9	109.7
2012	113.8	103.0	115.2	115.8	108.6	112.6	109.2	108.4
2013	112.5	103.7	112.7	112.8	111.4	112.5	107.9	106.7

注：本表数据按可比价格计算，表2−4、2−6和2−7同。

Note: Data in this table are calculated at constant prices. Same as table 2-4, 2-6 and 2-7.

2-4 全市生产总值指数(1979—2013年)

Indices of Gross Domestic Product,1979-2013

1978年=100(year of 1978=100)

年 份 Year	全市生产总值 Gross Domestic Product	第一产业 Primary Industry	第二产业 Secondary Industry	工 业 Industry	建筑业 Construction	第三产业 Tertiary Industry
1979	110.0	117.4	110.4	110.4	110.7	107.0
1980	121.0	117.2	123.0	122.1	135.1	116.3
1981	126.8	92.7	131.6	130.2	151.5	121.9
1982	132.3	104.6	136.2	133.3	178.0	128.4
1983	143.2	114.3	144.4	141.3	189.3	147.3
1984	170.9	140.3	168.3	166.0	201.0	185.5
1985	189.0	169.9	186.0	182.6	234.2	201.8
1986	200.0	183.5	196.2	191.7	261.8	213.9
1987	215.2	194.5	212.5	207.5	285.1	227.4
1988	227.6	209.5	228.9	224.7	288.5	228.3
1989	231.3	233.4	224.5	219.7	292.0	249.6
1990	243.8	244.1	227.0	224.1	267.5	290.5
1991	258.4	252.4	239.5	237.1	273.1	312.3
1992	288.6	254.2	267.0	266.5	276.3	357.9
1993	323.5	273.0	301.5	302.8	286.3	399.8
1994	369.8	287.5	345.8	345.5	351.3	462.1
1995	424.9	305.6	394.6	395.6	386.1	544.8
1996	485.7	330.6	451.0	453.3	425.1	628.7
1997	544.4	356.1	503.8	506.8	468.0	713.0
1998	595.1	379.9	541.0	542.3	527.4	805.7
1999	654.6	380.3	604.4	610.6	523.2	877.4
2000	725.3	394.4	673.9	685.1	527.9	969.5
2001	812.3	419.2	760.1	772.1	603.4	1082.9
2002	915.5	444.8	868.8	884.9	677.0	1206.4
2003	1051.0	472.0	1025.2	1049.4	761.0	1350.0
2004	1217.0	496.0	1228.2	1275.1	773.9	1510.6
2005	1398.4	517.3	1444.3	1503.3	878.4	1693.4
2006	1603.9	534.9	1678.3	1746.8	1027.7	1923.7
2007	1852.5	541.4	1956.9	2045.6	1134.6	2212.2
2008	2158.2	558.7	2309.1	2428.1	1245.8	2548.5
2009	2514.3	577.7	2724.8	2872.4	1418.9	2935.9
2010	2951.8	596.7	3275.2	3469.9	1599.1	3352.8
2011	3435.9	619.4	3874.6	4139.5	1736.6	3845.7
2012	3911.8	638.0	4464.2	4793.7	1885.7	4329.4
2013	4400.8	661.6	5031.2	5407.3	2100.7	4870.6

2−5 按产业分全市生产总值及增速(2013年)

Gross Domestic Product and Growth Rate by Industry,2013

单位：亿元(100 million yuan)

项 目	Item	2013	2013比2012年增长(%) Increase Rate in 2013 over 2012(%)
全市生产总值	**Gross Domestic Product**	**14370.16**	**12.5**
第一产业	**Primary Industry**	**188.45**	**3.7**
第二产业	**Secondary Industry**	**7276.68**	**12.7**
工 业	Industry	6678.60	12.8
建筑业	Construction	598.08	11.4
第三产业	**Tertiary Industry**	**6905.03**	**12.5**
# 批发和零售业	Wholesale and Retail Trade	1902.52	11.2
交通运输、仓储和邮政业	Transportation, Storage and Post Services	725.05	10.0
住宿和餐饮业	Accommodation and Catering Services	241.34	3.8
信息传输、软件和信息技术服务业	Information Transmitting, Software and Information Technology Services		
金融业	Finance Intermediation	1202.04	18.3
房地产业	Real Estate	519.37	11.9
租赁和商务服务业	Leasing and Business Services		
科学研究、技术服务业	Scientific Research, Technical Services		
水利、环境和公共设施管理业	Management for Water Conservancy, Environment and Public Facilities		
居民服务、修理和其他服务业	Resident Services，Repair and Other Services		
教 育	Education		
卫生和社会工作	Health Care and Social Work		
文化、体育和娱乐业	Culture, Sports and Recreational Services		
公共管理、社会保障和社会组织	Public Management,Social Security and Social Organizations		

2-6 三次产业贡献率(1995—2013年)

Share of the Contributions of the Three Strata of Industry to the Increase of GDP,1995-2013

单位：%（%）

年 份 Year	全市生产总值 Gross Domestic Product	第一产业 Primary Industry	第二产业 Secondary Industry	#工 业 Industry	第三产业 Tertiary Industry
1995	100	2.9	55.5	52.6	41.6
1996	100	3.6	58.1	55.1	38.3
1997	100	3.8	56.4	53.0	39.8
1998	100	4.1	45.7	40.3	50.2
1999	100	0.1	66.5	66.9	33.4
2000	100	1.8	61.9	61.6	36.3
2001	100	2.3	54.2	48.8	43.5
2002	100	2.0	57.8	53.4	40.2
2003	100	1.5	63.1	59.2	35.4
2004	100	1.2	66.6	66.1	32.2
2005	100	0.9	65.2	61.6	33.9
2006	100	0.7	60.1	54.9	39.2
2007	100	0.2	59.2	56.1	40.6
2008	100	0.4	61.1	58.5	38.5
2009	100	0.4	61.5	58.0	38.1
2010	100	0.3	66.3	63.3	33.4
2011	100	0.4	58.6	56.1	41.0
2012	100	0.3	58.6	55.9	41.1
2013	100	0.4	54.9	51.1	44.7

注：产业贡献率指各产业增加值增量与GDP增量之比。

Note: Share of the contributions of the three strata of industry refers to the proportion of the increment of value added of each industry to the increment of GDP.

2-7 三次产业对全市生产总值增长的拉动(1995—2013年)

Contribution of the Three Strata of Industry to GDP Growth,1995-2013

单位：百分点 (percentage point)

年 份 Year	全市生产总值 Gross Domestic Product	第一产业 Primary Industry	第二产业 Secondary Industry	#工 业 Industry	第三产业 Tertiary Industry
1995	14.9	0.4	8.3	7.8	6.2
1996	14.3	0.5	8.3	7.9	5.5
1997	12.1	0.5	6.8	6.4	4.8
1998	9.3	0.4	4.2	3.7	4.7
1999	10.0		6.7	6.7	3.3
2000	10.8	0.2	6.7	6.7	3.9
2001	12.0	0.3	6.5	5.9	5.2
2002	12.7	0.2	7.4	6.8	5.1
2003	14.8	0.2	9.3	8.8	5.3
2004	15.8	0.2	10.5	10.4	5.1
2005	14.9	0.1	9.7	9.2	5.1
2006	14.7	0.1	8.8	8.1	5.8
2007	15.5		9.2	8.7	6.3
2008	16.5	0.1	10.1	9.6	6.3
2009	16.5	0.1	10.1	9.6	6.3
2010	17.4	0.1	11.5	11.0	5.8
2011	16.4	0.1	9.6	9.2	6.7
2012	13.8		8.1	7.7	5.7
2013	12.5		6.9	6.4	5.6

注：产业拉动指GDP增长速度与各产业贡献率之乘积。

Note: Contribution of the three strata of industry to GDP growth refers to the growth rate of GDP multiplying the shares of each industry.

主要统计指标解释

生产总值

指按市场价格计算的一个国家（或地区）所有常驻单位在一定时期内生产活动的最终成果。

从价值形态看，它是所有常驻单位在一定时期内所生产的全部货物和服务价值超过同期投入的全部非固定资产货物和服务价值的差额，即所有常驻单位的增加值之和；从收入形态看，它是所有常驻单位在一定时期内所创造并分配给常驻单位和非常驻单位的初次分配收入之和；从产品形态看，它是最终使用的货物和服务减去进口货物和服务。在实际核算中，其三种表现形态体现为三种计算方法，即生产法、收入法和支出法。三种方法分别从不同的方面反映生产总值及其构成。根据国务院和国家统计局有关我国 GDP 核算和数据发布制度的规定，天津市国内生产总值自 2004 年起更名为“天津市生产总值”简称“天津市 GDP”。

劳动者报酬

指劳动者因从事生产活动所获得的全部报酬。包括劳动者获得的各种形式的工资、奖金和津贴，既包括货币形式的，也包括实物形式的，还包括劳动者所享受的公费医疗和医药卫生费、上下班交通补贴和单位支付的社会保险费、住房公积金等。

固定资产折旧

指一定时期内为弥补固定资产损耗按照核定的固定资产折旧率提取的固定资产折旧，或按国民经济核算统一规定的折旧率虚拟计算的固定资产折旧。它反映了固定资产在当期生产中的转移价值。各类企业和企业化管理的事业单位的固定资产折旧是指实际计提的折旧费；不计提折旧的政府机关、非企业化管理的事业单位和居民住房的固定资产折旧是按照统一规定的折旧率和固定资产原值计算的虚拟折旧。原则上，固定资产折旧应按固定资产的重置价值计算，但是目前我国尚不具备对全社会固定资产进行重估价的基础，所以暂时只能采用这种办法。

生产税净额

指生产税减生产补贴后的余额。生产税指政府对生产单位生产、销售和从事经营活动以及因从事生产活动使用某些生产要素（如固定资产、土地、劳动力）所征收的各种税、附加费和规费。生产补贴与生产税相反，指政府对生产单位的单方面转移支付，因此视为负生产税，包括政策亏损补贴、价格补贴等。

营业盈余

指常驻单位创造的增加值扣除劳动者报酬、生产税净额和固定资产折旧后的余额。它相当于企业的营业利润加上生产补贴，但要扣除从利润中开支的工资和福利等。

最终消费支出

指常驻单位在一定时期内对于货物和服务的全部最终消费支出，也就是常驻单位为满足物质、文化和精神生活的需要，从本国经济领土和国外购买的货物和服务的支出。不包括非常驻单位在本国经济领土内的消费支出。最终消费分为居民消费和政府消费。

居民消费支出

指常住住户对货物和服务的全部最终消费支出。它除了常住住户直接以货币形式购买货物和服务的消费之外，还包括以其他方式获得的货物和服务的消费，即单位以实物报酬及实物转移的形式提供给劳动者的货物和服务；住户生产并由住户自己消费的货物和服务，其中的服务仅指住户的自有住房服务和支付报酬的家庭服务；金融机构提供的金融媒介服务；保险公司提供的保险服务。

政府消费支出

指政府部门为全社会提供公共服务的消费支出和免费或以较低价格向住户提供的货物和服务的净支出。前者等于政府服务的产出价值减去政府单位所获得的经营收入后的价值，政府服务的产出价值等于它的经常性业务支出加上固定资产折旧；后者等于政府部门免费或以较低价格向住户提供的货物和服务的市场价值减去向住户收取的价值。

资本形成总额

指常驻单位在一定时期内获得的减去处置的固定资产加存货的净变动额，包括固定资本形成总额和存货增加。

固定资本形成总额

指生产者在一定时期内获得的固定资产减处置的固定资产的价值总额，固定资产是通过生产活动生产出来的，其使用年限在一年以上，单位价值在规定标准以上的资产，不包括自然资产。固定资本形成总额可分为有形固定资本形成总额和无形固定资本形成总额。有形固定资本形成总额包括一定时期内完成的建筑工程、安装工程、设备工器具购置（减处置）价值以及土地改良、新增役、种、奶、毛、娱乐用牲畜和新增经济林木价值。无形固定资本形成总额包括矿藏的勘探、计算机软件等获得减处置。

存货增加

指常驻单位在一定时期内存货实物量变动的市场价值，即期末价值减期初价值的差额，再扣除当期由于价格变动而产生的持有收益。存货增加可以是正值，也可以是负值；正值表示存货增加，负值表示存货减少。它包括生产单位购进的原材料、燃料和储备物资等存货，以及生产单位生产的产成品、在制品存货等。

货物和服务净出口

指货物和服务出口减货物和服务进口的差额。出口包括常驻单位向非常驻单位出售和无偿转让的各种货物和服务的价值；进口包括常驻单位从非常驻单位购买或无偿得到的各种货物和服务的价值。由于服务活动的提供与使用同时发生，因此服务的进出口业务并不发生出入境现象，一般把常驻单位从国外得到的服务作为进口，常驻单位向国外提供的服务作为出口。货物的出口和进口都按离岸价格计算。在计算地区货物和服务净出口时，还包括地区间货物和服务的流入流出。用公式表示：

货物和服务净出口（净流出）=货物和服务出口（流出）—进口（流入）

Explanatory Notes on Main Statistical Indicators

Gross Domestic Product

refers to the final products at market prices produced by all resident units in a country (or a region) during a certain period of time.

From the aspect of value added form, GDP refers to the total value of all products and services produced by all resident units during a certain period of time minus total value of inputs of non-fixed-assets products and services or the summation of the value added of all resident units; the form of products refers to all final goods and services minus imports of goods and services. In the practice of national accounting, it is calculated by three approaches, i.e. product approach, income approach and expenditure approach, respectively, to reflect Gross Product and its composition of different aspects. According to the national regulations of GDP, Tianjin Gross Product Value is called Tianjin GDP for short.

Compensation of Employees

refers to the whole payment of various forms earned by the labourers from the productive activities they are engaged in. It includes wages, bonuses and allowances the labourers earned in monetary form and in kind. It also includes the free medical services provided to the labourers and the medicine expenses, traffic subsidies, social insurance fee and housing provident fund paid by the labourer's working units for them.

Depreciation of Fixed Assets

refers to the depreciation of fixed assets of a given period, drawn in accordance with the stipulated depreciation rate for the purpose of compensating the wear loss of the fixed assets or the depreciation of fixed assets calculated in a fictitious way in accordance with the stipulated unified depreciation rate in the national economic accounting system. It reflects the value of transfer of the fixed assets in the production of the current period. The depreciation of fixed assets in various enterprises and institutions managed as enterprises refers to the depreciation expenses actually drawn. In government agencies and institutions not managed as enterprises which do not draw the depreciation expenses, as well as for the houses of residents, the depreciation of fixed assets is the imputed depreciation, which is calculated in accordance with the stipulated unified depreciation rate. In principle, the depreciation of fixed assets should be calculated on the basis of the re-purchased value of the fixed assets. However, there is no actual condition to re-evaluate all the fixed assets in China. Therefore, this method is temporarily adopted at present.

Net Taxes on Production

refer to the residual of the taxes on production minus the subsidies on production. The taxes on production refers to the various taxes, extra charges and fees levied on the production units on their production, sale and business activities as well as on some sectors of production, such as fixed assets, land and labour force, used in the production activities they are engaged in. In contrast to the taxes on production, the subsidies on production refer to the unilateral transfer of part of the government's revenue to the production units and are therefore regarded as negative taxes on production. They include subsidies on the loss due to implementation of government policies, price subsidies, etc.

Operating Surplus

refers to the balance of the value added created by the resident units deducting the labourer's remuneration, net taxes on production and the depreciation of fixed assets. It is equivalent to the business profit of the enterprises plus subsidies on production, but the wages and welfare expenses paid from the profits should be deducted.

Final Consumption Expenditures

refer to the total expenditure of resident units on final consumption of goods and services in a certain period, namely the expenditure of the resident units for purchases of goods and services from domestic economic territory and abroad to meet the requirements of material, cultural and spiritual life. It excludes the consumption expenditure of non-resident units on consumption in the economic territory of the country. The final consumption is classified into households' consumption and government consumption.

Households Consumption Expenditures

refer to the total expenditure of resident households on the final consumption of goods and services. In addition to the consumption of goods and services bought by the households directly with money, the households consumption also includes expenditure on goods and services obtained by the households on other ways, i.e. the goods and services provided to the households by the units in the form of payment in kind and transfer in kind; the goods and services produced and consumed by the households themselves, in which the services refer only to the owner-occupied housing and domestic services provided by the paid household workers; financial intermediate services provided by financial institutions; insurance services provided by insurance companies.

Government Consumption Expenditures

refer to the expenditure on the consumption of the public services provided by the government to the whole society and the net expenditure on the goods and services provided by the government to the households at free charge or lower prices. The former equals to the output value of the government services minus the value of operating income obtained by the government departments, the output value of the government services equals to its current operating expenditure plus depreciation of fixed assets. The latter equals to the market value of the goods and services provided by the government free of charge or at low prices to the households minus the value received by the government from the households.

Gross Capital Formation

refers to the fixed assets acquired minus those disposed and the net value of inventory, including the total fixed assets formation and the increase in inventory.

Gross Fixed Capital Formation

refers to the value of fixed assets acquired minus those disposed of during a given period. Fixed assets are the assets produced through production activities with specified unit value which could be used for over one year, excluding natural assets. Total fixed capital formation can be categorized into total tangible assets formation and total intangible assets formation. The total tangible assets formation include the value of the construction projects, installation projects completed and the equipment, apparatus and instruments purchased as well as the value of land improved, the value of draught animals, breeding stock, animal for milk, wool and for recreational animals purpose and the newly increased forest with economic value during a given period. The total intangible assets formation includes the prospecting of minerals, the acquisition of computer software minus the disposal of them.

Change in Inventory

refers to the market value of the change in inventory of resident units during a given period, i.e. the difference of value between the beginning and the end of the period minus the current gains due to the change in prices. The increase in inventory can be positive or negative. A positive value indicates the increase in inventory while a negative value indicates the decrease in stock. The inventory includes the raw materials, fuel and reserve materials purchased by the production units as well as the inventory of finished products, semi-finished products, etc.

Net Exports of Goods and Services

refer to the balance of the exports of goods and services minus the imports of goods and services. The imports include the value of various goods and services sold or gratuitously transferred by the resident units to the non-resident units. The imports include the value of various goods and services purchased or gratuitously acquired by the resident units from the non-resident units. Because the provision of services and the use of them happen simultaneously, the import and export of services do not appear to have the phenomena of crossing the border of the country. The acquisition of services by the resident units from abroad is usually treated as import while the acquisition of services by non-resident units in this country is usually treated as export. The export and import of goods are calculated at FOB. The formula for calculating is as followed:

Net Export of Goods and Services = Value of Export of Goods and Service - Value of Import of Goods and Services

人口 Population 3

3-1 人口主要指标(1996—2013年)

Main Statistics on Population,1996-2013

年 份 Year	常住人口(万人) Permanent Population (10 000 persons)	户籍人口(万人) Registered Population (10 000 persons)	户籍户数(万户) Registered Households (10 000households)	人口密度(人/平方公里) Population Density (person/sq.km)	人 口 出生率(‰) Birth Rate (‰)	人 口 死亡率(‰) Death Rate (‰)	人口自然增长率(‰) Natural Growth Rate (‰)
1996	948.19	898.45	279.62	806	10.09	6.53	3.56
1997	952.59	899.80	284.08	810	9.98	6.95	3.03
1998	956.64	905.09	288.20	813	9.89	6.49	3.40
1999	959.48	910.17	291.32	816	9.68	6.73	2.95
2000	1001.14	912.00	293.04	851	7.72	6.17	1.55
2001	1004.06	913.98	295.63	854	7.58	5.94	1.64
2002	1007.18	919.05	299.67	856	7.49	6.04	1.45
2003	1011.30	926.00	303.27	860	7.14	6.04	1.10
2004	1023.67	932.55	316.62	870	7.31	5.97	1.34
2005	1043.00	939.31	322.95	887	7.44	6.01	1.43
2006	1075.00	948.89	328.66	914	7.67	6.07	1.60
2007	1115.00	959.10	333.42	948	7.91	5.86	2.05
2008	1176.00	968.87	337.49	1000	8.13	5.94	2.19
2009	1228.16	979.84	341.90	1044	8.30	5.70	2.60
2010	1299.29	984.85	345.83	1105	8.18	5.58	2.60
2011	1354.58	996.44	350.27	1152	8.58	6.08	2.50
2012	1413.15	993.20	351.24	1202	8.75	6.12	2.63
2013	1472.21	1003.97	356.60	1252	8.26	6.00	2.26

注：1.人口密度2005年以后按市民政局行政区划面积计算，2005年以前按市规划局土地面积计算。此表人口密度为常住口径。2.人口自然变动"三率"为历年人口抽样调查数据。

Note: a)After 2005, the population density is calculated with administrative areas measured by Tianjin Municipal Civil Affairs Bureau,and those before 2005 are calculated with areas measured by Tianjin Planning Bureau. The population density in this table is calculated at permanent coverage. b)The three rates of population changing are obtained from population sample surveys.

3-2 户籍人口构成及户规模(1996—2013年)

Composition of Registered Population and Household Size,1996-2013

单位：%(%)

年 份 Year	按户口性质分 By Registered Character		按性别分 By Sex		性别比(女=100) Sex Ratio (Female=100)	家庭平均户规模(人/户) Average Family Household Size (person/household)
	非农业 Non-agricultural	农 业 Agricultural	男 性 Male	女 性 Female		
1996	57.12	42.88	50.62	49.38	102.50	3.21
1997	57.27	42.73	50.58	49.42	102.33	3.17
1998	57.60	42.40	50.53	49.47	102.14	3.14
1999	58.09	41.91	50.51	49.49	102.06	3.12
2000	58.39	41.61	50.51	49.49	102.05	3.11
2001	58.56	41.44	50.48	49.52	101.92	3.09
2002	58.88	41.12	50.45	49.55	101.84	3.07
2003	59.37	40.63	50.47	49.53	101.89	3.05
2004	59.64	40.36	50.46	49.54	101.86	2.95
2005	59.87	40.13	50.44	49.56	101.77	2.91
2006	60.18	39.82	50.41	49.59	101.65	2.89
2007	60.51	39.49	50.38	49.62	101.52	2.88
2008	60.72	39.28	50.35	49.65	101.42	2.87
2009	61.08	38.92	50.32	49.68	101.30	2.87
2010	61.37	38.63	50.29	49.71	101.15	2.85
2011	61.61	38.39	50.27	49.73	101.11	2.84
2012	62.06	37.94	50.21	49.79	100.84	2.83
2013	62.97	37.03	50.18	49.82	100.72	2.82

3-3　按地区分的户籍人口户数、人口数及人口密度

Registered Households, Population and Population Density by Region

地　区	Region	年末户数（万户）Year-end Households (10 000 households) 2012	2013	年末人口数（万人）Year-end Population (10 000 persons) 2012	2013	年平均人口（万人）Average Annual Population (10 000 persons) 2013	人口密度（人/平方公里）Population Density (person/sq.km) 2013
全市总计	**Total**	**351.24**	**356.60**	**993.20**	**1003.97**	**998.59**	**854**
市辖区	**Districts under City Administration**	**291.31**	**295.73**	**812.50**	**821.70**	**817.10**	**1591**
# 市内六区	Six Urban Districts	144.54	146.55	391.40	394.52	392.96	22280
和平区	Heping District	13.44	13.67	39.75	40.28	40.02	40281
河东区	Hedong District	28.35	28.76	73.46	73.98	73.72	18668
河西区	Hexi District	28.19	28.61	79.77	80.94	80.35	21294
南开区	Nankai District	30.25	30.83	84.68	85.37	85.03	22146
河北区	Hebei District	23.86	24.08	61.88	62.15	62.01	20982
红桥区	Hongqiao District	20.45	20.60	51.86	51.80	51.83	24364
东丽区	Dongli District	13.48	13.61	35.26	35.60	35.43	744
西青区	Xiqing District	13.18	13.42	37.07	37.36	37.21	660
津南区	Jinnan District	14.81	14.97	42.01	42.35	42.18	1092
北辰区	Beichen District	14.22	14.57	37.52	37.93	37.73	802
武清区	Wuqing District	27.31	27.73	85.77	87.09	86.43	553
宝坻区	Baodi District	21.82	21.99	67.93	68.56	68.25	454
滨海新区	Binhai New Area	41.95	42.89	115.54	118.29	116.91	530
市辖县	**Counties under City Administration**	**59.93**	**60.87**	**180.70**	**182.27**	**181.49**	**418**
宁河县	Ninghe County	13.33	13.67	38.93	39.19	39.06	302
静海县	Jinghai County	20.20	20.53	57.59	58.26	57.93	395
蓟　县	Jixian County	26.40	26.67	84.18	84.81	84.50	534

3-4 按户口性质分的户籍户数

Registered Households by Registered Character

单位：万户(10 000 households)

地　区	Region	非农业 Non-agricultural		农　业 Agricultural	
		2012	2013	2012	2013
全市总计	**Total**	**227.25**	**233.82**	**123.98**	**122.79**
市辖区	**Districts under City Administration**	**211.11**	**217.41**	**80.18**	**78.33**
# 市内六区	Six Urban Districts	143.75	145.76	0.78	0.78
和平区	Heping District	13.44	13.67		
河东区	Hedong District	28.32	28.73	0.03	0.03
河西区	Hexi District	28.07	28.48	0.13	0.12
南开区	Nankai District	29.75	30.33	0.49	0.50
河北区	Hebei District	23.84	24.07	0.01	0.01
红桥区	Hongqiao District	20.33	20.48	0.12	0.12
东丽区	Dongli District	6.78	8.33	6.70	5.29
西青区	Xiqing District	4.04	4.23	9.14	9.20
津南区	Jinnan District	4.41	4.81	10.39	10.16
北辰区	Beichen District	6.56	6.82	7.66	7.74
武清区	Wuqing District	6.14	7.00	21.17	20.73
宝坻区	Baodi District	5.28	5.39	16.54	16.61
滨海新区	Binhai New Area	34.15	35.07	7.80	7.82
市辖县	**Counties under City Administration**	**16.14**	**16.41**	**43.80**	**44.46**
宁河县	Ninghe County	4.57	4.67	8.77	9.00
静海县	Jinghai County	5.25	5.40	14.96	15.13
蓟　县	Jixian County	6.32	6.34	20.07	20.33

3–5 按户口性质分的户籍人口数

Registered Population by Registered Character

单位：万人(10 000 Persons)

地 区	Region	非农业 Non-agricultural		农 业 Agricultural	
		2012	2013	2012	2013
全 市 总 计	**Total**	**616.36**	**632.23**	**376.84**	**371.74**
市辖区	**Districts under City Administration**	**578.57**	**593.46**	**233.93**	**228.23**
# 市内六区	Six Urban Districts	389.66	392.77	1.74	1.74
和平区	Heping District	39.74	40.28		
河东区	Hedong District	73.41	73.93	0.06	0.05
河西区	Hexi District	79.50	80.66	0.28	0.28
南开区	Nankai District	83.53	84.22	1.14	1.15
河北区	Hebei District	61.86	62.13	0.02	0.02
红桥区	Hongqiao District	51.62	51.55	0.24	0.24
东丽区	Dongli District	18.25	22.31	17.01	13.28
西青区	Xiqing District	13.11	13.27	23.96	24.09
津南区	Jinnan District	13.12	14.08	28.89	28.27
北辰区	Beichen District	17.74	18.09	19.78	19.84
武清区	Wuqing District	17.93	20.81	67.84	66.29
宝坻区	Baodi District	14.09	14.76	53.84	53.80
滨海新区	Binhai New Area	94.67	97.37	20.87	20.92
市辖县	**Counties under City Administration**	**37.79**	**38.77**	**142.91**	**143.51**
宁河县	Ninghe County	10.50	10.68	28.44	28.52
静海县	Jinghai County	11.92	12.33	45.67	45.93
蓟 县	Jixian County	15.37	15.76	68.81	69.06

3-6 按性别分的户籍人口数

Registered Population by Sex

单位：万人(10 000 persons)

地　区	Region	男 性 Male		女 性 Female		性别比(女＝100) Sex Ratio(Female=100)	
		2012	2013	2012	2013	2012	2013
全市总计	**Total**	**498.67**	**503.78**	**494.53**	**500.19**	**100.84**	**100.72**
市辖区	**Districts under City Administration**	**406.71**	**411.06**	**405.79**	**410.64**	**100.22**	**100.10**
# 市内六区	Six Urban Districts	194.80	196.24	196.60	198.28	99.05	98.97
和平区	Heping District	19.10	19.36	20.64	20.92	92.56	92.53
河东区	Hedong District	36.98	37.22	36.48	36.76	101.23	101.29
河西区	Hexi District	39.20	39.75	40.58	41.19	96.59	96.49
南开区	Nankai District	42.34	42.61	42.34	42.76	100.01	99.66
河北区	Hebei District	31.13	31.27	30.75	30.88	101.25	101.24
红桥区	Hongqiao District	26.05	26.03	25.81	25.77	100.94	100.99
东丽区	Dongli District	17.68	17.82	17.58	17.77	100.60	100.29
西青区	Xiqing District	18.08	18.31	18.99	19.05	95.23	96.09
津南区	Jinnan District	20.93	21.09	21.08	21.27	99.27	99.15
北辰区	Beichen District	18.67	18.87	18.85	19.07	99.04	98.87
武清区	Wuqing District	42.73	43.35	43.04	43.74	99.28	99.11
宝坻区	Baodi District	34.22	34.51	33.71	34.05	101.49	101.34
滨海新区	Binhai New Area	59.60	60.87	55.94	57.41	106.53	106.03
市辖县	**Counties under City Administration**	**91.96**	**92.72**	**88.74**	**89.55**	**103.63**	**103.54**
宁河县	Ninghe County	19.76	19.87	19.18	19.33	103.01	102.80
静海县	Jinghai County	29.30	29.64	28.28	28.62	103.61	103.54
蓟　县	Jixian County	42.90	43.21	41.28	41.60	103.94	103.88

3-7 各种特征年龄组的户籍人口(2013年)

Registered Population by Age Groups,2013

单位：万人(10 000 persons)

年龄组	Age Groups	合 计 Total	# 市内六区 Six Urban Districts	男 性 Male	# 市内六区 Six Urban Districts	女 性 Female	# 市内六区 Six Urban Districts
按学龄人口分组	**Grouped by School Age**						
0-2岁	Age 0-2	27.82	9.30	14.60	4.83	13.22	4.47
3-5岁	Age 3-5	26.49	9.22	13.94	4.79	12.55	4.43
6-14岁	Age 6-14	66.87	8.17	35.33	4.25	31.55	3.92
15-17岁	Age 15-17	23.34	7.65	12.24	3.97	11.11	3.68
18-21岁	Age 18-21	44.96	7.47	23.03	3.88	21.94	3.58
按婚育人口分组	**Grouped by Marriage Age and Child-bearing Age**						
进入法定婚龄人口	Reaching Legal Marriage Age	12.42	3.69	6.48	1.75	5.94	1.94
育龄妇女人口 (15-49岁)	Women at Child-bearing Age (between 15-49)	246.88	87.61			246.88	87.61
按劳龄人口分组	**Grouped by Labour Age**						
进入劳龄人口	Reaching Labour Age						
国内标准	Domestic Standard	7.79	1.98	4.09	1.01	3.70	0.97
国际标准	International Standard	7.39	1.83	3.88	0.94	3.51	0.89
劳动年龄内人口	Within Labour Age						
国内标准	Domestic Standard	627.12	240.84	339.32	133.05	287.80	107.79
国际标准	International Standard	745.87	296.43	374.39	148.67	371.48	147.76
退出劳龄人口	Over Labour Age						
国内标准	Domestic Standard	17.65	8.65	8.18	3.84	9.47	4.81
国际标准	International Standard	9.63	4.04	4.72	2.01	4.91	2.03
按老年人口分组	**Grouped by Aged Population**						
60岁及以上人口	Age 60 and over	200.85	95.22	96.71	45.18	104.14	50.04
占总人口比重(%)	Proportion in Total (%)	20.01	24.13	19.20	23.02	20.82	25.23
65岁及以上人口	Age 65 and over	129.53	63.31	61.64	29.56	67.89	33.76
占总人口比重(%)	Proportion in Total (%)	12.90	16.05	12.23	15.06	13.57	17.02
80岁及以上人口	Age 80 and over	28.07	16.62	12.79	7.52	15.27	9.10
占总人口比重(%)	Proportion in Total (%)	2.80	4.21	2.54	3.83	3.05	4.59

3-8 常住人口主要数据(2010—2013年)

Main Statistics on Permanent Population,2010-2013

指　标	Item	2010	2011	2012	2013
常住人口(万人)	**Permanent Population (10 000 persons)**	**1299.29**	**1354.58**	**1413.15**	**1472.21**
按性别分	By Sex				
男　性	Male	693.56	725.92	760.24	794.57
女　性	Female	605.73	628.66	652.91	677.64
性别比(女=100)	Sex Ratio (Female = 100)	114.52	115.47	116.44	117.26
按户别分组	By Household Type				
家庭户	Family	1030.51	1070.12	1102.93	1147.10
集体户	Collective	268.78	284.46	310.22	325.11
按城乡分组	By Residence				
城　镇	Urban Population	1033.59	1090.44	1152.49	1207.36
占总人口比重(%)	Proportion in Total (%)	79.55	80.50	81.55	82.01
乡　村	Rural Population	265.70	264.14	260.66	264.85
按年龄分组	By Age				
0−14岁	Age 0-14	127.33	133.02	141.46	145.46
15−64岁	Age 15-64	1061.26	1094.91	1131.65	1167.13
65岁及以上	Age 65 and over	110.70	126.65	140.04	159.62
人口负担系数(%)	**Population Dependency Ratio (%)**				
人口总负担系数	Total Dependency Ratio	22.43	23.72	24.88	26.14
负担少儿系数	Children Dependency Ratio	12.00	12.15	12.50	12.46
负担老年系数	The Aged Dependency Ratio	10.43	11.57	12.37	13.68
老少比	Ratio of Aged to Children	86.94	95.21	99.00	109.73
常住人口户数(万户)	**Number of Households (10 000 households)**	**398.35**	**420.95**	**435.74**	**457.09**
家庭户	Family Households	368.04	387.72	399.61	417.48
集体户	Collective Households	30.31	33.23	36.13	39.61
家庭平均户规模(人/户)	**Average Family Size (person/household)**	**2.80**	**2.76**	**2.76**	**2.75**
人口变动情况(万人)	**Change of Population (10 000 persons)**				
出生人口	Birth	10.34	11.39	12.11	12.16
死亡人口	Death	7.05	8.07	8.47	8.83
净迁入人口	Net Immigration	300.44	344.84	392.79	440.91
人口密度(人/平方公里)	**Population Density (person/sq. km)**	**1105**	**1152**	**1202**	**1252**

注：1．此表根据人口普查及人口变动调查数据推算。下表同。2．此表人口密度为常住口径。

Note：a)Data in this table are predicted according to population census and population change survey. Same as following next. b)The population density in this table is calculated at permanent coverage.

3-9 按地区分的常住人口(2011—2013年)

Permanent Population by Region,2011-2013

单位：万人(10 000 persons)

地　区	Region	2011	2012	2013
全市总计	**Total**	**1354.58**	**1413.15**	**1472.21**
市辖区	**Districts under City Administration**	**1158.52**	**1209.21**	**1261.71**
# 市内六区	Six Urban Districts	450.15	472.10	490.91
和平区	Heping District	30.31	34.12	36.42
河东区	Hedong District	88.98	92.90	96.68
河西区	Hexi District	90.10	94.47	98.29
南开区	Nankai District	105.54	110.10	114.03
河北区	Hebei District	80.53	84.18	87.77
红桥区	Hongqiao District	54.69	56.33	57.72
东丽区	Dongli District	63.54	66.03	68.96
西青区	Xiqing District	74.13	76.12	78.11
津南区	Jinnan District	62.98	66.55	68.41
北辰区	Beichen District	70.43	74.33	78.20
武清区	Wuqing District	100.51	105.33	110.25
宝坻区	Baodi District	83.12	85.13	88.15
滨海新区	Binhai New Area	253.66	263.62	278.72
市辖县	**Counties under City Administration**	**196.06**	**203.94**	**210.50**
宁河县	Ninghe County	43.10	44.32	45.82
静海县	Jinghai County	67.43	71.20	74.87
蓟　县	Jixian County	85.53	88.42	89.81

3-10 按年龄分的6岁及以上各种受教育程度人口(2013年)

Education Status of Population Aged 6 and over by Age,2013

单位：人(person)

年 龄 Age	6岁及以上人口 Aged 6 and over	# 小 学 Primary School	# 初 中 Junior Middle School	# 高 中 Senior Middle School	# 大学专科 Junior College	# 大学本科 Undergraduate College	# 研究生 Postgraduate
全市总计							
Total	**30557**	**5495**	**11492**	**6301**	**2898**	**3331**	**210**
6-9	994	916					
10-14	1207	637	540				
15-19	1455	24	476	645	105	199	
20-24	2344	32	581	388	381	943	9
25-29	2364	48	708	486	533	552	28
30-34	2594	81	880	534	485	549	58
35-39	2203	137	1073	476	265	217	29
40-44	2663	233	1387	549	237	219	24
45-49	2841	333	1507	577	182	198	25
50-54	2769	334	1055	1030	199	110	9
55-59	2957	577	1307	746	196	66	11
60-64	2262	685	1004	290	128	58	5
65+	3904	1458	974	580	187	220	12
# 女 性							
Female	**15698**	**2966**	**5512**	**3175**	**1400**	**1963**	**100**
6-9	441	411					
10-14	594	312	268				
15-19	798	6	217	351	62	159	
20-24	1400	18	256	174	200	744	6
25-29	1189	21	348	235	273	294	15
30-34	1323	39	440	263	261	280	36
35-39	1129	83	536	264	126	105	12
40-44	1323	123	697	267	116	106	11
45-49	1433	183	746	311	82	91	8
50-54	1387	203	504	521	88	45	2
55-59	1512	355	631	376	75	31	5
60-64	1144	402	449	149	48	27	1
65+	2025	810	420	264	69	81	4

注：此表为2013年人口抽样调查数据，表3-11至3-13相同。
Note: Data in this table are obtained from population sample survey in 2013. Same as table 3-11 to 3-13.

3-11 按年龄分的15岁及以上各种婚姻状况人口(2013年)

Marriage Status of Population Aged 15 and over by Age,2013

单位：人(person)

年 龄 Age	15岁及以上人口合计 Aged 15 and over	未 婚 Unmarried	初婚有配偶 First Marriages	再婚有配偶 Remarriages	离 婚 Divorces	丧 偶 Widowed
全市总计						
Total	**28356**	**4958**	**21056**	**398**	**494**	**1450**
15–19	1455	1418	37			
20–24	2344	1913	420	4	7	
25–29	2364	952	1369	16	25	2
30–34	2594	356	2156	22	54	6
35–39	2203	99	1978	52	62	12
40–44	2663	66	2449	60	74	14
45–49	2841	43	2629	54	77	38
50–54	2769	32	2544	54	84	55
55–59	2957	30	2698	48	50	131
60–64	2262	17	2014	39	28	164
65+	3904	32	2762	49	33	1028
# 女 性						
Female	**14663**	**2647**	**10553**	**207**	**258**	**998**
15–19	798	780	18			
20–24	1400	1156	238	3	3	
25–29	1189	435	734	10	10	
30–34	1323	172	1106	16	23	6
35–39	1129	40	1015	30	33	11
40–44	1323	26	1216	28	44	9
45–49	1433	5	1335	32	38	23
50–54	1387	8	1266	26	49	38
55–59	1512	11	1358	23	26	94
60–64	1144	7	983	20	14	120
65+	2025	7	1284	19	18	697

3-12 按地区分的家庭户规模(2013年)

Family Households by Size and Region,2013

单位：户(household)

地区	Region	合计 Total	一人户 One-person	二人户 Two-person	三人户 Three-person	四人户 Four-person	五人户 Five-person	六人及以上户 Six-person and over
全市总计	**Total**	**11530**	**1531**	**3765**	**4035**	**1410**	**573**	**216**
市辖区	**Districts under City Administration**	**9518**	**1338**	**3175**	**3490**	**977**	**416**	**122**
和平区	Heping District	291	71	101	102	12	5	
河东区	Hedong District	825	106	252	366	68	26	7
河西区	Hexi District	569	96	185	212	49	21	6
南开区	Nankai District	1178	200	468	429	50	30	1
河北区	Hebei District	768	136	297	274	44	16	1
红桥区	Hongqiao District	381	81	102	152	33	13	
东丽区	Dongli District	379	42	118	143	55	17	4
西青区	Xiqing District	728	115	234	246	93	28	12
津南区	Jinnan District	433	38	96	151	86	45	17
北辰区	Beichen District	1054	131	380	373	116	43	11
武清区	Wuqing District	733	49	223	220	110	84	47
宝坻区	Baodi District	488	37	141	193	79	29	9
滨海新区	Binhai New Area	1691	236	578	629	182	59	7
市辖县	**Counties under City Administration**	**2012**	**193**	**590**	**545**	**433**	**157**	**94**
宁河县	Ninghe County	179	9	20	43	50	31	26
静海县	Jinghai County	1004	125	309	279	220	58	13
蓟　县	Jixian County	829	59	261	223	163	68	55

3-13 按地区分有65岁及以上老年人口的家庭户(2013年)

Households with Population Aged 65 and over by Region,2013

单位：户 (household)

地 区	Region	合 计 Total	# 单 身 老人户 Single	# 一 对 老夫妇户 One Couple	# 一个老人与亲属户 One Aged Population and Relatives	# 二个老人与亲属户 Two Aged Population and Relatives
全市总计	**Total**	**2728**	**595**	**785**	**6**	**10**
市辖区	**Districts under City Administration**	**2264**	**489**	**672**	**6**	**9**
和平区	Heping District	97	32	21		1
河东区	Hedong District	211	40	57	1	1
河西区	Hexi District	230	39	66	1	3
南开区	Nankai District	321	74	122		2
河北区	Hebei District	286	66	98	1	
红桥区	Hongqiao District	64	20	15		
东丽区	Dongli District	76	21	23	1	
西青区	Xiqing District	143	37	41		
津南区	Jinnan District	69	13	17		
北辰区	Beichen District	218	41	65		
武清区	Wuqing District	183	15	38		1
宝坻区	Baodi District	85	26	17		
滨海新区	Binhai New Area	281	65	92	2	1
市辖县	**Counties under City Administration**	**464**	**106**	**113**		**1**
宁河县	Ninghe County	44	5	3		
静海县	Jinghai County	226	74	63		1
蓟 县	Jixian County	194	27	47		

3-14 计划生育情况(2010—2013年)

Family Planning,2010-2013

单位：万人(10 000 persons)

指　标	Item	2010	2011	2012	2013
出生人口	Birth	8.10	8.58	9.30	8.81
已婚育龄妇女人数	Married Women at Child-bearing Age	172.93	173.19	169.96	167.35
领取独生子女证人数	Married Couples with One-child Certificate	58.18	59.15	59.77	65.84
政策生育率(%)	Family Planning Rate (%)	98.33	98.25	98.44	98.38
一孩率(%)	One-child Rate (%)	82.25	81.68	82.20	82.03
二孩率(%)	Two-child Rate (%)	17.74	18.30	17.79	17.96
多孩率(%)	Multi-child Rate (%)	0.01	0.02	0.01	0.01

资料来源：本表由市人口和计划生育委员会提供。
Source: Data in this table are provided by Tianjin Municipal Committee of Population and Family Planning.

3-15 人口婚姻情况(2010—2013年)

Marriage Registration,2010-2013

指　标	Item	2010	2011	2012	2013
登记结婚对数(对)	**Marriages(couple)**	**86799**	**104147**	**101389**	**102574**
# 恢复结婚对数	Remarriage with Former Spouse	4051	5418	4360	7920
涉外婚姻登记	Chinese-Foreigner Marriages	403	444	373	373
按婚前状况分	**Grouped by Pre-marriage Condition**				
初婚人数(万人)	First Marriages (10 000 persons)	13.81	17.30	17.47	16.99
再婚人数(万人)	Remarriages (10 000 persons)	3.55	3.50	2.81	3.52
离婚对数(对)	**Divorces (couple)**	**28132**	**30560**	**34790**	**44093**
法院判决离婚	Mediated by the Court	4067	4445	4376	4371
民政协议离婚	Approved by Civil Administration Agencies	24065	26115	30414	39722

主要统计指标解释

常住人口

指实际经常居住在某地区半年以上的人口。按人口普查和抽样调查规定，主要包括：(1) 除离开本地半年以上（不包括在国外工作或学习的人）的全部常住本地的户籍人口；(2) 户口在外地，但在本地居住半年以上者，或离开户口地半年以上而调查时在本地居住的人口；(3) 调查时居住在本地，但在任何地方都没有登记常住户口，如手持户口迁移证、出生证、退伍证、劳改劳教释放证等尚未办理常住户口的人，即所谓“口袋户口”的人。

人口密度

指单位土地面积上的人口数。通常使用常住人口计算人口密度，用于说明人口的拥挤程度。以每平方公里的居民人数来表示。计算公式：

$$人口密度=\frac{常住人口}{总土地面积}$$

人口出生率（又称粗出生率）

指在一定时期内(通常为一年)一定地区的出生人数与同期内平均人数(或期中人数)之比，用千分率表示。本资料中的出生率指年出生率，其计算公式为：

$$人口出生率=\frac{年出生人数}{年平均人数}\times 1000‰$$

式中：出生人数指活产婴儿，即胎儿脱离母体时(不管怀孕月数)，有过呼吸或其他生命现象。年平均人数指年初、年底人口数的平均数，也可用年中人口数代替。

人口死亡率（又称粗死亡率）

指在一定时期内(通常为一年)一定地区的死亡人数与同期内平均人数(或期中人数)之比，用千分率表示。本资料中的死亡率指年死亡率，其计算公式为：

$$人口死亡率=\frac{年死亡人数}{年平均人数}\times 1000‰$$

人口自然增长率

指在一定时期内(通常为一年)人口自然增加数(出生人数减死亡人数)与该时期内平均人数(或期中人数)之比，用千分率表示。计算公式为：

$$人口自然增长率=\frac{本年出生人数-本年死亡人数}{年平均人数}\times 1000‰$$

$$=人口出生率-人口死亡率$$

总负担系数

指 14 岁及以下少年儿童人口数和 65 岁及以上老年人口数与 15-64 岁劳动力年龄人口数的比例。表明的是每百名劳动年龄人口负担多少非劳动年龄人口。计算公式：

$$总负担系数=\frac{14岁及以下人数+65岁以上人数}{16-64岁人数}\times 100\%$$

法定婚龄、劳龄人口

我国进入婚龄法定人口标准为男 22 岁、女 20 岁；进入劳龄人口、劳动年龄内人口、退出劳龄人口的国内标准分别是男 16 岁、16-59 岁、60 岁和女 16 岁、16-54 岁、55 岁；国际标准男女均为 15 岁、15-64 岁、65 岁。

Explanatory Notes on Main Statistical Indicators

Permanent Population

refers to the total number of people alive at a given area over half a year. According to the regulation of population census and sample survey, permanent resident population include (1) registered population in this area except those who have left this area over half a year (exclude those going abroad to work or study). (2) population with residence registered in other area, but having actually resided in this area over half a year or having left place of residence registration over half a year and resided in this area during the period of population survey. (3) population with residence registration in this enumeration area not yet settled, i.e. residence card on hand, migration certificate, birth certificate, demobilized soldier card, release certificate, etc.

Population Density

refers to the total number of people within unit land area. Usually, population density is calculated with permanent resident population and indicates crowd degree of population. It is often expressed in the number of people per square kilometer. The following formula is used:

$$Population\ Density=\frac{Permanent\ Resident\ Population}{Total\ Area\ of\ land}$$

Birth Rate (or Crude Birth Rate)

refers to the ratio of the number of births to the average population (or mid-period population) during a certain period of time (usually a year), expressed in ‰. Birth rate in the chapter refers to annual birth rate. The following formula is used:

$$Birth\ Rate=\frac{Number\ of\ Births}{Annual\ Average\ Population}\times 1000‰$$

Number of births in the formula refers to live births, i.e. when a baby has breathed or showed any vital phenomena regardless of the length of pregnancy. Annual average population is the average of the number of population at the beginning of the year and that at the end of the year. Sometimes it is substituted by the mid-year population.

Death Rate (or Crude Death Rate)

refers to the ratio of the number of deaths to the average population (or mid-period population) during a certain period of time (usually a year), expressed in ‰. Death rate in the chapter refers to annual death rate. The following formula is used:

$$Death\ Rate=\frac{Number\ of\ Deaths}{Annual\ Average\ Population}\times 1000\ ‰$$

Natural Growth Rate of Population

refers to the ratio of natural increase in population (number of births minus number of deaths) in a certain period of time (usually a year) to the average population (or mid-period population) of the same period, expressed in ‰. The following formula is applied:

$$Natural\ Growth\ Rate\ of\ Population=\frac{(Number\ of\ Births\ -\ Number\ of\ Deaths)}{Annual\ Average\ Population}\times 1000\ ‰$$

$$Natural\ Growth\ Rate\ of\ Population = Birth\ Rate - Death\ Rate$$

Total Dependency Ratio

refers to the ratio of children aged 0-14 and elderly population aged 65 and over to the working-age population aged 15-64. It describes in general the number of non-working-age population that every 100 people at working ages will take care of. The following formula is used:

$$Gross\ Dependency\ Ratio=\frac{(Population\ Aged\ 0-14)+(Population\ Aged\ 65\ and\ over)}{Population\ Aged\ 15-64}\times 100\%$$

Legal Marriage Age, Labour Age Population

The standard of legal marriage age is 22 for male and 20 for female. The domestic standard of "reaching labour age", "within labour age" and "over labour age" are 16, 16 to 59, 60 for male respectively and 16, 16 to 54, 55 for female respectively; the international standard of these items are 15, 15-64 and 65 respectively for both male and female.

就业和劳动工资 Employment and Remuneration

4

4-1 社会从业人员(1996—2013年)

Total Employment Personnel,1996-2013

单位：万人(10 000 persons)

年 份 Year	劳动力资源总数 Number of Labour Force	社会从业人员合计 Number of Employment Personnel	按城乡分 Grouped by Urban and Rural Areas					
			城 镇 Urban Areas	国有单位 State-owned Units	集体单位 Collective-owned Units	其 他 Others	私营单位及个体 Private Units and Self-employed Individuals	乡 村 Rural Areas
1996	708.80	512.00	317.10	199.10	62.80	31.00	24.20	194.90
1997	716.26	513.33	318.60	196.16	58.19	35.80	28.45	194.73
1998	728.68	508.10	312.65	183.49	53.00	41.58	34.58	195.45
1999	740.76	508.14	313.89	176.54	47.54	49.80	40.01	194.25
2000	753.27	486.89	296.61	163.84	40.58	55.37	36.82	190.28
2001	761.11	488.34	295.37	153.25	32.13	60.94	49.05	192.97
2002	771.69	492.61	295.71	137.81	26.60	82.54	48.76	196.90
2003	793.86	510.90	299.95	128.52	22.80	93.72	54.91	210.95
2004	798.43	527.78	302.47	126.36	20.21	103.59	52.31	225.31
2005	858.88	542.52	312.76	99.18	11.31	148.01	54.26	229.76
2006	888.51	562.92	402.12	97.34	30.00	158.21	116.57	160.80
2007	933.57	613.93	447.97	95.58	29.73	185.00	137.66	165.96
2008	987.97	647.32	477.69	96.97	26.75	202.06	151.91	169.63
2009	1036.53	677.13	505.84	90.22	23.77	212.79	179.06	171.29
2010	1096.78	728.70	545.70	90.24	22.68	227.71	205.07	183.00
2011	1161.01	763.16	580.24	90.94	27.18	230.41	231.71	182.92
2012	1214.46	803.14	621.29	94.65	29.29	249.11	248.24	181.85
2013	1268.21	847.46	663.88	99.04	30.17	244.14	290.53	183.58

4-1续表 *Continued*

年 份 Year	按三次产业分 Grouped by Three Industries					
	绝对数(万人) Number (10 000 persons)			构 成(%) Composition in Percentage(%)		
	第一产业 Primary Industry	第二产业 Secondary Industry	第三产业 Tertiary Industry	第一产业 Primary Industry	第二产业 Secondary Industry	第三产业 Tertiary Industry
1996	82.10	241.40	188.50	16.0	47.2	36.8
1997	81.26	235.69	196.38	15.8	45.9	38.3
1998	80.88	233.21	194.01	15.9	45.9	38.2
1999	79.57	230.33	198.24	15.7	45.3	39.0
2000	81.29	222.15	183.45	16.7	45.6	37.7
2001	82.70	212.65	192.99	16.9	43.6	39.5
2002	82.25	205.38	204.98	16.7	41.7	41.6
2003	83.19	219.44	208.27	16.3	42.9	40.8
2004	82.83	223.89	221.06	15.7	42.4	41.9
2005	81.79	227.38	233.35	15.1	41.9	43.0
2006	81.11	234.85	246.96	14.4	41.7	43.9
2007	76.98	261.35	275.60	12.5	42.6	44.9
2008	76.30	271.90	299.12	11.8	42.0	46.2
2009	75.70	281.01	320.42	11.2	41.5	47.3
2010	73.85	302.33	352.52	10.1	41.5	48.4
2011	73.18	315.99	373.99	9.6	41.4	49.0
2012	71.23	330.89	401.02	8.9	41.2	49.9
2013	68.99	353.85	424.62	8.1	41.8	50.1

注：1．1998—2004年城镇从业人员中包括由于各种原因已经离开本人的生产或工作岗位，但仍与本单位保留劳动关系的职工。2．从2006年起社会从业人员城乡划分执行新划分标准。

Note: a) From 1998 to 2004, the number of employment personnel in urban units includes those staff and workers who still keep their relationship with their units, but have left their working post at there. b) Since 2006, the division of employment personnel has adopted the new standard.

4-2 城镇非私营单位从业人员(1996—2013年)

Employment Personnel in Urban Non-private Units,1996-2013

单位：万人(10 000 persons)

年份 Year	合计 Total	按三次产业分 Grouped by Three Industries			按登记注册类型分 Grouped by Registration Status		
		第一产业 Primary Industry	第二产业 Secondary Industry	第三产业 Tertiary Industry	国有单位 State-owned Units	集体单位 Collective-owned Units	其他单位 Others
总计 Total							
1996	283.98	1.73	163.07	119.18	194.32	59.62	30.04
1997	281.34	1.71	158.68	120.95	191.64	55.28	34.42
1998	218.56	1.43	113.47	103.66	144.18	36.26	38.12
1999	211.76	1.10	110.27	100.39	135.08	30.46	46.22
2000	201.75	1.11	105.63	95.01	125.00	25.82	50.93
2001	192.30	1.09	99.82	91.39	116.24	20.05	56.00
2002	185.50	1.09	92.68	91.73	107.79	16.47	61.24
2003	191.01	0.97	97.60	92.44	101.57	13.95	75.49
2004	193.91	0.87	96.82	96.22	102.09	12.46	79.36
2005	194.12	0.81	97.52	95.79	99.18	11.33	83.61
2006	195.00	0.73	98.37	95.90	97.34	9.61	88.05
2007	200.22	0.74	99.31	100.17	96.69	8.75	94.78
2008	200.61	0.71	94.13	105.77	87.45	7.90	105.26
2009	201.65	0.74	96.18	104.73	81.21	4.76	115.68
2010	205.65	0.71	97.74	107.20	80.79	4.30	120.56
2011	268.24	0.60	157.84	109.80	85.88	8.83	173.53
2012	289.07	0.55	162.64	125.88	89.74	7.98	191.35
2013	302.44	0.53	165.47	136.44	77.85	7.10	217.49
# 女性 Female							
1996	120.23	0.57	69.84	49.82	77.39	28.59	14.25
1997	118.75	0.55	67.48	50.72	76.61	26.15	15.99
1998	89.89	0.46	46.11	43.32	56.17	15.93	17.79
1999	82.95	0.31	41.33	41.31	51.80	13.22	17.93
2000	77.28	0.33	38.85	38.10	47.26	10.76	19.26
2001	77.40	0.36	40.09	36.95	43.26	8.11	26.03
2002	73.59	0.33	36.00	37.26	39.60	6.52	27.47
2003	76.27	0.28	38.49	37.50	37.73	5.33	33.21
2004	73.66	0.26	35.30	38.10	37.56	4.39	31.71
2005	68.66	0.23	33.01	35.42	33.94	4.09	30.63
2006	70.28	0.22	33.95	36.11	33.13	3.41	33.74
2007	71.27	0.21	33.21	37.85	33.30	3.04	34.93
2008	77.02	0.22	32.07	44.73	33.69	2.87	40.46
2009	67.84	0.22	30.62	37.00	27.43	1.87	38.54
2010	75.10	0.21	32.80	42.09	30.03	1.67	43.40
2011	90.91	0.19	49.27	41.45	29.39	2.48	59.04
2012	94.44	0.15	48.91	45.38	30.20	2.15	62.09
2013	105.69	0.16	50.27	55.26	29.88	1.70	74.11

注：1．1998年以前为职工人数。2．2011年起城镇非私营单位从业人员中含劳务派遣人员，统计在在岗职工中。下表同。

Note: a) The data before 1998 of this table refer to staff and workers. b) Data of employment personnel in urban non-private units include labour dispatch from 2011, which are calculated in on-post workers and staff. The Same applies to the table following.

4-3 按国民经济行业分各类从业人员(2013年)

Employment Personnel Grouped by Sector,2013

单位：万人(10 000 persons)

项　目 Item	社会从业人　员 Employment Personnel	城镇非私营单位从业人员 Employment Personnel in Urban Non-private Units	在岗职工人　数 On-post Staff and Workers	其他从业人　员 Other Employment Personnel
总　计 Total	**847.46**	**302.44**	**283.80**	**18.64**
按三次产业分 Grouped by Three Industries				
第一产业 Primary Industry	68.99	0.53	0.49	0.04
第二产业 Secondary Industry	353.85	165.47	157.98	7.49
第三产业 Tertiary Industry	424.62	136.44	125.33	11.11
按国民经济行业分 Grouped by Sector				
农、林、牧、渔业 Farming, Forestry, Animal Husbandry and Fishery	68.99	0.53	0.49	0.04
采矿业 Minerals Mining	12.04	7.61	7.48	0.13
制造业 Manufacturing	249.46	122.33	119.35	2.98
电力、热力、燃气及水生产和供应业 Production and Supply of Electricity, Heat, Gas and Water	7.08	4.49	4.31	0.18
建筑业 Construction	85.27	31.04	26.84	4.20
批发和零售业 Wholesale and Retail Trade	120.90	17.17	16.30	0.87
交通运输、仓储和邮政业 Transportation, Storage and Post Services	34.86	14.35	13.77	0.58
住宿和餐饮业 Accommodation and Catering Services	38.06	6.57	5.04	1.53
信息传输、软件和信息技术服务业 Information Transmitting, Software and Information Technology Services	7.98	3.57	3.55	0.02
金融业 Finance Intermediation	15.56	8.09	5.41	2.68
房地产业 Real Estate	17.63	9.15	8.63	0.52
租赁和商务服务业 Leasing and Business Services	30.34	5.77	5.31	0.46
科学研究和技术服务业 Scientific Research and Technical Services	26.86	10.75	9.99	0.76
水利、环境和公共设施管理业 Management for Water Conservancy, Environment and Public Facilities	7.38	4.14	3.42	0.72
居民服务、修理和其他服务业 Resident Services, Repair and Other Services	46.59	10.83	10.40	0.43
教　育 Education	33.18	18.94	18.06	0.88
卫生和社会工作 Health Care and Social Work	16.47	9.31	8.76	0.55
文化、体育和娱乐业 Culture, Sports and Recreational Services	5.15	2.27	2.14	0.13
公共管理、社会保障和社会组织 Public Management, Social Security and Social Organizations	23.66	15.53	14.55	0.98

4-4 社会从业人员

Number of Employment Personnel

单位：万人(10 000 persons)

项　目	Item	2012	2013	2013比2012年增长(%) Increase Rate in 2013 over 2012(%)
总　计	**Total**	**803.14**	**847.46**	**5.5**
按城乡划分	**Grouped by Urban and Rural Areas**			
城　镇	Urban Areas	621.29	663.88	6.9
国有单位	State-owned Units	94.65	99.04	4.6
集体单位	Collective-owned Units	29.29	30.17	3.0
私营单位	Private Units	151.68	177.57	17.1
个　体	Individuals	96.56	112.96	17.0
其　他	Others	249.11	244.14	-2.0
乡　村	Rural Areas	181.85	183.58	1.0
按国民经济行业分	**Grouped by Sector**			
农、林、牧、渔业	Farming, Forestry, Animal Husbandry and Fishery	71.23	68.99	-3.1
采矿业	Minerals Mining	11.64	12.04	3.4
制造业	Manufacturing	238.97	249.46	4.4
电力、热力、燃气及水生产和供应业	Production and Supply of Electricity, Heat, Gas and Water	6.45	7.08	9.8
建筑业	Construction	73.83	85.27	15.5
批发和零售业	Wholesale and Retail Trade	116.98	120.90	3.4
交通运输、仓储和邮政业	Transportation, Storage and Post Services	29.84	34.86	16.8
住宿和餐饮业	Accommodation and Catering Services	37.41	38.06	1.7
信息传输、软件和信息技术服务业	Information Transmitting, Software and Information Technology Services	5.81	7.98	37.4
金融业	Finance Intermediation	13.45	15.56	15.7
房地产业	Real Estate	16.59	17.63	6.3
租赁和商务服务业	Leasing and Business Services	28.42	30.34	6.8
科学研究和技术服务业	Scientific Research and Technical Services	23.05	26.86	16.5
水利、环境和公共设施管理业	Management for Water Conservancy, Environment and Public Facilities	7.25	7.38	1.8
居民服务、修理和其他服务业	Resident Services, Repair and Other Services	44.83	46.59	3.9
教　育	Education	32.70	33.18	1.5
卫生和社会工作	Health Care and Social Work	16.23	16.47	1.5
文化、体育和娱乐业	Culture, Sports and Recreational Services	4.99	5.15	3.2
公共管理、社会保障和社会组织	Public Management, Social Security and Social Organizations	23.47	23.66	0.8

4-5 城镇非私营单位从业人员

Number of Employment Personnel in Urban Non-Private Units

单位：万人(10 000 persons)

项　目	Item	2012	2013	2013比2012年增长(%) Increase Rate in 2013 over 2012(%)
总　计	**Total**	**289.07**	**302.44**	**4.6**
按登记注册类型分	**Grouped by Registration Status**			
国有单位	State-owned Units	89.74	77.85	-13.2
集体单位	Collective-owned Units	7.98	7.10	-11.0
其他单位	Others	191.35	217.49	13.7
# 外商及港澳台商投资单位	Units with Funds from Foreign Countries, Hong Kong, Macao & Taiwan	85.02	88.70	4.3
股份有限公司	Share Holding Corporations Ltd.	22.83	25.02	9.6
按国民经济行业分	**Grouped by Sector**			
农、林、牧、渔业	Farming, Forestry, Animal Husbandry and Fishery	0.55	0.53	-3.6
采矿业	Minerals Mining	6.92	7.61	10.0
制造业	Manufacturing	120.25	122.33	1.7
电力、热力、燃气及水生产和供应业	Production and Supply of Electricity, Heat, Gas and Water	4.37	4.49	2.7
建筑业	Construction	31.10	31.04	-0.2
批发和零售业	Wholesale and Retail Trade	17.47	17.17	-1.7
交通运输、仓储和邮政业	Transportation, Storage and Post Services	14.08	14.35	1.9
住宿和餐饮业	Accommodation and Catering Services	6.91	6.57	-4.9
信息传输、软件和信息技术服务业	Information Transmitting, Software and Information Technology Services	3.27	3.57	9.2
金融业	Finance Intermediation	7.82	8.09	3.5
房地产业	Real Estate	5.53	9.15	65.5
租赁和商务服务业	Leasing and Business Services	5.44	5.77	6.1
科学研究和技术服务业	Scientific Research and Technical Services	8.27	10.75	30.0
水利、环境和公共设施管理业	Management for Water Conservancy, Environment and Public Facilities	3.68	4.14	12.5
居民服务、修理和其他服务业	Resident Services, Repair and Other Services	10.88	10.83	-0.5
教　育	Education	16.30	18.94	16.2
卫生和社会工作	Health Care and Social Work	8.83	9.31	5.4
文化、体育和娱乐业	Culture, Sports and Recreational Services	1.90	2.27	19.5
公共管理、社会保障和社会组织	Public Management, Social Security and Social Organizations	15.50	15.53	0.2
按企业、事业、机关分	**Grouped by Enterprise, Institution and Government Agency**			
# 企　业	Enterprises	240.69	250.16	3.9
中　央	Central	34.08	32.54	-4.5
地　方	Local	206.61	217.62	5.3
# 国　有	State-owned	28.32	27.36	-3.4
事　业	Institutions	34.81	37.20	6.9
中　央	Central	1.95	1.96	0.5
地　方	Local	32.86	35.24	7.2
机　关	Government Agencies	13.57	14.05	3.5
中　央	Central	1.22	1.23	0.8
地　方	Local	12.35	12.82	3.8

4-6 城镇非私营单位在岗职工

Number of On-post Staff and Workers in Urban Non-Private Units

单位：万人(10 000 persons)

项　目	Item	2012	2013	2013比2012年增长(%) Increase Rate in 2013 over 2012(%)
总　计	**Total**	**271.74**	**283.80**	**4.4**
按登记注册类型分	**Grouped by Registration Status**			
国有单位	State-owned Units	84.28	73.68	-12.6
集体单位	Collective-owned Units	6.92	5.95	-14.0
其他单位	Others	180.54	204.17	13.1
# 外商及港澳台商投资单位	Units with Funds from Foreign Countries, Hong Kong, Macao & Taiwan	82.20	85.67	4.2
股份有限公司	Share Holding Corporations Ltd.	19.16	21.74	13.5
按国民经济行业分	**Grouped by Sector**			
农、林、牧、渔业	Farming, Forestry, Animal Husbandry and Fishery	0.50	0.49	-2.0
采矿业	Minerals Mining	6.79	7.48	10.2
制造业	Manufacturing	117.81	119.35	1.3
电力、热力、燃气及水生产和供应业	Production and Supply of Electricity, Heat, Gas and Water	4.20	4.31	2.6
建筑业	Construction	26.88	26.84	-0.1
批发和零售业	Wholesale and Retail Trade	16.50	16.30	-1.2
交通运输、仓储和邮政业	Transportation, Storage and Post Services	13.59	13.77	1.3
住宿和餐饮业	Accommodation and Catering Services	5.09	5.04	-1.0
信息传输、软件和信息技术服务业	Information Transmitting, Software and Information Technology Services	3.23	3.55	9.9
金融业	Finance Intermediation	5.42	5.41	-0.2
房地产业	Real Estate	5.14	8.63	67.9
租赁和商务服务业	Leasing and Business Services	5.22	5.31	1.7
科学研究和技术服务业	Scientific Research and Technical Services	7.67	9.99	30.2
水利、环境和公共设施管理业	Management for Water Conservancy, Environment and Public Facilities	3.10	3.42	10.3
居民服务、修理和其他服务业	Resident Services, Repair and Other Services	10.73	10.40	-3.1
教　育	Education	15.51	18.06	16.4
卫生和社会工作	Health Care and Social Work	8.31	8.76	5.4
文化、体育和娱乐业	Culture, Sports and Recreational Services	1.76	2.14	21.6
公共管理、社会保障和社会组织	Public Management, Social Security and Social Organizations	14.29	14.55	1.8

4-7 城镇非私营单位其他从业人员

Number of Other Employment Personnel in Urban Non-Private Units

单位：万人(10 000 persons)

项　目	Item	2012	2013	2013比2012年增长(%) Increase Rate in 2013 over 2012(%)
总　计	**Total**	**17.33**	**18.64**	**7.6**
按登记注册类型分	**Grouped by Registration Status**			
国有单位	State-owned Units	5.46	4.17	-23.6
集体单位	Collective-owned Units	1.06	1.01	-4.7
其他单位	Others	10.81	13.46	24.5
# 外商及港澳台商投资单位	Units with Funds from Foreign Countries, Hong Kong, Macao & Taiwan	2.83	3.03	7.1
股份有限公司	Share Holding Corporations Ltd.	3.67	3.28	-10.6
按国民经济行业分	**Grouped by Sector**			
农、林、牧、渔业	Farming, Forestry, Animal Husbandry and Fishery	0.05	0.04	-20.0
采矿业	Minerals Mining	0.13	0.13	
制造业	Manufacturing	2.44	2.98	22.1
电力、热力、燃气及水生产和供应业	Production and Supply of Electricity, Heat, Gas and Water	0.17	0.18	5.9
建筑业	Construction	4.21	4.20	-0.2
批发和零售业	Wholesale and Retail Trade	0.97	0.87	-10.3
交通运输、仓储和邮政业	Transportation, Storage and Post Services	0.49	0.58	18.4
住宿和餐饮业	Accommodation and Catering Services	1.82	1.53	-15.9
信息传输、软件和信息技术服务业	Information Transmitting, Software and Information Technology Services	0.04	0.02	-50.0
金融业	Finance Intermediation	2.41	2.68	11.2
房地产业	Real Estate	0.39	0.52	33.3
租赁和商务服务业	Leasing and Business Services	0.22	0.46	109.1
科学研究和技术服务业	Scientific Research and Technical Services	0.60	0.76	26.7
水利、环境和公共设施管理业	Management for Water Conservancy, Environment and Public Facilities	0.57	0.72	26.3
居民服务、修理和其他服务业	Resident Services, Repair and Other Services	0.15	0.43	186.7
教　育	Education	0.80	0.88	10.0
卫生和社会工作	Health Care and Social Work	0.52	0.55	5.8
文化、体育和娱乐业	Culture, Sports and Recreational Services	0.14	0.13	-7.1
公共管理、社会保障和社会组织	Public Management, Social Security and Social Organizations	1.21	0.98	-19.0

4-8 私营单位从业人员

Number of Employment Personnel in Private Units

单位：万人(10 000 persons)

项　目	Item	2012	2013	2013比2012年增长(%) Increase Rate in 2013 over 2012(%)
总　计	**Total**	**151.68**	**177.58**	**17.1**
按国民经济行业分	**Grouped by Sector**			
农、林、牧、渔业	Farming, Forestry, Animal Husbandry and Fishery	0.06	0.27	353.5
采矿业	Minerals Mining	0.01	0.02	91.7
制造业	Manufacturing	74.60	82.68	10.8
电力、热力、燃气及水生产和供应业	Production and Supply of Electricity, Heat, Gas and Water	0.14	0.13	-10.2
建筑业	Construction	21.25	34.77	63.6
批发和零售业	Wholesale and Retail Trade	25.15	25.83	2.7
交通运输、仓储和邮政业	Transportation, Storage and Post Services	5.13	5.91	15.2
住宿和餐饮业	Accommodation and Catering Services	3.62	4.43	22.4
信息传输、软件和信息技术服务业	Information Transmitting, Software and Information Technology Services	1.37	1.25	-8.7
金融业	Finance Intermediation	0.18	0.19	6.0
房地产业	Real Estate	3.74	5.51	47.4
租赁和商务服务业	Leasing and Business Services	7.31	7.50	2.6
科学研究和技术服务业	Scientific Research and Technical Services	3.08	3.00	-2.7
水利、环境和公共设施管理业	Management for Water Conservancy, Environment and Public Facilities	0.63	0.59	-7.1
居民服务、修理和其他服务业	Resident Services, Repair and Other Services	3.65	3.31	-9.2
教　育	Education	0.30	0.37	24.3
卫生和社会工作	Health Care and Social Work	0.62	0.99	60.6
文化、体育和娱乐业	Culture, Sports and Recreational Services	0.79	0.80	1.2
公共管理、社会保障和社会组织	Public Management, Social Security and Social Organizations	0.04	0.02	-50.0

4-9 城镇登记失业人员情况(2009—2013年)

Basic Statistics on Registered Unemployed Personnel in Urban Area,2009-2013

单位：万人(10 000 persons)

指 标 Item	2009	2010	2011	2012	2013
新登记失业人数					
Number of Newly Registered Unemployed Personnel	**9.20**	**11.98**	**12.80**	**9.62**	**9.65**
# 女 性					
Female	4.78	5.98	6.91	4.85	4.58
# 由就业转失业人数					
Unemployment Turned from Employment	5.72	9.07	4.33	5.90	6.06
本期失业人员就业人数					
Newly Employed Personnel Turning from Unemployment	**7.19**	**10.88**	**8.79**	**9.33**	**8.36**
期末实有登记失业人数					
Registered Unemployed Personnel at Year-end	**15.00**	**16.10**	**20.11**	**20.40**	**21.69**
# 女 性					
Female	7.80	8.53	10.51	10.76	11.26
# 长期失业者					
Long-term Unemployed Personnel	6.00	6.44	9.52	9.08	9.13
登记失业率(%)					
Registered Unemployed Rate (%)	**3.6**	**3.6**	**3.6**	**3.6**	**3.6**

资料来源：天津市人力资源和社会保障局，表4—10、4—11同。
Source: Tianjin Municipal Human Resources & Social Security Bureau. Same as the table 4-10 and table 4-11.

4-10 新增就业情况(2009—2013年)

Statistics on Newly Increased Employment,2009-2013

单位：万人(10 000 persons)

指 标 Item	2009	2010	2011	2012	2013
新增就业人数					
Persons Newly Employed	**40.23**	**45.15**	**47.10**	**47.26**	**48.58**
失业人员					
Unemployed	10.75	10.76	11.02	10.01	10.02
# 就业困难人员					
Persons With Employment Difficulty	4.16	4.12	4.02	3.77	4.35
其他人员					
Others	29.48	34.39	36.08	37.25	38.56
# 新生劳动力					
The New Labor Force	11.02	12.41	13.21	13.66	13.77
农村转移劳动力					
Rural immigrant labor	3.91	8.07	7.81	7.50	7.83

4-11 职业技能培训与就业服务情况(2009—2013年)

Statistics on Vocational Skill Training and Employment Service,2009-2013

项　目 Item	2009	2010	2011	2012	2013
参加职业技能鉴定人次(人次)					
Persons Attending Vocational Technical Appraisal (person-time)	**292996**	**350476**	**265795**	**191208**	**253806**
初级工					
Junior Worker	165236	231432	143666	62282	94186
中级工					
Middle Worker	85845	71090	65207	57393	81431
高级工					
Senior Worker	33546	36384	36012	46876	43036
技　师					
Technician	6696	7497	12093	15756	23168
高级技师					
Senior Technician	1673	4073	8817	8901	11985
取得职业资格证书人数(人)					
Persons Gaining Vocational Certificate (person)	**280380**	**327297**	**248637**	**182396**	**245144**
初级工					
Junior Worker	157710	213502	133426	59441	91644
中级工					
Middle Worker	82117	67441	61322	55073	79242
高级工					
Senior Worker	32385	35365	34448	45626	41837
技　师					
Technician	6527	7086	11441	15003	22404
高级技师					
Senior Technician	1641	3903	8000	7253	10017
人力资源市场情况(万人次)					
Human Resource Market (10 000 person-times)					
进场择业洽谈人次					
Number of Person-times Entering for Interview	390.26	322.20	218.30	230.20	215.90
达成初步意向人次					
Number of Person-times Reached Initial Intent	108.28	81.10	60.04	60.83	59.01

4-12 城镇非私营单位从业人员工资总额(1996—2013年)
Total Remuneration of Employment Personnel in Urban Non-Private Units,1996-2013

单位：亿元(100 million yuan)

年 份 Year	合 计 Total	按三次产业分 Grouped by Three Industries			按登记注册类型分 Grouped by Registration Status		
		第一产业 Primary Industry	第二产业 Secondary Industry	第三产业 Tertiary Industry	国有单位 State-owned Units	集体单位 Collective-owned Units	其他单位 Others
1996	212.05	0.96	116.32	94.77	154.34	27.14	30.57
1997	223.25	1.04	118.71	103.50	160.47	26.46	36.32
1998	225.39	1.07	118.56	105.75	151.80	23.94	49.64
1999	234.42	0.97	121.53	111.92	151.93	21.25	61.23
2000	253.53	1.07	131.15	121.32	161.86	19.86	71.82
2001	277.56	1.16	137.48	138.92	176.26	16.86	84.44
2002	304.23	1.38	145.74	157.11	182.27	15.47	106.49
2003	350.60	1.32	172.76	176.53	194.80	15.49	140.32
2004	407.99	1.38	199.12	207.49	222.60	16.21	169.18
2005	458.26	1.32	219.72	237.23	247.30	16.69	194.27
2006	530.29	1.35	256.63	272.31	283.31	17.99	229.16
2007	653.05	1.66	310.10	341.29	337.13	19.71	296.21
2008	795.85	2.04	355.56	438.25	375.36	20.86	399.63
2009	886.51	2.36	393.49	490.66	389.47	14.81	482.23
2010	1051.19	2.90	456.50	591.79	456.02	17.98	577.19
2011	1462.12	2.85	796.63	662.64	530.32	32.24	899.56
2012	1778.12	2.92	936.98	838.22	606.47	34.18	1137.47
2013	2053.76	2.96	1056.37	994.43	593.71	31.64	1428.41

注：1．1998—2010年为劳动报酬总额。2．2008年以前国有单位从业人员工资总额包括登记注册类型为国有独资公司的单位。下同。
Note: a) Data from 1998 to 2010 of this table refer to total wages of staff and workers. b) Total remuneration of employment personnel in state-owned units before 2008 includes figures of sole state-owned corporations. Same as following next.

4-13 城镇非私营单位从业人员平均工资(1996—2013年)
Average Remuneration of Employment Personnel in Urban Non-Private Units,1996-2013

单位：元 (yuan)

年 份 Year	合 计 Total	按三次产业分 Grouped by Three Industries			按登记注册类型分 Grouped by Registration Status		
		第一产业 Primary Industry	第二产业 Secondary Industry	第三产业 Tertiary Industry	国有单位 State-owned Units	集体单位 Collective-owned Units	其他单位 Others
1996	7643	5710	7131	7787	8072	4745	10522
1997	8238	6476	7691	8372	8689	5083	10599
1998	9895	7541	9778	10062	10169	6020	12818
1999	11046	8476	11000	11127	11169	6821	13601
2000	12414	9414	12259	12622	12690	7485	14317
2001	14242	10333	13503	15107	14823	8159	15263
2002	16223	12492	15432	17081	16632	9152	17449
2003	18511	13257	17772	19357	18929	10865	19424
2004	21146	15450	20398	21972	22031	12545	21421
2005	24122	15954	23370	24936	24832	14693	24583
2006	27628	17975	26711	28631	29135	17752	27081
2007	33312	23040	32051	34624	34894	21539	32814
2008	39990	28373	37685	42163	42962	25113	38673
2009	43937	31834	40588	47143	47895	29018	41806
2010	51489	40221	46615	56090	56635	37686	48557
2011	54867	46948	50477	61322	61701	35213	52489
2012	61514	52939	57146	67303	68231	40494	59326
2013	67773	55191	63171	73512	75881	41094	65797

注：1998—2010年为人均劳动报酬。
Note: Data from 1998 to 2010 refer to average wages.

4-14 城镇非私营单位从业人员工资总额

Total Remuneration of Employment Personnel in Urban Non-Private Units

单位：亿元(100 million yuan)

项　目	Item	2012	2013	2013比2012年增长(%) Increase Rate in 2013 over 2012(%)
总　计	**Total**	**1778.12**	**2053.76**	**15.5**
按登记注册类型分	**Grouped by Registration Status**			
国有单位	State-owned Units	606.47	593.71	-2.1
集体单位	Collective-owned Units	34.18	31.64	-7.4
其他单位	Others	1137.47	1428.41	25.6
# 外商及港澳台商投资单位	Units with Funds from Foreign Countries, Hong Kong, Macao & Taiwan	505.61	579.55	14.6
股份有限公司	Share Holding Corporations Ltd.	165.48	200.21	21.0
按国民经济行业分	**Grouped by Sector**			
农、林、牧、渔业	Farming, Forestry, Animal Husbandry and Fishery	2.92	2.96	1.4
采矿业	Minerals Mining	53.76	63.63	18.4
制造业	Manufacturing	687.36	768.32	11.8
电力、热力、燃气及水生产和供应业	Production and Supply of Electricity, Heat, Gas and Water	40.38	44.06	9.1
建筑业	Construction	155.48	180.36	16.0
批发和零售业	Wholesale and Retail Trade	89.78	96.78	7.8
交通运输、仓储和邮政业	Transportation, Storage and Post Services	104.62	117.96	12.8
住宿和餐饮业	Accommodation and Catering Services	21.63	21.76	0.6
信息传输、软件和信息技术服务业	Information Transmitting, Software and Information Technology Services	27.60	36.59	32.6
金融业	Finance Intermediation	80.16	92.65	15.6
房地产业	Real Estate	35.64	56.91	59.7
租赁和商务服务业	Leasing and Business Services	28.71	36.42	26.8
科学研究和技术服务业	Scientific Research and Technical Services	84.51	109.15	29.2
水利、环境和公共设施管理业	Management for Water Conservancy, Environment and Public Facilities	20.94	25.96	24.0
居民服务、修理和其他服务业	Resident Services, Repair and Other Services	26.92	33.15	23.2
教　育	Education	122.64	153.28	25.0
卫生和社会工作	Health Care and Social Work	69.25	80.04	15.6
文化、体育和娱乐业	Culture, Sports and Recreational Services	12.40	15.27	23.2
公共管理、社会保障和社会组织	Public Management, Social Security and Social Organizations	113.42	118.50	4.5
按企业、事业、机关分	**Grouped by Enterprise, Institution and Government Agency**			
# 企　业	Enterprises	1419.58	1643.82	15.8
中　央	Central	291.19	295.20	1.4
地　方	Local	1128.39	1348.62	19.5
# 国　有	State-owned	136.50	103.93	-23.9
事　业	Institutions	256.88	296.47	15.4
中　央	Central	13.89	16.74	20.5
地　方	Local	242.99	279.73	15.1
机　关	Government Agencies	101.66	107.97	6.2
中　央	Central	7.53	8.21	9.0
地　方	Local	94.13	99.76	6.0

4-15 城镇非私营单位从业人员平均工资

Average Remuneration of Employment Personnel in Urban Non-Private Units

单位：元(yuan)

项　目	Item	2012	2013	2013比2012年增长(%) Increase Rate in 2013 over 2012(%)
总　计	**Total**	**61514**	**67773**	**10.2**
按登记注册类型分	**Grouped by Registration Status**			
国有单位	State-owned Units	68231	75881	11.2
集体单位	Collective-owned Units	40494	41094	1.5
其他单位	Others	59326	65797	10.9
# 外商及港澳台商投资单位	Units with Funds from Foreign Countries, Hong Kong, Macao & Taiwan	58923	65431	11.0
股份有限公司	Share Holding Corporations Ltd.	74772	80782	8.0
按国民经济行业分	**Grouped by Sector**			
农、林、牧、渔业	Farming, Forestry, Animal Husbandry and Fishery	52939	55191	4.3
采矿业	Minerals Mining	77244	82111	6.3
制造业	Manufacturing	56786	63093	11.1
电力、热力、燃气及水生产和供应业	Production and Supply of Electricity, Heat, Gas and Water	93283	101131	8.4
建筑业	Construction	49156	54095	10.0
批发和零售业	Wholesale and Retail Trade	51282	56137	9.5
交通运输、仓储和邮政业	Transportation, Storage and Post Services	75420	82315	9.1
住宿和餐饮业	Accommodation and Catering Services	32183	33048	2.7
信息传输、软件和信息技术服务业	Information Transmitting, Software and Information Technology Services	87458	102922	17.7
金融业	Finance Intermediation	104335	118448	13.5
房地产业	Real Estate	65766	67872	3.2
租赁和商务服务业	Leasing and Business Services	52667	63436	20.5
科学研究和技术服务业	Scientific Research and Technical Services	102653	102610	
水利、环境和公共设施管理业	Management for Water Conservancy, Environment and Public Facilities	56593	62405	10.3
居民服务、修理和其他服务业	Resident Services, Repair and Other Services	25518	30517	19.6
教　育	Education	75395	80673	7.0
卫生和社会工作	Health Care and Social Work	79513	86807	9.2
文化、体育和娱乐业	Culture, Sports and Recreational Services	64602	67310	4.2
公共管理、社会保障和社会组织	Public Management, Social Security and Social Organizations	73850	76626	3.8
按企业、事业、机关分	**Grouped by Enterprise, Institution and Government Agency**			
企　业	Enterprises	58901	66539	13.0
中　央	Central	86537	90537	4.6
地　方	Local	54417	61804	13.6
# 国　有	State-owned	48802	55443	13.6
事　业	Institutions	74195	79761	7.5
中　央	Central	72501	86295	19.0
地　方	Local	74295	79401	6.9
机　关	Government Agencies	75725	77158	1.9
中　央	Central	62687	67213	7.2
地　方	Local	77007	78108	1.4

4-16 城镇非私营单位在岗职工工资总额

Total Remuneration of On-post Staff and Workers in Urban Non-Private Units

单位：亿元 (100 million yuan)

项　目	Item	2012	2013	2013比2012年增长(%) Increase Rate in 2013 over 2012(%)
总　计	**Total**	**1695.89**	**1961.37**	**15.7**
按登记注册类型分	**Grouped by Registration Status**			
国有单位	State-owned Units	591.08	580.71	-1.8
集体单位	Collective-owned Units	30.55	27.30	-10.7
其他单位	Others	1074.26	1353.36	26.0
# 外商及港澳台商投资单位	Units with Funds from Foreign Countries, Hong Kong, Macao & Taiwan	474.99	547.70	15.3
股份有限公司	Share Holding Corporations Ltd.	152.33	186.01	22.1
按国民经济行业分	**Grouped by Sector**			
农、林、牧、渔业	Farming, Forestry, Animal Husbandry and Fishery	2.83	2.84	0.5
采矿业	Minerals Mining	53.06	63.07	18.9
制造业	Manufacturing	657.59	734.05	11.6
电力、热力、燃气及水生产和供应业	Production and Supply of Electricity, Heat, Gas and Water	39.93	43.49	8.9
建筑业	Construction	142.62	165.26	15.9
批发和零售业	Wholesale and Retail Trade	83.20	92.49	11.2
交通运输、仓储和邮政业	Transportation, Storage and Post Services	102.86	115.61	12.4
住宿和餐饮业	Accommodation and Catering Services	17.06	19.41	13.8
信息传输、软件和信息技术服务业	Information Transmitting, Software and Information Technology Services	27.05	35.69	31.9
金融业	Finance Intermediation	69.88	81.35	16.4
房地产业	Real Estate	34.22	54.97	60.6
租赁和商务服务业	Leasing and Business Services	27.76	34.20	23.2
科学研究和技术服务业	Scientific Research and Technical Services	81.66	103.94	27.3
水利、环境和公共设施管理业	Management for Water Conservancy, Environment and Public Facilities	19.63	24.12	22.9
居民服务、修理和其他服务业	Resident Services, Repair and Other Services	26.43	32.05	21.3
教　育	Education	120.30	150.60	25.2
卫生和社会工作	Health Care and Social Work	67.34	77.66	15.3
文化、体育和娱乐业	Culture, Sports and Recreational Services	11.83	14.63	23.7
公共管理、社会保障和社会组织	Public Management, Social Security and Social Organizations	110.64	115.92	4.8

4-17 城镇非私营单位在岗职工平均工资

Average Remuneration of On-post Staff and Workers In Urban Non-Private Units

单位：元(yuan)

项　目	Item	2012	2013	2013比2012年增长(%) Increase Rate in 2013 over 2012(%)
总　计	**Total**	**62225**	**68864**	**10.7**
按登记注册类型分	**Grouped by Registration Status**			
国有单位	State-owned Units	70661	78374	10.9
集体单位	Collective-owned Units	41764	42031	0.6
其他单位	Others	59162	66267	12.0
# 外商及港澳台商投资单位	Units with Funds from Foreign Countries, Hong Kong, Macao & Taiwan	57196	63891	11.7
股份有限公司	Share Holding Corporations Ltd.	79974	86033	7.6
按国民经济行业分	**Grouped by Sector**			
农、林、牧、渔业	Farming, Forestry, Animal Husbandry and Fishery	56160	57717	2.8
采矿业	Minerals Mining	77664	82825	6.6
制造业	Manufacturing	55495	61623	11.0
电力、热力、燃气及水生产和供应业	Production and Supply of Electricity, Heat, Gas and Water	94637	103044	8.9
建筑业	Construction	50936	57063	12.0
批发和零售业	Wholesale and Retail Trade	50206	56478	12.5
交通运输、仓储和邮政业	Transportation, Storage and Post Services	76892	84108	9.4
住宿和餐饮业	Accommodation and Catering Services	34356	38485	12.0
信息传输、软件和信息技术服务业	Information Transmitting, Software and Information Technology Services	86606	101071	16.7
金融业	Finance Intermediation	130864	152109	16.2
房地产业	Real Estate	67315	70041	4.0
租赁和商务服务业	Leasing and Business Services	53016	64844	22.3
科学研究和技术服务业	Scientific Research and Technical Services	106188	104901	-1.2
水利、环境和公共设施管理业	Management for Water Conservancy, Environment and Public Facilities	62659	69811	11.4
居民服务、修理和其他服务业	Resident Services, Repair and Other Services	25406	30741	21.0
教　育	Education	77927	82926	6.4
卫生和社会工作	Health Care and Social Work	82117	89649	9.2
文化、体育和娱乐业	Culture, Sports and Recreational Services	66411	68553	3.2
公共管理、社会保障和社会组织	Public Management, Social Security and Social Organizations	78189	79983	2.3

4-18 城镇非私营单位其他从业人员工资总额

Total Remuneration of Other Employment Personnel in Urban Non-Private Units

单位：亿元(100 million yuan)

项　目	Item	2012	2013	2013比2012年增长(%) Increase Rate in 2013 over 2012(%)
总　计	**Total**	**82.22**	**92.40**	**12.4**
按登记注册类型分	**Grouped by Registration Status**			
国有单位	State-owned Units	15.39	13.00	-15.5
集体单位	Collective-owned Units	3.63	4.34	19.6
其他单位	Others	63.20	75.06	18.8
# 外商及港澳台商投资单位	Units with Funds from Foreign Countries, Hong Kong, Macao & Taiwan	30.62	31.85	4.0
股份有限公司	Share Holding Corporations Ltd.	13.15	14.19	7.9
按国民经济行业分	**Grouped by Sector**			
农、林、牧、渔业	Farming, Forestry, Animal Husbandry and Fishery	0.08	0.12	44.5
采矿业	Minerals Mining	0.70	0.56	-20.5
制造业	Manufacturing	29.78	34.27	15.1
电力、热力、燃气及水生产和供应业	Production and Supply of Electricity, Heat, Gas and Water	0.45	0.57	25.6
建筑业	Construction	12.85	15.10	17.5
批发和零售业	Wholesale and Retail Trade	6.57	4.29	-34.7
交通运输、仓储和邮政业	Transportation, Storage and Post Services	1.77	2.34	32.5
住宿和餐饮业	Accommodation and Catering Services	4.57	2.35	-48.5
信息传输、软件和信息技术服务业	Information Transmitting, Software and Information Technology Services	0.54	0.90	66.3
金融业	Finance Intermediation	10.29	11.29	9.7
房地产业	Real Estate	1.42	1.93	36.1
租赁和商务服务业	Leasing and Business Services	0.95	2.22	133.2
科学研究和技术服务业	Scientific Research and Technical Services	2.85	5.22	83.0
水利、环境和公共设施管理业	Management for Water Conservancy, Environment and Public Facilities	1.32	1.84	39.5
居民服务、修理和其他服务业	Resident Services, Repair and Other Services	0.48	1.10	129.9
教　育	Education	2.34	2.68	14.5
卫生和社会工作	Health Care and Social Work	1.91	2.39	24.9
文化、体育和娱乐业	Culture, Sports and Recreational Services	0.57	0.64	12.5
公共管理、社会保障和社会组织	Public Management, Social Security and Social Organizations	2.78	2.59	-6.9

4-19 城镇非私营单位其他从业人员平均工资

Average Remuneration of Other Employment Personnel in Urban Non-Private Units

单位：元(yuan)

项目	Item	2012	2013	2013比2012年增长(%) Increase Rate in 2013 over 2012(%)
总计	**Total**	**49795**	**50718**	**1.9**
按登记注册类型分	**Grouped by Registration Status**			
国有单位	State-owned Units	29397	31339	6.6
集体单位	Collective-owned Units	32243	36045	11.8
其他单位	Others	62261	58339	-6.3
# 外商及港澳台商投资单位	Units with Funds from Foreign Countries, Hong Kong, Macao & Taiwan	110885	111743	0.8
股份有限公司	Share Holding Corporations Ltd.	42638	44882	5.3
按国民经济行业分	**Grouped by Sector**			
农、林、牧、渔业	Farming, Forestry, Animal Husbandry and Fishery	18047	26577	47.3
采矿业	Minerals Mining	54705	41509	-24.1
制造业	Manufacturing	116766	128994	10.5
电力、热力、燃气及水生产和供应业	Production and Supply of Electricity, Heat, Gas and Water	41332	41636	0.7
建筑业	Construction	35424	34472	-2.7
批发和零售业	Wholesale and Retail Trade	70365	49682	-29.4
交通运输、仓储和邮政业	Transportation, Storage and Post Services	35655	40131	12.6
住宿和餐饮业	Accommodation and Catering Services	26041	15265	-41.4
信息传输、软件和信息技术服务业	Information Transmitting, Software and Information Technology Services	171690	378797	120.6
金融业	Finance Intermediation	43894	45658	4.0
房地产业	Real Estate	42295	36091	-14.7
租赁和商务服务业	Leasing and Business Services	44179	47511	7.5
科学研究和技术服务业	Scientific Research and Technical Services	52529	71492	36.1
水利、环境和公共设施管理业	Management for Water Conservancy, Environment and Public Facilities	23147	26111	12.8
居民服务、修理和其他服务业	Resident Services, Repair and Other Services	33586	25191	-25.0
教育	Education	28218	31933	13.2
卫生和社会工作	Health Care and Social Work	37520	42726	13.9
文化、体育和娱乐业	Culture, Sports and Recreational Services	41217	47614	15.5
公共管理、社会保障和社会组织	Public Management, Social Security and Social Organizations	23037	26606	15.5

4-20 私营单位从业人员工资总额

Total Remuneratioin of Employment Personnel in Private Units

单位：亿元(100 million yuan)

项　目	Item	2012	2013	2013比2012年增长(%) Increase Rate in 2013 over 2012(%)
总　计	**Total**	**563.80**	**691.03**	**22.6**
按国民经济行业分	**Grouped by Sector**			
农、林、牧、渔业	Farming, Forestry, Animal Husbandry and Fishery	1.79	1.47	-18.2
采矿业	Minerals Mining	0.66	0.04	-94.3
制造业	Manufacturing	277.57	331.22	19.3
电力、热力、燃气及水生产和供应业	Production and Supply of Electricity, Heat, Gas and Water	0.46	0.47	0.3
建筑业	Construction	56.87	113.04	98.8
批发和零售业	Wholesale and Retail Trade	97.98	87.13	-11.1
交通运输、仓储和邮政业	Transportation, Storage and Post Services	21.96	24.15	9.9
住宿和餐饮业	Accommodation and Catering Services	12.56	36.79	192.9
信息传输、软件和信息技术服务业	Information Transmitting, Software and Information Technology Services	7.19	7.08	-1.6
金融业	Finance Intermediation	0.98	0.36	-63.5
房地产业	Real Estate	22.14	25.51	15.2
租赁和商务服务业	Leasing and Business Services	30.99	33.24	7.2
科学研究和技术服务业	Scientific Research and Technical Services	15.68	13.31	-15.2
水利、环境和公共设施管理业	Management for Water Conservancy, Environment and Public Facilities	1.81	2.12	17.4
居民服务、修理和其他服务业	Resident Services, Repair and Other Services	9.57	10.20	6.6
教　育	Education	0.90	0.44	-50.9
卫生和社会工作	Health Care and Social Work	2.14	2.86	33.7
文化、体育和娱乐业	Culture, Sports and Recreational Services	2.40	1.55	-35.3
公共管理、社会保障和社会组织	Public Management, Social Security and Social Organizations	0.14	0.07	-50.6

4-21 私营单位业人员平均工资

Average Remuneration of Employment Personnel in Private Units

单位：元(yuan)

项　目	Item	2012	2013	2013比2012年增长(%) Increase Rate in 2013 over 2012(%)
总　计	**Total**	**35309**	**41975**	**18.9**
按国民经济行业分	**Grouped by Sector**			
农、林、牧、渔业	Farming, Forestry, Animal Husbandry and Fishery	36948	41255	11.7
采矿业	Minerals Mining	36562	16737	-54.2
制造业	Manufacturing	37393	42765	14.4
电力、热力、燃气及水生产和供应业	Production and Supply of Electricity, Heat, Gas and Water	28932	34968	20.9
建筑业	Construction	27010	39704	47.0
批发和零售业	Wholesale and Retail Trade	34161	40093	17.4
交通运输、仓储和邮政业	Transportation, Storage and Post Services	39333	48095	22.3
住宿和餐饮业	Accommodation and Catering Services	28942	38877	34.3
信息传输、软件和信息技术服务业	Information Transmitting, Software and Information Technology Services	48799	46580	-4.5
金融业	Finance Intermediation	34923	43256	23.9
房地产业	Real Estate	54853	52518	-4.3
租赁和商务服务业	Leasing and Business Services	35313	45224	28.1
科学研究和技术服务业	Scientific Research and Technical Services	39139	43931	12.2
水利、环境和公共设施管理业	Management for Water Conservancy, Environment and Public Facilities	29198	42718	46.3
居民服务、修理和其他服务业	Resident Services, Repair and Other Services	23686	30275	27.8
教　育	Education	32075	44716	39.4
卫生和社会工作	Health Care and Social Work	34641	38910	12.3
文化、体育和娱乐业	Culture, Sports and Recreational Services	30770	36413	18.3
公共管理、社会保障和社会组织	Public Management, Social Security and Social Organizations	29210	39711	35.9

主要统计指标解释

劳动力资源

指在劳动年龄内，具有劳动能力，在正常情况下，可能或实际参加社会劳动的总人口数。具体的范围是：劳动年龄内(16 周岁及以上)，有劳动能力、实际参加社会劳动和未参加社会劳动的人员。

社会从业人员

指在劳动年龄内，有劳动能力，参加社会劳动取得劳动报酬或经营收入的人员。具体指非私营城镇单位从业人员，乡镇企业从业人员，乡村农林牧渔劳动者，私营、个体雇员，私营、个体雇主以及其他从业人员。从空间范围上讲社会从业人员既包括城镇中的从业人员，又包括乡村中的从业人员。

城镇非私营单位从业人员

指在各类法人单位工作，并由单位支付劳动报酬的人员，包括在岗职工和其他从业人员。

在岗职工 是指在本单位工作且与本单位签订劳动合同，并由单位支付各项工资和社会保险、住房公积金的人员，以及上述人员中由于学习、病伤产假等原因暂未工作，仍由单位支付工资的人员。为准确反映行业用工情况，从 2011 年起，将在岗职工中的劳务派遣人员进行了单独统计。

其他从业人员 是指除在岗职工以外，实际参加本单位生产或工作并从本单位取得劳动报酬的人员。具体包括：非全日制人员、聘用的正式离退休人员、兼职人员和第二职业者，以及在本单位工作的外籍和港澳台方人员。

城镇私营和个体从业人员

指在工商管理部门注册登记，其经营地址设在县城关镇(含城关镇)以上的私营企业从业人员；包括私营企业投资者和雇工。

城镇个体从业人员指在工商管理部门注册登记，并持有城镇户口或在城镇长期居住，经批准从事个体工商经营的从业人员；包括个体经营者和在个体工商户劳动的家庭帮工和雇工。

城镇登记失业人员

指有非农业户口，在一定的劳动年龄（16 岁至退休年龄）内，有劳动能力，无业且要求就业，并在当地劳动保障机构进行求职登记的人员。

城镇登记失业率

指报告期末城镇登记失业人数占期末从业人员总数与期末实有城镇登记失业人数之和的比重。计算公式：

$$城镇登记失业率 = \frac{期末实有城镇登记失业人数}{期末从业人员总数+期末实有城镇失业人数} \times 100\%$$

工资总额

根据《关于工资总额组成的规定》，工资总额是指本单位在报告期内（季度或年度）直接支付给本单位人员的劳动报酬总额。

工资总额由基本工资、绩效工资、工资性津贴和补贴、其他工资四部分组成。工资总额不包括病假、事假等情况的扣款。

基本工资 也可称为标准工资、合同工资、谈判工资。指本单位在报告期内（季度或年度）支付给本单位就业人员的按照法定工作时间提供正常工作的劳动报酬。各单位给个人确定的底薪可作为基本工资。包括工龄工资（年功工资）。基本工资不含定时、定额发放的各种奖金、各种津贴和补贴、加班工资，也不包括补发的上一季度或上一年度的基础工资。

绩效工资 也可称为效益工资、业绩工资。指根据本单位利润增长和工作业绩定期支付给本单位就业人员的奖金；支付给本单位从业人员的超额劳动报酬和增收节支的劳动报酬。具体包括：值加班工资、绩效奖金（如年度、季度、月度等）、全勤奖、生产奖、节约奖、劳动竞赛奖和其他名目的奖金；以及某工作事项完成后的提成工资、年底双薪等。但不包括入股分红、股权激励兑现的钱和各种资本性收益。

工资性津贴和补贴 指本单位制定的员工相关工资政策中，为补偿本单位就业人员特殊或额外的劳动消耗和因其他特殊原因支付的津贴，以及为保证其工资水平不受物价影响而支付的物价补贴。具体包括：补偿特殊或额外劳动消耗的津贴及岗位性津贴、保健性津贴、技术性津贴、地区津贴和其他津贴；如过节费、通讯补贴、交通补贴、不休假补贴、无食堂补贴、单位发的可自行支配的住房补贴以及上的各种商业性保险等。上述各种项目均包括货币性质的，也包括实物性质的和各种形式的充值卡、购物卡（券）等。

其他工资 指上述基本工资、绩效工资、工资性津贴和补贴三类工资均不能包括的发给就业人员的工资，如补发上一年度的工资等。

平均工资

是指从业人员在报告期内平均每人所得工资额。计算公式为：

$$平均工资 = \frac{从业人员工资总额}{从业人员年平均人数}$$

Explanatory Notes on Main Statistical Indicators

Labour Force

refer to the number of population at working ages (aged 16 and over) who have capacity for physical labour, have engaged in social labour or not.

Employment Personnel

refer to the persons aged 16 and over who are engaged in social labour and receive remuneration payment or earn business income, including employment personnel worked in non-private units in urban areas, employment personnel worked in township enterprises, rural labour engaged in farming, forestry, animal husbandry and fishery, employees in private enterprises and individual economy, employers of private enterprises and individual economy and other employment personnel. Social employment personnel include not only those in urban areas, but also those in rural areas.

Emplayment Personel in Urban Non-private Units

refers to the persons who work in various legal person units and receive payment from the units, including on-post staff and workers and other employment personnel.

On-post Staff and Workers refer to staff and workers working in the units, signed working contracts and received wages, social insurance and housing fund, including those receive wages from units but are temporarily absent from work for reasons of study, work or on sick, injury or maternal leave. In order to accurately reflect the employment situation of the industry, from 2011 onwards, we have carried out separate statistics of the labor dispatch personnel in the on-post staff and workers.

Other Employment Personnel refer to the personnel out of on-post staff and workers, which are working in the units and receiving wages or other forms of payment, including part-time staff, re-employed retirees, employees holding the second job, and foreigners and Chinese compatriots from Hong Kong, Macao, and Taiwan working in the units.

Employment Personnel in Private Enterprises and Individual Economy in Urban Area

refer to the employment personnel in the private enterprises which have been registered at the departments of industrial and commercial administration and are situated at a town (i.e. at the town where the county government is located) for business operation or at urban areas with the level higher than a county town, including investor of the enterprises and persons employed.

The individual economy in urban areas refer to persons who hold the certificates of residence in urban areas or have resided in the urban areas for a long time and have been registered at the departments of industrial and commercial administration and approved to be engaged in individual industrial or commercial business, including self-employed persons as well as helpers and hired labourers who work in the individual households engaged in industrial or commercial business.

Registered Unemployed Personnel in Urban Area

refer to the persons who are registered as permanent residents in the urban areas engaged in non-agricultural activities, aged within the range of working age (16-retired age), capable to labour, unemployed but desirous to be employed and have been registered at the local employment service agencies to apply for a job.

Registered Unemployed Rate in Urban Area

refers to the ratio of the number of the registered unemployed persons to the sum of the number of employed persons and the registered unemployed persons. The formula is as follows:

$$\textit{Registered Urban Unemployment Rate} = \frac{\textit{Number of Urban Registered Unemployed Persons}}{\textit{Urban Employed Persons} + \textit{Number of Urban Registered Unemployed Persons}} \times 100\%$$

Total Remuneration

It is revised according to the *Provisions on the Composition of Total Wages* refers to the total remuneration payment to all employed persons in various units during the reporting period (by quarter or by year).

Total remuneration consist of basic salary, performance pay, wage-equivalent subsidy and other wages, excluding the deduction of sick leave, personal leave and others.

Salary can also be called as the standard wage, contract wage or negotiation wage. It refers to the remuneration payment to the employed persons in the units, who provide normal work in accordance with the statutory working hours during the reporting period (by quarter or by year). Basic wage is the basic salary determined by the unit, including the seniority wage, excluding the timing and fixed payment of bonuses, allowances and subsidies, overtime wages, and the basic wages of the last quarter or last year.

Performance Pay can also be called as the benefit wage or achievement wage. It refers to the bonuses payment to the employed persons according to the unit profit growth and work performance, the excess labor remuneration and remuneration of increasing revenue and reducing expenditure paid to the employed persons. It includes the duty wage, overtime wage, performance bonus(the annual, quarterly, monthly), full attendance award, production award, economy award, labor contest award and other awards, the percentage wage after the completion of a work and the double pay in the end, but does not include the bonus shares, equity incentive cash money and other capital gains.

Wage-equivalent Subsidy refer to according to the employee wage policy of the unit, the allowance of compensating for the employed persons of special or extra labor and paying for other special reasons, and the price subsidies for ensuring that the wage level is not affected by the price. It includes the allowance of compensating for special or extra labor and post allowance, health care allowance, technical allowance, area allowance and other allowance, such as festival bonus, communication subsidy, traffic subsidy, holiday subsidy, no canteen subsidy, housing subsidy and various commercial insurance. All the above items include money, real objects and various forms of recharge cards and shopping cards (tickets).

Other Wages refer to the wages paid to the employed persons that not included in the basic Salary, performance pay, wage-equivalent subsidy, such as the reissue salary of the last year.

Average Wage

refer to the average per capita income wage in report period. The formula is as follows:

$$\text{average Wage} = \frac{\text{the total remuneration of the employment personnel}}{\text{the average number of employment personnel}}$$

5 固定资产投资和房地产
Investment in Fixed Assets and Real Estate

5-1 主要年份全社会固定资产投资

Total Investment in Fixed Assets in Main Years

单位：亿元(100 million yuan)

指 标	Item	2000	2005	2012	2013
投资总额	**Total Investment**	**608.80**	**1516.84**	**8871.31**	**10121.21**
按登记注册类型分	**Grouped by Registered Status**				
内资企业	Domestic-funded Enterprises	499.65	1276.27	8330.77	9495.67
国 有	State-owned Enterprises	245.07	422.99	2815.10	2784.16
集 体	Collective-owned Enterprises	71.40	120.85	505.61	654.10
股份合作	Cooperative Enterprises	3.00	13.08	70.66	42.43
私营企业	Private Enterprises	28.73	140.34	1393.60	1981.42
股份有限公司	Share Holding Corporations Ltd.	68.60	166.68	503.03	643.86
有限责任公司	Limited Liability Corporations	58.61	380.28	2803.89	3041.73
# 国有独资公司	Sole State-funded Corporations	5.69	194.04	276.85	296.60
联营企业	Joint Ownership Enterprises	6.72	12.22	26.75	41.69
# 国有联营	State Joint Ownership Enterprises	4.12	9.96	8.98	7.04
其 他	Others	16.88	19.83	212.13	306.28
港、澳、台商投资企业	Enterprises with Investment from Hong Kong, Macao and Taiwan	15.02	49.65	164.23	201.50
外商投资企业	Foreign Funded Enterprises	81.04	161.63	326.81	380.31
个体经济	Individuals	13.10	29.29	49.50	43.73
按隶属关系分	**Grouped by Administrative Relationship**				
中 央	Central Government	144.97	227.99	640.16	700.95
地 方	Local Government	463.83	1288.85	8231.15	9420.26
按城乡分	**Grouped by Urban and Rural**				
城镇投资	Urban Investment	539.23	1385.70	8340.26	9528.09
# 房地产开发	Real Estate Development	133.93	327.54	1260.00	1480.82
农村投资	Rural Investment	69.57	131.14	531.05	593.12
按构成分	**Grouped by Composition of Use**				
建筑工程	Construction	331.06	852.60	4973.71	5712.01
安装工程	Installation	32.00	75.59	477.95	543.34
设备工器具购置	Purchases of Equipment and Instruments	159.09	316.10	1527.97	1754.18
其他费用	Others	86.65	272.55	1891.68	2111.68
按三次产业分	**Grouped by Industry**				
第一产业	Primary Industry	5.28	13.71	120.92	122.38
第二产业	Secondary Industry	296.54	614.63	3719.03	4248.96
第三产业	Tertiary Industry	306.98	888.50	5031.36	5749.87

注：2011年起固定资产投资统计起点由原来50万元调整为500万元，下表同。

Note: The coverage of investment in fixed assets change from 0.5 million yuan to 5 million yuan from 2011. Same as following next.

5-2 按城乡分全社会固定资产投资和新增固定资产(1996—2013年)

Total Investment in Fixed Assets and Newly Increased Fixed Assets by Rural and Urban Area,1996-2013

单位：亿元(100 million yuan)

年份 Year	总计 Total	城镇 Urban Area	# 房地产开发 Real Estate Development	农村 Rural Area	非农户 Non-agricultural	农户 Agricultural
固定资产投资 Investment in Fixed Assets						
1996	435.81	363.18	71.51	72.63	57.35	15.28
1997	498.66	435.64	80.80	63.02	52.39	10.63
1998	575.86	506.71	106.70	69.15	56.70	12.45
1999	567.36	506.86	116.96	60.50	49.00	11.50
2000	608.80	539.23	133.93	69.57	56.47	13.10
2001	705.10	627.20	161.27	77.90	61.50	16.40
2002	811.26	717.25	175.84	94.01	74.00	20.01
2003	1046.72	934.13	211.39	112.59	89.73	22.86
2004	1258.98	1132.72	263.92	126.26	99.06	27.20
2005	1516.84	1385.70	327.54	131.14	101.85	29.29
2006	1849.80	1709.66	402.32	140.14	110.14	30.00
2007	2388.63	2227.66	505.30	160.97	128.26	32.71
2008	3404.10	3189.45	653.72	214.65	181.50	33.15
2009	5006.32	4700.28	735.18	306.04	277.04	29.00
2010	6511.42	6114.34	866.64	397.08	370.72	26.36
2011	7510.67	7057.20	1080.04	453.47	426.49	26.98
2012	8871.31	8340.26	1260.00	531.05	509.53	21.52
2013	10121.21	9528.09	1480.82	593.12	562.95	30.17
新增固定资产 Newly Increased Fixed Assets						
1996	313.12	256.23	57.78	56.89	41.61	15.28
1997	320.46	268.07	53.65	52.39	41.76	10.63
1998	439.58	384.59	79.15	54.99	42.54	12.45
1999	459.54	400.26	64.78	59.28	47.78	11.50
2000	434.28	380.99	102.11	53.29	46.15	7.14
2001	476.92	399.52	99.62	77.40	61.00	16.40
2002	537.98	446.83	112.09	91.15	71.14	20.01
2003	656.99	547.10	155.38	109.89	87.03	22.86
2004	696.56	576.72	94.79	119.84	92.64	27.20
2005	847.79	725.01	265.97	122.78	95.97	26.81
2006	1423.73	1283.59	396.10	140.14	110.14	30.00
2007	1302.95	1168.34	506.91	134.61	103.83	30.78
2008	1873.10	1681.99	504.29	191.11	160.21	30.90
2009	2574.48	2350.53	609.89	223.95	195.86	28.09
2010	3296.45	2994.13	736.06	302.32	276.14	26.18
2011	3666.76	3283.93	1226.25	382.83	357.28	25.55
2012	4464.90	4140.42	1066.49	324.48	302.83	21.65
2013	5852.86	5418.38	1308.04	434.48	404.31	30.17

5-3 按行业分全社会固定资产投资

Total Investment in Fixed Assets by Sector

单位：亿元(100 million yuan)

行　业 Sector	2012	2013	2013比2012年增长(%) Increase Rate in 2013 over 2012(%)
总　计 **Total**	**8871.31**	**10121.21**	**14.1**
农、林、牧、渔业 Farming, Forestry, Animal Husbandry and Fishery	147.21	185.48	26.0
采矿业 Minerals Mining	219.21	332.94	51.9
制造业 Manufacturing	3201.03	3522.50	10.0
电力、热力、燃气及水生产和供应业 Production and Supply of Electricity, Heat, Gas and Water	315.41	389.06	23.4
建筑业 Construction	42.12	53.38	26.7
批发和零售业 Wholesale and Retail Trade	190.45	257.85	35.4
交通运输、仓储和邮政业 Transportation, Storage and Post Services	612.20	741.55	21.1
住宿和餐饮业 Accommodation and Catering Services	64.34	89.95	39.8
信息传输、软件和信息技术服务业 Information Transmitting, Software and Information Technology Services	89.25	76.82	-13.9
金融业 Finance Intermediation	31.54	43.34	37.4
房地产业 Real Estate	1990.83	2163.28	8.7
租赁和商务服务业 Leasing and Business Services	420.77	548.19	30.3
科学研究和技术服务业 Scientific Research and Technical Services	27.87	78.45	181.5
水利、环境和公共设施管理业 Management for Water Conservancy, Environment and Public Facilities	1083.00	1162.48	7.3
居民服务、修理和其他服务业 Resident Services, Repair and Other Services	81.96	112.91	37.8
教　育 Education	79.67	101.86	27.9
卫生和社会工作 Health Care and Social Work	49.30	63.01	27.8
文化、体育和娱乐业 Culture, Sports and Recreational Services	97.07	116.70	20.2
公共管理、社会保障和社会组织 Public Management, Social Security and Social Organizations	128.08	81.46	-36.4

5-4 按行业分全社会民间固定资产投资

Total Private Investment in Fixed Assets by Sector

单位：亿元(100 million yuan)

行　业 Sector	2012	2013	2013比2012年增长(%) Increase Rate in 2013 over 2012(%)
总　计 Total	**4132.25**	**5103.52**	**23.5**
农、林、牧、渔业 Farming, Forestry, Animal Husbandry and Fishery	125.34	163.47	30.4
采矿业 Minerals Mining	0.74	2.87	290.5
制造业 Manufacturing	1993.95	2457.57	23.3
电力、热力、燃气及水生产和供应业 Production and Supply of Electricity, Heat, Gas and Water	25.85	37.06	43.4
建筑业 Construction	21.41	45.34	111.8
批发和零售业 Wholesale and Retail Trade	156.91	217.32	38.5
交通运输、仓储和邮政业 Transportation, Storage and Post Services	141.55	125.86	-11.1
住宿和餐饮业 Accommodation and Catering Services	55.54	74.06	33.3
信息传输、软件和信息技术服务业 Information Transmitting, Software and Information Technology Services	17.87	13.16	-26.4
金融业 Finance Intermediation	12.17	22.94	88.6
房地产业 Real Estate	972.06	1019.59	4.9
租赁和商务服务业 Leasing and Business Services	237.41	418.73	76.4
科学研究和技术服务业 Scientific Research and Technical Services	16.26	55.54	241.6
水利、环境和公共设施管理业 Management for Water Conservancy, Environment and Public Facilities	140.12	237.06	69.2
居民服务、修理和其他服务业 Resident Services, Repair and Other Services	51.61	79.63	54.3
教　育 Education	21.69	15.05	-30.6
卫生和社会工作 Health Care and Social Work	19.44	19.68	1.3
文化、体育和娱乐业 Culture, Sports and Recreational Services	55.21	76.59	38.7
公共管理、社会保障和社会组织 Public Management, Social Security and Social Organizations	67.13	21.99	-67.2

5-5 按行业分全社会新增固定资产

Total Investment in Newly Increased Fixed Assets by Sector

单位：亿元(100 million yuan)

行　业 Sector	2012	2013	2013比2012年增长(%) Increase Rate in 2013 over 2012(%)
总　计 Total	**4464.90**	**5852.86**	**31.1**
农、林、牧、渔业 Farming, Forestry, Animal Husbandry and Fishery	133.56	167.25	25.2
采矿业 Minerals Mining	69.81	279.74	300.7
制造业 Manufacturing	1651.19	1967.01	19.1
电力、热力、燃气及水生产和供应业 Production and Supply of Electricity, Heat, Gas and Water	151.05	145.36	-3.8
建筑业 Construction	19.23	43.80	127.8
批发和零售业 Wholesale and Retail Trade	143.24	186.07	29.9
交通运输、仓储和邮政业 Transportation, Storage and Post Services	107.13	161.28	50.5
住宿和餐饮业 Accommodation and Catering Services	41.87	56.67	35.3
信息传输、软件和信息技术服务业 Information Transmitting, Software and Information Technology Services	70.17	67.51	-3.8
金融业 Finance Intermediation	11.94	20.81	74.3
房地产业 Real Estate	1265.98	1581.13	24.9
租赁和商务服务业 Leasing and Business Services	171.03	245.50	43.5
科学研究和技术服务业 Scientific Research and Technical Services	23.62	60.54	156.3
水利、环境和公共设施管理业 Management for Water Conservancy, Environment and Public Facilities	299.40	574.60	91.9
居民服务、修理和其他服务业 Resident Services, Repair and Other Services	52.04	96.86	86.1
教　育 Education	76.02	72.84	-4.2
卫生和社会工作 Health Care and Social Work	28.76	30.54	6.2
文化、体育和娱乐业 Culture, Sports and Recreational Services	45.52	49.35	8.4
公共管理、社会保障和社会组织 Public Management, Social Security and Social Organizations	103.34	46.00	-55.5

5-6 城镇固定资产投资及新增固定资产

Investment in Fixed Assets and Newly Increased Fixed Assets in Urban Area

单位：亿元(100 million yuan)

项 目	Item	2012	2013	2013比2012年增长(%) Increase Rate in 2013 over 2012(%)
固定资产投资	**Total Investment in Fixed Assets**	**8340.26**	**9528.09**	**14.2**
按三次产业分	**Grouped by Industry**			
第一产业	Primary Industry	42.94	63.56	48.0
第二产业	Secondary Industry	3688.32	4208.73	14.1
#工 业	Industry	3658.21	4178.17	14.2
第三产业	Tertiary Industry	4609.00	5255.80	14.0
按隶属关系分	**Grouped by Administrative Relationship**			
中 央	Central Government	640.16	700.95	9.5
地 方	Local Government	7700.10	8827.14	14.6
按建设性质分	**Grouped by Type of Construction**			
#新 建	New Construction	5172.50	5904.00	14.1
改、扩建及其他	Expansion, Reconstruction and Others	1907.77	2143.28	12.3
按构成分	**Grouped by Composition of Use**			
建筑工程	Construction	4639.99	5278.97	13.8
安装工程	Installation	417.90	523.56	25.3
设备工器具购置	Purchases of Equipment and Instruments	1472.56	1708.07	16.0
其他费用	Others	1809.81	2017.49	11.5
按登记注册类型分	**Grouped by Registered Status**			
内资企业	Domestic-funded Enterprises	7852.48	8958.77	14.1
国 有	State-owned Enterprises	2723.16	2682.37	-1.5
集 体	Collective-owned Enterprises	353.73	427.01	20.7
股份合作	Cooperative Enterprises	66.86	41.70	-37.6
私营企业	Private Enterprises	1348.96	1909.43	41.5
股份有限公司	Share Holding Corporations Ltd.	494.68	604.77	22.3
有限责任公司	Limited Liability Corporations	2678.61	3007.56	12.3
#国有独资公司	Sole State-funded Corporations	274.38	296.06	7.9
联营企业	Joint Ownership Enterprises	23.25	36.13	55.4
#国有联营	State Joint Ownership Enterprises	8.98	7.04	-21.6
其 他	Others	163.22	249.80	53.0
港、澳、台商投资企业	Enterprises with Investment from Hong Kong, Macao and Taiwan	163.32	193.49	18.5
外商投资企业	Foreign Funded Enterprises	324.46	375.84	15.8
新增固定资产	**Newly Increased Fixed Assets**	**4140.42**	**5418.38**	**30.9**
第一产业	Primary Industry	47.61	63.48	33.4
第二产业	Secondary Industry	1809.08	2357.64	30.3
#工 业	Industry	1800.82	2331.45	29.5
第三产业	Tertiary Industry	2283.73	2997.26	31.2
固定资产交付使用率(%)	**Rate of Fixed Assets Put into Use (%)**	**49.6**	**56.9**	

注：表中按建设性质分组数据不含房地产开发投资。
Note: Investment grouped by type of construction of this table excludes real estate development.

5-7 按行业分城镇固定资产投资

Investment in Fixed Assets in Urban Area by Sector

单位：亿元(100 million yuan)

行业 Sector	2012	2013	2013比2012年增长(%) Increase Rate in 2013 over 2012(%)
总计 **Total**	**8340.26**	**9528.09**	**14.2**
农、林、牧、渔业 Farming, Forestry, Animal Husbandry and Fishery	69.23	118.09	70.6
采矿业 Minerals Mining	219.21	332.94	51.9
制造业 Manufacturing	3182.73	3506.02	10.2
电力、热力、燃气及水生产和供应业 Production and Supply of Electricity, Heat, Gas and Water	315.01	387.93	23.2
建筑业 Construction	30.11	30.57	1.5
批发和零售业 Wholesale and Retail Trade	170.67	231.54	35.7
交通运输、仓储和邮政业 Transportation, Storage and Post Services	596.38	721.47	21.0
住宿和餐饮业 Accommodation and Catering Services	55.82	78.53	40.7
信息传输、软件和信息技术服务业 Information Transmitting, Software and Information Technology Services	89.11	75.62	-15.1
金融业 Finance Intermediation	30.61	42.53	39.0
房地产业 Real Estate	1775.88	2018.88	13.7
租赁和商务服务业 Leasing and Business Services	384.75	432.43	12.4
科学研究和技术服务业 Scientific Research and Technical Services	26.42	75.18	184.6
水利、环境和公共设施管理业 Management for Water Conservancy, Environment and Public Facilities	1026.67	1048.76	2.2
居民服务、修理和其他服务业 Resident Services, Repair and Other Services	72.19	95.72	32.6
教育 Education	75.51	96.18	27.4
卫生和社会工作 Health Care and Social Work	46.60	60.74	30.3
文化、体育和娱乐业 Culture, Sports and Recreational Services	91.57	100.25	9.5
公共管理、社会保障和社会组织 Public Management, Social Security and Social Organizations	81.78	74.72	-8.6

5-8 按制造业行业分城镇固定资产投资

Investment in Fixed Assets in Urban Area of Manufacturing

单位：亿元(100 million yuan)

行业	Sector	2012	2013	2013比2012年增长(%) Increase Rate in 2013 over 2012(%)
总计	**Total**	**3182.73**	**3506.02**	**10.2**
农副食品加工业	Processing of Food from Agricultural Products	63.27	71.57	13.1
食品制造业	Manufacture of Food	66.86	88.12	31.8
酒、饮料和精制茶制造业	Manufacture of Alcohol, Beverage and Refined Tea	26.16	23.82	-8.9
烟草制品业	Manufacture of Tobacco	1.87	0.14	-92.3
纺织业	Manufacture of Textile	36.33	25.62	-29.5
纺织服装、服饰业	Manufacture of Textile Wearing and Apparel	41.96	46.70	11.3
皮革、皮毛、羽毛及其制品和制鞋业	Manufacture of Leather, Fur, Feather and Related Products, Footware	2.45	3.79	54.9
木材加工及木、竹、藤、棕、草制品业	Processing of Timber, Manufacture of Wood, Bamboo, Rattan, Palm and Straw Products	13.05	23.06	76.6
家具制造业	Manufacture of Furniture	30.82	63.80	107.0
造纸及纸制品业	Manufacture of Paper and Paper Products	54.91	54.74	-0.3
印刷和记录媒介的复制	Printing, Reproduction of Recording Media	10.95	6.24	-43.0
文教、工美、体育和娱乐用品制造业	Manufacture of Articles for Culture, Education and Industrial Arts, Sport Activity, Amusement Manufacturing	10.19	20.33	99.6
石油加工、炼焦及核燃料加工业	Processing of Petroleum, Coking, Processing of Nuclear Fuel	45.50	34.08	-25.1
化学原料及化学制品制造业	Manufacture of Raw Chemical Materials and Chemical Products	114.16	108.87	-4.6
医药制造业	Manufacture of Medicines	71.16	68.06	-4.3
化学纤维制造业	Manufacture of Chemical Fibers	3.34	3.07	-7.9
橡胶和塑料制品业	Manufacture of Rubber and Plastic	140.69	190.41	35.3
非金属矿物制品业	Manufacture of Non-metallic Mineral Products	175.01	186.55	6.6
黑色金属冶炼及压延加工业	Smelting and Pressing of Ferrous Metals	139.16	101.05	-27.4
有色金属冶炼及压延加工业	Smelting and Pressing of Non-Ferrous Metals	57.23	197.18	244.5
金属制品业	Manufacture of Metal Products	143.24	239.71	67.3
通用设备制造业	Manufacture of General Purpose Machinery	423.94	522.62	23.3
专用设备制造业	Manufacture of Special Purpose Machinery	405.66	515.77	27.1
汽车制造业	Manufacture of Motorcar	127.76	191.96	50.2
铁路、船舶、航空航天和其他运输设备制造业	Ralway, Watercraft, Aerospace and Other Transport Equipment	240.57	129.10	-46.3
电气机械及器材制造业	Manufacture of Electrical Machinery and Equipment	152.75	129.02	-15.5
计算机、通信和其他电子设备制造业	Manufacture of Computers, Communication and Other Electronic Equipment	221.59	197.98	-10.7
仪器仪表制造业	Manufacture of Measuring Instruments	42.32	32.56	-23.1
其他制造业	Other Manufacture	265.36	177.42	-33.1
废弃资源综合利用业	Comprehensive Recycling of Waste	39.49	47.43	20.1
金属制品、机械和设备修理业	Metal Products, Machine and Equipment Repair	14.99	5.24	-65.0

5-9 按行业分城镇新增固定资产

Newly Increased Fixed Assets in Urban Area by Sector

单位：亿元(100 million yuan)

行　业 Sector	2012	2013	2013比2012年增长(%) Increase Rate in 2013 over 2012(%)
总　计 Total	**4140.42**	**5418.38**	**30.9**
农、林、牧、渔业 Farming, Forestry, Animal Husbandry and Fishery	60.73	107.96	77.8
采矿业 Minerals Mining	69.81	279.74	300.7
制造业 Manufacturing	1632.65	1947.79	19.3
电力、热力、燃气及水生产和供应业 Production and Supply of Electricity, Heat, Gas and Water	150.64	144.35	-4.2
建筑业 Construction	8.25	26.18	217.2
批发和零售业 Wholesale and Retail Trade	123.77	162.59	31.4
交通运输、仓储和邮政业 Transportation, Storage and Post Services	96.37	148.44	54.0
住宿和餐饮业 Accommodation and Catering Services	33.66	45.37	34.8
信息传输、软件和信息技术服务业 Information Transmitting, Software and Information Technology Services	70.03	66.72	-4.7
金融业 Finance Intermediation	11.01	19.99	81.6
房地产业 Real Estate	1195.64	1529.79	27.9
租赁和商务服务业 Leasing and Business Services	166.80	160.72	-3.6
科学研究和技术服务业 Scientific Research and Technical Services	22.17	57.47	159.2
水利、环境和公共设施管理业 Management for Water Conservancy, Environment and Public Facilities	248.84	466.77	87.6
居民服务、修理和其他服务业 Resident Services, Repair and Other Services	46.06	79.65	72.9
教　育 Education	72.26	67.08	-7.2
卫生和社会工作 Health Care and Social Work	26.26	28.27	7.6
文化、体育和娱乐业 Culture, Sports and Recreational Services	42.72	39.34	-7.9
公共管理、社会保障和社会组织 Public Management, Social Security and Social Organizations	62.75	40.15	-36.0

5-10 按制造业行业分城镇新增固定资产

Newly Increased Fixed Assets in Urban Area of Manufacturing

单位：亿元(100 million yuan)

行业	Sector	2012	2013	2013比2012年增长(%) Increase Rate in 2013 over 2012(%)
总计	**Total**	**1632.65**	**1947.79**	**19.3**
农副食品加工业	Processing of Food from Agricultural Products	65.84	43.13	-34.5
食品制造业	Manufacture of Food	36.77	47.38	28.8
酒、饮料和精制茶制造业	Manufacture of Alcohol, Beverage and Refined Tea	21.50	21.83	1.5
烟草制品业	Manufacture of Tobacco		0.14	
纺织业	Manufacture of Textile	16.84	15.52	-7.9
纺织服装、服饰业	Manufacture of Textile Wearing and Apparel	27.59	35.88	30.1
皮革、皮毛、羽毛及其制品和制鞋业	Manufacture of Leather, Fur, Feather and Related Products, Footware	2.46	3.91	58.9
木材加工及木、竹、藤、棕、草制品业	Processing of Timber, Manufacture of Wood, Bamboo, Rattan, Palm and Straw Products	9.32	18.95	103.3
家具制造业	Manufacture of Furniture	24.77	29.72	20.0
造纸及纸制品业	Manufacture of Paper and Paper Products	46.33	42.84	-7.5
印刷和记录媒介的复制	Printing, Reproduction of Recording Media	9.21	5.54	-39.9
文教、工美、体育和娱乐用品制造业	Manufacture of Articles for Culture, Education and Industrial Arts, Sport Activity, Amusement Manufacturing	6.51	9.99	53.5
石油加工、炼焦及核燃料加工业	Processing of Petroleum, Coking, Processing of Nuclear Fuel	8.03	13.29	65.6
化学原料及化学制品制造业	Manufacture of Raw Chemical Materials and Chemical Products	60.27	67.68	12.3
医药制造业	Manufacture of Medicines	46.01	43.31	-5.9
化学纤维制造业	Manufacture of Chemical Fibers	0.22	2.28	936.9
橡胶和塑料制品业	Manufacture of Rubber and Plastic	90.52	106.20	17.3
非金属矿物制品业	Manufacture of Non-metallic Mineral Products	134.10	110.84	-17.3
黑色金属冶炼及压延加工业	Smelting and Pressing of Ferrous Metals	62.31	49.31	-20.9
有色金属冶炼及压延加工业	Smelting and Pressing of Non-Ferrous Metals	24.32	55.40	127.7
金属制品业	Manufacture of Metal Products	121.24	181.51	49.7
通用设备制造业	Manufacture of General Purpose Machinery	195.57	196.23	0.3
专用设备制造业	Manufacture of Special Purpose Machinery	131.04	248.23	89.4
汽车制造业	Manufacture of Motorcar	71.77	136.27	89.9
铁路、船舶、航空航天和其他运输设备制造业	Ralway, Watercraft, Aerospace and Other Transport Equipment	64.53	67.95	5.3
电气机械及器材制造业	Manufacture of Electrical Machinery and Equipment	99.50	86.13	-13.4
计算机、通信和其他电子设备制造业	Manufacture of Computers, Communication and Other Electronic Equipment	118.48	163.30	37.8
仪器仪表制造业	Manufacture of Measuring Instruments	16.66	24.16	45.0
其他制造业	Other Manufacture	71.17	72.28	1.6
废弃资源综合利用业	Comprehensive Recycling of Waste	38.73	47.12	21.7
金属制品、机械和设备修理业	Metal Products, Machine and Equipment Repair	11.04	1.47	-86.7

5-11 城镇能源工业固定资产投资

Investment in Fixed Assets in Urban Area of Energy Industry

单位：亿元(100 million yuan)

行　业	Sector	2012	2013	2013比2012年增长(%) Increase Rate in 2013 over 2012(%)
总　计	**Total**	**534.42**	**708.58**	**32.6**
石油和天然气开采业	Petroleum and Natural Gas Extraction	173.91	286.57	64.8
电力、热力生产和供应业	Production and Supply of Electric Power and Heat Power	240.89	254.17	5.5
燃气生产和供应业	Production and Supply of Gas	23.16	58.92	154.4
水的生产和供应业	Production and Supply of Water	50.96	74.84	46.9
石油加工、炼焦及核燃料加工业	Processing of Petroleum, Coking and Processing of Nuclear Fuel	45.50	34.08	-25.1
能源投资占城镇固定资产投资比重(%)	**As Percentage of Total Investment in Fixed Assets in Urban Area(%)**	**6.4**	**7.4**	

5-12 城市基础设施固定资产投资

Urban Infrastructure Investment in Fixed Assets

单位：亿元(100 million yuan)

行　业	Sector	2012	2013	2013比2012年增长(%) Increase Rate in 2013 over 2012(%)
总　计	**Total**	**1905.22**	**2115.14**	**11.0**
交通运输、仓储和邮政业	Transportation, Storage and Post Services	596.38	721.47	21.0
电信、广播电视和卫星传输服务	Telecommunication, Broadcast Television and Satellite Transmission Services and Other Information	76.55	58.58	-23.5
互联网和相关服务	Internet and Relative Services	4.11	0.81	-80.2
电力、热力生产和供应业	Production and Supply of Electric Power and Heat Power	240.89	254.17	5.5
燃气生产和供应业	Production and Supply of Gas	23.16	58.92	154.4
水的生产和供应业	Production and Supply of Water	50.97	74.84	46.9
公共设施管理	Management for Public Facilities	913.16	946.35	3.6
城市基础设施占城镇固定资产投资比重(%)	**As Percentage of Total Investment in Fixed Assets in Urban Area(%)**	**22.8**	**22.2**	

5-13 全社会房屋施工和竣工面积

Floor Space of Buildings under Construction and Completed

单位：万平方米(10 000 sq. m)

项　目	Item	2012	2013	2013比2012年增长(%) Increase Rate in 2013 over 2012(%)
房屋施工面积	**Floor Space of Building under Construction**	**18490.36**	**21524.51**	**16.4**
# 住　宅	Residential Buildings	7869.15	8906.38	13.2
城　镇	Urban Area	17623.99	19987.91	13.4
# 住　宅	Residential Buildings	7542.31	8339.50	10.6
农　村	Rural Area	866.37	1536.60	77.4
# 住　宅	Residential Buildings	326.84	566.88	73.4
房屋竣工面积	**Floor Space of Building Completed**	**3636.54**	**4415.88**	**21.4**
# 住　宅	Residential Buildings	2137.76	2411.52	12.8
城　镇	Urban Area	3438.52	3978.83	15.7
# 住　宅	Residential Buildings	1984.55	2148.21	8.2
农　村	Rural Area	198.02	437.05	120.7
# 住　宅	Residential Buildings	153.21	263.31	71.9

5-14 城镇固定资产投资资金来源

Source of Funds for Investment in Fixed Assets in Urban Area

单位：万元(10 000 yuan)

项　目	Item	2012	2013	2013比2012年增长(%) Increase Rate in 2013 over 2012(%)
资金来源合计	**Total Funds**	**102275323**	**117740918**	**15.1**
上年末结余资金	Balance of Funds Brought Forward from Previous Year	12335492	12176879	-1.3
本年资金来源小计	Subtotal of the Sources of Funds in Current Year	89939831	105564039	17.4
国家预算内资金	State Budgetary Appropriation	965628	1087300	12.6
国内贷款	Domestic Loans	18535892	22421656	21.0
债　券	Bonds	2000	19703	885.2
利用外资	Foreign Investment	828478	912252	10.1
# 外商直接投资	Foreign Direct Investment	451905	412228	-8.8
自筹资金	Fundraising	57873446	65822678	13.7
# 企、事业单位自有资金	Owned by Enterprises and Institutions	17840275	18463987	3.5
其他资金	Others	11734387	15300450	30.4

5-15 按行业分城镇固定资产投资资金来源(2013年)

行业 Sector	资金来源合计 Total Funds	上年末结余资金 Balance of Funds Brought Forward from Previous Year	本年资金来源小计 Subtotal of the Sources of Funds in Current Year	国家预算内资金 State Budgetary Appropriation
总计 Total	**117740918**	**12176879**	**105564039**	**1087300**
农、林、牧、渔业 Farming, Forestry, Animal Husbandry and Fishery	1178714	8780	1169934	44886
采矿业 Minerals Mining	3330116		3330116	
制造业 Manufacturing	34768235	1219679	33548556	30449
电力、热力、燃气及水生产和供应业 Production and Supply of Electricity, Heat, Gas and Water	3361898	29997	3331901	51713
建筑业 Construction	284340		284340	
批发和零售业 Wholesale and Retail Trade	2266068	1500	2264568	12500
交通运输、仓储和邮政业 Transportation, Storage and Post Services	6907203	600577	6306626	132678
住宿和餐饮业 Accommodation and Catering Services	793900	9241	784659	
信息传输、软件和信息技术服务业 Information Transmitting, Software and Information Technology Services	648832	5104	643728	
金融业 Finance Intermediation	555563	3550	552013	
房地产业 Real Estate	43055812	9107559	33948253	
租赁和商务服务业 Leasing and Business Services	4423174	224751	4198423	820
科学研究和技术服务业 Scientific Research and Technical Services	770986	41700	729286	19969
水利、环境和公共设施管理业 Management for Water Conservancy, Environment and Public Facilities	10889020	453505	10435515	428515
居民服务、修理和其他服务业 Resident Services, Repair and Other Services	980238	6624	973614	9282
教育 Education	886119	66727	819392	77345
卫生和社会工作 Health Care and Social Work	731422	162486	568936	131987
文化、体育和娱乐业 Culture, Sports and Recreational Services	1166912	207318	959594	
公共管理、社会保障和社会组织 Public Management, Social Security and Social Organizations	742366	27781	714585	147156

Source of Funds for Investment in Fixed Assets in Urban Area by Sector,2013

单位：万元(10 000 yuan)

国内贷款 Domestic Loans	债券 Bonds	利用外资 Foreign Investment	# 外商直接投资 Foreign Direct Investment	自筹资金 Fundraising	# 企事业单位自有资金 Owned by Enterprises and Institutions	其他资金 Others
22421656	**19703**	**912252**	**412228**	**65822678**	**18463987**	**15300450**
63943		1000		1011954	81399	48151
3300		166987	166987	3153029	2776029	6800
4575511	7703	530414	138242	26510685	5335248	1893794
1000659				1712311	509261	567218
3606				269034	55826	11700
47300		14145		1957788	556604	232835
3569919	12000	29270		2332200	627360	230559
4611				760374	94267	19674
9969		1900		631859	454101	
89539		600	600	461874	107798	
9024896		162176	104539	13780916	4277242	10980265
539670		3900		3026460	1336093	627573
6062				693689	248905	9566
3272190				6183182	730766	551628
56060				908072	357648	200
5155				714683	415520	22209
51801				348268	102284	36880
92465		1860	1860	824089	352724	41180
5000				542211	44912	20218

5-16 按行业分城镇固定资产投资施工项目个数

Number of Investment Projects under Construction in Fixed Assets in Urban Area by Sector

单位：个(unit)

行　业　Sector	2012	2013	2013比2012年增长(%) Increase Rate in 2013 over 2012(%)
总　计 Total	**6420**	**7397**	**15.2**
农、林、牧、渔业 Farming, Forestry, Animal Husbandry and Fishery	202	306	51.5
采矿业 Minerals Mining	14	11	-21.4
制造业 Manufacturing	3159	3132	-0.9
电力、热力、燃气及水生产和供应业 Production and Supply of Electricity, Heat, Gas and Water	275	335	21.8
建筑业 Construction	41	65	58.5
批发和零售业 Wholesale and Retail Trade	311	345	10.9
交通运输、仓储和邮政业 Transportation, Storage and Post Services	230	334	45.2
住宿和餐饮业 Accommodation and Catering Services	92	109	18.5
信息传输、软件和信息技术服务业 Information Transmitting, Software and Information Technology Services	65	94	44.6
金融业 Finance Intermediation	28	27	-3.6
房地产业 Real Estate	229	270	17.9
租赁和商务服务业 Leasing and Business Services	204	271	32.8
科学研究和技术服务业 Scientific Research and Technical Services	56	109	94.6
水利、环境和公共设施管理业 Management for Water Conservancy, Environment and Public Facilities	981	1394	42.1
居民服务、修理和其他服务业 Resident Services, Repair and Other Services	92	166	80.4
教　育 Education	166	148	-10.8
卫生和社会工作 Health Care and Social Work	63	77	22.2
文化、体育和娱乐业 Culture, Sports and Recreational Services	102	101	-1.0
公共管理、社会保障和社会组织 Public Management, Social Security and Social Organizations	110	103	-6.4

注：本表不含房地产开发企业。
Note: The data of this table exclude real estate enterprises.

5-17 按行业分城镇固定资产投资建成投产项目个数

Number of Investment Projects in Fixed Assets Completed and Put into Use in Urban Area by Sector

单位：个(unit)

行业 Sector	2012	2013	2013比2012年增长(%) Increase Rate in 2013 over 2012(%)
总计 Total	**3846**	**4176**	**8.6**
农、林、牧、渔业 Farming, Forestry, Animal Husbandry and Fishery	162	252	55.6
采矿业 Minerals Mining	7	8	14.3
制造业 Manufacturing	2084	1939	-7.0
电力、热力、燃气及水生产和供应业 Production and Supply of Electricity, Heat, Gas and Water	122	141	15.6
建筑业 Construction	21	40	90.5
批发和零售业 Wholesale and Retail Trade	238	229	-3.8
交通运输、仓储和邮政业 Transportation, Storage and Post Services	82	98	19.5
住宿和餐饮业 Accommodation and Catering Services	73	63	-13.7
信息传输、软件和信息技术服务业 Information Transmitting, Software and Information Technology Services	52	69	32.7
金融业 Finance Intermediation	16	15	-6.3
房地产业 Real Estate	71	83	16.9
租赁和商务服务业 Leasing and Business Services	120	160	33.3
科学研究和技术服务业 Scientific Research and Technical Services	28	62	121.4
水利、环境和公共设施管理业 Management for Water Conservancy, Environment and Public Facilities	411	665	61.8
居民服务、修理和其他服务业 Resident Services, Repair and Other Services	74	118	59.5
教育 Education	115	91	-20.9
卫生和社会工作 Health Care and Social Work	36	40	11.1
文化、体育和娱乐业 Culture, Sports and Recreational Services	59	44	-25.4
公共管理、社会保障和社会组织 Public Management, Social Security and Social Organizations	75	59	-21.3

注：本表不含房地产开发企业。
Note: The data of this table exclude real estate enterprises.

5-18 城镇地方固定资产投资

Local Investment in Fixed Assets in Urban Area

单位：亿元(100 million yuan)

项 目	Item	2012	2013	2013比2012年增长(%) Increase Rate in 2013 over 2012(%)
总 计	**Total**	**7700.10**	**8827.14**	**14.6**
按构成分	**Grouped by Composition of Use**			
建筑工程	Construction	4320.75	5035.35	16.5
安装工程	Installation	396.41	492.40	24.2
设备工器具	Equipment and Instruments	1256.47	1477.03	17.6
其他费用	Others	1726.46	1822.37	5.6
按建设性质分	**Grouped by Type of Construction**			
新 建	New Construction	4927.10	5370.74	9.0
扩 建	Expansion	526.85	709.01	34.6
改 建	Reconstruction	459.04	528.92	15.2
其 他	Others	527.10	737.65	39.9
按行业分	**Grouped by Sector**			
农、林、牧、渔业	Farming, Forestry, Animal Husbandry & Fishery	69.23	118.09	70.6
采矿业	Minerals Mining	4.99	7.81	56.6
制造业	Manufacturing	3077.94	3431.72	11.5
电力、热力、燃气及水生产和供应业	Production and Supply of Electricity,Heat, Gas and Water	197.84	285.11	44.1
建筑业	Construction	19.99	27.96	39.9
批发和零售业	Wholesale and Retail Trade	169.05	224.44	32.8
交通运输、仓储和邮政业	Transportation, Storage and Post Services	493.42	607.36	23.1
住宿和餐饮业	Accommodation and Catering Services	53.97	77.88	44.3
信息传输、软件和信息技术服务业	Information Transmitting, Software and Information Technology Services	47.15	35.46	-24.8
金融业	Finance Intermediation	29.31	42.47	44.9
房地产业	Real Estate	1773.33	2008.82	13.3
租赁和商务服务业	Leasing and Business Services	384.75	432.43	12.4
科学研究和技术服务业	Scientific Research and Technology Service	21.94	69.18	215.3
水利、环境和公共设施管理业	Management for Water Conservancy, Environment and Public Facilities	999.62	1041.58	4.2
居民服务、修理和其他服务业	Resident Services,Repair and Other Services	72.19	95.72	32.6
教 育	Education	65.45	86.96	32.9
卫生和社会工作	Health Care and Social Work	46.60	60.74	30.3
文化、体育和娱乐业	Culture, Sports and Recreational Services	91.57	98.71	7.8
公共管理、社会保障和社会组织	Public Management，Social Security and Social Organizations	81.76	74.72	-8.6

注：本表中按建筑性质分组数据未含房地产开发投资。
Note:Investment grouped by type of construction excludes real estate development.

5-19 城镇房地产开发投资、建设情况(1996—2013年)

Investment and Construction of Real Estate Development in Urban Area,1996-2013

单位：亿元(100 million yuan)

年 份 Year	本年完成投资额 Investment Completed in Current Year	住 宅 Residential Buildings	办公楼 Office Buildings	商业营业用 Buildings for Business Use	其 他 Others
1996	71.51	42.87	6.68	12.49	9.47
1997	80.80	39.64	8.69	14.06	18.42
1998	106.70	63.01	6.52	11.15	26.04
1999	116.96	86.90	3.60	4.66	21.80
2000	133.93	90.02	3.13	7.18	33.60
2001	161.27	96.40	4.52	15.65	44.70
2002	175.84	103.18	7.51	14.72	50.43
2003	211.39	150.93	7.78	24.26	28.43
2004	263.92	175.24	15.75	28.24	44.69
2005	327.54	234.92	11.95	41.74	38.92
2006	402.32	311.34	23.74	35.66	31.58
2007	505.30	342.82	34.55	63.76	64.17
2008	653.72	459.33	30.97	79.87	83.55
2009	735.18	494.86	32.83	97.32	110.18
2010	866.64	565.39	77.18	127.35	96.72
2011	1080.04	689.08	109.84	176.79	104.33
2012	1260.00	843.05	85.70	155.31	175.94
2013	1480.82	986.28	99.91	165.29	229.34

5-19续表 *continued*

单位：万平方米(10 000 sq. m)

年 份 Year	施工面积 Floor Space of Building under Construction	# 住 宅 Residential Buildings	竣工面积 Floor Space of Building Completed	# 住 宅 Residential Buildings
1996	988.66	712.76	366.51	318.50
1997	1116.23	773.92	299.63	254.39
1998	1379.77	1093.69	428.74	357.17
1999	1596.67	1274.32	454.81	431.12
2000	1783.00	1582.15	583.51	532.63
2001	1863.48	1590.62	690.48	626.63
2002	2135.56	1746.13	746.44	673.00
2003	2314.43	1953.50	911.27	750.67
2004	2865.55	2352.98	1108.13	1014.46
2005	3470.57	2827.87	1479.22	1270.96
2006	4142.60	3396.45	1520.24	1308.95
2007	4836.49	3744.87	1704.36	1398.61
2008	5704.27	4306.33	1799.37	1492.54
2009	6052.16	4517.83	1902.06	1580.82
2010	7160.75	5117.60	2098.55	1603.65
2011	9233.98	6623.95	2102.79	1645.10
2012	9864.22	6923.52	2542.75	1913.97
2013	10892.17	7562.48	2805.37	2117.66

5-20 房地产开发投资情况

Investment in Real Estate Development

单位：亿元(100 million yuan)

项　目	Item	2012	2013	2013比2012年增长(%) Increase Rate in 2013 over 2012(%)
本年完成投资额	**Investment Completed in Current Year**	**1260.00**	**1480.82**	**17.5**
按隶属关系分	**Grouped by Administrative Relationship**			
中　央	Central Government			
地　方	Local Government	1260.00	1480.82	17.5
按登记注册类型分	**Grouped by Registered Status**			
内资企业	Domestic-funded Enterprises	1140.08	1344.65	17.9
国　有	State-owned Enterprises	305.39	335.80	10.0
集　体	Collective-owned Enterprises	17.41	45.89	163.6
股份合作	Cooperative Enterprises	3.55	12.69	257.3
私营企业	Private Enterprises	287.06	214.52	-25.3
股份有限公司	Share Holding Corporations Ltd.	70.94	40.64	-42.7
有限责任公司	Limited Liability Corporations	438.44	631.60	44.1
# 国有独资公司	Sole State-funded Corporations	37.80	30.84	-18.4
联营企业	Joint Ownership Enterprises	2.06	1.99	-3.4
其　他	Others	15.23	61.51	303.8
港、澳、台商投资企业	Enterprises with Investment from Hong Kong, Macao and Taiwan	52.59	61.38	16.7
外商投资企业	Foreign Funded Enterprises	67.32	74.79	11.1
按构成分	**Grouped by Composition of Use**			
建筑工程	Construction	798.19	978.03	22.5
安装工程	Installation	83.83	88.83	6.0
设备工器具	Equipment and Instruments	9.03	13.32	47.5
其他费用	Others	368.94	400.64	8.6
按工程用途分	**Grouped by Use of Projects**			
住　宅	Residential Buildings	843.05	986.28	17.0
# 别墅、高档公寓	Villa, Top Grade Apartment	62.34	63.98	2.6
办公楼	Office Buildings	85.70	99.91	16.6
商业营业用房	Houses for Business Use	155.31	165.29	6.4
其　他	Others	175.94	229.34	30.3
本年新增固定资产	**Newly Increased Fixed Assets in Current Year**	**1066.49**	**1308.04**	**22.6**

5-21 房地产开发建设情况

Construction of Real Estate Development

项 目	Item	2012	2013	2013比2012年增长(%) Increase Rate in 2013 over 2012(%)
施工房屋面积(万平方米)	**Floor Space of Buildings under Construction (10 000 sq. m)**	**9864.22**	**10892.17**	**10.4**
住 宅	Residential Buildings	6923.52	7562.48	9.2
办公楼	Office Buildings	792.40	841.00	6.1
商业营业用房	Houses for Business Use	1045.23	1158.61	10.8
其 他	Others	1103.07	1330.08	20.6
竣工房屋面积(万平方米)	**Floor Space of Buildings Completed(10 000 sq. m)**	**2542.75**	**2805.37**	**10.3**
住 宅	Residential Buildings	1913.97	2117.67	10.6
办公楼	Office Buildings	166.80	188.59	13.1
商业营业用房	Houses for Business Use	301.42	187.80	-37.7
其 他	Others	160.56	311.31	93.9
竣工房屋价值(亿元)	**Value of Buildings Completed(100 million yuan)**	**644.09**	**749.05**	**16.3**
住 宅	Residential Buildings	475.12	571.42	20.3
办公楼	Office Buildings	47.32	46.32	-2.1
商业营业用房	Houses for Business Use	82.34	47.12	-42.8
其 他	Others	39.31	84.19	114.1
资金来源合计(亿元)	**Total Funds(100 million yuan)**	**2980.39**	**3572.33**	**19.9**
上年末结余资金	Balance of Funds Brought Forward from Previous Year	834.11	810.86	-2.8
本年资金来源合计	Subtotal of the Sources of Funds in Current Year	2146.28	2761.47	28.7
国内贷款	Domestic Loans	570.37	765.22	34.2
利用外资	Foreign Investment	3.47	16.22	367.4
# 外商直接投资	Foreign Direct Investment	0.38	10.45	2675.1
自筹资金	Fundraising	831.71	892.08	7.3
# 企、事业单位自有资金	Owned by Enterprises and Institutions	353.01	389.59	10.4
其他资金	Others	740.73	1087.95	46.9

5-22 房地产销售情况

Basic Statistics on Real Estate Sales

项目	Item	2012	2013	2013比2012年增长(%) Increase Rate in 2013 over 2012(%)
商品房销售面积(万平方米)	**Floor Space of Commercial Houses Sold(10 000 sq. m)**	**1661.69**	**1847.11**	**11.2**
住　宅	Residential Buildings	1511.40	1720.34	13.8
办公楼	Office Buildings	28.17	23.49	-16.6
商业营业用房	Houses for Business Use	72.17	51.60	-28.5
其　他	Others	49.95	51.68	3.5
商品房销售额(亿元)	**Total Sales of Commercial Houses(100 million yuan)**	**1365.53**	**1615.47**	**18.3**
住　宅	Residential Buildings	1210.57	1443.34	19.2
办公楼	Office Buildings	37.61	26.88	-28.5
商业营业用房	Houses for Business Use	93.87	85.40	-9.0
其　他	Others	23.47	59.85	155.0

5-23 房地产物业管理情况(2011—2013年)

Basic Statistics on Real Estate Property Management,2011-2013

指标 Item	2011	2012	2013
企业总数(个) Number of Enterprises(unit)	1097	1186	1164
物业管理项目个数(个) Number of Projects Managed(unit)	3648	4230	4325
房屋建筑面积(万平方米) Floor Space of Buildings(10 000 sq. m)	26149.96	31264.51	33502.29
住　宅 Residential Buildings	22332.08	25639.04	27200.14
办公用房 Office Buildings	1468.27	2523.23	2359.04
商业营业用房 Houses for Business Use	899.76	978.11	1593.42
工业仓储用房 Houses for Industry and Storage	628.27	1042.09	1285.59
其　他 Others	821.58	1082.04	1064.10
从业人员(人) Employment Personnel(person)	94882	97225	130245
# 管理人员 Administrative Personnel	13247	13517	14719
年经营收入(亿元) Annual Income(100 million yuan)	46.52	55.03	67.18
从业人员报酬(亿元) Remuneration of Employment Personnel(100 million yuan)	19.73	23.27	23.89

5-24 农村非农户固定资产投资

Total Investment in Fixed Assets of Non-agricultural Households in Rural Area

单位：亿元(100 million yuan)

项　目	Item	2012	2013
投资额	**Total Investment**	**509.53**	**562.95**
按主要行业分	**Grouped by Sector**		
# 农、林、牧、渔业	Farming, Forestry, Animal Husbandry, Fishery	72.09	63.79
工　业	Industry	13.93	14.64
建筑业	Construction	12.01	16.32
批发和零售业	Wholesale and Retail Trade	19.78	25.42
交通运输、仓储和邮政业	Transportation, Storage and Post Services	15.02	17.97
房地产业	Real Estate	204.96	130.33
水利、环境和公共设施管理业	Management for Water Conservancy, Environment and Public Facilities	56.33	113.72
新增固定资产	**Newly Increased Fixed Assets(100 million yuan)**	**302.83**	**404.31**
房屋面积(万平方米)	**Floor Space of Buildings(10 000 sq. m)**		
施工面积	Under Construction	792.07	1424.60
# 住　宅	Residential Buildings	255.72	462.88
竣工面积	Completed	124.39	333.05
# 住　宅	Residential Buildings	82.76	167.31
竣工住宅价值	**Value of Residential Buildings Completed**	**28.91**	**89.06**
竣工住宅造价(元/平方米)	**Cost of Residential Buildings Completed(yuan/sq. m)**	**3494**	**2674**

5-25 农村农户固定资产投资

Total Investment in Fixed Assets of Agricultural Households in Rural Area

单位：亿元(100 million yuan)

项　目	Item	2012	2013
投资额	**Total Investment**	**21.52**	**30.17**
按主要行业分	**Grouped by Sector**		
# 农、林、牧、渔业	Farming, Forestry, Animal Husbandry, Fishery	5.89	3.61
工　业	Industry	4.78	2.97
交通运输、仓储和邮政业	Transportation, Storage and Post Services	0.80	2.11
房地产业	Real Estate	9.99	14.07
房屋面积(万平方米)	**Floor Space of Buildings (10 000 sq.m)**		
施工面积	Under Construction	74.30	112.12
# 住　宅	Residential Buildings	71.12	104.48
竣工面积	Completed	73.63	103.81
# 住　宅	Residential Buildings	70.45	95.70
竣工住宅价值	**Value of Residential Buildings Completed**	**10.11**	**13.28**
竣工住宅造价(元/平方米)	**Cost of Residential Buildings Completed (yuan/sq.m)**	**1435**	**1383**

5-26 重点建设项目完成情况(2013年)

Basic Statistics on Key Projects,2013

单位：亿元(100 million yuan)

项　目 Item	项目数(项) Number of Items	计划总投资 Total Planned Investment	累计完成投资 Investment Accumulated	本年完成投资 Investment in Current Year
总　计				
Total	**70**	**7347.72**	**2798.04**	**1498.75**
工　业				
Industry	**20**	**1377.91**	**370.60**	**200.26**
石油化工				
Petrochemical	4	248.96	101.49	35.72
冶　金				
Metallurgy	2	791.20	141.46	124.61
航空航天				
Aerospace Industry	3	60.00	40.19	6.61
电子信息				
Electronic Information Industry	2	21.29	10.94	1.94
装备制造业及汽车业				
Equipment Manufacturing and Motor Vehicles Industry	9	256.46	76.52	31.39
能源交通				
Energy and Transportation	16	996.41	559.58	262.10
能　源				
Energy	5	158.18	85.34	49.77
高速公路				
Expressway	1	308.90	157.15	74.53
铁　路				
Railways	8	384.02	199.71	86.75
机　场				
Airdromes	1	56.12	54.03	23.87
港　口				
Ports	1	89.18	63.36	27.18
基础设施和环保				
Infrastructure and Environment Protection	**14**	**2102.22**	**723.98**	**306.38**
农林水利和小城镇建设				
Agriculture and Forestry Irrigation and Construction of Small Towns	**5**	**1567.90**	**498.93**	**455.29**
社会事业				
Social Project	**8**	**290.46**	**101.87**	**62.01**
商贸旅游及其他				
Trade, Tourism and Others	**7**	**1012.82**	**543.09**	**212.71**

5–27 建设项目主要新增生产能力(2013年)

Main Newly Increased Production Capacity of Construction Projects,2013

生产能力名称	Item	建设规模 Construction Size	累计新增生产能力 Accumulated Production Capacity Newly Increased
钢　材(万吨/年)	Rooled Steel(10 000 tons/year)	925.90	499.78
铝加工材(万吨/年)	Aluminium Material Production (100 000 ton/year)	200	
石油加工(焦化设备能力)(万吨)	Petroleum Processing (coking equipment capacity)(10 000 tons)	120	120
火力发电(万千瓦)	Thermal Power (10 000 kw)	90	
风力发电 (万千瓦)	Wind Power (10 000 kw)	12.5	12.5
其他发电(万千瓦)	Other Power (10 000 kw)	2.5	2.5
输电线路长度(110千伏及以上)(公里)	Transmission Line Length (110kv and above)(km)	398	398
水　泥(万吨/年)	Cement (10 000 tons/year)	170	120
合成橡胶(吨/年)	Synthetic Rubber (ton/year)	4200	4110
塑料树脂及共聚物(吨/年)	Plastic Colophony and Polymer (ton/year)	5550	5450
轿车制造(辆/年)	Cars (unit/year)	498000	256000
其他酒(万吨/年)	Other Wine (10 000 tons/year)	0.3	0.3
新建公路(公里)	Length of New Roads (km)	778.95	609.47
# 高速公路	Expressway	191.55	73.56
改建公路(公里)	Length of Rebuilt Roads (km)	297.4	125.3
# 一级公路	First Class	60.2	
新建独立公路桥梁(延长米)	Newly-built Freestanding Road and Bridge (lpm)	1376	1376
新建独立公路桥梁(座)	Newly-built Freestanding Road and Bridge (seat)	2	2
新(扩)建港口码头	Newly Built and Expanded Ports		
吞吐量(万吨/年)	Handling Capacity (10 000 tons/year)	1081	
泊　位(个)	Berths (unit)	5	
城市自来水供水能力(万吨/日)	Urban Tap Water Supply (10 000 tons/day)	16.2	13.7
城市污水处理能力(万吨/日)	Disposal Capacity of Sewage in City (10 000 tons/day)	117	27

主要统计指标解释

全社会固定资产投资

是以货币形式表现的在一定时期内全社会建造和购置固定资产的工作量以及与此有关的费用的总称。该指标是反映固定资产投资规模、结构和发展速度的综合性指标，又是观察工程进度和考核投资效果的重要依据。

城镇固定资产投资

指城镇各种登记注册类型的企业、事业、行政单位及个体户进行的计划总投资(或实际需要总投资)500 万元及 500 万元以上的建设项目投资和房地产开发投资。县城及以上区域内发生的投资，县及县以上各级政府及主管部门直接领导、管理的建设项目和企业事业单位的投资均为城镇固定资产投资。

农村固定资产投资

指在农村区域范围内进行固定资产投资活动的企业、事业、行政单位及农户投资。

房地产开发投资

指房地产开发企业（单位）进行土地开发工程、房屋建设工程所完成的投资额。是以货币表现的房地产开发工作量。

固定资产投资的资金来源

指固定资产投资单位在报告期收到的（以到账为准），用于固定资产建造和购置的各种货币资金。包括国家预算资金、国内贷款、债券、利用外资、自筹资金和其他资金。

国家预算资金 包括中央预算资金和地方预算资金。国家预算包括一般预算、政府性基金预算、国有资本经营预算和社保基金预算。各类预算中用于固定资产投资的资金全部作为国家预算资金填报，其中一般预算中用于固定资产投资的部分包括基建投资、车购税、灾后恢复重建基金和其他财政投资。各级政府债券也应归入国家预算资金。

国内贷款 指报告期固定资产投资单位向银行及非银行金融机构借入的用于固定资产投资的各种国内借款，包括银行利用自有资金及吸收存款发放的贷款、上级主管部门拨入的国内贷款、国家专项贷款（包括煤代油贷款、劳改煤矿专项贷款等），地方财政专项资金安排的贷款、国内储备贷款、周转贷款等。

债券 指企业（公司）或金融机构为筹集用于固定资产投资的资金向投资者出具的承诺按一定发行条件还本付息的债券凭证，包括金融债券和企业债券（由国家发展改革委员会和中国证券监督管理委员会批准发行）。

利用外资 指报告期收到的境外（包括外国及港澳台地区）资金(包括设备、材料、技术在内)。包括对外借款(外国政府、国际金融组织贷款、出口信贷、外国银行商业贷款、对外发行债券和股票)、外商直接投资及外商其他投资（包括利用外商投资收益在国内进行固定资产再投资活动的资金）。不包括我国自有外汇资金(包括国家外汇、地方外汇、留成外汇、调剂外汇和中国银行自有资金发行的外汇贷款等)。计算利用外资时，需要折算成人民币，折算中所使用的外汇汇率按现汇计算，即按使用外汇时的汇率计算。

自筹资金 指固定资产投资单位在报告期收到的，由各企事业单位筹集用于固定资产投资的资金，包括各类企、事业单位的自有资金和从其他单位筹集的用于固定资产投资的资金，但不包括各类财政性资金、从各类金融机构借入资金和国外资金。与原有的自筹资金概念相比，最大的变化是地方财政资金全部归为国家预算资金，自筹资金中不再含有财政资金。

其他资金 指在报告期收到的除以上各种资金之外的用于固定资产投资的资金。包括社会集资、个人资金、无偿捐赠的资金及其他单位拨入的资金等。

固定资产投资按构成分

建筑工程 指各种房屋、建筑物的建造工程，又称建筑工程量。这部分投资额必须兴工动料，通过施工活动才能实现。建筑工程包括各种房屋的建造；设备基础及各种窑炉的砌筑工程和金属结构工程；为施工而进行的建筑场地布置、工程地质勘探、平整场地、施工临时用水、电、气、路和清理绿化等；矿井的开凿，铁路、公路、桥梁、水利及防空、地下建筑等特殊工程。

安装工程 指各种设备、装置的安装工程，又称安装工作量。在安装工程投资额中，不包括被安装设备本身的价值。安装工程包括生产、动力、起重、运输、传动和医疗试验等各种需安装设备的装配和安装，与设备相连的工作台、梯子、栏杆以及管线敷设、保温、油漆、防腐和单机试运系统联动无负荷试运工作（不包括投料试运）。

设备、工具、器具购置 指建设单位或企、事业单位购置或自制的，达到固定资产标准的设备、工具、器具的价值。但新建单位、扩建单位的新建车间，按照设计和计划要求购置或自制的全部设备、工具、器具，不论是否达到固定资产标准均计入“设备、工具、器具购置”中。

其他费用 指在固定资产建造和购置过程中发生的，除建筑安装工程和设备、工器具购置投资完成额以外的费用。包括土地购置费（建设用地费）、旧建筑物购置费（房屋建筑物购置费）等。

固定资产投资按建设性质分

新建 一般是指从无到有"平地起家"开始建设的项目。有的项目原有基础很小，经扩大建设后，其新增加的固定资产价值（原值）超过原有固定资产价值三倍以上的也应算为新建。

扩建 指为扩大原有产品生产能力或增加新的产品能力，在厂内或其他地点增建主要生产车间（或主要工程），独立的生产线等。事业单位和行政单位在原单位增建业务用房，也作为扩建。

改建和技术改造 指现有企、事业单位对原有设施进行技术改造或更新（包括相应配套的辅助性生产、生活设施建设）的建设项目。有的还充分发挥现有的生产能力，进行填平补齐而增建不直接增加本单位主要产品生产能力的车间等，也属于改建。

新增固定资产

指报告期内已经完成建造和购置过程，并交付生产或使用单位的固定资产价值，包括建成投入生产或交付使用的工程投资和达到固定资产标准的设备、工具、器具的投资以及有关的摊入费用。属于增加固定资产价值的其他建设费用应随同交付使用的工程一并计入新增的固定资产。

固定资产交付使用率

指报告期内新增固定资产与同期完成投资额的比率。它是反映各个时期固定资产动用速度，衡量建设过程中投资效果的一个综合性指标。

商品房销售面积

指报告期内出售商品房屋的合同总面积(即双方签署的正式买卖合同中所确定的建筑面积)。由现房销售建筑面积和期房销售建筑面积两部分组成。

商品房销售额

指报告期内出售商品房屋的合同总价款(即双方签署的正式买卖合同中所确定的合同总价)。该指标与商品房销售面积同口径，由现房销售额和期房销售额两部分组成。

Explanatory Notes on Main Statistical Indicators

Total Investment in Fixed Assets

refers to the volume of activities in construction and purchases of fixed assets of the whole country and related fees, expressed in monetary terms during the reference period. It is a comprehensive indicator which shows the size, structure and growth of the investment in fixed assets, providing a basis for observing the progress of construction projects and evaluating results of investment.

Investment in Fixed Assets in Urban Area

refers to construction projects involving a total planned (or required) investment of 5 million yuan and over by enterprises of various types of ownership, institutions, administrative units and individuals in urban areas, investment in real estate development. In other words, all investments that take place in county towns and urban areas, investment in construction projects under the direct leadership and management of government agencies at and above county levels and investments by enterprises and institutions at and above county levels are covered in urban investment in fixed assets.

Investment in Fixed Assets in Rural Area

refers to investment in fixed assets by enterprises, institutions, administrative units and households in rural areas.

Investment in Real Estate Development

refers to the investment by the real estate development companies (unit) in Land development and construction of house buildings. It is finished work in monetary terms.

Source of Funds for Investment in Fixed Assets

refers to the funds used to establish or buy fixed assets by the investment units in report period, included the state budget, domestic loans, bonds, foreign investment, self-raised funds, and others.

State Budgetary Appropriation consists of central budgetary appropriation and local budgetary appropriation. National budget includes the general budget, government fund budget, state-owned capital management budget and social security funds. In various types of budget, funds used for investment in fixed assets are all calculated as state budgetary appropriation. And general budget used for investment in fixed assets includes infrastructure investment, vehicle purchase tax, post-earthquake recovery and reconstruction funds and other financial investments. Government bonds of all levels are also included in the state budgetary appropriation.

Domestic Loans refer to loans of various forms borrowed by investing units from banks and non-bank financial institutions during the reference period for the purpose of investment in fixed assets, including the bank loans of its own funds and deposits, the domestic loans appropriated by the superior competent department, the national special loans(including coal oil loans, the special loans for reform-through-labour coal mine), the loans of local financial special funds, the domestic bank loans, revolving credits, etc.

Bonds refer to the voucher issued enterprise (company) or financial institutions in order to raise funds with commit of payback with interests according to certain conditions, including the financial bonds and enterprise bonds (approved by the National Development and Reform Commission and the China Securities Regulatory Commission).

Foreign Investment refers to overseas(foreign regions, Hong Kong, Macao and Taiwan) funds received during the reference period (covering equipment, materials and technology), including foreign borrowings (loans from foreign governments and international financial institutions, export credit, commercial loans from foreign banks, issue of bonds and stocks overseas), foreign direct investment and other foreign investments (including using revenue of foreign investment to invest in the domestic fixed assets). Excluded from this category is capital in foreign exchanges owned by China (foreign exchanges owned by the central and local governments, foreign exchanges retained by enterprises, foreign exchanges by enterprises through the regulating mechanism, loans in foreign exchanges issued by the Bank of China with its own fund, etc.). In calculating the utilization of foreign capital, foreign currencies are converted into Chinese RMB applying the current exchange rate when the foreign capitals are actually used.

Fundraising refer to funds for investment in fixed assets raised by enterprises and institutions and received by investing units during the reference period, including self-raised funds of enterprises and institutions, funds raised from other units for investment in fixed assets, excluding government financial capital, funds borrowed from various financial institutions and foreign funds. Compared with the original fundraising concept, the biggest change is that the local finance all belong to the state budget funds and the fundraising do not contain financial funds.

Others refer to funds for investment in fixed assets received from sources other than those listed above, including funds raised from individuals and through social donations, and funds transferred from other units.

Investment in Fixed Assets by Composition of Use

Construction refers to the construction of various houses and buildings, it also is called the work volume of construction, including construction of various houses, equipment foundations and industrial kilns and stoves, preparation works for project construction, and clearing up works post project construction, geological examination, land-leveling, water, electricity, gas road-cleaning, planting trees, drilling of mines, pavement of railways and roads, highway, bridge, construction of projects of water conservancy, construction of underground air-raid shelters and construction of other special projects.

Installation refers to the installation of various kinds of equipment and instruments (work volume of installation). The value of equipment installed is excluded in the value of installation projects. Including various kinds of equipment, i.e. production, power-driven, lifting, transport, transmission, medical experiment etc. and working table, stepladder railing, putting up of pipes, keep warm, paint, rot-proofing, try operation (excluding put in material try operation).

Purchases of Equipment and Instruments refer to the total value of equipment, tools, and vessels purchased or self-produced by construction units, enterprises or institutions, which come up to standards for fixed assets. Equipment, tools and vessels purchased or self- produced for new workshops by newly established or expanded units are categorized as "purchase of equipment and instruments" no matter whether they come up to the standards for fixed assets or not.

Others refer to investment in assets construction and purchases excluded in above items, including land acquisition costs (costs of land for construction use), old building purchase costs (building purchase costs), etc.

Investment in Fixed Assets by Type of Construction

New Construction refers to newly constructed units. In the case, in which the value of the original fixed assets is quite small, and the value of newly added fixed assets exceeds the original ones by three times, the expansion construction is considered as new construction.

Expansion Construction refers to construction of new major production workshop or independent production line within a factory or in other locations, or construction of a branch factory so as to increase the production capacity of the original products. Newly constructed business houses in institutions and administrative organizations are also classified as expansion.

Reconstruction and Technical Innovation refers to construction of technical innovation and transformation of the existing equipment and technical conditions undertaken by enterprises and institutions, (including accessory facilities for production and living purposes). The construction of new workshops for improving existing production capacity rather than increasing production capacity is also considered as reconstruction.

Newly Increased Fixed Assets

refers to the newly increased value of fixed assets finished construction and purchase in the reference period and delivered to the production or use units, including the value of projects completed and put into production, the value of equipment, tools, and vessels considered as fixed assets, as well as the relevant expenses as investment in fixed assets. Other construction expenses to increase the volume in fixed assets should be calculated into newly increased fixed assets with the project put in use.

Rate of Fixed Assets Put into Use

refers to the ratio of the newly increased fixed assets to the total investment made in the same period. This is a comprehensive indicator, reflecting the speed of the employment of fixed assets and the investment efficiency.

Floor Space of Commercial Houses Sold

refers to total contracted area of commercialized housing (the area of floor space as designated in the formal contracts signed by both sides) during the reference time. It is constituted by floor space of completed housing and floor space of future housing.

Sales of Commercial Houses

refer to the total contracted value (the value of sales/purchase for selling/purchase of commercialized housing as designated in the contract signed by both sides) during the reference time. This indicator has the same coverage as the area of commercialized housing sold, which is constituted by floor space of completed housing and floor space of housing yet to be completed.

6 对外经济贸易和旅游

Foreign Trade, Economic Cooperation and Tourism

6-1 对外贸易进出口总额(1996—2013年)

Total Value of Imports and Exports in Foreign Trade,1996-2013

年 份 Year	绝对数(亿美元) Absolute Value(USD 100 million)			增长速度(%)(比上年) Increase Rate(%)(Over Preceding Year)		
	进出口总额 Imports & Exports	出口总额 Exports	进口总额 Imports	进出口总额 Imports & Exports	出口总额 Exports	进口总额 Imports
1996	82.97	40.49	42.48	26.8	35.0	19.8
1997	100.23	50.18	50.05	20.8	23.9	17.8
1998	106.16	54.99	51.17	5.9	9.6	2.3
1999	126.05	63.32	62.73	18.7	15.2	22.6
2000	171.57	86.29	85.28	36.1	36.3	36.0
2001	181.86	95.02	86.85	6.0	10.1	1.8
2002	228.27	115.95	112.32	25.5	22.0	29.3
2003	293.71	143.74	149.97	28.7	24.0	33.5
2004	420.19	208.65	211.54	43.2	45.4	41.4
2005	533.87	274.15	259.72	27.1	31.4	22.8
2006	645.73	335.40	310.33	21.0	22.3	19.5
2007	715.50	381.61	333.89	10.8	13.8	7.6
2008	805.39	422.29	383.10	12.6	10.7	14.7
2009	639.44	299.85	339.59	-20.6	-29.0	-11.4
2010	822.01	375.17	446.84	28.8	25.5	31.7
2011	1033.91	444.98	588.93	25.9	18.7	32.0
2012	1156.23	483.14	673.09	11.8	8.6	14.3
2013	1285.28	490.25	795.03	11.2	1.5	18.1

注：自1998年始，用海关数据。表6-2同。
Note: From 1998, data of this table are provided by Tianjin Customs. Same as table 6-2.

6-2 天津口岸进出口总额(1996—2013年)

Total Value of Imports and Exports in Tianjin Port,1996-2013

年 份 Year	按美元计算(亿美元) Calculated by USD (USD 100 million)			按人民币计算(亿元) Calculated by RMB (100 million yuan)		
	进出口总额 Imports & Exports	出口总额 Exports	进口总额 Imports	进出口总额 Imports & Exports	出口总额 Exports	进口总额 Imports
1996	216.85	122.89	93.96	1804.19	1022.44	781.75
1997	215.62	131.24	84.38	1787.55	1088.02	699.53
1998	223.19	134.84	88.35	1852.48	1119.17	733.31
1999	248.29	139.18	109.11	2055.34	1152.13	903.21
2000	298.03	165.29	132.74	2479.60	1375.20	1104.40
2001	323.71	178.13	145.58	2679.30	1474.40	1204.90
2002	365.35	190.55	174.80	3025.46	1577.94	1447.52
2003	461.67	259.57	202.10	3831.86	2154.43	1677.43
2004	677.66	384.80	292.86	5608.66	3184.80	2423.86
2005	819.29	446.83	372.46	6711.38	3660.30	3051.08
2006	1018.85	571.24	447.61	8122.07	4553.81	3568.26
2007	1290.00	752.87	537.13	9616.05	5612.12	4003.93
2008	1631.02	940.98	690.04	11137.09	6425.29	4711.80
2009	1242.24	612.04	630.20	8484.50	4180.23	4304.27
2010	1641.10	794.41	846.69	10935.57	5293.60	5641.97
2011	1972.49	959.19	1013.29	12497.50	6077.33	6420.10
2012	2042.52	980.13	1062.40	12838.26	6160.61	6677.72
2013	2148.15	997.14	1151.01	13189.64	6122.44	7067.20

6-3 利用外资情况(1996—2013年)

Utilization of Foreign Capital,1996-2013

年 份 Year	绝对数(万美元) Absolute Value (USD 10 000)		增长速度(%) (比上年) Increase Rate (%) (Over Preceding Year)	
	直接利用外资 Foreign Direct Investment	借用国外资金 Foreign Loans	直接利用外资 Foreign Direct Investment	借用国外资金 Foreign Loans
合 同 额 Foreign Investment Contracted				
1996	392431	120400	1.9	238.2
1997	385066	202100	-1.9	67.9
1998	363729	132989	-5.5	-34.2
1999	362034	102545	-0.5	-22.9
2000	460000		27.1	
2001	463000		0.7	
2002	581220		25.5	
2003	351297		74.3	
2004	558855		59.1	
2005	732281		31.0	
2006	811156		10.8	
2007	1151856		42.0	
2008	1325629		15.1	
2009	1383817		4.4	
2010	1529569		10.5	
2011	1683700		10.1	
2012	1858541		10.4	
2013	2073332		11.6	
实际利用外资 Foreign Capital Actually Used				
1996	200587	97771	31.9	65.9
1997	251135	91166	25.2	-6.8
1998	251803	53984	0.3	-40.8
1999	253203	21332	0.6	-60.5
2000	256000	26467	1.1	24.1
2001	322000	7688	25.8	-71.0
2002	380591	6310	18.2	-17.9
2003	163325	7225	62.9	14.5
2004	247243	22993	51.4	218.2
2005	332885	31688	34.6	37.8
2006	413077	23819	24.1	-24.8
2007	527776	18257	27.8	-23.4
2008	741978	17701	40.6	-22.9
2009	901985	6933	21.6	-60.8
2010	1084872	20983	20.3	202.7
2011	1305602	18378	20.4	-12.4
2012	1501633	14867	15.0	-19.1
2013	1682897	41791	12.1	181.1

注：自2003年开始，直接利用外资额采用商务部新口径，速度为可比口径，表6-9、6-10、6-12同。

Note: Foreign direct investment has adopted new coverage of Ministry of Commerce since 2003, and its increase rate is calculated on the basis of constant coverage. Same as table 6-9, 6-10 and 6-12.

6-4 人民币汇率(年平均价)(1981—2013年)

Reference Exchange Rate of RMB(Period Average),1981-2013

单位：人民币元(RMB yuan)

年 份 Year	100美元 100 US Dollars	100日元 100 Japanese Yen	100港元 100 Hong Kong Dollars	100欧元 100 Euros
1981	170.50	0.7735	30.41	
1982	189.25	0.7607	31.15	
1983	197.57	0.8318	27.36	
1984	232.70	0.9780	29.71	
1985	293.66	1.2457	37.57	
1986	345.28	2.0694	44.22	
1987	372.21	2.5799	47.74	
1988	372.21	2.9082	47.70	
1989	376.51	2.7360	48.28	
1990	478.32	3.3233	61.39	
1991	532.33	3.9602	68.45	
1992	551.46	4.3608	71.24	
1993	576.20	5.2020	74.41	
1994	861.87	8.4370	111.53	
1995	835.10	8.9225	107.96	
1996	831.42	7.6352	107.51	
1997	828.98	6.8600	107.09	
1998	827.91	6.3488	106.88	
1999	827.83	7.2932	106.66	
2000	827.84	7.6864	106.18	
2001	827.70	6.8075	106.08	
2002	827.70	6.6237	106.07	800.58
2003	827.70	7.1466	106.24	936.13
2004	827.68	7.6552	106.23	1029.00
2005	819.17	7.4484	105.30	1019.53
2006	797.18	6.8570	102.62	1001.90
2007	760.40	6.4632	97.46	1041.75
2008	694.51	6.7427	89.19	1022.27
2009	683.10	7.2986	88.12	952.70
2010	676.95	7.7279	87.13	897.25
2011	645.88	8.1050	82.97	900.11
2012	631.25	7.9037	81.38	810.67
2013	619.32	6.3323	79.85	822.19

注：欧元自2002年开始进入市场流通。
Note: Euro entered the circulating market in 2002.

6-5 对外贸易进出口总额(2013年)

Total Value of Imports and Exports in Foreign Trade,2013

单位：万美元(USD 10 000)

项　目	Item	进出口总额 Imports & Exports	出口总额 Exports	进口总额 Imports
合　计	**Total**	**12852818**	**4902478**	**7950340**
折合人民币(万元)	Be Equivalent to RMB(10 000 yuan)	79600072	30362027	49238046
按口岸分	**By Port**			
本口岸	Local Port	9458469	3817540	5640929
外口岸	Outside Port	3394349	1084938	2309411
按经营单位分	**By Managing Unit**			
# 国有企业	State-owned Enterprises	2344523	686528	1657995
集体企业	Collective-owned Enterprises	73659	66518	7141
私营企业	Private Enterprises	2417596	866625	1550971
外资企业	Foreign Funded Enterprises	8014967	3282733	4732235
中外合资企业	Joint Venture Enterprises	3949251	1624799	2324452
中外合作企业	Cooperative Operation Enterprises	40967	15124	25843
外商独资企业	Foreign-funded Sole Enterprises	4024749	1642810	2381939
按贸易性质分	**By Way of Trade**			
# 一般贸易	General Trade	6194921	2063906	4131015
加工贸易	Processing trade	4499208	2504156	1995052
进料加工	Processing Using Import Material	4164973	2435414	1729559
来料加工	Processing Using Provided Material	334234	68742	265492
外商投资企业进口设备	Equipment Imports of Foreign-funded Enterprises	48621		48621
对外承包工程出口货物	Merchandise Exports of Contracted Foreign Projects	58189	58189	
租赁贸易	Leasing Trade	35625	12967	22658
保税区仓储进出境货物	Goods Passed in and out of Free Trade Zone	213134	48093	165041
保税区仓储转口货物	Goods Transited in Free Trade Zone	1785100	211008	1574092
按商品类别分	**By Category of Commodities**			
# 机电产品	Mechanical and Electronic Products	8207286	3417762	4789524
# 高新技术产品	High & New Technology Products	4992568	1928879	3063689

6-6 对外贸易分国别(地区)进出口总额(2013年)

Total Value of Imports and Exports in Foreign Trade by Country(Region),2013

单位：万美元(USD 10 000)

国别(地区)	Country(Region)	进出口总额 Imports & Exports	出口总额 Exports	进口总额 Imports
合　计	**Total**	**12852818**	**4902478**	**7950340**
亚　洲	**Asia**	**6381366**	**2468104**	**3913262**
# 中国香港	Hong Kong,China	417592	328443	89149
印　度	India	137751	113337	24414
印度尼西亚	Indonesia	177673	69163	108510
伊　朗	Iran	62869	39952	22917
日　本	Japan	1277335	374728	902607
马来西亚	Malaysia	307116	103025	204090
菲律宾	The Philippines	142553	53207	89345
新加坡	Singapore	298734	103038	195696
韩　国	Repubilc of Korea	2171767	518566	1653201
泰　国	Thailand	165767	101016	64751
阿拉伯联合酋长国	The United Arab Emirates	103782	83805	19977
越　南	Vietnam	302636	251355	51281
中国台湾	Taiwan,China	291448	73906	217542
非　洲	**Africa**	**345166**	**204809**	**140357**
# 阿尔及利亚	Algeria	12692	9983	2710
安哥拉	Angola	10143	10143	
埃　及	Egypt	18135	16976	1158
加　纳	Ghana	18554	18394	160
尼日利亚	Nigeria	34320	34078	242
南　非	South Africa	95627	31767	63860

6-6续表 *Continued*

单位：万美元(USD 10 000)

国别(地区)	Country(Region)	进出口总额 Imports & Exports	出口总额 Exports	进口总额 Imports
欧　洲	**Europe**	**2213605**	**738533**	**1475073**
# 英　国	United Kingdom	185023	62052	122971
德　国	Germany	595284	116643	478640
法　国	France	380022	76994	303028
意大利	Italy	100249	47422	52827
荷　兰	Netherlands	92299	61798	30500
俄罗斯	Russia	157919	122945	34973
乌克兰	Ukraine	57705	11241	46464
捷克共和国	The Czech Republic	39451	17616	21836
斯洛伐克共和国	The Slovak Republic	155265	18425	136840
比利时	Belgium	46127	24000	22126
丹　麦	Denmark	91230	22280	68950
葡萄牙	Portugal	42415	4271	38144
西班牙	Spain	55282	33543	21740
奥地利	Austria	29383	15861	13521
匈牙利	Hungary	21081	17804	3277
拉丁美洲	**Latin America**	**920095**	**493147**	**426948**
# 阿根廷	Argentina	101659	68629	33030
巴　西	Brazil	367932	126489	241444
北美洲	**North America**	**2108865**	**908989**	**1199877**
# 加拿大	Canada	186649	64928	121721
美　国	United States	1922073	844021	1078052
大洋洲及太平洋岛屿	**Oceania and Pacific Isands**	**883623**	**88896**	**794727**
# 澳大利亚	Australia	774784	74436	700347
新西兰	New Zealand	103290	9089	94201

6-7 天津口岸进出口商品检验情况(2009—2013年)

Inspection of Imports and Exports Commodities in Tianjin Port,2009-2013

单位：批、万美元(batch, USD 10 000)

项 目	Item	2009	2010	2011	2012	2013
进口商品检验	**Imports Inspection**					
批 数	Batches	192697	201086	269559	285568	297459
# 不合格	Disqualification	3965	8013	11393	12730	12173
金 额	Value	3141994	4701577	5607160	6047115	6214797
# 不合格	Disqualification	453137	592932	736088	774333	897551
出口商品检验	**Exports Inspection**					
批 数	Batches	253876	308264	315612	324295	232924
# 不合格	Disqualification	117	276	247	247	562
金 额	Value	1688907	2371009	2391750	2355930	1437013
# 不合格	Disqualification	931	5339	1387	1548	18814

6-8 本市在境外设立企业和机构情况

Municipal Overseas Enterprises and Agencies

项 目	Item	2012	2013	至2013年底累计 Accumulated at the end of 2013
企业和机构总计(个)	Total (unit)	103	144	1288
企 业	Enterprises	95	129	1029
机 构	Agencies	8	15	259
投资总额(万美元)	Total Investment (USD 10 000)	226517	260992	835617
# 中方投资额	Chinese Investment	207567	197441	737484
中方投资占比重(%)	Proportion of Chinese Investment (%)	91.6	75.7	88.3
投资国家和地区(个)	Number of Countries and Regions Invested (unit)	33	47	99

6-9 直接利用外资签约情况(2011—2013年)

Utilization of Foreign Direct Investment,2011-2013

单位：万美元 (USD 10 000)

项 目	Item	2011	2012	2013	2013比2012年增长(%) Increased Rate in 2013 over 2012 (%)
合 同 数(个)	**Number of Contracts(item)**	**634**	**632**	**564**	**-10.8**
合资企业	Joint Venture Enterprises	197	177	154	-13.0
合作企业	Cooperative Operation Enterprises	2	5	5	
独资企业	Sole Foreign-funded Enterprises	435	450	405	-10.0
合同外资金额	**Foreign Investment Contracted**	**1683700**	**1858541**	**2073332**	**11.6**
合资企业	Joint Venture Enterprises	257083	311870	371339	19.1
合作企业	Cooperative Operation Enterprises	14257	27024	33474	23.9
独资企业	Sole Foreign-funded Enterprises	1412360	1519646	1668519	9.8

6-10 实际利用外资情况(2010—2013年)

Foreign Capital Actually Used,2010-2013

单位：万美元 (USD 10 000)

项 目 Item	2010	2011	2012	2013	2013比2012年增长(%) Increased Rate in 2013 over 2012 (%)
总 计 Total	**1105855**	**1323980**	**1516500**	**1724688**	**13.7**
借用国外资金 Foreign Loans	**20983**	**18378**	**14867**	**41791**	**181.1**
外国政府贷款 Foreign Government Loans	2537	3820	1604	934	-41.8
外国银行商业贷款 Commercial Loans from Foreign Banks	18446	14558	13263	40857	208.1
直接利用外资 Foreign Direct Investment	**1084872**	**1305602**	**1501633**	**1682897**	**12.1**
合资企业 Joint Venture Enterprises	386970	335758	322056	529060	64.3
合作企业 Cooperative Operation Enterprises	18255	34690	25359	33719	33.0
独资企业 Sole Foreign-funded Enterprises	679647	935155	1154218	1120118	-3.0

6-11 借用国外资金情况

Borrowing Foreign Capital

单位：万美元 (USD 10 000)

项 目 Item	上年结转资金 Capital Carried from Last Year		当年新增借款 New Increased Loans		偿还本金 Repaid Principals	
	2012	2013	2012	2013	2012	2013
国外贷款合计 Total Loans	**37391**	**59218**	**14867**	**41791**	**20609**	**55939**
按债务期限分 By Period of Debt						
中长期 Long-term & Medium-term	35282	32353	14263	11170	17896	12206
短 期 Short-term	2109	26865	604	30621	2713	43733
按借款方式分 By Mode of Borrowing						
外国政府贷款 Government Loans	27813	26873	1604	934	2748	2604
国际金融组织贷款 Loans from InternationalFinancial Organization						
出口信贷 Export Credit	1177	725			475	323
外国银行商业贷款 Commercial Loans of Foreign Banks	8401	31620	13263	40857	17385	53012

6-11续表 *Continued*

单位：万美元 (USD 10 000)

项 目 Item	外汇汇率差额 Margin of Foreign Exchange Rate		期末借款余额 Loaned Balance of Year-end		偿还利息 Repaid Interests	
	2012	2013	2012	2013	2012	2013
国外贷款合计 Total Loans	**241**	**315**	**31890**	**45385**	**491**	**366**
按债务期限分 By Period of Debt						
中长期 Long-term & Medium-term	241	-375	31890	30942	491	357
短 期 Short-term		690		14443		9
按借款方式分 By Mode of Borrowing						
外国政府贷款 Government Loans	219	-395	26888	24808	438	327
国际金融组织贷款 Loans from InternationalFinancial Organization						
出口信贷 Export Credit	23	21	725	423	53	30
外国银行商业贷款 Commercial Loans of Foreign Banks	-1	689	4277	20154		9

6-12 外商及港澳台商投资企业投资情况(2013年)

Investment of Foreign-funded and Hong Kong, Macao and Taiwan Funded Enterprises,2013

项　目 Item	签订合同项目(个) Number of Contracts Signed (item)		合同外资额(万美元) Foreign Investment Contracted (USD 10 000)		实际直接利用外资(万美元) Acutal Direct Utilization of Foreign Capital (USD 10 000)	
	2013	至2013年底累计 Accumulated by the End of 2013	2013	至2013年底累计 Accumulated by the End of 2013	2013	至2013年底累计 Accumulated by the End of 2013
总　计						
Total	**564**	**24074**	**2073332**	**17643383**	**1682897**	**11193952**
按投资方式分						
By Mode of Investment						
合资企业						
Joint Venture Enterprises	154	8223	371339	3915876	529060	3511709
合作企业						
Cooperative Operation Enterprises	5	678	33474	714051	33719	402275
独资企业						
Sole Foreign-funded Enterprises	405	15173	1668519	13013456	1120118	7279969
按行业分						
By Sector						
# 农、林、牧、渔业						
Farming, Forestry, Animal Husbandry and Fishery	3	164	10328	59598	8421	30308
制造业						
Manufacturing	86	12228	599708	6782105	720402	5653394
建筑业						
Construction	3	417	6038	279634	6753	152889
批发和零售贸易及餐饮业						
Wholesale, Retail Trade and Catering	161	6500	184650	1938364	68557	969687
交通运输、仓储业和邮政业						
Transportation, Storage and Post Services	41	465	154849	1337139	80920	714089
房地产业						
Real Estate	13	958	159636	2319470	216682	1399724
租赁和商务服务业						
Leasing and Business Services	90	1788	504929	2685681	226102	1072304

6-12续表 *Continued*

项　目 Item	签订合同项目(个) Number of Contracts Signed (item)		合同外资额(万美元) Foreign Investment Contracted (USD 10 000)		实际直接利用外资(万美元) Acutal Direct Utilization of Foreign Capital Contracted (USD 10 000)	
	2013	至2013年底累计 Accumulated by the End of 2013	2013	至2013年底累计 Accumulated by the End of 2013	2013	至2013年底累计 Accumulated by the End of 2013
按国别(地区)分 By Country (Region)						
# 中国香港 Hong Kong, China	246	7607	1154633	7999763	959078	4971859
中国台湾 Taiwan, China	28	2009	68153	503742	42356	249521
日　本 Japan	22	2154	158721	1044243	168970	1015041
韩　国 Republic of Korea	71	3240	156285	1170997	133954	828374
新加坡 Singapore	33	811	130730	725582	93538	629269
德　国 Germany	14	355	41970	261785	53020	254198
英　国 United Kingdom	23	299	94336	299530	23576	193694
法　国 France	2	202	1836	104210	10454	71799
意大利 Italy	4	144	1955	80927	1264	36409
美　国 United States	31	3399	96865	1754792	65173	738645
澳大利亚 Australia	10	378	4238	118275	4264	49076
荷　兰 Netherlands	4	127	10679	122108	12836	91401
加拿大 Canada	19	597	24804	151822	16814	81732

6-13 接待入境旅游人数和居住天数(2010—2013年)

Number of International Tourists and Dwelling Days,2010-2013

单位：人次、天(person-time, day)

项 目	Item	2010	2011	2012	2013
接待人数总计(含不过夜)	**Total Tourists (include not staying for night)**	**1660682**	**2004374**	**2341075**	**2645357**
接待人数(过夜)	Accommodated Tourists (stay for night)	598941	730615	737481	758594
外国人	Foreigners	526830	635795	637106	660355
# 日 本	Japan	149860	188190	205659	208259
韩 国	Republic of Korea	107309	140474	132350	149099
非律宾	Philippines	3631	3109	3233	2678
新加坡	Singapore	16012	19252	19233	21065
泰 国	Thailand	2737	2074	3086	3862
印度尼西亚	Indonesia	5380	2146	2473	1557
美 国	United States	51712	61170	61261	63921
加拿大	Canada	8459	8595	8649	8524
英 国	United Kingdom	14460	21566	19784	15635
法 国	France	9213	10083	10416	9881
德 国	Germany	19827	21428	22409	22921
意大利	Italy	4037	4895	4815	4394
俄罗斯	Russia	1924	1631	2196	2370
澳大利亚	Australia	10477	14003	14992	15022
港澳台同胞	Hong Kong, Macao and Taiwan Compatriots	72111	94820	100375	98239
星级宾馆平均每人居住天数	**Per Capita Staying Days in Star Level Hotels**	**2.6**	**2.3**	**2.2**	**2.1**

6-14 接待入境旅游外汇收入(2010—2013年)

Foreign Exchange Earning from International Tourists,2010-2013

单位：万美元(USD 10 000)

项 目	Item	2010	2011	2012	2013
总 计	**Total**	**141951**	**175560**	**222641**	**259139**
长途交通	Long-distance Transportation	57827	61661	67026	78323
飞 机	Civil Aviation	46572	53726	54020	63099
火 车	Railway	2733	3459	3317	3851
汽 车	Motor Vehicles	2399	3746	5622	6590
海 运	Sea Transportation	6123	730	4067	4782
游 览	Tour	5909	8538	9153	10614
住 宿	Accommodation	18148	26292	27229	31759
餐 饮	Catering Service	11063	15675	17179	20000
娱 乐	Entertainment	6633	9645	11797	13783
购 物	Shopping	26198	32049	59634	69175
邮电通讯	Posts and Telecommunications	3115	4220	4925	5743
市内交通	Local Transportation	3865	5426	6558	7582
其 他	Others	9193	12056	19140	22161

6-15 天津与国外结成友好城市一览表

List of Foreign Sister Cities with Tianjin

友好城市 Sister City	国 别 County of Origin	缔结时间 Time of Conclusion	友好城市 Sister City	国 别 County of Origin	缔结时间 Time of Conclusion
神户市	日 本	1973年6月24日	乌兰巴托市	蒙 古	1992年9月27日
Kobe	Japan	June24,1973	Ulan Bator	Mongolia	Sept. 27, 1992
费 城	美 国	1980年2月10日	哈尔科夫市	乌克兰	1993年6月14日
Philadelphia	United States	Feb. 10, 1980	Kharkov	Ukraine	June 14,1993
墨尔本市	澳大利亚	1980年5月5日	延雪平市	瑞 典	1993年9月23日
Melbourne	Australia	May 5,1980	Jon Koping	Sweden	Sept. 23, 1993
四日市市	日 本	1980年10月28日	仁川市	韩 国	1993年12月7日
Yokkaichi	Japan	Oct. 28, 1980	Inchon	Republic of Korea	Dec. 7, 1993
萨拉热窝市	波 黑	1981年5月28日	萨尔州	德 国	1994年9月28日
Sarajevo	Bosnia and Herzegovina	May 28,1981	State of Saarland	Germany	Sept. 28, 1994
北加莱海峡大区	法 国	1984年10月10日	罗兹市	波 兰	1994年10月11日
Region Nord Pas de Calais	France	Oct. 10, 1984	Lodz	Poland	Oct. 11, 1994
伦巴第大区	意大利	1985年5月9日	里约热内卢州	巴 西	1995年4月18日
Lombardia Region	Italy	May 9,1985	Rio de Janeiro	Brazil	Apr. 18, 1995
格罗宁根市	荷 兰	1985年9月12日	橘 郡	美 国	1997年8月1日
Groningen	Netherlands	Sept. 12, 1985	Orange County	United States	Aug. 1, 1997
千叶市	日 本	1986年5月7日	亚马逊州	巴 西	1997年10月20日
Chiba	Japan	May 7,1986	State of Amazon	Brazil	Oct. 20, 1997
普罗夫迪夫大区	保加利亚	1989年10月15日	海防市	越 南	1999年1月8日
Plovdiv	Bulgaria	Oct. 15, 1989	Haiphong City	Vietnam	Jan. 8, 1999
伊兹密尔市	土耳其	1991年9月23日	南浦市	朝 鲜	2002年8月11日
Izmir	Turkey	Sept. 23, 1991	NaPuShi	Democratic	Aug.11,2002
阿比让市	科特迪瓦	1992年9月26日		People's Republic	
La Ville D'abidjan	Côte d'Lvoire	Sept. 26, 1992		of Korea	

6-16 对外经济合作(2011—2013年)

Economic Cooperation with Foreign Countries or Regions,2011-2013

项 目	Item	2011	2012	2013
对外承包工程	**Contracted Foreign Projects**			
签订合同份数(个)	Number of Contracts(unit)	92	77	106
签订合同金额(万美元)	Contracted Value(USD 10 000)	194390	155516	271274
完成营业额(万美元)	Fulfilling Value(USD 10 000)	299081	310174	312853
年末在外劳动人数(人)	Number of Outside Labours at Year-end(person)	8860	10110	10881
对外劳务合作	**Labour Cooperation**			
合同工资(万美元)	Wages Contracted(USD 10 000)	6811	11485	12853
实际收入(万美元)	Actual Income(USD 10 000)	4620	8390	8713
年末在外劳动人数(人)	Number of Outside Labours at Year-end(person)	7224	7400	6669

6-17 按国别(地区)分对外承包工程、劳务合作(2013年)

Contracted Foreign Projects and Labour Cooperation by Country(Region),2013

国别(地区)	Country (Region)	对外承包工程 Contracted Foreign Projects		劳务合作 Labour Cooperation
		合同个数(个) Number of Projects Coutracts (unit)	合同金额(万美元) Contracted Value (USD 10 000)	新签劳务人员合同工资总额(万美元) Total Wages Contracted of New Labour (USD 10 000)
合　计	**Total**	**106**	**271274**	**12853**
亚　洲	**Asia**	**57**	**188540**	**9156**
# 沙特阿拉伯	Saudi Arabia	4	49663	
伊拉克	Iraq	5	9318	
伊　朗	Iran	3	2129	
卡塔尔	Qatar			15
阿拉伯联合酋长国	The United Arab Emirates		842	11
印度尼西亚	Indonesia	20	66822	
菲律宾	The Philippines	2	564	
马来西亚	Malaysia		55	12
韩　国	Repubilc of Korea			3
日　本	Japan			1803
非　洲	**Africa**	**39**	**45380**	**582**
# 刚果(布)	The Republic of Congo	1	1480	
坦桑尼亚	Tanzania	2	13200	
尼日利亚	Nigeria	8	9952	
拉丁美洲	**Latin America**	**8**	**27048**	**2821**
# 委内瑞拉	Venezuela	8	16077	
墨西哥	Mexico		10971	
巴拿马	Panama			2434
北美洲	**North America**			**74**
# 美　国	United States			74
大洋洲	**Oceania**	**1**	**10186**	**117**
# 澳大利亚	Australia		10066	

6-18 服务外包情况

Statistics on Service Outsourcing

单位：亿美元(USD 100 million)

项　目	Item	2012	2013	2013比2012年增长(%) Increased Rate in 2013 over 2012(%)
接包合同额	**Contracted Value of Service Outsourcing**	**15.3**	**23.5**	**53.8**
# 离岸接包合同额	Contracted Value of Offshore Service Outsourcing Contracted	9.3	11.3	22.5
接包执行额	**Actual Value of Service Outsourcing**	**12.3**	**19.3**	**57.2**
# 离岸接包执行额	Actual Value of Offshore Service Outsourcing	7.5	10.6	41.8

主要统计指标解释

外贸进出口总额

指海关统计中按经营单位即进出口企业在海关注册地的行政区域口径统计的数据，它反映的是天津行政辖区内各类具有进出口经营权企业（外贸企业）的进出口。它不包含外省市外贸企业途经天津口岸由天津海关结关放行及统计的进出口商品，但包含天津外贸企业经由非天津口岸进出口结关放行及统计的商品。

口岸进出口总额

指由海关统计的天津口岸实际进出的货物总金额。包括天津经营单位和其他省市经营单位经天津口岸实现的进出口货物总额。我国规定出口货物按离岸价格统计，进口货物按到岸价格统计。

利用外资

包括三部分，一是借用国外资金；二是直接利用投资；三是其他利用投资。外资包括现金、实物、工业产权或专有技术等。凡是本年内实际投资（不论是执行本年签订的协议或是执行过去几年签订的协议）均应计算在内。

借用国外资金　指由我国政府、部门、企业或其他经济组织从境外借入的资金或在境外发行的外币债券。按借款类别不同划分为：外国政府贷款、国际金融组织贷款、外国银行商业贷款、出口信贷和其他；包括对外发行债券、股票等。本年鉴公布的我市的对外借款统计数据中，不含外国及港、澳、台在津投资企业的对外借款。

直接利用投资　指国外及港澳台地区的法人和自然人按照我国有关政策、法规在中国大陆地区以现金、实物、无形资产等各种方式投资于非上市公司中的全部投资及在单个外国投资者所占股权比例不低于10%的上市公司中的投资。

直接利用外资合同外资额

是根据外商投资企业合同（章程）规定，外方投资者应缴付的注册资本。包括外方从企业获得的利润对企业的再投资以及批准的企业投资总额内的外方股东贷款（2002年以前还包括以企业名义从境内外借入的其他外资）。

实际利用外资

包括借用国外资金、直接利用投资和其他利用投资三部分实际到位的外资。借用国外资金按实际提取或拨交的使用数、直接利用投资按外方实际到位资金统计（以会计师事务所出具的验资报告为准）、其他利用投资按到位数计算。

对外承包工程

包括对外承包公司以招标议标承包方式承揽的下列业务：(1) 承包国外工程建设项目。(2) 承包我国对外经济援助项目。(3) 承包我国驻外机构的工程建设项目。(4) 承包我国境内利用外资进行建设的工程项目。(5) 与外国承包公司合营或联合承包工程项目时我国公司分包部分。(6) 以服务成果向业主收费的技术服务项目（包括承担地形地貌测绘；地质资源勘探与普查；建设区域规划；提供设计文件、图纸、生产工艺技术资料和工程技术经济咨询；工程项目的可行性考察、研究和评估；进行技术指导和培训人员等）。(7) 对外承包兼营的房屋开发业务。对外承包工程的营业额是以货币表现的本期内完成的对外承包工程的工作量，包括以前年度签订的合同和本年度新签订的合同在报告期完成的工作量。

对外劳务合作

指以收取工资的形式向业主或承包商提供技术和劳动服务的活动。天津对外承包公司在境外开办的合营企业，天津公司同时又提供劳务的，其劳务部分也纳入劳务合作统计。劳务合作营业额按报告期内向雇主提交的结算数（包括工资、加班费和奖金等）统计。

Explanatory Notes on Main Statistical Indicators

Total Value of Imports and Exports in Foreign Trade

is offered by Customs authorities, covering the operations units, or the enterprises involved in import and export, that have registered in the administrative regions where the Customs operate. It reflects the import and export of all the enterprises with import and export rights (foreign trade enterprises) under the administration of Tianjin Municipality. It excludes those commodities of foreign trade enterprises from out of town that underwent customs clearance at Tianjin ports but includes commodities of foreign trade enterprises of Tianjin that underwent customs clearance in non-Tianjin ports.

Total Value of Imports and Exports in Port

is offered by customs authorities, refer to the value of commodities imported into and exported from Tianjin Port. It includes the value of commodities imported into and exported from Tianjin Port of Tianjin business units and business units of other provinces (municipalities). In accordance with the stipulation of the Chinese government, imports are calculated at CIF, while exports are calculated at FOB.

Utilization of Foreign Investment

includes foreign borrowing, foreign direct investment, and other foreign investment. Foreign capital includes cash, foods, industrial property right, special technique, etc. It includes actual investment in current year or signed in previous years.

Foreign Loans refer to funds borrowed from abroad by the Chinese government, departments, enterprises and other economic units, foreign currency bond issued abroad. Grouped by the category of borrowing, it includes (a) loans of foreign governments, (b) loans of international financial institutions, (c) commercial loans of foreign banks, (d) export credit of foreign banks, (e) bonds, shares issued abroad, etc. The data in this yearbook excludes foreign borrowing of foreign funded and Hong Kong, Macao and Taiwan funded enterprises.

Foreign Direct Investment refers to the investment inside China by foreign funded and Hong Kong, Macao and Taiwan funded enterprises, economic organizations or individuals, following the relevant policies and laws of China and using cash, practicalities technology, for the investment of corporations that are not listed in stock market, share ownership of single foreign investor is not lower than 10%.

Foreign Direct Investment Contracted

refers to the total registered capital that according to the contract, foreign investor should provide. It includes re-investment of foreign investor using the profits obtained from enterprise, loans of foreign shareholder among the total investment (also includes other investment of enterprise borrowed from China and abroad before 2002).

Foreign Capital Actually Used

refers to the actual investment of foreign borrowing, foreign direct investment and other investment by foreign enterprises. It includes actual withdraw of foreign borrowing, actual capital of foreign direct investment (in accordance with the capital report of Accountant Services), actual capital of other investment by foreign enterprises.

Contracted Foreign Projects

refer to projects undertaken by Chinese contractors (project contracting companies) through bidding process. They include: (1) overseas civil engineering construction projects financed by foreign investors. (2) overseas projects financed by the Chinese government through its foreign-aid programs. (3) construction projects of Chinese diplomatic missions, trade offices and other institutions stationed abroad. (4) construction projects in China financed by foreign investment. (5) sub-construction to be taken by Chinese-contractors through a joint umbrella project with foreign contractor. (6) technical assistance projects in the form of service results and chargeable to the owners (such as topographic surveying, geological prospecting, development zone programming, provision of documents, blueprint, materials on production process, technical consultation, project feasibility studies and evaluation, personnel training, etc.). (7) housing developing projects. The business turnover from international contracting is the work of contracted projects completed during the reporting period, expressed in monetary terms, including completed work on project contracts signed in previous years.

Overseas Labour Cooperation

refers to activities of providing technology and labour services to employers or contractors by collecting salaries and wages. Labour services provided by Tianjin's international contrasting corporations to their overseas joint ventures shall be included into the statistics of overseas serviced. The business turn over of overseas labour services is the settlement price (including salaries, overtime pay and bonuses) submitted to the employers during the reporting period.

7 能源生产和消费 Energy Production and Consumption

7-1 能源生产总量及构成(1996—2013年)

Total Production of Energy and Its Composition,1996-2013

年 份 Year	能源生产总量 (万吨标准煤) Total Energy Production (10 000 tons of SCE)	占能源生产总量的比重(%) As Percentage of Total Energy Production (%)		
		原 油 Crude Oil	天然气 Natural Gas	其 他 Others
1996	1036.17	89.15	10.85	
1997	1014.77	90.93	9.07	
1998	1079.73	91.46	8.54	
1999	1084.63	90.45	9.55	
2000	1201.94	90.81	9.19	
2001	1494.84	92.73	7.27	
2002	1844.92	94.16	5.84	
2003	1983.56	94.80	5.20	
2004	2171.95	95.12	4.88	
2005	2663.93	95.61	4.39	
2006	2915.55	95.21	4.79	
2007	2926.45	93.94	6.06	
2008	3034.76	93.86	6.14	
2009	3471.63	94.52	5.48	
2010	5007.65	95.08	4.56	0.36
2011	4833.59	94.39	5.10	0.51
2012	4709.44	93.99	5.29	0.72
2013	4635.07	93.84	5.37	0.79

7-2 能源终端消费量(1996—2013年)

Final Consumption of Energy,1996-2013

单位：万吨标准煤(10 000 tons of SCE)

年 份 Year	能源终端消费量 Final Consumption of Energy	第一产业 Primary Industry	第二产业 Secondary Industry	第三产业 Tertiary Industry	生活消费 Living Consumption
1996	2374.07	70.72	1735.50	311.33	256.52
1997	2312.79	44.76	1605.60	420.96	241.47
1998	2353.71	44.00	1588.62	437.27	283.82
1999	2352.21	53.61	1435.11	535.14	328.35
2000	2553.60	58.17	1570.08	635.23	290.12
2001	2724.32	68.83	1694.78	608.05	352.66
2002	2966.56	76.64	1935.92	575.96	378.04
2003	3084.49	58.86	1975.56	650.27	399.80
2004	3522.15	62.00	2296.39	737.35	426.41
2005	3870.67	73.28	2623.16	700.28	473.95
2006	4269.94	76.41	2955.97	743.81	493.76
2007	4713.41	78.55	3312.87	788.00	533.98
2008	5162.07	77.60	3606.53	874.79	603.15
2009	5652.62	81.75	3904.75	957.40	708.72
2010	6574.87	89.53	4702.63	1058.00	724.71
2011	7346.13	100.16	5367.60	1122.15	756.22
2012	7927.48	107.44	5747.33	1220.31	852.40
2013	8627.77	112.47	6279.75	1312.54	923.01

7-3 综合能源平衡表(标准量)

Overall Energy Balance Sheet(Standard Equivalent)

单位：万吨标准煤(10 000 tons of SCE)

项　　目	Item	2012	2013
可供本地区消费的能源量	**Volume of Energy Available for Consumption**	**8019.04**	**8525.27**
年初库存量	Stock at the Beginning of the Year	740.85	736.30
一次能源生产量	Primary Energy Output	4709.44	4635.07
外省(区、市)调入量	Inflow from Other Provinces(Regions, Cities)	11532.24	11375.06
进口量	Import	1609.72	3761.78
我轮、机在外国加油量	Our Steamship and Plane Oiled Abroad	25.51	25.31
本市调出量(－)	Outflow to Other Provinces(Regions, Cities)(－)	-9693.15	-11074.10
出口量(－)	Export(－)	-27.54	-110.21
外轮、机在本市加油量(－)	Foreign Steamship and Plane Oiled in Tianjin(－)	-144.37	-95.98
年末库存量(－)	Stock at Year-end(－)	-733.66	-727.95
加工转换投入(－)产出(+)量	**Input(－) or Output(+) of Processing and Transformation**	**-98.31**	**-7.89**
火力发电	Thermal Power		
供　热	Heating	-132.62	-133.85
煤炭洗选	Separation Coal		
炼　焦	Coke Making	-13.38	-20.32
炼油及煤制油	Oil Refining	288.83	308.20
# 油品再投入量(－)	Input of Oil(－)	-428.88	-458.95
制　气	Gas Making		
# 焦炭再投入量(－)	Input of Coke(－)		
天然气液化	Liquefaction of Natural Gas	-0.74	-0.64
煤制品加工	Processing of Coal Products		
回收能	Recovery of Energy	188.48	297.68
损失量	**Loss Volume**	**182.21**	**187.49**
终端消费量	**Final Consumption**	**7927.48**	**8627.77**
第一产业	Primary Industry	107.44	112.47
第二产业	Secondary Industry	5747.33	6279.75
工　业	Industry	5535.65	6059.63
建筑业	Construction	211.69	220.12
第三产业	Tertiary Industry	1220.31	1312.54
交通运输、仓储和邮政业	Transportation, Storage and Post Services	550.52	588.54
批发和零售业、住宿和餐饮业	Wholesale & Retail Trade, Accommodation & Catering Services	289.54	300.00
其　他	Others	380.24	424.00
生活消费	Living Consumption	852.40	923.01
平衡差额	**Balance**	**-0.49**	**-0.20**
消费量合计	**Total Consumption**	**8208.01**	**8823.15**

7-4 能源消耗基本情况(1996—2013年)

Basic Statistics on Energy Consumption,1996-2013

年 份 Year	能源消耗 (万吨标准煤) Energy Consumption (10 000 tons of SCE)	# 工 业 Industry	电力消耗(亿千瓦小时) Electricity Power Consumption (100 million kwh)	# 工 业 Industry
1996	2500.22	1816.55	187.51	111.35
1997	2452.34	1698.19	194.09	142.45
1998	2502.24	1698.82	200.38	147.43
1999	2553.07	1608.66	211.19	151.09
2000	2793.71	1776.94	236.55	171.83
2001	2918.04	1855.60	250.47	181.89
2002	3022.15	1969.20	281.00	205.33
2003	3214.97	2087.57	313.00	230.16
2004	3696.68	2434.14	350.97	259.61
2005	4084.57	2747.42	396.33	292.49
2006	4500.15	3079.42	445.73	330.51
2007	4942.82	3417.01	510.68	380.90
2008	5363.59	3668.03	535.26	392.14
2009	5874.09	3962.03	576.92	413.30
2010	6818.08	4762.38	675.37	492.27
2011	7598.45	5418.22	726.50	532.79
2012	8208.01	5816.17	767.13	550.61
2013	8823.15	6255.01	823.44	595.31

7-4续表 *Continued*

年 份 Year	单位生产总值能耗 (吨标准煤/万元) Energy Consumption per Unit of GDP (ton of SCE/10 000 yuan)	单位生产总值电耗 (千瓦小时/万元) Electricity Power Consumption per Unit of GDP (kwh/10 000 yuan)	单位工业增加值能耗 (吨标准煤/万元) Energy Consumption per Unit of Value Added of Industry (ton of SCE/10 000 yuan)	单位工业增加值电耗 (千瓦小时/万元) Electricity Power Consumption per Unit of Value Added of Industry (kwh/10 000 yuan)
1996	2.19	1646.08	3.49	2141.55
1997	1.92	1520.31	2.92	2450.07
1998	1.79	1434.95	2.73	2369.84
1999	1.66	1374.94	2.30	2156.90
2000	1.64	1389.94	2.26	2186.25
2001	1.53	1313.51	2.09	2053.52
2002	1.41	1308.20	1.94	2023.65
2003	1.30	1268.95	1.74	1912.95
2004	1.29	1228.33	1.67	1776.40
2005	1.05	1014.78	1.40	1493.87
2006	1.00	994.61	1.35	1453.31
2007	0.96	987.01	1.28	1430.59
2008	0.89	887.70	1.16	1239.75
2009	0.84	820.97	1.06	1104.48
2010	0.74	732.15	1.08	1116.04
2011	0.71	676.41	1.03	1012.55
2012	0.67	627.36	0.95	903.61
2013		598.84		866.37

注：1. 能源消耗指标采用等价值计量。2. 单位生产总值、工业增加值的能耗和电耗2010年及以后为2010年可比价，2005年(含2005年)到2010年为2005年可比价，2005年以前年份为2000年可比价。

Note: a) Indicators of energy consumption are converted into same value. b) From 2005, energy or electricity power consumption of GDP,energy or electricity power consumption of value added in industry are calculated at 2005 constant prices; data before 2005 are calculated at 2000 constant prices.

7-5 电力平衡表(2009—2013年)

Electricity Balance Sheet,2009-2013

单位：亿千瓦小时(100 million kwh)

项　目 Item	2009	2010	2011	2012	2013
可供量					
Total Energy Available for Consumption	**576.92**	**675.37**	**726.50**	**767.13**	**823.44**
生产量					
Output	420.24	566.45	625.39	621.76	637.81
火力发电					
Thermal Power	420.24	566.20	623.82	616.90	632.04
其他发电					
Others		0.25	1.57	4.86	5.77
外省(区、市)调入量					
Inflow from Other Provinces (Regions, Cities)	157.67	109.78	101.99	146.12	186.36
本市调出量					
Outflow to Other Provinces (Regions, Cities)	0.99	0.86	0.88	0.75	0.73
消费量					
Total Energy Consumption	**576.92**	**675.37**	**726.50**	**767.13**	**823.44**
在消费量中					
Consumption by Sector					
农、林、牧、渔、水利业					
Farming, Forestry, Animal Husbandry, Fishery and Water Conservancy	10.86	11.81	12.90	13.62	14.58
工　业					
Industry	413.30	492.27	532.79	550.61	595.31
建筑业					
Construction	9.15	12.33	13.94	14.01	14.43
交通运输、仓储和邮政业					
Transportation, Storage and Post Services	12.58	15.81	17.86	24.84	22.77
批发和零售业、住宿和餐饮业					
Wholesale & Retail Trade, Accommodation & Catering Services	26.79	28.97	30.77	32.44	35.27
其　他					
Others	39.63	46.77	51.87	57.92	65.90
生活消费					
Living Consumption	64.61	67.41	66.37	73.69	75.18
在消费量中					
Consumption by Usage					
终端消费					
Final Consumption	545.98	639.96	683.66	719.74	776.11
# 工　业					
Industry	382.36	456.86	489.95	503.22	547.98
输配电损失量					
Losses in Transmission	30.94	35.41	42.84	47.39	47.33
平衡差额					
Balance					

7-6 能源消费弹性系数(1996—2013年)

Elasticity of Energy Consumption,1996-2013

年 份 Year	能源消费比上年增长(%) Increase Rate of Energy Consumption over Preceding Year(%)	电力消费比上年增长(%) Increase Rate of Electricity Power Consumption over Preceding Year(%)	生产总值比上年增长(%) Increase Rate of GDP over Preceding Year (%)	能源消费弹性系数 Elasticity Ratio of Energy Consumption	电力消费弹性系数 Elasticity Ratio of Electricity Consumption
1996	-2.7	4.8	14.3		0.33
1997	-1.9	3.5	12.1		0.29
1998	2.0	3.2	9.3	0.22	0.34
1999	2.0	5.4	10.0	0.20	0.54
2000	9.4	12.0	10.8	0.87	1.11
2001	4.5	5.9	12.0	0.37	0.49
2002	3.6	12.2	12.7	0.28	0.96
2003	6.4	11.4	14.8	0.43	0.77
2004	15.0	12.1	15.8	0.95	0.77
2005	11.3	12.9	14.7	0.77	0.88
2006	10.0	12.5	14.5	0.69	0.87
2007	9.3	14.6	15.2	0.61	0.96
2008	8.5	4.8	16.5	0.51	0.29
2009	9.5	7.8	16.5	0.58	0.47
2010	16.1	17.1	17.4	0.93	0.98
2011	11.4	7.6	16.4	0.70	0.46
2012	8.0	5.6	13.8	0.58	0.40
2013	7.5	7.3	12.5	0.60	0.59

7-7 能源消费量(2009—2013年)

Energy Consumption,2009-2013

品 种 Item	单 位 Unit	2009	2010	2011	2012	2013
合 计 Total	**万吨标准煤 10 000 tons of SCE**	**5874.09**	**6818.08**	**7598.45**	**8208.01**	**8823.15**
煤 炭 Coal	万 吨 10 000 tons	4119.65	4806.79	5261.50	5298.12	5433.63
焦 炭 Coke	万 吨 10 000 tons	868.65	663.91	709.48	882.72	955.48
原 油 Crude Oil	万 吨 10 000 tons	844.64	1566.79	1754.02	1544.62	1759.15
燃料油 Fuel Oil	万 吨 10 000 tons	118.58	143.69	149.96	122.33	111.93
汽 油 Gasoline	万 吨 10 000 tons	181.03	205.12	222.57	253.75	299.44
煤 油 Kerosene	万 吨 10 000 tons	20.73	21.40	24.53	29.41	56.12
柴 油 Diesel Oil	万 吨 10 000 tons	303.57	333.54	360.66	378.17	379.34
天然气 Natural Gas	亿立方米 100 million cu. m	18.12	22.93	25.52	32.05	37.27
电 力 Electricity	亿千瓦小时 100 million kwh	576.92	675.37	726.50	767.13	823.44

7-8 生活能源消费量(2009—2013年)

Energy Consumption for Non-production Purpose,2009-2013

品 种 Item	单 位 Unit	2009	2010	2011	2012	2013
合 计	**万吨标准煤**					
Total	**10 000 tons of SCE**	**708.72**	**724.71**	**756.22**	**852.40**	**923.01**
煤 炭	万 吨					
Coal	10 000 tons	66.97	67.16	63.84	67.60	64.30
液化石油气	万 吨					
LPG	10 000 tons	7.34	7.30	7.37	6.66	7.96
天然气和煤气	亿立方米					
Natural Gas and Coal Gas	100 million cu. m	3.86	4.13	4.38	4.70	4.89
热 力	万百万千焦					
Heat	10 000 million kJ	6124.95	6614.94	6911.83	7735.00	8361.81
电 力	亿千瓦小时					
Electricity	100 million kwh	64.61	67.41	66.37	73.69	75.18

7-9 人均生活能源消费量(1996—2013年)

Annual per Capita Energy Consumption for Non-production Purpose,1996-2013

年 份 Year	平均每人生活消费能源(千克标准煤) Annual Per Capita Consumption for Non-production Purpose(kg of SCE)	煤 炭(千克) Coal(kg)	电 力(千瓦小时) Electricity (kwh)	液化石油气(千克) LPG(kg)	天然气和煤气(立方米) Natural Gas and Coal Gas(cu. m)
1996	286	214	189	6	21
1997	269	188	211	5	22
1998	315	141	227	5	22
1999	362	131	265	19	22
2000	318	109	271	13	47
2001	386	97	286	12	43
2002	413	87	320	11	42
2003	433	99	344	12	33
2004	459	91	360	10	31
2005	459	86	367	7	37
2006	466	72	406	7	35
2007	488	69	434	7	32
2008	527	50	467	6	33
2009	590	56	537	6	32
2010	573	53	533	6	33
2011	570	48	500	6	33
2012	616	49	532	5	34
2013	640	45	521	6	34

7-10 工业行业主要能源终端消费量(2013年)

The Final Consumption of Main Energy by Industrial Sector,2013

行　业	Sector	煤　炭(万吨) Coal (10 000 tons)	焦　炭(万吨) Coke (10 000 tons)	原　油(万吨) Crude Oil (10 000 tons)	汽　油(万吨) Gasoline (10 000 tons)
总　计	**Total**	**1050.51**	**955.48**	**11.77**	**11.96**
煤炭开采和洗选业	Mining and Washing of Coal				0.01
石油和天然气开采业	Extraction of Petroleum and Natural Gas			10.82	0.36
黑色金属矿采选业	Mining and Processing of Ferrous Metal Ores	0.63	25.93		
非金属矿采选业	Mining and Processing of Nonmetal Ores	2.99			0.04
开采辅助活动	Mining Assistant Activities	0.16			0.38
农副食品加工业	Processing of Food from Agricultural Products	11.94			0.20
食品制造业	Manufacture of Foods	17.18			0.18
酒、饮料和精制茶制造业	Manufacture of Alcohol, Beverages and Refined Tea	5.50			0.06
烟草制品业	Manufacture of Tobacco				
纺织业	Manufacture of Textile	5.79			0.06
纺织服装、服饰业	Manufacture of Textile Wearing Apparel	4.78			0.31
皮革、毛皮、羽毛及其制品和制鞋业	Manufacture of Leather, Fur, Feather and Related Products, Footware	1.85			0.22
木材加工及木、竹、藤、棕、草制品业	Processing of Timber, Manufacture of Wood, Bamboo, Rattan, Palm and Straw Products	0.40			0.04
家具制造业	Manufacture of Furniture	0.83			0.11
造纸及纸制品业	Manufacture of Paper and Paper Products	15.73			0.32
印刷和记录媒介复制业	Printing, Reproduction of Recording Media	0.86			0.25
文教、工美、体育和娱乐用品制造业	Manufacture of Articles For Culture, Education and Industrial Arts, Sport Activities, Amusement Manufacturing	3.85			0.14
石油加工、炼焦和核燃料加工业	Processing of Petroleum, Coking, Processing of Nuclear Fuel	2.14		0.82	0.06
化学原料和化学制品制造业	Manufacture of Raw Chemical Materials and Chemical Products	187.11	5.50		0.61
医药制造业	Manufacture of Medicines	13.05			0.11
化学纤维制造业	Manufacture of Chemical Fibers	0.63			0.01
橡胶和塑料制品业	Manufacture of Rubber and Plastic	18.89			0.48
非金属矿物制品业	Manufacture of Non-metallic Mineral Products	61.15	0.01		0.39
黑色金属冶炼和压延加工业	Smelting and Pressing of Ferrous Metals	585.01	922.07		0.54
有色金属冶炼和压延加工业	Smelting and Pressing of Non-ferrous Metals	20.45	0.91		0.11
金属制品业	Manufacture of Metal Products	36.30	0.52	0.01	0.66
通用设备制造业	Manufacture of General Purpose Machinery	3.65	0.23		0.74
专用设备制造业	Manufacture of Special Purpose Machinery	6.22	0.02	0.12	1.96
汽车制造业	Manufacture of Motorcar	10.26	0.01		1.12
铁路、船舶、航空航天和其他运输设备制造业	Railway, Watercraft, Aerospace and Other Transport Equipment	2.94			0.32
电气机械和器材制造业	Manufacture of Electrical Machinery and Equipment	4.67			0.61
计算机、通信和其他电子设备制造业	Manufacture of Computers, Communication and Other Electronic Equipment	0.44			0.61
仪器仪表制造业	Manufacture of Measuring Instruments	0.03			0.14
其他制造业	Other Manufacturing	0.11			0.08
废弃资源综合利用业	Comprehensive Recycling of Waste	0.01	0.28		0.03
金属制品、机械和设备修理业	Metal Products, Machine and Equipment Repair				0.01
电力、热力的生产和供应业	Production and Supply of Electric Power and Heat Power	24.80			0.43
燃气生产和供应业	Production and Supply of Gas				0.15
水的生产和供应业	Production and Supply of Water	0.16			0.11

7-10续表1 *Continued*

行业	Sector	柴油(万吨) Diesel Oil (10 000 tons)	燃料油(万吨) Fuel Oil (10 000 tons)	天然气(亿立方米) Natural Gas(100 million cu. m)
总计	**Total**	**44.14**	**1.44**	**18.86**
煤炭开采和洗选业	Mining and Washing of Coal			
石油和天然气开采业	Extraction of Petroleum and Natural Gas	6.73		1.33
黑色金属矿采选业	Mining and Processing of Ferrous Metal Ores	0.18		
非金属矿采选业	Mining and Processing of Nonmetal Ores	0.09		0.01
开采辅助活动	Mining Assistant Activities	0.91		0.05
农副食品加工业	Processing of Food from Agricultural Products	0.63		0.11
食品制造业	Manufacture of Foods	0.08		0.60
酒、饮料和精制茶制造业	Manufacture of Alcohol, Beverages and Refined Tea	0.16		0.03
烟草制品业	Manufacture of Tobacco			0.04
纺织业	Manufacture of Textile	0.02		0.08
纺织服装、服饰业	Manufacture of Textile Wearing Apparel	0.07		0.04
皮革、毛皮、羽毛及其制品和制鞋业	Manufacture of Leather, Fur, Feather and Related Products, Footware	0.02		
木材加工及木、竹、藤、棕、草制品业	Processing of Timber, Manufacture of Wood, Bamboo, Rattan, Palm and Straw Products	0.07		0.02
家具制造业	Manufacture of Furniture	0.05		0.02
造纸及纸制品业	Manufacture of Paper and Paper Products	0.18		0.11
印刷和记录媒介复制业	Printing, Reproduction of Recording Media	0.02		0.02
文教、工美、体育和娱乐用品制造业	Manufacture of Articles For Culture, Education and Industrial Arts, Sport Activities, Amusement Manufacturing	0.04		0.03
石油加工、炼焦和核燃料加工业	Processing of Petroleum, Coking, Processing of Nuclear Fuel	0.22	0.36	1.60
化学原料和化学制品制造业	Manufacture of Raw Chemical Materials and Chemical Products	0.68		2.19
医药制造业	Manufacture of Medicines	0.08	0.04	0.25
化学纤维制造业	Manufacture of Chemical Fibers			
橡胶和塑料制品业	Manufacture of Rubber and Plastic	0.21		0.58
非金属矿物制品业	Manufacture of Non-metallic Mineral Products	5.39	0.76	3.26
黑色金属冶炼和压延加工业	Smelting and Pressing of Ferrous Metals	1.40		4.08
有色金属冶炼和压延加工业	Smelting and Pressing of Non-ferrous Metals	0.23	0.14	0.59
金属制品业	Manufacture of Metal Products	0.58		1.03
通用设备制造业	Manufacture of General Purpose Machinery	0.54		0.28
专用设备制造业	Manufacture of Special Purpose Machinery	23.74	0.04	0.78
汽车制造业	Manufacture of Motorcar	0.30	0.02	0.89
铁路、船舶、航空航天和其他运输设备制造业	Railway, Watercraft, Aerospace and Other Transport Equipment	0.52	0.05	0.13
电气机械和器材制造业	Manufacture of Electrical Machinery and Equipment	0.29		0.26
计算机、通信和其他电子设备制造业	Manufacture of Computers, Communication and Other Electronic Equipment	0.14		0.32
仪器仪表制造业	Manufacture of Measuring Instruments	0.05		0.01
其他制造业	Other Manufacturing	0.17		0.01
废弃资源综合利用业	Comprehensive Recycling of Waste	0.05	0.03	0.07
金属制品、机械和设备修理业	Metal Products, Machine and Equipment Repair	0.01		
电力、热力的生产和供应业	Production and Supply of Electric Power and Heat Power	0.20		
燃气生产和供应业	Production and Supply of Gas	0.06		0.04
水的生产和供应业	Production and Supply of Water	0.03		

7-10续表2 *Continued*

行　　业	Sector	热　力（万百万千焦）Heat (10 000 million kJ)	电　力（亿千瓦时）Electricity (100 million kwh)	其他石油制品(万吨) Other Petroleum Products (10 000 tons)
总　　计	**Total**	**9213.25**	**547.98**	**321.30**
煤炭开采和洗选业	Mining and Washing of Coal		2.48	
石油和天然气开采业	Extraction of Petroleum and Natural Gas	55.21	14.82	
黑色金属矿采选业	Mining and Processing of Ferrous Metal Ores		4.71	
非金属矿采选业	Mining and Processing of Nonmetal Ores	321.65	1.46	
开采辅助活动	Mining Assistant Activities	125.86	1.58	
农副食品加工业	Processing of Food from Agricultural Products	326.62	5.34	
食品制造业	Manufacture of Foods	610.82	7.16	
酒、饮料和精制茶制造业	Manufacture of Alcohol, Beverages and Refined Tea	117.93	4.02	
烟草制品业	Manufacture of Tobacco		0.29	
纺织业	Manufacture of Textile	51.77	5.51	
纺织服装、服饰业	Manufacture of Textile Wearing Apparel	9.23	1.81	
皮革、毛皮、羽毛及其制品和制鞋业	Manufacture of Leather, Fur, Feather and Related Products, Footware	1.41	0.56	
木材加工及木、竹、藤、棕、草制品业	Processing of Timber, Manufacture of Wood, Bamboo, Rattan, Palm and Straw Products		0.74	
家具制造业	Manufacture of Furniture	1.90	1.48	
造纸及纸制品业	Manufacture of Paper and Paper Products	22.28	16.49	
印刷和记录媒介复制业	Printing, Reproduction of Recording Media	14.68	1.22	
文教、工美、体育和娱乐用品制造业	Manufacture of Articles For Culture, Education and Industrial Arts, Sport Activities, Amusement Manufacturing	4.95	1.81	
石油加工、炼焦和核燃料加工业	Processing of Petroleum, Coking, Processing of Nuclear Fuel	1331.08	22.86	13.76
化学原料和化学制品制造业	Manufacture of Raw Chemical Materials and Chemical Products	5082.75	73.90	307.28
医药制造业	Manufacture of Medicines	172.60	6.04	
化学纤维制造业	Manufacture of Chemical Fibers	0.94	0.58	
橡胶和塑料制品业	Manufacture of Rubber and Plastic	74.06	17.04	
非金属矿物制品业	Manufacture of Non-metallic Mineral Products	0.45	15.43	
黑色金属冶炼和压延加工业	Smelting and Pressing of Ferrous Metals	106.51	158.53	0.08
有色金属冶炼和压延加工业	Smelting and Pressing of Non-ferrous Metals	8.70	6.57	
金属制品业	Manufacture of Metal Products	21.65	30.13	0.02
通用设备制造业	Manufacture of General Purpose Machinery	41.14	11.31	0.04
专用设备制造业	Manufacture of Special Purpose Machinery	52.20	12.23	0.02
汽车制造业	Manufacture of Motorcar	187.65	23.43	0.04
铁路、船舶、航空航天和其他运输设备制造业	Railway, Watercraft, Aerospace and Other Transport Equipment	14.78	6.37	
电气机械和器材制造业	Manufacture of Electrical Machinery and Equipment	25.98	13.14	0.06
计算机、通信和其他电子设备制造业	Manufacture of Computers , Communication and Other Electronic Equipment	48.95	24.79	
仪器仪表制造业	Manufacture of Measuring Instruments	11.19	0.89	
其他制造业	Other Manufacturing	1.54	1.11	
废弃资源综合利用业	Comprehensive Recycling of Waste	0.10	0.84	
金属制品、机械和设备修理业	Metal Products, Machine and Equipment Repair	0.67	0.10	
电力、热力的生产和供应业	Production and Supply of Electric Power and Heat Power	355.91	45.66	
燃气生产和供应业	Production and Supply of Gas		0.39	
水的生产和供应业	Production and Supply of Water	10.09	5.16	

主要统计指标解释

能源生产总量

指一定时期内全市一次能源生产量的总和。该指标是观察全市能源生产水平、规模、过程、构成和发展速度的总量指标。一次能源生产量包括原煤、原油、天然气、水电、核能及其他动力能(如风能、地热能等)发电量，不包括低热值燃料生产量、生物质能、太阳能等的利用和由一次能源加工转换而成的二次能源产量。

能源消费总量

指全市国民经济各行业和居民家庭在一定时期消费的各种能源的总和。能源消费总量分为三部分，即终端能源消费量、能源加工转换损失量和损失量。

终端能源消费量

指一定时期内全市各行业和居民生活消费的各种能源在扣除了用于加工转换二次能源消费量和损失量以后的数量。

能源加工转换损失量

指一定时期内全市投入加工转换的各种能源数量之和与产出各种能源产品之和的差额。该指标是观察能源在加工转换过程中损失量变化的指标。

能源损失量

指一定时期内能源在输送、分配、储存过程中发生的损失和由客观原因造成的各种损失量，不包括各种气体能源放空、放散量。

能源生产弹性系数

是能源生产量的增长与国民经济增长之间的比值。计算公式为：

$$能源生产弹性系数=\frac{能源生产总量年平均增长速度}{国民经济年平均增长速度}$$

采用地区生产总值指标计算国民经济年平均增长速度。

电力生产弹性系数

是电力生产量的增长与国民经济增长之间的比值。计算公式为：

$$电力生产弹性系数=\frac{电力生产量年平均增长速度}{国民经济年平均增长速度}$$

能源消费弹性系数

是能源消费增长速度与国民经济增长速度之间的比值。计算公式为：

$$能源消费弹性系数=\frac{能源消费量年平均增长速度}{国民经济年平均增长速度}$$

电力消费弹性系数

是电力消费增长速度与国民经济增长速度之间的比值。计算公式为：

$$电力消费弹性系数=\frac{电力消费量年平均增长速度}{国民经济年平均增长速度}$$

Explanatory Notes on Main Statistical Indicators

Total Energy Production

refers to the total production of primary energy by all energy producing enterprises in the city in a given period of time. It is a comprehensive indicator to show the capacity, scale, process,composition and development of energy production of the country. The production of primary energy includes that of coal, crude oil, natural gas, hydropower and electricity generated by nuclear energy and other means such as wind power and geothermal power. However, it excludes the production of fuels of low calorific value, bio-energy, solar energy and the secondary energy converted from the primary energy.

Total Energy Consumption

refers to the total consumption of energy of various kinds of national economy industries and residents in the city in a given period of time. Total energy consumption can be divided into three parts: final energy consumption, loss during the process of energy conversion, and energy loss.

Final Consumption of Energy

refers to the total energy consumption by various industries and households in the city in a given period of time, but excludes the consumption in conversion of the primary energy into the secondary energy and the loss in the process of energy conversion.

Loss During the Process of Energy Conversion

refers to the total input of various kinds of energy for conversion, minus the total output of various kinds of energy in the city in a given period of time. It is an indicator to show the loss that occurs during the process of energy conversion.

Energy Loss

refers to the total of the loss of energy during the course of energy transport, distribution and storage and the loss caused by any objective reason in a given period of time. The loss of various kinds of gas due to gas discharges and stocktaking is excluded.

Elasticity Ratio of Energy Production

is the ratio between the growth rate of energy production and the growth rate of the national economy. The formula is:

$$\text{Elasticity Ratio of Energy Production} = \frac{\text{Average Annual Growth Rate of Energy Production}}{\text{Average Annual Growth Rate of National Economy}}$$

The gross domestic products (GDP) is used to calculate the average annual growth rate of national economy.

Elasticity Ratio of Electricity Production

is the ratio between the growth rate of electricity production and the growth rate of the national economy. The formula is:

$$\text{Elasticity Ratio of Electricity Production} = \frac{\text{Average Annual Growth Rate of Electricity Production}}{\text{Average Annual Growth Rate of National Economy}}$$

Elasticity Ratio of Energy Consumption

is the ratio between the growth rate of energy consumption and the growth rate of the national economy. The formula is:

$$\text{Elasticity Ratio of Energy Consumption} = \frac{\text{Average Annual Growth Rate of Energy Consumption}}{\text{Average Annual Growth Rate of National Economy}}$$

Elasticity Ratio of Electricity Consumption

is the ratio between the growth rate of electricity consumption and the growth rate of the national economy. The formula is:

$$\text{Elasticity Ratio of Electricity Consumption} = \frac{\text{Average Annual Growth Rate of Electricity Consumption}}{\text{Average Annual Growth Rate of National Economy}}$$

8 财政 Government Finance

8-1 公共财政收支(1996—2013年)
Public Finance Revenue & Expenditure,1996-2013

单位：亿元(100 million yuan)

年 份 Year	公共财政收入 Public Finance Revenue	# 增值税(25%) Value-added Tax (25%)	# 营业税 Business Tax	# 企业所得税 Income Tax of Enterprises	# 个人所得税 Individual Income Tax	公共财政支出 Public Finance Expenditure
1996	76.02	17.25	24.67	19.06	5.30	110.19
1997	89.91	17.30	27.60	21.48	6.49	122.78
1998	101.40	18.99	30.71	20.34	7.91	137.93
1999	112.81	20.83	33.88	24.02	8.86	157.41
2000	133.61	26.12	38.16	29.25	11.34	187.05
2001	163.64	34.87	42.99	39.38	16.58	234.67
2002	171.83	38.73	51.65	26.24	13.20	265.21
2003	204.53	45.19	64.32	23.80	12.53	312.08
2004	246.18	35.17	78.39	32.12	15.98	375.02
2005	331.85	64.24	96.45	41.11	18.82	442.12
2006	417.05	80.67	115.92	53.20	21.21	543.12
2007	540.44	94.81	146.38	76.41	29.36	674.33
2008	675.62	109.68	179.85	103.70	32.17	867.72
2009	821.99	99.08	223.62	95.56	35.66	1124.28
2010	1068.81	119.20	283.87	125.89	42.96	1376.84
2011	1455.13	141.32	352.86	182.95	52.01	1796.33
2012	1760.02	149.87	400.90	187.70	49.56	2143.21
2013	2079.07	225.88	425.17	204.38	58.31	2549.21
比上年增长(%) Increase Rate over Preceding Year (%)						
1996	29.0	3.6	24.2	50.4	40.4	21.9
1997	18.3	0.3	11.9	12.7	22.5	11.4
1998	12.8	9.8	11.3	-5.3	21.9	6.9
1999	11.3	9.7	10.3	18.1	12.1	14.1
2000	18.4	25.4	12.6	21.8	27.9	17.1
2001	22.5	33.5	12.7	34.6	46.2	27.3
2002	16.9	11.1	20.1	9.6	23.1	13.0
2003	24.8	16.7	24.5	13.6	18.7	17.8
2004	28.9	16.7	21.9	34.8	27.5	20.2
2005	28.2	21.8	23.0	27.8	17.5	17.9
2006	25.7	25.6	20.2	29.8	12.7	22.8
2007	29.7	17.5	26.3	44.4	38.4	24.2
2008	25.1	15.7	22.9	36.2	9.6	25.4
2009	21.6	-9.7	24.3	-8.4	10.8	21.3
2010	30.1	20.3	26.9	32.6	20.5	23.1
2011	36.1	18.6	24.3	45.3	21.1	28.2
2012	21.0	6.1	13.6	2.7	-4.7	19.2
2013	18.1	50.7	6.1	8.9	17.6	18.9

资料来源：天津市财政局。

Source: Tianjin Municipal Finance Bureau.

注：1.本表中增长速度均按可比口径计算，表8-2至8-3同。2. 2002年开始中央与地方实施所得税收入分享改革，所得税中央与地方分享比例2002年为5：5，2003年以来为6：4，下表同。

Note: a) Increase rate is calculated on the basis of constant coverage. Same as following table 8-2 to 8-3. b) The distribution of income tax reformed in 2002 central government and local government share the income tax at equal share of 50% each in 2002, central government shares 60% and local government shares 40% since 2003. Same as following next.

8-2 财政收入

Government Revenue

单位：亿元(100 million yuan)

项　　目	Item	2012	2013	2013比2012年增长(%) Increase Rate in 2013 over 2012(%)
一、公共财政收入	**Public Finance Revenue**	**1760.02**	**2079.07**	**18.1**
按科目分	**By Subject**			
税收收入	Revenue from Taxes	1105.56	1310.66	18.6
# 增值税(25%)	Value-added Tax (25%)	149.87	225.88	50.7
营业税	Business Tax	400.90	425.17	6.1
企业所得税	Income Tax of Enterprises	187.70	204.38	8.9
个人所得税	Individual Income Tax	49.56	58.31	17.6
非税收入	Non-tax Income	654.46	768.41	17.4
专项收入	Special Project Income	59.96	59.98	
行政事业性收费收入	Income from Administrative Fees	186.28	238.12	27.8
罚没收入	Penalty and Confiscatory Income	15.50	16.40	5.8
国有资本经营收入	State-owned Capital Operation Income	40.91	28.56	-30.2
国有资源(资产)有偿使用收入	Paid Use of State-owned Resources(assets) Income	260.70	253.35	-2.8
其他非税收入	Others	91.12	172.00	88.8
按级次分	**By Level**			
市级公共财政收入	Public Finance Revenue at City Level	649.92	765.71	17.8
区县级公共财政收入	Public Finance Revenue at District & County Level	1110.10	1313.36	18.3
二、政府性基金收入	**Governmental Fund Revenue**	**948.27**	**813.53**	**-14.2**
市级政府性基金收入	Governmental Fund Revenue at City Level	241.14	353.42	46.6
区县级政府性基金收入	Governmental Fund Revenue at District & County Level	707.13	460.11	-34.9
三、地方上划中央收入	**Revenue Transferred to Central Government**	**901.35**	**1011.52**	**12.2**

8-3 财政支出
Government Expenditure

单位：亿元(100 million yuan)

项　目	Item	2012	2013	2013比2012年增长(%) Increase Rate in 2013 over 2012 (%)
一、公共财政支出	**Public Finance Expenditure**	**2143.21**	**2549.21**	**18.9**
按科目分	**By Subject**			
# 一般公共服务	General Public Service	136.55	144.73	6.0
公共安全	Public Safety	111.92	126.18	12.7
教　育	Education	378.75	461.36	21.8
科学技术	Science and Technology	76.45	92.81	21.4
文化体育与传媒	Culture, Sports and Media	35.85	44.53	24.2
社会保障和就业	Social Security and Employment	201.17	229.28	14.0
医疗卫生	Health Care	105.91	128.94	21.7
节能环保	Energy Conservation and Environmental Protection	38.49	48.44	25.9
城乡社区事务	Urban & Rural Community Affairs	590.26	723.03	22.5
农林水事务	Agriculture, Forestry and Water Conservancy Affairs	100.98	123.03	21.8
资源勘探电力信息等事物	Resource Exploration and Power Information and so on	106.68	136.80	28.2
交通运输	Transportation	87.21	90.02	3.2
按级次分	**By Level**			
市级公共财政支出	Public Finance Expenditure at City Level	931.53	1041.45	11.8
区县级公共财政支出	Public Finance Expenditure at District & County Level	1211.69	1507.76	24.4
二、政府性基金支出	**Governmental Fund Expenditure**	**1035.04**	**818.52**	**-20.9**
市级政府性基金支出	Governmental Fund Expenditure at City Level	255.88	317.28	24.0
区县级政府性基金支出	Governmental Fund Expenditure at District & County Level	779.16	501.24	-35.7

8-4 区县级公共财政收入(2013年)

Public Finance Revenue at District & County Level,2013

单位：万元(10 000 yuan)

地 区	Region	公共财政收入 Public Finance Revenue	税收收入 Revenue from Taxes	增值税 Value-added Tax	营业税 Business Tax	企业所得税 Income Tax of Enterprises
总 计	**Total**	**13133608**	**8113466**	**1303916**	**1936163**	**1243147**
区级合计	**Total at District Level**	**12152423**	**7664638**	**1228068**	**1831199**	**1193398**
和平区	Heping District	611428	462300	39693	169346	69209
河东区	Hedong District	381918	277624	20745	82406	20515
河西区	Hexi District	569356	499538	39520	192704	65656
南开区	Nankai District	476516	394254	31018	95092	44583
河北区	Hebei District	373409	222354	25021	59534	21004
红桥区	Hongqiao District	183921	141415	9247	48750	10585
东丽区	Dongli District	786077	411249	73188	100621	44188
西青区	Xiqing District	755161	537696	81514	139898	84387
津南区	Jinnan District	698154	394697	44642	107788	52181
北辰区	Beichen District	538316	357940	71146	66877	45530
武清区	Wuqing District	731382	601871	113333	105141	93747
宝坻区	Baodi District	414108	281585	49437	38372	24124
滨海新区	Binhai New Area	5632677	3082115	629564	624670	617689
县级合计	**Total at County Level**	**981185**	**448828**	**75848**	**104964**	**49749**
宁河县	Ninghe County	282000	90018	13425	20090	8155
静海县	Jinghai County	422079	236854	46364	49468	22495
蓟 县	Jixian County	277106	121956	16059	35406	19099

8-4续表1 *Continued*

单位：万元(10 000 yuan)

地　区	Region	个人所得税 Individual Income Tax	城市维护建设税 Tax on Urban Maintenance and Construction	契 税 Deed Tax	其他各项税收收入 Other Kinds of Taxes	非税收入 Non-tax Income
总　计	**Total**	**221044**	**745664**	**1002075**	**1661457**	**5020142**
区级合计	**Total at District Level**	**213721**	**715405**	**938439**	**1544408**	**4487785**
和平区	Heping District	13221	34311	54339	82181	149128
河东区	Hedong District	7605	18692	78387	49274	104294
河西区	Hexi District	13583	37087	67132	83856	69818
南开区	Nankai District	11135	22581	100036	89809	82262
河北区	Hebei District	4893	12394	35079	64429	151055
红桥区	Hongqiao District	2456	10573	32900	26904	42506
东丽区	Dongli District	7043	53740	38604	93865	374828
西青区	Xiqing District	9959	48635	71514	101789	217465
津南区	Jinnan District	5659	29563	59049	95815	303457
北辰区	Beichen District	8479	35974	37727	92207	180376
武清区	Wuqing District	13028	51510	71978	153134	129511
宝坻区	Baodi District	3251	32542	23108	110751	132523
滨海新区	Binhai New Area	113409	327803	268586	500394	2550562
县级合计	**Total at County Level**	**7323**	**30259**	**63636**	**117049**	**532357**
宁河县	Ninghe County	1512	5351	13475	28010	191982
静海县	Jinghai County	4051	16822	31333	66321	185225
蓟　县	Jixian County	1760	8086	18828	22718	155150

8-4续表2 *Continued*

单位：万元(10 000 yuan)

地　区	Region	专项收入 Special Project Income	行政事业性收费收入 Income from Administrative Fees	罚没收入 Penalty and Confiscatory Income	国有资源(资产)有偿使用收入 Paid Use of State-owned Resources (assets) Income	其他各项非税收入 Other Kinds of Non-tax Income
总　计	**Total**	**337197**	**1375909**	**83801**	**1459534**	**1763701**
区级合计	**Total at District Level**	**316781**	**999802**	**55215**	**1357623**	**1758364**
和平区	Heping District	12777	4378	562	540	130871
河东区	Hedong District	8168	952	637	11438	83099
河西区	Hexi District	15591	24701	3140	19646	6740
南开区	Nankai District	9779	13485	1163	681	57154
河北区	Hebei District	5330	29879	1855	99746	14245
红桥区	Hongqiao District	4564	14418	674	21576	1274
东丽区	Dongli District	23702	42658	3380	737	304351
西青区	Xiqing District	23367	80074	5596	1550	106878
津南区	Jinnan District	12648	188274	2966	1569	98000
北辰区	Beichen District	16102	10138	2343	85117	66676
武清区	Wuqing District	22971	92653	10650	141	3096
宝坻区	Baodi District	15050	88448	8087	20915	23
滨海新区	Binhai New Area	146732	409744	14162	1093967	885957
县级合计	**Total at County Level**	**20416**	**376107**	**28586**	**101911**	**5337**
宁河县	Ninghe County	3816	173657	7231	6890	388
静海县	Jinghai County	10646	92194	10527	71500	358
蓟　县	Jixian County	5954	110256	10828	23521	4591

8-5 区县级公共财政支出(2013年)

Public Finance Expenditure at District & County Level,2013

单位：万元(10 000 yuan)

地　区	Region	公共财政支出 Public Finance Expenditure	一般公共服务 General Public Service	公共安全 Public Safety	教育 Education	科学技术 Science and Technology
总　计	**Total**	**15077598**	**967242**	**664953**	**3139073**	**480267**
区级合计	**Total at District Level**	**13578725**	**845046**	**597929**	**2746293**	**460524**
和平区	Heping District	594531	42951	37381	198117	15101
河东区	Hedong District	436532	32593	30350	143151	5716
河西区	Hexi District	485635	77153	33030	168446	10205
南开区	Nankai District	447250	38096	42835	158809	11919
河北区	Hebei District	477910	31489	26123	149962	7954
红桥区	Hongqiao District	309060	28259	28688	115150	4281
东丽区	Dongli District	846085	35147	33694	147003	18700
西青区	Xiqing District	782223	42823	32298	138788	15574
津南区	Jinnan District	546974	40500	37176	137688	13422
北辰区	Beichen District	515525	43007	35831	107860	16478
武清区	Wuqing District	980994	47302	30543	315136	15091
宝坻区	Baodi District	650690	67055	22824	244406	9314
滨海新区	Binhai New Area	6505316	318671	207156	721777	316769
县级合计	**Total at County Level**	**1498873**	**122196**	**67024**	**392780**	**19743**
宁河县	Ninghe County	399636	27532	16069	113648	5377
静海县	Jinghai County	606755	52405	22896	121170	7078
蓟　县	Jixian County	492482	42259	28059	157962	7288

8-5续表1 *Continued*

单位：万元(10 000 yuan)

地 区	Region	文化体育与传媒 Culture, Sports and Media	社会保障和就业 Social Security and Employment	医疗卫生 Health Care	节能环保 Energy Conservation and Environmental Protection
总 计	**Total**	**160161**	**752822**	**796862**	**84693**
区级合计	**Total at District Level**	**139453**	**637491**	**685355**	**72946**
和平区	Heping District	10164	37867	39952	1263
河东区	Hedong District	2752	58118	29744	837
河西区	Hexi District	5929	37804	33150	828
南开区	Nankai District	5547	48314	42931	812
河北区	Hebei District	2603	46721	50780	857
红桥区	Hongqiao District	3763	27201	24168	713
东丽区	Dongli District	9790	49904	36927	2423
西青区	Xiqing District	7094	70265	51529	8725
津南区	Jinnan District	3746	20583	32018	2980
北辰区	Beichen District	3747	26354	42292	4496
武清区	Wuqing District	7301	50818	59227	1099
宝坻区	Baodi District	5119	48661	44924	3986
滨海新区	Binhai New Area	71898	114881	197713	43927
县级合计	**Total at County Level**	**20708**	**115331**	**111507**	**11747**
宁河县	Ninghe County	4278	23394	26497	5654
静海县	Jinghai County	6973	47761	44314	3281
蓟 县	Jixian County	9457	44176	40696	2812

8-5续表2 *Continued*

单位：万元(10 000 yuan)

地　区	Region	城乡社区事务 Urban & Rural Community Affairs	农林水、国土资源气象和粮油物资储备等事务 Agriculture, Forestry and Water Conservancy, Land Resources and Meteorology, Reserves of Cereals, Oils and Material	资源勘探电力信息、商业服务业、金融监管等事务 Resource Exploration and Power Information, Business Services, Financial Supervision	其他支出 Others
总　计	**Total**	**5107572**	**505034**	**1469729**	**949190**
区级合计	**Total at District Level**	**4651165**	**394804**	**1455972**	**891747**
和平区	Heping District	79819	850	39158	91908
河东区	Hedong District	62763	886	52643	16979
河西区	Hexi District	65939	1674	5713	45764
南开区	Nankai District	59559	1374	8962	28092
河北区	Hebei District	32929	1317	96373	30802
红桥区	Hongqiao District	34796	911	19627	21503
东丽区	Dongli District	198792	25976	146388	141341
西青区	Xiqing District	308050	70737	29924	6416
津南区	Jinnan District	150401	26287	76743	5430
北辰区	Beichen District	86245	36690	98765	13760
武清区	Wuqing District	370301	54340	1957	27879
宝坻区	Baodi District	70511	77643	21650	34597
滨海新区	Binhai New Area	3131060	96119	858069	427276
县级合计	**Total at County Level**	**456407**	**110230**	**13757**	**57443**
宁河县	Ninghe County	110483	26252	2506	37946
静海县	Jinghai County	244959	45522	3685	6711
蓟　县	Jixian County	100965	38456	7566	12786

主要统计指标解释

财政收入

指国家可直接支配的财力，主要包括税收收入和其他收入两大类。1994 年我国统一实行分税制财政体制，按税种分为上划中央收入和地方财政收入。上划中央收入包括：增值税的 75%和消费税的 100%等；地方财政收入包括：增值税的 25%、营业税（不含银行总行、铁道、保险总公司的营业税）、地方企业交纳的企业所得税、外商投资企业和外国企业所得税、个人所得税、土地使用税、固定资产投资方向调节税、城市维护建设税（不含银行总行、铁道、保险总公司集中交纳的部分）、资源税（不包括海洋石油资源税）、房产税、车船使用税、印花税、屠宰税、农牧业税、耕地占用税、契税、遗产和赠与税、土地增值税、国有土地有偿使用收入以及基金收入等。地方财政收入加上划中央收入为全市财政收入。需要指出的是 1994 年以后地方财政收入与以前实行的总额分成财政体制下的地方财政收入在内容和范围上有一定差别，历年数据不完全可比。

公共财政收入

是通过一定的形式和程序，由各级财政部门组织并纳入预算管理的各项收入，也就是会计制度改革以前所称的“预算收入”。

政府性基金收入

是按规定收取，转入或通过当年财政安排，由财政管理并具有指定用途的政府性基金预算收入等。

公共财政支出

是各级财政部门对集中的一般预算收入有计划地分配和使用而安排的支出。

政府性基金支出

是各级财政部门用基金预算收入安排的支出。

Explanatory Notes on Main Statistical Indicators

Government Revenue

refers to the revenue of the government directly disposable finance, including various tax revenue and other revenue. In accordance with the classification of the structure of the government finance in 1994 on the basis of the classification of channels for collection of tax revenue, the revenue of the central government and the revenue of the local governments have different coverage. Revenue of the central government includes 75% of the value added tax and 100% of the value consumption tax, etc. The revenue of the local governments includes 25% of the value added tax, business tax (excluding business taxes of head offices of bank, profits of railways, head office of insurance company), income tax of the local enterprises subordinated to the local government, income tax of foreign, Hong Kong, Macao and Taiwan funded enterprises, personal income tax, tax on the use of urban land, tax on the adjustment of the investment in fixed assets, tax on town maintenance and construction, tax on resources (excluding tax on ocean petroleum resources), tax on real estates, tax on the use of vehicles and ships, stamp tax, slaughter tax, tax on agriculture and animal husbandry, tax on the occupancy of cultivated land, contract tax, inheritance tax, gift tax, land value added tax, income of non-gratuitous use on the state-owned land and income of funds. Total of government revenue included the revenue of the central government and the revenue of the local governments. Now the content and coverage of the local financial revenue is different from that before 1994, please pay attention to distinguish when you use.

Public Finance Revenue

refers to financial revenue with budgetary management through certain form and procedure by financial departments at each level, also called"budgetary revenue"before reformation of accounting system.

Governmental Fund Revenue

refers to government fund budgetary revenue with financial management and assigned uses gathered by rules or through financial arrangement.

Public Finance Expenditure

refers to expenditure distributed and used from general budgetary financial revenue by financial departments at each level.

Governmental Fund Expenditure

refers to expenditure arranged from fund budgetary revenue by financial departments at each level.

9 价格指数 Price Indices

9-1 城市物价总指数(1978—2013年)

Urban General Price Indices,1978-2013

年份 Year	上年=100 Preceding Year=100		1978年=100 Year of 1978 = 100		1990年=100 Year of 1990 = 100	
	商品零售价格指数 Retail Price Index	居民消费价格指数 Consumer Price Index	商品零售价格指数 Retail Price Index	居民消费价格指数 Consumer Price Index	商品零售价格指数 Retail Price Index	居民消费价格指数 Consumer Price Index
1978	100.0	100.0	100.0	100.0		
1979	101.1	101.0	101.1	101.0		
1980	105.5	105.1	106.7	106.2		
1981	101.5	101.3	108.3	107.5		
1982	100.5	100.5	108.8	108.1		
1983	100.5	100.5	109.3	108.6		
1984	101.8	101.8	111.3	110.6		
1985	113.9	113.1	126.8	125.0		
1986	107.2	106.8	135.9	133.6		
1987	106.9	106.8	145.3	142.6		
1988	117.7	116.9	171.0	166.7		
1989	115.1	114.7	196.8	191.2		
1990	102.7	103.0	202.1	197.0	100.0	100.0
1991	108.0	110.2	218.3	217.1	108.0	110.2
1992	109.4	111.4	238.8	241.8	118.2	122.8
1993	114.3	117.6	273.0	284.4	135.0	144.4
1994	115.6	124.0	315.6	352.6	156.1	179.0
1995	110.6	115.3	349.0	406.6	172.7	206.4
1996	105.1	109.0	366.8	443.2	181.5	225.0
1997	100.7	103.1	369.4	456.9	182.7	232.0
1998	96.6	99.5	356.8	454.6	176.5	230.8
1999	97.5	98.9	347.9	449.6	172.1	228.3
2000	98.6	99.6	343.1	447.8	169.7	227.3
2001	98.6	101.2	338.2	453.2	167.3	230.1
2002	97.4	99.6	329.5	451.4	163.0	229.2
2003	97.4	101.0	320.9	455.9	158.7	231.4
2004	100.8	102.3	323.5	466.4	160.0	236.8
2005	99.9	101.5	323.1	473.4	159.8	240.3
2006	100.4	101.5	324.4	480.5	160.5	243.9
2007	103.2	104.2	334.8	500.7	165.6	254.2
2008	105.1	105.4	351.9	527.7	174.1	267.9
2009	98.9	99.0	348.0	522.4	172.2	265.2
2010	103.4	103.5	359.8	540.7	178.1	274.5
2011	104.7	104.9	376.7	567.2	186.5	288.0
2012	103.0	102.7	388.0	582.5	192.1	295.8
2013	101.7	103.1	394.6	600.6	195.4	305.0

9-2 城市居民消费价格分类指数(2009—2013年)

Urban Consumer Price Indices by Category,2009-2013

上年=100(Preceding Year = 100)

项 目 Item	2009	2010	2011	2012	2013
居民消费价格总指数 General Consumer Price Index	**99.0**	**103.5**	**104.9**	**102.7**	**103.1**
# 服务项目价格指数 Services	95.2	101.3	103.0	100.3	103.8
1.食 品 Food	**101.2**	**108.0**	**111.4**	**106.4**	**105.8**
粮 食 Grain	107.5	117.5	108.5	102.4	108.7
淀 粉 Starches	104.2	108.6	123.3	103.1	102.1
干豆类及豆制品 Bean and Related Products	102.2	113.6	100.1	103.2	108.0
油 脂 Oil or Fat	84.7	105.2	115.3	103.7	98.7
肉禽及其制品 Meat, Poultry and Related Products	93.3	103.9	122.6	105.7	108.0
蛋 Eggs	101.9	108.0	114.4	101.7	102.2
水产品 Aquatic Products	96.8	110.9	120.7	106.7	100.9
菜 Vegetables	114.5	114.7	96.7	119.6	110.0
调味品 Flavoring	108.7	105.2	106.4	103.6	101.9
糖 Sugar	105.3	105.9	109.1	105.1	99.7
茶及饮料 Tea and Drink	101.9	100.7	104.7	106.4	104.6
干鲜瓜果 Dried and Fresh Melons and Fruits	101.1	111.5	108.8	91.3	112.6
糕点饼干面包 Pasty, Biscuit and Bread	101.6	102.4	113.3	105.4	101.9
液体乳及乳制品 Liquid Dairy and Related Products	100.7	104.8	104.6	101.9	103.5
在外用膳食品 Catering Trade	103.3	106.6	109.6	110.5	104.6
其他食品 Other Food	101.4	102.9	114.0	102.9	105.1
2.烟酒及用品 Tobacco, Liquor and Related Goods	**104.7**	**104.3**	**104.8**	**104.9**	**100.9**
烟 草 Tobacco	105.0	103.9	100.6	98.1	100.2
酒 Liquor	106.8	106.1	109.5	111.9	101.6
3.衣 着 Clothing	**97.3**	**102.8**	**102.1**	**107.0**	**101.1**
服 装 Garments	98.0	102.9	101.7	105.4	100.9

9-2续表 *Continued*

上年=100(Preceding Year = 100)

项 目 Item	2009	2010	2011	2012	2013
衣着材料 Clothing Materials	102.5	101.4	119.3	103.8	99.8
鞋袜帽 Shoes, Socks and Hats	94.9	102.4	101.9	110.9	101.6
衣着加工服务 Processing Services	100.0	117.6	116.8	120.9	104.4
4.家庭设备用品及维修服务 Household Appliances, Articles and Repair Services	**99.7**	**99.5**	**106.1**	**101.6**	**102.0**
耐用消费品 Durable Consumer Goods	99.0	95.4	102.9	99.4	100.7
室内装饰品 Indoors Decorations	97.8	100.5	100.2	100.1	99.1
床上用品 Bed Articles	94.3	110.2	127.0	103.6	104.8
家庭日用杂品 Daily Use Household Articles	101.4	100.0	103.0	102.7	101.6
家庭服务及加工维修服务 Household Services and Repair Services	106.9	115.5	126.0	112.2	109.2
5.医疗保健和个人用品 Medical, Health Care and Individual Goods	**102.6**	**103.7**	**101.8**	**102.2**	**100.6**
医疗保健 Medicine and Medical Services	104.2	104.1	100.7	102.3	101.2
个人用品及服务 Individual Goods and Services	98.0	102.8	104.0	102.0	99.3
6.交通和通信 Transportation and Communications	**96.3**	**98.1**	**99.9**	**97.6**	**98.6**
交 通 Transportations	97.3	101.9	104.8	99.4	98.3
通 信 Communications	95.1	92.6	92.9	94.8	98.9
7.娱乐教育文化用品及服务 Recreational, Educational & Cultural Articles and Services	**96.1**	**98.8**	**99.5**	**99.3**	**102.5**
文娱用耐用消费品及服务 Durable Consumer Goods & Services for Recreational Use	83.2	88.0	86.7	92.8	94.2
教 育 Education	101.2	101.8	100.2	100.2	100.2
文化娱乐 Recreation and Culture	102.0	100.5	100.6	102.0	101.1
旅 游 Tourism	88.2	101.3	106.8	99.3	113.7
8.居 住 Residence	**94.9**	**102.3**	**104.7**	**100.9**	**104.4**
建房及装修材料 Building and Decoration Materials	106.5	101.7	109.0	101.6	103.4
租 房 Rent	100.0	103.6	101.2	101.0	99.9
自有住房 Individual Housing	85.2	102.4	104.9	100.0	106.0
水、电、燃料 Water, Electricity and Fuel	104.0	101.4	102.2	103.1	101.7

9-3 城市商品零售价格分类指数(2009—2013年)

Urban Retail Price Indices by Category,2009-2013

上年=100(Preceding Year = 100)

项　目 Item	2009	2010	2011	2012	2013
商品零售价格总指数					
General Retail Price Index	**98.9**	**103.4**	**104.7**	**103.0**	**101.7**
1.食　品					
Food	**101.3**	**108.3**	**111.6**	**106.5**	**105.8**
粮　食					
Grain	107.6	117.5	108.5	102.4	108.7
淀　粉					
Starches	104.2	108.6	123.3	103.1	102.1
干豆类及豆制品					
Bean and Related Products	102.2	113.6	100.1	103.2	108.0
油　脂					
Oil or Fat	84.9	105.2	115.3	103.7	98.7
肉禽及其制品					
Meat, Poultry and Related Products	93.1	103.9	122.6	105.7	108.0
蛋					
Eggs	102.0	108.0	114.4	101.7	102.2
水产品					
Aquatic Products	97.1	110.9	120.7	106.7	100.9
菜					
Vegetables	114.5	114.7	96.7	119.6	110.0
调味品					
Flavoring	108.7	105.2	106.4	103.6	101.9
糖					
Sugar	105.3	105.9	109.1	105.1	99.7
干鲜瓜果					
Dried and Fresh Melons and Fruits	101.2	111.5	108.8	91.3	112.6
糕点饼干面包					
Pasty, Biscuit and Bread	101.5	102.4	113.3	105.4	101.9
液体乳及乳制品					
Milk and Related Products	100.8	104.8	104.6	101.9	103.5
在外用膳食品					
Catering Trade	103.3	106.6	109.6	110.5	104.6
其他食品					
Other Food	101.4	102.9	114.0	102.9	105.1
2.饮料烟酒					
Beverage, Tobacco and Liquor	**104.7**	**103.8**	**104.7**	**105.2**	**101.8**
茶及饮料					
Tea and Beverage	101.8	100.7	104.7	106.4	104.6
烟　草					
Tobacco	105.0	103.9	100.6	98.1	100.2
酒					
Liquor	106.8	106.1	109.5	111.9	101.6

9-3续表1 *Continued*

上年=100(Preceding Year = 100)

项　　目 Item	2009	2010	2011	2012	2013
3.服装鞋帽 Garments, Shoes and Hats	**97.2**	**102.7**	**101.8**	**106.9**	**101.0**
服　装 Garments	98.0	102.9	101.7	105.4	100.9
鞋袜帽 Shoes, Socks and Hats	94.9	102.4	101.9	110.9	101.6
其　他 Others	101.3	99.9	107.0	106.2	90.7
4.纺织品 Textiles	**96.5**	**108.6**	**112.4**	**102.3**	**103.5**
衣着材料 Clothing Materials	102.5	101.4	119.3	103.8	99.8
床上用品 Bed Articles	94.3	110.2	110.9	101.9	104.4
5.家用电器及音像器材 Household Appliances and Stereo Sets & Camera Facilities	**90.7**	**93.8**	**95.4**	**96.9**	**96.6**
家庭设备 Household Facilities	98.2	96.8	102.3	99.9	99.3
文娱用耐用消费品 Durable Consumer Goods for Recreational Use	78.8	88.4	84.8	92.1	91.7
音像器材 Stereo Sets & Camera Facilities	99.8	99.5	100.4	96.5	97.3
6.文化办公用品 Culture and Office Articles	**91.5**	**90.8**	**90.5**	**94.6**	**97.7**
7.日用品 Articles for Daily Use	**100.9**	**100.5**	**103.8**	**104.1**	**101.0**
日用百货 General Merchandise for Daily Use	104.3	101.1	106.2	103.3	98.8
日用杂品 Sundry Articles	99.4	100.2	95.2	100.1	100.7
洗涤用品 Washing Articles	102.0	97.9	102.9	109.3	104.3
其他日用品 Other Articles for Daily Use	96.5	101.2	103.5	101.5	100.9
8.体育娱乐用品 Sport and Recreation Articles	**96.0**	**94.9**	**100.1**	**100.4**	**107.6**
体育用品 Sport Articles	104.9	101.3	105.6	104.5	108.8
娱乐用品 Recreation Articles	92.8	92.3	97.8	98.5	107.1
9.交通、通信用品 Transportation and Communication Articles	**89.0**	**96.1**	**100.1**	**96.6**	**96.8**

9-3续表2 *Continued*

上年=100(Preceding Year = 100)

项　　目 Item	2009	2010	2011	2012	2013
交通运输机械 Transportation Machinery	96.3	100.1	102.9	98.3	97.1
通信器材 Communication Facilities	67.0	68.6	65.0	63.1	88.8
10.家　具 Furniture	**99.5**	**93.4**	**103.7**	**98.7**	**102.6**
11.化妆品 Cosmetics	**100.6**	**102.5**	**99.6**	**104.4**	**102.2**
12.金银珠宝 Gold, Silver and Jewelry	**86.2**	**125.4**	**113.3**	**95.8**	**91.0**
13.中西药品及医疗保健用品 Traditional Chinese & Western Medicine and Medical, Health Care Goods	**106.5**	**106.4**	**101.1**	**103.6**	**101.9**
医疗器具及用品 Medical Facilities and Goods	100.6	101.9	111.1	103.4	99.9
中药材及中成药 Traditional Chinese Raw Medicine and Medicine	114.7	113.3	102.7	102.5	104.3
西　药 Western Medicine	102.6	102.3	100.5	104.7	100.8
保健器具及用品 Health Care Facilities and Goods	100.1	103.6	99.0	102.2	100.1
14.书报杂志及电子出版物 Books, Newspapers and Magazines, Electronic Publications	**108.0**	**100.0**	**100.3**	**101.2**	**100.3**
教材及参考书 Teaching Materials and Reference Books	100.8	100.0	100.5	101.0	100.0
书报杂志 Books, Newspapers and Magazines	122.5	100.0	100.0	100.9	101.4
电子音像制品 Electronic Stereo Goods	99.3	100.0	100.0	102.5	99.6
15.燃　料 Fuel	**96.1**	**106.8**	**108.2**	**102.2**	**99.8**
煤炭及制品 Coal and Related Products	102.3	109.9	109.2	100.7	96.7
石油及制品 Petroleum and Related Products	95.0	106.9	108.2	102.2	99.9
16.建筑材料及五金电料 Construction Materials and Hardware Materials	**105.5**	**101.4**	**107.7**	**101.1**	**102.4**
建筑装潢材料 Construction and Decoration Materials	106.4	101.6	107.6	101.1	102.9
五金电料类 Hardware Materials	100.9	100.5	108.8	101.0	99.3

9-4 工业生产者出厂价格指数(2009—2013年)

Producer Price Indices of Industrial Ex-factory Products, 2009-2013

上年=100(Preceding Year = 100)

项　目 Item	2009	2010	2011	2012	2013
工业生产者出厂价格总指数					
General Producer Price Indices of Industrial Ex-factory Products	**92.5**	**105.1**	**103.8**	**97.0**	**97.0**
按轻重工业分					
Grouped by Light or Heavy Industries					
轻工业					
Light Industry	97.7	99.7	103.9	100.7	97.9
以农产品为原料					
Using Farm Products as Raw Materials	98.3	103.2	107.6	99.6	97.7
以非农产品为原料					
Using Non-farm Products as Raw Materials	97.5	98.5	100.2	101.8	98.0
重工业					
Heavy Industry	90.0	107.4	103.8	96.3	96.8
采掘业					
Mining and Quarrying Industry	69.1	146.8	115.5	97.9	98.4
原料工业					
Raw Materials Industry	90.4	111.0	109.4	98.1	96.7
加工工业					
Processing Industry	93.1	99.2	99.7	95.3	96.7
按生产生活资料分					
Grouped by Means of Production or Subsistence					
生产资料					
Production Goods	90.6	106.6	104.1	96.1	96.5
采掘业					
Mining and Quarrying Industry	70.2	142.8	115.5	97.9	98.4
原料工业					
Raw Materials Industry	92.2	112.1	109.7	98.1	96.6
加工工业					
Processing Industry	92.7	99.8	99.9	94.9	96.2
生活资料					
Consumer Goods	99.6	99.3	102.4	100.6	98.9
食　品					
Food	98.3	101.7	107.9	98.4	96.1
衣　着					
Clothing	102.8	101.6	108.1	103.9	102.4
一般日用品					
Daily Use Articles	99.0	100.9	102.1	100.5	100.3
耐用消费品					
Durable Consumer Goods	100.0	97.3	98.6	101.4	99.4

9-5 按行业分工业生产者出厂价格指数(2009—2013年)

Producer Price Indices of Industrial Ex-factory Products by Sector, 2009-2013

上年=100(Preceding Year = 100)

行业 Sector	2009	2010	2011	2012	2013
煤炭开采和洗选业 Mining and Washing of Coal	84.6	106.2	96.0	95.3	92.9
石油和天然气开采业 Extraction of Petroleum and Natural Gas	68.6	147.6	115.6	96.1	93.5
黑色金属矿采选业 Mining and Processing of Ferrous Metal Ores		101.2	106.8	93.4	95.4
非金属矿采选业 Mining and Processing of Nonmetal Ores	94.3	107.3	106.4	102.8	102.0
开采辅助活动 Mining Assistant Activities				104.9	114.1
农副食品加工业 Processing of Food from Agricultural Products	92.4	106.5	117.6	96.3	90.8
食品制造业 Manufacture of Food	101.9	97.5	101.4	101.7	101.0
酒、饮料和精制茶制造业 Manufacturing of Alcohol, Beverages and Refined Tea	98.2	100.7	98.1	99.9	100.6
烟草制品业 Manufacture of Tobacco	101.2	100.9	100.0	102.0	100.4
纺织业 Manufacture of Textile	97.2	111.9	114.0	97.3	100.0
纺织服装、服饰业 Manufacturing of Textile Wearing and Apparel	103.4	100.9	107.0	104.3	103.2
皮革、毛皮、羽毛及其制品和制鞋业 Manufacturing of Leather, Fur, Feathers and Related Products, Footware	101.8	103.4	102.7	103.4	100.6
木材加工及木、竹、藤、棕、草制品业 Processing of Timber, Manufacture of Wood, Bamboo, Rattan, Palm and Straw Products	100.9	105.5	101.9	100.7	100.2
家具制造业 Manufacture of Furniture	101.9	102.2	99.5	100.2	99.4
造纸及纸制品业 Manufacture of Paper and Paper Products	94.2	101.7	101.2	100.0	97.8
印刷和记录媒介复制业 Printing, Reproduction of Recording Media	101.4	99.6	100.4	99.7	95.9
文教、工美、体育和娱乐用品制造业 Manufacture of Articles for Cultural, Education, Industrial Arts, Sport Acitivity and Amusement Manufacturing	103.2	100.3	99.1	99.2	98.9
石油加工、炼焦及核燃料加工业 Processing of Petroleum, Coking, Processing of Nuclear Fuel	97.4	115.0	117.1	103.2	96.6
化学原料及化学制品制造业 Manufacture of Raw Chemical Materials and Chemical Products	91.7	109.0	111.8	99.1	98.3

9-5续表 *Continued*

上年=100(Preceding Year = 100)

行　业 Sector	2009	2010	2011	2012	2013
医药制造业 Manufacture of Medicines	101.2	100.8	102.0	102.4	100.9
化学纤维制造业 Manufacture of Chemical Fibers	92.9	107.2	127.9	103.1	96.2
橡胶和塑料制品业 Manufacture of Rubber and plastic				100.3	100.5
非金属矿物制品业 Manufacture of Non-metallic Mineral Products	97.8	100.6	103.5	97.1	96.9
黑色金属冶炼及压延加工业 Smelting and Pressing of Ferrous Metals	80.4	113.5	109.1	91.3	94.4
有色金属冶炼及压延加工业 Smelting and Pressing of Non-ferrous Metals	88.0	137.4	111.6	88.7	94.9
金属制品业 Manufacture of Metal Products	92.0	101.7	107.2	97.5	97.3
通用设备制造业 Manufacture of General Purpose Machinery	100.1	99.6	102.9	103.2	98.8
专用设备制造业 Manufacture of Special Purpose Machinery	100.5	98.4	100.1	99.8	97.8
汽车制造业 Manufacturing of Motorcar				99.1	100.0
铁路、船舶、航空航天和其他运输设备制造业 Railway, Watercraft, Aerospace and Other Transport Equipment				98.5	101.6
电气机械及器材制造业 Manufacture of Electrical Machinery and Equipment	95.3	106.5	102.0	98.1	97.8
计算机、通信和其他电子设备制造业 Manufactare of Computers, Communication and Other Electronic Equipment	93.2	85.1	84.2	90.7	94.1
仪器仪表制造业 Manufacturing of Measuring Instruments	96.6	96.7	103.1	104.6	95.1
其他制造业 Other Manufacturing	99.1	99.4	98.3	100.0	100.0
废弃资源综合利用业 Comprehensive Recycling of Waste	97.9	105.6	115.0	93.8	87.2
金属制品、机械和设备修理业 Metal Products, Machine and Equipment Repair				100.0	93.7
电力、热力生产和供应业 Production and Supply of Electric Power and Heat Power	105.6	102.1	100.3	106.5	100.5
燃气生产和供应业 Production and Supply of Gas	103.3	105.3	105.1	100.0	101.3
水的生产和供应业 Production and Supply of Water	105.4	111.1	111.0	106.9	100.8

9-6 工业生产者购进价格指数(2009—2013年)

Producer Price Indices of Industrial Purchase,2009-2013

上年=100(Preceding Year = 100)

项　目 Item	2009	2010	2011	2012	2013
工业生产者购进价格总指数 General Producer Price Indices of Industrial Purchase	**90.2**	**110.0**	**109.7**	**97.1**	**97.4**
燃料、动力类 Fuel and Power	93.1	111.5	113.3	101.3	95.9
黑色金属材料类 Ferrous Metals	82.2	110.2	110.6	91.7	95.7
有色金属材料及电线类 Non-ferrous Metals and Wires	80.9	134.3	110.2	91.5	95.0
化工原料类 Chemical Raw Materials	83.5	112.6	112.6	98.4	97.9
木材及纸浆类 Wood and Paper Pulps	96.3	107.5	106.4	102.1	97.3
建筑材料及非金属矿类 Construction Materials and Non-mental Ores	98.8	103.8	104.4	97.8	97.7
其他工业原材料及半成品类 Other Industrial Raw Materials and Semi-products	92.3	103.9	104.4	98.8	97.9
农副产品类 Farm and Sideline Products	94.7	120.2	125.1	93.2	97.8
纺织原料类 Textile Raw Materials	99.6	109.1	110.7	96.3	101.4

9-7 固定资产投资价格指数(2009—2013年)

Price Indices of Investment in Fixed Assets,2009-2013

上年=100(Preceding Year = 100)

项　目 Item	2009	2010	2011	2012	2013
固定资产投资价格总指数 General Price Index of Investment in Fixed Assets	**97.6**	**102.6**	**105.7**	**100.0**	**99.5**
建筑安装、装饰工程 Building Installation	96.4	104.2	109.0	100.1	99.3
# 人工费 Labour Cost	106.7	105.8	109.7	111.3	107.9
材料费 Materials Expense	93.5	104.2	109.5	97.6	97.0
机械费 Machinery Charge	102.1	101.9	103.7	102.7	102.1
设备工器具购置 Purchase of Equipment, Tools and Instruments	98.5	100.2	99.8	98.3	98.8
其他费用 Others	100.2	100.5	102.1	101.1	100.6

主要统计指标解释

商品零售价格指数

是反映一定时期内城乡商品零售价格变动趋势和程度的相对数。商品零售价格的变动直接影响到城乡居民的生活支出和国家的财政收入，影响居民购买力和市场供需的平衡，影响到消费与积累的比例关系。因此，该指数可以从一个侧面对上述经济活动进行观察和分析。

城市居民消费价格指数

是反映一定时期内城市居民家庭所购买的生活消费品价格和服务项目价格变动趋势和程度的相对数。该指数可以观察和分析消费品的零售价格和服务项目价格变动对城镇职工货币工资的影响，作为研究职工生活和确定工资政策的依据。

固定资产投资价格指数

反映一定时期内固定资产投资额价格变动趋势和程度的相对数。固定资产投资额是由建筑安装工程投资完成额、设备、工器具购置投资完成额和其他费用投资完成额三部分组成的。编制固定资产投资价格指数首先分别编制上述三部分投资的价格指数，然后采用加权算术平均法求出固定资产投资价格总指数。该指数可以准确地反映固定资产投资中涉及的各类商品和取费项目价格变动趋势和变动幅度，消除按现价计算的固定资产投资指标中的价格变动因素，真实地反映固定资产投资的规模、速度、结构和效益，为国家科学地制定、检查固定资产投资计划并提高宏观调控水平，为完善国民经济核算体系提供科学的、可靠的依据。

工业生产者出厂价格指数

反映一定时期内全部工业产品出厂价格总水平的变动趋势和程度的相对数，包括工业企业售给本企业以外所有单位的各种产品和直接售给居民用于生活消费的产品。通过工业生产者出厂价格指数能观察出厂价格变动对工业总产值的影响。

工业生产者购进价格指数

反映一定时期内全部工业企业作为生产投入，从物资交易市场和能源、原材料生产企业购买原材料、燃料和动力产品时，所支付的价格水平变动趋势和程度的相对数，是扣除工业企业物质消耗成本中的价格变动影响的重要依据。

Explanatory Notes on Main Statistical Indicators

Retail Price Index

reflects the trend and degree of change in retail prices of commodities during a given period. The change in retail prices of commodities directly affect the living expenses of urban and rural residents, government revenue, purchasing power of residents and the equilibrium of market supply and demand, and the ratio of consumption to accumulation. Therefore, the retail price indices are useful from an oblique perspective for observing and analyzing the changes of the above economic activities.

Urban Consumer Price Index

reflects the trend and degree of changes in prices of consumer goods and services purchased by urban households during a given period. It can be used to observe and analyze the impact of price changes in consumer goods and services on wages (in monetary terms) of urban staff and workers, and provide a basis for research on the livelihood of staff and workers and policy-making concerning wages.

Price Index of Investment in Fixed Assets

reflects the trend and degree of changes in prices of investment in fixed assets during a given period. The investment in fixed assets consists of three components, namely the investment in construction and installation, the investment in purchases of equipment and instrument, and the investment in other items. Price index of investment in fixed assets is calculated as the weighted arithmetic mean of the price indices of the three components of investment in fixed assets. Removing the factor of price change in the aggregates of investment at current prices, this indicator shows the changes in the prices of commodities and fees involved in the investment of fixed assets, and can be used to observe the actual size, growth, structure, and efficiency of investment in fixed assets and provides reliable and scientific data for government planning, management, decision making, and further improving the current national accounting system.

Producer Price Index of Industrial Ex-factory Products

reflects the trend and degree of changes in general ex-factory prices of all industrial products during a given period, including sales of industrial products by an industrial enterprise to all units outside the enterprise, as well as sales of consumer goods to residents. It can be used to analyze the impact of ex-factory prices on gross industrial output value.

Producer Price Index of Industrial Purchase

reflects the trend and degree of changes in purchasing price of raw material, fuel and power paid by industrial enterprises when they purchase production as input from the market or other energy and raw material producers during a given period, and provide basis for measuring the material consumption of industrial enterprises after removing influence of price from cost.

人民生活 People's Living Conditions 10

10-1 城市居民家庭人均收支及增幅(1996—2013年)

Per Capita Income & Expenditures and Increase Rate of Urban Households,1996-2013

年 份 Year	人均可支配收入(元) Per Capita Annual Disposable Income (yuan)	人均消费性支出(元) Per Capita Annual Expenditures for Consumption (yuan)	人均可支配收入增幅(%) Increase Rate of per Capita Annual Disposable Income(%)		人均消费性支出增幅(%) Increase Rate of per Capita Annual Expenditures for Consumption(%)	
			扣除物价 Deducting Price Factor	未扣除物价 Including Price Factor	扣除物价 Deducting Price Factor	未扣除物价 Including Price Factor
1996	5967.71	4679.61	11.1	21.1	5.6	15.1
1997	6608.56	5204.29	7.4	10.7	7.9	11.2
1998	7110.54	5471.01	8.1	7.6	5.6	5.1
1999	7649.83	5851.53	8.8	7.6	8.1	7.0
2000	8140.55	6121.07	6.8	6.4	5.0	4.6
2001	8958.70	6987.22	8.7	10.1	12.8	14.2
2002	9337.54	7191.97	12.1	11.6	5.8	5.4
2003	10312.91	7867.53	9.4	10.4	8.3	9.4
2004	11467.16	8802.44	8.7	11.2	9.4	11.9
2005	12638.55	9653.26	8.6	10.2	8.0	9.7
2006	14283.09	10548.05	11.3	13.0	7.7	9.3
2007	16357.35	12028.88	9.9	14.5	9.4	14.0
2008	19422.53	13422.47	12.6	18.7	5.9	11.6
2009	21402.01	14801.35	11.3	10.2	11.4	10.3
2010	24292.60	16561.77	9.7	13.5	8.1	11.9
2011	26920.86	18424.09	5.6	10.8	6.0	11.2
2012	29626.41	20024.24	7.2	10.1	5.8	8.7
2013	32657.95	21849.69	6.9	10.2	5.8	9.1

注：本表数据为城市居民抽样调查数据，表10—2至10—7同。
Note: The data of this table are collected from sample survey of urban households. Same as table 10-2 to 10-7.

10-2 城市居民家庭生活基本情况(1996—2013年)

Basic Statistics on Urban Households,1996-2013

年 份 Year	平均每户家庭人口(人) Average Persons per Household(person)	平均每户就业人口(人) Average Employees per Household(person)	平均每户就业面(%) Percentage of Employment per Household(%)	平均每一就业者负担人数(人) Persons Supported by Each Employee(person)
1996	3.11	1.73	55.6	1.80
1997	3.10	1.70	54.8	1.82
1998	3.06	1.72	56.2	1.78
1999	3.09	1.68	54.4	1.84
2000	3.08	1.63	52.9	1.89
2001	3.09	1.59	51.5	1.94
2002	3.02	1.44	47.7	2.11
2003	2.99	1.41	47.2	2.12
2004	2.96	1.47	49.7	2.01
2005	2.92	1.45	49.7	2.01
2006	2.88	1.42	49.3	2.03
2007	2.89	1.46	50.5	1.98
2008	2.89	1.50	51.9	1.93
2009	2.88	1.50	52.1	1.92
2010	2.86	1.52	53.1	1.88
2011	2.84	1.51	53.2	1.88
2012	2.85	1.51	53.0	1.89
2013	2.72	1.37	50.4	1.98

10-3 城市不同收入水平居民家庭基本情况(2013年)(按平均每人每年可支配收入分组)

Basic Statistics on Urban Households of Different Income Level,2013 (Grouped by Annual per Capita Disposable Income)

单位：人(person)

项　　目	Item	平均每户人口 Average Persons per Household	平均每户就业人口 Average Employees per Household	平均每一就业者负担人口 Persons Supported by Each Employee
全　　市	**Total**	**2.72**	**1.37**	**1.98**
1.最低收入户	Lowest Income Households	3.05	1.31	2.33
2.低收入户	Low Income Households	3.00	1.47	2.04
3.中等偏下收入户	Lower Middle Income Households	2.79	1.27	2.20
4.中等收入户	Middle Income Households	2.70	1.36	1.99
5.中等偏上收入户	Upper Middle Income Households	2.57	1.35	1.90
6.高收入户	High Income Households	2.60	1.50	1.73
7.最高收入户	Highest Income Households	2.42	1.45	1.67

10-3续表 *Contiuned*

单位：元(yuan)

项　　目	Item	人均总收入 Per Capita Annual Income	#人均可支配收入 Per Capita Annual Disposable Income	人均消费性支出 Per Capita Annual Expenditures for Consumption
全　　市	**Total**	**36148**	**32658**	**21850**
1.最低收入户	Lowest Income Households	15299	13587	12147
2.低收入户	Low Income Households	20699	18583	14902
3.中等偏下收入户	Lower Middle Income Households	25824	23361	17035
4.中等收入户	Middle Income Households	33511	29976	20806
5.中等偏上收入户	Upper Middle Income Households	41978	37666	24166
6.高收入户	High Income Households	53774	48992	29426
7.最高收入户	Highest Income Households	79737	73181	42967

10-4 城市居民家庭人均可支配收入和支出及构成(2010—2013年)

Per Capita Income & Expenditures of Urban Households and Composition,2010-2013

项　目	Item	2010	2011	2012	2013
人均可支配收入(元)	**Per Capita Annual Disposable Income(yuan)**	**24292.60**	**26920.86**	**29626.41**	**32657.95**
工资性收入	Wages and Salaries	14324.31	15993.03	18407.89	20345.85
经营净收入	Net Business Income	931.81	1059.29	1200.10	1274.93
财产性收入	Property Income	333.17	462.28	515.49	594.67
转移性收入	Transferred Income	8703.31	9406.26	9502.93	10442.50
# 养老金或离退休金	Pensions and Retirement Pay	7029.10	7677.48	7943.28	8840.63
人均可支配收入构成(%)	**Composition of Per Capita Annual Disposable Income(%)**	**100.0**	**100.0**	**100.0**	**100.0**
工资性收入	Wages and Salaries	59.0	59.5	62.1	62.3
经营净收入	Net Business Income	3.8	3.9	4.1	3.9
财产性收入	Property Income	1.4	1.7	1.7	1.8
转移性收入	Transferred Income	35.8	34.9	32.1	32.0
# 养老金或离退休金	Pensions and Retirement Pay	28.9	28.5	26.8	27.1
人均总支出(元)	**Per Capita Annual Expenditures(yuan)**	**24345.19**	**26344.51**	**29424.94**	**31545.40**
消费性支出	Consumption Expenditures	16561.77	18424.09	20024.24	21849.69
购房与建房支出	Buying and Building House Expenditures	2331.05	2015.07	2943.43	2598.63
转移性支出	Transferred Expenditures	2863.00	2920.75	2977.88	3681.40
财产性支出	Property Expenditures	237.69	287.05	382.11	170.46
社会保障支出	Social Security Expenditures	2351.68	2697.55	3097.28	3245.22
人均总支出构成(%)	**Composition of Per Capita Annual Expenditures(%)**	**100.0**	**100.0**	**100.0**	**100.0**
消费性支出	Consumption Expenditures	68.0	69.9	68.1	69.3
购房与建房支出	Buying and Building House Expenditures	9.6	7.7	10.0	8.2
转移性支出	Transferred Expenditures	11.8	11.1	10.1	11.7
财产性支出	Property Expenditures	1.0	1.1	1.3	0.5
社会保障支出	Social Security Expenditures	9.6	10.2	10.5	10.3

10-5 城市居民家庭人均消费性支出及构成(2010—2013年)

Per Capita Consumption Expenditures of Urban Households and Composition,2010-2013

项　目	Item	2010	2011	2012	2013
人均消费性支出(元)	**Per Capita Annual Consumption Expenditures(yuan)**	**16561.77**	**18424.09**	**20024.24**	**21849.69**
食　品	Food	5940.44	6663.31	7343.64	7993.48
衣　着	Clothing	1567.58	1754.98	1881.42	1963.06
居　住	Residence	1615.57	1763.44	1854.21	2101.88
家庭设备、用品及服务	Household Facilities, Articles and Services	1119.93	1174.62	1151.16	1213.28
医疗保健	Medicine and Medical Services	1275.64	1415.39	1556.35	1705.05
交通和通信	Transportation and Communication Services	2454.38	2699.53	3083.37	3490.88
娱乐、教育、文化服务	Recreation, Education and Cultural Services	1899.50	2116.01	2254.22	2368.37
杂项商品和服务	Miscellaneous Commodities and Services	688.73	836.82	899.87	1013.69
人均消费性支出构成(%)	**Composition of Per Capita Annual Consumption Expenditures(%)**	**100.0**	**100.0**	**100.0**	**100.0**
食　品	Food	35.9	36.2	36.7	36.6
衣　着	Clothing	9.4	9.5	9.4	9.0
居　住	Residence	9.8	9.6	9.3	9.6
家庭设备、用品及服务	Household Facilities, Articles and Services	6.8	6.4	5.7	5.6
医疗保健	Medicine and Medical Services	7.7	7.7	7.8	7.8
交通和通信	Transportation and Communication Services	14.8	14.6	15.4	16.0
娱乐、教育、文化服务	Recreation, Education and Cultural Services	11.5	11.5	11.2	10.8
杂项商品和服务	Miscellaneous Commodities and Services	4.1	4.5	4.5	4.6

10-6 城市居民家庭平均每百户耐用消费品年末拥有量(2010—2013年)

Per 100 Urban Households Year-end Possessions of Major Durable Consumer Goods,2010-2013

商品名称	Item	2010	2011	2012	2013
摩托车(辆)	Motorcycle(unit)	1.7	0.5	0.4	0.7
助力车(辆)	Mini-motorcycle(unit)	28.5	26.2	27.9	27.9
家用汽车(辆)	Automobile(unit)	16.1	20.3	24.9	30.4
洗衣机(台)	Washing Machine(unit)	100.2	100.1	101.2	101.6
电冰箱、柜(台)	Refrigerator(unit)	107.5	107.7	107.7	107.2
彩色电视机(台)	Color TV Set(unit)	130.8	125.9	121.7	122.5
家用电脑(台)	Personal-computer(unit)	91.2	95.6	98.9	98.9
组合音响(台)	Hi-Fi Stereo Component System(unit)	26.0	20.9	16.7	17.5
摄像机(台)	Vidicon(unit)	14.1	13.7	16.5	16.9
照相机(架)	Camera(unit)	63.2	59.3	59.1	56.3
钢　琴(架)	Piano(unit)	1.7	1.4	1.5	
其他中高档乐器(件)	Other Medium and High Grade Instrument(unit)	2.8	2.9	3.0	3.2
微波炉(台)	Microwave Oven(unit)	88.5	87.9	88.9	90.0
空调器(台)	Air-conditioner(unit)	143.0	144.1	147.5	147.6
淋浴热水器(台)	Shower(unit)	96.4	95.1	94.5	97.5
消毒碗柜(台)	Dish-sterilization Boxes(unit)	1.5	1.9	2.2	1.0
洗碗机(台)	Dish-Washer(unit)	0.3	0.2	0.4	0.3
健身器材(套)	Gymnastic Equipment(set)	2.3	2.4	2.7	3.5
固定电话(部)	Fixed Telephone(unit)	80.5	73.9	67.8	58.8
移动电话(部)	Mobile Telephone(unit)	205.2	217.0	225.0	225.3

10-7 城市居民家庭住房基本情况构成(2010—2013年)

Composition of Basic Living Condition of Urban Households,2010-2013

单位：%(%)

指　　标	Item	2010	2011	2012	2013
建筑式样	**Style of Building**	**100.0**	**100.0**	**100.0**	**100.0**
单栋住宅	Single Building	0.1		0.2	
四居室	Four-room	0.5	0.5	0.5	0.1
三居室	Three-room	10.7	10.8	13.0	12.2
二居室	Two-room	65.6	62.4	59.8	58.3
一居室	One-room	19.5	20.6	22.2	26.7
普通楼房	Common Building	2.4	3.9	2.9	2.7
平房及其他	Cottage and Others	1.2	1.8	1.4	
用水情况	**Water Supply**	**100.0**	**100.0**	**100.0**	**100.0**
独用自来水	Private Tap Water	99.2	98.7	99.3	99.8
公用自来水	Public Tap Water	0.8	1.3	0.7	0.2
卫生设备	**Sanitary Facilities**	**100.0**	**100.0**	**100.0**	**100.0**
无卫生设备	Without Sanitary Facilities		1.3	0.6	0.2
有厕所浴室	Restroom & Bathroom	95.5	94.3	95.4	96.6
有厕所无浴室	Restroom without Bathroom	2.2	1.6	1.8	0.9
公　用	Public Facilities	2.3	2.8	2.2	2.3
取暖设备	**Heating Facilities**	**100.0**	**100.0**	**100.0**	**100.0**
空调设备	Air-conditioner	0.7	1.3	1.3	0.2
暖　气	Central Heating	95.9	94.6	95.7	99.8
其　他	Others	3.4	4.1	3.0	
炊用燃料使用情况	**Fuel Used for Cooking**	**100.0**	**100.0**	**100.0**	**100.0**
管道煤气	Pipeline Gas	96.6	97.0	97.9	99.6
液化石油气	Liquefied Petroleum Gas	3.3	2.7	1.9	0.1
煤	Coal	0.1	0.1		0.3
其　他	Others		0.2	0.2	

10-8 农村居民家庭基本情况(2010—2013年)

Basic Statistics on Rural Households,2010-2013

项 目	Item	单 位	Unit	2010	2011	2012	2013
户均常住人口	Average Permanent Residents per Household	人	person	3.35	3.27	3.26	3.28
# 劳动力	Labour Force	人	person	2.38	2.26	2.25	2.25
整劳动力	Full Labour Force	人	person	1.45	1.42	1.39	1.40
半劳动力	Semi Labour Force	人	person	0.93	0.84	0.86	0.85
平均每个劳动力负担人口	Dependents per Labour	人	person	1.41	1.45	1.45	1.46
年末户均生产性固定资产原值	Year-end Original Value of Productive Assets per Household	元	yuan	15091	14785	17509	22310
户均经营耕地面积	Cultivated Land Areas per Household	公 顷	hectare	0.33	0.31	0.34	0.26
年内人均新(购)建住房面积	New Built (Purchase) Living Space per Capita in Current Year	平方米	sq.m	0.54	0.62	0.16	0.34
年内新建(购)住房价值	Value of Houses Newly Built (Bought) in Current Year	元/平方米	yuan/sq.m	944	889	1335	1469
年末人均住房面积	Year-end Living Space per Capita	平方米	sq.m	28.75	30.22	30.26	31.80
人均可支配收入	Annual Disposable Income per Capita	元	yuan	11801	11891	13571	15405
人均生活消费支出	Annual per Capita Living Expenditures	元	yuan	5606	6725	8337	10155

注：1.本表数据为农村住户抽样调查数，表10-9至10-16同。2.自2011年后各年数据为国家调查点汇总数据，部分指标不可比。3.2011年之前年份，人均可支配收入为人均纯收入。

Note: a) The data of this table are collected from sample survey on rural households. Same as table 10-9 to 10-16. b) Data after 2011 are collected from national sample survey points, so part of the statistics are not comparable. c) Before 2011, annual disposable income per Capita refers to annual net income per Capita.

10-9 农村居民家庭劳动力文化程度(2010—2013年)

Education Level of Labours in Rural Households,2010-2013

单位：人 (person)

项 目	Item	2010	2011	2012	2013
每百个劳动力中：	In per 100 Labours				
不识字或识字很少	Illiterate or Semi-illiterate	1.60	2.86	2.04	1.19
小 学	Primary School	17.08	16.89	16.83	17.84
初 中	Junior Secondary School	60.62	63.29	62.75	61.75
高 中	Senior Secondary School	13.03	10.61	11.20	11.52
中 专	Specialized Secondary School	4.41	3.07	3.45	2.20
大专及以上	Junior College and Above	3.26	3.28	3.73	5.50

10-10 农村居民人均可支配收入

Per Capita Annual Disposable Income of Rural Households

单位：元(yuan)

指 标 Item	2012	2013	2013比2012年增长(%) Increase Rate in 2013 over 2012(%)
人均可支配收入			
Per Capita Annual Disposable Income	**13571**	**15405**	**13.5**
工资性收入			
Rewards of Labours	7922	9092	14.8
在非企业组织中劳动得到			
From Non-enterprise Organizations	487		
在本乡地域内劳动得到			
From Labor In Local	6470		
常住人口外出从业得到			
From Outgoing Employment by Permanent Resident	965		
在乡外县内从业得到			
From Other Countries in the County	499		
在县外省内从业得到			
From Other Counties in the Province	284		
在省外国内从业得到			
From Other Provinces in the Nation	172		
在国外从业得到			
From Abroad	10		
家庭经营收入			
Income from Family Business	4126	4511	9.3
# 非农产业收入			
Non-agricultural Industry	1904	2921	53.4
第一产业			
Primary Industry	2222	1590	-28.4
第二产业			
Secondary Industry	557	797	43.2
第三产业			
Tertiary Industry	1347	2124	57.6
财产性收入			
Property Income	920	1119	21.6
转移性收入			
Transferred Income	603	683	13.3

10-11 农村居民人均生活消费支出(2010—2013年)

Per Capita Annual Living Expenditures of Rural Households,2010-2013

单位：元(yuan)

项　目	Item	2010	2011	2012	2013
人均生活消费支出	**Per Capita Annual Living Expenditures**	**5606**	**6725**	**8337**	**10155**
食　品	Food	2184	2545	3020	3540
衣　着	Clothing	502	588	781	928
居　住	Residence	1432	1294	1264	1403
家庭设备、用品及服务	Household Facilities, Articles and Services	181	339	451	599
医疗保健	Medicine and Medical Services	351	549	760	733
交通通讯	Transportation and Communications	406	751	1066	1816
文教娱乐用品及服务	Culture, Education and Recreation Articles and Services	320	521	766	750
其他商品和服务	Other Commodities and Services	230	138	229	386

10-12 农村居民人均生活消费支出构成(2010—2013年)

Composition of per Capita Living Expenditures of Rural Households,2010-2013

单位：%(%)

项　目	Item	2010	2011	2012	2013
人均生活消费支出	**Per Capita Annual Living Expenditures**	**100.0**	**100.0**	**100.0**	**100.0**
食　品	Food	39.0	37.9	36.2	34.9
衣　着	Clothing	9.0	8.7	9.4	9.1
居　住	Residence	25.5	19.2	15.2	13.8
家庭设备、用品及服务	Household Facilities, Articles and Services	3.2	5.0	5.4	5.9
医疗保健	Medicine and Medical Services	6.3	8.2	9.1	7.2
交通通讯	Transportation and Communications	7.2	11.2	12.8	17.9
文教娱乐用品及服务	Culture, Education and Recreation Articles and Services	5.7	7.7	9.2	7.4
其他商品和服务	Other Commodities and Services	4.1	2.1	2.7	3.8

10–13 农村居民家庭每百户耐用消费品年末拥有量(2009—2013年)

Per 100 Rural Households Year-end Possessions of Durable Consumer Goods,2009-2013

商品名称	Item	2009	2010	2011	2012	2013
自行车(辆)	Bicycle (unit)	191	185	162	163	157
电动自行车(辆)	Electric Bicycle (unit)	33	38	67	71	63
摩托车(辆)	Motorcycle (unit)	51	52	26	27	29
生活用汽车(辆)	Car (unit)	11	14	15	18	24
空调器(台)	Air-Conditioner (set)	69	77	70	75	83
洗衣机(台)	Washing Machine (set)	100	101	99	100	102
电冰箱(台)	Refrigerator (set)	99	103	96	97	100
微波炉(台)	Microwave Oven (set)	32	37	33	38	44
吸尘器(台)	Dust Catcher (set)	7	7	8	11	
热水器(台)	Shower (set)	50	58	87	92	91
抽油烟机(台)	Smoke Absorber (set)	24	28	45	49	54
普通电话(部)	Telephone (unit)	76	71	52	56	56
移动电话(部)	Mobile Telephone (unit)	162	182	188	196	205
家用电脑(台)	Personal-computer (set)	23	29	37	44	43
彩色电视机(台)	Color TV Set (set)	129	131	122	125	127
照相机(架)	Camera (set)	22	25	19	23	22
影碟机(台)	Video Disc Player (set)	37	33	32	34	
摄像机(台)	Vidicon (set)	2	2	1	2	3

10–14 农村居民人均食品消费量(2009—2013年)

Per Capita Annual Consumption on Food of Rural Households,2009-2013

单位：千克 (kg)

商品名称	Item	2009	2010	2011	2012	2013
粮　食	Grain	152.1	147.5	145.8	146.2	147.1
蔬菜及其制品	Vegetables and Related Products	146.6	140.3	83.5	86.6	84.3
食用植物油	Edible Vegetable Oil	11.3	10.7	10.1	11.5	11.0
食用动物油	Edible Animal Oil	0.2	0.1	0.1	0.1	0.1
猪　肉	Pork	10.3	10.8	12.5	12.2	12.5
牛　肉	Beef	0.8	0.8	1.0	1.0	1.3
羊　肉	Mutton	1.6	1.6	1.5	1.6	1.8
家　禽	Poultry	1.2	1.3	1.9	1.8	2.6
肉禽制品	Related Products of Meat and Poultry	1.5	1.8	3.3	3.8	3.2
蛋类及其制品	Eggs and Related Products	21.3	21.7	11.0	12.8	12.5
奶及其制品	Milk and Related Products	7.7	8.6	7.3	9.9	9.9
水产品	Aquatic Products	19.1	19.9	9.8	10.2	11.7
水果及其制品	Fruits and Related Products	36.5	36.1	38.4	41.5	43.0
食　糖	Sugar	0.7	0.8	0.9	1.1	1.2
白　酒	Liquor	3.8	3.6	3.2	3.3	3.9
啤　酒	Beer	9.9	9.2	8.9	8.0	8.7

10-15 农村居民家庭户均生产性固定资产原值(2009—2013年)

Original Value of Productive Fixed Assets per Rural Household,2009-2013

单位：元(yuan)

项　　目	Item	2009	2010	2011	2012	2013
年末户均生产性固定资产原值	**Year-end Original Value of Productive Fixed Assets per Household**	**14697**	**15091**	**14785**	**17509**	**22310**
农、林、牧、渔业	Farming, Forestry, Animal Husbandry and Fishery	6324	6380	5906	6485	4983
# 役畜、产品畜	Draught Animals and Commodity Animals	536	359	863	937	432
大中型铁木农具	Large and Medium-sized Wood & Iron Farm Tools	256	250	103	108	
农林牧渔业机械	Machinery for Farming, Forestry, Animal Husbandry and Fishery	2754	2936	2236	2432	1477
制造业	Manufacturing	2012	2091	3415	4995	4816
批发和零售业	Wholesale and Retail Trade	1366	1384	1653	2333	3354
住宿和餐饮业	Accommodation and Catering Services	16	25	363	271	1651
其　他	Others	4979	5211	3448	3425	7506

10-16 农村居民家庭每百户生产性固定资产拥有量(2009—2013年)

Possessions of Productive Fixed Assets per 100 Rural Households,2009-2013

项　　目	Item	2009	2010	2011	2012	2013
汽　车(辆)	Motor Vehicles (unit)	7.33	9.50	9.29	9.14	
大中型拖拉机(台)	Large and Medium-sized Tractors (set)	2.17	2.03	1.14	1.00	0.36
小型和手扶拖拉机(台)	Mini-tractors (set)	18.67	17.00	7.29	7.86	3.66
机动脱粒机(台)	Motorized Threshing Machines (set)	1.33	1.50	0.14	0.14	0.10
胶轮大车(辆)	Carts with Rubber Tires (unit)	2.33	2.17	0.14		
水　泵(台)	Pumps (set)	21.67	21.83	11.00	12.57	
役　畜(头)	Draught Animals (head)	6.33	6.83	1.71	1.43	0.79
产品畜(头)	Commodity Animals (head)	29.33	24.50	26.14	38.71	17.66

主要统计指标解释

城市居民家庭就业人口

指从事社会劳动并取得报酬或经营收入的人口，不论在全民、集体和其他所有制单位工作或从事个体劳动，不论有固定性职业或临时性职业都是就业人口。

城市居民家庭可支配收入

指调查户可用于最终消费支出和其他非义务性支出以及储蓄的总和，即居民家庭可以用来自由支配的收入。它是家庭总收入扣除交纳的个人所得税、个人交纳的社会保障费以及调查户的记账补贴后的收入。计算公式为：

可支配收入 = 家庭总收入 - 交纳个人所得税 - 个人交纳的社会保障支出 - 记账补贴

城市居民工资性收入　指就业人员通过各种途径得到的全部劳动报酬，包括所从事的主要职业的工资以及从事第二职业、其他兼职和零星劳动得到的其他劳动收入。

城市居民经营净收入　指家庭成员从事生产经营活动所获得的净收入。是全部生产经营收入中扣除生产成本和税金（但不扣除个人所得税）后所得的收入。

城市居民财产性收入　指家庭所拥有的动产（如银行存款、有价证券）、不动产（如房屋、土地等）所获得的收入。包括出让财产使用权所获得的利息、租金、专利收入；财产运营所获得的红利收入、财产增值收益等。

城市居民转移性收入　指国家、单位、社会团体对居民家庭的各种转移支付和居民家庭间的收入转移。包括政府对个人收入转移的离退休金、失业救济金、赔偿等；单位对个人收入转移的辞退金、保险索赔、住房公积金、家庭间的赠送和赡养等。

城市家庭消费性支出

指家庭用于日常生活的支出，包括食品、衣着、居住、家庭设备用品及服务、医疗保健、交通和通信、教育文化娱乐服务、其他商品和服务八大类支出。

农村居民常住人口

指全年经常在家或在家居住六个月以上，而且经济和生活与本户连成一体的人口。外出从业人员在外居住时间虽然在六个月以上，但收入主要带回家中，经济与本户连成一体，仍视为家庭常住人口；在家居住、生活和本户连成一体的国家职工、退休人员也视为家庭常住人口。但是现役军人、中专及以上（走读生除外）的在校学生以及常年在外（不包括探亲、看病等）且已有稳定的职业与居住场所的外出从业人员，不应当作为家庭常住人口。

农村居民家庭整、半劳动力

整劳动力指男子 18 周岁到 50 周岁，女子 18 周岁到 45 周岁；半劳动力指男子 16 周岁到 17 周岁，51 周岁到 60 周岁；女子 16 周岁到 17 周岁，46 周岁到 55 周岁，同时具有劳动能力的人。虽然在劳动年龄之内，但已丧失劳动能力的人，不应算为劳动力；超过劳动年龄，但能经常参加劳动，计入半劳动力数内。常住人口中的职工，若这些职工为劳动力，就包括在本户的整半劳动力中。

农村居民可支配收入

指农村住户获得的经过初次分配与再分配后的收入。可支配收入可用于住户的最终消费、非义务性支出以及储蓄。

农村居民可支配收入 = 农村住户总收入-家庭经营费用支出税费支出-生产性固定资产折旧-财产性支出-转移性支出

农村居民工资性收入　指就业人员通过各种途径得到的全部劳动报酬和各种福利，包括受雇于单位或个人、从事各种自由职业、兼职和零星劳动得到的全部劳动报酬和福利。包括：就业人员通过劳动从单位或雇主获取的各种现金报酬，单位或雇主免费或低价提供给员工的各种实物产品和服务折价以及就业人员获取的、除工资以外的其他现金劳动报酬和单位缴纳的各种社会保障费。

农村居民家庭经营收入　指农村住户以家庭为生产经营单位进行生产筹划和管理而获得的收入。家庭经营活动按行业划分为农业、林业、畜牧业、渔业、工业、建筑业、交通运输和邮电业、批发和零售贸易餐饮业、社会服务业、文教卫生业和其他家庭经营。

农村居民财产性收入　指金融资产或有形非生产性资产的所有者，向其他机构单位提供资金或将有形非生产性资产供其支配，作为回报而从中获得的收入。包括利息收入、股息收入、租金收入等。

农村居民转移性收入　指农村住户和住户成员无须付出任何对应物而获得的货物、服务、资金或资产所有权等，不包括无偿提供的用于固定资本形成的资金。一般情况下，指农村住户在二次分配中的所有收入。

农村居民生活消费支出

指农村住户用于物质生活和精神生活方面的支出。包括食品，衣着，居住，家庭设备、用品及服务，医疗保健，交通和通讯，文化教育娱乐用品及服务，其他商品和服务等消费支出。

恩格尔系数

指食物支出金额在生活消费支出金额中所占的比例。

计算公式为：

$$恩格尔系数=\frac{食品支出金额}{生活消费支出金额}\times 100\%$$

Explanatory Notes on Main Statistical Indicators

Employment Personnel of Urban Households

refer to the persons who are engaged in social labour and receive payment or earn business income, including the staff and workers in the state-owned, the staff and workers in collective-owned, other employed, employed persons individual business, etc. No matter he is permanent or temporary.

Disposable Income of Urban Households

refers to the disposable income of the sample households, including those which can be used for final expenditure and other non-obligation expenditure and savings. It refers to the difference of total income minus income tax, expenditure for social security and subsidies of account. The following formula is used :

Disposable Income of Urban Households=Total Income - Income Tax - Expenditure for Social Security - Survey Subsidies

Wages and Salaries of Urban Households refer to all labour compensation from working units, including the wage of major career and the subsidies from the second career and other job.

Net Business Income of Urban Households refer to net income earned by household members from production and management activities, which equals total income from production and management activities minus cost and taxes (not minus individual income tax).

Property Income of Urban Households refer to income from movables (savings, securities) and non-movables (houses, land, etc.), including interest income dividends and bonuses, income from leasing houses and intellectual property income, etc.

Transferred Income of Urban Households refer to income transferred from state, unit, social organization to households or between different households, including income, parental support, boarding fees paid by relatives and friends and housing accumulation funds, etc.

Consumption Expenditures of Urban Households

refer to total expenditures of the households in daily life. It is classified into 8 categories: food, clothing, household facilities and articles service, medicine and medical service, transportation and communication, recreation, education and culture service, residence, miscellaneous commodities services, including commodities and service as gift.

Rural Permanent Population

refers to population staying at home permanently or for over 6 months during a year and sharing life economically with the household. Members of the household staying away from the household for over 6 months but keeping a close economic life with the household by sending the majority of income to the household are regarded as resident population of the household. Government staff and workers or retirees living as close members of the household are also considered as resident population. However, servicemen, students of secondary technical schools or schools of higher education and persons with stable jobs and residence outside the household (excluding those visiting relatives or seeking medical service) are not included as resident population of the household.

Full/Semi Labour Force of Rural Households

Full labour force refers to persons capable of work, aged 18-50 for males and 18-45 for females. Semi labour force refers to persons capable of work, aged 16-17 and 51-60 for males and 16-17 and 46-55 for females. Persons at their working ages but not capable of work are not to be included as labour force. Persons not at working ages but participating regularly in work are included in semi labour force. For staff and workers who are usual residents, are included as full or semi labour force of the household if they are in the labour force.

Disposable Income of Rural Households

refers to the income of rural households gained after the initial distribution and redistribution, which can be used for final expenditure, non-obligation expenditure and savings.

Disposable Income of Rural Households=Total Income-Expenses for Productive Operation - Taxes - Depreciation of Fixed Assets for Production Property Expenditure Transferred Expenditure.

Rewards of Labours of Rural Households refer employment obtained all of the labor remuneration and welfare through various means, including employed by units or individuals, engaging in a variety of freelance and part-time and sporadic. Labor remuneration and welfare refer employment obtained various cash payment, physical products, service at a discount and other cash labor payment excluding salary from units and employers, also include all kinds of social-security paid by units.

Income from Family Business of Rural Households refers to income obtained from family productive operation. Family productive operation cover farming, forestry, animal husbandry, fishery, industry, construction, transport, post, telecommunication, wholesale and retail trade, catering, social services, culture, education, health care and other household operation.

Property Income of Rural Households refers to the income received as returns by owners of financial assets or tangible non-productive assets by providing capital or tangible non-productive assets to other institutional units. It includes interest income, bonus stock income, rent income, etc.

Transferred Income of Rural Households refers to the receipt by rural households and their members of goods, services, capitals or rights of assets without giving or repaying accordingly, excluding capitals provided to them for the formation of fixed assets. In general, it refers to all income received by rural household through redistribution.

Living Expenditures of Rural Households

are use on material life and cultural life by rural households, including food expenditure, clothing expenditure, residence, household facilities, articles and services, medicines and medical services, transportation and communications, cultural, education and recreation articles and services, other commodity and services.

Engel's Coefficient

refers to the percentage of expenditure on food in the total living consumption expenditure, using the following for mula:

$$Engel's\ Coefficient = \frac{Expenditure\ on\ food}{Living\ consumption\ expenditure} \times 100\%$$

11 资源环境与公共设施
Resources Environment and Public Facilities

11-1 城市建设用地(2011—2013年)

City Construction Land,2011-2013

单位：平方公里(sq.km)

指　标	Item	2011	2012	2013
总　计	**Total**	**710.60**	**722.14**	**736.35**
按行政区域分	**By Administrative Area**			
中心城区	Central Districts	281.52	278.23	279.76
西青区	Xiqing District	15.89	13.25	14.10
津南区	Jinnan District	27.16	26.66	22.51
武清区	Wuqing District	63.89	64.71	69.78
宝坻区	Baodi District	19.07	19.08	19.68
滨海新区	Binhai New Area	303.07	320.21	330.52
按建设用途分	**By Use of Construction**			
居住用地	Dwelling	190.71	194.79	199.20
公共管理与公共服务用地	Public Facilities of Management and Service		49.35	49.00
商业服务业设施用地	Facilities for Business Services		40.00	40.08
工业用地	Industry	159.54	165.14	168.83
物流仓储用地	Warehouse	49.53	52.99	54.98
交通设施用地	Facilities for Traffic		116.34	119.64
公用设施用地	Public Facilities of Administration	19.44	20.93	21.46
绿　地	Green Land	86.17	82.60	83.16

资料来源：天津市城乡建设和交通委员会，表11-3、11-4、11-6、11-8、11-9同。
Source: Tianjin Urban and Rural Construction and Transportation Administration Committee. Same as table 11-3, 11-4, 11-6, 11-8, 11-9.

11-2 城市房屋建筑面积(2011—2013年)

Floor Space of Buildings in City,2011-2013

单位：万平方米(10 000 sq.m)

指　标	Item	2011	2012	2013
年末实有房屋建筑面积	**Total Floor Space of Buildings(year-end)**	**33400.87**	**35485.98**	**38469.66**
# 房管部门直管产	Under House Management Department	3282.66	3282.66	3321.81
私　产	Private Property	18478.14	19730.65	22025.41
年末实有住宅建筑面积	**Floor Space of Residential Buildings(year-end)**	**20118.92**	**21330.41**	**22599.20**
# 房管部门直管产	Under House Management Department	1523.46	1523.46	1528.53
私　产	Private Property	16460.04	17862.96	19849.78
人均住宅建筑面积（平方米/人）	**Per Capita Floor Space of Residential Buildings(sq.m/person)**	**32.77**	**34.61**	**35.75**

资料来源：天津市国土资源和房屋管理局。
Source: Tianjin Municipal Bureau of Land Resources and Housing Administration.

11-3 城市市政设施情况(2011—2013年)

Municipal Facilities in City,2011-2013

指　标	Item	单　位	Unit	2011	2012	2013
年末实有道路	**Road (year-end)**					
铺装道路长度	Length of Paved Roads	公　里	km	5991	6462	6933
铺装道路面积	Area of Paved Roads	万平方米	10 000 sq.m	10492	11611	12440
# 人行道面积	Area of Footway	万平方米	10 000 sq.m	2356.00	2752.00	2952.16
人均拥有道路面积	Per Capita Area of Paved Roads	平方米	sq.m	17.05	17.88	18.74
年末实有桥梁	**Bridges (year-end)**					
桥梁座数	Number of Bridges	座	unit	584	736	809
# 立交桥	Flyovers	座	unit	81	89	103
年末实有路灯盏数	**Number of Road Lamps (year-end)**	**万　盏**	**10 000 units**	**24.60**	**28.20**	**29.40**
排泄污水能力	**Capacity of Sewage Drainage**					
污水年排放量	Annual Volume of Sewage Drainage	万　吨	10 000 tons	67180	74473	78694
排水管道长度	Length of Drainpipe	公　里	km	16551	17756	18644
污水处理厂	Sewage Treatment Works	座	set	33	36	39
污水处理厂能力	Disposal Capacity of Sewage Treatment Works	万吨/日	10 000 tons/day	229.6	254.6	259.0
建成区排水管道密度	Density of Drainpipe in Developed Area	公里/平方公里	km/sq. km	23.29	24.59	24.95
污水处理率	**Percentage of Disposed Sewage Treatment**	**%**	**%**	**86.8**	**88.2**	**90.0**

11-4 城市自来水(2011—2013年)

Urban Tap Water,2011-2013

指　标	Item	单　位	Unit	2011	2012	2013
综合生产能力	Production Capacity	万吨／日	10 000 tons/day	429.44	439.54	453.54
供水管道	Length of Water Supply Pipelines	公　里	km	11906	12926	13411
供水总量	Total Annual Volume of Water Supply	万　吨	10 000 tons	74483	77218	78631
售水总量	Total Annual Volume of Water Sold	万　吨	10 000 tons	64674	67923	69388
# 生活用水	For Residential Use	万　吨	10 000 tons	29525	32456	34479
生产用水	For Productive Use	万　吨	10 000 tons	31497	30549	30794
用水人口	Number of Residents with Access to Tap Water	万　人	10 000 persons	628.04	649.41	663.66
人均日生活用水量	Per Capita Daily Living Consumption of Tap Water	公　斤	kg	128.80	134.12	142.34

11−5 城市燃气基本情况(2011—2013年)

Basic Statistics on Gas in City,2011-2013

项　目	Item	2011	2012	2013
液化石油气	**Liquefied Petroleum Gas**			
储气能力(吨)	Storage Capacity(ton)	6789	6698	7002
销售量(吨)	Volume of Gas Sold(ton)	58608	49105	49490
工业用	For Industrial Use	32403	26441	26757
民　用	For Residential Use	26206	22664	22734
用气户数(户)	Gas Users(household)	68373	59628	62705
工业用	For Industrial Use	6183	4268	3076
民　用	For Residential Use	62190	55360	59629
天然气	**Natural Gas**			
储气能力(万立方米)	Storage Capacity(10 000 cu. m)	114	116	116
管道长度(公里)	Length of Pipelines(km)	11731	13627	14963
销售量(万立方米)	Volume of Gas Sold(10 000 cu. m)	162811	253750	269562
# 工业用	For Industrial Use	100791	161999	151849
福利用	For Welfare Use	37292	63761	72104
民　用	For Residential Use	24727	27990	43884
用气户数(户)	Gas Users(household)	2671407	2945182	3140010
工业用	For Industrial Use	1089	1744	1605
福利用	For Welfare Use	12299	12110	14351
民　用	For Residential Use	2658019	2931328	3124054
用气普及率(%)	**Percentage of Population with Access to Gas(%)**	**100**	**100**	**100**

注：工业用液化石油气数据含福利、商业和其他用。
Note: Volume of liquefied petroleum gas sold for industrial use include those for welfare, commerce and other use.

11−6 城市集中供热(2011—2013年)

Heating in City,2011-2013

项　目	Item	单　位	Unit	2011	2012	2013
供热能力	Heating Capacity					
蒸　汽	Steam	吨/小时	ton/hour	3025	3463	3717
热　水	Hot Water	兆瓦/小时	mega watts/hour	19325	21063	21572
供热总量	Volume Supplied					
蒸　汽	Steam	万吉焦/年	10 000 gigajoules/year	1757	1757	1827
热　水	Hot Water	万吉焦/年	10 000 gigajoules/year	9919	10244	11284
管道长度	Length of Pipelines	公　里	km	15278	16190	17989
供热面积	Heating Area	万平方米	10 000 sq.m	27163	30000	32897
# 住　宅	Residential Buildings	万平方米	10 000 sq.m	20626	23028	25248

11-7 城市公共交通(2011—2013年)
Public Traffic in City,2011-2013

指　标	Item	单　位	Unit	2011	2012	2013
公共汽车	**Public Transportation Vehicles**					
运营车辆	Operation Vehicles	辆	unit	7686	8405	9670
线路条数	Number of Routes	条	route	523	536	566
线路长度	Length of Routes	公　里	km	12606	12732	13460
客运总量	Volume of Passengers	万人次	10 000 person-times	130100	135744	136489
日均乘客人数	Average Daily Passengers	万人次	10 000 person-times	356	372	374
每万人拥有公共交通车辆	Number of Public Transportation Vehicles per 10 000 Persons	标　台	unit	14.2	16.2	17.0
营运出租汽车	**Operating Taxis**	辆	**unit**	**31940**	**31940**	**31940**
轨道交通	**Subway**					
地　铁	Metro					
运营车辆	Operation Vehicles	节	car	150	450	450
运营线路长度	Length of Operation lines	公　里	km	26.6	78.5	82.5
客运总量	Volume of Passengers	万人次	10 000 person-times	4854	8019	19986
津滨轻轨	Binhai Mass Trains					
运营车辆	Operation Vehicles	节	car	152	156	156
运营线路长度	Length of Operation lines	公　里	km	51.7	52.2	52.2
客运总量	Volume of Passengers	万人次	10 000 person-times	2585	3081	4310

11-8 城市环境卫生事业发展情况(2011—2013年)
Development of Urban Environmental Sanitation,2011-2013

指　标	Item	单　位	Unit	2011	2012	2013
清运垃圾粪便工作量	**Volume of Garbage, Excrement and Urine Disposal**					
道路清扫保洁面积	Area of Road Cleaned	万平方米	10 000 sq.m	8831	8723	10098
生活垃圾清运量	Volume of Living Garbage Disposal	万　吨	10 000 tons	190	186	200
粪便清运量	Volume of Excrement and Urine Disposal	万　吨	10 000 tons	25	32	31
垃圾无害化处理量	Volume of Garbage Innocuous Disposal	万　吨	10 000 tons	190	185	194
生活垃圾无害化处理率	**Innocuous Disposal Rate of Living Garbage**	**%**	**%**	**100.0**	**99.8**	**96.8**
环境卫生设施	**Environmental Sanitation Facilities**					
公共厕所	Lavatories	座	unit	1231	1192	1193
垃圾无害化处理厂	Garbage Innocuous Disposal Plant	座	unit	9	9	10
无害化处理厂能力	Capacity of Innocuous Disposal Plant	吨/日	ton/day	9500	9500	10500
环卫职工人数	**Number of Environment Sanitation Staff & Workers**	人	**person**	**22584**	**24065**	**27579**

11-9 城市园林绿化情况(2011—2013年)

Parks, Gardens and Green Area in City,2011-2013

指　标	Item	2011	2012	2013
公　园(个)	Parks(unit)	77	84	91
花　圃(个)	Gardens(unit)	9	10	11
建成区园林绿地面积(公顷)	Total Area of Parks, Gardens and Green Area in Developed Area(hectare)	21728	22319	23196
公园绿地	Park Green Area	6341	6846	7279
生产绿地	Production Green Area	979	948	931
防护绿地	Protection Green Area	1027	859	1218
附属绿地	Accessorial Green Area	10251	11083	11213
其他绿地	Other Green Area	3130	2583	2555
年末实有树木(万株)	Trees(year-end)(10 000 trees)	4491	6604	6753
# 行道树	Roadside Trees	104	96	89
建成区绿化覆盖率(%)	Coverage Rate of Afforestation in Developed Area(%)	34.5	34.9	34.9
建成区绿地率(%)	Coverage Rate of Green Area in Developed Area(%)	30.6	30.9	31.0
人均公园面积(平方米)	Per Capita Area of Parks(sq. m)	10.3	10.5	11.0

11-10 公园分布(2013年)

Distribution of Parks,2013

地　区	Region	公园个数(个) Number of Parks (unit)	地　区	Region	公园面积(公顷) Area of Parks (hectare)
合　计	**Total**	**91**	**合　计**	**Total**	**2030**
河东区	Hedong District	7	河东区	Hedong District	68
河西区	Hexi District	11	河西区	Hexi District	59
南开区	Nankai District	7	南开区	Nankai District	297
河北区	Hebei District	5	河北区	Hebei District	65
红桥区	Hongqiao District	8	红桥区	Hongqiao District	56
东丽区	Dongli District	4	东丽区	Dongli District	28
津南区	Jinnan District	2	津南区	Jinnan District	76
北辰区	Beichen District	3	北辰区	Beichen District	11
武清区	Wuqing District	9	武清区	Wuqing District	219
宝坻区	Baodi District	4	宝坻区	Baodi District	52
滨海新区	Binhai New Area	31	滨海新区	Binhai New Area	1099

11-11 水资源情况(2002—2013年)

Water Resources,2002-2013

年 份 Year	水资源总量 (亿立方米) Total Amount of Water Resources (100 million cu. m)	地表水 Surface Water	地下水 Underground Water	地表水与地下水资源重复量 Duplicated Measurement of Surface and Underground	人均水资源量 (立方米／人) Per Capita Water Resources (cu.m/person)
2002	3.67	1.85	2.09	0.27	36.49
2003	10.60	6.15	4.82	0.37	105.03
2004	14.31	9.79	5.16	0.64	140.64
2005	10.63	7.13	4.44	0.94	102.87
2006	10.11	6.62	4.46	0.97	95.47
2007	11.31	7.50	4.76	0.95	103.29
2008	18.30	13.61	5.91	1.22	159.76
2009	15.24	10.59	5.60	0.95	126.80
2010	9.20	5.58	4.45	0.83	70.81
2011	15.38	10.89	5.22	0.73	113.54
2012	32.92	26.54	7.62	1.24	232.95
2013	14.64	10.80	5.01	1.17	145.82

11-12 供水用水情况(2002—2013年)

Water Supply and Water Use,2002-2013

单位：万立方米(10 000 cu. m)

年 份 地 区	Year Region	供用水总量 Water Supply & Use	地表水 Surface Water	地下水 Underground Water	农业用水 Agricultural Use
2002		199610	117421	82189	106244
2003		205118	133713	71405	114072
2004		219623	148932	70691	121529
2005		225193	160224	64969	135267
2006		224996	161001	63995	133965
2007		230060	164917	65143	138408
2008		214274	154793	59481	120603
2009		229204	172135	57069	128400
2010		217258	161585	55673	109653
2011		224569	169420	55149	115500
2012		212920	161926	50994	107793
2013		237560	180653	56907	121667
东丽区	Dongli District	7226	5205	2021	548
西青区	Xiqing District	12408	10252	2156	10170
津南区	Jinnan District	2237	940	1297	848
北辰区	Beichen District	3561	2149	1412	1648
武清区	Wuqing District	38251	28962	9289	31559
宝坻区	Baodi District	45291	36907	8384	42173
滨海新区	Binhai New Area	37127	28634	8493	6236
宁河县	Ninghe County	17852	13809	4043	13346
静海县	Jinghai County	8130	3400	4730	4630
蓟 县	Jixian County	16403	2838	13565	10509

资料来源：天津市水务局。
Source:Tianjin Municipal Water Conservancy Bureau.

11-13 水、大气、声、生态环境情况(2011—2013年)

Water, Atmospheric, Acoustic and Ecological Environment,2011-2013

指标	Item	2011	2012	2013
水环境	**Water Environment Conditions**			
废水排放总量(万吨)	Volume of Waste Water Discharged (10 000 tons)	67147	82813	84210
工业源	Industrial Source	19795	19117	18692
城镇生活源	Urban Residential Source	47322	63650	65469
集中式治理设施	Centralized Treatment Facilities	30	46	49
化学需氧量排放量(吨)	COD of Waste Water Discharged (ton)	235832	229501	221515
工业源	Industrial Source	24294	26601	26215
城镇生活源	Urban Residential Source	96422	88544	84886
农业源	Agricultural Source	114674	113889	109935
集中式治理设施	Centralized Treatment Facilities	442	467	479
氨氮排放量(吨)	Emission of Ammonia and Nitrogen (ton)	26378	25512	24792
工业源	Industrial Source	3253	3391	3452
城镇生活源	Urban Residential Source	17128	16138	15670
农业源	Agricultural Source	5961	5945	5632
集中式治理设施	Centralized Treatment Facilities	36	38	38
城市饮用水源地水质达标率(%)	Urban Drinking Water Sources Quality Rate (%)	100	100	100
近海海域功能区水质达标率(%)	Inshore Area Water Quality Rate (%)	19.4	2.8	31.0
大气环境	**Atmospheric Environment Conditions**			
空气质量状况	Ambient Air Quality			
可吸入颗粒物(毫克/立方米)	(PM10) Particulate Matters (milligram/cu. m)	0.093	0.105	0.150
二氧化硫(毫克/立方米)	(SO2) Sulphur Dioxide (milligram/cu. m)	0.042	0.048	0.059
二氧化氮(毫克/立方米)	(NO2) Nitrogen Dioxide (milligram/cu. m)	0.038	0.042	0.054
空气质量达到及好于二级的天数(天)	Days of Air Quality Equal to or Above Grade II (day)	320	305	145
环境空气质量优良率(%)	Ambient Air Quality Fine Rate (%)	87.7	83.3	40.0
废气主要污染物排放情况	Major Pollutant Emission			
二氧化硫排放量(吨)	Sulphur Dioxide in Waste Gas (ton)	230900	224521	216832
工业源	Industrial Source	221897	215481	207793
城镇生活源	Urban Residential Source	8959	8959	8959
集中式治理设施	Centralized Treatment Facilities	44	81	80
氮氧化物排放量(吨)	Emission of Nitrogen Oxides (ton)	358900	334225	311719
工业源	Industrial Source	300404	275553	250646
城镇生活源	Urban Residential Source	4447	4447	5221
机动车	Automobiles	54004	54052	55669
集中式治理设施	Centralized Treatment Facilities	45	173	183
烟(粉)尘排放量(吨)	Volume of Fumes (Dust) Emission (ton)	75923	84061	87457
工业源	Industrial Source	65333	59036	62766
城镇生活源	Urban Residential Source	4071	18400	18400
机动车	Automobiles	6494	6587	6267
集中式治理设施	Centralized Treatment Facilities	25	38	24
工业废气排放总量(亿标立方米)	Volume of Industrial Waste Gas Emission (100 million standard cu. m)	8919	9032	8080

注：2013年起执行新《环境空气质量标准》(GB3095–2012)，空气质量达到及好于二级的天数和环境空气质量优良率数据与以前年度不可比。

Note:The data of this table adopt new《*Ambient Air Quality Standard*》(GB3095-2012)since 2013,the indicators of Days of Air Quality Equal to or Above Grade II and Ambient Air Quality Fine Rate are not comparable with the previous year.

11-13续表 *Continued*

指　　标	Item	2011	2012	2013
声 环 境(分贝)	**Acoustic Environment Conditions(decibel)**			
道路交通噪声平均声级	Equivalent Sound Level of City Traffic Noise	67.5	67.9	67.6
中心城区区域环境噪声平均声级	Central Urban Area Average Environmental Noise Level	54.4	54.3	54.0
生态环境	**Ecological Environment Conditions**			
自然保护区(个)	Nature Reserves(unit)	8	8	8
# 国家级自然保护区	State-level Nature Reserves	3	3	3
自然保护区面积(万公顷)	Nature Reserves Area(10 000 hectares)	9.11	9.11	9.06

11-14　工业固体废物利用与处置情况(2011—2013年)
Utilization and Disposal of Industrial Waste Residue,2011-2013

单位：万吨(10 000 tons)

指　　标　　Item	2011	2012	2013
工业固体废物产生量 Amount of Industrial Waste Residue Produced	1762	1831	1604
# 危险废物 Dangerous Waste	10.27	11.47	11.81
工业固体废物综合利用量 Volume of Comprehensive Utilization of Industrial Waste Residue	1752	1820	1586
# 危险废物 Dangerous Waste	3.09	3.96	3.53
工业固体废物综合利用率(%) Rate of Comprehensive Utilization of Industrial Waste Residue (%)	99.12	99.22	98.88
工业固体废物处置量 Volume of Industrial Solid Waste Disposed	16.33	14.31	17.95
# 危险废物 Dangerous Waste	7.18	7.51	8.28
工业固体废物处置率(%) Disposal Rate of Industrial Waste Residue (%)	0.93	0.78	1.12

11-15 建设项目环境管理情况(2011—2013年)

Implementation of Environmental Management on Construction Project,2011-2013

指　　标	Item	2011	2012	2013
办理建设项目环境影响评价审批(项)	Approval of Assessment of Environment Effect of Construction Projects (unit)	3004	3261	3330
编制环境影响报告书(项)	Statements of Environment Effect (unit)	599	440	519
办理环保竣工验收项目(个)	Projects with Completed Environmental Protection Check and Acceptance (unit)	1220	1408	1283
应执行“三同时”项目数(个)	Number of Projects Executing "Three Meantime" (unit)	1220	1408	1283
实际执行“三同时”项目(个)	Number of Actual Executed Projects (unit)	1220	1408	1283
当年完成项目实际投资额(亿元)	Actual Investment of Projects (100 million yuan)	1008.70	1365.56	1713.15
# 环保工程实际投资额	Actual Investment of Protecting Environment Projects	54.36	55.11	85.61

注：“三同时”指同时设计、同时施工、同时使用。
Note: "Three Meantime" refers to design, construction, and use at the same time.

11-16 工业污染治理情况(2011—2013年)

Industrial Pollution Treatment Condition,2011-2013

指　　标	Item	2011	2012	2013
工业污染治理情况(万元)	**Industrial Pollution Treatment Condition(10 0000 yuan)**			
本年完成投资	Investment Completed in Current Year	156090	125558	148366
治理废水	Treating Waste Water	33796	11306	6436
治理废气	Treating Waste Gas	47563	42459	74491
治理固体废物	Treating Waste Residue	33245	4389	
治理噪声	Treating Noise Pollution	14	1208	25
其　他	Others	41472	66196	67414
本年安排治理项目(个)	Number of Treating Projects in Current Year(unit)	126	135	66
本年竣工项目	Number of Projects Completed in Current Year	108	73	66
治理废水	Treating Waste Water	35	20	13
治理废气	Treating Waste Gas	44	26	39
治理固体废物	Treating Waste Residue	3	5	
治理噪声	Treating Noise Pollution	1	6	
其　他	Others	25	16	14

主要统计指标解释

建成区

指城市行政区内实际已成片开发建设、市政公用设施和公共设施基本具备的区域。对核心城市，它包括集中连片的部分以及分散的若干个已经成片建设起来的市政公用设施和公共设施基本具备的地区；对一城多镇来说，它包括由几个连片开发建设起来的市政公用设施和公共设施基本具备的地区组成。因此建成区范围，一般是指建成区外轮廓线所能包括的地区，也就是这个城市实际建设用地所达到的范围。

水资源总量

一定区域内的水资源总量指当地降水形成的地表和地下产水量，即地表径流量与降水入渗补给量之和，不包括过境水量。

化学需氧量(COD)

测量有机和无机物质化学分解所消耗氧的质量浓度的水污染指数。

工业固体废物产生量

系指未被列入《国家危险废物名录》或者根据国家规定的危险废物鉴别标准（GB5085）、固体废物浸出毒性浸出方法（GB5086）及固体废物浸出毒性测定方法（GB/T 15555）鉴别方法判定不具有危险特性的工业固体废物。计算公式是：

工业固体废物产生量=（工业固体废物综合利用量-综合利用往年贮存量）+工业固体废物贮存量+（工业固体废物处置量-处置往年贮存量）+工业固体废物倾倒丢弃量

工业固体废物综合利用量

指报告期内企业通过回收、加工、循环、交换等方式，从固体废物中提取或者使其转化为可以利用的资源、能源和其他原材料的固体废物量(包括当年利用往年的工业固体废物贮存量)。如用作农业肥料、生产建筑材料、筑路等。综合利用量由产生固体废物的单位统计。

工业固体废物综合利用率

指工业固体废物综合利用量占工业固体废物产生量(包括综合利用往年贮存量)的百分率。计算公式为：

工业固体废物综合利用率=

$$\frac{\text{工业固体废物综合利用量}}{\text{工业固体废物产生量}+\text{综合利用往年贮存量}}\times 100\%$$

噪声等效声级（LEQ）

指在规定的时间内，某一连续稳态声的A〔计权〕声压，具有与时变的噪声相同的均方A〔计权〕声压，则这一连续稳态声的声级，就是此时变噪声的等效声级。噪声等效声级(分贝)数值越小越好。

自然保护区

指对有代表性的自然生态系统、珍稀濒危野生动植物物种的天然分布区、水源涵养区、有特殊意义的自然历史遗迹等保护对象所在的陆地、陆地水体或海域，依法划出一定面积进行特殊保护和管理的区域。以县及县以上各级人民政府正式批准建立的自然保护区为准。风景名胜区、文物保护区不计在内。

Explanatory Notes on Main Statistical Indicators

Developed Area

refers to the land in administrative areas having been developed concentratedly with municipal public facilities. For core city, developed areas include concentrated areas and decentralized areas having basic perfect municipal public facilities; for the city with several towns, developed areas are composed of several concentrated areas with municipal public facilities. Therefore, the scope of developed areas refers to actual construction land of a city.

Total Water Resources

refer to the total volume of surface and underground water formed by precipitation in the local region, which equals to the sum of surface runoff and the infiltration supplement of underground water from precipitation, excluding crossing water.

Chemical Oxygen Demand (COD)

refers to the water pollution index of measuring the mass concentration of oxygen consumed in the chemical decomposition of organic and inorganic matter.

Industrial Solid Wastes Produced

refers to the industrial solid wastes that are not listed in the 《*National Catalogue of Hazardous Wastes*》, or not regarded as hazardous according to the national hazardous waste identification standards (GB5085), solid waste-Extraction procedure for leaching toxicity (GB5086) and solid waste-Extraction procedure for leaching toxicity (GB/T 15555). The calculation formula is as followed:

Common Industrial Solid Wastes Produced = (common industrial solid wastes utilized-the proportion of utilized stock of previous years) + common industrial solid waste stock + (common industrial solid wastes disposed-the proportion of disposed stock of previous years) + common industrial solid wastes discharged.

Industrial Solid Wastes Comprehensively Utilized

refers to volume of solid wastes from which useful materials can be extracted or which can be converted into usable resources, energy or other materials by means of reclamation, processing, recycling and exchange (including utilizing in the year the stocks of industrial solid wastes of the previous year) during the report period, e.g. being used as agricultural fertilizers, building materials or as material for paving road. Examples of such utilization include fertilizers, building materials and road materials. The information shall be collected by the producing units of the wastes.

Ratio of Comprehensive Utilization of Industrial Waste Residue

refers to the percentage of industrial solid wastes utilized over industrial solid wastes produced (including stocks of the previous years). It is calculated as:

$$\text{Ratio of Comprehensive Utilization of Industrial Waste Residue} = \frac{\text{Volume of Industrial Solid Wastes Utilized}}{\text{Industrial Solid Wastes Produced} + \text{Stock of Previous Years}} \times 100\%$$

Level of Equivalent Noise (LEQ)

refers to the A sound pressure of a continuous steady state sound, in the specified time interval with the same mean square A sound pressure as the time variant noise. This sound level of a continuous steady state sound is the equivalent sound level of the time variant noise. The smaller of the value of noise equivalent sound level (dB), the better.

Natural Reserves

refers to certain areas of land, waters or sea that are representative in natural ecological systems, or are natural habitats for rare or endangered wild animals or plants, or water conservation zones, or the location of important natural or historic relics, which are marked by law and put under special protection and management. Natural reserves are designated by the formal approval of governments at and above county level. Scenic spots and cultural preservation zones are not included.

12 农业 Agriculture

12-1 农村经济主要指标

Major Indicators of Rural Economy

项 目	Item	2012	2013	2013比2012年增长(%) Increase Rate in 2013 over 2012 (%)
农林牧渔业总产值(亿元)	**Gross Output Value of Farming, Forestry, Animal Husbandry and Fishery (100 million yuan)**	**375.62**	**412.36**	**3.8**
农 业	Farming	195.99	217.16	4.4
林 业	Forestry	2.79	3.09	2.8
牧 业	Animal Husbandry	105.01	108.63	2.4
渔 业	Fishery	61.66	73.20	5.4
农林牧渔服务业	FFAF Services	10.17	10.28	0.4
农林牧渔业增加值(亿元)	**Value Added of Farming, Forestry, Animal Husbandry and Fishery (100 million yuan)**	**171.59**	**188.54**	**3.7**
农业机械及灌溉	**Agricultural Machinery and Irrigation**			
农机总动力(万千瓦)	Total Power of Agricultural Machinery (10 000 kw)	568.13	554.18	-2.5
大中型拖拉机(台)	Large and Medium-sized Tractors (set)	15002	15586	3.9
小型拖拉机(万台)	Mini-tractors (10 000 sets)	2.31	0.92	-60.2
年末实有机电井(眼)	Motor-pumped Well (year-end) (unit)	25333	23842	-5.9
有效灌溉面积(万公顷)	Effective Irrigated Area (10 000 hectares)	33.70	30.89	-8.3
节水灌溉面积(万公顷)	Water-saving Irrigated Area (10 000 hectares)	29.21	17.73	-39.3
农村用电量（万千瓦小时）	**Rural Electricity Consumption(10 000 kwh)**	**516155**	**692249**	**34.1**
农作物总播种面积(万公顷)	**Total Sown Areas of Farm Crops (10 000 hectares)**	**47.90**	**47.35**	**-1.1**
# 粮 食	Grain	32.29	33.28	3.1
蔬 菜	Vegetables	8.89	8.99	1.1
总产量(万吨)	**Yield of Farm Crops (10 000 tons)**			
# 粮 食	Grain	161.76	174.71	8.0
蔬 菜	Vegetables	447.70	455.06	1.6
水果产量(万吨)	**Yield of Fruits (10 000 tons)**	**58.19**	**54.17**	**-6.9**
# 果用瓜	Melon-Fruits	27.57	26.59	-3.6
年末实有林地面积(万公顷)	**Forest Area(year-end)(10 000 hectares)**	**21.46**	**22.17**	**3.3**
# 当年造林面积(万公顷)	Afforested Area in Current Year (10 000 hectares)	0.57	0.74	29.8

注：农林牧渔业增长速度按可比价格计算，下表同。

Note: Increase rate of gross output value of farming, forestry, animal husbandry and fishery is calculated based on constant prices. Same as following next.

12-1续表 *Continued*

项 目	Item	2012	2013	2013比2012年增长(%) Increase Rate in 2013 over 2012 (%)
畜牧业生产	**Production of Animal Husbandry**			
生猪年末存栏(万头)	Pigs in Hand (year-end) (10 000 heads)	193.75	200.99	3.7
生猪当年出栏(万头)	Number of Slaughtered Pigs (10 000 heads)	374.21	381.68	2.0
牛年末存栏(万头)	Cattle in Hand (year-end) (10 000 heads)	29.14	28.32	-2.8
# 乳 牛	Cows	15.58	15.11	-3.0
牛当年出栏(万头)	Number of Slaughtered Cattle (10 000 heads)	19.02	19.05	0.2
羊年末存栏(万只)	Sheep & Goats in Hand (year-end) (10 000 heads)	41.39	45.43	9.8
羊当年出栏(万只)	Number of Slaughtered Sheep and Goats (10 000 heads)	65.01	64.92	-0.1
家禽年末存栏(万只)	Poultry in Hand (year-end) (10 000 heads)	2542.42	2747.97	8.1
# 产蛋鸡	Hens	1129.89	1196.14	5.9
家禽当年出栏(万只)	Number of Slaughtered Poultry (10 000 heads)	8009.45	8017.46	0.1
畜禽产品产量(万吨)	**Output of Animal and Poultry (10 000 tons)**			
肉类总产量	Output of Meat	45.80	46.48	1.5
# 猪 肉	Pork	29.20	29.82	2.1
牛羊肉	Beef and Mutton	4.73	4.77	0.8
禽 肉	Poultry	11.31	11.33	0.2
禽蛋产量	Output of Poultry Eggs	19.05	18.89	-0.8
奶类产量	Output of Milk	68.17	68.53	0.5
渔业生产	**Production of Fishery**			
水产养殖面积(万公顷)	Culture Areas of Aquatic Products (10 000 hectares)	4.13	4.12	-0.2
# 淡 水	Fresh Water	3.74	3.80	1.6
水产品产量(万吨)	Output of Aquatic Products (10 000 tons)	36.50	39.86	9.2
# 淡 水	Fresh Water	32.34	31.98	-1.1

12-2 农业生产条件情况(1996—2013年)

Conditions of Agricultural Production,1996-2013

年 份 Year	年末实有常用耕地面积(万公顷) Cultivated Area (year-end) (10 000 hectares)	年末实有林地面积(万公顷) Forest Area (year-end) (10 000 hectares)	# 当年造林面积 Afforested Area in Current Year	水产养殖面积(万公顷) Culture Area of Aquatic Products (10 000 hectares)	有效灌溉面积(万公顷) Effective Irrigated Area (10 000 hectares)
1996	42.58	9.26	0.62	3.41	33.26
1997	42.52	9.85	0.90	3.81	33.28
1998	42.49	11.14	0.91	3.71	33.29
1999	42.46	12.74	0.94	3.76	34.39
2000	42.43	13.69	0.93	3.64	35.32
2001	42.39	14.19	0.50	3.67	35.43
2002	42.28	17.53	0.85	3.82	35.44
2003	41.85	18.21	0.69	3.83	35.41
2004	41.53	18.75	0.53	4.04	35.34
2005	41.45	19.05	0.36	4.17	35.52
2006		19.35	0.30	4.34	34.96
2007	40.60	18.73	0.51	4.19	34.93
2008	40.44	19.64	1.50	4.08	34.80
2009	40.26	21.26	1.62	4.31	34.76
2010	39.88	20.91	1.81	4.16	34.46
2011	39.65	21.19	0.86	4.04	33.80
2012	39.54	21.46	0.57	4.13	33.70
2013	39.25	22.17	0.74	4.12	30.89

12-2续表 *Contiuned*

年 份 Year	农用机械总动力(万千瓦) Total Power of Agricultural Machinery (10 000 kw)	机耕面积(万公顷) Cultivated Area Using Machinery (10 000 hectares)	机播面积(万公顷) Sown Area Using Machinery (10 000 hectares)	化肥施用量(折纯)(万吨) Consumption of Chemical Fertilizers (Pureness) (10 000 tons)	农村用电量(万千瓦小时) Rural Electricity Consumption (10 000 kwh)
1996	384.22	39.85	22.28	48.82	358184
1997	417.37	39.66	25.00	49.15	330249
1998	440.57	40.13	24.99	51.48	337565
1999	481.54	39.62	24.93	47.24	343667
2000	593.40	39.62	25.73	16.64	354946
2001	603.32	37.26	24.11	17.31	377823
2002	612.72	38.17	23.95	17.59	402785
2003	601.66	37.05	23.57	17.80	423157
2004	608.13	37.35	27.66	22.85	484221
2005	611.94	37.62	28.94	23.29	522492
2006	603.39	37.74	29.91		
2007	604.90	37.71	34.32	25.82	525220
2008	596.60	36.04	36.31	25.88	457875
2009	595.00	36.14	36.69	25.96	513898
2010	587.79	37.65	40.23	25.54	509920
2011	583.87	37.53	41.78	24.39	512968
2012	568.13	37.07	41.98	24.45	516155
2013	554.18	36.23	41.90	24.34	692249

注：化肥施用量2000年以前为实物量。
Note: Consumption of chemical fertilizers referred to full-scale quantity before 2000.

12-3 农林牧渔业总产值和增长速度(1996—2013年)

Gross Output Value and Increase Rate of Farming, Forestry, Animal Husbandry and Fishery,1996-2013

年 份 Year	合 计 Total	农 业 Farming	林 业 Forestry	牧 业 Animal Husbandry	渔 业 Fishery	农林牧渔服务业 FFAF Services
总 产 值(亿元) **Gross Output Value** **(100 million yuan)**						
1996	133.53	90.17	0.96	30.27	12.13	
1997	140.47	89.77	1.00	33.99	15.71	
1998	156.16	98.83	1.19	38.09	18.05	
1999	150.11	91.58	1.42	38.95	18.16	
2000	156.30	83.42	1.37	51.75	19.76	
2001	169.51	86.73	1.46	60.76	20.56	
2002	181.07	86.06	1.52	69.21	24.28	
2003	193.44	88.20	1.61	77.22	26.41	
2004	221.35	95.29	1.66	92.55	31.85	
2005	238.34	97.49	1.89	102.71	36.25	
2006	225.04	110.05	2.01	70.52	35.32	7.14
2007	240.74	117.60	2.08	76.93	36.13	8.00
2008	268.11	127.67	2.22	86.03	43.81	8.38
2009	281.65	139.70	2.22	83.57	47.53	8.64
2010	317.33	168.25	2.36	87.49	50.26	8.97
2011	349.48	179.87	2.46	98.52	58.61	10.03
2012	375.62	195.99	2.79	105.01	61.66	10.18
2013	412.36	217.16	3.09	108.63	73.20	10.28
比上年增长(%) **Increase Rate over** **Preceding Year (%)**						
1996	7.5	8.5	10.3	3.5	10.6	
1997	7.6	5.1	2.6	10.5	15.7	
1998	11.8	8.2	39.7	15.4	21.2	
1999	0.4	-6.3	15.1	13.7	3.1	
2000	4.2	-4.4	-5.7	19.6	6.1	
2001	8.0	4.1	7.2	15.9	3.0	
2002	6.0	-8.9	13.7	14.9	36.2	
2003	6.6		3.8	13.6	6.7	
2004	5.2	3.1	2.6	5.8	10.5	
2005	4.8	0.2	13.6	7.5	10.6	
2006	3.6	4.0	4.6	2.9	4.8	1.4
2007	1.5	2.1	4.6	-1.1	4.0	3.7
2008	3.3	3.1	6.2	3.5	3.4	2.0
2009	3.7	4.8	1.3	3.0	2.2	2.1
2010	3.5	4.6	3.1	2.4	2.2	2.8
2011	4.2	5.5	4.0	2.0	2.9	9.0
2012	3.2	1.8	8.2	6.6	2.3	0.4
2013	3.8	4.4	2.8	2.4	5.4	0.4

12-4 农林牧渔业总产值结构(1996—2013年)

Structure of Gross Output Value of Farming, Forestry, Animal Husbandry and Fishery,1996-2013

单位：%(%)

年 份 Year	合 计 Total	农 业 Farming	林 业 Forestry	牧 业 Animal Husbandry	渔 业 Fishery	农林牧渔服务业 FFAF Services
1996	100	67.5	0.7	22.7	9.1	
1997	100	63.9	0.7	24.2	11.2	
1998	100	63.3	0.8	24.4	11.5	
1999	100	61.0	0.9	25.9	12.2	
2000	100	53.4	0.9	33.1	12.6	
2001	100	51.2	0.9	35.8	12.1	
2002	100	47.5	0.8	38.3	13.4	
2003	100	45.6	0.8	39.9	13.7	
2004	100	43.1	0.7	41.8	14.4	
2005	100	40.9	0.8	43.1	15.2	
2006	100	48.9	0.9	31.3	15.7	3.2
2007	100	48.8	0.9	32.0	15.0	3.3
2008	100	47.6	0.8	32.1	16.3	3.2
2009	100	49.6	0.8	29.7	16.9	3.0
2010	100	53.0	0.7	27.6	15.8	2.9
2011	100	51.5	0.7	28.2	16.8	2.8
2012	100	52.2	0.7	28.0	16.4	2.7
2013	100	52.7	0.7	26.3	17.8	2.5

12-5 农作物播种面积(1996—2013年)

Sown Areas of Farm Crops,1996-2013

单位：万公顷(10 000 hectares)

年 份 Year	合 计 Total	粮 食 Grain	棉 花 Cotton	油 料 Oil-bearing Crops	蔬 菜 Vegetables	其他农作物 Others
1996	56.44	45.57	0.38	1.37	8.08	1.04
1997	55.73	43.99	0.28	1.61	8.82	1.03
1998	56.32	44.45	0.35	1.69	8.64	1.19
1999	56.29	43.10	0.60	1.62	9.86	1.11
2000	53.31	34.59	1.51	2.63	12.83	1.75
2001	54.45	32.85	4.50	2.05	12.95	2.10
2002	52.28	31.13	4.48	1.89	12.84	1.94
2003	50.15	25.81	7.06	1.58	13.46	2.24
2004	50.43	26.35	8.69	0.61	13.19	1.59
2005	49.94	28.77	6.12	0.51	12.97	1.57
2006	42.98	28.43	6.89	0.20	6.38	1.08
2007	43.40	29.20	6.75	0.18	6.34	0.93
2008	44.63	29.35	6.92	0.18	7.22	0.96
2009	45.52	30.66	5.56	0.20	8.08	1.02
2010	45.93	31.18	5.18	0.22	8.49	0.86
2011	46.80	31.08	6.00	0.22	8.71	0.79
2012	47.90	32.29	5.54	0.19	8.89	0.99
2013	47.35	33.28	3.92	0.18	8.99	0.98

12-6 主要农产品产量情况(1996—2013年)

Yield of Major Farm Crops,1996-2013

单位：万吨(10 000 tons)

年 份 Year	粮 食 Grain	# 小 麦 Wheat	# 玉 米 Corn	棉 花 Cotton	油 料 Oil-bearing Crops	蔬 菜 Vegetables
1996	207.00	67.35	75.41	0.51	3.13	452.71
1997	206.16	77.41	65.45	0.39	3.01	486.23
1998	210.12	76.06	75.51	0.63	3.76	505.35
1999	174.85	71.60	56.30	0.57	2.34	486.07
2000	124.05	59.91	40.95	1.75	3.31	530.60
2001	143.33	45.09	75.19	6.36	3.90	564.50
2002	137.82	44.11	71.05	6.24	3.40	584.31
2003	119.29	35.91	64.81	9.47	3.08	602.78
2004	125.27	37.81	70.71	12.03	1.55	585.43
2005	137.50	47.42	73.16	8.36	1.29	542.74
2006	141.90	49.90	79.70	9.50	0.50	275.50
2007	147.15	50.59	85.08	9.31	0.46	274.37
2008	148.93	52.47	84.29	8.29	0.48	314.16
2009	156.29	54.03	88.74	7.09	0.54	373.85
2010	159.74	53.20	92.74	6.27	0.64	419.31
2011	161.83	54.20	94.38	7.23	0.66	431.30
2012	161.76	55.76	92.45	5.76	0.56	447.70
2013	174.71	57.28	102.14	4.85	0.58	455.06

12-6续表 *Continued*

单位：万吨(10 000 tons)

年 份 Year	肉 类 Meat	# 猪 肉 Pork	# 牛羊肉 Beef and Mutton	禽 蛋 Poultry Eggs	奶 类 Milk	水产品 Aquatic Products
1996	16.94	10.50	3.30	16.65	10.69	16.99
1997	18.70	11.77	3.44	17.71	12.13	18.98
1998	21.74	13.88	3.74	22.68	11.69	21.38
1999	23.53	14.59	4.24	23.56	12.94	23.03
2000	29.49	17.96	4.76	25.60	16.52	24.22
2001	36.40	21.92	5.97	26.00	24.06	26.46
2002	44.88	26.09	7.39	24.47	33.59	28.56
2003	52.41	30.56	8.53	24.25	43.23	29.83
2004	53.73	33.05	8.73	24.38	54.24	31.00
2005	57.78	35.63	9.28	23.47	63.41	33.81
2006	34.95	21.80	5.20	19.04	65.77	31.40
2007	33.76	20.45	5.25	19.43	67.21	32.50
2008	37.13	23.48	5.12	19.69	70.12	33.67
2009	39.50	25.66	5.03	19.60	68.70	34.17
2010	42.60	27.98	4.63	19.92	69.30	34.49
2011	42.92	27.63	4.57	19.26	69.39	35.21
2012	45.80	29.20	4.73	19.05	68.17	36.50
2013	46.48	29.82	4.77	18.89	68.53	39.86

12-7 林业生产、果园面积及产量(2011—2013年)

Forestry Production, Orchard Areas and Output,2011-2013

项　　目	Item	2011	2012	2013
年末实有林地面积(万公顷)	**Forestry Areas (year-end) (10 000 hectares)**	**21.19**	**21.46**	**22.17**
# 当年造林面积	Afforested Areas in Current Year	0.86	0.57	0.73
封山育林面积(万公顷)	**Afforested Areas on Sealed Mountain (10 000 hectares)**	**2.60**	**2.60**	**2.60**
# 育苗面积	Areas Used for Cultivating Sapling	0.83	0.73	0.77
年末实有果园面积(万公顷)	**Areas of Orchards (year-end) (10 000 hectares)**	**3.25**	**3.37**	**3.42**
干果产量(吨)	**Output of Dry Fruits (ton)**	**1662**	**1939**	**2149**
# 核　桃	Walnuts	905	1012	1102
栗　子	Chestnuts	757	927	1047
园林水果产量(吨)	**Output of Fruits in Orchards (ton)**	**318816**	**306225**	**275807**
# 苹　果	Apples	55234	49639	47644
梨	Pears	39276	36218	36911
桃	Peaches	57102	58060	58060
鲜　枣	Fresh Jujubes	33837	34754	22828
葡　萄	Grapes	113241	106929	92851
柿　子	Persimmons	7712	8662	8307

12-8 水利设施情况(2013年)

Statistics on Water Conservancy Facilities,2013

项　　目	Item	大型水库 Large Reservoirs	中型水库 Medium Reservoirs
总库容量(万立方米)	Total Capacity of Reservoir(10 000 cu. m.)	223900	35254
灌溉面积(万公顷)	Irrigated Areas(10 000 hectares)		
设　计	Designed Areas	11.09	1.40
有　效	Effective Areas	6.27	1.40

12-9 新型农业发展状况(2013年)

Statistics on New-style Agriculture,2013

指　　标	Item	单　位	Unit	数　量 Number
观光休闲旅游农业园	**Agricultural Sightseeing Park**			
个　数	Number of Parks	个	unit	29
从业人员	Employment Personnel	人	person	1742
占地面积	Area of Parks	亩	mu	24821
接待游客	Tourists	人　次	person/time	858473
营业收入	Business Revenue	万　元	10 000 yuan	9388
设施养殖业	**Established Breeding**			
畜牧业面积	Area of Animal Husbandry	亩	mu	7640
渔业面积	Area of Fishery	亩	mu	11590
销售收入	Sales Revenue	万　元	10 000 yuan	80970
带动农户	Number of Rural Households Involved	户	household	2622
建设资金	Construction funds	万　元	10 000 yuan	60113
绿色农业	**Green Agriculture**			
绿色农作物种植面积	Sown Area of Farm Crops	亩	mu	152112
# 蔬　菜	Vegetable	亩	mu	108371
绿色种植业销售收入	Sales Revenue of Green Planting	万　元	10 000 yuan	92881
绿色养殖业销售收入	Sales Revenue of Green Livestock Husbandry	万　元	10 000 yuan	2549
制种农业	**Seed Production**			
籽种种植面积	Planted Area of Seeds	亩	mu	420
籽种销售收入	Sales Revenue of Seeds	万　元	10 000 yuan	60
种畜、种禽销售收入	Sales Revenue of Stud Stock	万　元	10 000 yuan	36
水产品种苗养殖面积	Cultivated Area of Aquatic Products	亩	mu	
水产品种苗销售收入	Sales Revenue of Aquatic Products	万　元	10 000 yuan	709
特种养殖产品销售收入	**Sales Revenue of Special Cultivated Products**	**万　元**	**10 000 yuan**	**4881**
订单农业	**Order Agriculture**			
农业订单数量	Number of Agriculture Order	个	unit	1954
农业订单总值	Total Value of Agriculture order	万　元	10 000 yuan	27025
农业园区	**Agricultural Park**			
个　数	Number of Parks	个	unit	82
占地面积	Area of Parks	亩	mu	95450
企业个数	Number of Enterprises	个	unit	84
从业人员	Employment Personnel	人	person	21664
带动农户	Number of Rural Households Involved	户	household	16666

主要统计指标解释

农林牧渔业总产值

指以货币表现的农、林、牧、渔业全部产品和对农林牧渔业生产活动进行的各种支持性服务活动的价值总量，它反映一定时期内农林牧渔业生产总规模和总成果。从 2003 年起，执行新的国民经济行业分类标准，农林牧渔业总产值中包括了农林牧渔服务业产值。

农林牧渔业总产值的计算方法通常是按农、林、牧、渔业产品及其副产品的产量分别乘以各自单位产品价格求得；少数生产周期较长，当年没有产品或产品产量不易统计的，则采用间接方法匡算其产值；然后将四业产品产值相加即为农林牧渔业总产值。

农林牧渔业增加值

指各种经济类型的农业生产单位和农户从事农业生产经营活动所提供的社会最终产品的货币表现。其计算方法有两种，一是生产法：农林牧渔业增加值＝农林牧渔业总产值－农林牧渔业中间消耗；二是分配法：农林牧渔业增加值＝固定资产折旧＋劳动者报酬＋生产税净额（生产税－生产补贴）＋营业盈余。

农用化肥施用量

指本年内实际用于农业生产的化肥数量，包括氮肥、磷肥、钾肥和复合肥。化肥施用量要求按折纯量计算数量。折纯量是指把氮肥、磷肥、钾肥分别按含氮、含五氧化二磷、含氧化钾的百分之百成份进行折算后的数量。复合肥按其所含主要成分折算。公式为：

折纯量＝实物量×某种化肥有效成份含量的百分比

农业机械总动力

指主要用于农、林、牧、渔业的各种动力机械的动力总和。包括耕作机械、排灌机械、收获机械、农用运输机械、植物保护机械、牧业机械、林业机械、渔业机械和其他农业机械。不包括专门用于乡、镇、村、组办工业、基本建设、非农业运输、科学试验和教学等非农业生产方面用的动力机械与作业机械。

有效灌溉面积

指灌溉工程或设备已基本配套，有一定水源，土地比较平整，在一般年景可以进行正常灌溉的耕地面积。在一般情况下，有效灌溉面积应等于灌溉工程或设备已经配套，能够进行灌溉的水田和水浇地面积之和。

当年出栏头数

指农林牧渔企业生产单位饲养的，供屠宰并已出栏的全部牲畜头数。包括交售给国家，集市上出售的部分。

肉类总产量

指当年出栏并已屠宰的猪、牛、羊、马、骡、驴、家禽、兔等肉产量。即屠宰后除去头、蹄、下水后带骨肉的重量，也叫胴体重。

水产品产量

指本年度内捕捞的水产品（包括人工养殖并捕捞的水产品和捕捞天然生长的水产品）产量。不论自食或出售的，都应计算在内。用作继续扩大再生产的水产品（如鱼苗、鱼种、鱼饵及转塘鱼、存塘鱼等）不作水产品产量统计。在淡水生长的各种水生植物，如莲藕、菱角等，因属农作物范畴，均不包括在水产品产量之内。

园林水果产量

指本年度内从果树上收获的全部水果产量，不论自食的或出售的，都应计算在内。不包括果用瓜(如西瓜、甜瓜、白兰瓜、哈密瓜、脆瓜等)和主要作蔬菜食用的藕、西红柿等。也不包括采集的野生水果。水果的产量按鲜果计算，干枣、葡萄干、柿饼、桔饼等应统一折成鲜果计算。

Explanatory Notes on Main Statistical Indicators

Gross Output Value of Farming, Forestry, Animal Husbandry and Fishery

refers to the total value of products of farming, forestry, animal husbandry and fishery, and total value of services rendered to support farming, forestry, animal husbandry and fishery activities. It reflects the total scale and results of agricultural production during a given period. A new industrial classification of economic activities was introduced in 2003. Under the new classification, value of services to farming, forestry, animal husbandry and fishery is included in the gross output value of agriculture.

Gross output value of agriculture is obtained by first multiplying the output of each product or by product by its price, resulting in the output value of each single item. For a small number of products, annual output of which is not available or difficult to get due to the long production (growing) process involved, the output value is estimated through an indirect approach. The sum of output value of all products of farming, forestry, animal husbandry and fishery is then equal to the gross output value of agriculture.

Value-added of Farming, Forestry, Animal Husbandry and Fishery

refers to the final results of various agricultural production and trade units in money terms. It is calculated with two approaches. First, production approach, *value-added of farming, forestry, animal husbandry and fishery = gross output value of farming, forestry, animal husbandry and fishery - intermediate input of farming, forestry, animal husbandry and fishery*. Second, distribution approach, *value-added of farming, forestry, animal husbandry and fishery = depreciation of fixed assets + Labourers remuneration + net taxes on production (taxes on production - subsidies of production) + operating - surplus.*

Consumption of Chemical Fertilizers in Agriculture

refers to the quantity of chemical fertilizers applied in agriculture in the year, including nitrogenous fertilizer, phosphate fertilizer, potash fertilizer, and compound fertilizer. The consumption of chemical fertilizers is required in calculation to convert the gross weight into weight containing 100% effective component (e.g. 100% nitrogen content in nitrogenous fertilizer, 100% phosphorous pent oxide contents in phosphate fertilizer, 100% potassium oxide contents in potash fertilizer). Compound fertilizer is converted with its major component. The formula is:

Volume of effective component = physical quantity x effective component of certain chemical fertilizer (%)

Total Power of Agricultural Machinery

refers to total mechanical power of machinery used in farming, forestry, animal husbandry, and fishery, including ploughing, irrigation and drainage, harvesting, transport, plant protection, stock breeding, forestry and fishery and other agricultural machineries. Machinery employed for non-agricultural purposes, such as the machines used in township run and village-run industry, construction, non-agricultural transport, scientific experiments and teaching, are excluded.

Effective Irrigated Area

refers to areas that are effectively irrigated, i.e. level land which has water source and complete sets of irrigation facilities to lift and move adequate water for irrigation purpose under normal conditions. In general, irrigated area equal to the sum area of paddy fields and irrigated land for irrigated engineering or complete sets.

Number of Livestock Slaughtered

refers to the total number of animals for butchering by farming, forestry, animal husbandry and fishery, including parts of selling to country and markets.

Output of Meat

refers to output of butchered pork, beef, mutton, horse, mule, donkey, fowls, and rabbit in the current year, which is the heaviness minus head, hoof, offal, named nes weight also.

Output of Aquatic Products

refers to amount of fishing (including artificially cultured, naturally grown), in respective consumption by peasants themselves or sold. It excludes aquatic (i.e. fish fry, fish grows, fish bait and transferred fish from piscine, leave fish) for continuing expanded reproduction aquatic. Various fresh water plants (i.e. lotus roots, water chestnut) are not included.

Yield of Fruits in Orchards

refer to total output of fruits harvested from fruit trees in current year, not only for eating but also for sale, but not include melon-fruits (for example, watermelon, melon, honey dew melon, crisp melon, etc.) , vegetables such as lotus root, tomatoes and so on, and collection of wild fruits. Output of fruits is calculated as fresh fruits. Dried dates, raisins, persimmon, orange cake, etc. should be unified into fresh fruits in the calculation.

13 工业 Industry

13-1 工业总产值及增长速度(1996—2013年)
Gross Output Value and Increase Rate of Industry,1996-2013

年 份 Year	全部工业 Gross Industry			规模以上工业 Industry above Designated Size		
	合 计 Total	轻工业 Light Industry	重工业 Heavy Industry	合 计 Total	轻工业 Light Industry	重工业 Heavy Industry
绝 对 数(亿元) Gross Output Value (100 million yuan)						
1996	2177.42	1014.46	1162.96	1666.26	678.68	987.58
1997	2450.21	1130.04	1320.17	1782.35	675.23	1107.21
1998	2562.62	1157.09	1405.53	2068.51	767.01	1301.50
1999	2751.37	1128.47	1622.90	2264.55	838.30	1426.25
2000	3080.74	1263.10	1817.64	2606.38	895.24	1711.14
2001	3366.53	1153.73	2212.80	2940.40	942.37	1998.03
2002	3717.72	1207.88	2509.84	3323.12	1012.41	2310.71
2003	4370.76	1254.68	3116.08	4049.61	1095.39	2954.22
2004	6186.04	1398.65	4787.39	5853.72	1265.73	4587.98
2005	7169.62	1569.06	5600.56	6774.10	1372.88	5401.23
2006	8907.45	1664.03	7243.42	8527.70	1475.67	7052.03
2007	10502.91	1967.37	8535.54	10075.07	1755.16	8319.91
2008	13042.91	2190.54	10852.37	12503.25	2099.90	10403.34
2009	13384.25	2290.38	11093.87	13083.63	2238.93	10844.70
2010	17107.19	2800.45	14306.74	16751.82	2731.22	14020.60
2011	21528.34	3746.71	17781.63	20862.74	3630.87	17231.87
2012	24194.13	4728.22	19465.91	23427.50	4578.40	18849.10
2013	27283.28	5861.38	21421.90	26514.51	5696.22	20818.29
比上年增长(%) Increase Rate over Preceding Year(%)						
1996	24.7	31.8	19.5	19.3	20.0	18.8
1997	12.9	13.6	12.2	13.2	8.8	16.5
1998	8.5	9.9	7.2	8.3	5.0	10.6
1999	13.0	5.9	19.4	16.3	21.8	12.7
2000	17.5	19.7	16.0	17.7	15.3	19.3
2001	14.0	6.6	28.4	17.7	7.6	23.1
2002	19.6	13.3	23.7	22.8	17.1	26.0
2003	24.1	18.5	27.0	26.1	20.8	28.7
2004	31.0	19.4	35.5	31.8	19.2	36.3
2005	19.5	9.3	22.8	20.8	9.6	24.0
2006	25.1	6.1	29.3	25.3	12.4	28.3
2007	20.1	19.4	20.2	20.4	20.1	20.4
2008	23.7	25.1	23.4	24.6	27.0	24.1
2009	8.6	5.8	9.2	8.8	5.9	9.4
2010	31.4	23.5	33.1	31.7	23.6	33.4
2011	28.7	39.2	26.8	29.2	40.0	27.2
2012	14.8	28.7	11.9	14.9	29.3	11.9
2013	13.0	12.9	13.0	13.1	13.0	13.1

注：1．工业总产值增长速度按可比口径计算。2.本表统计范围1998年以前为街乡及以上工业；1998年到2008年为全部国有及规模以上业；2008年以后为规模以上工业，2008到2010年规模以上为年主营业务收入500万元以上;2011年起规模以上为年主营业务收入2000万元以上(下同)。

Note: a)Increase rate of gross output value of industry are calculated at constant prices.b)Data before 1998 adopt coverage of industry of subdistrict, country and above.Data from 1998 until 2008 adopt coverage of all state-owned and above designated size industry.Data from 2008 adopt coverage of industry above designated size,which refers to enterprises with annual business revenue over 5 million yuan from 2008 to 2010 and over 20 million yuan from 2011(same as following next).

13–2 规模以上工业企业工业总产值

Gross Output Value of Industry above Designated Size

单位：亿元(100 million yuan)

项 目	Item	2012	2013	2013比2012年增长(%) Increase Rate in 2013 over 2012 (%)
全市总计	**Total**	**23427.50**	**26514.51**	**13.1**
# 国有及国有控股企业	State-owned and State-holding Enterprises	8445.92	8722.96	4.0
民营及民营控股企业	Private and Private holding Enterprises		8960.50	23.1
按登记注册类型分	**Grouped by Status of Registration**			
内资企业	Domestic-funded Enterprises	13886.26	15797.05	14.0
国 有	State-owned Enterprises	2531.55	2118.62	14.8
集 体	Collective-owned Enterprises	88.09	55.01	0.6
股份合作	Cooperative Enterprises	118.10	159.28	30.4
私营企业	Private Enterprises	3600.38	4337.96	20.1
股份有限公司	Share-holding Corporations Ltd.	2501.90	2725.93	5.5
有限责任公司	Limited Liability Corporations	4909.52	6366.27	12.7
# 国有独资公司	Sole State-funded Corporations	740.91	808.75	7.4
联营企业	Joint Ownership Enterprises	8.01	2.70	16.1
# 国有联营	State Joint Ownership Enterprises	1.43	0.90	-38.5
集体联营	Collective Joint Ownership Enterprises	2.91	1.80	27.2
其 他	Others	128.71	31.27	39.2
港、澳、台商投资企业	Enterprises with Investment from Hong Kong, Macao and Taiwan	2584.08	2893.36	8.6
外商投资企业	Foreign Funded Enterprises	6957.16	7824.10	12.9
按隶属关系分	**Grouped by Administrative Relationship**			
中 央	Central Industry	3388.35	3618.87	1.2
地 方	Local Industry	20039.15	22895.63	14.9
按轻重工业分	**Grouped by Light & Heavy Industry**			
轻工业	Light Industry	4578.40	5696.22	13.0
重工业	Heavy Industry	18849.10	20818.29	13.1
按企业规模分	**Grouped by Size of Enterprises**			
大 型	Large-sized	13723.05	15311.85	9.3
中 型	Medium-sized	4558.50	5677.84	16.2
小 型	Small-sized	4840.53	5235.84	20.6
微 型	Mini-sized	305.42	288.99	18.7

13−2续表 *Continued*

单位：亿元(100 million yuan)

项 目	Item	2012	2013	2013比2012年增长(%) Increase Rate in 2013 over 2012 (%)
按行业分	**Grouped by Sector**			
煤炭开采和洗选业	Mining and Washing of Coal	1187.33	1488.16	14.8
石油和天然气开采业	Extraction of Petroleum and Natural Gas	1391.46	1299.08	-6.4
黑色金属矿采选业	Mining and Processing of Ferrous Metal Ores	91.96	112.03	73.8
非金属矿采选业	Mining and Processing of Nonmetal Ores	12.82	12.29	6.6
开采辅助活动	Mining Assistant Activities	92.84	100.18	18.9
农副食品加工业	Processing of Food from Agricultural Products	820.43	827.64	4.2
食品制造业	Manufacture of Food	954.37	1128.39	18.1
酒、饮料和精制茶制造业	Manufacture of Alcohol, Beverages and Refined Tea	140.83	185.15	9.5
烟草制品业	Manufacture of Tobacco	45.32	50.16	10.7
纺织业	Manufacture of Textile	83.73	91.26	12.0
纺织服装、服饰业	Manufacture of Textile Wearing and Apparel	281.90	317.89	13.8
皮革、毛皮、羽毛及其制品业和制鞋业	Manufacture of Leather, Fur, Feather and Related Products, Footware	48.57	53.58	13.7
木材加工和木、竹、藤、棕、草制品业	Processing of Timber, Manufacture of Wood, Bamboo, Rattan, Palm and Straw Products	17.87	14.85	0.3
家具制造业	Manufacture of Furniture	76.56	86.81	14.9
造纸及纸制品业	Manufacture of Paper and Paper Products	189.59	208.05	26.1
印刷和记录媒介复制业	Printing, Reproduction of Recording Media and	42.17	80.21	16.4
文教、工美、体育和娱乐用品制造业	Manufacture of Articles for Culture, Education Industrial Arts,Sport Activity, Amusement Manufacturing	192.63	349.35	45.1
石油加工、炼焦及核燃料加工业	Processing of Petroleum, Coking, Processing of Nuclear Fuel	1181.60	1378.92	15.0
化学原料及化学制品制造业	Manufacture of Raw Chemical Materials and Chemical Products	1204.39	1293.48	8.1
医药制造业	Manufacture of Medicines	408.43	475.80	15.9
化学纤维制造业	Manufacture of Chemical Fibers	14.28	17.45	12.4
橡胶和塑料制品业	Manufacture of Rubber and Plastic	414.83	459.83	12.4
非金属矿物制品业	Manufacture of Non-metallic Mineral Products	314.00	320.44	8.3
黑色金属冶炼和压延加工业	Smelting and Pressing of Ferrous Metals	3757.32	4085.76	9.0
有色金属冶炼和压延加工业	Smelting and Pressing of Non-ferrous Metals	687.96	862.83	24.9
金属制品业	Manufacture of Metal Products	1032.24	1156.41	8.3
通用设备制造业	Manufacture of General Purpose Machinery	829.12	969.71	10.8
专用设备制造业	Manufacture of Special Purpose Machinery	1009.61	1181.77	31.1
汽车制造业	Manufacture of Motorcar	1728.84	1843.15	7.3
铁路、船舶、航空航天和其他运输设备制造业	Railway, Watercraft, Aerospace and Other Transport Equipment	597.40	781.13	38.4
电气机械和器材制造业	Manufacture of Electrical Machinery and Equipment	849.27	997.75	17.6
计算机、通信和其他电子设备制造业	Manufacture of Computers, Communication and Other Electronic Equipment	2558.62	3040.47	22.7
仪器仪表制造业	Manufacture of Measuring Instruments	67.48	62.13	10.7
其他制造业	Other Manufacturing	55.22	73.58	-29.5
废弃资源综合利用业	Comprehensive Recycling of Waste	196.70	201.32	-13.1
金属制品、机械和设备修理业	Metal Products, Machine and Equipment Repair	12.62	13.27	16.9
电力、热力生产和供应业	Production and Supply of Electric Power and Heat Power	716.45	758.60	4.9
燃气生产和供应业	Production and Supply of Gas	83.21	93.99	12.2
水的生产和供应业	Production and Supply of Water	37.53	41.60	8.1

13-3 主要工业产品生产能力

Production Capacity of Major Industrial Products

产品名称	Product	单 位	Unit	生产能力 Production Capacity
2012年	**Year of 2012**			
天然原油	Crude Petroleum Oil	万 吨	10 000 tons	3252.33
原油加工量	Crude Oil Processed	万 吨	10 000 tons	1880.38
发电量	Electricity	万千瓦	10 000 kw	1084.83
生 铁	Pig Iron	万 吨	10 000 tons	2835.00
粗 钢	Crude Steel	万 吨	10 000 tons	3262.50
钢 材	Rolled Steel	万 吨	10 000 tons	7766.15
水 泥	Cement	万 吨	10 000 tons	1397.90
农用化肥	Chemical Fertilizer	万 吨	10 000 tons	12.32
焦 炭	Coke	万 吨	10 000 tons	420.00
化学纤维	Chemical Fiber	万 吨	10 000 tons	11.04
平板玻璃	Plate Glass	万重量箱	10 000 weight cases	1869.00
卷 烟	Cigarettes	亿 支	100 million pieces	374.00
金属切削机床	Metal-cutting Machines	台	unit	1472.00
汽 车	Motor Vehicles	万 辆	10 000 units	82.50
# 轿 车	Cars	万 辆	10 000 units	77.50
彩色电视机	Color Television Sets	万 台	10 000 units	200.00
家用电冰箱	Household Refrigerators	万 台	10 000 units	80.00
房间空气调节器	Air Conditioners	万 台	10 000 units	600.00
移动电话机	Mobile Phones	万 部	10 000 units	12491.14
微型计算机设备	Micro-computers	万 部	10 000 units	8.50
2013年	**Year of 2013**			
天然原油	Crude Petroleum Oil	万 吨	10 000 tons	3163.99
原油加工量	Crude Oil Processed	万 吨	10 000 tons	1909.51
发电量	Electricity	万千瓦	10 000 kw	1188.43
生 铁	Pig Iron	万 吨	10 000 tons	2895.00
粗 钢	Crude Steel	万 吨	10 000 tons	3335.00
钢 材	Rolled Steel	万 吨	10 000 tons	8867.80
水 泥	Cement	万 吨	10 000 tons	1592.25
农用化肥	Chemical Fertilizer	万 吨	10 000 tons	24.42
焦 炭	Coke	万 吨	10 000 tons	426.00
化学纤维	Chemical Fiber	万 吨	10 000 tons	12.22
平板玻璃	Plate Glass	万重量箱	10 000 weight cases	3346.00
卷 烟	Cigarettes	亿 支	100 million pieces	437.50
金属切削机床	Metal-cutting Machines	台	unit	1613.50
汽 车	Motor Vehicles	万 辆	10 000 units	90.00
# 轿 车	Cars	万 辆	10 000 units	85.00
彩色电视机	Color Television Sets	万 台	10 000 units	240.00
家用电冰箱	Household Refrigerators	万 台	10 000 units	80.00
房间空气调节器	Air Conditioners	万 台	10 000 units	460.00
移动电话机	Mobile Phones	万 部	10 000 units	12046.97
微型计算机设备	Micro-computers	万 部	10 000 units	1505.59

13-4 主要工业产品产量(1996—2013年)

Output of Major Industrial Products,1996-2013

年 份 Year	布 (万米) Cloth (10 000 m)	纱 (万吨) Yarn (10 000 tons)	机制纸及纸板 (万吨) Machine-made Paper and Paperboards (10 000 tons)	合成洗涤剂 (万吨) Synthetic Detergents (10 000 tons)	饮料酒 (万千升) Alcoholic Beverage (10 000 kiloliters)	家用电冰箱 (万台) Household Refrigerators (10 000units)	电视机 (万台) Television Sets (10 000 units)	# 彩 色 电视机 Color Television Sets
1996	39662	10.51	45.89	12.07	10.72	0.29	157.34	117.80
1997	49845	13.61	40.56	10.28	13.73	0.69	84.36	59.16
1998	33326	8.37	33.64	9.65	15.25	2.29	82.94	47.87
1999	27308	8.45	25.50	8.75	14.21	9.93	84.67	50.34
2000	29217	8.80	25.18	7.19	15.75	8.42	94.27	72.28
2001	25861	8.13	20.63	5.68	20.71	3.85	66.24	51.42
2002	27082	9.18	27.98	5.41	20.64	19.14	87.06	76.35
2003	25114	7.47	17.76	5.09	24.72	29.17	121.09	112.41
2004	30805	7.51	36.03	5.04	23.65	28.25	110.99	109.42
2005	25850	7.32	18.89	1.40	20.81	19.30	66.01	64.90
2006	28346	7.62	26.71	0.74	29.80	9.34	98.51	98.11
2007	27782	7.28	33.90	0.58	35.27	50.03	153.75	153.75
2008	28934	4.95	41.38	0.83	31.62	59.38	203.58	203.58
2009	25819	4.32	33.06	0.67	41.02	53.87	140.50	140.50
2010	26352	3.81	91.82	0.58	43.57	62.84	212.67	212.67
2011	27792	3.08	125.86	0.62	41.82	49.37	186.61	186.61
2012	19854	3.05	222.80	1.38	33.20	51.41	192.80	192.80
2013	21220	5.05	241.66	21.49	31.04	49.26	277.10	277.10

13-4续表 *Continued*

年 份 Year	天然原油 (万吨) Crude Petroleum Oil (10 000 tons)	发电量 (亿千瓦小时) Electricity (100 million kwh)	粗 钢 (万吨) Crude Steel (10 000 tons)	水 泥 (万吨) Cement (10 000 tons)	硫 酸 (万吨) Sulfuric Acid (10 000 tons)	烧 碱 (万吨) Caustic Soda (10 000 tons)	农用化肥 (万吨) Chemical Fertilizer (10 000 tons)	化学农药原 药 (万吨) Chemical Pesticide (10 000 tons)
1996	646.60	146.04	200.99	207.88	8.11	50.75	11.31	2.95
1997	645.90	166.53	236.79	209.00	11.33	44.15	10.91	3.27
1998	691.28	172.51	255.27	250.00	10.36	39.90	10.26	3.38
1999	686.72	182.56	317.69	240.51	11.47	47.04	26.82	3.68
2000	763.99	211.49	356.76	267.81	11.17	49.28	17.04	2.79
2001	970.29	217.43	395.30	338.99	11.27	49.39	14.91	0.71
2002	1215.94	268.83	482.58	377.75	12.15	63.65	16.03	3.30
2003	1316.30	319.95	565.95	449.31	10.96	79.89	16.40	2.10
2004	1446.21	339.76	788.48	520.52	9.99	81.14	15.96	0.44
2005	1782.89	365.70	955.28	519.15	11.95	80.45	16.94	1.26
2006	1943.09	359.24	1285.34	607.33	13.76	88.86	16.33	1.23
2007	1924.28	393.13	1602.13	611.44	26.90	134.49	21.62	1.60
2008	1993.86	382.12	1686.40	549.72	19.70	146.47	16.16	1.18
2009	2296.96	415.77	2124.20	690.87	29.16	109.32	15.19	0.67
2010	3332.73	589.08	2162.11	809.71	32.34	123.30	1.49	0.80
2011	3187.78	619.08	2295.75	765.53	39.60	129.63	6.35	0.38
2012	3098.30	589.70	2124.25	784.26	30.88	113.87	11.84	0.57
2013	3044.53	624.01	2305.06	971.50	28.06	127.53	15.95	1.28

13-5 主要工业产品产量
Output of Major Industrial Products

产品名称	Product	单 位	Unit	2012	2013	2013比2012年增长(%) Increase Rate in 2013 over 2012 (%)
天然原油	Crude Petroleum Oil	万 吨	10 000 tons	3098.30	3044.53	-1.7
原油加工量	Crude Oil Processed	万 吨	10 000 tons	1515.50	1748.67	14.7
发电量	Electricity	亿千瓦小时	100 million kwh	589.69	624.01	3.5
天然气	Natural Gas	亿立方米	100 million cu.m	18.73	18.73	
原 盐	Salt	万 吨	10 000 tons	149.68	154.76	3.4
精制食用植物油	Edible Vegetable Oil	万 吨	10 000 tons	272.28	572.94	31.0
饮料酒	Alcoholic Beverage	万千升	10 000 kiloliters	33.20	31.04	-6.7
# 啤 酒	Beer	万千升	10 000 kiloliters	27.14	26.17	-3.6
方便面	Staple Food	万 吨	10 000 tons	34.85	38.55	8.8
软饮料	Soft Drinking	万 吨	10 000 tons	408.75	503.33	6.0
卷 烟	Cigarettes	亿 支	100 million pieces	239.00	234.00	-2.1
家 具	Furniture	万 件	10 000 pieces	841.60	998.90	9.7
化学纤维	Chemical Fiber	万 吨	10 000 tons	11.05	12.09	10.3
纱	Yarn	万 吨	10 000 tons	3.05	5.05	7.3
布	Cloth	万 米	10 000 m	19854.22	21220.92	-16.3
毛 线	Knitting Wool	万 吨	10 000 tons	0.13	0.13	-0.6
呢 绒	Woolen Piece Goods	万 米	10 000 m	142.50	85.20	-40.2
服 装	Garments	万 件	10 000 pieces	14244.62	19543.57	14.9
人造板	Artificial Board	万立方米	10 000 cu.m	15.80	11.39	-28.5
机制纸及纸板	Machine-made Paper & Paperboards	万 吨	10 000 tons	222.80	241.66	7.1
硫 酸	Sulfuric Acid	万 吨	10 000 tons	30.88	28.06	-8.2
纯 碱	Soda Ash	万 吨	10 000 tons	48.72	53.14	9.1
烧 碱	Caustic Soda	万 吨	10 000 tons	113.87	127.53	-1.3
农用化肥	Chemical Fertilizer	万 吨	10 000 tons	11.84	15.95	14.1
化学农药原药	Chemical Pesticide	吨	ton	5693.11	12789.34	-1.5
乙 烯	Ethene	万 吨	10 000 tons	113.16	130.85	15.6
涂 料	Paint	万 吨	10 000 tons	31.65	27.57	-16.4
轮胎外胎	Tires	万 条	10 000 units	3790.73	17832.81	4.8

注：工业产品产量增长速度按可比口径计算。

Note：Increase Rate of industrial products is calculated at constant coverage.

13-5续表 *Continued*

产品名称	Product	单 位	Unit	2012	2013	2013比2012年增长(%) Increase Rate in 2013 over 2012 (%)
农用塑料薄膜	Plastic Film for Farm Use	吨	ton	67037.51	59818.70	-12.6
合成洗涤剂	Synthetic Detergents	万 吨	10 000 tons	1.38	21.49	136.3
化学药品原药	Chemical Medicines	吨	ton	12412.85	10297.52	12.9
中成药	Traditional Chinese Medicines	吨	ton	3693.26	7738.73	13.7
水 泥	Cement	万 吨	10 000 tons	784.26	971.50	10.7
平板玻璃	Plate Glass	万重量箱	10 000 weight cases	1651.40	2251.42	35.3
生 铁	Pig Iron	万 吨	10 000 tons	1974.62	2214.20	12.1
粗 钢	Crude Steel	万 吨	10 000 tons	2124.25	2305.06	7.8
钢 材	Rolled Steel	万 吨	10 000 tons	5708.59	6966.03	15.4
# 无缝钢管	Seamless Steel Pipe	万 吨	10 000 tons	324.55	341.36	-2.1
黄 金	Gold	千 克	kg	156.00	214.13	37.3
焦 炭	Coke	万 吨	10 000 tons	228.96	260.19	13.6
发动机	Internal Combustion Engines	万千瓦	10 000 kw	3181.78	3219.68	8.3
金属切削机床	Metal-cutting Machine	台	unit	1031.00	1069.00	-30.4
汽 车	Motor Vehicles	万 辆	10 000 units	63.82	55.68	-12.8
# 轿 车	Cars	万 辆	10 000 units	53.63	50.05	-6.7
自行车	Bicycles	万 辆	10 000 units	2262.85	2444.56	-0.8
家用电冰箱	Household Refrigerators	万 台	10 000 units	51.41	49.26	-4.2
房间空气调节器	Air Conditioners	万 台	10 000 units	245.79	218.19	-11.2
微波炉	Microwave Ovens	万 台	10 000 units	914.17	810.26	-11.4
移动电话机	Mobile Telephones	万 部	10 000 units	9193.85	10580.98	12.4
锂离子电池	Lithium-ion Battery	万 只	10 000 units	53145.13	52960.28	-11.4
微型计算机设备	Micro-computers	万 部	10 000 units	0.24	1072.18	4932.3
半导体集成电路	Semiconductor Integrated Circuits	亿 块	100 million pieces	8.45	13.91	13.1
电子元件	Electronic Components	亿 只	100 million pieces	5665.88	5900.40	11.1
彩色电视机	Color Television Sets	万 台	10 000 units	192.79	277.10	43.7
显示器	Display	万 台	10 000 units	626.29	423.61	-32.9
吸尘器	Vacuum Cleaners	万 台	10 000 units	128.54	102.67	-20.1
照相机	Cameras	万 台	10 000 units	812.79	627.09	-22.9

13-6 各区县工业企业主要效益指标(2013年)

Main Indicators on Economic Benefit of Industrial Enterprises by District and County,2013

地　区	Region	总资产贡献率(%) Ratio of Total Assets to Industrial Output Value(%)	资　产负债率(%) Ratio of Debts to Assets(%)	流动资产周转率(次) Number of Times of Turnover of Working Capitals(time)	成本费用利润率(%) Ratio of Pre-tax Profits to Industrial Cost(%)	产品销售率(%) Proportion of Products Sold (%)
全市总计	**Total**	**17.4**	**63.6**	**2.2**	**9.1**	**98.1**
和平区	Heping District	0.3	63.2	0.4	-10.4	106.2
河东区	Hedong District	1.9	58.0	1.0	1.4	100.1
河西区	Hexi District	7.0	86.8	0.9	0.7	97.2
南开区	Nankai District	7.6	41.8	1.7	5.0	97.8
河北区	Hebei District	4.9	56.7	4.3	2.0	100.1
红桥区	Hongqiao District	7.4	39.0	1.6	3.2	100.0
东丽区	Dongli District	10.0	72.2	2.3	2.7	100.3
西青区	Xiqing District	25.7	53.1	3.1	11.0	98.9
津南区	Jinnan District	15.6	46.8	3.1	8.7	88.4
北辰区	Beichen District	16.3	60.1	1.9	9.2	98.7
武清区	Wuqing District	31.0	45.5	2.5	17.5	98.9
宝坻区	Baodi District	24.2	65.7	4.6	7.1	99.3
滨海新区	Binhai New Area	20.0	63.6	2.2	10.1	98.2
宁河县	Ninghe County	22.6	76.5	2.9	12.4	100.0
静海县	Jinghai County	16.1	70.0	2.9	6.9	98.9
蓟　县	Jixian County	19.9	52.9	3.1	12.4	96.2

13-7 规模以上工业企业主要经济指标(1996—2013年)

Main Economic Indicators of Industrial Enterprises above Designated Size,1996-2013

单位：亿元(100 million yuan)

年 份 Year	从业人员年平均人数(万人) Annual Average Employment Personnel (10 000 persons)	固定资产合 计 Total Fixed Assets	流动资产合 计 Total Working Capitas	主 营 业务收入 Revenue from Principal Business	利税总额 Total Profits and Taxes	# 利润总额 Total Pre-tax Profits
全 市 Total						
1996	165.56	1079.69	1118.55	1498.67	139.73	67.60
1997	158.52	1340.47	1315.05	1668.15	139.96	61.05
1998	142.99	1596.71	1444.03	1943.89	148.69	65.61
1999	128.75	1719.14	1585.97	2182.17	175.66	75.91
2000	120.19	1808.84	1787.41	2656.98	274.27	164.86
2001	122.15	1916.13	1832.18	2983.26	326.55	185.00
2002	120.95	1935.51	1931.09	3437.46	325.07	186.19
2003	115.28	1953.25	2175.95	4202.02	401.35	237.62
2004	122.85	2275.69	2783.13	5861.43	608.91	412.53
2005	122.21	2476.97	3254.23	7125.93	815.63	551.60
2006	116.33	2807.39	3646.97	8794.35	1003.39	693.00
2007	118.62	3205.59	4263.61	10180.91	1097.50	767.12
2008	133.12	3939.05	5179.23	12914.20	1143.80	725.95
2009	135.74	4969.79	6339.47	13243.49	1445.36	831.28
2010	148.91	5732.66	7471.09	17319.62	2412.55	1552.05
2011	150.85	6232.49	9444.93	21103.50	2970.12	1933.72
2012	160.23	7195.81	10828.11	23645.72	3315.93	1907.35
2013	163.15	7993.28	12067.66	27078.43	3725.25	2258.93
# 国有经济 State-owned						
1996	83.05	720.50	545.79	594.08	37.06	2.04
1997	78.99	865.91	602.74	625.22	39.26	-2.19
1998	69.34	1130.86	615.95	587.69	29.63	-4.02
1999	56.84	1021.01	652.22	594.55	26.88	-19.44
2000	48.12	928.80	665.45	667.84	18.70	-18.75
2001	42.99	841.84	605.22	649.26	17.08	-21.50
2002	36.42	784.44	607.63	629.86	22.63	-10.96
2003	30.71	779.60	610.92	817.42	52.83	12.88
2004	23.52	682.00	604.64	738.40	40.14	18.47
2005	20.61	703.92	623.51	841.32	50.27	12.39
2006	18.20	763.41	697.03	1133.61	78.97	29.27
2007	18.71	925.60	808.14	1470.25	113.70	49.28
2008	18.25	1034.09	905.25	1905.27	95.75	28.71
2009	23.10	1555.16	1679.53	2700.85	182.80	3.81
2010	21.54	1206.42	869.78	3484.69	285.77	50.21
2011	19.57	1757.12	1718.21	3317.65	256.49	33.87
2012	18.91	2056.00	1861.25	3421.90	240.00	31.58
2013	14.20	1346.75	1930.67	2916.38	245.46	40.98

注：从业人员年平均人数1998年以前为职工平均人数。

Note: Annual average employment personnel refer to average staff and workers before 1998.

13−8 规模以上工业企业主要经济指标(2013年)

项　目	Item	企业单位数(个) Number of Enterprises (unit)	从业人员年平均人数(人) Annual Average Employment Personnel (person)
全市总计	**Total**	**5511**	**1631514**
# 国有及国有控股企业	State-owned and State-holding Enterprises	557	385373
民营及民营控股企业	Private and Private holding Enterprises	3583	649911
按轻重工业分	**Grouped by Light & Heavy Industry**		
轻工业	Light Industry	1727	537350
重工业	Heavy Industry	3784	1094164
按企业规模分	**Grouped by Size of Enterprises**		
大　型	Large-sized	226	763661
中　型	Medium-sized	781	426670
小　型	Small-sized	4143	434520
微　型	Mini-sized	361	6663
按登记注册类型分	**Grouped by Status of Registration**		
内资企业	Domestic-funded Enterprises	3852	922975
国　有	State-owned Enterprises	89	52691
集　体	Collective-owned Enterprises	77	9252
股份合作	Cooperative Enterprises	53	8940
私营企业	Private Enterprises	2436	362430
股份有限公司	Share-holding Corporations Ltd.	137	113546
有限责任公司	Limited Liability Corporations	1041	373229
# 国有独资公司	Sole State-funded Corporations	59	89268
联营企业	Joint Ownership Enterprises	3	752
# 集体联营	Collective Joint Ownership Enterprises	2	682
其　他	Others	16	2135
港、澳、台商投资企业	Enterprises with Investment from Hong Kong, Macao and Taiwan	333	227673
外商投资企业	Foreign Funded Enterprises	1326	480866
按隶属关系分	**Grouped by Administrative Relationship**		
中　央	Central Industry	62	88775
地　方	Local Industry	5449	1542739

Main Economic Indicators of Industrial Enterprises above Designated Size,2013

单位：万元(10 000 yuan)

资产总计 Total Assets	流动资产合计 Total Working Capitals	固定资产合计 Total Fixed Assets	主营业务收入 Revenue from Principal Business	利税总额 Total Profits and Taxes	# 利润总额 Total Pre-tax Profits
223881931	**120676601**	**79932822**	**270784252**	**37252465**	**22589253**
105376525	46213110	46702635	92705583	13548667	7513968
60167982	35410477	17136897	88843310	12300282	8737309
41801932	24452223	12297677	57023524	7366988	4655476
182079999	96224377	67635145	213760729	29885477	17933778
127242325	64328422	51271037	152118320	25627740	15019516
47185282	26084043	15341895	58772687	6642510	4458500
46545557	28438048	12527549	56626720	4745907	2984790
2908766	1826088	792341	3266525	236308	126449
151000133	73780377	58249798	163028783	23308093	14966998
24724795	11775819	9229987	21572434	1991385	333126
351507	272121	64874	521914	49507	28831
734977	512654	154885	1696361	319419	287811
24654724	14189270	7496559	43692832	5008063	3613885
30646993	9415245	17353405	27576666	9033429	6645165
69752252	37532522	23926650	67635691	6888258	4044681
12929593	7519735	4235998	7582363	463231	76650
14331	12508	2733	26422	2606	1116
2642	1387	1175	17427	2588	1097
120554	70238	20705	306461	15427	12384
25409563	17952946	6267914	30075511	4500801	2569799
47472235	28943277	15415110	77679958	9443571	5052456
35455285	11221261	20854871	35616936	9427987	6118207
188426645	109455340	59077951	235167316	27824478	16471046

13-9 分行业规模以上工业企业主要经济指标(2013年)

行　业	Sector	企业单位数(个) Number of Enterprises (unit)	从业人员年平均人数(人) Annual Average Employment Personnel (person)
总　计	**Total**	**5511**	**1631514**
# 煤炭开采和洗选业	Mining and Washing of Coal	4	18215
石油和天然气开采业	Extraction of Petroleum and Natural Gas	2	19677
黑色金属矿采选业	Mining and Processing of Ferrous Metal Ores	4	12813
非金属矿采选业	Mining and Processing of Nonmetal Ores	5	7661
开采辅助活动	Mining Assistant Activities	7	19122
农副食品加工业	Processing of Food from Agricultural Products	158	25986
食品制造业	Manufacture of Food	118	60721
酒、饮料和精制茶制造业	Manufacture of Alcohol,Beverages and Refined Tea	40	15142
纺织业	Manufacture of Textile	64	17628
纺织服装、服饰业	Manufacture of Textile Wearing and Apparel	145	110663
皮革、毛皮、羽毛及其制品业和制鞋业	Manufacture of Leather, Fur, Feather and Related Products, Footware	42	11999
木材加工和木、竹、藤、棕、草制品业	Processing of Timber, Manufacture of Wood, Bamboo,Rattan, Palm and Straw Products	29	3105
家具制造业	Manufacture of Furniture	70	17243
造纸及纸制品业	Manufacture of Paper and Paper Products	128	22071
印刷和记录媒介复制业	Printing, Reproduction of Recording Media	86	13811
文教、工美、体育和娱乐用品制造业	Manufacture of Articles for Culture, Education and Industrial Arts, Sport Activitiy, Amusement Manufacturing	132	34462
石油加工、炼焦及核燃料加工业	Processing of Petroleum, Coking, Processing of Nuclear Fuel	41	16923
化学原料及化学制品制造业	Manufacture of Raw Chemical Materials and Chemical Products	387	60605
医药制造业	Manufacture of Medicines	104	44177
化学纤维制造业	Manufacture of Chemical Fibers	6	984
橡胶和塑料制品业	Manufacture of Rubber and Plastic	298	63058
非金属矿物制品业	Manufacture of Non-metallic Mineral Products	277	38108
黑色金属冶炼和压延加工业	Smelting and Pressing of Ferrous Metals	399	159731
有色金属冶炼和压延加工业	Smelting and Pressing of Non-ferrous Metals	111	18273
金属制品业	Manufacture of Metal Products	543	100556
通用设备制造业	Manufacture of General Purpose Machinery	400	97842
专用设备制造业	Manufacture of Special Purpose Machinery	369	111841
汽车制造业	Manufacture of Motorcar	290	124141
铁路、船舶、航空航天和其他运输设备制造业	Railway, Watercraft, Aerospace and Other Transport Equipment	195	43860
电气机械和器材制造业	Manufacture of Electrical Machinery and Equipment	325	72275
计算机、通信和其他电子设备制造业	Manufacture of Computers, Communication and Other Electronic Equipment	339	192256
仪器仪表制造业	Manufacture of Measuring Instruments	71	10365
其他制造业	Other Manufacturing	91	13070
废弃资源综合利用业	Comprehensive Recycling of Waste	100	8657
金属制品、机械和设备修理业	Metal Products,Machine and Equipment Repair	11	1654
电力、热力生产和供应业	Production and Supply of Electric Power and Heat Power	73	30381
燃气生产和供应业	Production and Supply of Gas	19	6452
水的生产和供应业	Production and Supply of Water	27	4970

Main Economic Indicators of Industrial Enterprises above Designated Size by Sector,2013

单位：万元(10 000 yuan)

工业总产值 Gross Output Value of Industry	资产总计 Total Assets	流动资产合 计 Total Working Capitals	固定资产合 计 Total Fixed Assets	主 营 业务收入 Revenue from Principal Business	利税总额 Total Profits and Taxes	# 利润总额 Total Pre-tax Profits
265145061	**223881931**	**120676601**	**79932822**	**270784252**	**37252465**	**22589253**
14881640	12650341	10814683	1608653	16476442	3133310	1480991
12990815	13182627	1266092	11402796	12677424	6735699	5594773
1120307	1717172	547581	496014	913562	183172	128116
122871	1531504	1111417	112175	117417	16610	7985
1001823	1554908	922742	553889	1052870	-29657	-57531
8276416	7006068	5603808	838958	7854986	414704	206411
11283898	4868088	2575650	2002354	10783484	2312094	1766227
1851492	1525894	633236	674403	1881528	77526	-13480
912619	1315060	695417	518823	1024543	106927	65027
3178925	1930280	1694196	195779	3132863	593261	422402
535840	306593	211863	54433	544523	52158	28209
148542	117098	86731	25264	166855	18043	12046
868118	727756	419663	220958	878273	84061	59697
2080491	2536499	1228093	1183412	2083388	218742	145156
802060	707440	347682	257258	805312	87963	57628
3493456	1341910	826736	323695	3482598	225141	125945
13789241	5394905	3180289	1747993	13757020	2008937	448278
12934786	13903087	5287621	7149540	13442508	863755	453057
4758022	6760538	3392049	1688538	5125013	1052952	598691
174508	56073	36776	17827	164854	28829	17601
4598313	3899351	1945048	1652146	4505521	487377	322839
3204385	4890484	2633142	1887808	3401454	311635	181884
40857625	39341435	21530305	13858792	44919464	3600888	2224905
8628340	2731262	1902583	551356	9422608	805340	521011
11564105	8836550	5104435	2379218	12209770	1284250	908082
9697130	9000316	5716975	2136415	10108182	1163265	815954
11817719	13139745	8792387	3258497	10849519	1120010	602203
18431484	10883061	6426425	3545252	17778831	3248913	1711969
7811293	9302796	5397228	2286583	7669491	719544	530369
9977517	8782961	5840830	2273780	9656839	954413	551583
30404742	12325774	8583127	2724211	30327039	3705073	1970449
621324	796791	600568	101698	744247	79572	52046
735809	374684	236932	102857	925607	163378	140858
2013233	1349418	954689	257594	2311747	248870	52546
132714	201815	137082	42275	139993	19538	12125
7585980	14368131	2691359	9110531	7545656	739472	358950
939936	1648582	497742	1091544	974425	55912	29997
415969	2541757	647640	1443651	439420	10618	-24631

13-10 大中型工业企业主要经济指标(2013年)

项　目	Item	企业单位数(个) Number of Enterprises (unit)	从业人员年平均人数(人) Annual Average Employment Personnel (person)
全市总计	**Total**	**1007**	**1190331**
按轻重工业分	**Grouped by Light & Heavy Industry**		
轻工业	Light Industry	360	390285
重工业	Heavy Industry	647	800046
按登记注册类型分	**Grouped by Status of Registration**		
内资企业	Domestic-funded Enterprises	563	614616
国　有	State-owned Enterprises	38	46100
集　体	Collective-owned Enterprises	7	2947
股份合作	Cooperative Enterprises	7	4124
私营企业	Private Enterprises	231	167464
股份有限公司	Share-holding Corporations Ltd.	56	103657
有限责任公司	Limited Liability Corporations	220	288575
# 国有独资公司	Sole State-funded Corporations	26	85084
联营企业	Joint Ownership Enterprises	2	682
其　他	Others	2	1067
港、澳、台商投资企业	Enterprises with Investment from Hong Kong, Macao and Taiwan	100	202310
外商投资企业	Foreign Funded Enterprises	344	373405
按隶属关系分	**Grouped by Administrative Relationship**		
中　央	Central Industry	37	85434
地　方	Local Industry	970	1104897
按企业规模分	**Grouped by Size of Enterprises**		
大　型	Large-sized	226	763661
中　型	Medium-sized	781	426670

Main Economic Indicators of Large and Medium-sized Industrial Enterprises,2013

单位：万元(10 000 yuan)

资产总计 Total Assets	流动资产合计 Total Working Capitals	固定资产合计 Total Fixed Assets	主营业务收入 Revenue from Principal Business	利税总额 Total Profits and Taxes	# 利润总额 Total Pre-tax Profits
174427607	**90412465**	**66612931**	**210891008**	**32270250**	**19478015**
30440762	17953773	9070925	42732069	5967895	3784290
143986845	72458692	57542007	168158939	26302356	15693725
116830660	53245363	49365679	120359699	19681323	12564504
23057081	10834439	8809238	21097108	1958433	320513
42535	32179	9842	81184	18062	14624
363986	245254	85731	1233474	298410	276033
10293753	4768850	4212193	20324474	2783177	2044765
29382214	8731764	17051039	26451476	8959956	6597645
53660756	28609620	19191042	51095037	5651601	3302084
11984290	6993607	3953290	6652116	297011	-16251
2642	1387	1175	17427	2588	1097
27693	21869	5419	59520	9096	7743
22036248	15830935	5338546	27116758	4338793	2502786
35560700	21336167	11908706	63414550	8250134	4410726
34521069	10788108	20508855	34958863	9310775	6035538
139906539	79624357	46104076	175932145	22959475	13442477
127242325	64328422	51271037	152118320	25627740	15019516
47185282	26084043	15341895	58772687	6642510	4458500

13－11 分行业大中型工业企业主要经济指标(2013年)

行　业	Sector	企业单位数(个) Number of Enterprises (unit)	从业人员年平均人数(人) Annual Average Employment Personnel (person)
总　计	**Total**	**1007**	**1190331**
# 煤炭开采和洗选业	Mining and Washing of Coal	4	18215
石油和天然气开采业	Extraction of Petroleum and Natural Gas	2	19677
黑色金属矿采选业	Mining and Processing of Ferrous Metal Ores	2	12630
非金属矿采选业	Mining and Processing of Nonmetal Ores	3	7395
开采辅助活动	Mining Assistant Activities	4	18657
农副食品加工业	Processing of Food from Agricultural Products	22	13570
食品制造业	Manufacture of Food	28	50198
酒、饮料和精制茶制造业	Manufacture of Alcohol, Beverages and Refined Tea	11	11549
纺织业	Manufacture of Textile	10	12276
纺织服装、服饰业	Manufacture of Textile Wearing and Apparel	62	98939
皮革、毛皮、羽毛及其制品业和制鞋业	Manufacture of Leather, Fur, Feather and Related Products, Footware	12	8778
家具制造业	Manufacture of Furniture	12	11137
造纸及纸制品业	Manufacture of Paper and Paper Products	15	10252
印刷和记录媒介复制业	Printing, Reproduction of Recording Media	9	5530
文教、工美、体育和娱乐用品制造业	Manufacture of Articles for Culture, Education and Industrial Arts, Sport Activity, Amusement Manufacturing	29	23367
石油加工、炼焦及核燃料加工业	Processing of Petroleum, Coking, Processing of Nuclear Fuel	7	14812
化学原料及化学制品制造业	Manufacture of Raw Chemical Materials and Chemical Products	37	31599
医药制造业	Manufacture of Medicines	40	37312
橡胶和塑料制品业	Manufacture of Rubber and Plastic	48	38242
非金属矿物制品业	Manufacture of Non-metallic Mineral Products	25	15524
黑色金属冶炼和压延加工业	Smelting and Pressing of Ferrous Metals	79	131522
有色金属冶炼和压延加工业	Smelting and Pressing of Non-ferrous Metals	16	11769
金属制品业	Manufacture of Metal Products	71	57481
通用设备制造业	Manufacture of General Purpose Machinery	61	66180
专用设备制造业	Manufacture of Special Purpose Machinery	51	81112
汽车制造业	Manufacture of Motorcar	81	99109
铁路、船舶、航空航天和其他运输设备制造业	Railway, Watercraft, Aerospace and Other Transport Equipment	41	27302
电气机械和器材制造业	Manufacture of Electrical Machinery and Equipment	49	45490
计算机、通信和其他电子设备制造业	Manufacture of Computers, Communication and Other Electronic Equipment	125	166638
仪器仪表制造业	Manufacture of Measuring Instruments	3	2903
其他制造业	Other Manufacturing	5	2890
废弃资源综合利用业	Comprehensive Recycling of Waste	4	2610
电力、热力生产和供应业	Production and Supply of Electric Power and Heat Power	27	25439
燃气生产和供应业	Production and Supply of Gas	5	5271
水的生产和供应业	Production and Supply of Water	3	2454

Main Economic Indicators of Large and Medium-sized Industrial Enterprises by Sector,2013

单位：万元(10 000 yuan)

工业总产值 Gross Output Value of Industry	资产总计 Total Assets	流动资产合计 Total Working Capitals	固定资产合计 Total Fixed Assets	主营业务收入 Revenue from Principal Business	利税总额 Total Profits and Taxes	#利润总额 Total Pre-tax Profits
209896843	**174427607**	**90412465**	**66612931**	**210891008**	**32270250**	**19478015**
14881640	12650341	10814683	1608653	16476442	3133310	1480991
12990815	13182627	1266092	11402796	12677424	6735699	5594773
1108237	1712580	544256	494746	901912	181845	127501
119294	1470149	1053547	108848	107245	15662	7413
915619	1472925	892187	529135	963987	-61743	-87426
5650860	5495841	4725002	464669	5176183	263246	106656
10063652	3972894	2028860	1743218	9520558	2168695	1674254
1305794	1086575	396261	513762	1314464	65311	-12896
531546	917200	498452	351743	613279	69524	44127
2530830	1588797	1426878	147566	2540549	536384	399302
358506	215589	156479	35355	355803	36893	20181
401822	406490	213235	143533	424592	24008	13968
1184374	1808702	792530	966664	1184185	143867	97082
346884	272749	118726	100488	355657	55073	37671
2509861	857022	466989	252431	2460633	186418	102389
11950123	4344971	2380110	1581177	11951432	1678075	198754
7428479	8521527	2261716	5252236	7432968	448079	211341
3406883	4707962	2379054	1251156	3887855	807070	465777
2683243	2289724	1031507	1121076	2586519	304154	201245
1207058	1611930	688032	731553	1274760	139969	93788
33103469	34752970	18196765	12975872	34444245	3034537	1735579
5827415	1732810	1190385	413340	6147989	692386	445495
6916540	5320902	2871044	1544984	7416615	824140	617631
7023224	6082817	3875807	1485378	7410276	898291	664142
9271806	9620190	6501259	2516719	8263618	811424	384524
16212803	9023834	5294400	2957445	15523696	3060651	1600217
6392181	8216466	4762609	2060439	6372499	606613	456527
6530461	5272968	3309597	1663080	6086495	769753	478318
28338365	10578152	7299228	2463078	28239812	3487088	1863810
95935	196862	111640	29054	167233	22872	17470
101279	85699	51160	28112	106450	7353	4373
402576	388254	291542	79701	451757	74280	36216
6753519	11083740	1513157	7515781	6684010	684555	334094
616102	1341620	337012	994268	633482	14121	5237
146196	1663845	410303	893230	164852	-12602	-29715

13-12 分行业国有及国有控股大中型工业企业主要经济指标(2013年)

行业	Sector	企业单位数(个) Number of Enterprises (unit)	从业人员年平均人数(人) Annual Average Employment Personnel (person)
总计	**Total**	**213**	**344103**
# 石油和天然气开采业	Extraction of Petroleum and Natural Gas	2	19677
非金属矿采选业	Mining and Processing of Nonmetal Ores	3	7395
开采辅助活动	Mining Assistant Activities	4	18657
农副食品加工业	Processing of Food from Agricultural Products	6	3314
食品制造业	Manufacture of Food	5	3083
酒、饮料和精制茶制造业	Manufacture of Alcohol, Beverages and Refined Tea	2	782
纺织业	Manufacture of Textile	2	5638
石油加工、炼焦及核燃料加工业	Processing of Petroleum, Coking, Processing of Nuclear Fuel	6	13564
化学原料及化学制品制造业	Manufacture of Raw Chemical Materials and	9	16408
医药制造业	Chemical Products	17	14198
橡胶和塑料制品业	Manufacture of Medicines	5	3394
非金属矿物制品业	Manufacture of Rubber and Plastic	6	5170
黑色金属冶炼和压延加工业	Manufacture of Non-metallic Mineral Products	24	69378
有色金属冶炼和压延加工业	Smelting and Pressing of Ferrous Metals	2	2383
金属制品业	Smelting and Pressing of Non-ferrous Metals	11	6392
通用设备制造业	Manufacture of Metal Products	10	6456
专用设备制造业	Manufacture of General Purpose Machinery	18	58563
汽车制造业	Manufacture of Special Purpose Machinery	10	27894
铁路、船舶、航空航天和	Railway, Watercraft, Aerospace and Other		
其他运输设备制造业	Transport Equipment	12	3888
电气机械和器材制造业	Manufacture of Electrical Machinery and Equipment	6	10180
计算机、通信和其他电子	Manufacture of Computers, Communication and		
设备制造业	Other Electronic Equipment	16	11939
电力、热力生产和供应业	Production and Supply of Electric Power and Heat Power	25	24681
燃气生产和供应业	Production and Supply of Gas	3	4804
水的生产和供应业	Production and Supply of Water	3	2454

Main Economic Indicators of Large and Medium-sized State-owned and State-holding Industrial Enterprises by Sector,2013

单位：万元(10 000 yuan)

工 业 总产值 Gross Output Value of Industry	资产总计 Total Assets	流动资产 合 计 Total Working Capitals	固定资产 合 计 Total Fixed Assets	主 营 业务收入 Revenue from Principal Business	利税总额 Total Profits and Taxes	# 利润总额 Total Pre-tax Profits
80617819	**94903539**	**41054926**	**43079230**	**82730207**	**12993355**	**7254131**
12990815	13182627	1266092	11402796	12677424	6735699	5594773
119294	1470149	1053547	108848	107245	15662	7413
915619	1472925	892187	529135	963987	-61743	-87426
1734444	1106582	955188	109109	1803771	55821	23319
198784	158664	70870	37161	208649	18981	14783
45858	75305	33454	30805	58891	-947	-11010
204322	789442	404915	319179	293434	8438	2926
11899605	4294063	2347290	1564158	11864723	1673532	197965
2828261	4671114	846042	3217213	2839564	40737	-4240
1024673	1900987	923979	482547	1638305	247049	157301
177318	347184	172982	150708	188192	5454	2408
411526	507833	328729	147833	441013	45332	23225
19193417	27929317	14995558	9722881	20435736	1150819	165544
2591657	711284	534077	136745	2858223	157455	72684
744021	1574539	876277	466045	1221504	16271	-6893
426425	1386009	750075	421978	729027	34166	15886
6631757	7392978	5250315	1881268	6045447	371438	84210
6273764	2835563	1371921	993338	6342468	1262090	509387
3068934	6196655	4041317	1216230	2985884	84788	57240
491276	1021316	569214	357638	477130	31001	4319
671640	1553664	962962	313628	651574	52240	33742
6670825	10870956	1431442	7412564	6601315	686697	336259
543908	1215194	291562	916868	543251	14061	5413
146196	1663845	410303	893230	164852	-12602	-29715

13-13 规模以上小微型工业企业主要经济指标(2013年)

项　目	Item	企业单位数(个) Number of Enterprises (unit)	从业人员年平均人数(人) Annual Average Employment Personnel (person)
全市总计	**Total**	**4504**	**441183**
按轻重工业分	**Grouped by Light & Heavy Industry**		
轻工业	Light Industry	1367	147065
重工业	Heavy Industry	3137	294118
按登记注册类型分	**Grouped by Status of Registration**		
内资企业	Domestic-funded Enterprises	3289	308359
国　有	State-owned Enterprises	51	6591
集　体	Collective-owned Enterprises	70	6305
股份合作	Cooperative Enterprises	46	4816
私营企业	Private Enterprises	2205	194966
股份有限公司	Share-holding Corporations Ltd.	81	9889
有限责任公司	Limited Liability Corporations	821	84654
# 国有独资公司	Sole State-funded Corporations	33	4184
联营企业	Joint Ownership Enterprises	1	70
其　他	Others	14	1068
港、澳、台商投资企业	Enterprises with Investment from Hong Kong, Macao and Taiwan	233	25363
外商投资企业	Foreign Funded Enterprises	982	107461
按隶属关系分	**Grouped by Administrative Relationship**		
中　央	Central Industry	25	3341
地　方	Local Industry	4479	437842
按企业规模分	**Grouped by Size of Enterprises**		
小　型	Small-sized	4143	434520
微　型	Mini-sized	361	6663

Main Economic Indicators of Small and Mini-sized Industrial Enterprises above Designated Size,2013

单位：万元(10 000 yuan)

资产总计 Total Assets	流动资产合计 Total Working Capitals	固定资产合计 Total Fixed Assets	主营业务收入 Revenue from Principal Business	利税总额 Total Profits and Taxes	# 利润总额 Total Pre-tax Profits
49454323	**30264135**	**13319890**	**59893245**	**4982215**	**3111238**
11361169	6498450	3226752	14291454	1399093	871185
38093154	23765685	10093138	45601790	3583122	2240053
34169473	20535014	8884119	42669084	3626770	2402495
1667714	941380	420749	475326	32952	12614
308973	239942	55033	440730	31445	14207
370992	267400	69154	462888	21009	11779
14360971	9420420	3284366	23368359	2224885	1569120
1264778	683481	302366	1125190	73472	47520
16091497	8922901	4735608	16540654	1236657	742597
945302	526129	282708	930247	166221	92901
11688	11120	1558	8995	18	18
92860	48369	15286	246942	6332	4641
3373315	2122012	929367	2958753	162008	67014
11911535	7607110	3506404	14265408	1193436	641730
934217	433153	346016	658073	117212	82669
48520107	29830983	12973875	59235171	4865003	3028569
46545557	28438048	12527549	56626720	4745907	2984790
2908766	1826088	792341	3266525	236308	126449

13-14 分行业规模以上小微型工业企业主要经济指标(2013年)

行　业	Sector	企业单位数(个) Number of Enterprises (unit)	从业人员年平均人数(人) Annual Average Employment Personnel (person)
总　计	**Total**	**4504**	**441183**
黑色金属矿采选业	Mining and Processing of Ferrous Metal Ores	2	183
非金属矿采选业	Mining and Processing of Nonmetal Ores	2	266
开采辅助活动	Mining Assistant Activities	3	465
农副食品加工业	Processing of Food from Agricultural Products	136	12416
食品制造业	Manufacture of Foods	90	10523
酒、饮料和精制茶制造业	Manufacture of Alcohol, Beverages and refined Tea	29	3593
纺织业	Manufacture of Textile	54	5352
纺织服装、服饰业	Manufacture of Textile Wearing and Apparel	83	11724
皮革、毛皮、羽毛及其制品业和制鞋业	Manufacture of Leather, Fur, Feather and Related Products, Footware	30	3221
木材加工和木、竹、藤、棕、草制品业	Processing of Timber, Manufacture of Wood, Bamboo, Rattan, Palm and Straw Products	28	2799
家具制造业	Manufacture of Furniture	58	6106
造纸及纸制品业	Manufacture of Paper and Paper Products	113	11819
印刷和记录媒介复制业	Printing, Reproduction of Recording Media	77	8281
文教、工美、体育和娱乐用品制造业	Manufacture of Articles for Culture,Education and Industrial Arts,Sport Activity,Amusement manufacturing	103	11095
石油加工、炼焦及核燃料加工业	Processing of Petroleum, Coking, Processing of Nuclear Fuel	34	2111
化学原料及化学制品制造业	Manufacture of Raw Chemical Materials and Chemical Products	350	29006
医药制造业	Manufacture of Medicines	64	6865
化学纤维制造业	Manufacture of Chemical Fibers	5	667
橡胶和塑料制品业	Manufacture of Rubber and Plastic	250	24816
非金属矿物制品业	Manufacture of Non-metallic Mineral Products	252	22584
黑色金属冶炼和压延加工业	Smelting and Pressing of Ferrous Metals	320	28209
有色金属冶炼和压延加工业	Smelting and Pressing of Non-ferrous Metals	95	6504
金属制品业	Manufacture of Metal Products	472	43075
通用设备制造业	Manufacture of General Purpose Machinery	339	31662
专用设备制造业	Manufacture of Special Purpose Machinery	318	30729
汽车制造业	Manufacture of Motorcar	209	25032
铁路、船舶、航空航天和其他运输设备制造业	Railway, Watercraft, Aerospace and Other Transport Equipment	154	16558
电气机械和器材制造业	Manufacture of Electrical Machinery and Equipment	276	26785
计算机、通信和其他电子设备制造业	Manufacture of Computers, Communication and Other Electronic Equipment	214	25618
仪器仪表制造业	Manufacture of Measuring Instruments	68	7462
其他制造业	Other Manufacturing	86	10180
废弃资源综合利用业	Comprehensive Recycling of Waste	96	6047
金属制品、机械和设备修理业	Metal Products, Machine and Equipment Repair	10	791
电力、热力生产和供应业	Production and Supply of Electric Power and Heat Power	46	4942
燃气生产和供应业	Production and Supply of Gas	14	1181
水的生产和供应业	Production and Supply of Water	24	2516

Main Economic Indicators of Small and Mini-sized Industrial Enterprises above Designated Size by Sector,2013

单位：万元 (10 000 yuan)

工 业 总产值 Gross Output Value of Industry	资产总计 Total Assets	流动资产合 计 Total Working Capitals	固定资产合 计 Total Fixed Assets	主 营 业务收入 Revenue from Principal Business	利税总额 Total Profits and Taxes	# 利润总额 Total Pre-tax Profits
55248218	**49454323**	**30264135**	**13319890**	**59893245**	**4982215**	**3111238**
12070	4593	3325	1268	11650	1327	615
3577	61355	57871	3327	10172	948	572
86204	81983	30555	24754	88884	32087	29895
2625555	1510228	878806	374289	2678803	151458	99756
1220246	895194	546790	259136	1262926	143400	91974
545698	439319	236976	160641	567064	12215	-585
381072	397860	196965	167080	411264	37403	20901
648095	341484	267318	48213	592314	56877	23100
177335	91004	55384	19078	188720	15265	8028
142635	113882	85174	23721	159377	17918	12002
466296	321266	206427	77425	453681	60053	45729
896117	727797	435563	216749	899203	74874	48074
455176	434691	228956	156770	449655	32890	19957
983595	484888	359747	71265	1021966	38723	23557
1839118	1049934	800178	166816	1805588	330863	249524
5506307	5381560	3025905	1897304	6009540	415677	241717
1351140	2052577	1012995	437382	1237158	245882	132914
152763	23951	19800	4151	150007	29810	18582
1915070	1609627	913541	531070	1919002	183223	121594
1997327	3278554	1945110	1156255	2126693	171666	88096
7754157	4588465	3333541	882920	10475219	566351	489326
2800925	998453	712198	138015	3274619	112955	75516
4647565	3515648	2233391	834234	4793155	460110	290451
2673907	2917500	1841168	651036	2697906	264974	151812
2545912	3519555	2291128	741778	2585901	308586	217679
2218681	1859228	1132025	587807	2255135	188262	111752
1419111	1086330	634619	226144	1296991	112931	73842
3447056	3509992	2531232	610701	3570344	184660	73266
2066377	1747623	1283898	261133	2087227	217985	106639
525389	599929	488928	72644	577014	56699	34576
634530	288984	185772	74745	819157	156025	136486
1610657	961164	663148	177893	1859990	174590	16330
72488	90446	49436	21701	79767	5601	2865
832461	3284391	1178203	1594750	861647	54917	24857
323834	306962	160730	97276	340943	41791	24759
269773	877912	237337	550421	274568	23220	5084

13-15 高新技术产业主要经济指标(2013年)

行业	Sector	企业单位数(个) Number of Enterprises (unit)	从业人员年平均人数(人) Annual Average Employment Personnel (person)
全市总计	**Total**	**1596**	**582656**
按企业规模分	**Grouped by Size of Enterprises**		
大型	Large-sized	98	281853
中型	Medium-sized	284	165649
小型	Small-sized	1144	133610
微型	Mini-sized	70	1544
按登记注册类型分	**Grouped by Status of Registration**		
内资企业	Domestic-funded Enterprises	933	259896
国有	State-owned Enterprises	19	5490
集体	Collective-owned Enterprises	16	1857
股份合作	Cooperative Enterprises	15	2597
私营企业	Private Enterprises	513	65996
股份有限公司	Share-holding Corporations Ltd.	57	49493
有限责任公司	Limited Liability Corporations	309	133919
# 国有独资公司	Sole State-funded Corporations	18	48620
其他	Others	4	544
港、澳、台商投资企业	Enterprises with Investment from Hong Kong, Macao and Taiwan	100	44699
外商投资企业	Foreign Funded Enterprises	563	278061
按技术领域分	**Grouped by Technical Field**		
电子信息	Electronics and Information	301	121755
航空航天	Aviation and Spaceflight	145	32547
光机电一体化	Photoelectric Mechanical Electron Incorporated	663	253979
生物技术和医药	Biology Technology and Pharmaceutical	131	57158
新材料	New Materials	142	22044
新能源和节能材料	New Energy and Energy Saving Materials	195	92932
环境保护	Environmental Protection	19	2241

Main Economic Indicators of High & New Technology Industry,2013

单位：亿元(100 million yuan)

工 业总产值 Gross Output Value of Industry	资产总计 Total Assets	流动资产合 计 Total Working Capitals	固定资产合 计 Total Fixed Assets	主 营业务收入 Revenue from Principal Business	利税总额 Total Profits and Taxes	# 利润总额 Total Pre-tax Profits
8317.83	**6014.95**	**3637.02**	**1710.14**	**8427.23**	**1048.76**	**633.65**
5073.10	2937.13	1755.12	964.65	5032.29	668.20	391.82
1796.76	1706.07	993.47	441.05	1909.07	250.67	163.82
1425.46	1322.30	854.32	294.19	1461.84	128.17	76.77
22.51	49.46	34.11	10.26	24.04	1.71	1.24
3057.63	3105.79	1860.88	781.91	3163.17	445.62	299.58
47.23	85.76	57.02	16.84	62.74	8.79	5.30
15.03	8.69	7.47	1.17	14.03	1.42	1.00
20.05	16.61	13.19	1.76	19.17	1.88	1.35
559.25	378.97	241.13	81.96	580.40	73.51	53.74
402.45	865.60	492.99	148.86	531.54	56.78	34.96
2011.12	1747.21	1046.92	530.55	1951.86	302.71	202.86
535.99	604.45	412.12	174.07	458.99	36.25	10.66
2.50	2.95	2.15	0.77	3.44	0.52	0.38
486.49	332.86	227.01	86.90	477.69	39.91	24.82
4773.71	2576.31	1549.13	841.33	4786.37	563.23	309.26
2449.83	1103.08	809.41	219.96	2456.21	299.65	153.48
411.20	247.16	93.96	97.02	418.72	70.71	52.09
2759.30	2342.20	1541.81	638.86	2737.28	290.76	180.58
1045.53	802.45	406.79	223.59	1083.54	264.69	191.85
751.31	932.57	442.95	330.99	848.76	47.70	16.86
864.80	532.42	311.01	178.93	847.81	71.72	36.69
35.87	55.06	31.09	20.79	34.92	3.54	2.11

13-16 优势产业主要经济指标(2013年)

项　目	Item	企业单位数(个) Number of Enterprises (unit)	从业人员年平均人数(人) Annual Average Employment Personnel (person)
全市总计	**Total**	**5080**	**1501137**
按企业规模分	**Grouped by Size of Enterprises**		
大　型	Large-sized	207	698629
中　型	Medium-sized	724	395324
小　型	Small-sized	3816	400941
微　型	Mini-sized	333	6243
按登记注册类型分	**Grouped by Status of Registration**		
内资企业	Domestic-funded Enterprises	3516	847852
国　有	State-owned Enterprises	64	37507
集　体	Collective-owned Enterprises	75	8948
股份合作	Cooperative Enterprises	50	8281
私营企业	Private Enterprises	2280	347450
股份有限公司	Share-holding Corporations Ltd.	127	111819
有限责任公司	Limited Liability Corporations	903	331090
# 国有独资公司	Sole State-funded Corporations	43	77925
联营企业	Joint Ownership Enterprises	2	682
其　他	Others	15	2075
港、澳、台商投资企业	Enterprises with Investment from Hong Kong, Macao and Taiwan	295	189537
外商投资企业	Foreign Funded Enterprises	1269	463748
按行业分	**Grouped by Sector**		
航空航天产业	Aerospace Industry	17	2502
石油化工产业	Petrochemical Industry	398	130514
装备制造业	Equipment Manufacturing Industry	2166	601266
电子信息产业	Electronic Information Industry	614	240252
生物医药产业	Biomedical Industry	132	57555
新能源新材料	New Energy and New Materials	284	62020
轻纺工业	Light and Textile Industry	1469	407028

Main Economic Indicators of Competitive Industry,2013

单位：亿元(100 million yuan)

工 业总产值 Gross Output Value of Industry	资产总计 Total Assets	流动资产合 计 Total Working Capitals	固定资产合 计 Total Fixed Assets	主 营业务收入 Revenue from Principal Business	利税总额 Total Profits and Taxes	# 利润总额 Total Pre-tax Profits
23613.06	**18484.74**	**10152.63**	**6454.83**	**23996.85**	**3278.10**	**2041.09**
13164.23	10221.55	5030.41	4314.70	12905.97	2191.50	1325.25
5262.44	4045.27	2451.98	1109.48	5460.86	615.42	417.23
4906.59	3963.62	2502.41	969.88	5314.05	448.27	286.41
279.80	254.30	167.83	60.77	315.96	22.91	12.20
14441.15	12629.70	6465.80	4669.17	14910.29	2152.00	1409.58
1704.13	1706.87	1048.21	437.98	1738.71	171.83	26.06
52.02	32.83	25.66	5.72	49.23	5.15	3.14
156.68	68.57	48.25	13.63	167.28	31.48	28.53
4218.11	2328.16	1336.96	707.18	4246.07	485.67	351.45
2709.12	3041.08	930.28	1724.90	2742.24	902.55	664.27
5569.50	5440.63	3069.77	1777.81	5935.87	553.68	334.91
755.96	966.09	591.36	328.21	705.57	40.68	6.08
1.80	0.26	0.14	0.12	1.74	0.26	0.11
29.79	11.30	6.52	1.84	29.16	0.26	0.11
					1.38	1.12
1497.18	1263.47	872.19	310.64	1486.70	190.26	130.58
7674.72	4591.58	2814.64	1475.02	7599.86	935.84	500.93
474.18	584.92	353.14	145.39	445.20	42.44	31.27
3778.03	3126.24	970.17	1950.13	3782.21	955.00	645.45
10038.57	8525.22	5058.52	2600.82	10483.34	1119.49	675.45
3552.07	1720.29	1164.84	395.25	3512.18	428.64	231.27
1047.35	807.12	406.41	228.22	1084.73	264.89	192.28
1219.85	1079.39	546.77	398.19	1235.68	91.09	42.05
3503.00	2641.57	1652.78	736.84	3453.50	376.57	223.32

13-17 规模以上工业企业主要经济效益指标(1996—2013年)

Main Indicators on Economic Benefit of Industrial Enterprises above Designated Size,1996-2013

年 份 Year	产品销售率(%) Proportion of Products Sold (%)	资金利税率(%) Ratio of Profits and Taxes to Total Assets(%)	总资产贡献率(%) Ratio of Total Assets to Industrial Output Value (%)	成本费用利润率(%) Ratio of Pre-tax Profits to Industrial Cost(%)	资 产负债率(%) Ratio of Debts to Assets(%)	流动资产周转率(次) Number of Times of Turnover of Working Capitals(time)
全 市 合 计 **Total**						
1996	91.6	7.2	8.3	5.0		
1997	96.4	6.0	7.1	3.7		
1998	97.9	5.6	6.6	2.9		
1999	98.6	6.0	6.5	3.6		
2000	98.4	9.0	8.9	6.5		
2001	96.7	9.5	9.3	6.6		1.7
2002	99.1	9.0	8.7	5.8		1.8
2003	98.9	10.6	9.9	6.0		2.1
2004	99.0	12.8	12.8	7.5		2.3
2005	100.6	15.6	14.5	8.5		2.3
2006	99.2	17.5	15.9	8.7		2.6
2007	99.7	16.6	15.0	8.1		2.6
2008	98.4	12.5	12.1	6.3		2.5
2009	98.2	12.8	12.1	6.8	62.5	2.1
2010	98.9	18.3	17.3	9.8	60.5	2.3
2011	99.3	18.9	18.0	10.2	62.5	2.2
2012	98.9	18.4	17.6	9.8	63.5	2.2
2013	98.1	18.6	17.4	9.1	63.6	2.2
# 国有经济 **State-owned**						
1996	98.2	3.3	5.0	0.3		
1997	95.8	3.2	4.7			
1998	99.2	2.2	4.1			
1999	101.0	1.9	3.2			
2000	100.0	1.3	1.3			
2001	99.0	1.3	2.4			1.1
2002	100.5	1.7	2.4			1.0
2003	100.2	4.1	4.2	1.6		1.4
2004	101.0	3.5	3.3	0.4		1.6
2005	102.0	4.3	3.7	1.5		1.3
2006	99.9	6.6	7.1	2.6		1.7
2007	99.5	8.2	6.9	3.4		1.9
2008	97.2	5.9	5.4	1.5		2.1
2009	100.0	5.7	5.6	0.1	70.7	1.6
2010	99.2	8.1	8.2	1.5	67.0	2.0
2011	98.1	7.4	7.5	1.1	66.3	1.9
2012	97.4	6.1	6.6	0.9	66.8	1.8
2013	96.5	7.5	7.2	1.5	66.3	1.5

13-18 规模以上工业企业主要经济效益指标(2013年)

Main Indicators on Economic Benefit of Industrial Enterprises above Designated Size,2013

项 目	Item	总资产贡献率(%) Ratio of Total Assets to Industrial Output Value (%)	资 产 负债率 (%) Ratio of Debts to Assets(%)	流动资产周转率(次) Number of Times of Turnover of Working Capitals(time)
全 市 总 计	**Total**	**17.4**	**63.6**	**2.2**
# 国有及国有控股企业	State-owned and State-holding Enterprises	13.8	66.9	2.0
民营及民营控股企业	Private and Private holding Enterprises	21.3	61.5	2.5
按轻重工业分	**Grouped by Light & Heavy Industry**			
轻工业	Light Industry	18.1	57.1	2.3
重工业	Heavy Industry	17.3	65.1	2.2
按企业规模分	**Grouped by Size of Enterprises**			
大 型	Large-sized	20.9	65.2	2.4
中 型	Medium-sized	15.1	62.9	2.3
小 型	Small-sized	10.9	60.0	2.0
微 型	Mini-sized	8.8	65.2	1.8
按登记注册类型分	**Grouped by Status of Registration**			
内资企业	Domestic-funded Enterprises	16.3	65.6	2.2
国 有	State-owned Enterprises	9.1	70.7	1.8
集 体	Collective-owned Enterprises	14.5	52.4	1.9
股份合作	Cooperative Enterprises	45.1	63.9	3.3
私营企业	Private Enterprises	21.1	59.1	3.1
股份有限公司	Share-holding Corporations Ltd.	30.2	56.7	2.9
有限责任公司	Limited Liability Corporations	10.8	70.0	1.8
# 国有独资公司	Sole State-funded Corporations	3.7	57.8	1.0
联营企业	Joint Ownership Enterprises	18.2	77.6	2.1
# 国有联营	State Joint Ownership Enterprises		76.9	0.8
集体联营	Collective Joint Ownership Enterprises	100.0	76.9	12.4
其 他	Others	12.6	43.4	4.4
港、澳、台商投资企业	Enterprises with Investment from Hong Kong, Macao and Taiwan	18.7	70.9	1.7
外商投资企业	Foreign Funded Enterprises	20.3	53.6	2.7

13-18续表 *Continued*

项　目	Item	成本费用利润率(%) Ratio of Pretax Profits to Industrial Cost(%)	产品销售率(%) Proportion of Products Sold (%)	流动比率(%) Current Ratio (%)	速动比率(%) Quick Ratio (%)
全 市 总 计	**Total**	**9.1**	**98.1**	**101.4**	**78.4**
# 国有及国有控股企业	State-owned and State-holding Enterprises	9.0	98.0	81.4	60.8
民营及民营控股企业	Private and Private holding Enterprises	10.9	96.8	112.6	89.3
按轻重工业分	**Grouped by Light & Heavy Industry**				
轻工业	Light Industry	8.9	98.1	123.2	95.6
重工业	Heavy Industry	9.2	98.1	97.0	74.9
按企业规模分	**Grouped by Size of Enterprises**				
大　型	Large-sized	11.1	98.1	92.6	70.7
中　型	Medium-sized	8.2	98.2	105.1	83.3
小　型	Small-sized	5.5	98.1	121.6	93.9
微　型	Mini-sized	4.0	100.5	135.2	117.2
按登记注册类型分	**Grouped by Status of Registration**				
内资企业	Domestic-funded Enterprises	10.2	97.3	90.5	68.9
国　有	State-owned Enterprises	1.6	98.7	79.3	56.1
集　体	Collective-owned Enterprises	5.8	97.9	165.8	132.1
股份合作	Cooperative Enterprises	20.6	98.8	117.3	90.9
私营企业	Private Enterprises	9.0	96.5	112.9	88.4
股份有限公司	Share-holding Corporations Ltd.	33.2	98.4	75.4	61.4
有限责任公司	Limited Liability Corporations	6.3	96.9	91.6	69.2
# 国有独资公司	Sole State-funded Corporations	1.0	90.8	110.9	88.2
联营企业	Joint Ownership Enterprises	4.4	99.6	112.6	109.0
# 国有联营	State Joint Ownership Enterprises		97.8	123.3	120.0
集体联营	Collective Joint Ownership Enterprises	6.7	100.0	70.0	65.0
其　他	Others	4.2	98.6	157.4	108.1
港、澳、台商投资企业	Enterprises with Investment from Hong Kong, Macao and Taiwan	9.2	98.9	114.2	93.9
外商投资企业	Foreign Funded Enterprises	7.0	99.3	133.0	102.8

13-19 分行业规模以上工业企业主要经济效益指标(2013年)

Main Indicators on Economic Benefit of Industrial Enterprises above Designated Size by Sector,2013

项 目	Item	总资产贡献率(%) Ratio of Total Assets to Industrial Output Value (%)	资产负债率(%) Ratio of Debts to Assets(%)	流动资产周转率(次) Number of Times of Turnover of Working Capitals(time)
总 计	**Total**	**17.4**	**63.6**	**2.2**
煤炭开采和洗选业	Mining and Washing of Coal	26.3	95.9	1.5
石油和天然气开采业	Extraction of Petroleum and Natural Gas	51.4	53.0	10.0
黑色金属矿采选业	Mining and Processing of Ferrous Metal Ores	11.8	54.0	1.7
非金属矿采选业	Mining and Processing of Nonmetal Ores	1.1	58.8	0.1
开采辅助活动	Mining Assistant Activities	-2.5	57.8	1.1
农副食品加工业	Processing of Food from Agricultural Products	6.5	83.6	1.4
食品制造业	Manufacture of Food	47.8	55.1	4.2
酒、饮料和精制茶制造业	Manufacture of Alcohol, Beverages and Refined Tea	5.6	61.7	3.0
烟草制品业	Manufacture of Tobacco	104.8	100.0	3.1
纺织业	Manufacture of Textile	9.3	63.2	1.5
纺织服装、服饰业	Manufacture of Textile Wearing and Apparel	30.9	24.4	1.8
皮革、毛皮、羽毛及其制品业和制鞋业	Manufacture of Leather, Fur, Feather and Related Products, Footware	18.2	72.4	2.6
木材加工和木、竹、藤、棕、草制品业	Processing of Timber, Manufacture of Wood, Bamboo, Rattan, Palm and Straw Products	15.8	62.5	1.9
家具制造业	Manufacture of Furniture	12.6	70.0	2.1
造纸及纸制品业	Manufacture of Paper and Paper Products	10.1	68.6	1.7
印刷和记录媒介复制业	Printing, Reproduction of Recording Media	13.4	62.5	2.3
文教、工美、体育和娱乐用品制造业	Manufacture of Articles for Culture, Education andIndustrial Arts, Sport Activities, Amusement Manufacturing	17.4	59.4	4.2
石油加工、炼焦及核燃料加工业	Processing of Petroleum, Coking, Processing of Nuclear Fuel	38.5	61.8	4.3
化学原料及化学制品制造业	Manufacture of Raw Chemical Materials and Chemical Products	7.5	61.3	2.5
医药制造业	Manufacture of Medicines	16.1	40.8	1.5
化学纤维制造业	Manufacture of Chemical Fibers	52.4	57.9	4.5
橡胶和塑料制品业	Manufacture of Rubber and Plastic	13.5	58.9	2.3
非金属矿物制品业	Manufacture of Non-metallic Mineral Products	7.2	56.0	1.3
黑色金属冶炼和压延加工业	Smelting and Pressing of Ferrous Metals	10.5	77.1	2.1
有色金属冶炼和压延加工业	Smelting and Pressing of Non-ferrous Metals	31.1	66.4	5.0
金属制品业	Manufacture of Metal Products	15.2	60.6	2.4
通用设备制造业	Manufacture of General Purpose Machinery	13.3	57.9	1.8
专用设备制造业	Manufacture of Special Purpose Machinery	8.8	54.2	1.2
汽车制造业	Manufacture of Motorcar	30.1	51.8	2.8
铁路、船舶、航空航天和其他运输设备制造业	Railway, Watercraft, Aerospace and Other Transport Equipment	7.9	60.8	1.4
电气机械和器材制造业	Manufacture of Electrical Machinery and Equipment	11.4	55.6	1.7
计算机、通信和其他电子设备制造业	Manufacture of Computers, Communication and Other Electronic Equipment	30.3	54.3	3.5
仪器仪表制造业	Manufacture of Measuring Instruments	10.4	53.3	1.2
其他制造业	Other Manufacturing	44.3	56.7	3.9
废弃资源综合利用业	Comprehensive Recycling of Waste	19.2	77.9	2.4
金属制品、机械和设备修理业	Metal Products, Machine and Equipment Repair	11.2	61.4	1.0
电力、热力生产和供应业	Production and Supply of Electric Power and Heat Power	6.4	62.4	2.8
燃气生产和供应业	Production and Supply of Gas	4.1	49.8	2.0
水的生产和供应业	Production and Supply of Water	0.8	65.2	0.7

13-19续表　*Continued*

项　目	Item	成本费用利润率(%) Ratio of Pretax Profits to Industrial Cost(%)	产品销售率(%) Proportion of Products Sold (%)	流动比率(%) Current Ratio (%)	速动比率(%) Quick Ratio (%)
总　计	**Total**	**9.1**	**98.1**	**101.4**	**78.4**
煤炭开采和洗选业	Mining and Washing of Coal	9.8	100.0	96.3	81.1
石油和天然气开采业	Extraction of Petroleum and Natural Gas	86.1	99.9	32.1	26.7
黑色金属矿采选业	Mining and Processing of Ferrous Metal Ores	16.2	80.4	59.9	53.8
非金属矿采选业	Mining and Processing of Nonmetal Ores	5.7	101.5	124.3	120.3
开采辅助活动	Mining Assistant Activities	-4.9	99.5	104.8	101.5
农副食品加工业	Processing of Food from Agricultural Products	2.7	99.2	104.8	92.3
食品制造业	Manufacture of Food	19.6	100.3	157.5	138.5
酒、饮料和精制茶制造业	Manufacture of Alcohol, Beverages and Refined Tea	-0.7	79.9	70.5	48.1
烟草制品业	Manufacture of Tobacco	40.5	97.5	46.8	37.1
纺织业	Manufacture of Textile	6.8	98.4	100.4	60.1
纺织服装、服饰业	Manufacture of Textile Wearing and Apparel	14.2	98.8	385.0	251.7
皮革、毛皮、羽毛及其制品业和制鞋业	Manufacture of Leather, Fur, Feather and Related Products, Footware	5.6	99.8	102.5	64.6
木材加工和木、竹、藤、棕、草制品业	Processing of Timber, Manufacture of Wood, Bamboo,Rattan, Palm and Straw Products	7.8	104.0	125.3	86.8
家具制造业	Manufacture of Furniture	7.3	99.9	102.7	68.3
造纸及纸制品业	Manufacture of Paper and Paper Products	7.5	96.9	94.6	80.6
印刷和记录媒介复制业	Printing, Reproduction of Recording Media	7.7	100.3	91.0	73.1
文教、工美、体育和娱乐用品制造业	Manufacture of Articles For Culture, Education and Industrial Arts, Sport Activities, Amusement Manufacturing	4.0	94.0	131.6	88.8
石油加工、炼焦及核燃料加工业	Processing of Petroleum, Coking, Processing of Nuclear Fuel	3.6	100.0	101.7	56.3
化学原料及化学制品制造业	Manufacture of Raw Chemical Materials and Chemical Products	3.5	99.4	88.4	65.8
医药制造业	Manufacture of Medicines	13.0	95.0	147.2	107.0
化学纤维制造业	Manufacture of Chemical Fibers	11.9	95.9	114.6	64.2
橡胶和塑料制品业	Manufacture of Rubber and Plastic	7.8	97.5	109.5	81.4
非金属矿物制品业	Manufacture of Non-metallic Mineral Products	5.7	100.1	115.1	94.7
黑色金属冶炼和压延加工业	Smelting and Pressing of Ferrous Metals	5.2	96.4	79.4	60.2
有色金属冶炼和压延加工业	Smelting and Pressing of Non-ferrous Metals	5.8	100.5	111.0	86.1
金属制品业	Manufacture of Metal Products	8.0	99.1	117.5	91.1
通用设备制造业	Manufacture of General Purpose Machinery	8.7	99.7	122.8	90.2
专用设备制造业	Manufacture of Special Purpose Machinery	5.9	90.4	132.8	96.5
汽车制造业	Manufacture of Motorcar	10.8	100.1	125.6	107.2
铁路、船舶、航空航天和其他运输设备制造业	Railway, Watercraft, Aerospace and Other Transport Equipment	7.4	97.7	112.2	71.3
电气机械和器材制造业	Manufacture of Electrical Machinery and Equipment	6.0	96.1	131.1	103.1
计算机、通信和其他电子设备制造业	Manufacture of Computers, Communication and Other Electronic Equipment	6.9	99.1	145.5	109.8
仪器仪表制造业	Manufacture of Measuring Instruments	7.4	89.7	155.5	115.6
其他制造业	Other Manufacturing	17.4	104.6	117.3	82.3
废弃资源综合利用业	Comprehensive Recycling of Waste	2.3	99.6	96.0	76.2
金属制品、机械和设备修理业	Metal Products, Machine and Equipment Repair	9.3	109.9	127.7	106.3
电力、热力生产和供应业	Production and Supply of Electric and Heat Energy	4.9	98.9	49.1	41.9
燃气生产和供应业	Production and Supply of Gas	3.1	99.0	126.2	119.7
水的生产和供应业	Production and Supply of Water	-4.9	99.4	66.4	65.7

13-20 大中型工业企业主要经济指标及占全市比重(2013年)

Main Economic Indicators of Large & Medium-sized Industrial Enterprises and as Percentage of Municipal Industry,2013

单位：亿元(100 million yuan)

指 标	Item	绝对数 Statistics	占全市比重(%) As Percentage of Municipal Industry(%)
企业单位数(个)	Number of Enterprises(unit)	1007	18.3
从业人员年平均人数(万人)	Annual Average Employment Personnel(10 000 persons)	119.03	73.0
工业总产值	Gross Output Value of Industry	20989.68	79.2
资产总计	Total Assets	17442.76	77.9
# 流动资产合计	Total Working Capitals	9041.25	74.9
固定资产合计	Total Fixed Assets	6661.29	83.3
主营业务收入	Revenue from Principal Business	21089.10	77.9
主营业务成本	Cost of Principal Business	17788.22	77.1
主营业务税金及附加	Tax and Extra Charges of Principal Business	293.72	91.7
利税总额	Total Profits and Taxes	3227.03	86.6
总资产贡献率(%)	Ratio of Total Assets to Industrial Output Value(%)	19.3	
产销率(%)	Proportion of Products Sold(%)	102.0	
亏损企业个数(个)	Number of Loss-suffering Enterprises(unit)	157	12.0
亏损企业亏损额	Total Loss of Loss-suffering Enterprises	69.63	52.3

13-21 小微型工业企业主要经济指标及占全市比重(2013年)

Main Economic Indicators of Small & Mini-sized Industrial Enterprises and as Percentage of Municipal Industry,2013

单位：亿元(100 million yuan)

指 标	Item	绝对数 Statistics	占全市比重(%) As Percentage of Municipal Industry(%)
企业单位数(个)	Number of Enterprises(unit)	4504	81.7
从业人员年平均人数(万人)	Annual Average Employment Personnel(10 000 persons)	44.12	27.0
工业总产值	Gross Output Value of Industry	5524.83	20.8
资产总计	Total Assets	4945.43	22.1
# 流动资产合计	Total Working Capitals	3026.41	25.1
固定资产合计	Total Fixed Assets	1331.90	16.7
主营业务收入	Revenue from Principal Business	5989.32	22.1
主营业务成本	Cost of Principal Business	5297.57	22.9
主营业务税金及附加	Tax and Extra Charges of Principal Business	26.71	8.3
利税总额	Total Profits and Taxes	498.22	13.4
总资产贡献率(%)	Ratio of Total Assets to Industrial Output Value(%)	10.8	
产销率(%)	Proportion of Products Sold(%)	98.2	
亏损企业个数(个)	Number of Loss-suffering Enterprises(unit)	880	67.3
亏损企业亏损额	Total Loss of Loss-suffering Enterprises	63.47	47.7

13-22 国有及国有控股大中型工业企业主要经济指标及占全市比重(2013年)

Main Economic Indicators of Large & Medium-sized State-owned and State-holding Industrial Enterprises and as Percentage of Municipal Industry,2013

单位：亿元(100 million yuan)

指　　标	Item	绝对数 Statistics	占全市比重(%) As Percentage of Municipal Industry(%)
企业单位数(个)	Number of Enterprises(unit)	213	3.9
从业人员年平均人数(万人)	Annual Average Employment Personnel(10 000 persons)	34.41	21.1
工业总产值	Gross Output Value of Industry	8061.78	30.4
资产总计	Total Assets	9490.35	42.4
# 流动资产合计	Total Working Capitals	4105.49	34.0
固定资产合计	Total Fixed Assets	4307.92	53.9
主营业务收入	Revenue from Principal Business	8273.02	30.6
主营业务成本	Cost of Principal Business	6967.96	30.2
主营业务税金及附加	Tax and Extra Charges of Principal Business	225.35	70.3
利税总额	Total Profits and Taxes	1299.34	34.9
总资产贡献率(%)	Ratio of Total Assets to Industrial Output Value(%)	14.6	
产销率(%)	Proportion of Products Sold(%)	98.4	
亏损企业个数(个)	Number of Loss-suffering Enterprises(unit)	55	4.2
亏损企业亏损额	Total Loss of Loss-suffering Enterprises	46.14	34.7

13-23 民营及民营控股工业企业主要经济指标及占全市比重(2013年)

Main Economic Indicators of Private and Private holding Enterprises and as Percentage of Municipal Industry,2013

单位：亿元(100 million yuan)

指　　标	Item	绝对数 Statistics	占全市比重(%) As Percentage of Municipal Industry(%)
企业单位数(个)	Number of Enterprises(unit)	3583	65.0
从业人员年平均人数(万人)	Annual Average Employment Personnel(10 000 persons)	64.99	39.8
工业总产值	Gross Output Value of Industry	8960.50	33.8
资产总计	Total Assets	6016.80	26.9
# 流动资产合计	Total Working Capitals	3541.05	29.3
固定资产合计	Total Fixed Assets	1713.68	21.4
主营业务收入	Revenue from Principal Business	8884.33	32.8
主营业务成本	Cost of Principal Business	8040.46	34.8
主营业务税金及附加	Tax and Extra Charges of Principal Business	55.79	17.4
利税总额	Total Profits and Taxes	1230.03	33.0
总资产贡献率(%)	Ratio of Total Assets to Industrial Output Value(%)	21.3	
产销率(%)	Proportion of Products Sold(%)	96.8	
亏损企业个数(个)	Number of Loss-suffering Enterprises(unit)	489	37.4
亏损企业亏损额	Total Loss of Loss-suffering Enterprises	28.48	21.4

主要统计指标解释

工 业

指从事自然资源的开采，对采掘品和农产品进行加工和再加工的物质生产部门。具体包括：(1) 对自然资源的开采，如采矿、晒盐等(但不包括禽兽捕猎和水产捕捞)；(2) 对农副产品的加工、再加工，如粮油加工、食品加工、缫丝、纺织、制革等；(3) 对采掘品的加工、再加工，如炼铁、炼钢、化工生产、石油加工、机器制造、木材加工等，以及电力、自来水、煤气的生产和供应等；(4) 对工业品的修理、翻新，如机器设备的修理、交通运输工具(包括小卧车)的修理等。

1984 年以前农村的村及村以下办工业归属农业，1984 年以后划归工业。工业统计调查单位为独立核算法人工业企业。

独立核算法人工业企业指从事工业生产经营活动的单位。独立核算法人工业企业应同时具备以下条件：(1) 依法成立，有自己的名称、组织机构和场所，能够承担民事责任；(2) 独立拥有和使用资产，承担负债，有权与其他单位签订合同；(3) 独立核算盈亏，并能够编制资产负债表。

轻工业

指主要提供生活消费品和制作手工工具的工业。按其所使用的原料不同，可分为两大类：(1) 以农产品为原料的轻工业，是指直接或间接以农产品为基本原料的轻工业。主要包括食品制造、饮料制造、烟草加工、纺织、缝纫、皮革和毛皮制作、造纸以及印刷等工业；(2) 以非农产品为原料的轻工业，是指以工业品为原料的轻工业。主要包括文教体育用品、化学药品制造、合成纤维制造、日用化学制品、日用玻璃制品、日用金属制品、手工工具制造、医疗器械制造、文化和办公用机械制造等工业。

重工业

指为国民经济各部门提供物质技术基础的主要生产资料的工业。按其生产性质和产品用途，可以分为下列三类：(1) 采掘(伐)工业，是指对自然资源的开采，包括石油开采、煤炭开采、金属矿开采、非金属矿开采等工业；(2) 原材料工业，指向国民经济各部门提供基本材料、动力和燃料的工业。包括金属冶炼及加工、炼焦及焦炭、化学、化工原料、水泥、人造板以及电力、石油和煤炭加工等工业；(3) 加工工业，是指对工业原材料进行再加工制造的工业。包括装备国民经济各部门的机械设备制造工业、金属结构、水泥制品等工业，以及为农业提供的生产资料如化肥、农药等工业。根据上述划分原则，修理业中以重工业产品为修理作业对象的划为重工业，反之划为轻工业。

规模以上工业法人企业

指年主营业务收入 2000 万元及以上的工业法人企业。

大、中、小、微型企业

根据 2011 年国家统计局制定的《统计上大中小微型企业划分办法》，以从业人员和营业收入两项指标为依据，将工业企业划分为大、中、小、微型。划分标准如下：

指标名称	计量单位	大型	中型	小型	微型
从业人员(X)	人	X≥1000	300≤X<1000	20≤X<300	X<20
营业收入(Y)	万元	Y≥40000	2000≤Y<40000	300≤Y<2000	Y<300

工业总产值（当年价格）

指工业企业在报告期内生产的以货币形式表现的工业最终产品和提供工业劳务活动的总价值量。包括三部分：生产的成品价值、对外加工费收入、自制半成品在制品期末期初差额价值。

资产总计

指企业过去的交易或者事项形成的、由企业拥有或者控制的、预期会给企业带来经济利益的资源。资产一般按流动性（资产的变现或耗用时间长短）分为流动资产和非流动资产。其中流动资产可分为货币资金、交易性金融资产、应收票据、应收账款、预付款项、其他应收款、存货等；非流动资产可分为长期股权投资、固定资产、无形资产及其他非流动资产等。

流动资产 资产满足以下条件之一应归为流动资产：（1）预计在一个正常营业周期中变现、出售或耗用，主要包括存货、应收账款等；（2）主要为交易目的而持有；（3）预计在资产负债表日起一年内（含一年）变现；（4）自资产负债日起一年内，交换其他资产或清偿负债的能力不受限制的现金或现金等价物。包括货币资金、应收票据、应收账款、存货等项目。

固定资产 指企业为生产商品、提供劳务、出租或经营管理而持有的，使用寿命超过一个会计年度的有形资产。包括使用期限超过一年的房屋、建筑物、机器、机械、运输工具以及其他与生产、经营有关的设备、器具、工具等。

主营业务收入

指企业确认的销售商品、提供劳务等主营业务的收入。

主营业务成本

指企业经营主要业务所发生的成本总额。

主营业务税金及附加

指企业经营主要业务应负担的营业税、消费税、城市维护建设税、教育费附加等。

利润总额

指企业在一定会计期间的经营成果，是生产经营过程中各种收入扣除各种耗费后的盈余，反映企业在报告期内实现的亏盈总额。执行 2006 年《企业会计准则》的企业，利润总额为营业利润加上营业外收入，减去营业外支出后的金额；未执行 2006 年《企业会计准则》的企业，利润总额为营业利润加上投资收益、补贴收入、营业外收入，再减去营业外支出后的金额。

利税总额

指利润总额、主营业务税金及附加和本期应交增值税之和。

产品销售率

反映工业产品已实现销售的程度，是分析工业产销衔接情况，研究工业产品满足社会需求的指标。计算公式为：

$$\text{产品销售率}(\%)=\frac{\text{工业销售产值}}{\text{工业总产值（现价）}}\times 100\%$$

总资产贡献率

反映企业全部资产的获利能力，是企业经营业绩和管理水平的集中体现，是评价和考核企业盈利能力的核心指标。计算公式为：

$$\text{总资产贡献率}(\%)=\frac{\text{利润总额}+\text{税金总额}+(\text{利息支出}-\text{利息收入})}{\text{资产总额}}\times 100\%$$

公式中：税金总额为主营业务税金及附加与应交增值税之和

资产负债率

该指标既反映企业经营风险的大小，也反映企业利用债权人提供的资金从事经营活动的能力。

计算公式为：

$$\text{资产负债率}(\%)=\frac{\text{负债总额}}{\text{资产总额}}\times 100\%$$

流动资产周转次数

指一定时期内流动资产完成的周转次数，反映投入工业企业流动资金的周转速度。计算公式为：

$$\text{流动资产周转次数}=\frac{\text{主营业务收入}}{\text{全部流动资产平均余额}}$$

公式中：全部流动资产平均余额为期初和期末的流动资产之和的算术平均值。

成本费用利润率

反映企业投入的生产成本及费用的经济效益，同时也反映企业降低成本所取得的经济效益。计算公式为：

$$\text{成本费用利润率}(\%)=\frac{\text{利润总额}}{\text{成本费用总额}}\times 100\%$$

公式中：成本费用总额为产品销售成本、销售费用、管理费用、财务费用之和。

流动比率

指流动资产和流动负债之比。用来衡量企业流动资产在短期债务到期以前，可以变为现金用于偿还负债的能力。计算公式为：

$$\text{流动比率}(\%)=\frac{\text{流动资产}}{\text{流动负债}}\times 100\%$$

速动比率

是指速动资产对流动负债的比率。它是衡量企业流动资产中可以立即变现用于偿还流动负债的能力。计算公式为：

$$\text{速动比率}(\%)=\frac{\text{流动资产}-\text{存货}}{\text{流动负债}}\times 100\%$$

Explanatory Notes on Main Statistical Indicators

Industry

refers to the material production sector which is engaged in extraction of natural resources and processing and reprocessing of minerals and agricultural products, including: (1) extraction of natural resources, such as mining, salt production (but not including hunting and fishing); (2) processing and reprocessing of farm and sideline produces, such as rice husking, flour milling, wine making, oil pressing, silk reeling, spinning and weaving, and leather making; (3) manufacture of industrial products, such as steel making, iron smelting, chemicals manufacturing, petroleum processing, machine building, timber processing; water and gas production and electricity generation and supply; (4) repairing of industrial products such as repairing of machinery and means of transport (including cars).

Prior to 1984, the rural industry run by villages and cooperative organizations under village was classified into agriculture. Since 1984, it has been grouped into industry. Units of industrial statistics survey corporate industrial enterprises with independent accounting system.

Corporate industrial enterprises with independent accounting system refer to enterprises engaging in industrial production activities, which meet the following requirements: they are established legally, having their own names, organizations, location, able to take civil liability; they possess and use their assets independently, assume liabilities, and are entitled to sign contracts with other units; they are financially independent and compile their own balance sheets.

Light Industry

refers to the industry that produces consumer goods and hand tools. It consists of two categories, depending on the materials used: (1) Industries using farm products as raw materials. These are branches of light industry which directly or indirectly use farm products as basic raw materials, including the manufacture of food and beverages, tobacco processing, textile, clothing, fur and leather manufacturing, paper making, printing, etc. (2) Industries using non farm products as raw materials. These are branches of light industry which use manufactured goods as raw materials, including the manufacture of cultural, educational articles and sports goods, chemicals, synthetic fiber, chemical products for daily use, glass products for daily use, metal products for daily use, hand tools, medical apparatus and instruments, and the manufacture of cultural and clerical machinery.

Heavy Industry

refers to the industry which produces capital goods, and provides various sectors of the national economy with necessary material and technical basis. It consists of the following three branches according to the purpose of production or the use of products: (1) Mining, quarrying and logging industry refers to the industry that extracts natural resources, including extraction of petroleum, coal, metal and non-metal ores. (2) Raw materials industry refers to the industry that provides various sectors of the national economy with raw materials, fuels and power. It includes smelting and processing of metals, coking and coke chemistry, chemical materials and building materials such as cement, plywood, and power, petroleum refining and coal dressing. (3) Manufacturing industry refers to the industry that processes raw materials. It includes machine building industry which equips sectors of the national economy, industries of metal structure and cement products, industries producing means of agricultural production, such as chemical fertilizers and pesticides. According to the above principle of classification, the repairing trades which are engaged primarily in repairing products of heavy industry are classified into heavy industry while these engaged in repairing products of light industry are classified into light industry.

Industrial Enterprises above Designated Size

refer to industrial enterprises as legal person with annual business revenue of over 20 million yuan.

Large, Medium, Small, Mini-sized Enterprises

Industrial enterprises are classified into large, medium, small, mini-sized enterprises according to employment personnel and sales revenue in accordance with the regulation of Classification of Large, Medium, Small, Mini-sized Enterprises on Statistics in 2011. The standard of classification as following:

Indicator	*Unit*	*Large-sized*	*Medium-sized*	*Small-sized*	*Mini-sized*
Employment Personnel(X)	*person*	$X \geq 1\,000$	$300 \leq X < 1\,000$	$20 \leq X < 300$	$X < 20$
Sales Revenue(Y)	*10 000 yuan*	$Y \geq 40\,000$	$2\,000 \leq Y < 40\,000$	$300 \leq Y < 2\,000$	$Y < 300$

Gross Output Value of Industry（current price）

refers to total volume of final industrial products produced and industrial services provided during the reporting period. It consists of 3 components: value of the finished products, income from processing for external parties, and value of change in semi-finished products between the end and the beginning of the reference period.

Total Assets

refer to all resources formed by transaction or other activities, which are owned or controlled by enterprises and expected to bring economic benefits to the enterprises. Classified by the degree of liquidity(the time of assets to be liquidated or consumed), total assets include working capitals and immovable assets. Working capitals can be classified into monetary assets, trading financial assets, notes receivable, accounts receivable, advanced payments, other prepaid money and inventories.

Immovable assets can be divided into long-term equity investment, fixed assets, intangible assets and other immovable assets.

Working Capitals the assets should be classified into working capital if meeting one of the following conditions: (1) expected to be liquidated, sold or consumed in one normal operating cycle, mainly including inventory, account receivable, etc.; (2) owned for transaction purpose; (3) expected to be liquidated in one year (including one year) since balance sheet date; (4) cash or cash equivalent without limited ability of exchanging other assets or paying debts in one year from balance sheet date, including monetary funds, note receivable, accounts receivable, inventory and other items.

Fixed Assets refer to the physical assets owned over one accounting year for the purpose of production, providing services, rent or business management, including the use of more than one year of housing, buildings, machines, machinery, transport equipment and other production and business-related equipment, apparatus, tools, etc.

Revenue from Principal Business

refers to revenues accepted by enterprises from the sales of products, labour services provided and etc. in the principal business.

Cost of Principal Business

refers to total costs for enterprises to operate the principal business.

Tax and Extra Charges of Principal Business

refer to the tax and charges including the business tax, consumption tax, city maintenance and construction tax, resources tax, land increasing value tax and extra charges for education and etc. in the operation of principal business.

Total Pre-tax Profits

refer to the business results of enterprises in certain accounting period, that is the profits gained from the revenues after deducting the costs, which means the final achievements in the reference period. To the enterprises implemented the Regulation of Accounting Standards for Business Enterprises in 2006, total pre-tax profits equals to business profit add non-operating revenue and minus non-operating expenditures. To the enterprises not implemented, total pre-tax profits equals to business profit add investment income, subsidies, non-operating revenue and minus non-operating expenditures.

Total Profits and Taxes

refers to the sum of the total profits, tax and extra charges of principal business and the value added tax payable of industrial enterprises.

Proportion of Products Sold

reflects the actual sale of industrial products, analyzing the production-selling and supply-demand relations. It is calculated as:

$$\text{Proportion of Products Sold (\%)} = \frac{\text{Value of Industrial Sales}}{\text{Gross Industrial Output Value (Current Prices)}} \times 100\%$$

Ratio of Total Assets to Industrial Output Value

reflects the profit-making capability of all assets of the enterprise and is a key indicator manifesting the performance and management and evaluating the profit-making potential of the enterprise. It is calculated as follows:

$$\text{Ratio of Total Assets to Industrial Output Value (\%)} = \frac{\text{Total Pre-tax Profits + Total Taxes + (Interest Payment-Interest Incone)}}{\text{Average Assets}} \times 100\%$$

In the above formula, total taxes is the sum of tax and extra charges of principal business and value-added tax payable.

Ratio of Debts to Assets

reflects both the operation risk and the capability of the enterprise in making use of the capital from the creditors. It is calculated as follows:

$$\text{Ratio of Debts to Assets (\%)} = \frac{\text{Total Debts}}{\text{Total Assets}} \times 100\%$$

Number of Times of Turnover of Working Capitals

refers to the number of times of turnover of working capital in a given period of time, which reflects the speed of the turnover of working capital of industrial enterprises, and is calculated as follows:

$$\text{Turnover of Working Capital} = \frac{\text{Revenue from Principal Business}}{\text{Average Balance of Total Working Capital}}$$

In the above formula, average balance of total working capital refers to the arithmetic mean of the sum of circulating funds at the beginning and at the end of the reference period.

Ratio of Pre-tax Profits to Total Industrial Costs

refers to the ratio of profits realized in a given period to the total costs in the same period, which reflects the economic efficiency of input cost and is calculated as follows:

$$\text{Ratio of Profits to Total Industrial Cost (\%)} = \frac{\text{Total Pre-tax Profits}}{\text{Total Costs}} \times 100\%$$

Total costs in the above formula is the sum of cost of products sold, marketing cost, management cost and financial cost.

Liquidity Ratio

refers to the ratio of current assets and current liabilities, which is used to measure the enterprise's ability to turn the current assets into cash to repay its debts before the short-term debt maturity. It is calculated as follows:

$$\text{The Liquidity Ratio (\%)} = \frac{\text{Current Assets}}{\text{Current Liabilities}} \times 100\%$$

Quick Ratio

refers to the ratio of quick assets and current liabilities, which is used to measure the enterprise's ability to turn the current assets into cash immediately to repay its current liabilities. It is calculated as follows:

$$\text{Quick Ratio (\%)} = \frac{\text{Current Assets-Inventories}}{\text{Current Liabilities}} \times 100\%$$

建筑业 Construction 14

14-1 建筑企业基本情况(1996—2013年)

Basic Statistics on Construction Enterprises,1996-2013

年 份 Year	企业个数 (个) Number of Enterprises (unit)	从业人员平均人数 (万人) Annual Average Employment Personnel (10 000 persons)	建筑业总产值 (亿元) Gross Output Value of Construction (100 million yuan)	房屋建筑施工面积 (万平方米) Floor Space of Building under Construction (10 000 sq.m)	房屋建筑峻工面积 (万平方米) Floor Space of Building Completed (10 000 sq.m)	#住 宅 Residential Buildings
1996	461	29.06	173.57	1579.53	567.98	285.82
1997	477	29.26	191.00	1752.13	727.61	398.82
1998	500	29.34	211.12	2059.23	868.00	527.98
1999	491	28.71	222.74	2087.01	901.88	637.85
2000	456	27.44	238.10	2253.99	1056.40	658.85
2001	420	25.96	288.68	2140.04	924.92	562.40
2002	925	34.56	406.16	2817.84	1332.10	726.87
2003	900	35.55	520.84	3395.94	1465.75	797.72
2004	1155	38.27	655.20	3547.76	1644.90	758.00
2005	1108	39.10	754.37	3940.56	1484.38	728.58
2006	1103	38.57	983.93	4555.08	1735.58	815.52
2007	1113	45.34	1221.94	5447.39	2101.38	1020.12
2008	1362	49.62	1453.79	5947.56	1643.66	687.62
2009	1371	59.31	1911.48	6572.69	2240.10	1010.85
2010	1448	65.47	2424.49	7564.29	2419.16	1168.62
2011	1494	65.38	2986.45	10058.78	2637.65	1352.95
2012	1648	49.75	3258.57	12484.91	2876.70	1526.04
2013	1756	69.19	3670.53	12791.04	3394.91	2065.25

14-2 建筑企业主要经济效益指标和工程质量(1996—2013年)

Main Indicators of Economic Benefit and Engineering Quality of Construction Enterprises,1996-2013

年 份 Year	全员劳动生产率 (元/人) Overall Labour Productivity (yuan/person)	平均每一从业人员竣工面积(平方米) Floor Space of Building Completed per Employment Personnel (sq. m)	产值利润率 (%) Ratio of Pre-tax Profit to Gross Output Value (%)	产值利税率 (%) Ratio of Profits and Taxes to Gross Output Value (%)	按面积计算竣工率 (%) Percentage of Building Completed in Terms of Floor Space(%)
1996	59724	19.5	1.0	3.6	36.0
1997	65274	24.9	1.1	3.7	41.5
1998	71958	29.6	1.4	3.9	42.2
1999	77583	31.4	1.0	3.6	43.2
2000	86771	38.5	1.1	4.0	46.9
2001	111194	35.6	1.3	4.2	43.2
2002	117536	38.5	1.8	4.7	47.3
2003	146499	41.2	1.9	4.8	43.2
2004	171190	43.0	1.9	4.9	46.4
2005	192931	38.0	2.3	5.3	37.7
2006	255108	45.0	2.6	5.8	38.1
2007	269502	46.3	3.1	6.3	38.6
2008	292999	33.1	3.3	6.5	27.6
2009	322264	37.8	2.8	6.0	34.1
2010	370312	36.9	2.7	6.0	32.0
2011	456788	40.3	2.7	5.8	26.2
2012	654940	57.8	2.9	6.0	23.0
2013	530502	49.1			26.5

14-3 建筑企业基本情况(按登记注册类型和经济类型分)

Basic Statistics on Construction Enterprises (Grouped by Status of Registration and Ownership)

项 目 Item	企业个数 (个) Number of Enterprises (unit)		从业人员平均人数 (万人) Average Employment Personnel (10 000 persons)		建筑业总产值 (万元) Gross Output Value of Construction (10 000 yuan)	
	2012	2013	2012	2013	2012	2013
总 计 **Total**	**1648**	**1756**	**49.75**	**69.19**	**32585701**	**36705327**
按登记注册类型分 **Grouped by Status of Registration**						
内资企业 Domestic-funded Enterprises	1618	1729	49.61	69.05	32517395	36587697
国 有 State-owned Enterprises	109	109	7.60	12.64	6387736	7144554
集 体 Collective-owned Enterprises	64	64	4.73	5.79	2444791	3133238
股份合作 Cooperative Enterprises	16	15	0.32	0.42	151921	211953
私营企业 Private Enterprises	853	938	8.43	10.56	3669649	4547187
股份有限公司 Share-holding Corporations Ltd.	42	43	2.90	2.88	1343348	2716577
有限责任公司 Limited Liability Corporations	465	489	24.99	35.86	18229078	18498414
# 国有独资 Sole State-funded Corporations	15	17	5.17	4.34	2306961	2300790
联营企业 Joint Ownership Enterprises	6	7	0.10	0.11	15865	24680
# 集体联营 Collective Joint Ownership Enterprises	2	2	0.09	0.10	14208	23768
其 他 Others	63	64	0.53	0.79	275007	311093
港、澳、台商投资企业 Enterprises with Investment from Hong Kong, Macao and Taiwan	17	16	0.10	0.08	51346	52738
外商投资企业 Foreign Funded Enterprises	13	11	0.05	0.06	16961	64893
按经济类型分 **Grouped by Ownership**						
国有经济 State-owned	125	128	12.77	16.98	8695178	9445344
集体经济 Collective-owned	82	81	5.14	6.31	2610920	3368959
私有经济 Private and Individual	853	938	8.43	10.56	3669549	4547187
港澳台商投资经济 Hong Kong, Macao and Taiwan Funded	17	16	0.10	0.08	51346	52738
外商投资经济 Foreign Funded	13	11	0.05	0.06	16961	64893
其 他 Others	558	582	23.26	35.20	17541747	19226206

14-3续表 *Continued*

项　目 Item	竣工产值(万元) Gross Output Value Completed (10 000 yuan)		房屋建筑施工面积(万平方米) Floor Space of Building under Construction (10 000 sq. m)		房屋建筑竣工面积(万平方米) Floor Space of Building Completed (10 000 sq. m)		#住　宅 Residential Buildings	
	2012	2013	2012	2013	2012	2013	2012	2013
总　计 Total	**14713080**	**15541425**	**12484.91**	**12791.04**	**2876.70**	**3394.91**	**1526.04**	**2065.25**
按登记注册类型分 Grouped by Status of Registration								
内资企业 Domestic-funded Enterprises	14678423	15517050	12484.91	12791.04	2876.70	3394.91	1526.04	2065.25
国　有 State-owned Enterprises	1286547	2141448	5079.74	4407.60	215.04	471.23	116.73	348.59
集　体 Collective-owned Enterprises	1377173	1340134	892.55	1123.17	404.41	483.69	318.78	360.85
股份合作 Cooperative Enterprises	85256	122983	12.35	11.76	10.15	11.76	4.80	5.80
私营企业 Private Enterprises	2230176	2710664	1021.94	1274.16	577.39	648.38	377.95	390.70
股份有限公司 Share-holding Corporations Ltd.	524066	867153	383.80	341.35	82.69	123.74	66.44	111.24
有限责任公司 Limited Liability Corporations	8950630	8186275	5014.46	5583.16	1541.19	1636.14	632.24	834.73
# 国有独资 Sole State-funded Corporations	1027612	817438	422.95	340.21	99.78	91.21	47.47	57.16
联营企业 Joint Ownership Enterprises	14928	9775	0.99	0.42	0.99	0.42	0.26	
# 集体联营 Collective Joint Ownership Enterprises	13849	8911	0.99	0.42	0.99	0.42	0.26	
其　他 Others	209647	138618	79.08	49.43	44.85	19.54	8.84	13.35
港、澳、台商投资企业 Enterprises with Investment from Hong Kong, Macao and Taiwan	31811	23291						
外商投资企业 Foreign Funded Enterprises	2846	1084						
按经济类型分 Grouped by Ownership								
国有经济 State-owned	2314159	2958885	5502.69	4747.80	314.82	562.44	164.20	405.74
集体经济 Collective-owned	1476278	1472028	905.89	1135.35	415.55	495.87	323.84	366.65
私有经济 Private and Individual	2230176	2710664	1021.94	1274.16	577.39	648.38	377.95	390.70
港澳台商投资经济 Hong Kong, Macao and Taiwan Funded	31811	23291						
外商投资经济 Foreign Funded	2846	1084						
其　他 Others	8657810	8375472	5054.40	5633.73	1568.94	1688.21	660.05	902.16

14-4 建筑企业基本情况(按行业和资质等级分)

Basic Statistics on Construction Enterprises (Grouped by Sector and Qualification Grade)

项目 Item	企业个数(个) Number of Enterprises (unit)		从业人员平均人数(万人) Average Employment Personnel (10 000 persons)		建筑业总产值(万元) Gross Output Value of Construction (10 000 yuan)	
	2012	2013	2012	2013	2012	2013
按行业类别分						
Grouped by Sector						
房屋建筑业						
House Building	260	281	23.45	33.40	12509717	14906960
土木工程建筑业						
Civil Engineering	344	381	16.82	24.23	15401036	16753759
建筑安装业						
Building Installation	509	530	5.74	7.05	2838883	3030162
建筑装饰和其他建筑业						
Building Decoration and Other Construction	535	564	3.74	4.51	1836065	2014446
按资质等级分						
Grouped by Qualification Grade						
施工总承包						
General Contractor	447	481	41.41	58.82	28341058	30805387
特级						
Super Grade	9	9	4.12	7.69	7775819	6770447
一级						
First Grade	112	115	26.24	37.69	15433866	17578272
二级						
Second Grade	138	139	8.11	9.68	3690950	4549698
三级及以下						
Third Grade and Below	188	218	2.94	3.77	1440423	1906970
专业承包						
Specialized Contractor	1201	1275	8.34	10.37	4244643	5899940
一级						
First Grade	101	101	1.91	2.71	1756632	2833379
二级						
Second Grade	266	271	2.12	2.54	953615	1129210
三级及以下						
Third Grade and Below	834	903	4.31	5.12	1534396	1937351

14-4续表 *Continued*

项目 Item	竣工产值(万元) Gross Output Value Completed (10 000 yuan)		房屋建筑施工面积(万平方米) Floor Space of Building under Construction (10 000 sq. m)		房屋建筑竣工面积(万平方米) Floor Space of Building Completed (10 000 sq. m)		# 住宅 Residential Buildings	
	2012	2013	2012	2013	2012	2013	2012	2013
按行业类别分 Grouped by Sector								
房屋建筑业 House Building	6106927	7546915	10620.66	10798.86	2193.76	2878.25	1164.66	1900.71
土木工程建筑业 Civil Engineering	6023735	5685981	1604.41	1706.44	597.80	453.86	305.75	127.97
建筑安装业 Building Installation	1422003	1416799	213.85	245.29	59.29	34.04	37.95	18.36
建筑装饰和其他建筑业 Building Decoration and Other Construction	1160415	891730	45.99	40.45	25.85	28.76	17.69	18.21
按资质等级分 Grouped by Qualification Grade								
施工总承包 General Contractor	12322182	13095846	12418.98	12684.99	2812.54	3344.52	1498.99	2042.03
特　级 Super Grade	3010434	1784991	2143.54	2493.86	327.58	382.59	83.68	180.15
一　级 First Grade	6009089	7600394	8483.02	8256.89	1482.50	2146.54	831.98	1388.77
二　级 Second Grade	2151659	2276051	1372.94	1513.35	680.56	583.81	455.63	375.78
三级及以下 Third Grade and Below	1151000	1434410	419.47	420.89	321.90	231.57	127.70	97.34
专业承包 Specialized Contractor	2390898	2445579	65.93	106.05	64.16	50.39	27.05	23.22
一　级 First Grade	977595	879674	1.72		0.20	0.80		
二　级 Second Grade	553747	489419	18.73	10.99	29.76	9.34	6.58	0.77
三级及以下 Third Grade and Below	859556	1076486	45.48	95.06	34.21	40.25	20.47	22.45

14-5 建筑业企业房屋建筑完成情况(2011—2013年)

Building Construction of Construction Enterprises,2011-2013

单位：万平方米(10 000 sq.m)

指　　标	2011	2012	2013
房屋建筑施工面积 Floor Space of Buildings under Construction	10058.78	12484.91	12791.04
# 本年新开工面积 New Floor Space of Buildings in Current Year	4785.27	5395.62	4840.59
# 实行投标承包面积 Contracted Bidding Floor Space	9165.12	11554.53	11456.07
房屋建筑竣工面积 Floor Space of Buildings Completed	2637.65	2876.70	3394.91
厂房、仓库 Factory Buildings and Warehouses	528.15	492.56	702.96
住　宅 Residential Buildings	1352.95	1526.04	2065.25
办公用房 Office Buildings	109.00	151.99	172.78
批发和零售用房 Wholesale and Retail Trade Buildings	76.04	88.45	59.90
住宿和餐饮用房 Hotels and Restaurants Buildings	15.20	37.23	11.56
居民服务业用房 Residential Service Buildings	30.42	40.45	84.64
教育用房 Educational Buildings	92.23	51.53	64.24
文化、体育和娱乐用房 Cultural, Sports and Entertainment Buildings	20.27	30.69	37.40
卫生医疗用房 Health Care and Medical Buildings	15.33	15.91	32.48
科研用房 Scientific and Research Buildings	10.69	32.20	9.09
其他用房 Other Buildings	387.37	409.65	154.60

主要统计指标解释

建筑业总产值

是以货币表现的建筑业企业在一定时期内生产的建筑业产品和提供的服务的总和。建筑业总产值包括：

1. 建筑工程产值：指列入建筑工程预算内的各种工程价值；

2. 安装工程产值：指设备安装工程价值，不包括被安装设备本身的价值；

3. 其他产值：建筑业总产值中除建筑工程、安装工程以外的产值。包括房屋构筑物修理产值、非标准设备制造产值、总包企业向分包企业收取的管理费以及不能明确划分的施工活动所完成的产值。

劳务分包企业建筑业总产值指劳务分包企业与总承包企业或专业承包企业签订劳务分包合同后，从事建筑安装工程取得的所有劳务收入。

房屋施工面积

指在报告期内施工的全部房屋建筑面积，包括本期新开工的房屋面积、上期跨入本期继续施工的房屋面积、上期停缓建在本期恢复施工的房屋面积、本期竣工的房屋面积及本期施工后又停缓建的房屋面积。

房屋建筑竣工面积

指在报告期内房屋建筑按照设计要求已全部完工，达到了住人和使用条件，经验收鉴定合格或达到竣工验收标准，可正式移交使用的各栋房屋建筑面积的总和。

15 交通运输和邮电
Transportation, Post and Telecommunication Services

15-1 社会客、货运输量和周转量(1996—2013年)
Passenger & Freight Traffic and Turnover Volume of Passenger & Freight Traffic,1996-2013

年 份 Year	客运量(万人) Passenger Traffic (10 000 persons)	# 铁 路 Railways	# 公 路 Highways	# 民 航 Civil Aviation	旅客周转量(百万人公里) Turnover Volume of Passenger Traffic (million passenger-km)	# 铁 路 Railways	# 公 路 Highways	# 民 航 Civil Aviation
1996	3125	1580	1496		7599	4917	1772	
1997	3136	1449	1640		7921	5050	2017	
1998	3207	1511	1651		7950	5280	1914	
1999	3259	1546	1671		8277	5780	1782	
2000	3474	1594	1820		8845	6022	1864	
2001	3302	1456	1780		9197	5996	2205	
2002	3457	1498	1870		9255	5782	2272	
2003	3507	1281	2109		9274	5526	2158	
2004	4103	1491	2457		11713	7112	2404	
2005	4679	1550	2961		14210	9070	2646	
2006	5670	1632	3807		16341	9651	3564	
2007	7104	1573	5253		18380	10228	4470	
2008	8753	1907	6579		19612	10426	5671	
2009	25299	2384	22566	334	29766	12482	13122	4142
2010	24873	2654	21822	396	32312	14066	13196	5031
2011	25331	2801	22053	475	34214	14838	13391	5967
2012	28462	2970	24483	1009	43249	16399	15043	11807
2013	29518	3352	24980	1186	47289	17836	15442	14011

15-1续表 *Continued*

年 份 Year	货运量(万吨) Freight Traffic (10 000 tons)	# 铁 路 Railways	# 公 路 Highways	# 水 运 Waterways	货物周转量(亿吨公里) Turnover Volume of Freight Traffic (100 million ton-km)	# 铁 路 Railways	# 公 路 Highways	# 水 运 Waterways
1996	24133	2668	19491	1489	1052	224	41	784
1997	25090	2548	20515	1390	1031	219	44	765
1998	24505	2467	18584	2867	3710	198	60	3449
1999	27052	2380	20049	3884	4759	200	60	4497
2000	26400	3079	18764	4165	4674	275	63	4334
2001	28608	3727	19382	5037	5166	230	65	4870
2002	31016	4519	19554	6452	6484	228	66	6188
2003	35252	5662	20072	8944	8169	259	68	7840
2004	37934	6108	19560	11613	11473	286	72	11112
2005	40263	7241	19850	12375	12461	353	74	12031
2006	42863	8409	20290	13313	12184	353	76	11751
2007	51338	11288	23500	15671	15221	355	88	14774
2008	55065	12161	27000	15096	14479	343	103	14029
2009	43554	11284	19800	11656	10102	297	206	9595
2010	41611	7597	20855	11911	9859	298	231	9324
2011	44651	7286	23426	12711	10121	296	267	9553
2012	47698	7909	28228	10332	7635	287	329	7012
2013	51603	8446	31985	9884	5390	273	368	4742

注：因交通部方法制度变化，2009年及以后公路和水运数据与2008年及以前数据不可比。

Note: Data of highways and waterways from 2009 are changed according to the statistics measure of Ministry of Transport,which can't be compared with data of 2008 and before.

15-2 社会客、货运输量和周转量(2010—2013年)

Passenger & Freight Traffic and Turnover Volume of Passenger & Freight Traffic,2010-2013

指 标	Item	2010	2011	2012	2013
客 运 量(万人)	**Passenger Traffic (10 000 persons)**	**24873**	**25331**	**28462**	**29518**
铁 路	Railways	2654	2801	2970	3352
公 路	Highways	21822	22053	24483	24980
水 运	Waterways	1	1		
民 航	Civil Aviation	396	475	1009	1186
旅客周转量(百万人公里)	**Turnover Volume of Passenger Traffic (million passenger-km)**	**32312**	**34214**	**43249**	**47289**
铁 路	Railways	14066	14838	16399	17836
公 路	Highways	13196	13391	15043	15442
水 运	Waterways	18	17		
民 航	Civil Aviation	5031	5967	11807	14011
货 运 量(万吨)	**Freight Traffic (10 000 tons)**	**41611**	**44651**	**47698**	**51603**
铁 路	Railways	7597	7286	7909	8446
公 路	Highways	20855	23426	28228	31985
水 运	Waterways	11911	12711	10332	9884
民 航	Civil Aviation	4	5	6	7
管道输油气量	Traffic of Petroleum & Gas Pipelines	1243	1224	1222	1280
货物周转量(亿吨公里)	**Turnover Volume of Freight Traffic (100 million ton-km)**	**9859**	**10121**	**7635**	**5390**
铁 路	Railways	298	296	287	273
公 路	Highways	231	267	329	368
水 运	Waterways	9324	9553	7012	4742
民 航	Civil Aviation	0.6	0.6	0.9	0.9
管道输油气量	Traffic of Petroleum & Gas Pipelines	4.9	5.3	5.6	5.7

15-3 运输线路长度(2010—2013年)

Length of Transport Routes,2010-2013

单位：公里(km)

指 标	Item	2010	2011	2012	2013
公路通车里程	Length of Highways with Transport Service	14832	15163	15391	15718
# 等级公路	Expressway and Class I to IV Highway	14832	15163	15391	15718
# 高速公路	Expressway	982	1103	1103	1103
内河航道里程	Length of Navigable Inland Waterways	412	412	412	412
民航航线里程	Length of Civil Aviation Routes	68488	69722	127032	154840
输油气管道里程	Length of Petroleum & Gas Pipelines	542	538	532	529

注：内河航道里程为内河清淤里程。民用航空航线里程为国航天津分公司在天津滨海国际机场起降飞机的里程。

Note: Length of navigable inland waterways refers to length of inland waterways with slit cleaned up. Length of civil aviation refers to the length of Air China Tianjin Company flights at Tianjin Binhai International Airport.

15-4 港口客、货吞吐量(1996—2013年)

Volume of Passenger & Freight Handled in Ports,1996-2013

年 份 Year	港口旅客吞吐量(万人次) Volume of Passenger Handled in Ports (10 000 person-time)	港口货物吞吐量(万吨) Volume of Freight Handled in Ports (10 000 tons)	出 港 Out-port	比 重 (%) Proportion (%)	进 港 In-port	比 重 (%) Proportion (%)	集装箱吞吐量(万国际标准箱) Handled Containers (10 000 TEU)
1996	58.7	6188	4839	78.2	1349	21.8	82
1997	52.7	6789	5198	76.6	1591	23.4	94
1998	45.3	6818	5124	75.2	1694	24.8	102
1999	48.7	7298	5280	72.4	2018	27.6	130
2000	40.2	9582	6936	72.4	2646	27.6	171
2001	37.1	11369	8086	71.1	3283	28.9	201
2002	33.0	12906	8802	68.2	4104	31.8	241
2003	22.7	16182	10912	67.4	5270	32.6	302
2004	32.5	20619	13217	64.1	7402	35.9	382
2005	31.6	24069	14700	61.1	9369	38.9	480
2006	34.0	25760	15285	59.3	10475	40.7	595
2007	34.0	30946	19073	61.6	11873	38.4	710
2008	8.7	35593	20462	57.5	15131	42.5	850
2009	15.9	38111	16591	43.5	21520	56.5	870
2010	23.4	41325	20048	48.5	21277	51.5	1008
2011	24.9	45338	22665	50.0	22673	50.0	1159
2012	29.3	47697	22381	46.9	25316	53.1	1230
2013	33.0	50063	23060	46.1	27003	53.9	1301

注：货物吞吐量为包括货主码头的全港数据。
Note: Volume of freight handled in ports refers to the figure of ports, including those of docks.

15-5 港口设施(2011—2013年)

Ports Facilities,2011-2013

指 标	Item	2011	2012	2013
码头长度(米)	Length of Quay Line(m)	32714	32630	35756
港口泊位(个)	Number of Berths(unit)	154	159	160
天津港(集团)有限公司	Tianjin Port Group Corporation Ltd.	95	94	95
货主码头	Docks	59	65	65
# 万吨级泊位	Class of 10 000-ton Level	99	102	103
# 天津港(集团)有限公司	Tianjin Port Group Corporation Ltd.	83	82	83
铁路专用线长度(米)	Length of Railways(m)	116439	116439	115249
仓库总面积(平方米)	Area of Store Houses(sq.m)	333545	349828	367626
堆场总面积(万平方米)	Area of Goods Pile(10 000 sq.m)	916	1001	1081
集装箱堆场堆存能力(TEU)	Capacity of Piling Containers(TEU)	595218	488588	506080
装卸机械台数(台)	Number of Loading & Unloading Machines(unit)	2767	2820	2872

注：本表除港口泊位含货主码头数据外，其余设施均为天津港(集团)有限公司数据。
Note: Number of berths include docks, and other ports facilities refer to those owned by Tianjin Port Group Corporation Ltd.

15-6 港口分货类吞吐量

Volume of Freight Handled in Ports by Category

单位：万吨(10 000 tons)

指 标 Item	合 计 Total 2012	2013	出港量 Out-port 2012	2013	进港量 In-port 2012	2013
港口货物吞吐量 Volume of Freight Handled in Ports	**47697**	**50063**	**22381**	**23060**	**25316**	**27003**
国 外 Abroad	24326	26738	7134	7994	17192	18744
国 内 Domestic	23371	23325	15247	15066	8124	8259
分品种货物吞吐量 Volume of Freight Handled by Category						
煤炭及制品 Coal and Related Products	9392	8962	9176	8811	215	151
石油、天然气及制品 Petroleum, Natural Gas and Related Products	5495	5307	2886	2959	2609	2348
金属矿石 Metal Ores	9833	10817	27	39	9806	10778
钢 铁 Steel and Iron	2752	2995	2490	2741	262	254
矿建材料 Mineral Building Materials	4381	4262	163	155	4218	4107
水 泥 Cement	10	29	4	3	6	26
木 材 Timber	246	254	13	30	233	224
非金属矿石 Nonmetal Ores	235	252	162	158	73	94
化学肥料及农药 Chemical Fertilizers and Pesticides	11	15	6	9	5	6
盐 Salt	28	64	3	16	25	48
粮 食 Grain	700	846	76	82	624	764
机械、电器、设备 Machine, Electric Machinery, Equipment	4322	4325	2491	2412	1831	1913
化工原料及制品 Chemical Materials and Related Products	2031	2748	1065	1387	966	1361
有色金属 Nonferrous Metals	399	731	142	318	257	413
轻工、医药产品 Light Industry, Medical and Pharmaceutical Products	4003	4303	2217	2345	1786	1958
农林牧渔产品 Agricultural Products	941	905	377	407	564	498
其 他 Others	2918	3247	1082	1185	1836	2062
集装箱吞吐量(万国际标准箱) Handled Containers(10 000 TEU)	**1230**	**1301**	**622**	**663**	**608**	**638**

15-7 公路及民航运输主要技术经济指标(2011—2013年)

Main Technical and Economic Indicators of Highway and Civil Aviation Transport,2011-2013

指 标	Item	2011	2012	2013
公 路	**Highway**			
载货汽车里程利用率(%)	Utilization Rate of Length of Trucks in Operation (%)	59.0	62.0	57.0
载客汽车里程利用率(%)	Utilization Rate of Length of Passenger Vehicles in Operation (%)	96.0	96.0	93.0
载货汽车每百吨公里耗汽油(升)	Gasoline Consumption of Trucks (L/100 ton-km)	8.5	8.0	10.0
载客汽车每百吨公里耗汽油(升)	Gasoline Consumption of Passenger Vehicles (L/100 ton-km)	8.0	8.7	12.8
载货汽车每百吨公里耗柴油(升)	Diesel Oil Consumption of Trucks (L/100 ton-km)	6.5	6.0	15.5
载客汽车每百吨公里耗柴油(升)	Diesel Oil Consumption of Passenger Vehicles (L/100 ton-km)	6.1	6.8	22.2
载货汽车实载率(%)	Utilization Rate of Capacity of Freight Trucks (%)	60.0	62.0	62.7
载客汽车实载率(%)	Utilization Rate of Capacity of Passenger Vehicles (%)	80.0	76.0	74.2
民 航	**Civil Aviation**			
飞行小时(小时)	Flying Time (hour)	86129	85127	81378
平均每可用机飞行时间(小时)	Flying Time per Available Aircraft (hour)	3243	3547	3327
正班飞行距离(万公里)	Distance under Normal Conditions (10 000 km)	5007.3	5823.8	4626.1
平均每可用机日生产飞行时间(小时)	Average Daily Flying Time per Available Aircraft (hour)	8.8	8.9	9.4
正班平均载运率(%)	Average Utilization Rate of Capacity under Normal Conditions (%)	76.5	76.3	77.3

注：本表民航数据为国航天津分公司数据。
Note: In this table, data of civil aviation are provided by Air China Tianjin Company.

15-8 民用航空机场主要指标(2011—2013年)

Main Indicators of Civil Aviation Airport,2011-2013

指 标	Item	2011	2012	2013
旅客吞吐量(万人)	**Passenger Traffic(10 000 persons)**	**755.4**	**814.0**	**1003.6**
国内旅客	Domestic Passenger Traffic	680.4	731.7	902.7
国际旅客	International Passenger Traffic	53.9	52.8	76.2
港、澳、台地区旅客	Hong Kong, Macao & Taiwan Passenger Traffic	21.1	29.5	24.7
货(邮)吞吐量(万吨)	**Freight Traffic(10 000 tons)**	**18.3**	**19.4**	**21.4**
国内货邮	Domestic Routes	7.3	7.9	8.9
国际货邮	International Routes	10.2	10.7	11.4
港、澳、台地区货邮	Hong Kong, Macao & Taiwan Regional Routes	0.8	0.8	1.1
起、降架次(万架次)	**Times of Ascend and Descend(10 000 sorties)**	**8.5**	**8.4**	**10.1**

15-9 民用车辆拥有量(2013年)

Number of Civil Motor Vehicles Owned,2013

单位：辆(unit)

指 标	Item	合 计 Total	个 人 Private-owned	当年新注册 Registered in Current Year
总 计	**Total**	**2758573**	**2361981**	**428699**
民用汽车	Civil Motor Vehicles	2616375	2244177	421789
1. 载客汽车	Passenger Vehicles	2355568	2069526	386280
# 轿 车	Cars	1743761	1574637	288773
大 型	Large-sized	24371	1134	2976
中 型	Medium-sized	16919	6154	1088
小 型	Small-sized	2204636	1958608	379104
微 型	Minisize	109642	103630	3112
2. 载货汽车	Trucks	243406	169557	34326
# 普通载货	Ordinary Trucks	138861	112193	16333
重 型	Heavy Trucks	46986	17281	8596
中 型	Medium-sized Trucks	14622	7517	1419
轻 型	Light Trucks	181092	144109	24303
微 型	Minisize Trucks	706	650	8
3. 其他汽车	Other Civil Motor Vehicles	17401	5094	1183
摩托车	Motorcycles	86699	84831	732
拖拉机	Tractor	25467	25467	2241
挂 车	Trailer	27543	6751	3828
其他类型车	Other Vehicles	2489	755	109

15-10 邮电业基本情况(1996—2013年)

Basic Statistics on Post and Telecommunication Services,1996-2013

年 份 Year	邮电业务总量(万元) Business Value of Post and Telecommunication Services(10 000 yuan)	邮电局所数(处) Number of Post and Telecommunication Offices(unit)	局用电话交换机容量(门) Capacity of Office Telephone Exchanges (line)	电话机(含移动、小灵通)(万部) Telephone (Include Mobile and Handphone) (10 000 sets)	平均每百人拥有电话机数(含移动)(部/百人) Telephone per 100 persons (Include Mobile) (set/100 persons)
1996	256978	314	1694092	174.65	19.4
1997	342848	328	1945020	207.82	23.1
1998	474067	399	2447630	259.58	28.7
1999	567242	470	2761633	329.30	36.2
2000	753669	563	3182465	431.28	46.6
2001	702206	543	3645600	511.57	56.0
2002	903296	597	3865700	601.45	65.4
2003	1157060	619	4024500	761.91	82.3
2004	1467836	700	4237700	835.01	89.5
2005	1763477	827	6288300	939.82	90.1
2006	2277902	818	6190300	1147.17	106.7
2007	3006714	842	6232700	1238.25	111.1
2008	3517682	1089	5704300	1320.91	112.3
2009	3866682	823	4242600	1377.75	112.2
2010	4351563	833	4253200	1456.39	112.1
2011	1807796	865	2997600	1568.47	115.8
2012	1867423	888	2467000	1657.52	117.3
2013	1960037	850	2010000	1675.95	113.8

15-11 邮电业务基本情况

Basic Conditions of Postal and Teleccommunication Services

指 标	Item	单 位	Unit	2012	2013	2013比2012年增长(%) Increase Rate in 2013 over 2012(%)
邮电业务总量	**Business Value of Post and Telecommunication Services**	**万 元**	**10 000 yuan**	**1867423**	**1960037**	**5.0**
邮政业务总量	Business Volume of Post Services	万 元	10 000 yuan	268683	306302	14.0
电信业务总量	Business Volume of Telecommunication Services	万 元	10 000 yuan	1598740	1653735	3.4
邮政业务	**Business Value of Post Services**					
函 件	Letters	万 件	10 000 pcs	19793	17250	-12.8
快 递	Pieces of Express Mail Services	万 件	10 000 pcs	6364	8719	37.0
# 同 城	intra-city	万 件	10 000 pcs		2407	
异 地	Different Place	万 件	10 000 pcs		6133	
报刊期发数	Number of Newspapers and Magazines Subscribed	万 份	10 000 pcs	312	295	-5.4
汇 票	Postal Order	万 笔	10 000 pcs		145.92	
集邮业务	Philately	万 枚	10 000 pcs	2155	3707	72.0
邮电局所数	Number of Post & Telecommunications Offices	处	unit	888	850	-4.3
# 邮政局	Number of Post Offices	处	unit	383	389	1.6
信筒信箱	Number of Post Boxes	处	unit	2836	3736	31.7
邮路总长度	Length of Post Routes	公 里	km	20963	20926	-0.2
# 汽车邮路长度	Length of Post Routes by Highway	公 里	km	14652	14615	-0.3
铁路邮路长度	Length of Postal Routes by Railway	公 里	km	6311	6311	
邮政汽车	Automobile for Post Business	辆	unit	1271	1297	2.0
农村投递线路长度	Rural Delivery Routes	公 里	km	18661	19009	1.9
电信业务	**Business Value of Telecommunication Services**					
年末固定电话用户	Number of Fixed Telephone Subscribers	万 户	10 000 subscribers	354.18	352.80	-0.4
# 住宅电话	Number of Residential Telephone Subscribers	万 户	10 000 subscribers	213.24	216.13	1.4
移动电话用户	Number of Mobile Telephone Subscribers	万 户	10 000 subscribers	1303.34	1323.15	1.5
# 3G移动电话用户	3G Mobile Phone Subscribers	万 户	10 000 subscribers		483.52	
移动电话通话时长	Duration of Calls Mobile Telephone	万分钟	10 000 minute		883017	
# 长途电话	Duration of Long-distance Calls Mobile Telephone	万分钟	10 000 minute		882604	
长途电话通话量	Long Distance Calls	万分钟	10 000 minute	143100	871278	
国内长途电话	Domestic	万分钟	10 000 minute	140200	866594	
国际及港澳台电话	International and Hong Kong, Macao & Taiwan	万分钟	10 000 minute	2900	4684	
短信业务发送量	Number of Messages Send Out	万 条	10 000 pcs	1211800	917045	-24.3
长途光缆线路长度	Length of Long-distance Optical Cable Lines	公 里	km	3106	3481	
长途电话交换机容量	Capacity of Long-distance Telephone Exchanges	2M	2M	137000	137246	0.2
局用电话交换机容量	Capacity of Office Telephone Exchanges	万 门	10 000 lines	246.74	201.00	-18.5
移动电话交换机容量	Capacity of Mobile Telephone Exchanges	万 户	10 000 subscribers	2022	2355	16.5

注：2012年长途电话通话量及国内长途电话、国际及港澳台电话的计量单位为万次。

Note:The Units of " Long Distance Calls","Domestic" and " International and Hong Kong, Macao & Taiwan" in 2012 are "10 000 times"

15-12 互联网主要指标(2010—2013)

Main Indicators of Internet,2010-2013

指 标 Item	2010	2011	2012	2013
互联网宽带接入端口(万个) Broad Band Subscribers Port of Internet(10 000 port)	230.0	367.9	442.2	354.1
国际互联网用户(万户) Number of Subscribers of Internet Services(10 000 subscribers)	622.20	819.28	916.23	943.30
# 宽带用户 Number of Broadband of Internet Services	174.04	190.19	213.51	188.40
# 城 市 City				187.90
互联网上网人数(万人) Number of Iternet Users(10 000 persons)				943.3
域名数(万个) Number of Domain Names(10 000 units)				3.8
网站数(万个) Number of Websites(10 000 units)				2.9

15-13 邮政电信服务水平(2010—2013年)

Level of Post and Telecommunication Services,2010-2013

指 标 Item	2010	2011	2012	2013
平均每一邮电局所服务面积(平方公里) Average Area Served by Every Post & Telecommunications Office(sq.km)	14.1	13.5	13.2	14.0
# 平均每一邮政局所服务面积 Average Area Served by Every Post Office	25.1	30.5	30.7	30.6
平均每一邮电局所服务人口(万人) Average People Served by Every Post & Telecommunications Office (10 000 persons)	1.6	1.6	1.6	1.7
# 平均每一邮政局所服务人口 Average People Served by Every Post Office	2.7	3.5	3.7	3.8
平均每人每年发函件数(件) Annual Average Number of Letters Mailed per Capita(piece)	8.1	12.6	14.0	11.7
平均每百人每年订销报刊期发数(件) Annual Average Number of Newspapers and Magazines Subscribed and Bought per 100 Persons(piece)	20.6	22.7	22.1	20.0
平均每百人拥有电话机(含移动)(部) Telephone Owned per 100 Persons (include mobile telephone)(set)	112.1	115.8	117.3	113.8
平均每百人拥有移动电话(部) Mobile Telephone Owned per 100 Persons(set)	83.9	91.1	92.2	89.9

15-14 邮政、电信局(所、厅)数(2010—2013年)

Number of Post and Telecommunication Offices by Region,2010-2013

单位：处(unit)

地　区	Region	2010	2011	2012	2013
全　市	**Total**	**833**	**865**	**888**	**850**
# 邮政局	Post Offices	468	386	383	389
市 辖 区	**Districts under City Administration**	**700**	**571**	**631**	**706**
# 市内六区	Six Urban Districts	329	318	365	294
和平区	Heping District	49	40	51	37
河东区	Hedong District	63	54	68	60
河西区	Hexi District	62	55	58	50
南开区	Nankai District	61	68	75	66
河北区	Hebei District	55	55	58	42
红桥区	Hongqiao District	39	46	55	39
东丽区	Dongli District	35	38	39	38
西青区	Xiqing District	37	41	44	42
津南区	Jinnan District	27	34	36	35
北辰区	Beichen District	31	34	34	39
武清区	Wuqing District	49	58	61	67
宝坻区	Baodi District	46	48	52	48
滨海新区	Binhai New Area	146	150	167	143
塘　沽	Tanggu	71	84		
汉　沽	Han'gu	26	22		
大　港	Dagang	49	44		
市 辖 县	**Counties under City Administration**	**133**	**139**	**142**	**144**
宁河县	Ninghe County	40	43	44	41
静海县	Jinghai County	44	46	47	53
蓟　县	Jixian County	49	50	51	50

主要统计指标解释

货（客）运量

指在一定时期内，各种运输工具实际运送的货物(旅客)数量。该指标是反映运输业为国民经济和人民生活服务的数量指标，也是制定和检查运输生产计划、研究运输发展规模和速度的重要指标。货运按吨计算，客运按人计算。货物不论运输距离长短、货物类别，均按实际重量统计。旅客不论行程远近或票价多少，均按一人一次客运量统计；半价票、小孩票也按一人统计。

货物（旅客）周转量

指在一定时期内，由各种运输工具运送的货物(旅客)数量与其相应运输距离的乘积之总和。该指标可以反映运输业生产的总成果，也是编制和检查运输生产计划，计算运输效率、劳动生产率以及核算运输单位成本的主要基础资料。计算货物周转量通常按发出站与到达站之间的最短距离，也就是计费距离计算。计算公式为：

货物（旅客）周转量 = Σ〔货物（旅客）运输量 × 运输距离〕

港口货物吞吐量（又称港口吞吐量）

指经由水路运进、出港区范围，并经过装卸的货物数量。按货物流向分为进港吞吐量和出港吞吐量；按货物的贸易性质分为内贸和外贸吞吐量；按货物的类别分，可根据现行的交通行业标准《运输货物分类和代码》分类。

集装箱吞吐量

凡经过水运进、出港区范围，并经过装卸的集装箱箱数和重量（含集装箱自重），通常是按进港和出港分别统计。TEU 是“折合 20 英尺标准箱”的英文缩写。它是指各种尺寸的国际标准集装箱的自然箱数，按各自的换算比例，折算为 20 英尺标准箱数。其换算比例为：40 英尺箱 1∶2；35 英尺箱 1∶1.75；20 英尺箱 1∶1；10 英尺箱 1∶0.5。

邮电业务总量

指以价值量形式表现的邮电通信企业为社会提供各类邮电通信服务的总数量。邮电业务量按专业分类包括函件、包件、汇票、报刊发行、邮政快件、特快专递、邮政储蓄、集邮、公众电报、用户电报、传真、长途电话、出租电路、无线寻呼、移动电话、分组交换数据通信、出租代维等。计算方法为各类产品乘以相应的平均单价(不变价)之和，再加上出租电路和设备、代用户维护电话交换机和线路等的服务收入。该指标综合反映了一定时期邮电业务发展的总成果，是研究邮电业务量构成和发展趋势的重要指标。计算公式为：

邮电业务总量 = Σ（各类邮电业务量 × 不变单价）+出租代维及其他业务收入 = 邮政业务总量+电信业务总量

民用汽车拥有量

指报告期末，在公安交通管理部门按照《机动车注册登记工作规范》，已注册登记领有民用车辆牌照的全部汽车数量。汽车拥有量统计的主要分类：根据汽车结构分为载客汽车、载货汽车及其他汽车；根据汽车所有者不同分为个人(私人)汽车、单位汽车；根据汽车的使用性质分为营运汽车、非营运汽车和特种汽车；根据汽车大小规格不同载客汽车分为大型、中型、小型和微型，载货汽车分为重型、中型、轻型和微型。

局用电话交换机容量

指安装在本地电信运营商内用于接续本地固定电话的电话交换机容量，有倍增设备按倍增后的数量计数。包括现用和备用的人工或自动交换机的全部容量。

移动电话交换机容量

指移动电话交换机根据一定话务模型和交换机处理能力计算出来的最大同时服务用户的数量。

Explanatory Notes on Main Statistical Indicators

Freight (Passenger) Traffic

refers to the volume of freight (passenger) transported with various means within a specific period of time. This indicator reflects the service of the transport industry towards the national economy and people's living conditions, as well as an important indicator used in formulating and monitoring transport production plans and research into the scale and pace of transport development. Freight transport is calculated in tons and passenger traffic is calculated in terms of number of persons. Freight transport is calculated in terms of the actual weight of the goods and takes no account of the type of freight and distance of travel. Passenger traffic is calculated by the principle that one person can be counted only once in one trip and takes no account of the travelling distance and ticket price. The passengers who travel with a half price ticket or a child's ticket is also calculated as one person.

Turnover Volume of Freight (Passenger) Traffic

refers to the sum of the product of the volume of transported cargo (passengers) multiplied by the transport distance. It is an important indicator to reflect the achievement of the transportation industry. This is an important indicator to show the total results of the transport industry; to prepare and examine the transport plan; and to serve as the main basic data for calculating the efficiency, labour productivity and unit cost of transport. Normally, the shortest distance between the departure station and the destination station (i.e., the payable distance) is the basis in calculating the freight ton-kilometers. The formula is as followed:

Turnover Volume of Freight (Passenger) Traffic = Σ(*Freight (Passenger) Traffic* × *Distance of Transportation*)

Freight Handled in Ports

refers to the volume of cargo passing in and out the harbor area and having been loaded and unloaded. The volume of freight handled may be classified as in-port & out-port. It can also be classified as national trade and international trade by the attribute of trade or be classified by the classification of cargo according to the standard of traffic in use The Classification and Code of Transported Cargo.

Container Handled in Ports

refers to number and weight of containers which are loaded or unloaded within port area via water carriage. It is often calculated by entering and leaving port, respectively. TEU was the abbreviation of twenty foot equivalent unit, which refers to converted number of all kinds of containers. The conversion method is based on respective conversion ratio and the number of all kinds of container is converted to the standard number of 20-foot equivalent unit. The conversion ratio is 40-foot container 1:2, 35-foot container 1:1.75, 20-foot container 1:1, 10-foot container 1:0.5.

Business Value of Post and Telecommunication Services

refers to the total amount of post and telecommunica- tion services, expressed in value terms, provided by the post and telecommunications departments for the society. Post and telecommunication services can be classified as letters, parcels, remittance, issue of newspapers and magazines, fast mail service, express mail service, savings deposits, stamps for collection, public and individual telegraph service, facsimiles, long-distance telephone service, leasing of telephone lines, urban paging service, mobile telephone service, data transfer and transmission, etc. The accounting approach is to multiply the service products of all types with their average unit price (constant price) to get sum of business value, plus income from other services such as leasing of telephone lines and equipment, maintenance of telephone switchboards and lines on behalf of customers. This indicator reflects the overall results of post and telecommunications service during a given period, and is important to study the composition of business service and the development of post and telecommunications service. The formula is as followed:

Business Value of Post and Telecommunication Services = Σ (*Transaction of Post and Telecommunication Services* × *Constant Price*) + *Income from leasing, Maintenance and Other Services* = *Business Volume of Post* + *Business Volume of Telecommunication*

Civil Motor Vehicles Owned

refers to the total number of vehicles that are registered and received vehicles license tags according to the Work Standard for Motor Vehicles Registration formulated by transport management office under department of public security at the end of reference period. They are divided into following categories according to the structure of motor vehicles: passenger vehicles, trucks and others; and private vehicles and vehicles for units use according to ownerships; working vehicles, non-working vehicles and special motor vehicles according to kind of usage; large passenger vehicles, medium passenger vehicles, small passenger vehicles and mini passenger vehicle, heavy trucks, light-heavy trucks, light trucks and mini trucks according to sizes of vehicles.

Capacity of Office Telephone Exchanges

refers to the capacity of telephone exchanges installed in the local offices of telecommunication service providers for communication between fixed telephones. It is includes the capacity of both manual and automatic exchanges in use and for stand-by purpose and calculated according to the multiplied capacity if equipped with multiplier equipment.

Capacity of Mobile Telephone Exchanges

refers to the capacity of the maximum services provided to subscribers at one time basing on a certain model and transacting capacity of the mobile telephone exchanges.

批发和零售业与住宿和餐饮业 Wholesale and Retail Trade，Accommodation andCatering Services

16

16-1 社会消费品零售总额(1996—2013年)
Total Retail Sales of Consumer Goods,1996-2013

单位：亿元(100 million yuan)

年 份 Year	总 计 Total	按行业分 Grouped by Sector # 批发零售贸易业 Wholesale and Retail Trade	按销售地区分 Grouped by Region 城 镇 Urban Areas	# 城 区 Districts of City	乡 村 Rural Areas	增长速度(%)(比上年) Increase Rate (%) (Over Preceding Year)
1996	470.04	267.14	391.36	30.08	48.60	25.1
1997	535.02	295.26	449.59	37.36	48.07	13.8
1998	587.12	326.07	476.68	42.99	67.45	10.2
1999	657.28	350.59	499.24	52.08	105.96	12.0
2000	736.63	379.19	564.52	58.64	113.47	12.1
2001	832.70	441.79	651.23	62.38	119.09	13.0
2002	941.36	514.67	739.43	71.11	130.82	13.1
2003	922.27	727.10	859.19	35.26	27.82	10.9
2004	1044.78	825.64	975.47	39.05	30.25	14.1
2005	1190.06	1007.34	1112.95	42.19	34.92	13.9
2006	1356.79	1143.04	1275.38	44.27	37.13	14.0
2007	1603.74	1350.56	1505.20	53.59	44.95	18.2
2008	2078.70	1756.72	1955.84	69.63	53.23	24.5
2009	2430.83	2049.84	2280.08	86.75	64.00	16.9
2010	2902.55	2564.09	2749.59	2407.03	152.96	19.4
2011	3395.06	2963.85	3227.09	2837.24	167.97	18.7
2012	3921.43	3453.94	3767.76	3250.80	153.67	15.5
2013	4470.43	3971.11	4295.16	3687.93	175.27	14.0

注：1. 2003年以后社会消费品零售总额中不包括“制造业”、“农业生产者”的零售额。2. 2010年前按销售地区分组中，城镇栏为市，城区栏为县，乡村栏为县以下。

Note: a) After 2003, total retail sales of consumer goods exclude those of manufacturing and agricultural producers. b) In data grouped by region before 2010, urban areas refer to city,districts of city refer to county,and rural areas refer to under county level.

16-2 限额以上批发和零售业商品购、销、存总额(1998—2013年)
Total Purchases,Sales and Inventory of Wholesale and Retail Trade above Designated Size,1998-2013

单位：亿元(100 million yuan)

年 份 Year	购进总额 Total Purchases	# 进 口 Imports	销售总额 Total Sales	# 批 发 Wholesale	年末库存总额 Inventory (year-end)
1998	633.69	32.78	695.37	575.34	102.24
1999	660.10	26.24	724.06	600.29	95.24
2000	1011.30	35.75	1059.03	906.70	100.32
2001	1343.64	49.89	1408.13	1167.82	137.96
2002	1356.68	57.27	1438.33	1215.56	105.87
2003	1858.19	92.81	1915.05	1678.86	107.93
2004	3578.89	238.89	3636.22	3199.33	221.68
2005	4192.39	197.44	4316.01	3897.80	204.52
2006	4912.09	267.56	5109.00	4640.25	245.87
2007	6639.77	298.80	6061.70	5518.56	323.18
2008	9183.67	442.79	10216.70	9262.70	453.39
2009	8940.76	343.15	9718.19	8651.55	575.76
2010	12346.01	514.07	13642.49	12392.62	624.38
2011	17760.51	920.11	18618.70	17065.38	888.38
2012	22100.52	1375.40	23284.41	21326.17	1079.16
2013	27095.13	1385.86	28747.85	26306.12	1209.74

16-3 限额以上批发和零售业商品购进总额

Total Purchases of Wholesale and Retail Trade above Designated Size

单位：万元(10 000 yuan)

项 目 Item	商品购进总额 Total Goods Purchases		# 进 口 Imports	
	2012	2013	2012	2013
总 计 Total	**221005174**	**270951277**	**13754039**	**13858582**
# 国有及国有控股企业 State-owned and State-holding Enterprises	124483661	149175849	5217974	6213701
民营及民营控股企业 Private and Private holding Enterprises	82287841	105604990	3131362	3682577
按登记注册类型分 Grouped by Registered Status				
内资企业 Domestic-funded Enterprises	203572613	251200627	8283585	9219674
国 有 State-owned Enterprises	83065085	18697583	3946785	318220
集 体 Collective-owned Enterprises	907284	879511	1599	18793
股份合作 Cooperative Enterprises	1106765	564891	51268	
私营企业 Private Enterprises	51056571	60371339	2268652	2432098
股份有限公司 Share-holding Corporations Ltd.	11530176	18250812	107426	60046
有限责任公司 Limited Liability Corporations	52190718	150484648	1805469	6390517
# 国有独资公司 Sole State-funded Corporations	5514315	57617316	372331	3300160
联营企业 Joint Ownership Enterprises	404118	46305	5582	
# 国有联营 State Joint Ownership Enterprises	123401	13186		
集体联营 Collective Joint Ownership Enterprises	33356	571		
其 他 Others	3311896	1905540	96803	
港澳台商投资企业 Enterprises with Investment from Hong Kong, Macao and Taiwan	6392068	8418180	576712	1271868
外商投资企业 Foreign Funded Enterprises	11040493	11332470	4893743	3367039
按经济类型分 Grouped by Ownership				
国有经济 State-owned	88702801	76328084	4319117	3618380
集体经济 Collective-owned	2047405	1444972	52867	18793
股份制经济 Share-holding	58206580	111118144	1540564	3150403
私有经济 Private and Individual	51056571	62041355	2268652	2432098
“三资”经济 Hong Kong, Macao, Taiwan and Foreign Funded	17432561	19750650	5470454	4638908
其 他 Others	3559257	268073	102385	

16-3续表 *Continued*

单位：万元 (10 000 yuan)

项　　目 Item	商品购进总额 Total Goods Purchases		# 进　口 Imports	
	2012	2013	2012	2013
按国民经济行业分 Grouped by Sector				
批发业 **Wholesale Trade**	**201888230**	**250306768**	**13106149**	**13152144**
农畜产品批发 Farm & Livestock Products	793770	882987	65879	77171
食品、饮料及烟草制品批发 Food, Beverage and Tobacco	6530964	9177831	77709	617467
纺织、服装及日用品批发 Textile, Garments and Daily Articles	4062648	4115306	166239	89252
文化、体育用品及器材批发 Cultural and Sports Goods & Equipment	551345	1733794	19540	21895
医药及医疗器械批发 Medicine and Medical Appliances	2873628	3748781	40126	35251
矿产品、建材及化工产品批发 Mineral Products, Building Material and Chemical Products	152049547	192934963	6544463	7533059
机械设备、五金交电及电子产品批发 Machinery Equipment, Hardware, Transport, Electric and Electronic Product	24678156	24798863	5864721	4055124
贸易经济与代理 Trade Broker and Agent	2491317	4561557	105094	253763
其他批发 Others	7856855	8352685	222379	469162
零售业 **Retail Trade**	**19116944**	**20644509**	**647890**	**706439**
综合零售 Comprehensive Retail	3416286	3047955	828	13
食品、饮料及烟草制品专门零售 Special Retail of Food, Beverage and Tobacco	302003	512786	1832	1484
纺织、服装及日用品专门零售 Special Retail of Textile, Garments and Daily Articles	393967	463675	5088	7851
文化、体育用品及器材专门零售 Special Retail of Cultural and Sports Goods & Equipment	290827	1177760		15455
医药及医疗器械专门零售 Special Retail of Medicine and Medical Appliances	448549	535222	3572	1663
汽车、摩托车、燃料及零配件专门零售 Special Retail of Automobile, Autobike, Parts, Fittings and Fuel	11180276	11698998	612462	647005
家用电器及电子产品专门零售 Special Retail of Household Appliances and Electronic Products	1292395	1140858	3482	2142
五金、家具及室内装修材料专门零售 Special Retail of Hardware, Furniture and Decoration Materials for Indoors	234130	433507	1711	328
无店铺及其他零售 Non-shop and Other Retail	1558511	1633749	18915	30499

16-4 限额以上批发和零售业商品销售和库存总额

Total Sales and Inventory of Wholesale and Retail Trade above Designated Size

单位：万元(10 000 yuan)

项 目 Item	商品销售总额 Total Sales		#批 发 Wholesale		年末库存总额 Inventory(year-end)	
	2012	2013	2012	2013	2012	2013
总 计 **Total**	**232844145**	**287478453**	**213261694**	**263061205**	**10791555**	**12097355**
# 国有及国有控股企业 State-owned and State-holding Enterprises	129134597	153561750	122285141	146736669	4817325	5511948
民营及民营控股企业 Private and Private holding Enterprises	87922916	114743071	76613335	100110311	4740835	5207076
按登记注册类型分 **Grouped by Registered Status**						
内资企业 Domestic-funded Enterprises	213626051	264287246	196547568	243713485	9383659	10625599
国 有 State-owned Enterprises	87424871	19934090	83710006	19480328	2145055	533208
集 体 Collective-owned Enterprises	934167	959040	757036	754504	30919	31474
股份合作 Cooperative Enterprises	1228030	681181	490391	637524	39018	34838
私营企业 Private Enterprises	54233712	65766530	49479773	59627771	2730984	3084791
股份有限公司 Share-holding Corporations Ltd.	10975621	19386039	10094810	15184126	1401456	1662960
有限责任公司 Limited Liability Corporations	54892485	155156111	48762054	146527230	2692100	5205658
# 国有独资公司 Sole State-funded Corporations	5582673	58978673	5542478	58743120	352201	945336
联营企业 Joint Ownership Enterprises	394159	49270	290500	1	41916	1702
# 国有联营 State Joint Ownership Enterprises	117262	14426	80286		27438	287
集体联营 Collective Joint Ownership Enterprises	21504	731	809	1	11852	30
其 他 Others	3543006	2354985	2962998	1502002	302215	70968
港澳台商投资企业 Enterprises with Investment from Hong Kong, Macao and Taiwan	6900542	9114402	5712425	7682622	574047	626491
外商投资企业 Foreign Funded Enterprises	12317551	14076805	11001701	11665098	833849	845266
按经济类型分 **Grouped by Ownership**						
国有经济 State-owned	93124806	78927189	89332771	78223449	2524693	1478831
集体经济 Collective-owned	2183702	1640951	1248236	1392029	81788	66342
股份制经济 Share-holding	60285433	115563477	53314386	102968236	3741355	5923281
私有经济 Private and Individual	54233712	67828020	49479773	61006867	2730984	3141492
"三资"经济 Hong Kong, Macao, Taiwan and Foreign Funded	19218093	23191207	16714126	19347720	1407895	1471757
其 他 Others	3798399	327609	3172403	122906	304839	15652

16-4续表 *Continued*

单位：万元(10 000 yuan)

项　目 Item	商品销售总额 Total Sales		# 批　发 Wholesale		年末库存总额 Inventory(year-end)	
	2012	2013	2012	2013	2012	2013
按国民经济行业分 Grouped by Sector						
批发业 Wholesale Trade	**212132260**	**264135690**	**208578566**	**259019577**	**8875276**	**10506787**
农畜产品批发 Farm & Livestock Products	818165	1047950	804671	1026738	281206	343593
食品、饮料及烟草制品批发 Food, Beverage and Tobacco	7167801	10110201	7040926	9935288	566591	479253
纺织、服装及日用品批发 Textile, Garments and Daily Articles	5091109	5483305	4869941	5248826	276443	362549
文化、体育用品及器材批发 Cultural and Sports Goods & Equipment	592089	1846611	569723	1790235	113476	158102
医药及医疗器械批发 Medicine and Medical Appliances	3229630	4008292	3208132	3981139	151762	201554
矿产品、建材及化工产品批发 Mineral Products, Building Material and Chemical Products	158880874	200555279	157987615	198363539	4324711	5481245
机械设备、五金交电及电子产品批发 Machinery Equipment, Hardware, Transport, Electric and Electronic Product	25043123	27259494	23076003	25081009	2528749	2680925
贸易经济与代理 Trade Broker and Agent	2738972	4898331	2714634	4833733	263581	357470
其他批发 Others	8570497	8926226	8306920	8759069	368757	442095
零售业 Retail Trade	**20711885**	**23342764**	**4683129**	**4041628**	**1916279**	**1590569**
综合零售 Comprehensive Retail	4012598	3601661	126764	175158	275659	262711
食品、饮料及烟草制品专门零售 Special Retail of Food, Beverage and Tobacco	355260	592801	147719	207728	36020	53248
纺织、服装及日用品专门零售 Special Retail of Textile, Garments and Daily Articles	540054	771703	88776	25329	113277	120867
文化、体育用品及器材专门零售 Special Retail of Cultural and Sports Goods & Equipment	332953	1423899	27294	116905	77836	107051
医药及医疗器械专门零售 Special Retail of Medicine and Medical Appliances	463489	581753	282336	311057	32474	47626
汽车、摩托车、燃料及零配件专门零售 Special Retail of Automobile, Autobike, Parts, Fittings and Fuel	11708360	13040515	3044222	2778684	1092863	759754
家用电器及电子产品专门零售 Special Retail of Household Appliances and Electronic Products	1345117	1119401	110956	33782	43993	76571
五金、家具及室内装修材料专门零售 Special Retail of Hardware, Furniture and Decoration Materials for Indoors	333144	448878	75621	24254	17890	56259
无店铺及其他零售 Non-shop and Other Retail	1620911	1762154	779441	368732	226267	106481

16-5 限额以上国有及国有控股批发和零售业主要指标(2013年)

Main Indicators of State-owned & State-holding Wholesale and Retail Trade above Designated Size,2013

单位：万元(10 000 yuan)

项　目 Item	机　构(个) Organizations (unit)	商品购进总额 Total Purchases	商品销售总额 Total Sales
总　计 **Total**	**570**	**149175849**	**153561750**
批发业 **Wholesale Trade**	**418**	**142413320**	**146050637**
农畜产品批发 Farm & Livestock Products	11	306990	285922
食品、饮料及烟草制品批发 Food, Beverage and Tobacco	31	2048184	2426244
纺织、服装及日用品批发 Textile, Garments and Daily Articles	23	776635	1477125
文化、体育用品及器材批发 Cultural and Sports Goods & Equipment	16	302374	305518
医药及医疗器械批发 Medicine and Medical Appliances	29	2401158	2472423
矿产品、建材及化工产品批发 Mineral Products, Building Material and Chemical Products	222	121886420	124228048
机械设备、五金交电及电子产品批发 Machinery Equipment, Hardware, Transport, Electric and Electronic Product	48	11963699	12046468
贸易经济与代理 Trade Broker and Agent	21	1295506	1456644
其他批发 Others	17	1432354	1352245
零售业 **Retail Trade**	**152**	**6762529**	**7511113**
综合零售 Comprehensive Retail	12	154045	238630
食品、饮料及烟草制品专门零售 Special Retail of Food, Beverage and Tobacco	11	172168	181614
纺织、服装及日用品专门零售 Special Retail of Textile, Garments and Daily Articles	3	7062	18082
文化、体育用品及器材专门零售 Special Retail of Cultural and Sports Goods & Equipment	34	355023	464888
医药及医疗器械专门零售 Special Retail of Medicine and Medical Appliances	6	28120	38357
汽车、摩托车、燃料及零配件专门零售 Special Retail of Automobile, Autobike, Parts, Fittings and Fuel	75	6000512	6524974
家用电器及电子产品专门零售 Special Retail of Household Appliances and Electronic Products	2	6841	8447
五金、家具及室内装修材料专门零售 Special Retail of Hardware, Furniture and Decoration Materials for Indoors	2	6355	6586
无店铺及其他零售 Non-shop and Other Retail	7	32402	29535

16-6 限额以上住宿业基本情况(2013年)

Basic Statistics on Accommodation Services above Designated Size,2013

项　目	Item	门店总数(个) Number of Stores (unit)	从业人员(人) Employment Personnel (person)	餐饮营业面积(平方米) Operation Area of Catering Services (sq. m)	床位数(个) Number of Beds (unit)
总　计	**Total**	**250**	**26889**	**453215**	**72227**
# 国有及国有控股企业	State-owned and State-holding Enterprises	70	9498	178937	30201
民营及民营控股企业	Private and Private holding Enterprises	154	14436	255230	36560
按登记注册类型分	**Grouped by Status of Registration**				
内资企业	Domestic-funded Enterprises	231	24452	422765	67207
国　有	State-owned Enterprises	44	4516	67659	10748
集　体	Collective-owned Enterprises	13	965	39695	5928
有限责任公司	Limited Liability Corporations	78	11579	185228	32386
私营企业	Private Enterprises	75	4642	112168	14678
私营独资	Private-funded Enterprises	4	212	3565	621
私营有限责任公司	Private Limited Liability Corporations	68	4283	99026	13193
私营股份有限公司	Private Share-holding Corporations Ltd.	3	147	9577	864
其　他	Others	21	2750	18015	3467
港澳台商投资企业	Enterprises with Funds from Hong Kong, Macao and Taiwan	8	686	5530	2551
# 合资经营	Joint-venture Enterprises	2	283	3003	332
外商投资企业	Foreign Funded Enterprises	11	1751	24920	2469
中外合资经营	Joint-venture Enterprises	3	764	9908	905
中外合作经营	Cooperative Enterprises	3	458	10000	586
外商独资企业	Enterprises with Sole Investment	5	529	5012	978
按行业分	**Grouped by Sector**				
旅游饭店	Tourism Restaurant	119	16517	308900	47053
一般旅馆	Hotel	108	8060	108364	17730
其他住宿服务	Other Accommodation Services	23	2312	35951	7444

16-6续表 *Continued*

单位：万元(10 000 yuan)

项　目	Item	资产总计 Total Assets	负债合计 Total Liabilities	营业收入 Business Revenue	主营业务成本 Cost of Principal Business
总　计	**Total**	**1472621**	**1202505**	**399249**	**143930**
# 国有及国有控股企业	State-owned and State-holding Enterprises	613867	512904	129551	45418
民营及民营控股企业	Private and Private holding Enterprises	790115	605922	241465	89285
按登记注册类型分	**Grouped by Status of Registration**				
内资企业	Domestic-funded Enterprises	1301575	1039297	353539	129272
国　有	State-owned Enterprises	128365	100100	47527	17591
集　体	Collective-owned Enterprises	51704	39450	24557	14455
有限责任公司	Limited Liability Corporations	822225	701739	173672	60756
私营企业	Private Enterprises	284637	191801	88327	28141
私营独资	Private-funded Enterprises	73056	1128	4387	2607
私营有限责任公司	Private Limited Liability Corporations	203065	184048	81098	24102
私营股份有限公司	Private Share-holding Corporations Ltd.	8516	6625	2842	1431
其　他	Others	14644	6208	19456	8330
港澳台商投资企业	Enterprises with Funds from Hong Kong, Macao and Taiwan	111094	109069	14209	7895
# 合资经营	Joint-venture Enterprises	56406	49049	4972	2138
外商投资企业	Foreign Funded Enterprises	59953	54139	31502	6764
中外合资经营	Joint-venture Enterprises	23953	16593	19369	4316
中外合作经营	Cooperative Enterprises	30340	24254	2740	96
外商独资企业	Enterprises with Sole Investment	5659	13292	9393	2351
按行业分	**Grouped by Sector**				
旅游饭店	Tourism Restaurant	1173426	924276	274309	100762
一般旅馆	Hotel	218976	205490	92965	31799
其他住宿服务	Other Accommodation Services	80219	72739	31975	11370

16-7 限额以上餐饮业基本情况(2013年)

Basic Statistics on Catering Services Enterprises above Designated Size,2013

项目	Item	门店总数(个) Number of Stores (unit)	从业人员(人) Employment Personnel (person)	营业面积(平方米) Operation Area (sq.m)	餐位数(位) Number of Seats (unit)
总计	**Total**	**672**	**67738**	**1182392**	**301374**
# 国有及国有控股企业	State-owned and State-holding Enterprises	20	2120	72457	15561
民营及民营控股企业	Private and Private holding Enterprises	617	39599	905641	219225
按登记注册类型分	**Grouped by Status of Registration**				
内资企业	Domestic-funded Enterprises	634	41554	970698	234301
国有	State-owned Enterprises	12	1197	30195	4173
集体	Collective-owned Enterprises	7	209	4820	1970
有限责任公司	Limited Liability Corporations	109	11676	279932	59269
国有独资公司	Sole State-funded Corporations	2	243	11500	7006
其他有限责任公司	Other Limited Liability Corporations	107	11433	268432	52263
股份有限公司	Share-holding Corporations Ltd.	6	1498	26400	4483
私营企业	Private Enterprises	229	15433	410634	96826
私营独资	Private-funded Enterprises	24	1267	42903	9324
私营合伙	Private Joint-venture Enterprises	4	101	3950	1069
私营有限责任公司	Private Limited Liability Corporations	190	13284	346602	79523
私营股份有限公司	Private Share-holding Corporations Ltd.	11	781	17179	6910
其他	Others	271	11541	218717	67580
港澳台商投资企业	Enterprises with Funds from Hong Kong, Macao and Taiwan	13	1204	15981	4361
# 合资经营	Joint-venture Enterprises	3	239	4590	315
外商投资企业	Foreign Funded Enterprises	25	24980	195713	62712
# 中外合资经营	Joint-venture Enterprises	4	244	7312	1184
外商独资企业	Enterprises with Sole Foreign Investment	20	24696	187170	61422
按业态分	**By Business Categories**				
正餐	Dinner	615	39325	934974	217618
快餐	Snack	31	25502	187489	68889
其他餐饮	Others	26	2911	59929	14867

16-7续表 *Continued*

单位：万元 (10 000 yuan)

项　目	Item	资产总计 Total Assets	负债合计 Total Liabilities	营业收入 Business Revenue	主营业务成本 Cost of Principal Business
总　计	**Total**	**954561**	**673898**	**1038036**	**514436**
# 国有及国有控股企业	State-owned and State-holding Enterprises	26259	25387	42220	24196
民营及民营控股企业	Private and Private holding Enterprises	726854	515285	541180	281829
按登记注册类型分	**Grouped by Status of Registration**				
内资企业	Domestic-funded Enterprises	730927	520699	581895	305250
国　有	State-owned Enterprises	16246	14700	19824	9106
集　体	Collective-owned Enterprises	1775	1442	3133	1876
有限责任公司	Limited Liability Corporations	232943	202270	231483	106952
国有独资公司	Sole State-funded Corporations	397	1057	1995	911
其他有限责任公司	Other Limited Liability Corporations	232545	201213	229488	106040
股份有限公司	Share-holding Corporations Ltd.	102244	58298	20805	6030
私营企业	Private Enterprises	366785	233157	289138	168745
私营独资	Private-funded Enterprises	12060	6983	23772	16022
私营合伙	Private Joint-venture Enterprises	627	214	1436	876
私营有限责任公司	Private Limited Liability Corporations	300062	219469	252449	143803
私营股份有限公司	Private Share-holding Corporations Ltd.	54036	6490	11482	8043
其　他	Others	10935	10832	17511	12541
港澳台商投资企业	Enterprises with Funds from Hong Kong, Macao and Taiwan	31715	27159	16692	8830
# 合资经营	Joint-venture Enterprises	5273	4968	4133	2029
外商投资企业	Foreign Funded Enterprises	191919	126041	439449	200356
# 中外合资经营	Joint-venture Enterprises	5273	4968	4133	2029
外商独资企业	Enterprises with Sole Foreign Investment	185747	119893	434010	197965
按业态分	**By Business Categories**				
正　餐	Dinner	723133	524062	527172	270549
快　餐	Snack	197911	128498	460618	212169
其他餐饮	Others	33518	21338	50247	31718

16-8 按登记注册类型分限额以上批发和零售企业财务状况(2013年)

项　目	Item	主营业务收入 Revenue from Principal Business	主营业务成本 Cost of Principal Business
总　计	**Total**	**243521335**	**232104384**
批发企业	**Wholesale Trade**	**224695900**	**215003904**
# 国有及国有控股企业	State-owned and State-holding Enterprises	125409342	122859305
内资企业	Domestic-funded Enterprises	208976121	201739054
国　有	State-owned Enterprises	16776468	16330137
集　体	Collective-owned Enterprises	625384	604342
股份合作	Cooperative Enterprises	556452	525334
有限责任公司	Limited Liability Corporations	126891788	123240967
股份有限公司	Share-holding Corporations Ltd.	11973295	11683240
私营企业	Private Enterprises	52042796	49253612
其　他	Others	109937	101423
港澳台商投资企业	Enterprises with Investment from Hong Kong, Macao and Taiwan	6723355	6271557
外商投资企业	Foreign Funded Enterprises	8996424	6993293
零售企业	**Retail Trade**	**18825436**	**17100480**
# 国有及国有控股企业	State-owned and State-holding Enterprises	6281816	5895623
内资企业	Domestic-funded Enterprises	15931575	14636220
国　有	State-owned Enterprises	283319	233312
集　体	Collective-owned Enterprises	176617	161828
股份合作	Cooperative Enterprises	34685	30636
联营企业	Joint Ownership Enterprises	42378	39480
有限责任公司	Limited Liability Corporations	6008816	5471143
股份有限公司	Share-holding Corporations Ltd.	4752017	4487246
私营企业	Private Enterprises	4511527	4100765
其　他	Others	122217	111810
港澳台商投资企业	Enterprises with Investment from Hong Kong, Macao and Taiwan	1209277	1047810
外商投资企业	Foreign Funded Enterprises	1684584	1416450

Main Financial Indicators of Enterprises above Designated Size of Wholesale and Retail Trade by Status of Registration,2013

单位：万元(10 000 yuan)

主营业务税金及附加 Taxes and Other Charge on Principal Business	利润总额 Total Pre-tax Profits	资产总计 Total Assets	# 流动资产 Working Capitals	负债合计 Total Debts	所有者权益合计 Total Owners' Equities
1614298	**2728137**	**94676584**	**75666315**	**74294638**	**20381946**
1560583	**2595035**	**83875288**	**69573703**	**66770929**	**17104360**
107861	944333	39514789	31137872	31550653	7964137
488869	2293348	76988500	63733411	61502196	15486304
63865	226676	4664756	3769649	3272702	1392054
345	5548	228102	183927	169499	58603
498	7632	159237	148962	137236	22000
292905	1364100	45938927	36317985	36853869	9085058
10638	130812	3799857	3165027	2965076	834781
119824	555475	22095892	20051518	18020270	4075622
794	3107	101730	96344	83545	18185
11754	236059	2957102	2404606	2158620	798483
1059960	65628	3929686	3435686	3110113	819573
53715	**133102**	**10801296**	**6092612**	**7523709**	**3277586**
12271	24548	2396978	877715	1189834	1207144
37485	126017	8809468	5204742	5997505	2811963
1662	1902	260999	177649	174503	86496
442	3206	72847	53298	50475	22373
34	820	15506	12606	11698	3808
68	1674	9993	8654	2425	7568
17331	20225	4150736	2554720	3104478	1046258
7689	37428	1483136	378061	622403	860733
10134	52554	2587982	1870027	1868000	719981
125	8207	228270	149728	163524	64747
8214	1531	491705	344226	376238	115467
8016	5554	1500122	543644	1149967	350156

16-9 按国民经济行业分限额以上批发和零售业财务状况(2013年)

项目	Item	主营业务收入 Revenue from Principal Business	主营业务成本 Cost of Principal Business
总计	**Total**	**243521335**	**232104384**
批发企业	**Wholesale Trade**	**224695900**	**215003904**
农畜产品批发业	Wholesale of Farm & Livestock Product	945973	904436
食品、饮料及烟草制品批发业	Wholesale of Food, Beverage and Tobacco	7877715	7155275
纺织、服装及日用品批发业	Wholesale of Textiles, Garments and Daily Articles	4731468	4061263
文化、体育用品及器材批发业	Wholesale of Culture, Sports Appliances and Equipment	1319940	1197645
医药及医疗器材批发业	Wholesale of Medicines and Medical Appliances	3450304	3224044
矿产品、建材及化工产品批发业	Wholesale of Mineral Products, Building Materialand and Chemical Products	172145746	166976227
机械设备、五金交电及电子产品批发业	Wholesale of Machinery, Hardware, Transport, Electric and Electronic Equipment	23480949	21297102
贸易经济与代理	Trade Broker and Agency	3001462	2774200
其他批发业	Other Wholesales	7742342	7413712
零售企业	**Retail Trade**	**18825436**	**17100480**
综合零售业	Comprehensive Retail	2670229	2293370
食品、饮料及烟草制品专门零售业	Special Retail of Food, Beverage and Tobacco	424864	348398
纺织、服装及日用品专门零售业	Special Retail of Textiles, Garments and Daily Articles	632996	490445
文化、体育用品及器材专门零售业	Special Retail of Culture, Sports Appliances and Equipment	1053858	915243
医药及医疗器材专门零售业	Special Retail of Medicine and Medical Appliances	495054	446052
汽车、摩托车、燃料及零配件零售业	Special Retail of Automobile, Autobike, PartsFittings and Fuel	11232215	10540383
家用电器及电子产品专门零售业	Special Retail of Household Electric Appliances and Electronic Products	717951	642667
五金、家具及室内装修材料专门零售业	Special Retail of Hardware, Furniture and Decoration Materials for Indoors	254290	181651
无店铺及其他零售业	Non-shop and Other Retails	1343979	1242272

Main Financial Indicators of Enterprises above Designated Size of Wholesale and Retail Trade by Sector,2013

单位：万元(10 000 yuan)

主营业务税金及附加 Taxes and Other Charge on Principal Business	利润总额 Total Pre-tax Profits	资产总计 Total Assets	#流动资产 Working Capitals	负债合计 Total Debts	所有者权益合计 Total Owners' Equities
1614298	**2728137**	**94676584**	**75666315**	**74294638**	**20381946**
1560583	**2595035**	**83875288**	**69573703**	**66770929**	**17104360**
451	17233	696682	641970	495875	200807
128319	302116	3159335	2606790	2297233	862102
18203	369506	1483755	1340720	1239487	244269
7632	38911	1518697	1112136	1151565	367133
5539	72082	1747337	1592638	1325648	421689
231839	1485091	58121757	47606424	46141167	11980590
1143980	256833	11433342	9592952	9341630	2091712
9268	-39001	1478732	1298550	1372616	106117
15351	92265	4235653	3781523	3405710	829943
53715	**133102**	**10801296**	**6092612**	**7523709**	**3277586**
19564	-55559	3028303	1486772	2527168	501135
1870	24176	465677	171776	154933	310744
3053	19765	698593	307390	436686	261907
7405	13370	816619	426692	584736	231883
973	14486	362381	323021	245261	117119
14268	103699	4218574	2624418	2600322	1618252
1730	12650	343310	295542	228500	114809
2520	-16192	422073	79303	366309	55764
2333	16707	445766	377697	379794	65973

16-10 连锁零售企业基本情况(2013年)

Basic Conditions of Chain Retail Enterprises,2013

项　目 Item	门店总数(个) Number of Stores (unit)	营业面积(平方米) Operation Area (sq. m)	从业人数(人) Employment Personnel (person)	商品销售额(万元) Total Sales of Commodities (10 000 yuan)	# 零售额 Retail Sales
总　计					
Total	**2626**	**2746204**	**39587**	**7782703**	**5529861**
按登记注册类型分					
By Status of Registration					
内资企业					
Domestic Funded Enterprises	2233	2236585	25229	6323581	4209354
国　有					
State-owned Enterprises	372	726881	5177	3219865	2055978
私营有限责任公司					
Private Limited Liability Corporations	160	34262	3331	112153	112153
其他有限责任公司					
Other Limited Liability Corporations	1316	828686	12069	1084146	1066816
其　他					
Others	385	646756	4652	1907418	974407
港、澳、台商投资企业					
Enterprises with Funds from Hong Kong, Macao and Taiwan	328	382648	9211	597554	458939
外商投资企业					
Foreign Funded Enterprises	65	126971	5147	861568	861568
# 中外合资经营企业					
Joint-venture Enterprises	63	111905	4440	824609	824609
外商独资企业					
Enterprises with Sole Foreign Investment	2	15066	707	36959	36959

16-10续表 *Continued*

项 目 Item	门店总数(个) Number of Stores (unit)	营业面积(平方米) Operation Area (sq.m)	从业人数(人) Employment Personnel (person)	商品销售额(万元) Total Sales of Commodities (10 000 yuan)	# 零售额 Retail Sales
按业态分					
By Business Categories					
便利店					
Convenience Store	228	69086	1907	75148	75148
超 市					
Supermarket	1160	206667	6576	319368	309135
大型超市					
Hypermarket	39	588882	9360	661436	545972
专业店					
Specialty Store	416	399367	6161	685887	679217
加油站					
Gas Station	233	710101	6604	2647128	1720153
专卖店					
Exclusive Store	522	758922	7947	3349047	2155548
家居建材商店					
Building Material Store	7	4029	209	19092	19092
其 他					
Others	21	9150	823	25597	25597
按行业分					
By Sector					
综合零售					
Comprehensive Retail	1451	869135	18030	1074659	948962
食品、饮料及烟草制品专门零售					
Special Retail of Food, Beverage and Tobacco	124	27991	2975	115389	85720
纺织、服装及日用品专门零售					
Special Retail of Textiles, Garments and Daily Articles	51	11252	639	23691	23057
医药及医疗器材专门零售					
Special Retail of Medicine and Medical Appliances	325	67467	2934	63484	57449
汽车、摩托车、燃料及零配件专门零售					
Special Retail of Automobile, Autobike, Parts, Fittings and Fuel	596	1436201	11712	5866065	3775260
家用电器及电子产品专门零售					
Special Retail of Household Electric Appliances and Electronic Products	72	330129	3088	620322	620322
五金、家具及室内装修材料专门零售					
Special Retail of Hardware, Furniture and Decoration Materials for Indoors	7	4029	209	19092	19092

16-11 各区县星级以上饭店情况(2013年)

Statistics on Three, Four, Five-star Level Hotel by District and County,2013

地区	Region	合计 Total		# 五星 Five-star Level		# 四星 Four-star Level		# 三星 Three-star Level	
		客房数(间) Number of Guest Rooms (unit)	床位数(个) Number of Beds (unit)	客房数(间) Number of Guest Rooms (unit)	床位数(个) Number of Beds (unit)	客房数(间) Number of Guest Rooms (unit)	床位数(个) Number of Beds (unit)	客房数(间) Number of Guest Rooms (unit)	床位数(个) Number of Beds (unit)
总计	**Total**	**19213**	**30255**	**5208**	**7008**	**7892**	**12230**	**5121**	**9039**
和平区	Heping District	1264	1952			915	1329	349	623
河东区	Hedong District	1085	1751			630	918	232	424
河西区	Hexi District	3562	4679	1302	1737	1462	1536	531	883
南开区	Nankai District	902	1489	50	75	339	536	513	878
河北区	Hebei District	868	1354	416	535	195	344	257	475
红桥区	Hongqiao District	44	78					44	78
东丽区	Dongli District	668	1239					512	991
西青区	Xiqing District	139	272						
津南区	Jinnan District	190	358					190	358
北辰区	Beichen District	668	1089			190	247	478	842
武清区	Wuqing District	1174	2578			1174	2578		
宝坻区	Baodi District	1040	1648	793	1166			247	482
滨海新区	Binhai New Area	6380	9352	2526	3257	2517	3890	1337	2205
宁河县	Ninghe County	318	561			138	231	180	330
静海县	Jinghai County	238	564			133	268		
蓟县	Jixian County	673	1291	121	238	199	353	251	470

16-12 限额以上连锁餐饮企业基本情况(2013年)

Basic Conditions of Chain Catering Enterprises above Designated Size,2013

项 目 Item	门店总数 (个) Number of Stores (unit)	营业面积 (平方米) Operation Area (sq.m)	从业人数 (人) Employment Personnel (person)	餐位数 (个) Number of Dining-seats (unit)	营业额 (万元) Business Revenue (10 000 yuan)
总 计					
Total	**491**	**195413**	**24099**	**58776**	**415051**
按登记注册类型分					
Grouped by Registered Status					
内资企业					
Domestic-funded Enterprises	49	13841	922	3365	15882
国 有					
State-owned Enterprises	2	4800	161	600	2692
其他有限责任公司					
Limited Liability Corporations	11	2414	168	1063	3191
私营企业					
Private Enterprises	36	6627	593	1702	10000
私营独资					
Private-funded Enterprises	2	1800	90	500	1133
私营有限责任公司					
Private Limited Liability Corporations	34	4827	503	1202	8867
港、澳、台商投资企业					
Enterprises with Funds from Hong Kong, Macao and Taiwan	10	2799	148	1190	4413
# 独资经营企业					
Enterprises with Sole Investment	8	2625	138	1140	4272
外商投资企业					
Foreign Funded Enterprises	432	178773	23029	54221	394756
按业态分					
By Business Categories					
正 餐					
Dinner	4	6600	251	1100	3825
快 餐					
Snack	461	185958	23502	57173	405230
其他餐饮					
Others	26	2855	346	503	5997

16-13 亿元以上商品交易市场基本情况(2013年)

Basic Statistics on Commodity Exchange Markets with Transaction Value over 100 Million Yuan,2013

市场	Market	市场数量(个) Number of Markets (unit)	摊位数(个) Number of Booths (unit)
总计	**Total**	**75**	**43403**
综合市场	**Comprehensive Markets**	**25**	**22601**
工业消费品综合市场	Comprehensive Market of Industrial Consumables	5	8938
农产品综合市场	Comprehensive Market of Agricultural Products	7	4949
其他综合市场	Other Comprehensive Markets	13	8714
专业市场	**Special Markets**	**50**	**20802**
生产资料市场	Market of Capital Goods	19	5547
煤炭市场	Coal Markets	4	1131
建材市场	Building Materials Markets	3	2011
化工材料及制品市场	Chemical Materials and Products Markets	1	311
金属材料市场	Metal Materials Markets	11	2094
农产品市场	Agricultural Products Markets	11	7343
粮油市场	Foodstuff and Oil Markets	2	769
水产品市场	Aquatic Product Markets	1	220
蔬菜市场	Vegetable Markets	5	4210
棉麻土畜、烟叶市场	Cotton, Linen, Local and Livestock Product, and Tobacco Leaf Markets	1	650
其他农产品市场	Other Agricultural Product Markets	2	1494
食品、饮料及烟酒市场	Food, Beverage and Tobacco Markets	3	1339
食品饮料市场	Food and Beverage Markets	1	212
其他食品、饮料及烟酒市场	Other Food, Beverage and Tobacco Markets	2	1127
纺织、服装、鞋帽市场	Textile, Garments, Shoes and Caps Markets	2	1225
服装市场	Garments Markets	1	909
鞋帽市场	Shoes and Caps Markets	1	316
家具、五金及装饰材料市场	Furniture, Hardware and Decoration Materials Markets	8	2379
家具市场	Furniture Markets	1	382
装饰材料市场	Decoration Materials Markets	4	1076
五金材料市场	Hardware Markets	3	921
汽车、摩托车及零配件市场	Automobile, Autobike, Parts and Fittings Markets	4	1889
花、鸟、鱼、虫市场	Flowers, Birds, Fish and Insects Markets	2	900
其他专业市场	Other Professional Markets	1	180

16—13续表 *Continued*

市　　场	Market	营业面积(万平方米) Operation Area (10 000 sq.m)	成交额(亿元) Transaction Value (100 million yuan)	#批　发 Wholesale
总　　计	**Total**	**521.27**	**2748.80**	**2649.88**
综合市场	**Comprehensive Markets**	**167.72**	**513.45**	**460.81**
工业消费品综合市场	Comprehensive Market of Industrial Consumables	20.04	67.58	61.91
农产品综合市场	Comprehensive Market of Agricultural Products	57.87	246.74	227.86
其他综合市场	Other Comprehensive Markets	89.81	199.14	171.04
专业市场	**Special Markets**	**353.55**	**2235.35**	**2189.07**
生产资料市场	Market of Capital Goods	115.92	1456.70	1456.70
煤炭市场	Coal Markets	21.19	241.67	241.67
建材市场	Building Materials Markets	21.58	23.00	23.00
化工材料及制品市场	Chemical Materials and Products Markets	0.73	31.63	31.63
金属材料市场	Metal Materials Markets	72.42	1160.40	1160.40
农产品市场	Agricultural Products Markets	83.44	346.41	346.41
粮油市场	Foodstuff and Oil Markets	6.10	32.95	32.95
水产品市场	Aquatic Product Markets	0.80	45.00	45.00
蔬菜市场	Vegetable Markets	43.82	53.04	53.04
棉麻土畜、烟叶市场	Cotton, Linen, Local and Livestock Product, and Tobacco Leaf Markets	0.10	86.11	86.11
其他农产品市场	Other Agricultural Product Markets	32.62	129.31	129.31
食品、饮料及烟酒市场	Food, Beverage and Tobacco Markets	27.33	45.01	43.44
食品饮料市场	Food and Beverage Markets	0.05	2.38	2.38
其他食品、饮料及烟酒市场	Other Food, Beverage and Tobacco Markets	27.28	42.63	41.06
纺织、服装、鞋帽市场	Textile, Garments, Shoes and Caps Markets	5.80	11.76	11.76
服装市场	Garments Markets	1.90	7.82	7.82
鞋帽市场	Shoes and Caps Markets	3.90	3.94	3.94
家具、五金及装饰材料市场	Furniture, Hardware and Decoration Materials Markets	78.29	47.97	38.70
家具市场	Furniture Markets	5.13	2.00	
装饰材料市场	Decoration Materials Markets	10.68	8.75	1.48
五金材料市场	Hardware Markets	62.48	37.22	37.22
汽车、摩托车及零配件市场	Automobile, Autobike, Parts and Fittings Markets	33.97	322.51	288.30
花、鸟、鱼、虫市场	Flowers, Birds, Fish and Insects Markets	8.00	3.48	2.25
其他专业市场	Other Professional Markets	0.80	1.50	1.50

16-14 实际利用内资额(2009—2013年)

Domestic Capital Actually Used,2009-2013

单位：亿元(100 million yuan)

地　区	Region	2009	2010	2011	2012	2013
全市总计	**Total**	**1242.87**	**1633.82**	**2085.87**	**2600.67**	**3120.82**
中心城区	**Central Districts**	**355.94**	**438.85**	**502.91**	**539.53**	**567.75**
和平区	Heping District	48.90	76.19	102.83	110.43	112.51
河东区	Hedong District	51.22	65.58	78.31	90.71	100.10
河西区	Hexi District	77.77	93.34	102.37	102.52	112.30
南开区	Nankai District	75.56	75.60	76.06	77.32	77.92
河北区	Hebei District	74.92	93.93	103.21	110.25	112.09
红桥区	Hongqiao District	27.57	34.20	40.13	48.30	52.83
滨海新区	**Binhai New Area**	**273.18**	**352.20**	**459.38**	**584.97**	**738.26**
其他区县	**Other Districts and Counties**	**613.75**	**842.78**	**1123.58**	**1476.17**	**1814.82**
东丽区	Dongli District	94.11	121.05	180.39	198.37	223.08
西青区	Xiqing District	76.35	95.69	135.25	157.18	247.56
津南区	Jinnan District	126.84	159.47	185.58	203.28	242.66
北辰区	Beichen District	38.80	76.52	114.24	202.19	220.25
武清区	Wuqing District	92.84	116.59	141.19	202.28	243.32
宝坻区	Baodi District	88.25	111.17	141.28	202.88	235.91
宁河县	Ninghe County	14.73	25.98	51.96	75.74	110.94
静海县	Jinghai County	33.00	42.28	50.08	64.08	91.03
蓟　县	Jixian County	48.85	94.03	123.61	170.17	200.06

注：滨海新区数据不含东丽区无瑕街、津南区葛沽镇数据。
Note: Data of Binhai New Area exclude figures of Wuxia Street, Dongli District and Gegu Town, Jinnan District.

16－15 外省市在津投资情况

Domestic Capital from Other Provinces and Municipalities

地　区	Region	项目数(个) Number of Contracts(unit)		实际利用内资额(万元) Total Capital Actually Used (10 000 yuan)	
		2012	2013	2012	2013
总　　计	**Total**	**6015**	**6498**	**26006650**	**31208205**
北京市	Beijing	1039	847	9007885	9711525
河北省	Hebei	1437	1484	2932673	3412436
山西省	Shanxi	223	229	631249	585602
内蒙古自治区	Inner Mongolia	108	121	159170	281818
辽宁省	Liaoning	204	234	598411	1638836
吉林省	Jilin	133	208	147141	429217
黑龙江省	Heilongjiang	240	288	496604	446835
上海市	Shanghai	178	171	1816418	1867614
江苏省	Jiangsu	178	278	794632	1146405
浙江省	Zhejiang	249	291	1850208	1590170
安徽省	Anhui	125	194	126592	343719
福建省	Fujian	688	420	1590814	1748423
江西省	Jiangxi	66	101	74345	167991
山东省	Shandong	366	459	632988	1218237
河南省	Henan	200	287	268134	711186
湖北省	Hubei	71	134	77176	306080
湖南省	Hunan	66	106	207072	535122
广东省	Guangdong	185	279	3778132	3523561
广西壮族自治区	Guangxi	13	17	16510	151630
海南省	Hainan	14	18	370418	509230
重庆市	Chongqing	27	48	73036	58900
四川省	Sichuan	80	112	145873	344201
贵州省	Guizhou	15	34	22908	46815
云南省	Yunnan	7	13	3450	79550
陕西省	Shanxi	45	67	86745	139191
甘肃省	Gansu	32	28	20816	60041
青海省	Qinghai	3	5	1550	18230
宁夏回族自治区	Ningxia	7	11	6370	32690
新疆维吾尔自治区	Xinjiang	15	12	59830	51950
西藏自治区	Xizang	1	2	9500	51000

主要统计指标解释

社会消费品零售总额

指企业（单位、个体户）通过交易直接售给个人、社会集团非生产、非经营用的实物商品金额，以及提供餐饮服务所取得的收入金额。个人包括城乡居民和入境人员。社会集团包括机关、社会团体、部队、学校、企业事业单位、居委会或村民委员会。

商品购进额

指从本企业以外的单位和个人购进（包括从国外直接进口）作为转卖或加工后转卖的商品金额（含增值税）。本指标反映批发和零售业从国内外市场上购进商品的总价。商品购进包括：（1）从工农业生产者、批发和零售业企业、住宿和餐饮业企业、出版社或报社的出版发行部门和其他服务业企业购进的商品；（2）从机关团体、事业单位购进的商品；（3）从海关、市场管理部门购进的缉私和没收的商品；（4）从居民收购的废旧商品等。商品购进不包括：（1）企业为本单位自身经营用，不是作为转卖而购进的商品；（2）未通过买卖行为而收入的商品；（3）经本单位介绍，由买卖双方直接结算，本单位只收取手续费的业务；（4）销售退回和买方拒付货款的商品；（5）商品溢余。

商品销售额

指对本单位以外的单位和个人出售的商品金额（包括售给本单位消费用的商品，含增值税），在批发和零售业中，本指标反映在国内市场上销售商品以及出口商品的总量。商品销售包括：（1）售给城乡居民和社会集团消费用的商品；（2）售给农业、工业、建筑业、服务业等国民经济各行业用于生产、经营用的商品，包括售予批发和零售业作为转卖或加工后转卖的商品；（3）对国（境）外直接出口的商品。商品销售不包括：（1）未通过买卖行为付出的商品；（2）经本单位介绍，由买卖双方直接结算，本单位只收取手续费的业务；（3）购货退回的商品；（4）商品损耗和损失；（5）出售本单位自用的废旧物资。

商品库存额

对于批发和零售业法人单位和个体经营户，是指报告期末取得所有权的全部商品金额（含增值税）；对于批发和零售业产业活动单位，是指报告期末实际在库且归属法人具有所有权的全部商品金额（含增值税）。这个指标反映批发和零售业的商品库存情况，以及对市场商品供应的保证程度。库存商品包括：（1）存放在本单位（如门市部、批发站、采购站、经营处）的仓库、货场、货柜和货架中的商品；（2）挑选、整理、包装中的商品；（3）已记入购进而尚未运到本单位的商品，即发货单或银行承兑凭证已到而货未到的商品；（4）寄放他处的商品，如因购货方拒绝付款而暂时存在购货方的商品；（5）委托其他单位代销（未作销售或调出）尚未售出的商品；（6）代其他单位购进尚未交付的商品。库存商品不包括：（1）所有权不属于本单位的商品；（2）委托外单位加工的商品（包括本单位所属加工厂和其他生产单位加工生产尚未收回成品的商品）；（3）外贸企业代理其他单位从国外进口，尚未付给订货单位的商品；（4）代国家储备部门保管的商品。

营业收入

指企业经营主要业务和其他业务所确认的收入总额。营业收入合计包括主营业务收入和其他业务收入。

主营业务成本

指企业经营主要业务所发生的成本总额。

住宿和餐饮业营业额

指住宿和餐饮业单位在经营活动中因提供服务或销售商品等取得的全部收入，包括：客房收入、餐费收入、商品销售额（含增值税）和其他收入。不包括法人企业附营的其他行业产业活动单位的餐费收入、商品销售收入等各项收入。

批发和零售业、住宿和餐饮业统计限额标准

行业类别	统计指标名称	限额标准
批发业	年主营业务收入	2000 万元
零售业	年主营业务收入	500 万元
住宿业	年主营业务收入	200 万元
餐饮业	年主营业务收入	200 万元

Explanatory Notes on Main Statistical Indicators

Total Retail Sales of Consumer Goods

refers to the sum of retail sales of commodities sold by enterprise (units and individuals) to individuals and social groups for non-production and non-business use, and the income from catering services provided. Among of which, individuals refer to residents of urban and rural households and entering persons; social groups refer to government agencies, social organization, military, schools, institution, enterprises, neighbourhood committees and village committees.

Purchases of Commodities

refer to the total value of purchases of commodities by the enterprises from other establishments or individuals (including direct import from abroad) for the purpose of re-selling, either with or without further processing of the commodities purchased (including value-added taxes). This indicator is used to show the total value of purchases of commodities by wholesale and retail establishments from domestic and overseas markets. The total purchases include: (1) commodities purchased from agricultural and industrial producers, wholesale and retail enterprises, accommodation and catering enterprises, distribution departments of the publishers and other service enterprises; (2)commodities purchased from government agencies and institutions; (3)anti-smuggling and confiscated goods purchased from the customs autho- rities or market management agencies; (4) second-hand goods and wastes purchased from residents. Excluded are (1)commodities purchased by enterprises (establishments) for use in their own business operation, not for re-selling; (2)commodities obtained without buying or selling procedures; (3)commission income from brokerage in transactions whose settlement is directly handled by buyers and sellers; (4) commodities rejected and refused to pay; (5) goods overflow.

Sales of Commodities

refer to value of commodities sold by the establishments to other establishments and individuals (including sales for the self-consumption and its value-added taxes). In the wholesale and retail trade, this indicator is used to show the total value of sales of commodities at domestic markets and export. The commodities include: (1) commodities sold to urban and rural residents and social groups for their consumption; (2) commodities sold to establishments in all the industries, such as agriculture, industry, construction, services, etc., for their production and operation, including commodities sold to wholesale and retail establishments for re-selling, with or without further processing; (3) commodities for direct export to other countries. Excluded are (1) commodities transferred without buying or selling procedures; (2) commission income from brokerage in transactions whose settlement is directly handled by buyers and sellers; (3) rejected commodities in the purchase; (4) loss in commodities; (5) selling of waste packaging materials used by the establishments (units) themselves.

Inventory of Commodities

refers to total commodities (including value-added taxes) possessed by wholesale and retail enterprises, private and individuals, and total commodities (including value-added taxes) at storage and possessed by their institutional units for the wholesale and retail units with industrial undertakings. It reflects the commodity stock level of various wholesale and retail enterprises (units) and the potential for market supply. It includes: (1) commodities located in storage, garages, counters, and shelves of operating units (such as sale stores, wholesale centers, procurement stations and operating offices) of wholesale and retail enterprises; (2) commodities in the process of selecting, sorting, and packing; (3) commodities not arrived but recorded as purchase in the account, i.e. commodities not arrived but payment receipts for the commodities from the sellers or the banks arrived; (4) commodities deposited in other places rather than places mentioned above, for instance: commodities in the hold of purchasers temporarily due to the refusal of payment and commodities not taken back after going through the formalities; (5) commodities entrusted to other units to sell but not sold yet; (6) commodities purchased for other units but not delivered yet. Commodities not included as: (1) stock not owned by the enterprises (units); (2) commodities entrusted to other units to process (including entrusted to subsidiary processing plants and other units and not taken back yet); (3) commodities imported from foreign countries agented by foreign trade enterprises and not delivered to the order units; (4) commodities managed on behalf of the state material reserves units.

Business Revenue

refers to the total revenue of enterprises through operating of main business and other businesses. It includes income of principal business and other business income. It can be obtained from the amount of this period of business income in the income statement of the accounting record.

Cost of Principal Business

refers to real costs from the operating of main business.

Business Revenue of Accommodation and Catering Services

refers to the total revenue received from providing services or selling commodities by establishments engaged in hotels and catering services, including income from hotels, from catering services, from selling of commodities (including value-added taxes) and from other services. Excluding the income received from catering services, and selling of commodities by other industrial activity units of corporate enterprises.

Statistical Limit Standard of Wholesale, Retail Trade, Accommodation and Catering Services

Industry Category	*Statistical Index Name*	*Limit Standard*
Wholesale Trade	*Annual Revenue from Principal Business*	*20 million yuan*
Retail Trade	*Annual Revenue from Principal Business*	*5 million yuan*
Hotel Services	*Annual Revenue from Principal Business*	*2 million yuan*
Catering Services	*Annual Revenue from Principal Business*	*2 million yuan*

17 金融业 Financial Intermediation

17-1 各类金融机构(2000—2013年)

Financial Institutions,2000-2013

单位：个(unit)

年 份 Year	银行类 Banking Institutions			非银行类 Non-banking Institutions		
	合 计 Total	商业银行 Commercial Banks	外资银行 Foreign Funded Banks	合 计 Total	保险公司 Insurance Companies	证券经营公司 Securities Business Companies
2000	1744	1718	14	725	102	96
2001	1703	1677	14	1076	105	93
2002	1653	1627	14	1215	311	85
2003	1594	1567	15	1264	369	78
2004	1564	1537	15	1294	386	79
2005	1552	1526	14	1347	371	79
2006	2094	2065	17	922	367	74
2007	2549	2520	17	557	426	71
2008	2599	2568	19	566	491	73
2009	2521	2487	22	588	520	87
2010	2641	2605	22	595	531	98
2011	2691	2654	22	662	577	102
2012	2698	2660	23	676	591	105
2013	2909	2837	57	889	605	111

注：银行类金融机构自2006年起含农村合作银行；自2007年起含邮政储蓄银行。

Note: Banking Financial Institutions included Rural Cooperative Bank from 2006,and Postal Savings Bank from 2007.

17-2 各类金融机构

Financial Institutions

单位：个(unit)

项　目	Item	2012	2013
总　计	**Total**	**3554**	**3798**
银行类	**Banking Institutions**	**2698**	**2909**
中央银行	Central Banks	2	2
政策性银行	Policy Banks	13	13
商业银行	Commercial Banks	2660	2837
国有独资商业银行	State-owned Sole Commercial Banks	1232	1249
股份制商业银行	Share-holding Commercial Banks	218	221
天津市商业银行	Commercial Banks of Tianjin	193	234
其他城商行	Other City's Commercial Banks	69	82
中德住房储蓄银行	Sino-German Bausparkasse	3	8
农村合作金融机构	Rural Cooperative Financial Institutions	529	627
邮政储蓄银行	Postal Savings Banks	416	416
外资银行	Foreign Funded Banks	23	57
非银行类	**Non-banking Institutions**	**856**	**889**
保险公司	Insurance Companies	591	605
信托投资公司	Trust Investment Companies	2	2
证券经营公司	Securities Business Companies	105	111
财务公司	Financial Companies	4	4
金融租赁公司	Financial Leasing Companies	3	5
典当公司	Mortgage Companies	145	157
产业基金公司	Industry Fund Management Companies	2	1
金融资产管理公司	Financial Assets Supervision Corporations	4	4

资料来源：天津市银监局、证监局、保监局、商务委等。
Source: Tianjin Banking Regulatory Bureau, Tianjin Securities Regulatory Bureau, Tianjin Insurance Regulatory Bureau,Tianjin Commission of Commerce, etc.

17–3 中外资金融机构人民币存贷款余额(1981—2013年)

RMB Deposit and Loan Balance of Chinese & Foreign Financial Institutions,1981-2013

单位：亿元(100 million yuan)

年份 Year	存款合计 Total Deposits	#单位存款 Corporate Deposites	#财政性存款 Treasury Deposits	#储蓄存款 Saving Deposits	#农业存款 Agricultural Deposits	#其他存款 Other Deposits	贷款合计 Total Loans	#中长期贷款 Medium-term & Long-term Loans
1981	53.25	25.08	10.23	9.70	4.70	3.54	107.73	5.64
1982	68.05	32.97	11.73	12.50	6.18	4.67	112.61	8.70
1983	75.83	35.62	11.58	16.67	7.85	4.11	125.38	10.70
1984	95.52	45.76	10.98	22.19	6.87	9.72	138.99	14.21
1985	114.25	58.48	13.82	29.38	4.52	8.05	191.04	19.63
1986	129.14	63.22	11.32	40.52	5.61	8.48	224.49	26.59
1987	156.48	70.41	12.65	54.95	6.77	11.70	260.12	32.35
1988	176.44	72.77	14.35	62.72	9.45	17.16	296.18	35.47
1989	203.44	70.24	16.20	89.71	8.51	18.79	341.60	37.55
1990	263.21	86.66	19.15	126.92	9.42	21.07	415.91	50.00
1991	336.56	106.84	24.73	163.18	13.15	28.67	487.43	73.88
1992	467.81	157.39	23.50	202.66	18.51	65.75	624.82	105.67
1993	586.12	193.71	23.78	269.70	21.75	77.19	768.57	143.93
1994	800.56	301.12	24.26	394.50	18.26	62.43	927.05	210.87
1995	1079.97	385.21	37.59	549.97	22.87	84.33	1113.95	262.01
1996	1399.06	527.68	28.54	724.91	25.82	98.64	1357.38	305.50
1997	1634.95	638.88	26.22	863.36	28.76	77.73	1502.91	298.81
1998	1860.84	655.38	12.53	1020.14	34.28	138.50	1629.12	302.69
1999	2060.02	736.03	45.78	1130.19	37.94	110.08	1825.26	405.04
2000	2281.55	871.31	53.97	1172.40	44.10	139.76	1863.60	431.27
2001	2562.55	946.89	63.82	1284.95	56.32	210.56	2159.86	637.76
2002	3018.26	1115.35	102.30	1486.38	73.86	240.37	2519.04	846.93
2003	4033.51	1542.75	136.89	1825.32	164.72	363.83	3426.02	1468.35
2004	4750.28	1843.25	35.34	2116.97	157.14	450.89	3838.59	1789.90
2005	5716.09	2216.28	43.55	2462.66	163.66	638.74	4457.63	2204.62
2006	6564.47	2693.37	77.88	2811.71	189.50	619.63	5182.76	2758.33
2007	7930.31	3411.50	138.76	3083.79	237.47	810.50	6241.07	3491.79
2008	9606.36	3707.97	74.12	3980.14	288.59	1227.81	7383.29	4255.78
2009	13548.56	6007.93	127.78	4885.86	425.77	1564.18	10645.32	7006.87
2010	16142.69	6887.60	183.26	5558.23	558.47	2065.60	13111.57	8976.72
2011	17197.51	10155.74	305.20	6123.08		480.12	15242.17	9649.42
2012	19675.68	11591.00	271.08	7055.38		567.41	17392.06	10306.11
2013	22684.59	13533.26	395.47	7612.31		518.99	19453.31	11168.25

注：1.中长期贷款1994年以前为固定资产贷款，1998年起中长期贷款中含中期流动资金贷款。2."单位存款"2011年以前为"企业存款"，统计口径有所调整。3.农业存款1996年以前为农村存款，2011年取消该分类。4.其他存款含临时性存款、委托存款。5.表17–4同。

Note: a) Medium-term & long-term loans refer to fixed assets loans before 1994, and include medium-term circulating capital loans from 1998. b) Deposits of enterprises are changed to corporate deposits from 2011, and the coverage is changed accordingly. c) Agricultural deposits refer to rural deposits before 1996.The section was canceled in 2011. d) Others deposits include temporary deposits and entrusted deposits. e) Same as table 17-4.

17-4 中资金融机构人民币存贷款余额(1981—2013年)

RMB Deposit and Loan Balance of Chinese Financial Institutions,1981-2013

单位：亿元(100 million yuan)

年 份 Year	存款合计 Total Deposits	# 单位存款 Corporate Deposites	# 财政性存款 Treasury Deposits	# 储蓄存款 Saving Deposits	# 农业存款 Agricultural Deposits	# 其他存款 Other Deposits	贷款合计 Total Loans	# 中长期贷款 Medium-term & Long-term Loans
1981	53.25	25.08	10.23	9.70	4.70	3.54	107.73	5.64
1982	68.05	32.97	11.73	12.50	6.18	4.67	112.61	8.70
1983	75.83	35.62	11.58	16.67	7.85	4.11	125.38	10.70
1984	95.52	45.76	10.98	22.19	6.87	9.72	138.99	14.21
1985	114.25	58.48	13.82	29.38	4.52	8.05	191.04	19.63
1986	129.14	63.22	11.32	40.52	5.61	8.48	224.49	26.59
1987	156.48	70.41	12.65	54.95	6.77	11.70	260.12	32.35
1988	176.44	72.77	14.35	62.72	9.45	17.16	296.18	35.47
1989	203.44	70.24	16.20	89.71	8.51	18.79	341.60	37.55
1990	263.21	86.66	19.15	126.92	9.42	21.07	415.91	50.00
1991	336.56	106.84	24.73	163.18	13.15	28.67	487.43	73.88
1992	467.81	157.39	23.50	202.66	18.51	65.75	624.82	105.67
1993	586.12	193.71	23.78	269.70	21.75	77.19	768.57	143.93
1994	800.56	301.12	24.26	394.50	18.26	62.43	927.05	210.87
1995	1079.97	385.21	37.59	549.97	22.87	84.33	1113.95	262.01
1996	1399.06	527.68	28.54	724.91	25.82	98.64	1357.38	305.50
1997	1634.95	638.88	26.22	863.36	28.76	77.73	1502.91	298.81
1998	1860.84	655.38	12.53	1020.14	34.28	138.50	1629.12	302.69
1999	2060.02	736.03	45.78	1130.19	37.94	110.08	1825.26	405.04
2000	2281.55	871.31	53.97	1172.40	44.10	139.76	1863.60	431.27
2001	2562.55	946.89	63.82	1284.95	56.32	210.56	2159.86	637.76
2002	3018.26	1115.35	102.30	1486.38	73.86	240.37	2519.04	846.93
2003	4033.51	1542.75	136.89	1825.32	164.72	363.83	3426.02	1468.35
2004	4729.61	1823.00	182.03	2116.73	157.14	450.71	3821.38	1789.78
2005	5684.40	2185.23	234.75	2462.41	163.66	638.35	4417.45	2203.93
2006	6531.94	2661.96	250.26	2811.02	189.50	619.20	5106.94	2756.82
2007	7856.65	3344.20	387.05	3078.72	237.47	809.21	6131.63	3473.96
2008	9490.11	3617.14	401.85	3956.86	288.59	1225.67	7277.46	4235.22
2009	13390.21	5879.48	664.82	4860.12	425.77	1560.02	10513.44	6950.44
2010	15912.21	6695.81	1072.78	5525.28	558.47	2059.86	12864.75	8856.51
2011	16910.52	9919.16	305.20	6072.66		480.12	14897.72	9458.86
2012	19356.08	11335.69	271.08	6991.09		567.41	16977.76	10091.39
2013	22268.27	13199.60	395.47	7563.46		509.71	18987.54	10931.13

17-5 中外资金融机构本外币存贷款余额(2008—2013年)

RMB & Foreign Deposit and Loan Balance of Chinese & Foreign Financial Institutions,2008-2013

单位：亿元(100 million yuan)

项目 Item	2008	2009	2010	2011	2012	2013
存款余额(折人民币)						
Deposit Balance(as RMB)	**9954.16**	**13887.11**	**16499.25**	**17586.91**	**20293.79**	**23316.56**
中资金融机构						
Chinese Financial Institutions	9726.64	13637.31	16179.94	17218.32	19887.26	22825.25
人民币						
RMB	9490.11	13390.21	15912.21	16910.52	19356.08	22268.27
外　汇(亿美元)						
Foreign Exchange(USD 100 million)	34.62	36.19	40.43	48.85	84.51	91.35
外资金融机构						
Foreign-funded Financial Institutions	227.52	249.80	319.31	368.59	406.53	491.31
外　汇(亿美元)						
Foreign Exchange(USD 100 million)	16.28	13.39	13.41	12.95	13.83	12.30
人民币						
RMB	116.25	158.35	230.49	286.99	319.60	416.32
贷款余额(折人民币)						
Loan Balance(as RMB)	**7689.12**	**11152.19**	**13774.11**	**15924.71**	**18396.81**	**20857.80**
中资金融机构						
Chinese Financial Institutions	7501.98	10937.95	13422.51	15470.16	17873.39	20294.04
人民币						
RMB	7277.46	10513.44	12864.75	14897.72	16977.76	18987.54
外　汇(亿美元)						
Foreign Exchange(USD 100 million)	32.84	62.17	84.22	90.85	142.49	214.29
外资金融机构						
Foreign-funded Financial Institutions	187.15	214.24	351.60	454.55	523.42	563.75
外　汇(亿美元)						
Foreign Exchange(USD 100 million)	11.89	12.06	15.82	17.47	17.36	16.07
人民币						
RMB	105.83	131.88	246.81	344.45	414.29	465.77

17-6 中外资金融机构本外币信贷资金平衡表

RMB & Foreign Currency Credit Funds Balance Sheet of Chinese & Foreign Financial Institutions

单位：亿元(100 million yuan)

项　目	Item	2012	2013	2013比2012年增长(%) Increase Rate in 2013 over 2012 (%)
资金来源合计	**All Sources**	**23656.31**	**27179.37**	**14.9**
各项存款余额总计	Total Deposits Balance	20293.79	23316.56	14.9
单位存款	Corporate Deposits	12110.78	14063.14	16.1
# 活期存款	Demand Deposits	5415.70	5910.89	9.1
定期存款	Time Deposits	2238.52	2882.79	28.8
个人存款	Personal Deposits	7331.62	8248.97	12.5
# 储蓄存款	Saving Deposits	7135.40	7695.83	7.9
财政性存款	Treasury Deposits	271.08	395.47	45.9
临时性存款	Temporary Deposits	43.01	28.86	-32.9
委托存款	Entrusted Deposits	33.92	54.89	61.8
其他存款	Other Deposits	503.38	525.23	4.3
所有者权益	Owner's Equity	1045.20	1242.76	18.9
其　他	Others	-224.05	-1852.21	
资金运用合计	**All Uses**	**23656.31**	**27179.37**	**14.9**
各项贷款余额总计	Total Loan Balance	18396.81	20857.80	13.4
境内贷款	Domestic Loans	18312.46	20761.21	13.4
短期贷款	Short-term Loans	5126.77	6251.05	21.9
中长期贷款	Medium-term and Long-term Loans	10700.26	11617.98	8.6
融资租赁	Financing Lease	1651.86	2121.61	28.4
票据融资	Bill Financing	824.95	757.85	-8.1
各项垫款	Money Advanced	8.62	12.73	47.7
境外贷款	Overseas Loans	84.35	96.58	14.5
有价证券	Securities & Investment	675.82	648.38	-4.1
股权及其他投资	Stocks and Other Investments	199.01	900.07	352.3
其　他	Others	4384.67	4773.11	8.9

注：表中增长速度按可比口径计算。表17-7、17-8同。
Note: The increase rates are calculated at constant coverage. Same as following table 17-7, 17-8.

17-7 中外资金融机构人民币各项存贷款余额

RMB Deposit and Loan Balance of Chinese & Foreign Financial Institutions

单位：亿元(100 million yuan)

项　目	Item	2012	2013	2013比2012年增长(%) Increase Rate in 2013 over 2012 (%)
各项存款总计	**Total Deposits**	**19675.68**	**22684.59**	**15.3**
单位存款	Corporate Deposits	11591.00	13533.26	16.8
个人存款	Personal Deposits	7246.19	8159.56	12.6
# 储蓄存款	Saving Deposits	7055.38	7612.31	7.9
财政性存款	Treasury Deposits	271.08	395.47	45.9
临时性存款	Temporary Deposits	35.15	22.60	-35.7
委托存款	Entrusted Deposits	33.77	54.70	62.0
其他存款	Other Deposits	498.49	518.99	4.1
各项贷款总计	**Total Loans**	**17392.06**	**19453.31**	**11.9**
境内贷款	Domestic Loans	17386.45	19447.70	11.9
短期贷款	Short-term Loans	4641.79	5500.74	18.5
个人贷款及透支	Personal Loans and Overdraft	253.60	418.61	65.1
# 个人消费贷款	Personal Consumption Loans	50.96	92.17	80.9
单位贷款及透支	Corporate Loans and Overdraft	3765.89	4386.33	16.5
# 经营贷款	Business Loans	3724.87	4342.01	16.6
固定资产贷款	Investment in Fixed Assets Loans	35.02	31.50	-10.0
普通并购贷款	Merge Loans			
银团贷款	Syndicated Loans	2.49	3.57	43.4
贸易融资	Trade Financing	619.82	692.22	11.7
中长期贷款	Medium-term & Long-term Loans	10306.11	11168.25	8.4
个人贷款	Personal Loans	1734.93	2063.72	19.0
# 个人消费贷款	Personal Consumption Loans	1591.80	1906.98	19.8
单位贷款	Corporate Loans	7262.95	7509.64	3.4
# 经营贷款	Business Loans	961.91	802.06	-16.6
固定资产贷款	Investment in Fixed Assets Loans	6301.04	6707.58	6.5
普通并购贷款	Merge Loans	42.75	42.64	-0.2
银团贷款	Syndicated Loans	1215.30	1493.10	22.9
贸易融资	Trade Financing	50.17	59.14	17.9
融资租赁	Financing Lease	1605.52	2008.18	25.1
票据融资	Bill Financing	824.94	757.85	-8.1
各项垫款	Money Advanced	8.09	12.68	56.8
境外贷款	Overseas Loans	5.60	5.61	0.2

17-8 中资金融机构人民币各项存贷款余额

RMB Deposit and Loan Balance of Chinese Financial Institutions

单位：亿元(100 million yuan)

项　目	Item	2012	2013	2013比2012年增长(%) Increase Rate in 2013 over 2012 (%)
各项存款总计	**Total Deposits**	**19356.08**	**22268.27**	**15.0**
单位存款	Corporate Deposits	11335.69	13199.60	16.4
个人存款	Personal Deposits	7181.90	8086.43	12.6
# 储蓄存款	Saving Deposits	6991.09	7563.46	8.2
财政性存款	Treasury Deposits	271.08	395.47	45.9
临时性存款	Temporary Deposits	35.15	22.36	-36.4
委托存款	Entrusted Deposits	33.77	54.70	62.0
其他存款	Other Deposits	498.49	509.71	2.3
各项贷款总计	**Total Loans**	**16977.76**	**18987.54**	**11.8**
境内贷款	Domestic Loans	16972.92	18982.47	11.8
短期贷款	Short-term Loans	4508.17	5355.25	18.8
个人贷款及透支	Personal Loans and Overdraft	253.59	418.42	65.0
# 个人消费贷款	Personal Consumption Loans	50.95	91.98	80.5
单位贷款及透支	Corporate Loans and Overdraft	3633.27	4264.45	17.4
# 经营贷款	Business Loans	3592.25	4226.03	17.6
固定资产贷款	Investment in Fixed Assets Loans	35.02	30.01	-14.3
普通并购贷款	Merge Loans			
银团贷款	Syndicated Loans	2.49	3.57	43.4
贸易融资	Trade Financing	618.82	668.80	8.1
中长期贷款	Medium-term & Long-term Loans	10091.39	10931.13	8.3
个人贷款	Personal Loans	1662.84	1976.67	18.9
# 个人消费贷款	Personal Consumption Loans	1519.71	1820.97	19.8
单位贷款	Corporate Loans	7120.33	7400.94	3.9
# 经营贷款	Business Loans	961.91	790.27	-17.8
固定资产贷款	Investment in Fixed Assets Loans	6158.41	6610.67	7.3
普通并购贷款	Merge Loans	42.75	42.64	-0.2
银团贷款	Syndicated Loans	1215.30	1451.73	19.5
贸易融资	Trade Financing	50.17	59.14	17.9
融资租赁	Financing Lease	1605.52	2008.18	25.1
票据融资	Bill Financing	759.74	675.26	-11.1
各项垫款	Money Advanced	8.09	12.66	56.5
境外贷款	Overseas Loans	4.85	5.07	4.5

17-9 金融机构法定存款利率表

Official Interest Rates on Deposits of Financial Institutions

单位：年利率%(% p. a.)

项　目 Item	2011年2月9日 Feb.9,2011	2011年4月6日 Apri.6,2011	2011年7月7日 July 7,2011	2012年6月8日 June 8,2012	2012年7月6日 July 6,2012
人民币存款 RMB Deposits					
活　期 Demand Deposits	**0.40**	**0.50**	**0.50**	**0.40**	**0.35**
定　期 Time Deposits					
整存整取 Lump-sum Time Deposits & Withdrawal					
三个月 3 Months	2.60	2.85	3.10	2.85	2.60
半　年 6 Months	2.80	3.05	3.30	3.05	2.80
一　年 1 Year	3.00	3.25	3.50	3.25	3.00
二　年 2 Years	3.90	4.15	4.40	4.10	3.75
三　年 3 Years	4.50	4.75	5.00	4.65	4.25
五　年 5 Years	5.00	5.25	5.50	5.10	4.75
存本取息、零存整取、整存零取 Flexible Time Deposits or Withdrawal					
一　年 1 Year	2.60	2.85	3.10	2.85	2.60
三　年 3 Years	2.80	3.05	3.30	3.05	2.80
五　年 5 Years	3.00	3.25	3.50	3.25	3.00
定活两便	**按一年以内定期整存整取同档次利率打六折执行**	**按一年以内定期整存整取同档次利率打六折执行**	**按一年以内定期整存整取同档次利率打六折执行**	**按一年以内定期整存整取同档次利率打六折执行**	**按一年以内定期整存整取同档次利率打六折执行**
Time or Demand Optional Deposits	**60% as the Same Grade Interest Rates of Lump-Sum Deposits & Withdrawal in One Year**	**60% as the Same Grade Interest Rates of Lump-Sum Deposits & Withdrawal in One Year**	**60% as the Same Grade Interest Rates of Lump-Sum Deposits & Withdrawal in One Year**	**60% as the Same Grade Interest Rates of Lump-Sum Deposits & Withdrawal in One Year**	**60% as the Same Grade Interest Rates of Lump-Sum Deposits & Withdrawal in One Year**
协定存款 Agreement Deposits	**1.21**	**1.31**	**1.31**	**1.21**	**1.15**
通知存款 Call Deposits					
一　天 1 Day	0.85	0.95	0.95	0.85	0.8
七　天 7 Days	1.39	1.49	1.49	1.39	1.35

17-10 金融机构法定贷款利率表

Official Interest Rates on Loans of Financial Institutions

单位：年利率%(% p. a.)

项　目 Item	2011年2月9日 Feb.9,2011	2011年4月6日 Apri. 6,2011	2011年7月7日 July 7,2011	2012年6月8日 June 8,2012	2012年7月6日 July 6,2012
短期贷款					
Short-term Loans					
一般流动资金					
General Circulating Funds					
半年以内					
Less than 6 Months	5.60	5.85	6.10	5.85	5.60
一年(六个月至一年)					
1 Year (6 months to 1 year)	6.06	6.31	6.56	6.31	6.00
长期贷款					
Long-term Loans					
基本建设贷款					
Loans to Capital Construction					
一年以上至三年					
1-3 Years	6.10	6.40	6.65	6.40	6.15
三年以上至五年					
3-5 Years	6.45	6.65	6.90	6.65	6.40
五年以上至十年					
5-10 Years	6.60	6.80	7.05	6.80	6.55
住房贷款					
Housing Loans					
个人住房公积金贷款					
Accumulation Fund Loans					
五年以内					
Less than 5 Years	4.00	4.20	4.45	4.20	4.00
五年以上					
More than 5 Years	4.50	4.70	4.90	4.70	4.50

17–11 个人贷款总额(2010—2013年)

Total Amount of Personal Loans,2010-2013

单位：亿元(100 million yuan)

指 标 Item	2010	2011	2012	2013
个人贷款总额 Total Amount of Personal Loans	**1446.56**	**1728.46**	**1988.65**	**2482.74**
# 个人消费贷款 Personal Consumption Loans	1246.23	1454.43	1642.88	1999.57
# 个人住房贷款 Housing Mortgage Loans	1116.00	1297.91	1453.98	1735.77
汽车消费贷款 Car Consumption Loans	10.28	8.96	7.57	5.01
个人住房贷款占个人消费贷款的比重(%) Percentage of Housing Mortgage Loans in Personal Consumption Loans(%)	**89.6**	**85.7**	**88.5**	**86.8**

17–12 证券市场交易情况(2007—2013)

Trading Statistics on Securities Markets,2007-2013

单位：亿元(100 million yuan)

项 目 Item	2007	2008	2009	2010	2011	2012	2013
证券市场交易量 Trading Volume of Securities Market	**1731.42**	**8016.23**	**14832.34**	**15754.45**	**12726.07**	**10743.11**	**16834.80**
股 票 Stock	1434.28	6638.35	13608.06	15100.67	11068.87	7751.70	10461.89
基 金 Fund	23.46	107.53	141.62	152.07	189.77	171.11	419.24
债 券 Securities	1.24	30.75	29.52	19.45	25.51	90.76	464.98
权 证 Warrant	265.92	1182.00	878.60	247.03	61.40		
其 他 Others	6.36	57.60	174.55	235.23	1380.53	2729.54	5488.69
股市开户数(万户) Total Investors(10 000 households)	**145.17**	**151.23**	**156.32**	**160.34**	**167.09**	**196.78**	**201.64**

17-13 上市公司股票发行基本情况(1993—2013年)

Basic Statistics On Listed Companies Issue,1993-2013

年 份 Year	境内上市公司(个) Companies Listed in Mainland(unit)					股票发行总股本(万股) General Capitalization (10 000 shares)	股票首发数量(万股) Issued Volume (10 000 shares)	股票筹资额(万元) Capital Raised (10 000 yuan)
	上交所 Shanghai Stock Exchange	深交所 Shenzhen Stock Exchange	发A股公司 A Share Only	发A、B股公司 A&B Share	创业版 GEM			
1993	1	1	2			112398.86	5950	11957
1994	2	1	3			154025.68	10000	11957
1995	3	1	4			296748.52	16898	27957
1996	6	3	7	2		834793.57	44663	41757
1997	8	5	11	2		1028130.01	57563	89558
1998	9	5	12	2		1108485.76	62063	114633
1999	9	7	14	2		1429730.38	90863	274189
2000	10	8	16	2		1535184.31	102363	327867
2001	15	8	21	2		1796284.47	129463	507875
2002	17	8	23	2		2169204.47	142463	654039
2003	18	8	24	2		2248265.07	152463	692868
2004	18	8	24	2		2248265.07	152463	692868
2005	18	8	24	2		2248265.07	152463	692868
2006	18	8	24	2		2248265.07	152463	692868
2007	20	10	28	2		3792292.45	395850	2935590
2008	20	10	28	2		3792292.45	395850	2935590
2009	20	11	29	2	1	3797326.65	397109	3007666
2010	20	11	35	2	3	3886687.75	417069	3616566
2011	20	11	36	2	4	3896687.75	419569	3716566
2012	20	11	37	2	5	3908287.75	422469	3765228
2013	20	11	37	2	5	3908287.75	422469	3765228

注：总股本为截至2013年12月31日的数据。
Note: Data of general capitalization are figures until Dec. 31, 2013.

17-14 保险机构

Insurance Institutions

单位：个(unit)

项 目	Item	2012	2013
合 计	**Total**	**686**	**708**
保险公司机构	**Insurance Companies**	**591**	**605**
总公司	Parent Companies	5	5
# 中外合资、外资公司	Joint-venture and Sole Foreign Investment Companies	2	2
分公司	Branches	48	49
支公司	Sub-branches	192	204
营销服务部	Marketing Departments	346	343
专属机构(电销中心)	Specialized Agency (Telephone Direct Sale Center)		4
专业保险中介机构	**Professional Insurance Intermediary Institutions**	**95**	**102**
保险代理公司	Insurance Agent Companies	61	67
保险公估公司	Insurance Assessment Companies	11	11
保险经纪公司	Insurance Broker Companies	23	24
资产管理公司	**Assets Management Company**		**1**

注：本表中支公司包含中心支公司和营业部。

Note: In this table, sub-branches include sub-branches in center cities and business departments.

17-15 保险业务主要指标(1996—2013年)

Main Indicators of Insurance Business,1996-2013

年 份 Year	保险金额 (亿元) Amount Insured (100 million yuan)	保 费 (万元) Premium (10 000 yuan)	# 人身险 Personal Insurance	# 财产险 Property Insurance	赔款及给付 (万元) Claim and Payment (10 000 yuan)	# 人身险 Personal Insurance	# 财产险 Property Insurance
1996	2488.21	171768	63373	74399	62613	10186	33257
1997	3306.04	243377	125327	112401	83528	18334	61900
1998	3949.15	271654	161097	110557	70075	14206	55869
1999	4848.10	291382	175804	115578	69163	14703	54460
2000	3696.19	314663	191786	122877	71950	7714	64236
2001	5176.91	417049	276050	140999	119062	56364	62698
2002	5632.35	649698	505966	143732	114818	46513	68305
2003	6497.87	753098	597450	155648	173608	72493	101115
2004	9852.79	809874	622284	187590	174178	77905	96273
2005	12141.02	906391	688629	217762	174637	67284	107353
2006	16690.02	1051842	785664	266178	218608	92220	126388
2007	20068.17	1509092	1154858	354234	413417	242197	171221
2008	26065.40	1756212	1338017	418195	510252	300335	209917
2009	29295.34	1512873	1054914	457959	599226	304282	294944
2010	30410.48	2140074	1488739	651335	541885	222606	319278
2011	46937.30	2117433	1366397	751036	661749	306605	355144
2012	51136.36	2381572	1473712	907859	810180	362788	447392
2013	76630.97	2768020	1745237	1022783	1020030	430278	589752

注：2011年起保险业全面执行财政部《企业会计准则2号解释》，各项指标口径按照准则要求相应调整。表17—16同。

Note: Because the insurance industry executed *Accounting Standards Interpretation No. 2* issued by Ministry of Finance since 2011, the coverages of indicators in this table have changed accordingly. Same as table 17-16.

17-16 保险业务情况

Basic Statistics on Insurance Business

单位：亿元(100 million yuan)

项　　目	Item	2012	2013
保险金额	**Amount Insured**	**51136.36**	**76630.97**
财产保险	Property Insurance	37744.65	45411.63
人身保险	Personal Insurance	13391.71	31219.34
保　费	**Premium**	**238.16**	**276.80**
财产保险	Property Insurance	90.79	102.28
# 机动车辆保险	Motor Vehicle Insurance	66.28	78.70
人寿保险	Life Insurance	126.98	148.54
人身意外伤害保险	Personal Accident Insurance	5.58	5.91
健康保险	Health Insurance	14.81	20.07
赔款及给付额	**Claim and Payment**	**81.02**	**102.00**
财产保险	Property Insurance	44.74	58.98
# 机动车辆保险	Motor Vehicle Insurance	35.80	45.50
人寿保险	Life Insurance	29.32	33.76
人身意外伤害保险	Personal Accident Insurance	1.42	1.71
健康保险	Health Insurance	5.54	7.56
保险密度(元)	**Insurance Density (yuan)**	**1685.29**	**1880.18**
财产保险	Property Insurance	642.44	694.73
人身保险	Personal Insurance	1042.86	1185.45
保险深度(%)	**Insurance Depth (%)**	**1.9**	**1.9**
财产保险	Property Insurance	0.7	0.7
人身保险	Personal Insurance	1.0	1.2
赔付率(%)	**Claim and Payment Rate (%)**		
财产保险公司综合赔付率	Property Insurance Comprehensive Claim and Payment Rate	58.5	61.8
人身保险公司短期险赔付率	Personal Insurance Short-term Claim and Payment Rate	59.8	65.5

注：人身保险金额为期末有效保险金额

Note: Amount insured of personal insurance is the efficiency amount insured at the end of term.

主要统计指标解释

信贷资金

指金融机构以信用方式积聚和分配的货币资金。金融机构信贷资金的来源有各项存款、金融债券、对国际金融机构负债、流通中现金、其他项目等；信贷资金的运用有各项贷款、有价证券及投资、金银占款、外汇占款、财政借款及在国际金融机构中的资产等。

存　款

指企业、机关、团体或居民根据资金必须收回的原则，把货币资金存入金融机构保管并取得一定利息的一种信用活动形式。根据存款对象的不同可划分为企业存款、财政性存款、城乡储蓄存款、农村存款、信托及其他存款等，它是银行信贷资金的主要来源。

贷　款

指金融机构根据资金必须归还的原则，按一定利率，为企业、个人等提供资金的一种信用活动形式。我国银行贷款分为工业贷款、农业贷款、商业贷款、建筑业贷款、私营和个体贷款、乡镇企业贷款、中长期贷款、信托及其他贷款等。

保险公司

指在中国境内的、经过保险监督管理部门批准设立，并依法登记注册的各类商业保险公司。

保险金额

指保险人承担赔偿或者给付保险金责任的最高限额。

保　费

指投保人为取得保险人在约定范围内所承担赔偿责任而支付给保险人的费用。

赔　款

指保险人根据保险合同的规定，向被保险人支付的赔偿保险责任损失的金额。

给　付

包括死伤医疗给付和满期给付。死伤医疗给付是指保险人根据人寿保险及长期健康保险合同的规定，因被保险人在保险期内发生保险责任范围内的保险事故支付给被保险人（或受益人）的金额。满期给付是指被保险人生存期满，保险人按人寿保险合同规定支付给被保险人的满期保险金额。

保险密度

为按常住人口计算的人均保费收入。

保险深度

指保费收入相当于生产总值的比例。

Explanatory Notes on Main Statistical Indicators

Credit Funds

refer to the monetary funds accumulated and distributed in the means of credit by the financial institutions. The sources of credit funds include various deposits, financial bonds, liabilities to international financial institutions, currency in circulation and other items. The uses of credit funds include loans, securities and investment, position for bullion and silver purchase, position for foreign exchange purchase, advances to treasury, and assets with international financial institutions.

Deposits

are a form of credit by which enterprises, institutions, organizations or households can put money into banks and other credit institutions for safekeeping and interest earning under the principle of free withdrawal. According to different depositors, deposits are divided into enterprise deposits, treasury deposits, urban and rural savings deposits, rural deposits, entrust and other deposits. Deposits are major sources of credit funds of banks.

Loans

are a form of credit by which banks and other credit institutions provide funds at certain interest rate to enterprises and individuals in the light of the principle of unconditional repayment. Loans from Chinese banks include industry loans, agriculture loans, commerce loans, construction loans, loans to private and individuals, township enterprises loans, medium & long term loans, entrust and other loans.

Insurance Companies

refer to commercial insurance companies of various forms registered by law and established in China with the approval of insurance regulatory agencies.

Amount Insured

refers to the maximum that the insurant will get for the claim of the case insured.

Premium

is the fee paid by the insurant to the insurer to obtain the obligation of compensation from the insurance within the agreed terms.

Claim

is the compensation paid by the insurer to insurant in accordance with the insurance contract.

Payment

includes payment for death, injury or medical treatment and mature payment. Payment for death, injury or medical treatment refers to the money paid to insurant (or the beneficiary) in accordance with the life or health insurance contract when the insurant encounters accidents within the insured period covered in the contract. Mature payment refers to the mature payment to the insurant in accordance with the life insurance contract at the end of the insured period.

Insurance Density

refers to per capita premiums which is based on permanent resident population.

Insurance Depth

refers to the proportion of premiums to gross domestic product.

18 教育和科技 Education, Science and Technology

18-1 各级各类学校基本情况(1996—2013年)

Basic Statistics by Level and Type of School,1996-2013

单位：人(person)

年 份 Year	学校数(所) Number of Schools (unit)			毕业生数 Graduates			招生数 New Students Enrollment		
	高等学校 Institutions of Higher Education	中等学校 Secondary Schools	小 学 Primary Schools	高等学校 Institutions of Higher Education	中等学校 Secondary Schools	小 学 Primary Schools	高等学校 Institutions of Higher Education	中等学校 Secondary Schools	小 学 Primary Schools
1996	20	1098	3185	18429	156924	145705	22664	227918	144438
1997	20	1108	3030	19535	191798	133616	22016	230692	133012
1998	20	1091	2841	18342	219593	166618	23678	273472	115988
1999	21	1041	2642	19292	216950	156584	31670	254033	104452
2000	21	1006	2323	19022	220099	155253	45468	251777	100453
2001	33	1012	1307	19103	233427	147639	56066	249761	95492
2002	37	978	1208	27295	234711	133301	69453	244181	92955
2003	37	897	1136	40221	244398	132022	86115	259174	84963
2004	40	848	1099	51666	252596	114771	96182	250591	81603
2005	42	803	1062	69211	243305	106447	103616	234837	78373
2006	45	746	1023	81983	247421	106075	107920	230246	82102
2007	45	718	1003	92288	235801	105340	109474	219249	86424
2008	45	707	993	101728	235031	88171	118458	196703	89027
2009	55	690	983	101369	234663	91481	125183	193610	81303
2010	55	659	956	105354	218032	87178	133059	190535	82550
2011	55	625	874	108723	198593	84602	133103	183281	100097
2012	55	616	843	113034	187724	86548	141948	181141	102514
2013	55	611	838	120996	183033	86133	143743	180436	107372

18-1续表 *Continued*

单位：人(person)

年 份 Year	在校学生数 Students Enrollment			教职工数 Teachers, Staff and Workers			专任教师数 Full-time Teachers		
	高等学校 Institutions of Higher Education	中等学校 Secondary Schools	小 学 Primary Schools	高等学校 Institutions of Higher Education	中等学校 Secondary Schools	小 学 Primary Schools	高等学校 Institutions of Higher Education	中等学校 Secondary Schools	小 学 Primary Schools
1996	71354	662873	879772	26203	76640	62207	9811	48771	51202
1997	73630	692918	877554	20775	77045	62054	9589	51309	51048
1998	78651	735764	826732	20349	77569	60500	9496	51643	49420
1999	90450	761741	773064	21001	79345	59002	9647	53012	48293
2000	117690	787380	717146	25952	80321	56948	10137	53844	46697
2001	153998	785891	665495	29953	77277	55311	12552	52732	45651
2002	196892	792772	627242	32019	76590	54237	14175	53386	44922
2003	245213	801680	585446	33371	75531	52603	15553	53706	43829
2004	286145	775673	554844	36400	73720	50989	18973	52270	42122
2005	331553	755915	533003	39434	72009	49629	21670	51835	41076
2006	357382	714146	516823	42229	70815	47916	24464	51920	39951
2007	371136	713839	514284	42391	69409	46304	25166	51930	38725
2008	386437	677772	520997	43447	69563	45850	26169	52806	38474
2009	405968	631117	507385	44611	67897	44999	27118	51466	37942
2010	429224	594309	505895	45194	65808	43990	28094	50149	37317
2011	449702	574944	518531	45894	66300	41825	28919	49942	37457
2012	473114	556242	532282	46513	66333	41626	29929	50297	37769
2013	489919	546719	552116	47123	65249	41939	30900	49841	38275

注：自2009年起高等院校数含独立学院。

Note: Data of Institutions of higher education include independent institutes since 2009.

18-2 各级各类学校数、学生数和教职工数(2013年)

Schools, Students and Teachers by Level and Type of School,2013

单位：人(person)

类别	Item	学校数(所) Number of Schools (unit)	毕业生数 Graduates	招生数 New Students Enrollment	在校学生数 Students Enrollment	教职工数 Teachers, Staff and Workers	专任教师数 Full-time Teachers
合 计	**Total**	**1504**	**390162**	**431551**	**1588754**	**154311**	**119016**
高等学校	Institutions of Higher Education	55	120996	143743	489919	47123	30900
中等专业学校	Specialized Secondary Schools	39	26063	23460	69818	6357	4317
技工学校	Secondary Technical Schools	29	7312	8910	20862	3010	1800
职业中学	Vocational Secondary Schools	25	8831	7135	20185	2762	2168
普通中学	Regular Secondary Schools	518	140827	140931	435854	53120	41556
高 中	Senior Secondary Schools	193	61167	55116	175144		15589
初 中	Junior Secondary Schools	325	79660	85815	260710		25967
小 学	Primary Schools	838	86133	107372	552116	41939	38275

18-3 民办教育基本情况(2013年)

Statstics of Private Education,2013

单位：人 (person)

项 目	Item	学校数(所) Number of Schools (unit)	在校学生数 Students Enrollment	专任教师数 Full-time Teachers
合 计	**Total**	**909**	**196085**	**9717**
民办高等学校	Private Institutions of Higher Education	11	74397	3947
民办中学	Private Secondary Schools	45	37330	1745
高 中	Senior Secondary Schools		14533	
初 中	Junior Secondary Schools		22797	
民办小学	Private Primary Schools	13	13592	218
民办幼儿园	Private Kindergartens	840	70766	3807

18-4 平均每万人口各级学校在校学生数(2009—2013年)

Number of Students Enrollment per 10 000 Persons,2009-2013

单位：人(person)

项　　目	Item	2009	2010	2011	2012	2013
合　　计	**Total**	**1285**	**1210**	**1162**	**1128**	**1101**
高等学校	Institutions of Higher Education	338	340	339	342	340
中等学校	Secondary Schools	525	470	432	401	379
中等专业学校	Specialized Secondary Schools	67	59	54	51	48
技工学校	Secondary Technical Schools	33	24	21	15	14
职业中学	Vocational Secondary Schools	30	24	20	19	14
普通中学	Regular Secondary Schools	395	363	337	316	302
高　中	Senior Secondary Schools	156	147	140	131	121
初　中	Junior Secondary Schools	239	216	197	185	181
小　学	Primary Schools	422	400	391	385	383

18-5 各级普通学校生师比(2009—2013年)

The Ratio of Students to Teachers in ordinary Schools at all Levels,2009-2013

单位：人 (person)

项　　目	Item	2009	2010	2011	2012	2013
合　　计	**Total**	**13**	**13**	**13**	**13**	**14**
高等学校	Institutions of Higher Education	15	15	16	16	16
中等学校	Secondary Schools	10	12	12	11	11
中等专业学校	Specialized Secondary Schools	17	15	15	15	16
技工学校	Secondary Technical Schools	17	14	14	11	12
职业中学	Vocational Secondary Schools	12	12	12	12	9
普通中学	Regular Secondary Schools	11	11	11	11	10
高　中	Senior Secondary Schools	13	12	12	12	11
初　中	Junior Secondary Schools	11	11	10	10	10
小　学	Primary Schools	13	14	14	14	14

18-6 各级学校学生升、入学率(2009—2013年)

Percentage of Graduate Students and Enrollment in All Schools by Level,2009-2013

单位：%(%)

项　　目 Item	2009	2010	2011	2012	2013
初中毕业生升学率 Percentage of Graduates in Junior Secondary Schools Entering Senior Secondary Schools	104.99	110.26	105.60	95.00	97.00
初中学生净入学率 Net Percentage of Graduates in Primary Schools Entering Junior Secondary Schools	99.47	99.43	99.88	100.00	100.00
小学学龄儿童毛入学率 Percentage of School-age Children Enrolled	107.24	122.95	122.88	105.62	105.68

注：2012年起初中毕业生升学率指标计算方法有调整。

Note:The Calculation Method of Percentage of graduates in junior secondary schools entering senior secondary schools adjust since 2012.

18−7　研究生及指导教师人数(2009—2013年)

Number of Postgraduate Students and Instructors,2009-2013

单位：人(person)

指　　标	Item	2009	2010	2011	2012	2013
总　　计	**Total**					
在校生数	Students Enrollment	37650	41022	46052	48452	50622
毕业生数	Graduates	10968	11447	10645	14521	14959
招生人数	New Students Enrollment	14919	15213	16085	17065	17117
指导教师	Instructors	5977	6147	6507	7102	7908
攻读博士学位	**Postgraduate for Doctor Degree**					
在校生数	Students Enrollment	7319	7523	7547	7745	8014
毕业生数	Graduates	1793	1679	1773	1705	1708
招生人数	New Students Enrollment	1914	1981	1992	2022	2036
攻读硕士学位	**Postgraduate for Master Degree**					
在校生数	Students Enrollment	30331	33499	38505	40707	42608
毕业生数	Graduates	9175	9768	8872	12816	13251
招生人数	New Students Enrollment	13005	13232	14093	15043	15081

18−8　分学科研究生在校人数(2011—2013年)

Number of Enrolled Postgraduate Students by Subject,2011-2013

单位：人(person)

学　　科	Item	博士生 Postgraduate for Doctor Degree			硕士生 Postgraduate for Master Degree		
		2011	2012	2013	2011	2012	2013
总　　计	**Total**	**7547**	**7745**	**8014**	**38505**	**40707**	**42608**
按学科分	**By Subject**						
哲　学	Philosophy	133	120	123	159	156	159
经济学	Economics	651	668	704	2366	2528	2603
法　学	Law	358	424	418	1562	1578	1543
教育学	Education	72	76	87	1638	1637	1723
文　学	Literature	299	291	305	3528	2462	2524
历史学	History	306	309	316	415	435	454
理　学	Science	1076	1142	1067	3032	2912	2930
工　学	Engineering	3253	3308	3483	14994	16089	17112
医　学	Medicine	582	629	673	5383	5529	5635
农　学	Agriculture	30	27	21	102	129	195
军事学	Strategics				16	13	13
管理学	Management	787	751	816	5310	5944	6330
艺术学	Art			1		1295	1387
按学位分	**By Degree**						
学术学位	Academic Degree	7444	7620	7863	29460	28273	27189
专业学位	Professional Degree	103	125	151	9045	12434	15419

18-9 各类高等学校基本情况

Basic Statistics on Institutions of Higher Education

单位：人(person)

项　目	Item	学校数(所) Number of Schools(unit)		毕业生数 Graduates		招生数 New Students Enrollment	
		2012	2013	2012	2013	2012	2013
总　计	**Total**	**55**	**55**	**113034**	**120996**	**141948**	**143743**
综合大学	Comprehensive Universities	16	16	33171	34195	40011	38192
理工院校	Science and Engineering	15	15	41016	45604	52635	55704
农林院校	Agriculture and Forestry	1	1	2964	3055	3565	3493
医药院校	Medicine	5	5	6595	7071	8447	8862
师范院校	Teacher Training	2	2	8448	10010	10844	10698
语文院校	Linguistics and Literary	3	3	4162	4414	4484	4933
政法院校	Political Science and Law	1	1	1047	726	684	810
财经院校	Economics and Finance	5	5	11644	11937	15632	15066
体育院校	Physical Education	2	2	1488	1415	2495	2699
艺术院校	Art	5	5	2211	2569	3115	3225

18-9续表　*Continued*

单位：人(person)

项　目	Item	在校学生数 Students Enrollment		教职工数 Teachers, Staff and Workers		专任教师数 Full-time Teachers	
		2012	2013	2012	2013	2012	2013
总　计	**Total**	**473114**	**489919**	**46513**	**47123**	**29929**	**30900**
综合大学	Comprehensive Universities	121253	123662	11926	11790	7725	7704
理工院校	Science and Engineering	178834	186478	17128	17487	11258	11748
农林院校	Agriculture and Forestry	12113	12443	1035	1035	640	663
医药院校	Medicine	29462	31053	4052	4115	2618	2718
师范院校	Teacher Training	41944	41816	3735	3792	2298	2364
语文院校	Linguistics and Literary	16898	17310	1610	1670	1103	1139
政法院校	Political Science and Law	1935	2025	351	345	160	160
财经院校	Economics and Finance	52603	55354	4317	4478	2758	2907
体育院校	Physical Education	7764	8867	928	1001	545	653
艺术院校	Art	10237	10779	1431	1410	824	844

18-10 高等学校分科学生数

Number of Students Enrollment in Institutions of Higher Education by Subject

单位：人(person)

学科	Item	毕业生数 Graduates		招生数 New Students Enrollment		在校学生数 Students Enrollment	
		2012	2013	2012	2013	2012	2013
本科	**Undergraduate**	**62187**	**67160**	**80092**	**83607**	**310599**	**323170**
# 师范	Teacher Training	4701	2135	6173	2554	25092	9678
哲学	Philosophy	45	51	58	57	218	220
经济学	Economics	4791	5093	5364	5669	21308	22851
法学	Law	1811	1867	2267	2226	8563	8864
教育学	Education	2448	1666	2996	2050	12814	8295
文学	Literature	11696	6730	14794	7351	57389	28695
历史学	History	185	190	212	277	825	909
理学	Science	5208	3749	6942	4378	26154	17158
工学	Engineering	20740	24760	27673	31400	105931	122022
农学	Agriculture	714	713	1059	874	3512	3314
医学	Medicine	2949	3089	3557	3959	16447	17349
管理学	Management	11600	12584	15170	16302	57438	62075
艺术学	Art		6668		9064		31418
专科	**Junior College**	**50847**	**53836**	**53011**	**60136**	**162515**	**166749**
# 师范	Teacher Training	248	323	615	534	1069	1269
农林牧渔	Farming, Forestry, Animal Husbandry and Fishery	312	286	304	266	792	774
交通运输	Communication and Transportation	4999	5728	6292	7701	18997	21346
生化与药品	Biochemical and Pharmaceutical	2813	2937	2980	2907	8841	8870
资源开发与测绘	Resource Development, Surveying and Mapping	1163	1428	1219	1435	3861	3873
材料与能源	Material and Energy	373	634	747	778	2068	2177
土建	Civil Engineering	4325	4850	5360	6953	16367	18051
水利	Water Conservancy	94	67	54	68	175	168
制造	Manufactrue	9203	9652	8668	10249	28009	28368
电子信息	Electronic Information	5618	5907	5357	5965	16282	16011
环保、气象与安全	Environmental Protection, Meteorology and Security	380	381	423	387	1052	978
轻纺食品	Light Industry, Textile and Food	601	657	654	836	2111	2290
财经	Economics and Finance	11403	11915	11380	11672	34894	34161
医药卫生	Medicine and Health	2257	2348	2615	3315	7922	8863
旅游大类	Tourism	1538	1163	1461	1778	4635	4569
公共事业	Public Service	558	589	529	718	1819	1927
文化教育	Culture and Education	2095	2094	1980	1740	5579	5036
艺术设计传媒	Art, Design and Media	1976	2350	2329	2503	6925	7081
公安	Public Security	645	291	238	467	875	1059
法律	Law	494	559	421	398	1311	1147

18-11 高等学校分科专任教师数(按职称分)

Number of Full-time Teachers in Institutions of Higher Education(By Professional Title)

单位：人(person)

学科 Item		合计 Total		正高级 Senior Title		副高级 Asst.Senior Title	
		2012	2013	2012	2013	2012	2013
总计	**Total**	**29929**	**30900**	**4405**	**4469**	**9673**	**9854**
哲学	Philosophy	660	771	107	105	227	231
经济学	Economics	1957	1963	301	288	694	704
法学	Law	980	1063	121	124	339	334
教育学	Education	1949	2048	148	148	543	564
文学	Literature	5966	4648	631	422	1637	1252
历史学	History	312	308	100	100	99	96
理学	Science	3649	3666	689	690	1336	1327
工学	Engineering	9744	10087	1370	1431	3363	3485
农学	Agriculture	313	320	76	78	112	112
医学	Medicine	2110	2165	556	602	597	635
管理学	Management	2289	2493	306	317	726	791
艺术学	Art		1368		164		323

18-11续表 *Continued*

单位：人(person)

学科 Item		中级 Middle Title		初级 Junior Title		无职称 No Title	
		2012	2013	2012	2013	2012	2013
总计	**Total**	**11594**	**12143**	**3423**	**3374**	**834**	**1060**
哲学	Philosophy	251	300	65	124	10	11
经济学	Economics	649	671	258	244	55	56
法学	Law	382	424	123	144	15	37
教育学	Education	793	866	387	393	78	77
文学	Literature	2552	2162	919	687	227	125
历史学	History	93	91	19	17	1	4
理学	Science	1307	1327	253	223	64	99
工学	Engineering	3852	4048	915	825	244	298
农学	Agriculture	113	118	11	12	1	
医学	Medicine	749	708	161	175	47	45
管理学	Management	853	967	312	306	92	112
艺术学	Art		461		224		196

18-12 中等职业教育基本情况

Basic Statistics on Secondary Vocational Education

单位：人(person)

学　科	Item	毕业生数 Graduates		招生数 New Students Enrollment	
		2012	2013	2012	2013
总　计	**Total**	**37107**	**39270**	**34835**	**33786**
农林牧渔类	Farming,Forestry,Animal Husbandry and Fishery	1679	1269	1510	1434
资源环境类	Resources and Environment	68	72	40	40
能源与新能源类	Energy	98	25		109
土木水利类	Civil and Water Conservanay	1552	1828	865	843
加工制造类	Processing and Manufacturing	7689	7079	7708	7728
石油化工类	Petroleum and Chemicals	308	204	143	249
轻纺食品类	Light Industry, Textile and Food	144	122	146	252
交通运输类	Communication and Transportation	2136	3229	2774	2067
信息技术类	Information Technology	11244	10900	8984	9415
医药卫生类	Medicine and Health	1590	1711	1338	1120
休闲保健类	Relaxation and Health Care	21	135	146	115
财经商贸类	Finance, Economics, Trade and Tourism	6476	7626	6184	6289
旅游服务类	Tourism Service	1192	1150	871	903
文化艺术类	Culture and Art	1217	1343	1008	707
体育与健身类	Sports and Fitness	166	303	271	261
教育类	Teacher Training	995	1582	1780	1682
司法服务类	Judicial Service	7	111	39	24
公共管理与服务类	Public Affairs	52	12	21	28
其　他	Others	473	569	1007	520

18-12续表 *Continued*

单位：人(person)

学　科	Item	在校学生数 Students Enrollment		专业课教师数 Special Course Teachers	
		2012	2013	2012	2013
总　计	**Total**	**105735**	**97443**	**3637**	**3379**
农林牧渔类	Farming,Forestry,Animal Husbandry and Fishery	3594	3759	69	91
资源环境类	Resources and Environment	187	152	21	20
能源与新能源类	Energy	56	230	5	2
土木水利类	Civil and Water Conservanay	3686	2874	104	87
加工制造类	Processing and Manufacturing	24084	23091	803	861
石油化工类	Petroleum and Chemicals	463	495	35	33
轻纺食品类	Light Industry, Textile and Food	389	518	17	12
交通运输类	Communication and Transportation	8240	6845	180	201
信息技术类	Information Technology	27181	25206	774	663
医药卫生类	Medicine and Health	4626	3917	215	178
休闲保健类	Relaxation and Health Care	379	256	16	30
财经商贸类	Finance, Economics, Trade and Tourism	18610	16609	509	490
旅游服务类	Tourism Service	3077	2699	104	80
文化艺术类	Culture and Art	3398	2738	94	83
体育与健身类	Sports and Fitness	854	776	93	93
教育类	Teacher Training	5075	5423	244	293
司法服务类	Judicial Service	248	161	3	2
公共管理与服务类	Public Affairs	33	70	14	12
其　他	Others	1555	1624	337	148

注：此表中等职业学校包括普通中专、职业高中、成人中专，不包括技工学校。
Note: Secondary vocational schools in this table refer to regular specialized secondary schools, vocational senior secondary schools and specialized secondary schools for adults,excluding secondary technical schools.

18-13 普通中学基本情况(2013年)

Basic Statistics on Regular Secondary Schools,2013

单位：人(person)

项 目	Item	学校数(所) Number of Schools(unit)	毕业生数 Graduates	招生数 New Students Enrollment	在校学生数 Students Enrollment	专任教师数 Full-time Teachers
总 计	**Total**	**518**	**140827**	**140931**	**435854**	**41556**
按城乡分组	**By Urban and Rural**					
城 区	City	273	85215	85582	263950	25492
镇 区	County	157	43739	42598	132470	11995
乡 村	Rural	88	11873	12751	39434	4069
按部门分组	**By Department**					
教育部门	Education Departments	469	125994	128271	396366	39794
其他部门	Other Departments	2	223	260	727	82
地方企业	Local Enterprises	2	521	458	1431	152
民 办	Private Units	45	14089	11942	37330	1528
按学校性质分组	**By School Type**					
完全中学	Whole Secondary Schools	105	50407	51229	156278	15187
高级中学	Senior Secondary Schools	82	31644	27397	88038	7161
初级中学	Junior Secondary Schools	287	53147	55823	171565	17368
九年一贯制学校	Whole Primary and Junior Secondary Schools	38	3025	3729	11667	1220
十二年一贯制学校	Whole Primary and Secondary Schools	6	2604	2753	8306	620

注：一贯制学校专任教师含小学教师数。
Note: Full-time teachers in whole primary and secondary schools include teachers of primary schools.

18-14 幼儿园基本情况(2010—2013年)

Basic Statistics on Kindergartens,2010-2013

指 标	Item	2010	2011	2012	2013
幼儿园所数(所)	Number of Kindergartens (unit)	1607	1455	1461	1702
在园(班)儿童数(人)	Children Enrollment (person)	217866	226073	228537	233227
三岁及以上儿童	Children aged 3 and over	207686	219435	223185	228517
三岁以下儿童	Children aged 3 below	10180	6638	5352	4710
教职工数(人)	Teachers, Staff and Workers (person)	16586	17374	18567	20536
# 专任教师	Full-time Teachers	10838	10519	11286	12289

18-15 普通中小学分布情况(2013年)

Distribution of Regular Secondary Schools and Primary Schools,2013

地 区	Region	学校数(所) Number of Schools (unit)		在校学生数(人) Students Enrollment (person)		专任教师(人) Full-time Teachers (person)	
		普通中学 Regular Secondary Schools	小 学 Primary Schools	普通中学 Regular Secondary Schools	小 学 Primary Schools	普通中学 Regular Secondary Schools	小 学 Primary Schools
总 计	**Total**	**518**	**838**	**435854**	**552116**	**41556**	**38275**
市辖区	**Districts under City Administration**	**374**	**565**	**337901**	**426178**	**32347**	**30608**
和平区	Heping District	18	21	22770	24932	2250	1936
河东区	Hedong District	20	23	18849	21711	2004	1783
河西区	Hexi District	25	33	26114	32608	2482	2138
南开区	Nankai District	25	31	25698	29844	2723	2152
河北区	Hebei District	23	23	20026	21670	1995	1682
红桥区	Hongqiao District	15	21	11790	14168	1619	1604
东丽区	Dongli District	19	42	15287	23292	1420	1856
西青区	Xiqing District	13	32	16378	26494	1311	1829
津南区	Jinnan District	16	33	18052	28262	1301	1735
北辰区	Beichen District	20	37	15634	29063	1340	1697
武清区	Wuqing District	53	110	51093	60506	4162	3820
宝坻区	Baodi District	40	69	33790	35988	3623	2635
滨海新区	Binhai New Area	85	87	60989	76235	5965	5580
天津铁厂	Tianjin Iron Works	2	3	1431	1405	152	161
市辖县	**Counties under City Administration**	**144**	**273**	**97953**	**125938**	**9209**	**7667**
宁河县	Ninghe County	30	55	18336	25820	2155	1744
静海县	Jinghai County	50	98	35093	55776	2780	3039
蓟 县	Jixian County	64	120	44524	44342	4274	2884

注：1.专任教师数中不包括民办教师数。2.滨海新区数据不含东丽区无瑕街、津南区葛沽镇数据。
Note: a) Number of full-time teachers excludes citizen-managed teachers. b) Data of Binhai New Area exclude figures of Wuxia Street,Dongli District and Gegu Town,Jinnan District.

18－16 普通中学、小学及幼儿园校舍情况(2013年)

Statistics on Schoolhouses in Regular Secondary Schools, Primary Schools and Kindergartens,2013

地 区	Region	占地面积(万平方米) Areas (10 000 sq.m)	校舍建筑面积(万平方米) Floor Space of Schoolhouses (10 000 sq. m)			学生人均建筑面积(平方米) Average Floor Space of Students (sq. m)		
			普通中学 Regular Secondary Schools	小 学 Primary Schools	幼儿园 Kindergartens	普通中学 Regular Secondary Schools	小 学 Primary Schools	幼儿园 Kindergartens
总 计	**Total**	**3210.10**	**661.41**	**407.47**	**143.53**	**15.18**	**7.38**	**6.15**
市辖区	**Districts under City Administration**	**2323.31**	**541.95**	**322.02**	**115.34**	**16.04**	**7.56**	**6.90**
和平区	Heping District	50.88	36.71	18.56	5.56	16.12	7.44	9.85
河东区	Hedong District	80.65	24.19	15.73	6.60	12.83	7.25	7.83
河西区	Hexi District	103.10	40.99	19.66	8.64	15.70	6.03	6.68
南开区	Nankai District	110.73	43.53	18.90	9.27	16.94	6.33	7.30
河北区	Hebei District	81.10	32.19	13.67	6.61	16.08	6.31	7.00
红桥区	Hongqiao District	63.74	26.11	9.86	3.28	22.14	6.96	5.18
东丽区	Dongli District	150.70	30.47	19.53	5.66	19.93	8.39	4.83
西青区	Xiqing District	150.01	20.21	22.19	8.46	12.34	8.38	7.03
津南区	Jinnan District	163.58	31.38	31.06	8.74	17.39	10.99	6.37
北辰区	Beichen District	161.36	31.66	22.19	9.80	20.25	7.63	5.38
武清区	Wuqing District	432.63	72.27	57.33	15.27	14.15	9.47	7.28
宝坻区	Baodi District	286.59	44.41	24.42	7.81	13.14	6.79	7.70
滨海新区	Binhai New Area	480.62	105.95	48.03	18.95	17.37	6.30	7.91
天津铁厂	Tianjin Iron Works	7.63	1.87	0.88	0.69	13.04	6.29	8.65
市辖县	**Counties under City Administration**	**886.79**	**119.46**	**85.45**	**28.19**	**12.20**	**6.79**	**4.26**
宁河县	Ninghe County	177.93	20.51	17.95	4.70	11.18	6.95	4.99
静海县	Jinghai County	348.51	39.75	33.07	13.17	11.33	5.93	4.61
蓟 县	Jixian County	360.35	59.20	34.44	10.32	13.30	7.77	3.67

注：占地面积包括中等师范学校、幼儿园教师进修学校、特殊教育学校及其他。

Note: Areas of schools include middle teacher training, kindergarten teacher training, special education and other schools.

18-17 其他教育基本情况(2010—2013年)

Basic Statistics on Other Education,2010-2013

单位：所、人(unit, person)

指　标	Item	2010	2011	2012	2013
成人教育	**Adult Education**				
成人高等学校	Adult Higher Education Schools				
学校数	Number of Schools	15	14	14	14
在校学生数	Students Enrollment	71659	66590	69007	73572
成人中等学校	Secondary Schools for Adults				
学校数	Number of Schools	25	22	22	19
在校学生数	Students Enrollment	10614	8922	8615	7440
特殊教育	**Specific Education**				
视力听力残疾	Blind and Deaf-Mute Schools				
学校数	Number of Schools	3	3	3	2
在校学生数	Students Enrollment	535	497	507	438
初　中	Junior Secondary Schools	173	162	162	137
小　学	Primary Schools	362	335	306	271
教职工人数	Teachers, Staff and Workers	171	259	263	230
# 专任教师数	Full-time Teachers	116	184	191	155
智力残疾	Schools for Low Intelligent Student				
学校数	Number of Schools	13	14	14	15
在校学生数	Students Enrollment	1821	1975	2251	2310
# 初　中	Junior Secondary Schools	327	415	428	472
小　学	Primary Schools	1438	1496	1687	1632
教职工人数	Teachers, Staff and Workers	436	354	379	452
# 专任教师数	Full-time Teachers	334	270	301	359
工读学校	Reformatory Schools				
学校数	Number of Schools	3	3	3	3
教职工人数	Teachers, Staff and Workers	129	121	106	110
# 专任教师数	Full-time Teachers	31	45	35	80

18-18 网络教育学生情况

Statistics on Network Education Students

单位：人(person)

学科	Item	毕业生数 Graduates 2012	2013	招生数 New Students Enrollment 2012	2013	在校学生数 Students Enrollment 2012	2013
本 科	**Undergraduate**	**6100**	**7849**	**14008**	**12274**	**30486**	**32891**
# 女 生	Female	2950	4554	7292	6102	16842	15777
经济学	Economics	297	453	743	796	1719	1890
法 学	Law	309	837	579	1038	1623	3022
文 学	Literature	66	134	264	401	559	733
工 学	Engineering	1985	1160	4014	1744	8253	6434
管理学	Management	3443	5265	8408	8295	18332	20812
专 科	**Junior College**	**7523**	**12394**	**20088**	**14423**	**38300**	**38814**
# 女 生	Female	3971	5345	10239	7200	18986	19011
土建大类	Civil Engineering	641	1047	2477	1397	4994	2176
电子信息大类	Electronic Information	392	1846	2166	1371	3473	5913
财经大类	Economics and Finance	4646	7103	12276	8283	22307	22866
旅游大类	Tourism	504	361	320	175	1091	675
公共事业大类	Public Service	1030	1783	2457	2742	5496	6145
文化教育大类	Culture and Education		4	81	114	85	193
法律大类	Law	310	250	311	341	854	846

18-19 外国留学生情况

Statistics on Foreign Students

单位：人(person)

项目	Item	毕(结)业生数 Graduates(Complete) 2012	2013	招生数 New Students Enrollment 2012	2013	在校学生数 Students Enrollment 2012	2013
总 计	**Total**	**4440**	**4559**	**3089**	**3897**	**6558**	**6566**
按层次分	**By Degree**						
博 士	Doctor	20	20	22	44	101	117
硕 士	Master	163	147	244	295	694	707
本 科	Undergraduate	424	506	660	724	2789	3057
专 科	Junior College		4	1	26	3	26
培 训	Training	3833	3882	2162	2808	2971	2659
按经费来源分	**By Fund Provided**						
自 费	Self-supporting	3101	3114	2302	3128	5196	5146
中国政府资助	Chinese Government Sustentation	1005	699	407	421	1002	1091
本国政府资助	Native Government Sustentation	7	490	12	29	53	52
学校间交换	Inter-school Communion	327	256	367	319	304	277
国际组织资助	International Organization Sustentation			1		3	

18-20 专业技术人员(2011—2013年)

Special Technical Personnel,2011-2013

单位：人(person)

项 目 Item	全 市 Total			平均每万人口有科技人员 Scientific and Technological Personnel per 10 000 Persons (2013)	平均每万名城镇单位从业人员有科技人员 Scientific and Technological Personnel per 10 000 Employment Personnel in Urban Units(2013)
	2011	2012	2013		
合 计 Total	**418752**	**422243**	**432460**	**300**	**1430**
自然科学专业技术人员 Natural Science	**222619**	**226602**	**234532**	**163**	**775**
工程技术人员 Engineering	118838	120920	126741	88	419
农业技术人员 Agriculture	3046	3214	3124	2	10
科学研究人员 Scientific Research	4592	4800	5069	4	17
卫生技术人员 Health Care	60174	61425	63094	44	209
教学人员 Teaching	35969	36243	36504	25	121
社会科学专业技术人员 Social Science	**196133**	**195641**	**197928**	**137**	**654**
# 科学研究人员 Scientific Research	804	983	1049	1	3
教学人员 Teaching	92145	91838	92830	64	307
经济人员 Economics	39623	39634	40296	28	133
财会人员 Accountant	29969	29786	30179	21	100
统计人员 Statistician	2211	2171	2280	2	8
翻译人员 Translator	614	612	636		2
图书、档案、资料人员 Librarian and Archivist	4746	4752	4791	3	16
编辑、记者、播音员 Editor, Reporter and Broadcaster	2659	3058	3039	2	10
体育教练人员 Coach	547	514	520		2
工艺美术人员 Art and Craft	261	243	258		1
文艺人员 Literature and Art	2083	2058	2011	1	7

注：专业技术人员统计范围为公有制企事业单位。
Note: The coverage of special technical personnel refers to public-owned units.

18-21 专业技术人员构成(2013年)

Composition of Special Technical Personnel,2013

单位：人(person)

项目 Item	按性别分 By Sex	按受教育程度分 By Education Status		按职称分 By Title	
	# 女专业技术人员数 Female	# 受过高等专业教育人数 Having Higher Special Education Background	# 受过中等专业教育人数 Having Special Secondary School Background	# 高级职称人数 Senior Professional Certification	# 中级职称人数 Medium Professional Certification
合计 Total	**217054**	**365469**	**48920**	**74073**	**159133**
自然科学专业技术人员 Natural Science	**104108**	**201497**	**26467**	**42946**	**76297**
工程技术人员 Engineering	34996	107359	14118	19700	33325
农业技术人员 Agriculture	1198	2381	644	586	980
科学研究人员 Scientific Research	2377	5040	21	1859	2207
卫生技术人员 Health Care	44433	51478	10581	7536	21960
教学人员 Teaching	21104	35239	1103	13265	17825
社会科学专业技术人员 Social Science	**112946**	**163972**	**22453**	**31127**	**82836**
# 科学研究人员 Scientific Research	537	1037	8	240	501
教学人员 Teaching	62664	86834	5213	20632	54634
经济人员 Economics	15534	26764	7843	1563	7496
财会人员 Accountant	18984	21621	6137	1158	6217
统计人员 Statistician	1614	1661	396	210	649
翻译人员 Translator	385	625	10	125	184
图书、档案、资料人员 Librarian and Archivist	3340	4250	343	857	2014
编辑、记者、播音员 Editor, Reporter and Broadcaster	1570	2945	42	1006	1063
体育教练人员 Coach	136	484	23	204	179
工艺美术人员 Art and Craft	96	208	33	45	56
文艺人员 Literature and Art	777	1095	715	822	782

18-22 自然科学专业技术人员构成(2013年)(按国民经济行业分)

Composition of Special Technical Personnel of Natural Science,2013(Grouped by Sector)

单位：人(person)

行　　业 Sector	合　计 Total	#工程技术人　员 Engineering	#卫生技术人　员 Health Care	#教学人员 Teaching
总　　计 Total	**234532**	**126741**	**63094**	**36504**
农、林、牧、渔业 Farming, Forestry, Animal Husbandry and Fishery	4029	1331	28	8
采矿业 Minerals Mining	7360	7255	45	27
制造业 Manufacturing	35016	33365	1487	123
电力、热力、燃气及水生产和供应业 Production and Supply of Electricity, Heat, Gas and Water	6998	6882	82	34
建筑业 Construction	26774	26520	223	28
批发和零售业 Wholesale and Retail Trade	5161	5092	60	4
交通运输、仓储和邮政业 Transportation, Storage and Post Services	2522	2515	2	4
住宿和餐饮业 Accommodation and Catering Services	3892	2555	1328	1
信息传输、软件和信息技术服务业 Information Transmitting, Software and Information Technology Services	79	72	7	
金融业 Finance Intermediation	1432	1420	5	
房地产业 Real Estate	2727	2710	9	
租赁和商务服务业 Leasing and Business Services	655	643	5	
科学研究和技术服务业 Scientific Research and Technical Services	22516	20421	390	44
水利、环境和公共设施管理业 Management for Water Conservancy, Environment and Public Facilities	7661	7529	27	
居民服务、修理和其他服务业 Resident Services, Repair and Other Services	765	741	5	2
教　育 Education	44302	4961	513	35916
卫生和社会工作 Health Care and Social Work	60722	1197	58718	258
文化、体育和娱乐业 Culture, Sports and Recreational Services	773	727	21	12
公共管理、社会保障和社会组织 Public Management, Social Security and Social Organizations	1148	805	139	43

18-23 社会科学专业技术人员构成(2013年)(按国民经济行业分)

Composition of Special Technical Personnel of Social Science, 2013(Grouped by Sector)

单位：人(person)

行业 Sector	合计 Total	# 教学人员 Teaching	# 经济人员 Economics	# 财会人员 Accountant	# 图书、档案、资料人员 Librarian and Archivist
总计 Total	**197928**	**92830**	**40296**	**30179**	**4791**
农、林、牧、渔业 Farming, Forestry, Animal Husbandry and Fishery	1070	31	298	445	11
采矿业 Minerals Mining	4724	606	1432	1003	176
制造业 Manufacturing	15905	1060	6066	3867	272
电力、热力、燃气及水生产和供应业 Production and Supply of Electricity, Heat, Gas and Water	2879	50	890	896	60
建筑业 Construction	6194	121	1696	2538	95
批发和零售业 Wholesale and Retail Trade	8465	57	5741	1187	46
交通运输、仓储和邮政业 Transportation, Storage and Post Services	763	5	306	158	17
住宿和餐饮业 Accommodation and Catering Services	5471	51	2878	1629	49
信息传输、软件和信息技术服务业 Information Transmitting, Software and Information Technology Services	318	2	90	151	2
金融业 Finance Intermediation	26920	19	15829	9817	60
房地产业 Real Estate	3090	15	1735	851	48
租赁和商务服务业 Leasing and Business Services	1337	9	495	348	21
科学研究和技术服务业 Scientific Research and Technical Services	2805	84	646	994	188
水利、环境和公共设施管理业 Management for Water Conservancy, Environment and Public Facilities	2491	4	408	888	91
居民服务、修理和其他服务业 Resident Services, Repair and Other Services	1071	104	364	292	19
教育 Education	99091	90211	182	1933	1384
卫生和社会工作 Health Care and Social Work	5805	221	753	2370	292
文化、体育和娱乐业 Culture, Sports and Recreational Services	8090	65	117	462	1828
公共管理、社会保障和社会组织 Public Management, Social Security and Social Organizations	1439	115	370	350	132

18-24 独立科学研究和技术开发机构情况

Basic Statistics on Independent Institutions of Scientific Research and Technological Development

指　标 Indicator	自然科学研究与技术开发机构 Institutions of Natural Scientific Research and Technological Development		社会、人文科研与开发机构 Institutions of Social Science & Humanities of Research and Development		科学技术情报和文献机构 Institutions of Scientific and Technological Information & Documents	
	2012	2013	2012	2013	2012	2013
机 构 数(个) Number of Institutions(unit)	**126**	**123**	**3**	**3**	**11**	**10**
科技活动人员(人) Number of Persons Engaged in Scientific and Technological Activities(person)	**13351**	**13340**	**313**	**323**	**713**	**681**
高级职称 Senior Professional Certification	3554	3834	149	156	234	236
中级职称 Medium Professional Certification	3722	3923	114	111	244	241
初级职称 Junior Professional Certification	2905	2934	8	14	150	140
其　他 Others	3170	2649	42	42	85	64
经费支出总额(万元) Total Expenditures of Operating Expense (10 000 yuan)	**554120**	**631930**	**8179**	**8198**	**26321**	**24006**

18-25 独立自然科学研究机构课题开展和投入(按课题类型分)

Projects and Input of Independent Institutions of Natural Science Research (Grouped by Type of Projects)

项　目 Item	课题数(项) Number of Projects (item)		投入人力(人年) Labour Force Input (person-year)		投入经费(万元) Funds Input (10 000 yuan)	
	2012	2013	2012	2013	2012	2013
合　计 Total	**3647**	**3821**	**13674**	**14265**	**313398**	**348796**
基础研究 Basic Research	181	195	519	570	5615	7089
应用研究 Application Research	599	540	1391	1710	33468	36261
试验发展 Experimental Development	1884	2109	9336	9663	216662	247840
R&D成果应用 R&D Achievements Used	354	384	858	916	20294	22025
科技服务 Services of Science and Technology	629	593	1570	1406	37359	35581

18-26 专利申请受理数和授权数

Patent Applications Examined and Granted

单位：件(item)

项目	Item	申请受理数 Patent Applications Examined 2012	2013	申请授权数 Patent Applications Granted 2012	2013	年末有效专利数 Year-end Patent in Force 2012	2013
合计	**Total**	**41500**	**60915**	**20003**	**24856**	**52338**	**68540**
按种类分	**Grouped by Type**						
发明	Inventions	13750	21946	3363	3141	10137	12301
实用新型	Utility Models	22339	34134	13827	18759	33948	46746
外观设计	Designs	5411	4835	2813	2956	8253	9493
按对象分	**Grouped by Applicator**						
职务	Official	33629	52162	17563	20263	45387	58909
# 工矿企业	Industrial and Mineral Enterprises	27618	44746	14598	17470	38155	50451
大专院校	Universities and Colleges	4319	5255	1972	1870	4718	5394
科研单位	Scientific Research Institutions	1242	1430	752	731	2139	2548
机关团体	Government Agencies and Organizations	450	731	241	192	375	516
非职务	Non-Official	7871	8753	2440	4593	6951	9631

18-27 科学技术成果(2011—2013年)

Achievements in Science and Technology,2011-2013

单位：项(item)

项目	Item	2011	2012	2013
市级科学技术成果登记数	**Number of City Level Major Achievements in Science and Technology**	**2020**	**2030**	**2385**
国际领先	Leading Level in the World	59	66	63
国际先进	Advanced World Standard	331	338	336
国内领先	Leading Level in China	845	638	810
国内先进	Advanced National Standard	328	222	331
其他	Others	457	766	845
获天津市科学技术奖	**Number of Tianjin Scientific and Technological Prizes Awarded**	**239**	**236**	**198**
# 自然科学奖	Natural Science Award	6	6	8
技术发明奖	Technological Invention Award	6	8	11
科技进步奖	Prize for Progress in Science and Technology	225	222	176
获国家科学技术奖	**Number of National Scientific and Technological Prizes Awarded**	**16**	**16**	**15**
# 自然科学奖	Natural Science Award	1		
技术发明奖	Technological Invention Award	1	2	4
科技进步奖	Prize for Progress in Science and Technology	14	14	11

18-28 高等学校科研课题开展与投入(2013年)(理、工、农、医类)

Projects of Development and Input of Scientific Research in Universities and Colleges,2013(Science, Engineering, Agriculture and Medicine)

项　目	Item	课题数(项) Number of Projects (item)	投入人力(人年) Labour Force Input (person-year)	# 科学家和工程师 Scientists and Engineers	投入经费(万元) Funds Input (10 000 yuan)
总　计	**Total**	**11116**	**7381**	**6237**	**326394**
按课题活动类型分	**Grouped by Type of Projects**				
基础研究	Basic Research	3992	2839	2358	88720
应用研究	Application Research	5386	3639	3059	170980
试验发展	Experimental Development	1495	750	680	62004
R&D成果应用	R&D Achievement Used	183	116	104	3438
科技服务	Service of Science and Technology	60	37	35	1251
按(课题)项目类别分	**Grouped by Project**				
国家“973计划”项目	State "973 Program" Project	249	191	155	21248
国家科技攻关项目	State S&T Strategical Project	101	128	113	7839
国家“863计划”项目	State "863 Program" Project	160	133	122	17910
科技部重大专项	Major Project from Ministry of Science and Technology	29	43	30	4208
国家自然科学基金项目	State Natural Scientific Fund Project	2656	2006	1669	37262
主管部门科技项目	S&T Project from Administrative Department	838	646	525	9484
国家部委其他科技项目	S&T Project from Ministry	746	592	474	25980
省、市、自治区科技项目	S&T Project from Province, Municipality, Autonomous Region	1620	1222	1038	21138
企事业单位委托科技项目	S&T Project from Enterprise, Institution	3986	2038	1824	178436
国际合作项目	International Cooperate Project	33	22	15	1753
自选项目	Self-choosing Project	680	343	257	1056
其他项目	Other Project	18	16	14	80

18-29 高等学校科技专著和论文(2010—2013年)(理、工、农、医类)

S&T Works and Papers in Universities and Colleges,2010-2013 (Science, Engineering, Agriculture and Medicine)

项目	Item	单位 Unit	2010	2011	2012	2013
科技专著	**Scientific and Technological Works**	**部 copy**	**83**	**62**	**75**	**79**
		万字 10 000 words	**1821**	**1769**	**2225**	**1707**
# 自然科学	Natural Science	部 copy	9	18	17	15
		万字 10 000 words	176	200	610	840
工程科学	Engineering	部 copy	31	18	34	18
		万字 10 000 words	631	929	931	391
医学科学	Medicine	部 copy	43	26	23	44
		万字 10 000 words	1014	639	674	449
农业科学	Agriculture	部 copy			1	2
		万字 10 000 words			10	27
科学论文	**Scientific Papers**	**篇 piece**	**16055**	**16913**	**16922**	**18115**
# 国外发表	Published Abroad	篇 piece	5897	6210	7043	8079

18-30 特种设备监督监察情况

Supervision of Special Equipment

项目	Item	单位	Unit	2012	2013
在用的特种设备	**Special Equipment in Use**				
锅炉	Boiler	台	set	10930	10755
压力容器	Pressure Vessel	台、套	set, series	48203	50784
压力管道	Pressure Conduit	单元	unit	14659	14978
电梯	Elevator	台	set	46246	56876
起重机械	Hoisting Machinery	台	set	38484	42935
厂内机动车辆	Automobiles Used in Factories	辆	set	14811	16597
客运索道	Cableway Transport	条	strip	13	13
大型游乐设施	Large Entertainment Facilities	台、套	set, series	297	375
监督监察情况	**Supervision Condition**				
监督监察特种设备	Supervision of Special Equipment	台、套	set, series	42035	53381
发现隐患	Hidden Danger Found	项	unit	6083	6871
下达安全监察指令书	Safety Supervision Order Issued	份	unit	3071	4702
取得设计、制造、安装、改造、维修许可证	**Design, Manufacture, Installation, Rebuild and Maintenance Licence Acquired**	**个**	**unit**	**722**	**763**

资料来源：天津市质量技术监督局，表18-31同。
Source: Tianjin Municipal Quality & Technology Supervision Bureau. Same as table 18-31.

18-31 质量技术监督检验情况(2011—2013年)

Check and Administration on Quality & Technique,2011-2013

类　别	Sort	2011	2012	2013
计量仪器检定(台、件)	**Measuring Implements Tested (set, piece)**			
总　计	**Total**	**2231208**	**2069527**	**2302051**
长　度	Length	54606	52005	50073
温　度	Temperature	78391	148605	254007
力　学	Mechanics	436112	557387	649910
# 衡　器	Weighing Apparatus	27022	34390	29456
电　学	Electrology	1576900	1234088	1288057
光　学	Optics	1052	917	1139
声　学	Acoustics	1844	1465	1661
化　学	Chemistry	10722	18448	18428
电离辐射	Ionization Radiation	1153	1080	928
无线电	Radio	1107	1364	1276
时间频率	Time Frequency	5096	2607	2033
其　他	Others	64225	51561	34539
产品质量检测	**Products Quality Supervision**			
检测实验室(个)	Test Laboratory(Unit)	401	414	453
# 国家中心	The national center	23	23	23
产品质量监督抽查	**Products Quality Supervision**			
抽查企业(个)	Number of Enterprises Checked (unit)	2331	2940	1999
抽查产品(批)	Variety of Products Checked (batch)	4132	3295	2243
不合格产品(批)	substandard products (batch)	3295	152	51
食品及相关产品质量监督抽查	**Food and Related Products Quality Supervision**			
监督抽查企业数(个)	Number of Enterprises Checked (unit)	1739	2757	1309
食品及相关产品抽查批次(批次	Checked-times of Food and Related Products (batch-times)	3243	3279	3616
合格批次(批次)	Number of Checked-times Qualified (batch-times)	3143	3157	3557
批次合格率(%)	Rate of Batch-times Qualified (%)	96.9	96.3	98.4

18-32 科学技术协会和所属学会科技活动(2013年)

Scientific and Technological Activities of Science and Technology Associations and Affiliated Institutions,2013

项　目	Item	合　计 Total	市及区、县科协 Science Association of City,District and County	市级学会 Institution of City Level
机构与人员	**Institutions and Personnel**			
机　构(个)	Institutions(unit)	174	25	149
人　员(人)	Personnel(person)	151716	161	151555
学术交流情况	**Academic Activities of Exchange**			
学术会议(次)	Academic Meetings(time)	757	9	748
国　内	Domestic	714	9	705
国　际	International	43		43
参加人数(人次)	Number of Participants(person-time)	105776	2194	103582
国　内	Domestic	102697	2194	100503
国　际	International	3079		3079
交流论文(篇)	Number of Papers Presented(piece)	18610	253	18357
国　内	Domestic	18011	253	17758
国　际	International	599		599
交流人数(人次)	Number of Exchange Persons(person-time)	732	139	593
接　待	Received	517	113	404
外　派	Sent Abroad	215	26	189
科学普及	**Activities for Popular Science**			
科普宣讲活动(次)	Popular science propaganda activities(times)	7897	6448	1449
参加人数(万人次)	Numbers of Participants(10 000person-time)	4013921	3057803	956118
科技培训	**Science and Technology Training**			
培训班数(个、期)	Number of Training Classes(unit,period)	353	2	351
培训人数(人次)	Number of Persons in Training Classes (person-time)	29638	164	29474
青少年科技活动	**Science and Technology Activities of Teenagers**			
科学营(次)	Science Camp(times)	42	37	5
参加人数(人次)	Number of Participants(person-time)	8274	7454	820
青少年科技竞赛(次)	Number of Teenagers' Science and Technology Competition(time)	138	122	16
参加人数(人次)	Numbers of Participants(person-time)	501947	466689	35258
未成年人参观科技馆人次	Minor Numbers of Visiting the Science Museum (person-time)	428133	428133	
科技出版物	**Science and Technology Publication**			
出版科技期刊(种)	Science and Technology Magazine(kind)	43	2	41
年发行总数(万册)	Volume of Issue(10 000 volumes)	1115150	24150	1091000
年发表学术论文(篇)	Number of Papers Presented(piece)	6189	296	5893

18-33 科技及研发活动基本情况(2013年)

Basic Statistics on Science and Technology and R&D Activities,2013

项 目	Item	合 计 Total	# 企 业 Enterprise	# 规模以上工业 Industrial Enterprise above Designated Size
调查单位数(个)	Number of Units (unit)	7828	7588	5499
# 有R&D活动单位	With R&D Activities	2057	1901	1732
科技活动人员(人)	Persons Engaged in Scientific and Technological Activities (person)	216899	161381	135839
# 大学本科及以上学历	Bachelor's Degree or above	96952	52360	40459
R&D人员(人)	R&D Personnel (person)	143667	106619	93313
# 全时人员	Full-time	81814	62602	55185
R&D人员折合全时当量(人年)	R&D Personnel as Full-time Equivalent (person-year)	100218.5	77399.2	68174.8
基础研究	Basic Research	5662.4	164.7	1.0
应用研究	Application Research	13863.8	3366.3	2524.0
试验发展	Experimental Development	80692.7	73868.6	65650.0
R&D经费支出(亿元)	R&D Expenditures (100 million yuan)	428.09	327.85	300.04
1. 政府资金	Government Funds	72.63	8.57	7.30
企业资金	Enterprise Funds	329.35	305.87	280.35
境外资金	Offshore Funds	10.06	9.78	9.75
其他资金	Other Funds	16.05	3.62	2.64
2. 基础研究	Basic Research	18.03	0.10	0.01
应用研究	Application Research	53.50	13.63	11.47
试验发展	Experimental Development	356.56	314.11	288.56
研究机构数(个)	Research Institutions (unit)	1348	985	905
研究机构R&D人员(人)	R&D Personnel in Research Institutions (person)	50917	35202	32146
# 博士毕业	Doctor Graduate	5033	759	590
硕士毕业	Master Graduate	8652	4442	3577
研究机构R&D经费支出(亿元)	R&D Expenditure in Research Institutions (100 million yuan)	162.89	113.85	100.96

18-34 规模以上工业企业科技活动基本情况(2013年)

S&T Activities in Industrial Enterprises above Designated Size,2013

项 目 Item	合 计 Total	# 国有经济 State-owned	# "三资"经济 Hong Kong, Macao,Taiwan and Foreign Funded	# 其他经济 Others
有R&D活动企业数(个) Number of Enterprises with R&D Activities (unit)	1732	67	298	1367
从事R&D活动人员(人) Employees Engaged in R&D Activities (person)	93313	11632	19436	62245
参加项目人员 Engaged in Projects	83191	10426	17410	55355
管理和服务人员 Engaged in Management and Service	10122	1206	2026	6890
R&D经费支出(亿元) R&D Expenditures (100 million yuan)	300.04	36.76	68.72	194.56
1.应用研究支出 Cost of Application Research	11.47	1.78	4.42	5.27
试验发展支出 Cost of Experimental Development	288.56	34.99	64.3	189.27
2.政府资金 Government Funds	7.30	0.81	0.77	5.72
企业资金 Enterprise Funds	280.35	35.16	57.90	187.29
境外资金 Offshore Funds	9.75	0.32	9.04	0.39
其他资金 Other Funds	2.64	0.47	1.01	1.16
全部R&D项目(课题)数(项) Number of R&D Projects (item)	12904	1859	2782	8263
项目经费内部支出(亿元) Internal Project Expenditures (100 million yuan)	248.50	24.41	60.39	163.69
企业办科技机构数(个) Scientific and Technological Institutions Set by Enterprise (unit)	905	49	145	711
科技机构人员数(人) Persons in Scientific and Technological Institutions (person)	45199	4318	10382	30499
科技机构经费支出(亿元) Expenditures of Scientific and Technological Institutions (100 million yuan)	123.36	6.57	31.80	84.99
科技机构科研用仪器设备原价(亿元) Original Cost of Scientific Research Equipment in Scientific and Technological Institutions(100 million yuan)	109.01	13.00	28.08	67.94
新产品产值(亿元) Output Value of New Products (100 million yuan)	5608.31	342.61	2713.06	2552.64
新产品销售收入(亿元) Sales Revenue of New Products (100 million yuan)	5569.69	340.52	2762.86	2466.31
# 出口销售收入 Sales Revenue of Exports	1191.72	59.32	978.16	154.24
专利申请数(件) Number of Patent Applications (item)	16302	2018	2232	12052
# 发明专利 Number of Inventions	6446	717	833	4896
技术改造经费支出(亿元) Expenditures of Technology Innovation (100 million yuan)	69.98	23.51	17.83	28.65
技术引进经费支出(亿元) Expenditures of Technology Introduction (100 million yuan)	9.01		7.22	1.79

18-35 按行业分规模以上工业企业科学研究与试验发展(R&D)活动情况(2013年)

R&D Activities in Industrial Enterprises above Designated Size by Sector,2013

项　目	Item	有R&D活动企业数(个) Enterprises with R&D Activities (unit)	R&D人员折合全时当量(人年) R&D Personnel as Full-time Equivalent (person-year)
总　计	**Total**	**1732**	**68175**
石油和天然气开采业	Extraction of Petroleum and Natural Gas	2	638
黑色金属矿采选业	Mining and Processing of Ferrous Metal Ores	1	1
非金属矿采选业	Mining and Processing of Nonmetal Ores	4	333
开采辅助活动	Mining Assistant Activities	2	88
农副食品加工业	Processing of Food from Agricultural Products	47	918
食品制造业	Manufacture of Food	41	975
酒、饮料和精制茶制造业	Manufacture of Alcohol, Beverages and Refined Tea	13	252
纺织业	Manufacture of Textile	19	669
纺织服装、服饰业	Manufacture of Textile Wearing and Apparel	74	1274
皮革、毛皮、羽毛(绒)及其制品和制鞋业	Manufacture of Leather,Fur,Feather and Related Products,Footware	11	216
木材加工和木、竹、藤、棕、草制品业	Processing of Timber,Manufacture of Wood,Bamboo, Rattan,Palm and Straw Products	8	213
家具制造业	Manufacture of Furniture	34	402
造纸及纸制品业	Manufacture of Paper and Paper Products	34	932
印刷和记录媒介复制业	Printing,Reproduction of Recording Media	22	467
文教、工美、体育和娱乐用品制造业	Manufacture of Articles For Culture, Education and Industrial Arts, Sport Activity, Amusement Manufacturing	37	993
石油加工、炼焦及核燃料加工业	Processing of Petroleum,Coking,Processing of Nuclear Fuel	15	498
化学原料及化学制品制造业	Manufacture of Raw Chemical Materials and Chemical Products	141	4717
医药制造业	Manufacture of Medicines	71	5384
化学纤维制造业	Manufacture of Chemical Fibers	3	34
橡胶和塑料制品业	Manufacture of Rubber and Plastic	92	2418
非金属矿物制品业	Manufacture of Non-metallic Mineral Products	69	1580
黑色金属冶炼及压延加工业	Smelting and Pressing of Ferrous Metals	101	11166
有色金属冶炼及压延加工业	Smelting and Pressing of Non-Ferrous Metals	39	615
金属制品业	Manufacture of Metal Products	167	4228
通用设备制造业	Manufacture of General Purpose Machinery	158	4121
专用设备制造业	Manufacture of Special Purpose Machinery	146	5905
汽车制造业	Manufacture of Motorcar	77	3906
铁路、船舶、航空航天和其他运输设备制造业	Railway,Watercraft, Aerospace and Other Transport Equipment	39	1938
电气机械和器材制造业	Manufacture of Electrical Machinery and Equipment	106	3946
计算机、通信和其他电子设备制造业	Manufacture of Computers,Communication and Other Electronic Equipment	83	5774
仪器仪表制造业	Manufacture of Measuring Instruments	33	1274
其他制造业	Other Manufacturing	5	72
废弃资源综合利用业	Comprehensive Recycling of Waste	16	329
金属制品、机械和设备修理业	Metal Products,Machine and Equipment Repair	1	10
电力、热力生产和供应业	Production and Supply of Electric Power and Heat Power	11	1704
燃气生产和供应业	Production and Supply of Gas	2	28
水的生产和供应业	Production and Supply of Water	8	158

18－35续表 *Continued*

项　目	Item	R&D经费支出总额(亿元) R&D Expenditures (100 million yuan)	R&D项目数(项) R&D Projects (item)
总　计	**Total**	**300.04**	**12904**
石油和天然气开采业	Extraction of Petroleum and Natural Gas	9.27	55
黑色金属矿采选业	Mining and Processing of Ferrous Metal Ores	0.01	1
非金属矿采选业	Mining and Processing of Nonmetal Ores	0.42	66
开采辅助活动	Mining Assistant Activities	0.29	22
农副食品加工业	Processing of Food from Agricultural Products	5.05	323
食品制造业	Manufacture of Food	6.13	281
酒、饮料和精制茶制造业	Manufacture of Alcohol, Beverages and Refined Tea	0.79	141
纺织业	Manufacture of Textile	2.73	319
纺织服装、服饰业	Manufacture of Textile Wearing and Apparel	4.87	125
皮革、毛皮、羽毛(绒)及其制品和制鞋业	Manufacture of Leather,Fur,Feather and Related Products,Footware	0.83	13
木材加工和木、竹、藤、棕、草制品业	Processing of Timber,Manufacture of Wood,Bamboo, Rattan,Palm and Straw Products	0.41	17
家具制造业	Manufacture of Furniture	1.01	146
造纸及纸制品业	Manufacture of Paper and Paper Products	3.83	76
印刷和记录媒介复制业	Printing,Reproduction of Recording Media	1.40	56
文教、工美、体育和娱乐用品制造业	Manufacture of Articles For Culture, Education and Industrial Arts, Sport Activity, Amusement Manufacturing	4.58	166
石油加工、炼焦及核燃料加工业	Processing of Petroleum,Coking,Processing of Nuclear Fuel	6.89	149
化学原料及化学制品制造业	Manufacture of Raw Chemical Materials and Chemical Products	19.24	780
医药制造业	Manufacture of Medicines	14.66	879
化学纤维制造业	Manufacture of Chemical Fibers	0.17	7
橡胶和塑料制品业	Manufacture of Rubber and Plastic	10.10	534
非金属矿物制品业	Manufacture of Non-metallic Mineral Products	4.22	280
黑色金属冶炼及压延加工业	Smelting and Pressing of Ferrous Metals	69.02	787
有色金属冶炼及压延加工业	Smelting and Pressing of Non-Ferrous Metals	5.24	188
金属制品业	Manufacture of Metal Products	20.79	817
通用设备制造业	Manufacture of General Purpose Machinery	14.21	919
专用设备制造业	Manufacture of Special Purpose Machinery	29.03	1712
汽车制造业	Manufacture of Motorcar	15.19	618
铁路、船舶、航空航天和其他运输设备制造业	Railway,Watercraft, Aerospace and Other Transport Equipment	5.78	252
电气机械和器材制造业	Manufacture of Electrical Machinery and Equipment	12.73	1134
计算机、通信和其他电子设备制造业	Manufacture of Computers,Communication and Other Electronic Equipment	25.14	1382
仪器仪表制造业	Manufacture of Measuring Instruments	2.67	422
其他制造业	Other Manufacturing	0.15	10
废弃资源综合利用业	Comprehensive Recycling of Waste	0.79	22
金属制品、机械和设备修理业	Metal Products,Machine and Equipment Repair	0.04	6
电力、热力生产和供应业	Production and Supply of Electric Power and Heat Power	2.07	168
燃气生产和供应业	Production and Supply of Gas	0.07	6
水的生产和供应业	Production and Supply of Water	0.22	25

18-36 按行业分规模以上工业企业科技机构和专利情况(2013年)

Research Institutions and Patents of Industrial Enterprises above Designated Size by Sector,2013

项 目	Item	科技机构数(个) S&T Research Institutions (unit)	科技机构经费支出(亿元) Expenditure in S&T Research Institutions (100 million yuan)
总 计	**Total**	**905**	**123.36**
石油和天然气开采业	Extraction of Petroleum and Natural Gas	4	4.59
非金属矿采选业	Mining and Processing of Nonmetal Ores	2	0.34
农副食品加工业	Processing of Food from Agricultural Products	27	2.40
食品制造业	Manufacture of Food	23	5.81
酒、饮料和精制茶制造业	Manufacture of Alcohol, Beverages and Refined Tea	7	0.44
纺织业	Manufacture of Textile	13	0.91
纺织服装、服饰业	Manufacture of Textile Wearing and Apparel	31	1.25
皮革、毛皮、羽毛(绒)及其制品和制鞋业	Manufacture of Leather, Fur, Feather and Related Products, Footware	6	0.36
木材加工和木、竹、藤、棕、草制品业	Processing of Timber, Manufacture of Wood, Bamboo, Rattan, Palm and Straw Products	2	0.09
家具制造业	Manufacture of Furniture	9	0.31
造纸及纸制品业	Manufacture of Paper and Paper Products	15	0.32
印刷和记录媒介复制业	Printing, Reproduction of Recording Media	9	0.29
文教、工美、体育和娱乐用品制造业	Manufacture of Articles For Culture, Educationand Industrial Arts, Sport Activity, Amusement Manufacturing	28	1.61
石油加工、炼焦及核燃料加工业	Processing of Petroleum, Coking, Processing of Nuclear Fuel	8	0.79
化学原料及化学制品制造业	Manufacture of Raw Chemical Materials and Chemical Products	71	8.21
医药制造业	Manufacture of Medicines	47	10.40
化学纤维制造业	Manufacture of Chemical Fibers	2	0.14
橡胶和塑料制品业	Manufacture of Rubber and Plastic	50	3.35
非金属矿物制品业	Manufacture of Non-metallic Mineral Products	26	1.16
黑色金属冶炼及压延加工业	Smelting and Pressing of Ferrous Metals	60	35.17
有色金属冶炼及压延加工业	Smelting and Pressing of Non-Ferrous Metals	22	1.33
金属制品业	Manufacture of Metal Products	92	7.04
通用设备制造业	Manufacture of General Purpose Machinery	71	2.97
专用设备制造业	Manufacture of Special Purpose Machinery	74	6.24
汽车制造业	Manufacture of Motorcar	36	4.56
铁路、船舶、航空航天和其他运输设备制造业	Railway, Watercraft, Aerospace and Other Transport Equipment	23	1.74
电气机械和器材制造业	Manufacture of Electrical Machinery andEquipment	57	7.64
计算机、通信和其他电子设备制造业	Manufacture of Computers, Communication and Other Electronic Equipment	50	11.10
仪器仪表制造业	Manufacture of Measuring Instruments	20	1.47
其他制造业	Other Manufacturing		
废弃资源综合利用业	Comprehensive Recycling of Waste	10	0.41
金属制品、机械和设备修理业	Metal Products, Machine and Equipment Repair	1	0.03
电力、热力生产和供应业	Production and Supply of Electric Power and Heat Power	8	0.88
水的生产和供应业	Production and Supply of Water	1	

18−36续表 *Continued*

单位：件(piece)

项　　目	Item	专　利 申请数 Patent Applications	# 发　明 专利数 Invention Patents
总　　计	**Total**	**16302**	**6446**
石油和天然气开采业	Extraction of Petroleum and Natural Gas	103	45
黑色金属矿采选业	Mining and Processing of Ferrous Metal Ores	1	1
非金属矿采选业	Mining and Processing of Nonmetal Ores	29	15
开采辅助活动	Mining Assistant Activities	18	5
农副食品加工业	Processing of Food from Agricultural Products	229	123
食品制造业	Manufacture of Food	271	101
酒、饮料和精制茶制造业	Manufacture of Alcohol,Beverages and Refined Tea	208	47
纺织业	Manufacture of Textile	157	51
纺织服装、服饰业	Manufacture of Textile Wearing and Apparel	103	55
皮革、毛皮、羽毛(绒)及其制品和制鞋业	Manufacture of Leather,Fur,Feather and Related Products,Footware	34	10
木材加工和木、竹、藤、棕、草制品业	Processing of Timber,Manufacture of Wood,Bamboo, Rattan,Palm and Straw Products	46	14
家具制造业	Manufacture of Furniture	111	28
造纸及纸制品业	Manufacture of Paper and Paper Products	323	46
印刷和记录媒介复制业	Printing, Reproduction of Recording Media	164	40
文教、工美、体育和娱乐用品制造业	Manufacture of Articles For Culture,Education and Industrial Arts,Sport Activity,Amusement Manufacturing	460	140
石油加工、炼焦及核燃料加工业	Processing of Petroleum,Coking,Processing of Nuclear Fuel	26	21
化学原料及化学制品制造业	Manufacture of Raw Chemical Materials and Chemical Products	1014	469
医药制造业	Manufacture of Medicines	1824	1567
化学纤维制造业	Manufacture of Chemical Fibers	1	1
橡胶和塑料制品业	Manufacture of Rubber and Plastic	525	232
非金属矿物制品业	Manufacture of Non-metallic Mineral Products	374	129
黑色金属冶炼及压延加工业	Smelting and Pressing of Ferrous Metals	351	136
有色金属冶炼及压延加工业	Smelting and Pressing of Non-Ferrous Metals	245	80
金属制品业	Manufacture of Metal Products	993	374
通用设备制造业	Manufacture of General Purpose Machinery	1201	403
专用设备制造业	Manufacture of Special Purpose Machinery	1687	503
汽车制造业	Manufacture of Motorcar	590	177
铁路、船舶、航空航天和其他运输设备制造业	Railway, Watercraft, Aerospace and Other Transport Equipment	741	98
电气机械和器材制造业	Manufacture of Electrical Machinery and Equipment	1560	462
计算机、通信和其他电子设备制造业	Manufacture of Computers,Communication and Other Electronic Equipment	1171	506
仪器仪表制造业	Manufacture of Measuring Instruments	408	99
其他制造业	Other Manufacturing	25	21
废弃资源综合利用业	Comprehensive Recycling of Waste	42	8
金属制品、机械和设备修理业	Metal Products,Machine and Equipment Repair	152	25
电力、热力生产和供应业	Production and Supply of Electric Power and Heat Power	1095	409
燃气生产和供应业	Production and Supply of Gas	9	2
水的生产和供应业	Production and Supply of Water	11	3

18-37 技术市场基本情况(2013年)

Basic Statistics on Technology Market,2013

项　目	Item	签订合同数(项) Number of Contracts Signed (item)	合同金额(亿元) Value of Contracts Signed (100 million yuan)	# 技术交易额 Transaction Value of Technology
合　计	**Total**	**15817**	**300.68**	**221.84**
按技术合同类别分	**Grouped by the Type of Technical Contract**			
技术开发合同	Technology Development Contracts	6828	69.51	55.41
技术转让合同	Technology Transfer Contracts	387	30.55	27.18
技术咨询合同	Technology Consultation Contracts	1995	12.50	9.81
技术服务合同	Technology Services Contracts	6607	188.12	129.44
按合同卖方类别分	**Grouped by the Type of Sellers**			
机关法人	Agencies as Legal Persons	9	0.51	0.44
事业法人	Institutions as Legal Persons	7419	41.66	37.94
社团法人	Social Organizations as Legal Persons	430	0.30	0.30
企业法人	Enterprises as Legal Persons	7953	257.84	182.79
自然人	Persons	6	0.37	0.37
其他组织	Other Organizations			
按合同买方类别分	**Grouped by the Type of Buyers**			
机关法人	Agencies as Legal Persons	1904	103.51	60.62
事业法人	Institutions as Legal Persons	2837	18.99	15.85
社团法人	Social Organizations as Legal Persons	39	0.05	0.05
企业法人	Enterprises as Legal Persons	10891	176.15	143.45
自然人	Persons	48	0.31	0.30
其他组织	Other Organizations	98	1.67	1.57
按社会经济目标分	**Grouped by the Social and Economic Activities**			
环境保护、生态建设及污染防治	Environmental Protection, Ecological Construction and Pollution Control	1494	18.28	13.22
能源生产、分配和合理利用	Energy Production, Distribution, and Reasonable Use	973	11.46	8.12
卫生事业发展	Health Development	403	5.30	4.80
教育事业发展	Education Development	438	5.32	4.45
基础设施以及城市和农村规划	Infrastructure,Urban and Rural Planning	2101	19.61	17.35
社会发展和社会服务	Social Development & Social Service	5727	70.08	52.12
地球和大气层的探索与利用	Exploration and Utilization of The Earth and Atmosphere	33	0.17	0.17
民用空间探测及开发	Civilian Space Exploration and Development	171	2.33	1.85
农林牧渔业发展	Development of Farming,Forestry,Animal Husbandry and Fishery	265	4.17	2.11
工商业发展	Development of Industrial and Commercial	1501	75.41	59.14
非定向研究	The Nondirectional Research	148	4.02	2.15
其他民用目标	Other Civilian Targets	2366	77.60	51.47
国　防	National Defense	197	6.93	4.89
按技术流向分	**Grouped by the Buyer's Region**			
天　津	Tianjin	8311	159.06	108.57
外省市	Other Provinces and Cities	7275	133.51	105.54
技术出口	Technology Export	231	8.11	7.73

主要统计指标解释

初中学生净入学率

指初级中学（普通初中和职业初中）在校学龄学生总数占初中学龄人口数的比重。

学龄儿童毛入学率

指调查范围内已入小学学习的在校生数与全部小学学龄儿童人口数之比（包括弱智儿童，不包括盲聋哑儿童）的比重。计算公式为：

$$学龄儿童毛入学率=\frac{小学在校学生数}{小学学龄人口数}\times100\%$$

网络教育

指经教育部批准的现代远程教育试点学校设立的网络教育，基于互联网招收普通和成人本科、专科学生实施高等学历教育。

专　利

是专利权的简称，是对发明人的发明创造经审查合格后，由专利局依据专利法授予发明人和设计人对该项发明创造享有的专有权。包括发明、实用新型和外观设计。反映拥有自主知识产权的科技和设计成果情况。

研究与试验发展（R＆D）

指在科学技术领域，为增加知识总量以及运用这些知识去创造新的应用进行的系统的创造性的活动，包括基础研究、应用研究、试验发展三类活动。在工业企业开展的科学研究与试验发展（R＆D）活动中，较为普遍的和大量的活动属于试验发展活动。

基础研究　指为了获得关于现象和可观察事实的基本原理的新知识(揭示客观事物的本质、运动规律，获得新发现、新学说)而进行的实验性或理论性研究，它不以任何专门或特定的应用或使用为目的。其成果以科学论文和科学著作为主要形式。用来反映知识的原始创新能力。

应用研究　指为获得新知识而进行的创造性研究，主要针对某一特定的目的或目标。应用研究是为了确定基础研究成果可能的用途，或是为达到预定的目标探索应采取的新方法(原理性)或新途径。其成果形式以科学论文、专著、原理性模型或发明专利为主。用来反映对基础研究成果应用途径的探索。

试验发展　指利用从基础研究、应用研究和实际经验所获得的现有知识，为产生新的产品、材料和装置，建立新的工艺、系统和服务，以及对已产生和建立的上述各项作实质性的改进而进行的系统性工作。其成果形式主要是专利、专有技术、具有新产品基本特征的产品原型或具有新装置基本特征的原始样机等。在社会科学领域，试验发展是指把通过基础研究、应用研究获得的知识转变成可以实施的计划(包括为进行检验和评估实施示范项目)的过程。人文科学领域没有对应的试验发展活动。主要反映将科研成果转化为技术和产品的能力，是科技推动经济社会发展的物化成果。

R&D 人员

指参与研究与试验发展项目研究、管理和辅助工作的人员， 包括项目(课题)组人员，企业科技行政管理人员和直接为项目(课题)活动提供服务的辅助人员。反映投入从事拥有自主知识产权的研究开发活动的人力规模。

R&D 人员全时当量

指全时人员数加非全时人员按工作量折算为全时人员数的总和。例如：有两个全时人员和三个非全时人员(工作时间分别为 20%、30%和 70%)，则全时当量为 2+0.2+0.3+0.7=3.2 人年。为国际上比较科技人力投入而制定的可比指标。

技术市场

从狭义看，是指在一定时间、地点进行技术转让和技术商品交易的场所。目前统计反映的是企业购买技术开发、技术转让、技术咨询、技术服务项目的合同数和成交额。

Explanatory Notes on Main Statistical Indicators

Percentage of Graduates in Primary Schools Entering Junior Secondary Schools

refers to the proportion of school-age students in junior secondary schools to the total number of junior school-age students.

Percentage of School-age Children Enrolled

refers to the proportion of children enrolled at primary schools to the total number of primary school-age children (including retarded children, but excluding blind, deaf and mute children). The formula is:

$$\textit{Percentage of School-age Children Enrolled} = \frac{\textit{Total Primary School-age Children at School}}{\textit{Total Primary School-age Children}} \times 100\%$$

Network Education

refers to the net education implemented by modern distance education selected institute approved by the Ministry of Education, who recruit the regular and adult undergraduate students and junior college students base on Internet to give high level education.

Patent

is an abbreviation for the patent right and refers to the exclusive right of ownership of the inventors or designers for the creation or inventions, given from the patent offices after due process of assessment and approval in accordance with the Patent Law. Patents are granted for inventions, utility models and designs. This indicator reflects the achievements of S&T and design with independent intellectual property.

Research and Experimental Development (R&D)

refers to systematic and creative endeavor aimed at expanding the overall volume of knowledge and applying the knowledge to invent new uses. It includes basic studies, application research and experimental development. For industrial enterprises, their R&D mainly belongs to experimental development activities.

Basic Research refers to empirical or theoretical research aiming at obtaining new knowledge on the fundamental principles regarding phenomena or observable facts to reveal the intrinsic nature and underlying laws and to acquire new discoveries or new theories. Basic research takes no specific or designated application as the aim of the research. Results of basic research are mainly released or disseminated in the form of scientific papers or monographs. This indicator reflects the innovation capacity for original knowledge.

Applide Research refers to creative research aiming at obtaining new knowledge on a specific objective or target. Purpose of the applied research is to identify the possible uses of results from basic research, or to explore new(fundamental) methods or new approaches. Results of applied research are expressed in the form of scientific papers, monographs, fundamental models or invention patens. This indicator reflects the exploration of ways to apply the results of basic research.

Experiment and Development refers to systematic activities aiming at using the knowledge from basic and applied researches or from practical experience to develop new products, materials and equipment, to establish new production process, systems and services, or to make substantial improvement on the existing products, process or services. Results of experiment and development activities are embodied in patents, exclusive technology, and monotype of new products or equipment. In social sciences, experiment and development activities refer to the process of converting the knowledge from basic or applied researches into feasible programmes (including conduct of demons- tration projects for assessment and evaluation). There are no experiment and development activities in the science of humanities. This indicator reflects the capability of transferring the results of S&T into technique and products, and measures the realization of S&T in spearheading the economic and social development.

R&D Personnel

refer to persons engaged in research, management and supporting activities of R&D, including persons in the project teams, persons engaged in the management of S&T activities of enterprises and supporting staff providing direct service to the research projects. This indicator reflects the size of personnel engaged in R&D activities with independent intellectual property.

R&D Personnel as Full-time Equivalent

refers to the sum of the full-time persons and the full-time equivalent of part-time persons converted by workload. For instance, if there are 2 full-time persons and 3 part-time workers (20%, 30% and 70% of working hours respectively on R&D activities), the full-time equivalent are 2+0.2+0.3+0.7=3.2 person-years. This is an internationally comparable indicator of S&T manpower input.

Technology Market

can be regarded narrowly as technical-dealings place where technique transfer is made or technology-related good traded at certain time. As shown in statistical datum presently, turnovers are resulting either from purchase or from transfer of techniques, together with numbers related to the inquiry or services involved in technologies.

卫生和社会服务 Public Health and Social Services 19

19—1 卫生事业基本情况(1996—2013年)

Statistics on Public Health,1996-2013

年 份 Year	卫生事业机构(个) Number of Health Care Institutions (unit)	# 医 院、卫生院 Hospitals and Health Care Centers	卫生机构床位数(张) Beds (unit)	# 医 院、卫生院 Hospitals and Health Care Centers	卫生技术人员数(人) Medical Technical Personnel (person)	# 执 业(助理)医师 Licensed (Assistant) Doctors	# 注册护士 Registered Nurses
1996	4171	476	39612	38284	71014	32975	23156
1997	3571	483	40758	39467	70431	32475	23045
1998	3190	482	40471	39134	68070	31482	22209
1999	2969	487	39779	38579	65901	30273	21977
2000	2983	488	40039	38842	65145	30031	21667
2001	2665	495	41637	40394	63475	29215	21298
2002	2636	486	40090	38837	56705	23888	19257
2003	2671	485	40194	38074	55629	22780	19173
2004	2577	474	40994	38876	60722	25299	19602
2005	2489	461	41556	39491	61284	25088	19624
2006	2384	401	43643	38893	62258	25358	20030
2007	2352	411	44335	39708	63900	26228	21339
2008	2784	428	46124	41212	65115	25865	21967
2009	2617	437	46353	41921	67560	27261	23081
2010	2687	438	48828	44080	70040	28478	24193
2011	4431	461	49423	44661	73321	29833	25815
2012	4551	465	53509	48896	76922	30710	27637
2013	4696	482	57743	53062	80983	32059	29715

注：2011年以前卫生机构不含村卫生室。表19—2同。

Note: Number of health care institutions before 2011 excludes village health room. Same as table 19-2.

19—2 卫生事业机构数(2010—2013年)

Number of Health Care Institutions,2010-2013

单位：个(unit)

项 目	Item	2010	2011	2012	2013
总 计	**Total**	**2687**	**4431**	**4551**	**4696**
医 院	Hospitals	277	296	304	333
基层医疗卫生机构	Health Care Institutions at the Basic Level	2260	3984	4095	4217
社区卫生服务中心(站)	Community Health Care Centers	877	537	559	570
卫生院	Health Care Centers	161	165	161	149
村卫生室	Village Health Rooms	1870	2157	2157	2248
门诊部	Outpatient Departments	258	262	283	351
诊所、卫生所、医务室	Clinics	964	863	935	899
专业公共卫生机构	Specialized Public Health Institutions	88	91	92	95
# 疾病预防控制中心	Disease Prevention and Control Centers	24	24	24	24
妇幼保健院(所、站)	Maternity and Children Care Centers	23	23	23	23
卫生监督所(中心)	Health Supervision Offices	17	19	19	19
其他卫生事业机构	Other Health Care Institutions	62	60	60	51
平均每个医院负担人口(人)	Average Burden Population of Each Hospital (person)	28847	28784	29761	29931

19-3 卫生事业基本情况(2013年)

Statistics on Public Health,2013

项目	Item	卫生机构(个) Health Care Institutions (unit)	卫生机构床位(张) Number of Institution Beds (unit)	卫生技术人员(人) Medical Technical Personnel (person)	#执业(助理)医师 Licensed (Assistant) Doctors
总计	**Total**	**4696**	**57743**	**80983**	**32059**
按隶属关系分	**Grouped by Administrative Relationship**				
市属	City	3407	53104	74016	28766
县属	County	1289	4639	6967	3293
按经济类型分	**Grouped by Ownership**				
国有经济	State-owned	1440	48443	67895	25132
集体经济	Collective-owned	1399	1339	1884	1124
联营经济	Joint Ownership	259	40	129	98
私营经济	Private	1048	6492	9124	4768
其他	Others	550	1429	1951	937
按设置主办单位分	**Grouped by Management**				
政府办	Run by Government	1372	43537	62080	22719
社会办	Run by Community	2152	9272	10851	5115
其他	Others	1172	4934	8052	4225

19-3续表 *Continued*

单位：人（person）

项目	Item	注册护士 Registered Nurses	药师(士) Pharmacists	技师(士) Technicians	其他人员 Others
总计	**Total**	**29715**	**5059**	**4489**	**9661**
按隶属关系分	**Grouped by Administrative Relationship**				
市属	City	27790	4724	4192	8544
县属	County	1925	335	297	1117
按经济类型分	**Grouped by Ownership**				
国有经济	State-owned	26272	4042	3839	8610
集体经济	Collective-owned	298	163	62	237
联营经济	Joint Ownership	13	12	4	2
私营经济	Private	2501	732	493	630
其他	Others	631	110	91	182
按设置主办单位分	**Grouped by Management**				
政府办	Run by Government	24054	3742	3512	8053
社会办	Run by Community	3438	679	556	1063
其他	Others	2223	638	421	545

19-4 卫生技术人员数(2013年)
Number of Medical Technical Personnel,2013

单位：人(person)

项目	Item	总计 Total	# 执业(助理)医师 Licensed (Assistant) Doctors	# 注册护士 Registered Nurses	# 药师(士) Pharmacists	# 技师(士) Technicians
总计	**Total**	**80983**	**32059**	**29715**	**5059**	**4489**
医院	Hospitals	59279	21391	24748	3573	3130
# 综合类医院	Comprehensive Hospitals	35482	12982	14933	1938	1901
中医类医院	Hospitals Specialized in Traditional Chinese and Chinese Medicine	7653	3157	2595	639	326
中西医结合类医院	Hospitals of Integrated Traditional Western Medicine	2054	731	728	239	147
专科医院	Special Hospitals	14090	4521	6492	757	756
# 妇产(科)类医院	Gynecology Hospitals	1653	556	807	96	101
儿童类医院	Children Hospitals	1443	420	711	93	108
精神病类医院	Mental Disease Hospitals	1488	385	781	76	50
基层医疗卫生机构	Health Care Institutions at the Basic Level	15939	8566	3781	1321	720
社区卫生服务中心(站)	Community Health Care Centers	5964	2478	1713	646	353
卫生院	Health Care Centers	4233	2400	851	288	201
村卫生室	Village Health Rooms	435	422	13		
门诊部	Outpatient Departments	3277	1881	758	333	145
诊所、卫生所、医务室	Clinics	2030	1385	446	54	21
专业公共卫生机构	Specialized Public Health Institutions	4993	1822	1039	130	556
疾病预防控制中心	Disease Prevention and Control Centers	1312	740	74	11	278
专科疾病防治院(所、站)	Specialized Prevention Centers	837	268	308	55	91
健康教育所(站、中心)	Health Education Institutes (station, center)	17	7			
妇幼保健院(所、站)	Maternity and Children Care Centers	1487	662	505	64	129
急救中心(站)	First-aid Centers	157	75	37		
采供血机构	Blood Collection and Supplying Institutions	255	28	106		55
卫生监督所(中心)	Sanitation Supervision Institutions	874				
计划生育技术服务机构	The Family Planning Technical Service Institutions	54	42	9		3
其他卫生机构	Other Health Care Institutions	772	280	147	35	83
每千人口卫生技术人员	Medical Technical Personnel of Per 1000 Population	5.61	2.22	2.06	0.35	0.31

19-5 卫生机构床位数(2010—2013年)

Number of Beds in Health Care Institutions,2010-2013

单位：张(unit)

项　目	Item	2010	2011	2012	2013
总　计	**Total**	**48828**	**49423**	**53509**	**57743**
医　院	Hospitals	40387	40787	44798	49071
社区卫生服务中心	Community Health Care Centers	3124	2851	2915	3141
卫生院	Health Care Centers	3693	3874	4098	3991
门诊部	Outpatient Departments	153	434	296	31
专科疾病防治院	Specialized Prevention Centers	328	410	383	648
妇幼保健院	Maternity and Children Care Centers	742	666	618	466
疗养院	Sanatoriums	401	401	401	395
每千人口医院床位	Hospital Beds per 1000 Population	3.20	3.07	3.24	3.40

19-6 医疗机构诊疗和病床使用情况(2010—2013年)

Diagnosis, Treatment and Used Beds of Medical Institutions,2010-2013

项　目	Item	2010	2011	2012	2013
诊疗情况(万人次)	**Diagnosis and Treatment(10 000 person-times)**				
诊疗人次数	Patients Treated	6715	8907	9700	10546
# 门、急诊人次数	Out-patients and Emergency	6524	8312	9267	10076
住院病人手术人次	Inpatient operation times	33.5	37.4	42.5	48.0
入院人数(万人)	In-patients(10 000 persons)	109	118	132	136
医师人均全年担负诊疗(人次)	Visits Per Doctor annual(person-times)	2439	2839	2990	3131
平均每月门诊诊疗(万人次)	Number of Out-patients per Month(10 000 person-times)	560	742	808	879
平均每月入院诊疗(万人)	Number of In-patients per Month(10 000 persons)	9	10	11	11
病床使用情况	**Sickbeds Used**				
病床周转次数(次)	Turnover of Beds(time)	23	25	26	25
病床使用率(%)	Utilization Rate(%)	78	82	80	78
病床工作日(日)	Working Days of Beds(day)	285	298	293	286
出院者平均住院日数(日)	Average Hospitalization Period(day)	12	11	11	11

19−7 医院、卫生院运营情况

Operation of Hospitals, Health Care Centers

指 标	Item	医 院 Hospitals		卫生院 Health Care Centers	
		2012	2013	2012	2013
机构数(个)	Number of Institutions(unit)	304	333	161	149
总诊疗人次数(万人次)	Patients Treated(10 000 person-times)	5745.8	6305.6	639.4	641.7
# 门、急诊人次数	Out-patients and Emergency	5723.7	6272.9	610.7	604.1
观察室收容人数(万人)	Observation Room(10 000 persons)	126.5	135.0	2.9	2.9
健康检查人数(万人)	Health Check(10 000 persons)	159.9	180.7	42.6	37.3
入院人数(万人)	In-patients(10 000 persons)	118.3	123.5	9.6	8.8
出院人数(万人)	Leaving Hospital(10 000 persons)	117.1	123.2	11.3	8.8
住院病人手术(万人次)	In-patients Surgery Trips(10 000 person-times)	42.5	48.0		
病床工作日(日)	Working Days of Beds(day)	320.6	310.5	167.8	168.3
出院者平均住院日数(日)	Average Hospitalization Period(day)	11.0	11.0	5.2	6.6

19−8 社区卫生服务中心(站)基本情况

Basic Statistics on Community Health Care Centers

项 目	Item	2012	2013
机构数(个)	Number of Institutions(unit)	559	570
总诊疗人次数(万人次)	Patients Treated(10 000 person-times)	1466.0	1683.2
# 门、急诊人次数(万人次)	Out-patients and Emergency(10 000 person-times)	1351.5	1517.3
观察室收容人数(万人)	Observation Room(10 000 persons)	40.4	37.7
健康检查人数(万人)	Health Check(10 000 persons)	40.9	46.9
入院人数(万人)	In-patients(10 000 persons)	1.2	1.2
出院人数(万人)	Leaving Hospital(10 000 persons)	1.2	1.2
病床工作日(日)	Working Days of Beds(day)	69.2	70.8
出院者平均住院日数(日)	Average Hospitalization Period(day)	11.9	11.4

19−9 村卫生室基本情况(2010—2013年)

Basic Statistics on Village Health Room,2010-2013

项 目	Item	2010	2011	2012	2013
机构数(个)	Number of Institutions(unit)	1870	2157	2157	2248
执业(助理)医师(人)	Licensed (Assistant) Doctors(person)	414	474	648	422
乡村医生和卫生员(人)	Rural Doctors & Hygienists(person)	4287	4759	4867	4719
乡村医生	Rural Doctors	4238	4673	4758	4479
卫生员	Hygienists	49	86	109	240
诊疗人次数(万人次)	Number of Patients Treated(10 000 person-times)	79.3	877.4	979.4	956.7

19–10 妇女儿童卫生保健状况(2010—2013年)

Basic Statistics on Maternity and Children Care,2010-2013

指　　标	Item	2010	2011	2012	2013
妇幼保健经费(万元)	Expenses for Maternity and Children Care(10 000 yuan)	22559	28970	28363	41785
计划生育事业费(万元)	Operating Expenses for Children Planning(10 000 yuan)	38506	57195	57624	69169
0–4岁户籍人口(万人)	Registered Population Aged 0-4(10 000 persons)	40.5	42.5	44.4	45.7
# 女　性	Female	19.1	20.1	21.0	21.7
0–17岁户籍人口	Registered Population Aged 0-17	139.7	140.3	142.4	144.5
# 女　性	Female	66.1	66.4	67.3	68.4
育龄妇女户籍人口(15–49岁)	Women of Child-bearing Age of Registered Population(Age 15-49)	258.2	258.4	253.9	246.9
婴儿死亡率(‰)	Death Rate of Infants(‰)	5.6	5.1	5.0	4.9
5岁以下儿童死亡率(‰)	Death Rate of Children at Age 5 and below(‰)	6.8	6.2	5.8	6.0
孕产妇死亡率(1/10万)	Death Rate of Pregnant and Lying-in Women(1/100 000)	9.6	6.8	9.2	8.8
卡介苗接种率(%)	BCG Vaccination Rate(%)	99.9	99.9	99.9	98.6
脊灰疫苗接种率(%)	Poliovirus Vaccination Rate(%)	99.7	99.7	99.8	99.8
白百破三联制剂接种率(%)	Pertussis, Diphtheria & Tetanus Vaccination Rate(%)	99.7	99.7	99.8	99.6
麻疹疫苗接种率(%)	Measles Virus Vaccination Rate(%)	99.7	99.7	98.1	98.1
乙肝疫苗接种率(%)	Hepatitis B Vaccination Rate(%)	99.8	99.8	99.9	99.3
5岁以下儿童中、重度营养不良患病率(%)	Incidence Disease Rate from Medium and Serious Malnutrition of Children at Age 5 and below(%)	0.18	0.21	0.23	0.23
7岁以下儿童保健管理率(%)	Management Rate of Children Health Care System at Age 7 and below(%)	98.2	93.0	93.2	92.1

19–11 全市居民前十位疾病死亡专率及死因构成

Death Rate of Top 10 Diseases and Proportion

序位及死因	Position and Cause of Death	死亡专率(1/100 000) Mortality(1/100 000)		占全部死亡人数的比例 Proportion(%)	
		2012	2013	2012	2013
1．心脏病	Heart Disease	217.41	226.77	31.60	32.39
2．恶性肿瘤	Malignant Tumour	154.13	160.05	22.40	22.86
3．脑血管病	Cerebrovascular Disease	158.79	159.44	23.08	22.77
4．呼吸系统疾病	Respiratory Disease	61.67	56.82	8.96	8.12
5．损伤和中毒外部原因	Trauma and Toxicosis	29.49	28.45	4.29	4.06
6．内分泌、营养和代谢的其他疾病	Internal System, Nutrition, Metabolism and Immunity Disease	19.24	19.65	2.80	2.81
7．消化系统疾病	Digestive Disease	12.69	12.57	1.84	1.80
8．神经系统疾病	Neuropathy	8.25	8.76	1.20	1.25
9．泌尿生殖系统病	Urinary Disease	6.41	6.35	0.93	0.91
10.起源于围生期的某些情况	Perinatal Diseases			0.25	0.33

19-12 卫生总费用及构成(1996—2013年)

Total Expenditure on Health and Composition,1996-2013

年 份 Year	卫生总费用(亿元) Total Expenditure on Health (100 million yuan)	人均卫生费用(元) Per Capita Expenditure on Health (yuan)	卫生总费用占地区生产总值比重(%) Total Expenditure on Health as Percentage of GDP(%)	卫生总费用筹资构成(%) Composition by Source(%) 政府卫生支出 Government Health Appropriation	社会卫生支出 Social Health Expenditure	居民个人现金卫生支出 Individual Cash Expenditure on Health
1996	39.71	418.85	3.5	18.5	54.1	27.4
1997	46.40	487.04	3.7	20.4	51.2	28.4
1998	46.65	487.61	3.4	18.9	45.4	35.7
1999	53.27	555.21	3.5	17.2	42.8	40.0
2000	66.75	666.74	3.9	15.1	41.5	43.4
2001	71.21	709.25	3.7	16.6	38.0	45.4
2002	96.97	962.83	4.5	17.0	36.0	47.0
2003	117.60	1162.84	4.6	19.1	39.3	41.5
2004	129.94	1269.38	4.2	18.8	37.1	44.1
2005	152.24	1459.63	4.1	16.9	36.7	46.3
2006	171.73	1597.45	3.9	19.1	36.2	44.8
2007	225.88	2025.80	4.5	19.7	37.4	43.0
2008	264.13	2246.02	4.2	20.3	37.3	42.4
2009	315.45	2568.46	4.2	20.6	41.0	38.3
2010	355.65	2737.28	3.9	23.3	41.0	35.7
2011	411.10	3034.87	3.7	25.4	37.8	36.8
2012	479.75	3394.90	3.7	25.2	38.4	36.4
2013	552.09	3750.10	3.8	26.3	38.5	35.2

19-13 主要年份卫生总费用机构流向构成

Composition of Total Expenditure on Health by Flow

单位：%(%)

指 标	Indicators	2000	2005	2010	2013
费用总额	**Total Expenditure**	**100.0**	**100.0**	**100.0**	**100.0**
医 院	Hospitals	67.7	64.3	70.8	70.8
城市医院	City Hospitals	54.2	52.5	56.9	56.8
县医院	County Hospitals	4.3	4.2	5.2	5.3
社区卫生服务中心	Community Health Care Centers		5.1	6.5	6.2
卫生院	Health Care Centers	4.1	2.3	1.9	2.4
其他医院	Other Hospitals	5.1	0.2	0.3	0.1
门诊机构	Ambulatory Health Facilities	6.2	4.8	5.0	5.8
药品零售机构	Retail Sales of Medical Goods	17.0	20.8	10.7	10.0
公共卫生机构	Public Health Facilities	4.9	4.7	6.5	5.9
卫生行政管理	Health Administration	0.2	0.2	1.1	1.5
其他卫生	Others	4.0	5.2	5.9	6.0

19-14 各区县卫生情况(2013年)

Basic Statistics on Public Health Care Institution by District and County,2013

区县 Region	卫生机构数(个) Health Care Institutions (unit)	# 医院、卫生院 Hospitals and Health Care Centers	# 社区卫生服务中心 Community Health Care Centers	卫生机构床位数(张) Beds (unit)	# 医院、卫生院 Hospitals and Health Care Centers
和平区 Heping District	100	23	6	5765	5628
河东区 Hedong District	207	43	12	3683	2574
河西区 Hexi District	258	42	9	8835	8495
南开区 Nankai District	285	42	13	7584	6951
河北区 Hebei District	196	30	10	4210	3798
红桥区 Hongqiao District	112	18	9	3175	2740
东丽区 Dongli District	153	9	8	1289	1194
西青区 Xiqing District	200	19	8	2248	2078
津南区 Jinnan District	176	23		1935	1935
北辰区 Beichen District	175	6	13	1457	1294
武清区 Wuqing District	616	41		3602	3483
宝坻区 Baodi District	332	38		2077	1937
滨海新区 Binhai New Area	597	65	20	7244	6583
宁河县 Ninghe County	211	22		1247	1247
静海县 Jinghai County	413	28		1713	1492
蓟县 Jixian County	665	33		1679	1633

注：滨海新区数据不含东丽区无瑕街、津南区葛沽镇数据。

Note: Data of Binhai New Area exclude figures of Wuxia Street, Dongli District and Gegu Town, Jinnan District.

19-15 提供住宿的社会服务机构(2013年)

Social Welfare Institutions with Accommodations,2013

指　标	Item	单位数(个) Institutions (unit)	职工人数(人) Staff and Workers (person)	床位数(张) Number of Beds (unit)	年末在院人数(人) Adopted Personnel at Year-end (person)
总　计	**Total**	**408**	**7022**	**52773**	**30929**
老年人与残疾人服务机构	Institutions for the Aged and Disabled	390	6322	49516	29017
# 城市养老服务机构	For the Aged in Urban Areas	213	4675	32610	19568
农村养老服务机构	For the Aged in Rural Areas	151	1168	12698	3975
社会福利院	Social Welfare Homes	3	125	700	522
光荣院	Homes for Disabled Veterans	6	124	693	413
智障与精神疾病服务机构	Social Welfare Institutions for Mental Retardation and Mental Diseases	2	364	950	837
# 社会福利医院	Social Welfare Hospitals	1	247	650	650
儿童收养机构	Residential Institutions for children	2	124	823	684
其他提供住宿的社会服务机构	Other Social Welfare Institutions with Accommodations	14	212	1484	391
# 生活无着人员救助管理站	Salvation Stations	12	197	1284	391

资料来源：天津市民政局，表19-16至19-21同。
Source:Tianjin Municipal Civil Affairs Bureau,same as table 19-16 to 19-21.

19-16 不提供住宿的社会服务机构

Social Welfare Institutions without Accommodations

指　标	Item	单位数(个) Institutions(unit)		职工人数(人) Staff and Workers(person)	
		2012	2013	2012	2013
总　计	**Total**	**1315**	**2009**	**25783**	**27023**
老龄服务机构	The Welfare Institutions for the Aged	18	16	70	66
为残疾人提供服务机构	The Welfare Institutions for the Disabled	248	230	19560	18246
社会福利企业	Social Welfare Enterprises	247	229	19545	18241
其　他	Others	1	1	15	5
救灾储备单位	Relief Reserve Units	2	2	24	27
福利彩票发行单位	Welfare Lottery Issuing Institutions	11	9	102	91
烈士纪念建筑物管理单位	Martyr Memorial Building Management Units	10	9	153	146
社区服务机构	The Community Welfare Institutions	1001	1739	5643	8388
其　他	Others	25	4	231	59

19−17 优抚事业单位情况(2010—2013年)

Situation of Preferential Treatment Institutions,2010-2013

指　标	Item	2010	2011	2012	2013
优抚对象(人)	**Entitled Groups (person)**	**30241**	**43113**	**45474**	**44982**
# 烈　属	Members of Martyr's Family	605	496	412	362
因公牺牲病故军人家属	Families of Soldiers Sacrificed or Died of Illness in Work	448	123	127	131
革命伤残人员	Revolutionary Disabled	7221	7323	7505	6934
在乡复员军人	Demobilized Soldiers in Hometown	4483	4090	3237	2622
在乡退伍军人	Veterans in Hometown	8719	9350	10898	11298
参战参试退役人员	Ex-servicemen Attended in War or Nuclear Test	7347	7645	8462	7926
优抚安置费(万元)	**Settlement Allowance (10 000 yuan)**	**97052**	**95955**	**133347**	**146136**
抚恤事业费	Comport Operating Expenses	38994	42015	59017	60297
安置事业费	Settlement Operating Expenses	58058	53940	74330	85839

注：2011年起优抚对象增加病故军人家属和60岁以上农村籍退伍军人。
Note: Entitled groups has include families of soldiers died of illness and veterans over 60 years old registered as rural residents since 2011.

19−18 社区服务机构情况

Basic Statistics on Community Services Agencies

指　标	Item	2012	2013
社区服务机构(个)	Community Service Institutions (unit)	1001	1739
社区指导中心	The Community Guiding Center	10	11
社区服务中心	The Community Service Center	212	215
社区服务站	The Community Service Station	775	1282
其他社区服务机构	Others Community Service Institutions	4	231
便民利民服务网点数(个)	Service Points for Citizens (unit)	9624	10501
机构建筑面积(平方米)	Floor Square of Institutions(sq.m)	274750	373884
年末职工人数(人)	Staff and Workers in The End of The Year (person)	5643	8388
# 女　性	Female	3486	5294
# 社会工作师	Social Worker	37	40
助理社会工作师	Junior Social Worker	198	236
社区服务志愿者人次数(人次)	Community Service Volunteer (person-time)	125446	99370
日间照料床位数(张)	The Beds of Day-care(unit)	1406	2273
# 农　村	Rural		1022

19-19 社会救助人员情况(2010—2013年)

Basic Statistics on Social Relief Personnel,2010-2013

指　　标　　Item	2010	2011	2012	2013
城乡居民最低生活保障人数(人)				
Rural and Urban Residents Receiving Lowest Cost-of-living(person)	**284048**	**277154**	**267909**	**267814**
城镇居民				
Urban Residents	197908	179533	166440	160370
# 老年人				
Senile	22101	19411	18214	17953
登记失业人员				
Registered Unemployed	54358	50387	46507	46258
未登记失业人员				
Unregistered Unemployed	39068	36692	35477	33438
未成年人				
Minors			44755	42408
农村居民				
Rural Residents	86140	97621	101469	107444
农村五保供养人数(人)				
Number of Persons Receiving Livelihood Guaranteed in Five Aspects in Rural Areas(person)	**13605**	**13294**	**12829**	**12642**
集中供养				
Centralized Livelihood	1890	1656	1497	1399
分散供养				
Decentralized Livelihood	11715	11638	11332	11243
临时救助户次数(户次)				
Total Households Receiving Temporary Almsgiving(household-time)	**33513**	**70270**	**47527**	**70382**
城　市				
Urban	29828	59004	41307	62219
农　村				
Rural	3685	11266	6220	8163
医疗救助				
Medical Aid				
救助人数(人次)				
Persons Received Medical Aid(person-time)		86549	119196	213733
资助参保医疗人数(人)				
Persons Participating in Medical Insurance with Aid (person)		285771	304095	285401
流浪乞讨人员救助(人次)				
The Aid of Vagrants and beggars(person-time)	**18632**	**15507**	**18126**	**13382**

19-20 社会救助支出情况(2010—2013年)

Basic Statistics on Social Relief Expenditure, 2010-2013

单位：万元（10 000 yuan）

指 标	Item	2010	2011	2012	2013
社会救助总支出	**Relief Expenditures**	**128849**	**168235**	**173894**	**216888**
# 城镇低保费	Urban Relief Funds	93061	116387	112805	129914
农村低保费	Rural Relief Funds	13587	19155	26296	34582
五保供养	Expenses of Livelihood Guaranteed in Five Aspects	6037	7147	7697	8684
集中供养	Centralized Livelihood	863	995	983	1028
分散供养	Decentralized Livelihood	5174	6152	6714	7656
临时救助	Temporary Almsgiving	2235	2705	3277	3309
医疗救助	Medical Aid	9039	16255	19277	34949
流浪乞讨人员救助	The Aid of Vagrants and beggars	2775	3290	4011	4493
自然灾害救济费	**Relief for Natural Disasters**	**605**	**506**	**1305**	**2100**

19-21 老年事业基本情况(2010—2013年)

Basic Statistics on Senile Citizen Undertakings,2010-2013

指 标	Item	2010	2011	2012	2013
老年法律援助中心(个)	Senile Legal Aid Center(unit)	109	123	114	101
涉老案件数(件)	Senile Case(case)	5762	5823	6409	4137
维权协调组织数(个)	Safeguard and Mediation Organization(unit)	2200	2292	2297	1964
老年活动站、中心、室(个)	Senile Activity Station, Center, Room(unit)	2753	2865	2918	2180
老年人参与活动人数(万人)	Senile Activity Participant(10 000 persons)	57.5	58.5	71.5	67.9
老年医院(个)	Hospital for Senior(unit)	33	33	33	32
老年医院病床数(张)	Senile Sick Beds in Hospital (bed)	1766	1766	1766	1746
老年人协会个数(个)	Senile Union(unit)	3992	3887	3909	3440
老年基金会个数(个)	Senile Fund(unit)	2	2	2	2
老年事业投入经费(万元)	Expenditures for Senile Undertakings(10 000 yuan)	912	929	1860	971
老年学校个数(个)	Senile School(unit)	425	461	484	422
老年学校在校人数(万人)	Students Enrollment in Senile School(10 000 persons)	19.34	21.20	21.99	21.00
享受高龄补贴的老年人数(人)	Citizen with Senile Subsidy(person)	23706	23453	26031	22306

19-22 红十字会基本情况(2011—2013年)

Basic Statistics on Red Cross Society,2011-2013

指　　标	Item	2011	2012	2013
组织机构(个)	**Institutions of Red Cross Society(unit)**			
基层组织机构	Basic Institutions of Red Cross Society	2561	2732	2732
冠名医疗机构	Institutions Titled with Red Cross Society	4	4	4
会员情况	**Statistics on Red Cross Member**			
团体会员单位(个)	Team Members(unit)	1575	1908	1908
会员人数(万人)	Number of Members(10 000 persons)	60.0	60.0	60.0
# 青少年	Adolescent Members	41.7	41.7	41.7
志愿服务工作	**Voluntary Work**			
志愿者人数(万人)	Volunteers(10 000 persons)	19.9	19.9	19.9
志愿服务队(个)	Voluntary Teams of Red Cross Society(unit)	395	395	395
参加各种宣传活动人次数(万人次)	**Person-time Attended Publicizing Activity (10 000 person-times)**			
参加艾滋病预防宣传救助活动	AIDS Prevention Activities	23.5	25.0	13.6
参加普及宣传无偿献血活动	Publicizing Volunteer Blood Donation Activities	18.8	18.2	20.6
参加卫生救护培训人次数(人次)	**Person-time Attended Sanitation Rescue Training(person-time)**			
参加救护普及培训	Rescue Popularization Training	498004	937300	160000
参加救护员培训	Ambulanceman Training	45193	59372	88531
参加救护师资培训	Rescue Teacher Training	336	525	551
造血干细胞捐献工作(人)	**Contributing Stem Cell(person)**			
入库志愿者人数	Quantity of Subscribers Entered Program in Current Year	6087	5246	6091
供患配型相合人数	Quantity of Matching of Contributing and Transplanting in Current Year	392	421	485
实现捐献人数	Quantity of Transplanting in Current Year	36	30	17
人体器官捐献(人)	**Donation of Human Organ(person)**			
报名登记志愿者人数	Quantity of Registered Subscribers	213	58	466
实现捐献者人数	Quantity of Contributing Human Organ	11	21	35
接受器官人数	Quantity of Human Organ Transplanted	23	52	74
遗体捐献工作(人)	**Contributing Reliquiae(person)**			
捐献遗体登记	Quantity of Contributing Reliquiae	123	145	82
实现生前遗愿人数	Quantity of Realizing Last Wish	19	42	61
社会赈济和社区救助工作	**Working on Social Relieving**			
募捐款数(万元)	Donation(10 000 yuan)	3614	3250	3392
救灾款数(万元)	Disaster Relief(10 000 yuan)	160	234	1327
救助款数(万元)	Salvation Relief(10 000 yuan)	3454	2454	2431
社区公益服务站点(个)	Community Public Service Stations(unit)	1137	1157	1055

主要统计指标解释

社区卫生服务中心

指为本社区居民提供预防、医疗、保健、康复、健康教育、计划生育技术服务等的基层卫生机构。

卫生技术人员

指卫生事业机构支付工资的全部固定职工和合同制职工中现任职务为卫生技术工作的人员。包括中医师、西医师、中西医结合高级医师、护师、中药师、西药师、检验师、其他技师、中医士、西医士、护士、助产士、中药剂士、西药剂士、检验士、其他技士、其他中医、护理员、中药剂员、西药剂员、检验员和其他初级卫生技术人员。不包括从事管理工作的卫生技术人员。

执业（助理）医师

指具有《医师执业证》及其"级别"为"执业（助理）医师"且实际从事医疗、预防保健工作的人员，不包括实际从事管理工作的执业（助理）医师。执业（助理）医师类别分为临床、中医、口腔和公共卫生。

卫生总费用

是反映一个国家或地区在一定时期内（通常为 1 年）用于医疗卫生保健服务所消耗的资金总量。用筹资来源法测算，分为政府卫生支出、社会卫生支出、个人现金卫生支出三部分。

政府卫生支出　指各级政府用于医疗卫生服务、医疗保障补助、卫生和医疗保险行政管理事务、人口与计划生育事务支出等各项事业的经费。

社会卫生支出　指政府支出外的社会各界对卫生事业的资金投入。包括社会医疗保障支出、商业健康保险费、社会办医支出、社会捐赠援助、行政事业性收费收入等。

个人现金卫生支出　指城乡居民在接受各类医疗卫生服务时的现金支付，包括享受多种医疗保险制度的居民就医时自付的费用。

卫生总费用占地区生产总值比重

指某年卫生总费用与同期地区生产总值（GDP）之比。是用来反映一定时期政府对卫生事业的资金投入力度，以及政府和全社会对居民健康的重视程度。

计划生育事业费

包括九个部分，即计划生育手术减免经费、避孕药具经费、基层计划生育专职干部经费、独生子女保健费、宣传经费、服务站经费、流动人口计划生育管理费、干部培训费、其他计划生育事业费。

婴儿死亡率

指一年内未满周岁死亡的婴儿数与当年活产数之比。计算公式为：

$$婴儿死亡率=\frac{一年内未满周岁的婴儿死亡数}{当年活产数}\times 1000‰$$

孕产妇死亡率

指年内孕产妇死亡人数与活产数之比。孕产妇死亡一般指从妊娠开始至产后 42 天内死亡者，包括外科原因、计划生育手术、宫外孕、葡萄胎死亡者，但不包括意外原因死亡者。

卡介苗、脊灰疫苗、百白破三联制剂、麻疹、乙肝疫苗接种率

指按照儿童免疫程度进行合格接种的人数占全部应接种人数的百分比。应接种人数包括禁忌症人数和外地寄居 3 个月及以上的适龄人数，不包括外出 3 个月及以上的适龄人数。计算公式为：

$$单项疫苗接种率=\frac{合格接种该疫苗人数}{应接种人数}\times 100\%$$

分子：按"合格接种判断"标准，判定当年实际完成合格接种的儿童数。

分母：按免疫程序规定当年应在 12 月龄内完成该项疫苗接种的儿童数。

城镇居民最低生活保障人数

指在报告期末家庭平均收入在当地规定的最低生活保障线以下的城镇居民数。包括"三无"对象，失业人员和在职、下岗、退休人员等。

农村居民最低生活保障人数

指报告期末在建立农村最低生活保障制度的地区，得到当地政府或集体给予最低生活保障的农业人口家庭人数。

社区服务机构

指报告期末城镇（街道办事处、居委会）设立的以非营利为目的，为本社区居民服务，特别是为老年人、残疾人、儿童服务的社区服务中心、活动站、服务站、养老院、老年公寓（托老所），残疾人工疗站、残疾儿童日托所、家务服务站、婚姻介绍所等福利性机构以及职工社会保险管理服务的机构。几种不同类型的社区服务单位，共用一个场所的，只能统计为一个社区服务机构。成为社区服务机构的条件：（1）是独立核算单位；（2）有固定的从业人员；（3）有一定的服务项目；（4）有一定的服务场所。

Explanatory Notes on Main Statistical Indicators

Community Health Care Centers (Stations)

refer to the primary units that provide the health care for community residents, such as disease prevention and control, medical treatment, health care, rehabilitation, health education, family planning technical services.

Medical Technical Personnel

refer to all medical staff and workers employed by medical institutions, including doctors of Chinese and Western medicine, senior doctors who integrate traditional Chinese therapeutics with Western therapeutics in practice, senior nurses, pharmacists of Chinese and Western medicine, laboratory specialists, other specialists, paramedics of Chinese and Western medicine, nurses, midwives, druggists in Chinese and Western medicine, laboratory technicians, other technicians, other practitioners of Chinese medicine, nursing attendants, pharmacological workers of Chinese and Western medicine, laboratory workers, and other primary medical personnel, excluding management personnel.

Licensed (Assistant) Doctors

refer to the medical workers who have obtained the licenses of qualified doctors (assistant doctors) and are employed in medical treatment, disease prevention or healthcare institutions, excluding the licensed doctors (assistant doctors) engaged in management job. The classification of licensed doctors (assistant doctors) is clinician, Chinese medicine, dentist and public health.

Total Expenditure on Health

reflects the total expenditure on medical and health care services of a country at certain period (usually in a year), estimated using funding source method. It includes government expenditure, social expenditure and individual cash expenditure.

Government Health Appropriation refers to the expenditure of the governments at all levels on medical and health care services, health administration and health insurance management and undertakings of family planning.

Social Health Expenditure refers to all inputs of society except the government in public health including the expenditures on social medical security, and commercial health insurance, private expenditure on operation of medical and health care, social donation and contribution, operating income of administration, etc.

Individual Cash Expenditure on Health refers to expenditure in cash on various health services by rural and urban residents, including self payments of residents within the system of multi-medical insurance.

Total Expenditure on Health as Percentage of GDP

refers to the ratio of total expenditure on public health in a year to GDP, which indicates the capital inputs of the government in the public health in certain period of time, and the attention of the government and society paid on the health of residents.

Operating Expenses for Children Planning

include nine components: namely, expenses for relief or free family planning operation, expenses for birth control medicine & tools, expenses for family planning employee, health care expenses for only son and daughter, expenses for publicity, expenses for service station, expenses for family planning management of fluid population, expenses for personnel training, other operation expenses for family planning.

Death Rate of Infants

refers to the ratio of the number of dead infant below 1 year to the number of living in one year. The following formula is used:

The Death Rate of Infant =

$$\frac{\textit{Number of Dead Infant below 1 Year}}{\textit{Number of Living}} \times 1000‰$$

Death Rate of Pregnant and Lying-in Women

refers to the ratio of the number of dead pregnant women to the living number. The death of pregnant woman usually refers from gestation to die after give birth to child in 42 days, including surgery reason, family planning operation, pregnancy outside the womb, grape embryo dead women, excluding die due to accident trouble.

Bcg Vaccine, Poliovirus, Pertussis, Diphtheria Tetanus, Measles and Hepatitis B Vaccine Inoculation Rate

refers to the ratio of the number of children inoculating vaccine to the children on the age to inoculate vaccine. The children on the age to inoculate vaccine include the children avoiding inoculating vaccine and living in some other places for 3 and more than 3 months, but exclude the children on age going out for 3 months. The following formula is used:

Vaccine Inoculation Rate =

$$\frac{\textit{the Number of Children Inoculating Vaccine}}{\textit{the Children on the Age to Inoculate Vaccine}} \times 100\%$$

The molecule: the actual number of children inoculating vaccine according to the standard of vaccine inoculation.

The denominator: the number of children according to the process of immunity should inoculate the vaccine in 12 months.

Urban Residents Receiving Lowest Cost-of-living

refer to the number of those whose average family income is below a minimum local standard by the end of the reporting period, including both the employed and unemployed, laid off and retired, and those jobless people without stable residence or valid Ids.

Rural Residents Receiving Lowest Cost-of-living

refer to the number of those receiving the minimum living allowances from the local government or community in the rural areas where this allowances system is in place as of the end of the reporting period.

Number of Community Service Organization

refers to the number non-profit welfare set up by urban communities (community offices and residents' committees) to serve the community residents, including, among others, community-based centers that serve senior citizens, the handicapped or children, recreational centers, service centers, nursing homes, apartments for the elderly (nursery for the aged), work and treatment stations for the handicapped, day-care centers for handicapped children, domestic help agencies and dating services, as well as social insurance management agencies for the employees. Different types of community service providers that share the same premise are regarded as one community service organization. The requirements for a social service organization of communities include: (1) independent accounting; (2) fixed employees; (3) provision of services; (4) provision of service premises.

20 文化和体育 Culture and Sports

20-1　文化机构和人员情况(2005—2013年)

Basic Statistics on Cultural Institutions and Personnel,2005-2013

单位：个、人(unit, person)

年份 Year	艺术 Art	电影 Movie	公共图书馆 Public Library	档案机构 Archives Institution	群众文化活动 Mass Culture	文物保护单位 Agency of Historic Relics Preservation	博物馆 Museums
机构数 Institutions							
2005	61	190	32	410	19	8	18
2006	61	190	32	329	19	8	19
2007	61	187	32	341	19	8	18
2008	46	181	32	386	19	8	18
2009	43	172	31	399	19	8	18
2010	44	243	31	361	19	8	18
2011	73	286	31	324	19	8	19
2012	51	295	31	310	19	8	20
2013	50	294	31	291	19	8	20
人员数 Personnel							
2005	2663	1118	1057	913	710	133	679
2006	2686	842	1086	784	707	132	724
2007	2509	767	1074	553	679	130	728
2008	2276	767	1098	1154	681	137	711
2009	2287	1257	1087	1175	682	123	699
2010	2262	1738	1077	1180	656	119	719
2011	3547	2095	1051	911	643	108	698
2012	2426	2275	1272	911	626	102	717
2013	2511	2270	1248	968	646	112	669

20-2　报纸期刊出版情况

Newspapers and Magazines Publication

项目	Item	种类(种) Number of Publications(kind)		总印数(万份、万册) Total Copies (10 000 volumes, 10 000 copies)		总印张(千印张) Total Printed Sheets (1 000 Sheets)	
		2012	2013	2012	2013	2012	2013
报纸总计	**Total Publication of Newspapers**	**43**	**40**	**90937**	**81775**	**5182708**	**4587144**
综合报	Comprehensive Newspapers	6	6	75931	67158	4750446	4189044
专业报	Professional Newspapers	21	18	14857	14470	431144	396986
高校校报	University Newspapers	16	16	149	147	1118	1114
期刊总计	**Total Publication of Magazines**	**243**	**241**	**3802**	**3965**	**193212**	**199068**
# 综合	Comprehensive	3	3	15	21	867	1125
哲学、社会科学	Philosophy and Social Sciences	45	46	968	976	43827	45869
自然科学、技术	Natural Sciences and Technology	141	140	835	1077	55004	59627
文化、教育	Culture and Education	37	35	1254	1243	46048	48399
文学、艺术	Literature and Art	17	17	730	648	47466	44048
# 少年儿童读物	Juvenile and Children's Book	7	8	291	410	7832	11814

20-3 图书出版情况

Publication of Books by Category

类 别 Item	种 类(种) Number of Publication (kind)		总印数(万册) Total Printed Copies (10 000 Copies)		总印张(千印张) Total Printed Sheets (1 000 Sheets)	
	2012	2013	2012	2013	2012	2013
总 计 Total	**5319**	**5538**	**4537**	**5134**	**396647**	**454383**
使用"中国标准书号"部分合计 The Total Of Using China Standard Book Number	**5314**	**5537**	**4535**	**5116**	**396632**	**453906**
马列主义、毛泽东思想 Marxism-Leninism, Mao Zedong Thought	3	3	2	1	428	100
哲 学 Philosophy	102	68	41	60	5362	8136
社会科学总论 General Social Sciences	55	62	19	21	2910	3670
政治、法律 Politics and Law	220	124	113	30	10721	5372
军 事 Military Affairs	8	10	4	3	414	424
经 济 Economics	314	293	99	71	15222	12047
文化、科学、教育、体育 Culture, Science, Education and Sports	1330	1309	2342	2802	183938	225774
语言、文字 Languages	293	199	108	69	14395	10092
文 学 Literature	864	1042	870	1043	75557	98453
艺 术 Art	808	952	482	664	22415	32845
历史、地理 History and Geography	192	163	96	65	11100	9478
自然科学总论 General Natural Sciences	13	18	4	3	393	697
数理科学、化学 Mathematics and Chemistry	99	114	38	40	6466	5339
天文学、地球科学 Astronomy and Geology	46	11	22	3	1564	308
生物科学 Biology	66	36	30	8	2615	1024
医药、卫生 Medicine and Health Care	422	625	98	115	16692	19075
农业科学 Agricultural Science	44	19	9	5	666	814
工业技术 Industrial Technology	368	417	135	99	22944	18248
交通运输 Communication and Transportation	15	26	5	6	538	800
航空、航天 Aviation and Spaceflight	7	7	3	1	333	80
环境科学 Environmental Science	15	22	5	4	711	597
综合性图书 Comprehensive Books	30	17	10	3	1248	533
不使用"中国标准书号"部分合计 The Total Of Nonuse China Standard Book Number	**5**	**1**	**2**	**18**	**15**	**477**

20-4 少年儿童读物和课本出版情况(2002—2013年)

Number of Books Published For Children and Textbooks,2002-2013

年 份 Year	种 数(种) Number of Publications(kind)		总印数(万册) Total Printed Copies(10 000 Copies)		总印张(千印张) Total Printed Sheets(1 000 Sheets)	
	儿童读物 Books for children	课 本 Textbooks	儿童读物 Books for children	课 本 Textbooks	儿童读物 Books for children	课 本 Textbooks
2002	239	814	250	3933	11376	289589
2003	211	582	197	2351	9149	178873
2004	253	608	334	2317	19792	167558
2005	247	571	350	3366	24208	224128
2006	208	566	252	2133	14366	166393
2007	136	695	155	2066	7688	175036
2008	192	562	235	1732	14773	143138
2009	144	618	255	1535	20499	125343
2010	219	639	462	247	29627	41272
2011	412	418	675	1210	41061	101900
2012	385	645	628	1480	42285	124501
2013	652	667	804	1501	39889	117421

20-5 录像和录音制品出版情况

Publication of Video Products

项 目	Item	种 数(种) Number of Category (kind)		出版数量 (万盒、万张) Amount of Publication (10 000 cassettes, 10 000 pieces)		发行数量 (万盒、万张) Amount of Issuing (10 000 cassettes, 10 000 pieces)	
		2012	2013	2012	2013	2012	2013
录音制品合计	**Total of Audio Products**	**34**	**67**	**38**	**37**	**37**	**33**
# 录音带	Audio-tapes	2	6	2	2		
激光唱盘	CD	31	46	35	29		
高密度激唱盘及其他	DVD-A and Others	1	15	1	6		
录像制品合计	**Total of Video Products**	**21**	**33**	**51**	**17**	**20**	**17**
# 激光数码视盘	VCD	3	4	1	2		
高密度激视盘	DVD-V	18	29	50	15		
电子出版物合计	**Total of Electronic Publications**	**186**	**121**	**93**	**41**	**88**	**44**
# 只读光盘	CD-ROM	111	41	65	13		
高密度只读光盘	DVD-ROM	62	63	24	21		
交互式光盘及其他	CD-I	13	17	4	7		

20–6 广播电视事业发展情况(2010—2013年)

Basic Statistics on Radio and Television Industry,2010-2013

指标 Item	单位 Unit	2010	2011	2012	2013
广播 Broadcasting					
节目套数 Number of Programs	套 set	22	22	22	22
全年制作节目时间 Annual Production of Programs	万小时 10 000 hours	7.6	7.6	7.6	8.1
全年播出节目时间 Annual Broadcasting of Programs	万小时 10 000 hours	12.7	13.3	14.4	15.0
平均每日播音时间 Broadcasting Hours per Day	时：分 hour：minute	365:16	378:13	395:33	410:00
广播覆盖率 Listener Rating	%	100.0	100.0	100.0	100.0
电视 Television					
节目套数 Number of Programs	套 set	33	36	37	29
全年制作节目时间 Annual Production of Programs	万小时 10 000 hours	2.0	2.2	2.5	2.8
全年播出节目时间 Annual Television of Programs	万小时 10 000 hours	15.0	15.2	17.8	16.9
平均每周播出时间 Program Hours per Week	时：分 hour：minute	2918:00	3509:47	3415:49	3246:13
电视覆盖率 Viewer Rating	%	100.0	100.0	100.0	100.0
有线电视 Cable Television					
有线电视总户数 Subscribers	万户 10 000 households	262	291	278	292
# 数字电视 Digital TV	万户 10 000 households	213	228	242	256
有线电视入户率 Popularity Rate	%	77.98	84.84	80.37	83.22
有线广播电视传输网络干线总长 Lines Total	公里 kilometer	6500	6638	6731	6861
电影 Film					
电影放映单位 Film Projecting Units	个 unit	243	248	254	266
电影放映队 Projecting Teams	个 unit	192	192	192	192
加入院线影院 Theater Chains	个 unit	24	33	42	54
未加入院线影院 Non-Theater Chains	个 unit	27	23	20	20
拥有坐席数 Seats	个 unit	38569	62925	74131	85908
放映场次 Projecting Performances	场次 time	254543	358419	505699	599009
观众人次 Audience	万人次 10 000 person-time	928	1600	1716	1450
电影票房 Film Box Office	亿元 100 million yuan	1.88	2.25	2.62	3.28

20-7 艺术事业基本情况(2010—2013年)

Basic Statistics on Art,2010-2013

项　　目	Item	2010	2011	2012	2013
艺术表演团体	**Art Performance Troupes**				
机构数(个)	Institutions (unit)	16	16	16	16
话剧团、儿童剧团	Drama and Children Troupes	2	2	2	2
歌舞剧团	Song and Dance Troupes	1	1	1	1
文工团、文宣队	Cultural and Performance Troupes	1	1	1	1
戏曲剧团	Local Opera Troupes	8	8	8	8
# 京　剧	Local Beijing Opera Troupes	2	2	2	2
曲剧团、杂技团、木偶团	Recitation and Ballad Troupes, Acrobatic and Circus Troupes, Puppet Show Troupes	3	3	3	3
乐团、合唱团	Philharmonic Troupes and Chorus	1	1	1	1
工作人员数(人)	Employment (person)	1893	1900	1914	2000
演出场次(场)	Number of Performances (time)	3411	3430	3069	3180
# 到农村演出	Shows in Rural Areas	460	650	465	550
观众人次(万人次)	Number of Spectators (10 000 person-time)	242	238	178	196
艺术表演场所	**Art Performance Places**				
机构数(个)	Institutions (unit)	37	57	35	34
剧场、影剧院	Theaters and Cinemas	27	29	29	28
书场、曲艺厅	Storytelling Places, Folk Art Forms	3	5	1	1
综合性、其他场所	Comprehensive Places and Others	6	22	4	4
音乐厅	Concert Hall	1	1	1	1
坐席数(个)	Seats (unit)	24641	44610	26255	26264
工作人员数(人)	Employment (person)	503	1647	512	511
演出场次(场)	Number of Performances (time)	20400	17090	16062	14036
观众人次(万人次)	Number of Spectators (10 000 person-time)	234	145	148	148

资料来源：天津市文化广播影视局。
Source:Tianjin City Cultural Radio and Television Bureau.

20-8 档案机构和人员情况(2011—2013年)

Statistics on Archives Institutions and Personnel,2011-2013

单位：个、人 (unit, person)

项　目	Item	2011	2012	2013
机构数	**Number of Institutions**	**324**	**280**	**291**
档案行政管理部门	Administrate Department of Archives	17	17	17
国家综合档案馆	National Comprehensive Archives	20	20	20
国家专门档案馆	National Special Archives	1	2	2
部门档案馆	Department Archives	6	6	6
文化事业档案馆	Culture Archives Institutions	5	5	5
企业档案馆	Enterprise Archives Institutions	2	3	3
机关事业单位档案室	Achives in Government and Institution	124	108	113
大型企业档案室	Achives in Large-sized Enterprise	149	119	125
专职工作人员	**Full-time Personnel**	**911**	**911**	**998**
档案行政管理部门	Administrate Department of Archives	412	478	518
国家专门档案馆	National Special Archives	51	32	61
部门档案馆	Department Archives	71	107	77
文化事业档案馆	Culture Archives Institutions	40	41	43
企业档案馆	Enterprise Archives Institutions	15	21	20
机关事业单位档案室	Achives in Government and Institution	126	113	99
大型企业档案室	Achives in Large-sized Enterprise	196	119	180
兼职工作人员	**Part-time Personnel**	**1255**	**1243**	**1276**
机关事业单位档案室	Achives in Government and Institution	829	757	600
大型企业档案室	Achives in Large-sized Enterprise	426	486	676

20-9 各级各类档案馆基本情况(2011—2013年)

Basic Statistics on Diversiform Archives,2011-2013

项　目	Item	2011	2012	2013
馆藏档案	**Collection of Archives**			
全　宗(个)	Full-records(unit)	3139	3293	3444
案　卷(万卷)	Files(10 000 volumes)	621.03	744.93	773.68
录音、录像、影片(万盘)	Sounds and Movies Files(10 000 cassettes)	1.48	1.78	8.29
照　片(万张)	Photo Files(10 000 sheets)	39.55	49.09	57.82
底　图(万张)	Traced Drawings(10 000 pictures)	18.85	31.02	29.38
微缩微胶片(卷片)(万幅)	Microfilms(Reel)(10 000 pictures)	617	618	618
开放档案(万卷)	**Open Archives(10 000 sheets)**	**123.36**	**145.08**	**199.98**
利用档案资料	**Utilization of Archives**			
利用人次(万人次)	Users(10 000 person-times)	8.82	7.47	7.52
利用档案(万卷(件)次)	Access to Files(10 000 volume-times)	22.27	28.27	25.34
编研档案资料	**Materials and Archives Edited**			
公开出版(种)	Public Publication (kind)	19	18	14
(万字)	(10 000 words)	426	758	730
内部参考(种)	Internal Reference (kind)	52	54	68
(万字)	(10 000 words)	507	356	584
国家综合档案馆建筑面积(万平方米)	**Floor Space of National Comprehensive Archives(10 000 sq.m)**	**7.69**	**8.62**	**9.38**

20-10 机关事业单位档案室基本情况(2011—2013年)

Basic Statistics on Government and Institution Archives,2011-2013

项　目	Item	2011	2012	2013
保存档案	**Keeping Archives**			
全　宗(个)	Full-records(unit)	200	262	280
以卷为保管单位档案(万卷)	archives by volumes(10 000 volumes)	172.54	85.92	98.50
以件为保管单位档案(万件)	archives by pieces(10 000 volumes)	143.74	150.84	167.33
底　图(万张)	Traced Drawings(10 000 pictures)	0.58	0.59	0.79
微缩胶片(卷片)(万幅)	Microfilms(Reel)(10 000 pictures)	9.89	9.89	9.89
机读目录	**Machine Readable Catalog**			
案卷级(万条)	Level of Archives(10 000 records)	84.92	25.39	37.30
文件级(万条)	Level of Files(10 000 records)	1271.26	158.11	146.44
利用档案	**Utilization of Archives**			
利用人次(万人次)	Users(10 000 person-time)	5.15	1.93	2.00
利用数量(万卷(件)次)	Access to Files(10 000 volumes)	11.60	7.22	7.35
编研档案资料	**Materials and Archives Edited**			
公开出版(种)	Public Publication(kind)	4	19	4
(万字)	(10 000 words)	249	263	214
内部参考(种)	Internal Reference (kind)	43	152	398
(万字)	(10 000 words)	903	866	725

20-11 企业单位档案室基本情况(2011—2013年)

Basic Statistics on Enterprises Archives,2011-2013

项　目	Item	2011	2012	2013
保存档案	**Keeping Archives**			
全　宗(个)	Full-records(unit)	281	314	316
以卷为保管单位档案(万卷)	archives by volumes(10 000 volumes)	92.80	52.75	79.80
以件为保管单位档案(万件)	archives by pieces(10 000 volumes)	56.65	71.37	149.29
底　图(万张)	Traced Drawings(10 000 pictures)	96.11	38.72	53.34
机读目录	**Machine Readable Catalog**			
案卷级(万条)	Level of Archives(10 000 records)	18.20	11.96	25.37
文件级(万条)	Level of Files(10 000 records)	51.24	53.20	135.91
利用档案	**Utilization of Archives**			
利用人次(万人次)	Users(10 000 person-time)	1.87	1.73	1.69
利用数量(万卷(件)次)	Access to Files(10 000 volumes)	6.35	4.37	5.77
编研档案资料	**Materials and Archives Edited**			
公开出版(种)	Public Publication (kind)	31		
(万字)	(10 000 words)	120		
内部参考(种)	Internal Reference (kind)	134	114	84
(万字)	(10 000 words)	289	113	254

20-12 公共图书馆情况(2010—2013年)

Basic Statistics on Public Libraries,2010-2013

项　目	Item	单　位	Unit	2010	2011	2012	2013
公共图书馆	Public Libraries	个	unit	31	31	31	31
工作人员	Employment	人	person	1077	1051	1272	1248
藏　书	Collections	万　册	10 000 volumes	1258	1354	1469	1474
书刊文献外借人次	Person-time of Lent-out	万人次	10 000 person-time	254	274	228	292
书刊文献外借册次	Book-time of Lent-out	万册次	10 000 volume-time	572	601	562	658
建筑面积	Floor Space of Buildings	平方米	sq. m	133406	164430	256751	247374
阅览室坐席	Seating Capacity of Reading Room	次	unit	9072	9969	12446	13526

注：2013年藏书量中不包括电子图书。

Note: Collections enclude electronic-books in 2013.

20-13 博物馆和文物保护单位基本情况(2010—2013年)

Basic Statistics on Museums and Cultural Relic Protection Units,2010-2013

项　目	Item	单　位	Unit	2010	2011	2012	2013
博物馆	**Museums**						
单位数	Units	个	unit	18	19	20	20
工作人员数	Employment	人	person	719	698	717	669
文物藏品	Collection	万　件	10 000 pieces	58	69	69	69
举办陈列展览	Displays and Exhibitions	次	time	127	137	142	110
参观人次	Visitors	万人次	10 000 person-time	401	406	494	546
文物保护单位	**Cultural Relic Protection Units**						
单位数	Units	个	unit	8	8	8	8
工作人员数	Employment	人	person	119	108	102	112
藏　品	Collection	件	piece	2733	2757	3702	3702

20-14 群众文化事业基本情况(2010—2013年)

Basic Statistics on Mass Art,2010-2013

项　目	Item	单　位	Unit	2010	2011	2012	2013
单位数	**Units**	**个**	**unit**	**19**	**19**	**19**	**19**
群众艺术馆	Mass Art Centers	个	unit	1	1	1	1
文化馆	Cultural Centers	个	unit	18	18	18	18
工作人员数	**Employment**	**人**	**person**	**656**	**643**	**626**	**646**
文化活动情况	**Cultural Activities**						
举办展览	Exhibitions	次	time	142	170	214	163
组织文艺活动次数	Art Performances	次	time	1020	1589	1271	1289
举办训练班	Training Courses						
班　次	Classes	次	time	991	1211	1065	1342
结业人数	Persons Completed Course	人	person	73896	78000	142800	147349

20-15 体育工作基本情况(2010—2013年)

Basic Statistics on Physical Work,2010-2013

单位：人(person)

指　标	Item	2010	2011	2012	2013
社会体育指导员	Social Physical Instructors		2362	7455	7255
等级教练员	Grade Coaches	508	487	426	444
# 国家级	National Coaches	24	26	25	30
等级裁判员	Grade Referees	220	226	392	384
# 女　性	Female	68	109	140	73
一级及以上	First Grade	118	98	155	224
二　级	Second Grade	102	128	237	160
等级运动员人数	Grade Athletes	660	729	1795	1546
# 女　性	Female	395	469	708	446
一级及以上	First Grade	292	473	368	272
二　级	Second Grade	368	256	1427	828
全民健身体育设施(处)	The National Fitness Sports Facilities (place)			1340	1815
# 市区健身园	The Urban District Fitness Garden			155	360
农村健身园	The Rural District Fitness Garden			1121	1401
全民健身体育器材(件)	The National Fitness Sports Equipment (piece)			21803	29244
# 市区健身园	The Urban District Fitness Garden			2325	5400
农村健身园	The Rural District Fitness Garden			16815	21015

20-16 国际国内体育比赛获奖牌情况(2013年)

Statistics on Medals Won in International & National Competitions,2013

单位：块(piece)

项　目	Item	合　计 Total	金　牌 Gold Medal	银　牌 Silver Medal	铜　牌 Bronze Medal
总　　计	**Total**	**113**	**59**	**28**	**26**
国际比赛	**International Competitions**	**30**	**24**	**5**	**1**
世界比赛	World Competitions	21	16	4	1
水　球	Water polo	8	8		
射　击	Shooting	2		2	
举　重	Weight lifting	3	3		
排　球	Volleyball	2	2		
网　球	Tennis	4	3		1
国际象棋	Chess	1		1	
乒乓球	Table tennis	1		1	
亚洲比赛	Asian Competitiongs	9	8	1	
国内比赛(全国)	**Domestic Competitions (National)**	**83**	**35**	**23**	**25**

主要统计指标解释

电视人口覆盖率

指用普通的电视接收机，室外天线在离地面 4 米高处能在晚上正常收看电视节目的人数与全市总人口数之比。

广播人口覆盖率

指用普通的收音机在中午能正常收听广播节目的人数与全市总人口数之比。

文化事业机构

指从事专业文化工作和为专业文化工作服务的单独核算、独立建制的单位，不包括文化主管部门直属单位举办的其他行业和各部门的业余文化组织。

艺术表演团体

指从事戏曲、音乐、舞蹈、杂技等专业艺术表演，有独立账户、实行单独核算的团体。

电影放映单位

指具有放映机器设备，固定或不固定的放映场所与专职或兼职的放映技术人员，经文化部门登记批准，经常为一定的观众对象映出电影的机构。包括经批准对外开放进行营业并与电影发行放映管理机构分账的专用放映单位或军委系统租片在内。

等级运动员人数

指经考核正式批准授予等级运动员称号的人数。分为国际级运动健将，运动健将，一、二、三级运动员和少年级运动员。

等级裁判员人数

指经考核正式批准授予等级裁判员称号的人数。分为国际裁判、国家级裁判、一级裁判、二级裁判、三级裁判。

Explanatory Notes on Main Statistical Indicators

Viewer Rate

refers to the ratio of the number of watching TV to the total population using normal television sets with outdoor antenna four meters apart from ground in the evening.

Listener Rate

refers to the ratio of the number of listening radio to the total population using normal radiogram at noon.

Cultural Institutions

refer to units which have their own organizational system and independent accounting system and specialize in or serve cultural development. They exclude other establishments run by these cultural institutions and amateur cultural groups established by various departments.

Art Performance Troupe

refers to the troupe which is engaged in drama, opera, music, dance, acrobatics or other art performance, opens independent accounts with banks and has self-supporting accounting system.

Film Projecting Units

refer to these units with film projection equipment, full or part-time projectionists, permanent or non-permanent places, approved by related administrative departments to show films regularly for certain groups of audience, including those film projection units which have been approved to give commercial shows and run business with independent accounting system as well as those film-renting units of the military system.

Number of Athletes in Grades

refers to the number of athletes who have been given titles through examination. The titles of athletes include international masters of sports, masters of sports, first-grade, second-grade and third-grade sportsmen and young athletes.

Number of Referees in Grades

refers to the number of referees who have been given titles after examination. They are classified as international referees, national referees and referees of the first, second and third grades.

21 公共管理及其他
Public Management and Others

21-1 天津市历届人代会代表人数性别构成及议案、建议意见数

Number and Sex Composition of Delegacy, Proposal and Suggestion by Tianjin Municipal People's Congress

单位：人、件(person, unit)

届别	Session	起止年月 The Time of Inauguration and Concluding	代表人数 Number of Delegate			议案立案数 Number of Cases Registered of Proposal	建议意见数 Given Proposal and Advice
			总计 Total	女性 Female	少数民族 Ethnic minority		
第一届	First Congress	1954.08-1956.12	519	109		1614	
第二届	Second Congress	1956.12-1958.06	568	122		1201	
第三届	Third Congress	1958.06-1961.02	535	110			
第四届	Fourth Congress	1961.02-1963.12	845	208		133	
第五届	Fifth Congress	1963.12-1965.12	675	169		104	
第六届	Sixth Congress	1965.12-1966.05	698	171		27	
第七届	Seventh Congress						
第八届	Eighth Congress	1977.11-1980.06	959	224			
第九届	Ninth Congress	1980.06-1983.04	960	175		1958	
第十届	Tenth Congress	1983.04-1988.05	800	179	40	26	5337
第十一届	Eleventh Congress	1988.06-1993.05	719	134	42	65	3762
第十二届	Twelfth Congress	1993.05-1998.05	719	130	35	34	1924
第十三届	Thirteenth Congress	1998.05-2003.01	710	141	37	80	3597
第十四届	Fourteenth Congress	2003.01-2008.01	710	150	39	83	3147
第十五届	Fifteenth Congress	2008.01-2013.01	709	156	32	41	2456
第十六届	Sixteenth Congress	2013.01-2018.01	706	181	41	10	1097

注：1.资料来源：天津市人民代表大会常务委员会。2.天津市第一届至第九届人民代表大会期间代表所提出的议案、建议统称为“提案”

Note: a) Source: Tianjin Municipal People's Congress(MPC)Standing Committee. b) The Registered Cases and Advice Proposed from Tianjin First Congress until Ninth Congress are calculated to Proposals as total.

21-2 天津市历届政协委员会委员人数及提案立案数

Number of Delegacy, Proposal and Resolution Put on Record by Tianjin Political Consultative Conference

单位：人、件(person, unit)

届别	Session	起止年月 The Time of Inauguration and Concluding	委员人数 Number of Commissary			提案立案数 Number of Resolution Put on Record
			总计 Total	女性 Female	少数民族 Ethnic minority	
第一届	First Congress	1955.03-1960.03	188	42		
第二届	Second Congress	1960.03-1963.12	498	76		
第三届	Third Congress	1963.12-1965.11	432	73		
第四届	Fourth Congress	1965.11-1977.11	457	81		
第五届	Fifth Congress	1977.11-1980.06	615	132		
第六届	Sixth Congress	1980.06-1983.03	723	142		5028
第七届	Seventh Congress	1983.03-1988.04	739	162		4410
第八届	Eighth Congress	1988.04-1993.05	743	177		4869
第九届	Ninth Congress	1993.05-1998.05	757	179		3800
第十届	Tenth Congress	1998.05-2003.01	780	185		4563
第十一届	Eleventh Congress	2003.01-2008.01	780	200		5181
第十二届	Twelfth Congress	2008.01-2013.01	783	208		3255
第十三届	Thirteenth Congress	2013.01-2018.01	780	200	55	1062

资料来源：中国人民政治协商会议天津市委员会。

Source: Tianjin Municipal Committee of CPPCC.

21-3 基层工会组织情况(2010—2013年)

Statistics on Grassroots Unions,2010-2013

项　目	Item	2010	2011	2012	2013
机 构 数(个)	**Institutions(unit)**	**37553**	**69721**	**75925**	**89421**
# 国有企业	State-owned Enterprises	1678	3842	2136	2046
集体企业	Collective-owned Enterprises	677	1291	1178	555
私营企业	Private Enterprises	26554	28356	51538	64732
港澳台商投资企业	Enterprises with Investment from Hong Kong, Macao and Taiwan	584	346	459	287
外商投资企业	Foreign Funded Enterprises	2186	2303	1971	1807
事　业	Institutions	4190	5209	4056	4440
机　关	Government Agencies	1684	1604	2149	1942
工会会员人数(万人)	**Number of Union Members(10 000 persons)**	**269.07**	**368.50**	**370.75**	**372.54**
# 国有企业	State-owned Enterprises	72.19	90.77	54.49	41.61
集体企业	Collective-owned Enterprises	6.43	20.40	8.10	9.40
私营企业	Private Enterprises	94.38	97.90	134.39	130.74
港澳台商投资企业	Enterprises with Investment from Hong Kong, Macao and Taiwan	7.81	3.95	7.61	8.93
外商投资企业	Foreign Funded Enterprises	38.22	29.74	38.68	37.54
事　业	Institutions	35.72	42.23	34.50	33.68
机　关	Government Agencies	14.31	12.68	14.86	14.34

注：2010年及以后数据为全国总工会普查数据，其中“机构数”为“基层工会涵盖单位数”，“机构数”、“工会会员人数”中“企业”指正常生产经营企业。

Note: Data from 2010 are from ACFTU census.“Institutions”refers to number of units contained in grass-root unions, number of enterprises in “Institutions”and“Number of Union Members”refer to enterprises in operation.

21-4 妇联组织情况(2010—2013年)

Statistics on Women's Federation Organizations,2010-2013

项　目	Item	2010	2011	2012	2013
妇联组织机构(个)	**Woman's Federation Organizations(unit)**	**255**	**255**	**255**	**256**
区妇联	District Woman's Federation Organizations	13	13	13	13
县妇联	County Woman's Federation Organizations	3	3	3	3
乡妇联	Township Woman's Federation Organizations	136	136	136	127
街妇联	Street Woman's Federation Organizations	103	103	103	113
妇联干部总数(人)	**Cadres in Woman's Federation Organizations(person)**	**472**	**477**	**475**	**465**
市妇联	Municipal Woman's Federation Organizations	59	61	59	59
区妇联	District Woman's Federation Organizations	119	121	121	128
县妇联	County Woman's Federation Organizations	24	19	19	19
乡镇、街道妇联	Township and Street Woman's Federation Organizations	270	276	276	259

21-5 人民调解工作基本情况

Basic Statistics on People's Mediation

项　目	Item	2012	2013
人民调解委员会(个)	People's Mediation Committees(unit)	5761	5849
人民调解员(人)	People's Mediator (person)	36084	33294
调解纠纷(件)	Disputes(case)	78143	75909
# 成功数	Success	76111	73784
# 婚姻家庭纠纷	Marriage and Family	11411	12566
邻里纠纷	Neighbour	17762	17262
合同纠纷	Contract	4774	5924
劳动纠纷	Labour	6734	7875
征地拆迁纠纷	Land Requisition and Demolition	4024	2739
房屋宅基地纠纷	House Site	3321	3400
防止民间纠纷转化为刑事案件件数(件)	Prevent Criminal Case from Civil Dispute(unit)	105	161
防止民间纠纷转化为刑事案件人数(人)	Prevent Criminal Case from Civil Dispute(person)	384	365
防止民间纠纷引起自杀案件件数(件)	Prevent Suicide of Civil Dispute(unit)	35	27
防止民间纠纷引起自杀案件人数(人)	Prevent Suicide of Civil Dispute(person)	35	27

21-6 律师工作基本情况(2010—2013年)

Basic Statistics on Lawyers,2010-2013

项　目 Item	单　位 Unit	2010	2011	2012	2013
律师事务所 Law Offices	所 unit	350	395	421	471
执业律师 Certified Lawyers	人 person	3134	3644	4154	4624
# 专职律师 Full-time Lawyers	人 person	2807	3307	3790	4252
兼职律师 Part-time Lawyers	人 person	204	214	212	230
担任常年法律顾问 As Permanent Legal Advisers	家 unit	4555	4403	4769	4577
民商事务 Civil and Economic Cases	件 case	20533	20008	20409	20078
刑事辩护 Criminal Defense Cases	件 case	3326	3307	3539	3186
行政诉讼代理 Agent of Administrative Actions	件 case	651	256	191	128
非诉讼事务 Off-court Cases	件 case	6377	6461	4374	3478
解答法律咨询 Legal Advisory Services	人次 person-time	25205	22537	17134	15409
代写法律文书 Legal Document Written on Behalf of Clients	件 case	5945	3732	3354	6463

21-7 公证工作基本情况(2011—2013年)

Basic Statistics on Notarization,2011-2013

项　目	Item	2011	2012	2013
公证机构(个)	Notary Offices(unit)	21	21	21
公证员(人)	Notarial Personnel(person)	280	299	331
办理公证(件)	Notarized Documents(case)	145723	143948	192127
国内公证	Total Domestic Affairs	77071	76292	120898
涉外公证	Total Concerned Foreign Affairs	67593	66731	70143
涉港澳台公证	Total Concerned Hong Kong, Macao and Taiwan Affairs	1059	925	1086

21-8 法律援助工作情况

Statictics on The Legal Aid Work

项　目	Item	2012	2013
法律援助中心(个)	Legal Aid Center (Unit)	23	23
妇女法律援助工作站点(个)	Number of Women's Legal Aid Workstations (Unit)	14	23
未成年人法律援助工作站点数(个)	Number of Legal Aid Centers for Minor (Unit)	11	23
注册法律援助律师(人)	Registered Legal Aid Lawyer (person)	60	57
法律援助人数(人)	Number of Persons Received Legal Aid (person)	4261	4568
# 援助残疾人	Assistance to The Disabled	315	356
援助老年人	Assistance to The Aged	155	197
援助未成年人	Assistance to Minor	345	1048
援助妇女	Assistance to Feme	554	678
援助农民工	Assistance to Migrant Workers	2717	1866
法律援助案件(件)	Number of Cases Received Legal Aid(case)	4260	4568
刑事案件	Criminal Case	595	1739
民事案件	Civil Case	3659	2825
行政案件	Administrative Case	6	4
法律咨询(人次)	Leagal Consultation (person-time)	27307	16770

21-9 检察机关立案侦查经济案件情况(2013年)

Economic Cases under Investigation by Procuratorial Organs,2013

项　目 Item	侦查经济案件 Economic Cases Investigated	# 贪　污 Corruption	# 挪用公款 Misappropriate of Public Funds	# 贿赂案 Bribery	# 受　贿 Accepting Bribe
立　案(件) **Cases Registered(case)**	**272**	**187**	**30**	**54**	**39**
# 5万元至10万元 50-100 thousand yuan	101	84	1	16	14
10万元至50万元 100-500 thousand yuan	83	52	15	15	9
50万元至100万元 500-1 000 thousand yuan	20	9	6	5	5
100万元以上 Over 1 000 thousand yuan	39	20	7	12	6
犯罪嫌疑人(人) **Criminal in Cases Registered(person)**	**397**	**292**	**37**	**66**	**45**
机关工作人员 Civil Servant	21	8	2	10	10
国有公司企业工作人员 Personnel of State-owned Enterprises	218	165	25	28	26
国有事业单位工作人员 Personnel of State-owned Institutions	37	29	4	4	3
委派到非国有单位从事公务人员 Functionary Appointed to Non-state Units					
人民团体从事公务人员 Functionary Appointed to Mass Organizations					
其他依法从事公务人员 Other Personnel in the Line of Duty	63	51	4	8	5
其　他 Others	58	39	2	16	1
结　案 **Cases Settled**					
件　数(件) Number of Cases(case)	217	148	25	43	33
人　数(人) Number of Persons(person)	303	221	29	51	36
# 移送起诉 Handover to Suit					
件　数(件) Number of Cases(case)	204	143	24	36	27
人　数(人) Number of Persons(person)	289	216	28	43	30
撤销案件 Cases Withdrawn					
件　数(件) Number of Cases (case)	5	3		2	1
人　数(人) Number of Persons(person)	6	3		3	1
侦结认定金额(万元) **Value Approved by Procuratorial Organs in Cases Settled(10 000 yuan)**	**13827.08**	**8440.62**	**3966.92**	**1240.78**	**1011.18**
挽回经济损失(万元) **Retrieve Pecuniary Losses(10 000 yuan)**	**47337.02**	**4714.09**	**206.05**	**42238.12**	**42214.12**

21-10 法院民事案件收案和结案情况(2013年)

Civil Cases Accepted & Settled by Courts,2013

单位：件(case)

项目	Item	收案 Cases Accepted	结案 Cases Settled	# 调解 Mediation	# 判决 Judgement
合同纠纷案件	**Contracts Disputes**	**80312**	**78138**	**22190**	**24036**
# 买卖合同	Buying and Selling Contracts	8147	7981	2610	2324
房地产合同	Real Estate Contracts	5698	5763	2510	2033
借款合同	Debts Contracts	15918	14954	4668	6577
建设工程合同	Construction Project Contracts	1826	1741	451	629
劳动争议案件	Labour Disputes	5850	5472	1471	2425
运输合同	Transportation Contracts	498	430	146	136
婚姻家庭案件	**Marriages and Family Affairs**	**18715**	**18232**	**7002**	**5813**
# 离婚	Divorce	13373	13042	4727	4371
抚育	Foster	1130	1080	490	291
赡养	Support	667	642	160	254
继承纠纷案件	**Inheritance Disputes**	**1353**	**1234**	**509**	**391**
继承	Inheritance	765	697	303	216
遗嘱	Testament	413	371	156	118
继承权	Inheritance Right	4	3	1	1
抚养	Bring-up	14	12		5
其他	Others	157	151	49	51

21-11 法院行政案件收案和结案情况(2013年)

Administrative Cases Accepted and Settled by Courts,2013

单位：件(case)

项目	Item	收案 Cases Accepted	结案 Cases Settled	# 维持 Affirmation of Original Judgement	# 撤消 Cancel Settled	# 撤诉 Withdrawn	未结 Cases Unsettled
合计	**Total**	**990**	**1019**	**197**	**25**	**461**	**76**
公安	Public Security	79	75	26		17	6
资源	Resources	65	64	3	2	14	2
城建	City Construction	448	473	76	5	287	40
工商	Industry and Commerce	24	27	1	3	6	2
技术监督	Technical Supervision	1	1		1		
计划生育	Birth Control	2	2			1	
卫生	Health Care	5	5			2	1
环保	Environment Protection	12	11	2		2	3
交通	Transportation	65	61	15		40	5
税务	Tax	13	15	2		9	2
财政	Finance	1	1			1	
劳动和社会保障	Labour & Social Security	163	167	62	13	51	6
司法行政	Judicature	5	5	3		1	
民政	Civil Affairs	12	13	1	1	5	1
教育	Education	5	5	1		2	
乡政府	Township Government	7	8	1		2	
其他	Others	83	86	4		21	8

21-12 社会保障基本情况(2000—2013年)

Basic Statistics on Social Security,2000-2013

单位：万人、元/月(10 000 person,yuan per month)

年 份 year	城镇职工基本养老保险参保人数 Urban Staff and Workers Participated in Basic Pension Insurance	城镇职工基本医疗保险参保人数 Urban Staff and Workers Participated in Basic Medical Insurance	城乡居民养老保险参保人数 Urban and Rural Residents Participated in Pension Insurance	城乡居民医疗保险参保人数 Urban and Rural Residents Participated in Medical Insurance	失业保险参保人数 Staff and Workers Participated in Unemployment Insurance	工伤保险参保人数 Staff and Workers Participated in Work Injury Insurance
2000	288.00				225.00	
2001	281.44				214.00	
2002	295.97	193.41			189.55	
2003	283.28	227.58			193.45	
2004	297.08	263.00			195.06	147.23
2005	308.28	299.06			197.51	162.91
2006	328.20	344.20			216.66	209.67
2007	344.76	382.46			221.50	257.17
2008	376.63	399.13			232.50	274.90
2009	401.53	444.06			239.22	292.21
2010	431.45	469.98	92.30	489.00	246.09	304.45
2011	458.70	474.52	97.80	498.27	258.75	320.42
2012	490.26	479.07	102.60	502.23	268.69	330.06
2013	520.67	493.08	106.40	508.44	278.69	335.06

21-12续表 *Continued*

单位：万人、元/月(10 000 person,yuan per month)

年 份 year	生育保险参保人数 Staff and Workers Participated in Maternity Insurance	职工工资最低标准 Minimum Standard of Wages of Staff and Workers	城镇居民生活保障最低标准 Minimum Standard of Urban Residents Living Security	农村居民生活保障最低标准 Minimum Standard of Rural Residents Living Security	城镇居民最低生活保障人数 Urban Residents Receiving Lowest Cost-of-living	农村居民最低生活保障人数 Rural Residents Receiving Lowest Cost-of-living
2000			241		2.85	1.73
2001			241			
2002			241		30.14	2.26
2003		450	241		24.13	2.61
2004		480	265		20.51	2.90
2005	157.42	530	265	127.1	15.08	3.19
2006	180.10	590	265	136.6	15.13	3.73
2007	194.03	670	320	165.6	14.87	4.38
2008	196.49	740	330	200.0	15.63	5.23
2009	204.61	820	400	230.0	17.94	7.27
2010	212.02	920	450	250.0	19.79	8.61
2011	234.60	1160	480	280.0	17.95	9.76
2012	242.72	1310	520	320.0	16.64	10.15
2013	249.14	1500	600	400.0	16.04	10.83

注：2005—2007年农村居民生活保障最低标准为农村居民平均生活保障水平。

Note:The data of minimum standard of rural residents living security are average level from 2005 to 2007.

资料来源：天津市人力资源和社会保障局、天津市民政局。表21-13同。

Source: Tainjin Municipal Human Resources & Social Security Bureau, Tianjin Municipal Civil Affairs Bureau.Same as table 21-13.

21-13 社会保障事业发展情况(2011—2013年)

Development Statistics on Social Security,2011-2013

单位：万人、亿元(10 000 person,100 million yuan)

指　标	Item	2011	2012	2013
养老保险	**Basic Pension Insurance**			
城镇职工基本养老保险参保人数	Urban Staff and Workers Participated in Basic Pension Insurance	458.71	490.26	520.67
城乡居民养老保险参保人数	Urban and Rural Residents Participated in Pension Insurance	98.00	102.60	106.41
城镇职工基本养老保险实际缴费人数	Urban Staff and Workers Paying for Basic Pension Insurance	258.48	270.72	282.05
基本养老保险基金收入	Revenue of Basic Pension Insurance Programme	335.82	420.49	466.00
基本养老保险基金支出	Expenditure of Basic Pension Insurance Programme	315.07	365.02	426.35
基本养老保险基金累计结余	Balance of Basic Pension Insurance Programme	223.75	279.23	318.89
医疗保险	**Basic Medical Insurance**			
城镇职工基本医疗保险参保人数	Urban Staff and Workers Participated in Basic Medical Insurance	474.52	479.07	493.08
城乡居民医疗保险参保人数	Urban and Rural Residents Participated in Medical Insurance	498.27	502.23	508.44
基本医疗保险基金收入	Revenue of Basic Medical Insurance Programme	135.17	157.40	177.02
基本医疗保险基金支出	Expenditure of Basic Medical Insurance Programme	118.51	140.59	155.94
基本医疗保险基金累计结余	Balance of Basic Medical Insurance Programme	68.13	84.94	102.18
失业保险	**Unemployment Insurance**			
参保人数	Staff and Workers Participated in Unemployment Insurance	258.75	268.69	278.69
领取失业保险金期末人数	Final Personnel Drawing Unemployment Insurance Programme	2.78	1.97	2.00
领取保险金累计新增人数	Newly Total Increased in Current Year	2.25	2.19	2.37
保险基金收入	Revenue of Unemployment Insurance Programme	25.74	30.51	34.12
保险基金支出	Expenditure of Unemployment Insurance Programme	14.56	12.80	13.30
保险基金累计结余	Balance of Unemployment Insurance Programme	59.85	77.56	98.38
工伤保险	**Work Injury Insurance**			
参保人数	Staff and Workers Participated in Work Injury Insurance	320.42	330.06	335.06
保险基金收入	Revenue Insurance Programme	7.06	8.22	9.50
保险基金支出	Expenditure Insurance Programme	6.56	7.44	8.22
保险基金累计结余	Balance Insurance Programme	11.72	12.49	13.77
生育保险	**Maternity Insurance**			
参保人数	Staff and Workers Participated in Maternity Insurance	234.60	242.72	249.14
保险基金收入	Revenue Insurance Programme	6.84	8.25	9.67
保险基金支出	Expenditure Insurance Programme	4.57	5.62	7.49
保险基金累计结余	Balance Insurance Programme	13.00	15.63	17.81
社会保障标准(元/月)	**Social Security Standard(yuan per month)**			
最低工资标准	Minimum Standard of Wages of Staff and Workers	1160	1310	1500
城镇居民最低生活保障标准	Minimum Standard of Urban Living Security	480	520	600
农村居民最低生活保障标准	Minimum Standard of Rural Residents	280	320	400

21-14 劳动争议处理情况(2010—2013年)

The Disposal of Labour Disputes,2010-2013

单位：件 (case)

项　目　Item	2010	2011	2012	2013
上期未结案数 Number of Cases Left Over from Last Period	**3071**	**3114**	**2909**	**2446**
案件受理情况 Cases Accepted				
当期案件受理数 Number of Cases	15139	14450	13988	12352
# 集体劳动争议数 Number of Collective Labour Disputes	99	64	59	69
# 劳动者申诉案件数 Number of Cases Appealed by Labourers	14349	14320	13747	12299
按争议原因分 By Cause of Disputes				
确认劳动关系 Confirmation of labor relations	61	80	215	280
解除、终止劳动合同 Relieve the Labour Contract	882	2022	2171	2525
劳动报酬 Labor remuneration			5476	5701
社会保险 Social Insurance			3422	974
其　他 Others	14196	12348	2704	2872
劳动者当事人数(人) Number of Persons Involved (person)	17003	16044	15857	14432
# 集体争议劳动者当事人数 Number of Persons Involved in Collective Disputes	1963	1580	1082	1705
案件处理情况 Cases Settled				
结案数 Number of Cases Settled	15096	14655	14451	13415
按处理方式分 By Manners of Settlement				
仲裁调解 Mediation	7405	7537	7222	6913
仲裁裁决 Arbitration Lawsuit	4639	5373	6373	6502
其他方式 Others	3052	1745	856	
按处理结果分 By Results of Settlement				
用人单位胜诉 Won by Units	2218	2311	2225	2027
劳动者胜诉 Won by Labours	5722	5199	5406	5012
双方部分胜诉 Partly by Both Parties	7156	6359	6464	6376
其　他 Others		786	356	
本期未结案数 Number of Cases Unsettled	**3114**	**2909**	**2446**	**1383**

资料来源：天津市人力资源和社会保障局。
Source: Tianjin Municipal Human Resources & Social Security Bureau.

21-15 残疾人事业基本情况

Basic Statistics on Persons with Disabilities

项目	Item	单位	Unit	2012	2013
康复	**Rehabilitation**				
白内障复明手术	Sight-restoring Cataract Surgeries	例	case	5744	5296
# 贫困白内障患者免费手术	Free Surgeries for Poor Cataract Patients	例	case	1168	1536
低视力者配用助视器	Vision-aids Provided for Persons of Low-vision	人	person	1868	1300
聋儿语训年收训数	Children with Hearing Disability Trained for Hearing and Speech	人	person	56	69
精神病人数	Patients with Psychiatric Diseases	人	person	62155	63411
监护率	Guardianship Rate	%	%	95.28	95.37
显好率	Significant Improvement Rate	%	%	76.80	76.04
社会参与率	Social Involvement Rate	%	%	66.67	65.82
肢体残疾康复训练人数	Rehabilitation of Persons with Physical Disability	人	person	4472	3433
# 肢体残疾儿童机构康复训练	Children Rehabilitated at Institutions	人	person	212	153
智力残疾儿童康复训练数	Rehabilitation of Children with Intellectual Disability	人	person	209	139
教育	**Education**				
在校学生数	Students Enrollment				
# 特教普通高中	Special Education in Regular Senior Secondary Schools	人	person	132	134
中等职业教育	Middle Vocational Educational Institutions	人	person	15	
高等院校录取残疾人数	Handicapped Students Matriculated by Institutions of Higher Education	人	person	20	123
就业	**Employment**				
当年安排城镇残疾人就业	Employment of Urban Disabled Persons in Current Year	人	person	2564	2501
# 集中安排就业	Employed at Welfare Enterprises	人	person	643	562
按比例安排就业	Employed by Quota Scheme	人	person	1511	1596
农村残疾人就业人数	Employment of Rural Disabled Persons	人	person	67258	67634
社会保障	**Social Security**				
城镇残疾职工参加社会保险人数	Urban Disabled Workers Participated in Social Insurance	人	person	35997	39612
城镇残疾居民参加医疗保险人数	Disabled Residents Participated in Medical Insurance	人	person	71136	72101
城镇个体就业参加社会保险人数	Urban Individual Employment Participated in Social Insurance	人	person	133	254
享受城乡最低生活保障残疾人数	Disabled Persons Enjoying Subsidies for the Lowest Cost-of-living	人	person	55122	56632
扶贫	**Poverty Alleviation**				
扶持贫困残疾人	Poverty Alleviation for Disabled Persons	人次	person-time	17077	23683
实用技术培训人次	Training of Practical Technique	人次	person-time	2884	2684
残疾人扶贫基地	Bases of Poverty Alleviation for Disabled Persons	个	unit	154	165
维权	**Rights Protection**				
残疾人法律救助工作站	Legal Aid (Service) Center for Disabled Persons	个	unit	17	17
残疾人法律救助工作站办理的案件	Cases Transacted by Legal Aid (Service) Center for Disabled Persons	件	unit	461	474
组织建设	**Organization Construction**				
持证残疾人总数	Sum of Disabled Persons with Certificates of Disability	万人	10 000 persons	22	23
各级残联实有人数	Staff and Workers of Disabled Persons' Federations	人	person	893	962

资料来源：天津市残疾人联合会。
Source: Tianjin Disabled Persons' Federation.

21-16 受理消费者投诉情况(2013年)

Basic Statistics on Accepted Cases of Consumer Institution,2013

单位：件(item)

项　　目	Item	总　计 Total	质　量 Quality	售后服务 After-sale Service	价　格 Price	计　量 Measure
受理投诉件数总计	**Total Number of Accepted Cases**	**2660**	**1752**	**205**	**61**	**36**
家用电子电器类	Household Electric Appliance	601	476	46	10	
服装鞋帽类	Garments, Shoes and Hats	429	339	40	8	4
食品类	Food	170	131	2	3	16
烟、酒饮料类	Tobacco, Liquor and Drink	54	25		2	4
房屋及建材类	House and Decoration Materials	168	100	8	6	1
日用商品类	Daily Use Household Articles	333	211	28	6	5
首饰及文体用品类	Jewelry, Cultural and Sports Articles	58	51	1	1	
医药及医疗用品类	Medicine and Medical Treatment Articles	21	9	1	1	
交通工具类	Transportations	240	139	41	6	1
农用生产资料类	Agricultural Production Materials	17	13			
生活、社会服务类	Living and Social Services	291	158	22	13	1
房屋装修及物业服务类	House Decoration and Property Management	51	21	2		
旅游服务	Tourism Services	3	2			
文化、娱乐、体育服务	Cultural, Recreational and Sports Services	17	4	2	1	
邮政业服务	Post Services	27	8	1		
电信服务	Telecommunication Services	31	13		2	1
互联网服务	Internet Services	7	4		1	
金融服务	Finance Services	2				
保险服务	Insurance Services	3				
卫生保健服务	Health Care Services	6	3		1	
教育培训服务	Educational Services	11				
公共设施服务	Public Facility Services	18	5	2		3
销售服务	Sales Services	32	5	2		
其他商品和服务	Other Commodities and Services	70	35	7		
解决件数总计	**Total Cases Solved**	**2554**				

注：本资料为天津市消费者协会系统的统计数据，不含各监测站的统计资料。

Note: Data of this table are provided by Tianjin Municipal Consumer Institution, excluding those data calculated by each monitor station.

21－16续表　*Continued*

单位：件(item)

项　目	Item	营销合同 Business Contract	虚假宣传 False Propaganda	假　冒 Counterfeit	其　他 Others
受理投诉件数总计	**Total Number of Accepted Cases**	**315**	**57**	**25**	**209**
家用电子电器类	Household Electric Appliance	24	10	2	33
服装鞋帽类	Garments, Shoes and Hats	3	3	5	27
食品类	Food	3	3	2	10
烟、酒饮料类	Tobacco, Liquor and Drink	8	4	8	3
房屋及建材类	House and Decoration Materials	32	5	3	13
日用商品类	Daily Use Household Articles	41	3	3	36
首饰及文体用品类	Jewelry, Cultural and Sports Articles	4	1		
医药及医疗用品类	Medicine and Medical Treatment Articles	3	6		1
交通工具类	Transportations	31	6	1	15
农用生产资料类	Agricultural Production Materials				4
生活、社会服务类	Living and Social Services	73	2		22
房屋装修及物业服务类	House Decoration and Property Management	27			1
旅游服务	Tourism Services	1			
文化、娱乐、体育服务	Cultural, Recreational and Sports Services	6			4
邮政业服务	Post Services	15			3
电信服务	Telecommunication Services	7	4	1	3
互联网服务	Internet Services	1			1
金融服务	Finance Services		1		1
保险服务	Insurance Services	3			
卫生保健服务	Health Care Services	1			1
教育培训服务	Educational Services	10	1		
公共设施服务	Public Facility Services	7			1
销售服务	Sales Services	13	8		4
其他商品和服务	Other Commodities and Services	2			26
解决件数总计	**Total Cases Solved**				

21-17 规模以上部分服务业企业主要指标(2013年)

Main Indicators of Part of Service Sector above Disignated Size,2013

项 目	Item	企业单位数(个) Number of Enterprises (unit)	从业人员年平均人数(人) Annual Average Employment Personnel (person)	资产总计(亿元) Total Assets (100 million yuan)
全市总计	**Total**	**2834**	**469257**	**17630.29**
按行业分	**Grouped by Sector**			
铁路运输业	Railway Transport	3	174	0.97
道路运输业	Highway Transport	281	54751	2464.38
水上运输业	Waterway Transport	74	21860	1821.63
航空运输业	Air Transport	6	7064	282.16
管道运输业	Pipeline Transport	4	235	12.17
装卸搬运和运输代理业	Load & Unload and Transportation Agent	411	18897	313.11
仓储业	Storage Services	166	19297	598.36
邮政业	Post Services	7	14609	21.21
电信、广播电视和卫星传输服务	Telecommunication, Broadcast Television and Satellite Transmission Services	15	18219	378.97
互联网和相关服务	Internet and Relative Services	32	3465	33.56
软件和信息技术服务业	Software and Information Technology Services	129	14982	258.92
物业管理(中类)	Property Management (middle class)	124	30545	45.98
房地产中介服务(中类)	The Real Estate Intermediary Services (middle class)	24	8203	24.19
租赁业	Leasing Services	36	2594	172.55
商务服务业	Business Services	665	73153	5968.84
研究和试验发展	R&D	22	2196	43.54
专业技术服务业	Special Technical Services	378	78201	1634.46
科技推广和应用服务业	Science and Technology Generalizing and Application Services	56	3716	68.92
水利管理业	Management for Water Conservancy	13	1164	25.91
生态保护和环境治理业	Ecological Protection and Management for Environment	3	149	1.33
公共设施管理业	Management for Public Facilities	52	6010	2261.51
居民服务业	Resident Services	50	12040	29.23
机动车、电子产品和日用产品修理业	Motor Vehicle, Electronic Products and Household Products Repair Industry	15	2904	3.98
其他服务业	Others	121	59062	521.11
教 育	Education	17	2449	10.36
卫 生	Health Care	38	4363	13.48
新闻和出版业	News Publication	21	2988	40.41
广播、电视、电影和影视录音制作业	Broadcast, TV, Movies, Video and Record Production Industry	24	1367	514.59
文化艺术业	Culture and Art	15	1040	13.20
体 育	Sports	13	1439	20.41
娱乐业	Recreational Services	19	2121	30.85

21-17续表 *Continued*

单位：亿元 (100 million yuan)

项 目	Item	营业收入 Revenue from Business	税收合计 Total Taxes	利润总额 Total Pre-tax Profits
全市总计	**Total**	**3933.84**	**188.13**	**429.78**
按行业分	**Grouped by Sector**			
铁路运输业	Railway Transport	1.44	0.14	0.35
道路运输业	Highway Transport	344.12	10.69	14.40
水上运输业	Waterway Transport	294.65	11.72	21.64
航空运输业	Air Transport	73.53	0.91	1.50
管道运输业	Pipeline Transport	2.96	0.31	0.47
装卸搬运和运输代理业	Load & Unload and Transportation Agent	397.92	7.76	11.59
仓储业	Storage Services	623.49	15.57	15.28
邮政业	Post Services	24.02	0.51	-1.06
电信、广播电视和卫星传输服务	Telecommunication, Broadcast Television and Satellite Transmission Services	202.27	14.13	27.69
互联网和相关服务	Internet and Relative Services	38.89	1.62	-0.56
软件和信息技术服务业	Software and Information Technology Services	123.61	11.94	39.92
物业管理(中类)	Property Management (middle class)	28.04	1.86	0.11
房地产中介服务(中类)	The Real Estate Intermediary Services (middle class)	12.74	1.03	2.10
租赁业	Leasing Services	18.28	2.16	5.28
商务服务业	Business Services	623.19	36.45	100.48
研究和试验发展	R&D	16.15	0.57	2.00
专业技术服务业	Special Technical Services	737.52	49.08	137.52
科技推广和应用服务业	Science and Technology Generalizing and Application Services	38.04	1.01	2.68
水利管理业	Management for Water Conservancy	3.44	0.07	-0.13
生态保护和环境治理业	Ecological Protection and Management for Environment	0.45	0.03	0.06
公共设施管理业	Management for Public Facilities	156.54	6.29	21.55
居民服务业	Resident Services	14.35	0.91	1.02
机动车、电子产品和日用产品修理业	Motor Vehicle, Electronic Products and Household Products Repair Industry	6.57	0.15	-0.01
其他服务业	Others	77.20	5.84	9.11
教　育	Education	6.35	0.49	0.21
卫　生	Health Care	12.86	0.22	0.06
新闻和出版业	News Publication	18.34	1.07	1.41
广播、电视、电影和影视录音制作业	Broadcast, TV, Movies, Video and Record Production Industry	8.41	3.84	14.05
文化艺术业	Culture and Art	10.88	0.28	0.44
体　育	Sports	3.09	0.17	-0.54
娱乐业	Recreational Services	14.50	1.32	1.18

21-18 各区县规模以上部分服务业企业主要指标(2013年)

Main Indicators of partial Service Enterprises above Designated Size by District and Country,2013

地　区	Region	企业单位数(个) Number of Enterprises (unit)	从业人员年平均人数(人) Annual Average Employment Personnel (person)	资产总计(亿元) Total Assets (100 million yuan)
和平区	Heping District	171	41134	1892.69
河东区	Hedong District	114	13906	83.48
河西区	Hexi District	300	36937	595.20
南开区	Nankai District	148	60250	791.45
河北区	Hebei District	76	25087	957.49
红桥区	Hongqiao District	47	6474	40.67
东丽区	Dongli District	147	22266	281.66
西青区	Xiqing District	115	16247	367.91
津南区	Jinnan District	138	13237	574.48
北辰区	Beichen District	88	25297	331.04
武清区	Wuqing District	96	7231	252.86
宝坻区	Baodi District	26	2492	20.91
滨海新区	Binhai New Area	1478	237807	11894.59
宁河县	Ninghe County	29	2988	33.04
静海县	Jinghai County	26	2859	19.28
蓟　县	Jixian County	23	3219	205.69

21−18续表 *Continued*

单位：亿元 (100 million yuan)

地　区	Region	营业收入 Revenue from Business	税收合计 Total Taxes	利润总额 Total Pre-tax Profits
和平区	Heping District	263.94	13.33	31.93
河东区	Hedong District	42.39	2.00	1.60
河西区	Hexi District	230.71	8.43	13.33
南开区	Nankai District	116.89	5.62	8.56
河北区	Hebei District	126.66	4.22	14.96
红桥区	Hongqiao District	22.08	2.10	1.91
东丽区	Dongli District	152.52	4.34	6.95
西青区	Xiqing District	67.94	3.34	0.54
津南区	Jinnan District	49.49	4.54	13.06
北辰区	Beichen District	392.16	6.73	15.66
武清区	Wuqing District	57.95	2.18	2.97
宝坻区	Baodi District	9.19	0.92	2.07
滨海新区	Binhai New Area	2722.76	143.47	330.72
宁河县	Ninghe County	30.52	1.20	5.06
静海县	Jinghai County	14.56	0.62	0.95
蓟　县	Jixian County	11.19	0.32	3.01

主要统计指标解释

律　师

指依法取得律师执业证书，担任法律顾问、民事(刑事、行政)案件代理人、刑事案件辩护人，办理非诉讼业务，解答法律询问,代写法律事务文书等,为社会提供法律服务的人员。

公证人员

指在公证处工作的人员总称，包括公证处主任、副主任、公证员、公证员助理(助理公证员)和其他从事辅助性工作的人员。

办理公证文书

指公证处根据当事人申请，依照事实和法律，按照法定程序制作的，具有法律效力的司法证明文书。根据公证书用途和使用地，公证书分为国内公证书、国内经济公证书、涉外民事公证书、涉外经济公证书四类。

调解人员

指在人民调解委员会担负调解民间纠纷工作的人员，包括调解委员会的委员和调解小组的调解员。

调解民间纠纷

指调解委员会按照法律规定，根据自愿原则，用说服教育的方法调解民间发生的有关民事权利和义务争执的件数，包括调解成功数和调解未成功数。

受理劳动争议案件数

指劳动争议仲裁委员会根据国家有关规定，对劳动争议当事人的申请予以审查，符合受理条件而正式立案、准备处理的劳动争议案件数。

基本养老保险

1.（参保）职工人数：指报告期末按照国家法律、法规和有关政策规定参加基本养老保险并在社保经办机构已建立缴费记录档案的职工人数,包括中断缴费但未终止养老保险关系的职工人数，不包括只登记未建立缴费记录档案的人数。

2.（参保）离退休人员人数：指报告期末参加基本养老保险的离休、退休和退职人员的人数。

3. 基本养老保险基金收入：指根据国家有关规定，由纳入基本养老保险范围的缴费单位和个人按国家规定的缴费基数和缴费比例缴纳的养老保险基金，以及通过其他方式取得的形成基金来源的收入。包括单位和职工个人缴纳的基本养老保险费、基本养老保险基金利息收入、上级补助收入、下级上解收入、转移收入、财政补贴和其他收入。

4. 基本养老保险基金支出：指按照国家政策规定的开支范围和开支标准从养老保险基金中支付给参加基本养老保险的个人的养老金、丧葬抚恤补助，以及由于保险关系转移、上下级之间调剂资金等原因而发生的支出。包括离休金、退休金、退职金、各种补贴、医疗费、死亡丧葬补助费、抚恤救济费、社会保险经办机构管理费、补助下级支出、上解上级支出、转移支出、其他支出等。

5. 基本养老保险基金累计结余：指截至报告期末基本养老保险基金收支相抵后的累计余额。

基本医疗保险

1. 参保人数：指报告期末按国家有关规定参加基本医疗保险的人数。包括参加保险的职工人数和退休人员人数。

2. 基金收入：指根据国家有关规定，由纳入基本医疗保险范围的缴费单位和个人，按国家规定的缴费基数和缴费比例缴纳的基金，以及通过其他方式取得的形成基金来源的款项，包括：单位缴纳的社会统筹基金收入、个人缴纳的个人账户基金收入、财政补贴收入、利息收入、其他收入。

3. 基金支出：指按照国家政策规定的开支范围和开支标准从社会统筹基金中支付给参加基本医疗保险的职工和退休人员的医疗保险待遇支出，和从个人账户基金中支付给参加基本医疗保险的职工和退休人员的医疗费用支出，以及其他支出。包括：住院医疗费用支出、门急诊医疗费用支出、个人账户基金支出、其他支出。

4. 基金累计结余：指截至报告期末基本医疗保险的社会统筹和个人账户基金累计结余金额。包括银行存款、财政专户、债券投资和其他。

失业保险

1. 参保人数：指报告期末按照国家法律、法规和有关政策规定参加了失业保险的城镇企业事业单位的职工及地方政府规定参加失业保险的其他人员的人数。

2. 失业保险基金收入：指按照规定从企业、事业及其他单位筹集的失业保险费及其他并入失业保险基金收入的总额。包括单位和个人缴纳的失业保险费、失业保险基金利息收入、上级补助收入、下级上解收入、转移收入、财政补贴和其他收入。

3. 失业保险基金支出：指报告期内为保障失业人员和下岗职工基本生活、促进其再就业等支出的基金总额。包括失业救济金、医疗费、死亡丧葬补助费、抚恤救济费、转业训练费支出、失业保险经办机构管理费、补助下级支出、上解上级支出、转移支出和其他支出。

4. 基金累计结余：指截至报告期末失业保险基金收支相抵后的累计余额。

Explanatory Notes on Main Statistical Indicators

Lawyers

are certified legal workers according to law, and who are employed by legal counseling firms to act as legal advisers, agents in criminal or civil lawsuits, or defenders in criminal lawsuits, or to handle non-litigious legal affairs, to advise on matters of law or to write legal papers for others, and provide service to the public.

Notarial Personnel

refers to people working for notary offices including: directors, deputy director, notaries, assistant notaries, and other people providing assistance.

Notarized Documents

refer to the judicatory notary documents drawn up by the request of the party and are in accordance with facts and laws and following certain legal proceedings. According to usage and locality, the notary documents are divided into following 4 types: domestic notary documents, domestic economic notary documents, foreign-related civil notary documents and foreign-related economic notary documents.

Mediators

refer to workers on people mediation committees responsible for mediating in civil disputes and cases of slight infraction of the law. They include members of the mediation committees and mediators of mediation groups.

Mediation of Civil Disputes

refers to number of cases made by mediation committees in mediating in civil disputes concerning civil rights and duties through persuasion and education in accordance with the provisions of law on a voluntary basis, so as to solve disputes by helping the parties involved come to an agreement and understanding, including those unsuccessful ones.

Number of Labour Dispute Cases Accepted

refers to the number of cases of labour dispute submitted that, after being reviewed by the labour dispute arbitration committees in line with the relevant national regulations, are accepted and registered for treatment.

Basic Pension Insurance

1. Number of staff and workers covered refer to staff and workers participating in the basic pension insurance programme according to national laws, regulations and related policies at the end of the reference period, who have already had payment records in social security management agencies, including those who have interrupt payment without terminating the insurance programme. Those who have registered in the programme but with no payment records are not included.

2. Number of retirees participating in the basic pension insurance programme refer to the number of retirees participating in basic pension insurance programmes by the end of the reference period.

3. Revenue of the basic pension insurance programme refers to payments made by employers and individuals participating in the pension insurance programme in accordance with the basis and proportion stipulated in State regulations, and income from other sources that become source of pension insurance fund, including the premium paid by employers and staff and workers, interest income, subsidies from higher level agencies, income as transfer from subordinate agencies, transferred income, government financial subsidies and other income.

4. Expenditure of basic pension insurance programme refers to payment made on pensions and funeral subsidies to those retired and resigned people covered in pension insurance programmes according to related national policies on scope and standard of expenditure. Also included are expenditure which arises due to shift of the insurance relationship or adjustment of funds among agencies. More specifically, included are pensions for resigned people, pensions for retired people, pension for people quitting jobs, various subsidies, medical fees, funeral subsidies, compensation payments, management fees for social security agencies, expenses on subsidies to lower subordinates, expenses as transfer to agencies at higher level, transferred expenditure and other expenditure.

5. Balance of basic pension insurance programme refers to the balance of basic pension insurance funds at the end of the reference period after deducting expenses from revenue.

Basic Medical Care Insurance

1. Number of people participating in the insurance programme refers to people participating in the basic medical care insurance programme according to related regulations as at the end of reference period, including number of staff and workers and retirees participating in this insurance programme.

2. Revenue of the insurance programme refers to payments made by employers and individuals participating in the medical care insurance programme in accordance with the basis and proportion stipulated in State regulations, and income from other sources that become source of medical insurance fund, including income of social comprehensive funds paid by employers, income from individual accounts, government financial subsidies, interest income and other income.

3. Expenditure of the insurance programme refers to payment made from social comprehensive funds to those retired and resigned people covered in basic medical care insurance within the scope and standards of expenditure according to related national policies, and medical care payment made from

individual accounts to staff and workers and retirees, and other expenses, including medical expenses of hospital inpatients, medical expenses for outpatients and emergency patients, payment from individual accounts and other expenditure.

4. Balance of the basic medical care insurance programme refer to the balance of medical care insurance of social comprehensive funds and individual accounts at the end of the reference period, including bank savings, special fiscal accounts, investment in bonds and others.

Unemployment Insurance

1. Number of people covered refers to staff and workers in urban enterprises or institutions who have participated in unemployment insurance programme in line relevant policies and regulations, and other people who have participated according to local government regulations, by the end of reference period.

2. Revenue of unemployment insurance refer to payments made by employers and individuals participating in unemployment insurance programme in accordance with relevant regulations and other income contributed to this programme, including unemployment insurance premium made by employers and individuals, interest income, subsidies from higher level agencies, income as transfer from subordinate agencies, transferred income, government financial subsidies and other income.

3. Expenses of unemployment insurance refer to total expenses during the reference period to guarantee the basic livelihood of unemployed people and laid-off staff and workers and to encourage their re-employment. Included are unemployment relief, medical fees, funeral subsidies, compensation pension, training expenses, management fees for unemployment insurance agencies, subsidies to lower level agencies, expenses as transfer to higher level agencies, transferred expenditure and other expenditure.

4. Balance of unemployment insurance refer to the balance of unemployment revenue deducting unemployment expenses at the end of the reference period.

区县基本情况
Basic Statistics on Districts and Counties

22

22-1 各区县主要经济指标(2013年)

Basic Statistics on Districts and Counties,2013

单位：亿元(100 million yuan)

区　县	Region	区　县 生产总值 Gross Domestic Product of District and County	2013 比2012年 增长(%) Increase Rate in 2013 over 2012 (%)	规模以上 工业总产值 Gross Output Value of Industrial Enterprises above Designated Size	2013 比2012年 增长(%) Increase Rate in 2013 over 2012(%)
和平区	Heping District	687.42	10.3	13.05	7.3
河东区	Hedong District	284.51	9.2	31.01	-35.0
河西区	Hexi District	665.18	9.8	269.26	4.5
南开区	Nankai District	593.64	9.7	199.34	-0.7
河北区	Hebei District	346.03	9.8	397.03	6.1
红桥区	Hongqiao District	157.00	11.1	23.00	11.9
东丽区	Dongli District	759.85	15.8	1500.03	-0.3
西青区	Xiqing District	800.57	15.9	2118.58	10.6
津南区	Jinnan District	604.12	18.2	1138.35	26.7
北辰区	Beichen District	755.11	17.3	1850.38	17.0
武清区	Wuqing District	791.05	19.1	1505.40	21.0
宝坻区	Baodi District	479.96	15.7	635.92	25.3
滨海新区	Binhai New Area	8020.40	17.5	16165.02	13.2
宁河县	Ninghe County	407.70	16.1	643.15	19.7
静海县	Jinghai County	502.21	15.4	1586.05	16.9
蓟　县	Jixian County	313.70	14.2	199.45	16.5

注：1．区县生产总值增速按可比价格计算。2．滨海新区数据中区县生产总值、规模以上工业总产值、全社会固定资产投资、社会消费品零售总额数据为注册口径，其他数据为在地口径。3.除滨海新区外其他区县数据为在地口径数据，后表同。

Note: a) Increase rate of gross domestic product of district and county is calculated at constant prices. b) The following data of Binhai New Area adopt coverage of register units:Gross Domestic Product of District and County,Gross Output Value of Industrial Enterprises above Designatec Size,Investment in Fixed Assets,Retail Sales of Consumer Goods,and other data are coverage of location.c)Data of other districts and counties except Binhai New Area adopt coverage of location. Same as following next.

22-1续表1 *Continued*

单位：亿元 (100 million yuan)

区　县	Region	区县级公共财政收入 Public Finance Revenue at District & County Level	2013比2012年增长(%) Increase Rate in 2013 over 2012 (%)	区县级公共财政支出 Public Finance Expenditure at District & County Level	2013比2012年增长(%) Increase Rate in 2013 over 2012 (%)
和平区	Heping District	61.14	26.8	59.45	25.9
河东区	Hedong District	38.19	18.3	43.65	16.1
河西区	Hexi District	56.94	26.7	48.56	15.6
南开区	Nankai District	47.65	25.1	44.73	10.5
河北区	Hebei District	37.34	24.0	47.79	24.9
红桥区	Hongqiao District	18.39	23.8	30.91	18.2
东丽区	Dongli District	78.61	20.5	84.61	35.6
西青区	Xiqing District	75.52	20.6	78.22	30.4
津南区	Jinnan District	69.82	21.3	54.70	26.3
北辰区	Beichen District	53.83	23.0	51.55	37.4
武清区	Wuqing District	73.14	29.2	98.10	27.6
宝坻区	Baodi District	41.41	25.1	65.07	20.4
滨海新区	Binhai New Area	563.27	22.3	650.53	22.6
宁河县	Ninghe County	28.20	40.1	39.96	25.3
静海县	Jinghai County	42.21	25.6	60.68	23.4
蓟　县	Jixian County	27.71	36.6	49.25	45.1

22-1续表2 *Continued*

单位：亿元 (100 million yuan)

区 县	Region	全社会固定资产投资 Investment in Fixed Assets	2013比2012年增长(%) Increase Rate in 2013 over 2012 (%)	社会消费品零售总额 Retail Sales of Consumer Goods	2013比2012年增长(%) Increase Rate in 2013 over 2012 (%)
和平区	Heping District	128.84	13.6	391.27	11.8
河东区	Hedong District	113.12	13.7	321.84	7.7
河西区	Hexi District	128.84	31.9	453.77	25.8
南开区	Nankai District	115.50	20.9	574.17	7.6
河北区	Hebei District	115.50	13.6	203.18	17.0
红桥区	Hongqiao District	90.11	44.9	152.84	11.2
东丽区	Dongli District	655.07	28.7	168.89	13.3
西青区	Xiqing District	690.58	26.3	190.47	15.9
津南区	Jinnan District	625.91	26.4	193.26	30.6
北辰区	Beichen District	662.85	23.5	182.94	14.6
武清区	Wuqing District	680.14	32.0	224.88	56.3
宝坻区	Baodi District	530.12	30.6	154.47	23.7
滨海新区	Binhai New Area	5036.68	13.1	1192.06	15.0
宁河县	Ninghe County	477.56	30.6	87.99	22.3
静海县	Jinghai County	500.38	24.9	105.32	23.3
蓟 县	Jixian County	529.14	25.9	144.14	20.3

22—1续表3 *Continued*

区　县	Region	外贸出口总额(亿美元) Total Value of Exports in Foreign Trade (USD 100 million)	2013比2012年增长(%) Increase Rate in 2013 over 2012 (%)	实际直接利用外资(万美元) Actual Direct Utilization of Foreign Capital (USD 10 000)	2013比2012年增长(%) Increase Rate in 2013 over 2012 (%)
和平区	Heping District	15.99	3.0	62074	12.0
河东区	Hedong District	4.05	12.5	12018	14.8
河西区	Hexi District	13.96	17.8	22078	7.4
南开区	Nankai District	7.07	0.2	4500	13.8
河北区	Hebei District	5.36	32.2	21411	15.9
红桥区	Hongqiao District	0.67	112.3	2876	91.5
东丽区	Dongli District	25.24	0.2	74169	12.0
西青区	Xiqing District	22.04	0.4	94377	10.9
津南区	Jinnan District	14.59	9.9	52276	13.3
北辰区	Beichen District	26.51	-5.4	92317	10.2
武清区	Wuqing District	24.45	5.7	65487	16.2
宝坻区	Baodi District	4.81	0.2	21034	12.3
滨海新区	Binhai New Area	311.45	0.1	1099985	12.0
宁河县	Ninghe County	2.77	24.5	25278	20.0
静海县	Jinghai County	10.52	3.7	20233	10.7
蓟　县	Jixian County	0.77	8.4	12782	11.1

22-2 和平区基本情况

Basic Statistics on Heping District

指　　标	Item	2012	2013
常住人口(万人)	Permanent Population(10 000 persons)	34.12	36.42
户籍户数(万户)	Registered Households(10 000 households)	13.44	13.67
户籍人口(万人)	Registered Population(10 000 persons)	39.75	40.28
男　性	Male	19.11	19.36
女　性	Female	20.64	20.92
年平均人口(万人)	Average Annual Population(10 000 persons)	39.99	40.02
城镇非私营单位从业人员(万人)	Employment Personnel in Urban Non-private Units(10 000 persons)	21.13	16.39
新增就业人员(人)	Newly Increased Employment Personnel(person)	39735	40536
城镇非私营单位从业人员平均工资(元)	Average Remuneration of Employment Personnel in Urban Non-private Units(yuan)	62615	68322
区县生产总值(亿元)	Gross Domestic Product of District and County(100 million yuan)	653.26	687.42
第二产业	Secondary Industry	57.52	36.03
# 工　业	Industry	48.92	26.86
第三产业	Tertiary Industry	595.74	651.40
第三产业比重(%)	The Proportion of Tertiary Industry in GDP(%)	91.2	94.8
区县生产总值增速(%)	Increase Rate of Gross Domestic Product of District and County(%)	11.5	10.3
区级公共财政收入(亿元)	Public Finance Revenue at District Level(100 million yuan)	48.22	61.14
# 税收收入	Revenue from Taxes	41.84	46.23
区级公共财政支出(亿元)	Public Finance Expenditure at District Level(100 million yuan)	47.21	59.45
# 教育经费支出	Operating Expenses for Education	16.37	19.81
社会保障和就业	Social Security and Employment	3.08	3.79
医疗卫生	Health Care	3.13	4.00
规模以上工业企业	Industrial Enterprises above Designated Size		
单位数(个)	Number of Units(unit)	8	8
资产总值(亿元)	Total Assets(100 million yuan)	294.39	141.56
主营业务收入(亿元)	Revenue from Principal Business(100 million yuan)	59.54	15.30
利润总额(亿元)	Total Pre-tax Profits(100 million yuan)	1.97	-1.96
工业总产值(亿元)	Gross Output Value of Industry(100 million yuan)	57.08	13.05

22-2续表 *Continued*

指 标	Item	2012	2013
固定资产投资(亿元)	Investment in Fixed Assets(100 million yuan)	115.69	128.84
# 房地产开发	Real Estate Development	74.35	70.28
建筑业总产值(亿元)	Gross Output Value of Construction(100 million yuan)	120.47	150.95
社会消费品零售总额(亿元)	Retail Sales of Consumer Goods(100 million yuan)	352.87	391.27
批发和零售业商品销售额(亿元)	Total Sales of Wholesale and Retail Trade(100 million yuan)	2041.89	2898.00
外贸进出口总额(亿美元)	Total Value of Imports and Exports in Foreign Trade(USD 100 million)	50.42	75.39
# 出 口	Exports	16.23	15.99
实际直接利用外资(亿美元)	Actual Direct Utilization of Foreign Capital(USD 100 million)	5.54	6.21
实际利用内资(亿元)	Domestic Investment Actually Used(100 million yuan)	110.43	112.51
中资金融机构本外币存款余额(亿元)	RMB and Foreign Currencies Deposits of Chinese Financial Institutions(100 million yuan)	2275.36	2437.10
中资金融机构本外币贷款余额(亿元)	RMB and Foreign Currencies Loans of Chinese Financial Institutions(100 million yuan)	1863.63	2085.51
专利申请授权量(件)	Patent Applications Granted(item)	441	477
小学校数(所)	Number of Primary Schools(unit)	22	21
小学在校学生数(万人)	Students Enrollment of Primary Schools(10 000 persons)	2.36	2.49
普通中学校数(所)	Number of Regular Secondary Schools(unit)	21	18
普通中学在校学生数(万人)	Students Enrollment of Regular Secondary Schools(10 000 persons)	2.37	2.28
幼儿园数(所)	Number of Kindergartens(unit)	22	21
在园儿童数(万人)	Number of Children Enrolled in Kindergartens(10 000 persons)	0.54	0.56
卫生机构数(个)	Health Care Institutions(unit)	122	100
# 医院、卫生院	Hospitals and Health Care Centers	23	23
卫生机构床位数(张)	Beds in Health Care Institutions(unit)	6226	5765
# 医院、卫生院	Hospitals and Health Care Centers	6056	5628
每千人卫生机构床位数(张)	Beds in Health Care Institutions per 1 000 Persons(unit)	19.33	16.35
每千人执业（助理）医师数(人)	Number of Licensed (Assistant) Doctors per 1 000 Persons(person)	10.59	8.92
每千人注册护士数(人)	Number of Registered Nurses per 1 000 Persons(person)	11.94	10.63

22-3 河东区基本情况

Basic Statistics on Hedong District

指　　标	Item	2012	2013
常住人口(万人)	Permanent Population(10 000 persons)	92.90	96.68
户籍户数(万户)	Registered Households(10 000 households)	27.31	28.76
户籍人口(万人)	Registered Population(10 000 persons)	70.96	73.98
男　性	Male	35.70	37.22
女　性	Female	35.26	36.76
年平均人口(万人)	Average Annual Population(10 000 persons)	71.38	73.72
城镇非私营单位从业人员(万人)	Employment Personnel in Urban Non-private Units(10 000 persons)	13.77	12.28
新增就业人员(人)	Newly Increased Employment Personnel(person)	39745	40459
城镇非私营单位从业人员平均工资(元)	Average Remuneration of Employment Personnel in Urban Non-private Units(yuan)	54680	59776
区县生产总值(亿元)	Gross Domestic Product of District and County(100 million yuan)	261.84	284.51
第二产业	Secondary Industry	33.80	30.23
# 工　业	Industry	18.20	12.64
第三产业	Tertiary Industry	228.05	254.28
第三产业比重(%)	The Proportion of Tertiary Industry in GDP(%)	87.1	89.4
区县生产总值增速(%)	Increase Rate of Gross Domestic Product of District and County(%)	10.0	9.2
区级公共财政收入(亿元)	Public Finance Revenue at District Level(100 million yuan)	32.28	38.19
# 税收收入	Revenue from Taxes	22.82	27.76
区级公共财政支出(亿元)	Public Finance Expenditure at District Level(100 million yuan)	37.61	43.65
# 教育经费支出	Operating Expenses for Education	12.27	14.32
社会保障和就业	Social Security and Employment	5.18	5.81
医疗卫生	Health Care	2.60	2.97
规模以上工业企业	Industrial Enterprises above Designated Size		
单位数(个)	Number of Units(unit)	35	23
资产总值(亿元)	Total Assets(100 million yuan)	254.41	116.25
主营业务收入(亿元)	Revenue from Principal Business(100 million yuan)	99.94	34.53
利润总额(亿元)	Total Pre-tax Profits(100 million yuan)	2.25	0.49
工业总产值(亿元)	Gross Output Value of Industry(100 million yuan)	81.59	31.01

22-3续表 *Continued*

指　　标	Item	2012	2013
固定资产投资(亿元)	Investment in Fixed Assets(100 million yuan)	100.18	113.12
# 房地产开发	Real Estate Development	67.81	105.73
建筑业总产值(亿元)	Gross Output Value of Construction(100 million yuan)	207.00	231.71
社会消费品零售总额(亿元)	Retail Sales of Consumer Goods(100 million yuan)	299.70	321.84
批发和零售业商品销售额(亿元)	Total Sales of Wholesale and Retail Trade(100 million yuan)	971.13	1108.50
外贸进出口总额(亿美元)	Total Value of Imports and Exports in Foreign Trade(USD 100 million)	8.73	9.37
# 出　口	Exports	3.60	4.05
实际直接利用外资(亿美元)	Actual Direct Utilization of Foreign Capital(USD 100 million)	1.05	1.20
实际利用内资(亿元)	Domestic Investment Actually Used(100 million yuan)	90.71	100.10
中资金融机构本外币存款余额(亿元)	RMB and Foreign Currencies Deposits of Chinese Financial Institutions(100 million yuan)	920.82	975.73
中资金融机构本外币贷款余额(亿元)	RMB and Foreign Currencies Loans of Chinese Financial Institutions(100 million yuan)	911.10	819.48
专利申请授权量(件)	Patent Applications Granted(item)	820	1335
小学校数(所)	Number of Primary Schools(unit)	22	23
小学在校学生数(万人)	Students Enrollment of Primary Schools(10 000 persons)	2.08	2.17
普通中学校数(所)	Number of Regular Secondary Schools(unit)	19	20
普通中学在校学生数(万人)	Students Enrollment of Regular Secondary Schools(10 000 persons)	1.90	1.88
幼儿园数(所)	Number of Kindergartens(unit)	48	29
在园儿童数(万人)	Number of Children Enrolled in Kindergartens(10 000 persons)	0.92	0.84
卫生机构数(个)	Health Care Institutions(unit)	212	207
# 医院、卫生院	Hospitals and Health Care Centers	43	43
卫生机构床位数(张)	Beds in Health Care Institutions(unit)	3370	3683
# 医院、卫生院	Hospitals and Health Care Centers	2259	2574
每千人卫生机构床位数(张)	Beds in Health Care Institutions per 1 000 Persons(unit)	3.71	3.89
每千人执业（助理）医师数(人)	Number of Licensed (Assistant) Doctors per 1 000 Persons(person)	2.24	2.24
每千人注册护士数(人)	Number of Registered Nurses per 1 000 Persons(person)	1.90	1.87

22-4 河西区基本情况

Basic Statistics on Hexi District

指　　标	Item	2012	2013
常住人口(万人)	Permanent Population(10 000 persons)	94.47	98.29
户籍户数(万户)	Registered Households(10 000 households)	28.19	28.61
户籍人口(万人)	Registered Population(10 000 persons)	79.78	80.94
男　性	Male	39.20	39.75
女　性	Female	40.58	41.19
年平均人口(万人)	Average Annual Population(10 000 persons)	80.04	80.35
城镇非私营单位从业人员(万人)	Employment Personnel in Urban Non-private Units(10 000 persons)	20.64	19.07
新增就业人员(人)	Newly Increased Employment Personnel(person)	39735	40496
城镇非私营单位从业人员平均工资(元)	Average Remuneration of Employment Personnel in Urban Non-private Units(yuan)	76443	81910
区县生产总值(亿元)	Gross Domestic Product of District and County(100 million yuan)	662.85	665.18
第二产业	Secondary Industry	141.96	70.03
# 工　业	Industry	135.97	63.24
第三产业	Tertiary Industry	520.90	595.15
第三产业比重(%)	The Proportion of Tertiary Industry in GDP(%)	78.6	89.5
区县生产总值增速(%)	Increase Rate of Gross Domestic Product of District and County(%)	12.1	9.8
区级公共财政收入(亿元)	Public Finance Revenue at District Level(100 million yuan)	44.94	56.94
# 税收收入	Revenue from Taxes	39.95	49.95
区级公共财政支出(亿元)	Public Finance Expenditure at District Level(100 million yuan)	42.00	48.56
# 教育经费支出	Operating Expenses for Education	13.88	16.84
社会保障和就业	Social Security and Employment	3.31	3.78
医疗卫生	Health Care	2.79	3.32
规模以上工业企业	Industrial Enterprises above Designated Size		
单位数(个)	Number of Units(unit)	62	47
资产总值(亿元)	Total Assets(100 million yuan)	730.51	666.17
主营业务收入(亿元)	Revenue from Principal Business(100 million yuan)	622.68	371.52
利润总额(亿元)	Total Pre-tax Profits(100 million yuan)	28.69	2.48
工业总产值(亿元)	Gross Output Value of Industry(100 million yuan)	532.17	269.26

22-4续表 *Continued*

指　标	Item	2012	2013
固定资产投资(亿元)	Investment in Fixed Assets(100 million yuan)	90.15	128.84
# 房地产开发	Real Estate Development	51.55	59.18
建筑业总产值(亿元)	Gross Output Value of Construction(100 million yuan)	149.23	166.17
社会消费品零售总额(亿元)	Retail Sales of Consumer Goods(100 million yuan)	391.28	453.77
批发和零售业商品销售额(亿元)	Total Sales of Wholesale and Retail Trade(100 million yuan)	1871.13	2751.75
外贸进出口总额(亿美元)	Total Value of Imports and Exports in Foreign Trade(USD 100 million)	23.56	22.51
# 出　口	Exports	13.19	13.96
实际直接利用外资(亿美元)	Actual Direct Utilization of Foreign Capital(USD 100 million)	2.06	2.21
实际利用内资(亿元)	Domestic Investment Actually Used(100 million yuan)	102.52	112.30
中资金融机构本外币存款余额(亿元)	RMB and Foreign Currencies Deposits of Chinese Financial Institutions(100 million yuan)	3451.67	3989.32
中资金融机构本外币贷款余额(亿元)	RMB and Foreign Currencies Loans of Chinese Financial Institutions(100 million yuan)	2229.83	2322.96
专利申请授权量(件)	Patent Applications Granted(item)	668	893
小学校数(所)	Number of Primary Schools(unit)	33	33
小学在校学生数(万人)	Students Enrollment of Primary Schools(10 000 persons)	3.10	3.26
普通中学校数(所)	Number of Regular Secondary Schools(unit)	26	25
普通中学在校学生数(万人)	Students Enrollment of Regular Secondary Schools(10 000 persons)	2.57	2.61
幼儿园数(所)	Number of Kindergartens(unit)	39	38
在园儿童数(万人)	Number of Children Enrolled in Kindergartens(10 000 persons)	1.29	1.29
卫生机构数(个)	Health Care Institutions(unit)	259	258
# 医院、卫生院	Hospitals and Health Care Centers	38	42
卫生机构床位数(张)	Beds in Health Care Institutions(unit)	8350	8835
# 医院、卫生院	Hospitals and Health Care Centers	7990	8495
每千人卫生机构床位数(张)	Beds in Health Care Institutions per 1 000 Persons(unit)	9.05	9.17
每千人执业（助理）医师数(人)	Number of Licensed (Assistant) Doctors per 1 000 Persons(person)	3.87	3.98
每千人注册护士数(人)	Number of Registered Nurses per 1 000 Persons(person)	4.50	4.68

22-5 南开区基本情况

Basic Statistics on Nankai District

指　标	Item	2012	2013
常住人口(万人)	Permanent Population(10 000 persons)	110.10	114.03
户籍户数(万户)	Registered Households(10 000 households)	30.25	30.83
户籍人口(万人)	Registered Population(10 000 persons)	84.68	85.37
男　性	Male	42.34	42.61
女　性	Female	42.34	42.76
年平均人口(万人)	Average Annual Population(10 000 persons)	85.67	85.03
城镇非私营单位从业人员(万人)	Employment Personnel in Urban Non-private Units(10 000 persons)	22.04	22.98
新增就业人员(人)	Newly Increased Employment Personnel(person)	39735	40495
城镇非私营单位从业人员平均工资(元)	Average Remuneration of Employment Personnel in Urban Non-private Units(yuan)	53096	59876
区县生产总值(亿元)	Gross Domestic Product of District and County(100 million yuan)	529.73	593.64
第二产业	Secondary Industry	51.74	55.07
# 工　业	Industry	43.34	45.33
第三产业	Tertiary Industry	477.99	538.57
第三产业比重(%)	The Proportion of Tertiary Industry in GDP(%)	90.2	90.7
区县生产总值增速(%)	Increase Rate of Gross Domestic Product of District and County(%)	9.8	9.7
区级公共财政收入(亿元)	Public Finance Revenue at District Level(100 million yuan)	38.09	47.65
# 税收收入	Revenue from Taxes	33.74	39.43
区级公共财政支出(亿元)	Public Finance Expenditure at District Level(100 million yuan)	40.49	44.73
# 教育经费支出	Operating Expenses for Education	12.64	15.88
社会保障和就业	Social Security and Employment	3.65	4.83
医疗卫生	Health Care	3.42	4.29
规模以上工业企业	Industrial Enterprises above Designated Size		
单位数(个)	Number of Units(unit)	85	71
资产总值(亿元)	Total Assets(100 million yuan)	190.11	303.18
主营业务收入(亿元)	Revenue from Principal Business(100 million yuan)	203.34	261.57
利润总额(亿元)	Total Pre-tax Profits(100 million yuan)	15.20	12.60
工业总产值(亿元)	Gross Output Value of Industry(100 million yuan)	148.55	199.34

22-5续表 *Continued*

指标	Item	2012	2013
固定资产投资(亿元)	Investment in Fixed Assets(100 million yuan)	95.53	115.50
# 房地产开发	Real Estate Development	69.92	77.05
建筑业总产值(亿元)	Gross Output Value of Construction(100 million yuan)	143.69	153.73
社会消费品零售总额(亿元)	Retail Sales of Consumer Goods(100 million yuan)	531.18	574.17
批发和零售业商品销售额(亿元)	Total Sales of Wholesale and Retail Trade(100 million yuan)	5066.30	1321.26
外贸进出口总额(亿美元)	Total Value of Imports and Exports in Foreign Trade(USD 100 million)	10.54	11.08
# 出口	Exports	7.05	7.07
实际直接利用外资(亿美元)	Actual Direct Utilization of Foreign Capital(USD 100 million)	0.40	0.45
实际利用内资(亿元)	Domestic Investment Actually Used(100 million yuan)	77.32	77.92
中资金融机构本外币存款余额(亿元)	RMB and Foreign Currencies Deposits of Chinese Financial Institutions(100 million yuan)	1680.20	1975.24
中资金融机构本外币贷款余额(亿元)	RMB and Foreign Currencies Loans of Chinese Financial Institutions(100 million yuan)	853.71	1147.01
专利申请授权量(件)	Patent Applications Granted(item)	3160	3650
小学校数(所)	Number of Primary Schools(unit)	31	31
小学在校学生数(万人)	Students Enrollment of Primary Schools(10 000 persons)	2.82	2.98
普通中学校数(所)	Number of Regular Secondary Schools(unit)	27	25
普通中学在校学生数(万人)	Students Enrollment of Regular Secondary Schools(10 000 persons)	2.55	2.57
幼儿园数(所)	Number of Kindergartens(unit)	44	44
在园儿童数(万人)	Number of Children Enrolled in Kindergartens(10 000 persons)	1.20	1.27
卫生机构数(个)	Health Care Institutions(unit)	209	285
# 医院、卫生院	Hospitals and Health Care Centers	33	42
卫生机构床位数(张)	Beds in Health Care Institutions(unit)	5684	7584
# 医院、卫生院	Hospitals and Health Care Centers	4969	6951
每千人卫生机构床位数(张)	Beds in Health Care Institutions per 1 000 Persons(unit)	5.27	6.77
每千人执业（助理）医师数(人)	Number of Licensed (Assistant) Doctors per 1 000 Persons(person)	2.87	3.46
每千人注册护士数(人)	Number of Registered Nurses per 1 000 Persons(person)	2.85	3.40

22-6 河北区基本情况

Basic Statistics on Hebei District

指 标	Item	2012	2013
常住人口(万人)	Permanent Population(10 000 persons)	84.18	87.77
户籍户数(万户)	Registered Households(10 000 households)	23.85	24.08
户籍人口(万人)	Registered Population(10 000 persons)	61.88	62.15
男 性	Male	31.13	31.27
女 性	Female	30.75	30.88
年平均人口(万人)	Average Annual Population(10 000 persons)	62.53	62.01
城镇非私营单位从业人员(万人)	Employment Personnel in Urban Non-private Units(10 000 persons)	10.14	10.69
新增就业人员(人)	Newly Increased Employment Personnel(person)	39745	40538
城镇非私营单位从业人员平均工资(元)	Average Remuneration of Employment Personnel in Urban Non-private Units(yuan)	72297	80160
区县生产总值(亿元)	Gross Domestic Product of District and County(100 million yuan)	320.50	346.03
第二产业	Secondary Industry	89.76	86.27
# 工 业	Industry	83.12	78.93
第三产业	Tertiary Industry	230.74	259.76
第三产业比重(%)	The Proportion of Tertiary Industry in GDP(%)	72.0	75.1
区县生产总值增速(%)	Increase Rate of Gross Domestic Product of District and County(%)	10.7	9.8
区级公共财政收入(亿元)	Public Finance Revenue at District Level(100 million yuan)	30.11	37.34
# 税收收入	Revenue from Taxes	19.08	22.24
区级公共财政支出(亿元)	Public Finance Expenditure at District Level(100 million yuan)	38.27	47.79
# 教育经费支出	Operating Expenses for Education	11.67	15.00
社会保障和就业	Social Security and Employment	3.78	4.67
医疗卫生	Health Care	3.24	5.08
规模以上工业企业	Industrial Enterprises above Designated Size		
单位数(个)	Number of Units(unit)	44	38
资产总值(亿元)	Total Assets(100 million yuan)	607.08	657.93
主营业务收入(亿元)	Revenue from Principal Business(100 million yuan)	393.62	418.48
利润总额(亿元)	Total Pre-tax Profits(100 million yuan)	9.48	8.36
工业总产值(亿元)	Gross Output Value of Industry(100 million yuan)	373.65	397.03

22-6续表 *Continued*

指　　标	Item	2012	2013
固定资产投资(亿元)	Investment in Fixed Assets(100 million yuan)	101.69	115.50
# 房地产开发	Real Estate Development	43.73	46.87
建筑业总产值(亿元)	Gross Output Value of Construction(100 million yuan)	88.97	99.57
社会消费品零售总额(亿元)	Retail Sales of Consumer Goods(100 million yuan)	174.86	203.18
批发和零售业商品销售额(亿元)	Total Sales of Wholesale and Retail Trade(100 million yuan)	394.43	489.65
外贸进出口总额(亿美元)	Total Value of Imports and Exports in Foreign Trade(USD 100 million)	7.39	7.91
# 出　口	Exports	4.06	5.36
实际直接利用外资(亿美元)	Actual Direct Utilization of Foreign Capital(USD 100 million)	1.85	2.14
实际利用内资(亿元)	Domestic Investment Actually Used(100 million yuan)	110.25	112.09
中资金融机构本外币存款余额(亿元)	RMB and Foreign Currencies Deposits of Chinese Financial Institutions(100 million yuan)	809.96	887.53
中资金融机构本外币贷款余额(亿元)	RMB and Foreign Currencies Loans of Chinese Financial Institutions(100 million yuan)	521.94	586.54
专利申请授权量(件)	Patent Applications Granted(item)	724	863
小学校数(所)	Number of Primary Schools(unit)	24	23
小学在校学生数(万人)	Students Enrollment of Primary Schools(10 000 persons)	2.06	2.17
普通中学校数(所)	Number of Regular Secondary Schools(unit)	23	23
普通中学在校学生数(万人)	Students Enrollment of Regular Secondary Schools(10 000 persons)	2.10	2.00
幼儿园数(所)	Number of Kindergartens(unit)	28	31
在园儿童数(万人)	Number of Children Enrolled in Kindergartens(10 000 persons)	0.89	0.95
卫生机构数(个)	Health Care Institutions(unit)	194	196
# 医院、卫生院	Hospitals and Health Care Centers	30	30
卫生机构床位数(张)	Beds in Health Care Institutions(unit)	3963	4210
# 医院、卫生院	Hospitals and Health Care Centers	3601	3798
每千人卫生机构床位数(张)	Beds in Health Care Institutions per 1 000 Persons(unit)	4.81	4.90
每千人执业（助理）医师数(人)	Number of Licensed (Assistant) Doctors per 1 000 Persons(person)	2.66	2.70
每千人注册护士数(人)	Number of Registered Nurses per 1 000 Persons(person)	2.72	2.78

22-7 红桥区基本情况

Basic Statistics on Hongqiao District

指　标	Item	2012	2013
常住人口(万人)	Permanent Population(10 000 persons)	56.33	57.72
户籍户数(万户)	Registered Households(10 000 households)	20.45	20.60
户籍人口(万人)	Registered Population(10 000 persons)	51.86	51.80
男　性	Male	26.05	26.03
女　性	Female	25.81	25.77
年平均人口(万人)	Average Annual Population(10 000 persons)	52.85	51.83
城镇非私营单位从业人员(万人)	Employment Personnel in Urban Non-private Units(10 000 persons)	3.60	3.92
新增就业人员(人)	Newly Increased Employment Personnel(person)	33195	34390
城镇非私营单位从业人员平均工资(元)	Average Remuneration of Employment Personnel in Urban Non-private Units(yuan)	64991	65905
区县生产总值(亿元)	Gross Domestic Product of District and County(100 million yuan)	140.26	157.00
第二产业	Secondary Industry	13.39	15.26
# 工　业	Industry	6.40	7.25
第三产业	Tertiary Industry	126.87	141.74
第三产业比重(%)	The Proportion of Tertiary Industry in GDP(%)	90.5	90.3
区县生产总值增速(%)	Increase Rate of Gross Domestic Product of District and County(%)	10.5	11.1
区级公共财政收入(亿元)	Public Finance Revenue at District Level(100 million yuan)	14.86	18.39
# 税收收入	Revenue from Taxes	10.13	14.14
区级公共财政支出(亿元)	Public Finance Expenditure at District Level(100 million yuan)	26.14	30.91
# 教育经费支出	Operating Expenses for Education	9.61	11.52
社会保障和就业	Social Security and Employment	2.33	2.72
医疗卫生	Health Care	2.04	2.42
规模以上工业企业	Industrial Enterprises above Designated Size		
单位数(个)	Number of Units(unit)	25	23
资产总值(亿元)	Total Assets(100 million yuan)	34.41	25.40
主营业务收入(亿元)	Revenue from Principal Business(100 million yuan)	38.65	26.39
利润总额(亿元)	Total Pre-tax Profits(100 million yuan)	1.56	0.81
工业总产值(亿元)	Gross Output Value of Industry(100 million yuan)	24.57	23.00

22-7续表 *Continued*

指　标	Item	2012	2013
固定资产投资(亿元)	Investment in Fixed Assets(100 million yuan)	62.19	90.11
# 房地产开发	Real Estate Development	43.28	56.46
建筑业总产值(亿元)	Gross Output Value of Construction(100 million yuan)	8.70	15.97
社会消费品零售总额(亿元)	Retail Sales of Consumer Goods(100 million yuan)	137.63	152.84
批发和零售业商品销售额(亿元)	Total Sales of Wholesale and Retail Trade(100 million yuan)	38.20	43.97
外贸进出口总额(亿美元)	Total Value of Imports and Exports in Foreign Trade(USD 100 million)	0.76	1.14
# 出　口	Exports	0.32	0.67
实际直接利用外资(亿美元)	Actual Direct Utilization of Foreign Capital(USD 100 million)	0.15	0.29
实际利用内资(亿元)	Domestic Investment Actually Used(100 million yuan)	48.30	52.83
中资金融机构本外币存款余额(亿元)	RMB and Foreign Currencies Deposits of Chinese Financial Institutions(100 million yuan)	422.28	566.78
中资金融机构本外币贷款余额(亿元)	RMB and Foreign Currencies Loans of Chinese Financial Institutions(100 million yuan)	461.40	489.76
专利申请授权量(件)	Patent Applications Granted(item)	313	412
小学校数(所)	Number of Primary Schools(unit)	23	21
小学在校学生数(万人)	Students Enrollment of Primary Schools(10 000 persons)	1.33	1.42
普通中学校数(所)	Number of Regular Secondary Schools(unit)	15	15
普通中学在校学生数(万人)	Students Enrollment of Regular Secondary Schools(10 000 persons)	1.23	1.18
幼儿园数(所)	Number of Kindergartens(unit)	17	18
在园儿童数(万人)	Number of Children Enrolled in Kindergartens(10 000 persons)	0.61	0.63
卫生机构数(个)	Health Care Institutions(unit)	115	112
# 医院、卫生院	Hospitals and Health Care Centers	17	18
卫生机构床位数(张)	Beds in Health Care Institutions(unit)	3243	3175
# 医院、卫生院	Hospitals and Health Care Centers	2738	2740
每千人卫生机构床位数(张)	Beds in Health Care Institutions per 1 000 Persons(unit)	5.84	5.57
每千人执业（助理）医师数(人)	Number of Licensed (Assistant) Doctors per 1 000 Persons(person)	3.08	3.18
每千人注册护士数(人)	Number of Registered Nurses per 1 000 Persons(person)	2.97	3.12

22-8 东丽区基本情况

Basic Statistics on Dongli District

指 标	Item	2012	2013
常住人口(万人)	Permanent Population(10 000 persons)	66.03	68.96
户籍户数(万户)	Registered Households(10 000 households)	13.48	13.62
户籍人口(万人)	Registered Population(10 000 persons)	35.26	35.59
男 性	Male	17.68	17.82
女 性	Female	17.58	17.77
年平均人口(万人)	Average Annual Population(10 000 persons)	35.50	35.43
城镇非私营单位从业人员(万人)	Employment Personnel in Urban Non-private Units(10 000 persons)	24.97	26.79
新增就业人员(人)	Newly Increased Employment Personnel(person)	18606	19236
城镇非私营单位从业人员平均工资(元)	Average Remuneration of Employment Personnel in Urban Non-private Units(yuan)	63731	65627
区县生产总值(亿元)	Gross Domestic Product of District and County(100 million yuan)	671.68	759.85
第一产业	Primary Industry	4.08	4.43
第二产业	Secondary Industry	386.51	443.92
# 工 业	Industry	348.36	400.60
第三产业	Tertiary Industry	281.09	311.50
第三产业比重(%)	The Proportion of Tertiary Industry in GDP(%)	41.8	41.0
区县生产总值增速(%)	Increase Rate of Gross Domestic Product of District and County(%)	10.2	15.8
区级公共财政收入(亿元)	Public Finance Revenue at District Level(100 million yuan)	65.23	78.61
# 税收收入	Revenue from Taxes	36.52	41.12
区级公共财政支出(亿元)	Public Finance Expenditure at District Level(100 million yuan)	62.38	84.61
# 教育经费支出	Operating Expenses for Education	11.84	14.70
社会保障和就业	Social Security and Employment	4.35	4.99
医疗卫生	Health Care	3.67	3.69
粮食产量(万吨)	Total Yield of Grain(10 000 tons)	1.14	1.20
肉类总产量(万吨)	Output of Meat(10 000 tons)	0.50	0.44
水产品产量(万吨)	Output of Aquatic Products(10 000 tons)	0.95	0.80
蔬菜总产量(万吨)	Total Yield of Vegetables(10 000 tons)	12.20	11.73
农村居民人均可支配收入(元)	Per Capita Annual Disposable Income of Rural Households(yuan)	16380	18555

22-8续表 *Continued*

指　标	Item	2012	2013
规模以上工业企业	Industrial Enterprises above Designated Size		
单位数(个)	Number of Units(unit)	338	331
资产总值(亿元)	Total Assets(100 million yuan)	1615.03	1834.73
主营业务收入(亿元)	Revenue from Principal Business(100 million yuan)	1706.18	1975.22
利润总额(亿元)	Total Pre-tax Profits(100 million yuan)	75.97	51.41
工业总产值(亿元)	Gross Output Value(100 million yuan)	1538.35	1500.03
固定资产投资(亿元)	Investment in Fixed Assets(100 million yuan)	508.80	655.07
# 房地产开发	Real Estate Development	150.03	115.54
建筑业总产值(亿元)	Gross Output Value of Construction(100 million yuan)	124.15	126.18
社会消费品零售总额(亿元)	Retail Sales of Consumer Goods(100 million yuan)	149.53	168.89
批发和零售业商品销售额(亿元)	Total Sales of Wholesale and Retail Trade(100 million yuan)	1759.73	1979.22
外贸进出口总额(亿美元)	Total Value of Imports and Exports in Foreign Trade(USD 100 million)	44.23	46.86
# 出　口	Exports	25.22	25.24
实际直接利用外资(亿美元)	Actual Direct Utilization of Foreign Capital(USD 100 million)	6.62	7.42
实际利用内资(亿元)	Domestic Investment Actually Used(100 million yuan)	198.37	223.08
中资金融机构本外币存款余额(亿元)	RMB and Foreign Currencies Deposits of Chinese Financial Institutions(100 million yuan)	671.31	796.01
中资金融机构本外币贷款余额(亿元)	RMB and Foreign Currencies Loans of Chinese Financial Institutions(100 million yuan)	462.64	532.24
专利申请授权量(件)	Patent Applications Granted(item)	2056	2155
小学校数(所)	Number of Primary Schools(unit)	40	42
小学在校学生数(万人)	Students Enrollment of Primary Schools(10 000 persons)	2.33	2.33
普通中学校数(所)	Number of Regular Secondary Schools(unit)	20	19
普通中学在校学生数(万人)	Students Enrollment of Regular Secondary Schools(10 000 persons)	1.53	1.53
幼儿园数(所)	Number of Kindergartens(unit)	87	147
在园儿童数(万人)	Number of Children Enrolled in Kindergartens(10 000 persons)	0.88	1.17
卫生机构数(个)	Health Care Institutions(unit)	147	153
# 医院、卫生院	Hospitals and Health Care Centers	6	9
卫生机构床位数(张)	Beds in Health Care Institutions(unit)	1194	1289
# 医院、卫生院	Hospitals and Health Care Centers	1114	1194
每千人卫生机构床位数(张)	Beds in Health Care Institutions per 1 000 Persons(unit)	1.84	1.91
每千人执业(助理)医师数(人)	Number of Licensed (Assistant) Doctors per 1 000 Persons(person)	1.11	1.07
每千人注册护士数(人)	Number of Registered Nurses per 1 000 Persons(person)	0.88	0.94

22-9 西青区基本情况

Basic Statistics on Xiqing District

指　标	Item	2012	2013
常住人口(万人)	Permanent Population(10 000 persons)	76.12	78.11
户籍户数(万户)	Registered Households(10 000 households)	13.18	13.42
户籍人口(万人)	Registered Population(10 000 persons)	37.07	37.36
男　性	Male	18.08	18.31
女　性	Female	18.99	19.05
年平均人口(万人)	Average Annual Population(10 000 persons)	36.83	37.21
城镇非私营单位从业人员(万人)	Employment Personnel in Urban Non-private Units(10 000 persons)	31.90	34.57
新增就业人员(人)	Newly Increased Employment Personnel(person)	18608	19237
城镇非私营单位从业人员平均工资(元)	Average Remuneration of Employment Personnel in Urban Non-private Units(yuan)	58236	65660
区县生产总值(亿元)	Gross Domestic Product of District and County(100 million yuan)	722.99	800.57
第一产业	Primary Industry	10.80	11.81
第二产业	Secondary Industry	438.35	456.44
# 工　业	Industry	407.15	420.66
第三产业	Tertiary Industry	273.84	332.32
第三产业比重(%)	The Proportion of Tertiary Industry in GDP(%)	37.9	41.5
区县生产总值增速(%)	Increase Rate of Gross Domestic Product of District and County(%)	18.7	15.9
区级公共财政收入(亿元)	Public Finance Revenue at District Level(100 million yuan)	62.60	75.52
# 税收收入	Revenue from Taxes	48.91	53.77
区级公共财政支出(亿元)	Public Finance Expenditure at District Level(100 million yuan)	59.99	78.22
# 教育经费支出	Operating Expenses for Education	12.12	13.88
社会保障和就业	Social Security and Employment	3.69	7.03
医疗卫生	Health Care	3.57	5.15
粮食产量(万吨)	Total Yield of Grain(10 000 tons)	2.51	2.46
肉类总产量(万吨)	Output of Meat(10 000 tons)	2.06	1.69
水产品产量(万吨)	Output of Aquatic Products(10 000 tons)	4.19	3.53
蔬菜总产量(万吨)	Total Yield of Vegetables(10 000 tons)	58.01	60.75
农村居民人均可支配收入(元)	Per Capita Annual Disposable Income of Rural Households(yuan)	16392	18563

22–9续表 *Continued*

指　标	Item	2012	2013
规模以上工业企业	Industrial Enterprises above Designated Size		
单位数(个)	Number of Units(unit)	628	648
资产总值(亿元)	Total Assets(100 million yuan)	1450.31	1138.93
主营业务收入(亿元)	Revenue from Principal Business(100 million yuan)	2123.53	2007.35
利润总额(亿元)	Total Pre-tax Profits(100 million yuan)	160.97	200.70
工业总产值(亿元)	Gross Output Value(100 million yuan)	2044.00	2118.58
固定资产投资(亿元)	Investment in Fixed Assets(100 million yuan)	530.81	690.58
# 房地产开发	Real Estate Development	79.40	105.66
建筑业总产值(亿元)	Gross Output Value of Construction(100 million yuan)	87.63	97.55
社会消费品零售总额(亿元)	Retail Sales of Consumer Goods(100 million yuan)	161.46	190.47
批发和零售业商品销售额(亿元)	Total Sales of Wholesale and Retail Trade(100 million yuan)	776.70	842.71
外贸进出口总额(亿美元)	Total Value of Imports and Exports in Foreign Trade(USD 100 million)	52.82	60.45
# 出　口	Exports	21.97	22.04
实际直接利用外资(亿美元)	Actual Direct Utilization of Foreign Capital(USD 100 million)	8.51	9.44
实际利用内资(亿元)	Domestic Investment Actually Used(100 million yuan)	157.18	247.56
中资金融机构本外币存款余额(亿元)	RMB and Foreign Currencies Deposits of Chinese Financial Institutions(100 million yuan)	670.16	778.96
中资金融机构本外币贷款余额(亿元)	RMB and Foreign Currencies Loans of Chinese Financial Institutions(100 million yuan)	448.41	534.05
专利申请授权量(件)	Patent Applications Granted(item)	2284	2643
小学校数(所)	Number of Primary Schools(unit)	32	32
小学在校学生数(万人)	Students Enrollment of Primary Schools(10 000 persons)	2.59	2.65
普通中学校数(所)	Number of Regular Secondary Schools(unit)	13	13
普通中学在校学生数(万人)	Students Enrollment of Regular Secondary Schools(10 000 persons)	1.58	1.64
幼儿园数(所)	Number of Kindergartens(unit)	68	89
在园儿童数(万人)	Number of Children Enrolled in Kindergartens(10 000 persons)	1.02	1.20
卫生机构数(个)	Health Care Institutions(unit)	199	200
# 医院、卫生院	Hospitals and Health Care Centers	27	19
卫生机构床位数(张)	Beds in Health Care Institutions(unit)	2026	2248
# 医院、卫生院	Hospitals and Health Care Centers	2026	2078
每千人卫生机构床位数(张)	Beds in Health Care Institutions per 1 000 Persons(unit)	2.70	2.92
每千人执业(助理)医师数(人)	Number of Licensed (Assistant) Doctors per 1 000 Persons(person)	0.85	0.86
每千人注册护士数(人)	Number of Registered Nurses per 1 000 Persons(person)	0.53	0.54

22-10 津南区基本情况

Basic Statistics on Jinnan District

指　标	Item	2012	2013
常住人口(万人)	Permanent Population(10 000 persons)	66.55	68.41
户籍户数(万户)	Registered Households(10 000 households)	14.80	14.97
户籍人口(万人)	Registered Population(10 000 persons)	42.01	42.35
男　性	Male	20.93	21.09
女　性	Female	21.08	21.27
年平均人口(万人)	Average Annual Population(10 000 persons)	42.03	42.18
城镇非私营单位从业人员(万人)	Employment Personnel in Urban Non-private Units(10 000 persons)	10.67	14.52
新增就业人员(人)	Newly Increased Employment Personnel(person)	18606	19256
城镇非私营单位从业人员平均工资(元)	Average Remuneration of Employment Personnel in Urban Non-private Units(yuan)	56387	64136
区县生产总值(亿元)	Gross Domestic Product of District and County(100 million yuan)	491.17	604.12
第一产业	Primary Industry	5.04	5.55
第二产业	Secondary Industry	288.31	360.73
# 工　业	Industry	245.45	310.76
第三产业	Tertiary Industry	197.81	237.85
第三产业比重(%)	The Proportion of Tertiary Industry in GDP(%)	40.3	39.4
区县生产总值增速(%)	Increase Rate of Gross Domestic Product of District and County(%)	18.3	18.2
区级公共财政收入(亿元)	Public Finance Revenue at District Level(100 million yuan)	57.54	69.82
# 税收收入	Revenue from Taxes	33.02	39.47
区级公共财政支出(亿元)	Public Finance Expenditure at District Level(100 million yuan)	43.31	54.70
# 教育经费支出	Operating Expenses for Education	11.89	13.77
社会保障和就业	Social Security and Employment	1.64	2.06
医疗卫生	Health Care	2.71	3.20
粮食产量(万吨)	Total Yield of Grain(10 000 tons)	1.29	1.25
肉类总产量(万吨)	Output of Meat(10 000 tons)	2.04	1.79
水产品产量(万吨)	Output of Aquatic Products(10 000 tons)	2.01	2.01
蔬菜总产量(万吨)	Total Yield of Vegetables(10 000 tons)	6.47	5.16
农村居民人均可支配收入(元)	Per Capita Annual Disposable Income of Rural Households(yuan)	15440	17525

22−10续表　*Continued*

指　　标	Item	2012	2013
规模以上工业企业	Industrial Enterprises above Designated Size		
单位数(个)	Number of Units(unit)	458	487
资产总值(亿元)	Total Assets(100 million yuan)	616.13	867.21
主营业务收入(亿元)	Revenue from Principal Business(100 million yuan)	853.62	999.64
利润总额(亿元)	Total Pre-tax Profits(100 million yuan)	73.09	80.64
工业总产值(亿元)	Gross Output Value(100 million yuan)	862.67	1138.35
固定资产投资(亿元)	Investment in Fixed Assets(100 million yuan)	495.94	625.91
# 房地产开发	Real Estate Development	159.13	146.30
建筑业总产值(亿元)	Gross Output Value of Construction(100 million yuan)	506.91	461.31
社会消费品零售总额(亿元)	Retail Sales of Consumer Goods(100 million yuan)	152.79	193.26
批发和零售业商品销售额(亿元)	Total Sales of Wholesale and Retail Trade(100 million yuan)	751.20	1087.40
外贸进出口总额(亿美元)	Total Value of Imports and Exports in Foreign Trade(USD 100 million)	30.11	34.36
# 出　口	Exports	13.29	14.59
实际直接利用外资(亿美元)	Actual Direct Utilization of Foreign Capital(USD 100 million)	4.61	5.23
实际利用内资(亿元)	Domestic Investment Actually Used(100 million yuan)	203.28	242.66
中资金融机构本外币存款余额(亿元)	RMB and Foreign Currencies Deposits of Chinese Financial Institutions(100 million yuan)	511.54	576.93
中资金融机构本外币贷款余额(亿元)	RMB and Foreign Currencies Loans of Chinese Financial Institutions(100 million yuan)	233.21	313.58
专利申请授权量(件)	Patent Applications Granted(item)	906	1163
小学校数(所)	Number of Primary Schools(unit)	34	33
小学在校学生数(万人)	Students Enrollment of Primary Schools(10 000 persons)	2.70	2.83
普通中学校数(所)	Number of Regular Secondary Schools(unit)	16	16
普通中学在校学生数(万人)	Students Enrollment of Regular Secondary Schools(10 000 persons)	1.80	1.81
幼儿园数(所)	Number of Kindergartens(unit)	185	179
在园儿童数(万人)	Number of Children Enrolled in Kindergartens(10 000 persons)	1.44	1.37
卫生机构数(个)	Health Care Institutions(unit)	246	176
# 医院、卫生院	Hospitals and Health Care Centers	24	23
卫生机构床位数(张)	Beds in Health Care Institutions(unit)	1949	1935
# 医院、卫生院	Hospitals and Health Care Centers	1949	1935
每千人卫生机构床位数(张)	Beds in Health Care Institutions per 1 000 Persons(unit)	3.01	2.87
每千人执业(助理)医师数(人)	Number of Licensed (Assistant) Doctors per 1 000 Persons(person)	2.02	1.63
每千人注册护士数(人)	Number of Registered Nurses per 1 000 Persons(person)	1.61	1.25

22-11 北辰区基本情况

Basic Statistics on Beichen District

指　标	Item	2012	2013
常住人口(万人)	Permanent Population(10 000 persons)	74.33	78.20
户籍户数(万户)	Registered Households(10 000 households)	14.22	14.57
户籍人口(万人)	Registered Population(10 000 persons)	37.52	37.93
男　性	Male	18.67	18.87
女　性	Female	18.85	19.07
年平均人口(万人)	Average Annual Population(10 000 persons)	37.44	37.73
城镇非私营单位从业人员(万人)	Employment Personnel in Urban Non-private Units(10 000 persons)	14.56	15.80
新增就业人员(人)	Newly Increased Employment Personnel(person)	17579	18205
城镇非私营单位从业人员平均工资(元)	Average Remuneration of Employment Personnel in Urban Non-private Units(yuan)	55457	59946
区县生产总值(亿元)	Gross Domestic Product of District and County(100 million yuan)	666.43	755.11
第一产业	Primary Industry	9.77	10.12
第二产业	Secondary Industry	432.04	497.65
# 工　业	Industry	392.61	456.81
第三产业	Tertiary Industry	224.62	247.34
第三产业比重(%)	The Proportion of Tertiary Industry in GDP(%)	33.7	32.8
区县生产总值增速(%)	Increase Rate of Gross Domestic Product of District and County(%)	12.7	17.3
区级公共财政收入(亿元)	Public Finance Revenue at District Level(100 million yuan)	43.77	53.83
# 税收收入	Revenue from Taxes	32.77	35.79
区级公共财政支出(亿元)	Public Finance Expenditure at District Level(100 million yuan)	37.52	51.55
# 教育经费支出	Operating Expenses for Education	9.16	10.79
社会保障和就业	Social Security and Employment	2.16	2.64
医疗卫生	Health Care	3.50	4.23
粮食产量(万吨)	Total Yield of Grain(10 000 tons)	3.50	3.59
肉类总产量(万吨)	Output of Meat(10 000 tons)	2.35	2.23
水产品产量(万吨)	Output of Aquatic Products(10 000 tons)	0.99	0.97
蔬菜总产量(万吨)	Total Yield of Vegetables(10 000 tons)	24.44	23.92
农村居民人均可支配收入(元)	Per Capita Annual Disposable Income of Rural Households(yuan)	15502	17586

22-11续表 *Continued*

指　　标	Item	2012	2013
规模以上工业企业	Industrial Enterprises above Designated Size		
单位数(个)	Number of Units(unit)	681	693
资产总值(亿元)	Total Assets(100 million yuan)	1454.77	1568.69
主营业务收入(亿元)	Revenue from Principal Business(100 million yuan)	1582.21	1878.77
利润总额(亿元)	Total Pre-tax Profits(100 million yuan)	145.35	160.43
工业总产值(亿元)	Gross Output Value(100 million yuan)	1585.60	1850.38
固定资产投资(亿元)	Investment in Fixed Assets(100 million yuan)	529.27	662.85
# 房地产开发	Real Estate Development	74.11	121.02
建筑业总产值(亿元)	Gross Output Value of Construction(100 million yuan)	18.03	18.74
社会消费品零售总额(亿元)	Retail Sales of Consumer Goods(100 million yuan)	160.84	182.94
批发和零售业商品销售额(亿元)	Total Sales of Wholesale and Retail Trade(100 million yuan)	1356.90	1788.09
外贸进出口总额(亿美元)	Total Value of Imports and Exports in Foreign Trade(USD 100 million)	42.35	37.09
# 出　口	Exports	28.55	26.51
实际直接利用外资(亿美元)	Actual Direct Utilization of Foreign Capital(USD 100 million)	8.38	9.23
实际利用内资(亿元)	Domestic Investment Actually Used(100 million yuan)	202.19	220.25
中资金融机构本外币存款余额(亿元)	RMB and Foreign Currencies Deposits of Chinese Financial Institutions(100 million yuan)	552.95	670.60
中资金融机构本外币贷款余额(亿元)	RMB and Foreign Currencies Loans of Chinese Financial Institutions(100 million yuan)	315.59	399.11
专利申请授权量(件)	Patent Applications Granted(item)	2115	2259
小学校数(所)	Number of Primary Schools(unit)	37	37
小学在校学生数(万人)	Students Enrollment of Primary Schools(10 000 persons)	2.87	2.91
普通中学校数(所)	Number of Regular Secondary Schools(unit)	20	20
普通中学在校学生数(万人)	Students Enrollment of Regular Secondary Schools(10 000 persons)	1.49	1.56
幼儿园数(所)	Number of Kindergartens(unit)	101	118
在园儿童数(万人)	Number of Children Enrolled in Kindergartens(10 000 persons)	1.63	1.82
卫生机构数(个)	Health Care Institutions(unit)	178	175
# 医院、卫生院	Hospitals and Health Care Centers	6	6
卫生机构床位数(张)	Beds in Health Care Institutions(unit)	1294	1457
# 医院、卫生院	Hospitals and Health Care Centers	1151	1294
每千人卫生机构床位数(张)	Beds in Health Care Institutions per 1 000 Persons(unit)	1.79	1.91
每千人执业(助理)医师数(人)	Number of Licensed (Assistant) Doctors per 1 000 Persons(person)	1.49	1.48
每千人注册护士数(人)	Number of Registered Nurses per 1 000 Persons(person)	1.01	1.07

22-12 武清区基本情况

Basic Statistics on Wuqing District

指　　标	Item	2012	2013
常住人口(万人)	Permanent Population(10 000 persons)	105.33	110.25
户籍户数(万户)	Registered Households(10 000 households)	27.31	27.73
户籍人口(万人)	Registered Population(10 000 persons)	85.77	87.09
男　性	Male	42.73	43.35
女　性	Female	43.04	43.74
年平均人口(万人)	Average Annual Population(10 000 persons)	85.66	86.43
城镇非私营单位从业人员(万人)	Employment Personnel in Urban Non-private Units(10 000 persons)	21.61	24.22
新增就业人员(人)	Newly Increased Employment Personnel(person)	20118	20775
城镇非私营单位从业人员平均工资(元)	Average Remuneration of Employment Personnel in Urban Non-private Units(yuan)	52627	61338
区县生产总值(亿元)	Gross Domestic Product of District and County(100 million yuan)	633.19	791.05
第一产业	Primary Industry	34.56	36.60
第二产业	Secondary Industry	384.35	484.38
# 工　业	Industry	354.30	446.28
第三产业	Tertiary Industry	214.28	270.07
第三产业比重(%)	The Proportion of Tertiary Industry in GDP(%)	33.8	34.1
区县生产总值增速(%)	Increase Rate of Gross Domestic Product of District and County(%)	18.9	19.1
区级公共财政收入(亿元)	Public Finance Revenue at District Level(100 million yuan)	56.62	73.14
# 税收收入	Revenue from Taxes	48.10	60.19
区级公共财政支出(亿元)	Public Finance Expenditure at District Level(100 million yuan)	76.88	98.10
# 教育经费支出	Operating Expenses for Education	23.95	31.51
社会保障和就业	Social Security and Employment	3.76	5.08
医疗卫生	Health Care	4.73	5.92
粮食产量(万吨)	Total Yield of Grain(10 000 tons)	46.84	46.83
肉类总产量(万吨)	Output of Meat(10 000 tons)	5.00	4.79
水产品产量(万吨)	Output of Aquatic Products(10 000 tons)	6.86	7.23
蔬菜总产量(万吨)	Total Yield of Vegetables(10 000 tons)	146.59	144.81
农村居民人均可支配收入(元)	Per Capita Annual Disposable Income of Rural Households(yuan)	13360	15252

22-12续表 *Continued*

指　　标	Item	2012	2013
规模以上工业企业	Industrial Enterprises above Designated Size		
单位数(个)	Number of Units(unit)	423	484
资产总值(亿元)	Total Assets(100 million yuan)	1229.27	978.99
主营业务收入(亿元)	Revenue from Principal Business(100 million yuan)	1226.78	1509.15
利润总额(亿元)	Total Pre-tax Profits(100 million yuan)	171.18	227.59
工业总产值(亿元)	Gross Output Value(100 million yuan)	1229.27	1505.40
固定资产投资(亿元)	Investment in Fixed Assets(100 million yuan)	506.08	680.14
# 房地产开发	Real Estate Development	46.15	91.47
建筑业总产值(亿元)	Gross Output Value of Construction(100 million yuan)	123.57	169.27
社会消费品零售总额(亿元)	Retail Sales of Consumer Goods(100 million yuan)	142.66	224.88
批发和零售业商品销售额(亿元)	Total Sales of Wholesale and Retail Trade(100 million yuan)	722.45	1093.43
外贸进出口总额(亿美元)	Total Value of Imports and Exports in Foreign Trade(USD 100 million)	32.94	34.34
# 出　口	Exports	23.13	24.45
实际直接利用外资(亿美元)	Actual Direct Utilization of Foreign Capital(USD 100 million)	5.64	6.55
实际利用内资(亿元)	Domestic Investment Actually Used(100 million yuan)	202.28	243.32
中资金融机构本外币存款余额(亿元)	RMB and Foreign Currencies Deposits of Chinese Financial Institutions(100 million yuan)	532.52	664.90
中资金融机构本外币贷款余额(亿元)	RMB and Foreign Currencies Loans of Chinese Financial Institutions(100 million yuan)	237.45	298.54
专利申请授权量(件)	Patent Applications Granted(item)	1073	1722
小学校数(所)	Number of Primary Schools(unit)	107	110
小学在校学生数(万人)	Students Enrollment of Primary Schools(10 000 persons)	5.98	6.05
普通中学校数(所)	Number of Regular Secondary Schools(unit)	50	53
普通中学在校学生数(万人)	Students Enrollment of Regular Secondary Schools(10 000 persons)	4.82	5.11
幼儿园数(所)	Number of Kindergartens(unit)	178	240
在园儿童数(万人)	Number of Children Enrolled in Kindergartens(10 000 persons)	2.40	2.10
卫生机构数(个)	Health Care Institutions(unit)	538	616
# 医院、卫生院	Hospitals and Health Care Centers	42	41
卫生机构床位数(张)	Beds in Health Care Institutions(unit)	3547	3602
# 医院、卫生院	Hospitals and Health Care Centers	3428	3483
每千人卫生机构床位数(张)	Beds in Health Care Institutions per 1 000 Persons(unit)	3.45	3.34
每千人执业(助理)医师数(人)	Number of Licensed (Assistant) Doctors per 1 000 Persons(person)	2.20	2.02
每千人注册护士数(人)	Number of Registered Nurses per 1 000 Persons(person)	1.37	1.36

22-13 宝坻区基本情况

Basic Statistics on Baodi District

指　标	Item	2012	2013
常住人口(万人)	Permanent Population(10 000 persons)	85.13	88.15
户籍户数(万户)	Registered Households(10 000 households)	21.82	21.99
户籍人口(万人)	Registered Population(10 000 persons)	67.93	68.56
男　性	Male	34.22	34.51
女　性	Female	33.71	34.05
年平均人口(万人)	Average Annual Population(10 000 persons)	67.76	68.25
城镇非私营单位从业人员(万人)	Employment Personnel in Urban Non-private Units(10 000 persons)	7.03	7.88
新增就业人员(人)	Newly Increased Employment Personnel(person)	15083	15692
城镇非私营单位从业人员平均工资(元)	Average Remuneration of Employment Personnel in Urban Non-private Units(yuan)	47398	53579
区县生产总值(亿元)	Gross Domestic Product of District and County(100 million yuan)	414.41	479.96
第一产业	Primary Industry	28.01	31.75
第二产业	Secondary Industry	196.25	224.35
# 工　业	Industry	164.82	186.29
第三产业	Tertiary Industry	190.15	223.85
第三产业比重(%)	The Proportion of Tertiary Industry in GDP(%)	45.9	46.6
区县生产总值增速(%)	Increase Rate of Gross Domestic Product of District and County(%)	14.0	15.7
区级公共财政收入(亿元)	Public Finance Revenue at District Level(100 million yuan)	33.09	41.41
# 税收收入	Revenue from Taxes	22.85	28.16
区级公共财政支出(亿元)	Public Finance Expenditure at District Level(100 million yuan)	54.05	65.07
# 教育经费支出	Operating Expenses for Education	18.00	24.44
社会保障和就业	Social Security and Employment	3.18	4.87
医疗卫生	Health Care	2.94	4.49
粮食产量(万吨)	Total Yield of Grain(10 000 tons)	48.62	46.12
肉类总产量(万吨)	Output of Meat(10 000 tons)	8.07	7.80
水产品产量(万吨)	Output of Aquatic Products(10 000 tons)	4.14	4.22
蔬菜总产量(万吨)	Total Yield of Vegetables(10 000 tons)	55.22	55.53
农村居民人均可支配收入(元)	Per Capita Annual Disposable Income of Rural Households(yuan)	12426	14269

22-13续表 *Continued*

指标	Item	2012	2013
规模以上工业企业	Industrial Enterprises above Designated Size		
单位数(个)	Number of Units(unit)	377	409
资产总值(亿元)	Total Assets(100 million yuan)	195.17	260.86
主营业务收入(亿元)	Revenue from Principal Business(100 million yuan)	486.30	629.33
利润总额(亿元)	Total Pre-tax Profits(100 million yuan)	26.94	41.56
工业总产值(亿元)	Gross Output Value(100 million yuan)	496.93	635.92
固定资产投资(亿元)	Investment in Fixed Assets(100 million yuan)	406.05	530.12
# 房地产开发	Real Estate Development	18.47	19.80
建筑业总产值(亿元)	Gross Output Value of Construction(100 million yuan)	89.20	101.58
社会消费品零售总额(亿元)	Retail Sales of Consumer Goods(100 million yuan)	129.87	154.47
批发和零售业商品销售额(亿元)	Total Sales of Wholesale and Retail Trade(100 million yuan)	126.12	224.78
外贸进出口总额(亿美元)	Total Value of Imports and Exports in Foreign Trade(USD 100 million)	5.75	5.78
# 出　口	Exports	4.80	4.81
实际直接利用外资(亿美元)	Actual Direct Utilization of Foreign Capital(USD 100 million)	1.87	2.10
实际利用内资(亿元)	Domestic Investment Actually Used(100 million yuan)	202.88	235.91
中资金融机构本外币存款余额(亿元)	RMB and Foreign Currencies Deposits of Chinese Financial Institutions(100 million yuan)	292.15	343.57
中资金融机构本外币贷款余额(亿元)	RMB and Foreign Currencies Loans of Chinese Financial Institutions(100 million yuan)	103.58	112.75
专利申请授权量(件)	Patent Applications Granted(item)	555	524
小学校数(所)	Number of Primary Schools(unit)	69	69
小学在校学生数(万人)	Students Enrollment of Primary Schools(10 000 persons)	3.40	3.60
普通中学校数(所)	Number of Regular Secondary Schools(unit)	40	40
普通中学在校学生数(万人)	Students Enrollment of Regular Secondary Schools(10 000 persons)	3.62	3.38
幼儿园数(所)	Number of Kindergartens(unit)	104	102
在园儿童数(万人)	Number of Children Enrolled in Kindergartens(10 000 persons)	1.08	1.01
卫生机构数(个)	Health Care Institutions(unit)	320	332
# 医院、卫生院	Hospitals and Health Care Centers	37	38
卫生机构床位数(张)	Beds in Health Care Institutions(unit)	1913	2077
# 医院、卫生院	Hospitals and Health Care Centers	1773	1937
每千人卫生机构床位数(张)	Beds in Health Care Institutions per 1 000 Persons(unit)	2.27	2.40
每千人执业(助理)医师数(人)	Number of Licensed (Assistant) Doctors per 1 000 Persons(person)	1.20	1.23
每千人注册护士数(人)	Number of Registered Nurses per 1 000 Persons(person)	0.90	0.92

22-14 滨海新区基本情况

Basic Statistics on Binhai New Area

指　标	Item	2012	2013
常住人口(万人)	Permanent Population(10 000 persons)	263.62	278.72
户籍人口(万人)	Registered Population(10 000 persons)	115.54	118.29
男　性	Male	59.60	60.87
女　性	Female	55.94	57.41
城镇非私营单位从业人员(万人)	Employment Personnel in Urban Non-private Units(10 000 persons)	68.89	73.35
新增就业人员(万人)	Newly Increased Employment Personnel(10 000 person)	10.55	10.82
城镇非私营单位从业人员平均工资(元)	Average Remuneration of Employment Personnel in Urban Non-private Units(yuan)	71514	77166
* 区县生产总值(亿元)	Gross Domestic Product of District and County (100 million yuan)	7205.17	8020.40
* 第一产业	Primary Industry	9.36	10.07
* 第二产业	Secondary Industry	4857.76	5403.03
* # 工　业	Industry	4622.81	5137.61
* 第三产业	Tertiary Industry	2338.05	2607.30
* 第三产业比重(%)	The Proportion of Tertiary Industry in GDP(%)	32.4	32.5
* 区县生产总值增速(%)	Increase Rate of Gross Domestic Product of District and County(%)	20.1	17.5
区级公共财政收入(亿元)	Public Finance Revenue at District Level(100 million yuan)	508.75	563.27
# 增值税收入	Value-added Tax	47.33	62.96
区级公共财政支出(亿元)	Public Finance Expenditure at District Level(100 million yuan)	530.80	650.53
# 教育经费支出	Operating Expenses for Education	58.84	72.18
社会保障和就业	Social Security and Employment	8.59	11.49
医疗卫生	Health Care	15.87	19.77
粮食产量(万吨)	Total Yield of Grain(10 000 tons)	3.14	4.92
肉类总产量(万吨)	Output of Meat(10 000 tons)	2.44	2.53
水产品产量(万吨)	Output of Aquatic Products(10 000 tons)	5.31	9.08
蔬菜总产量(万吨)	Total Yield of Vegetables(10 000 tons)	8.89	9.03

注："*"为注册口径数据，其他为在地口径数据。
Note:The data with " of this table adopt coverage of register units, and other data are coverage of location.

22-14续表 *Continued*

指　　标	Item	2012	2013
规模以上工业企业	Industrial Enterprises above Designated Size		
* 单位数(个)	Number of Units(unit)	1540	1539
* 资产总值(亿元)	Total Assets(100 million yuan)	12350.57	13839.00
* 主营业务收入(亿元)	Revenue from Principal Business(100 million yuan)	14578.63	16314.92
* 利润总额(亿元)	Total Pre-tax Profits(100 million yuan)	1352.88	1357.59
* 工业总产值(亿元)	Gross Output Value(100 million yuan)	14519.77	16165.02
* 全社会固定资产投资(亿元)	Investment in Fixed Assets(100 million yuan)	4453.30	5036.68
* 社会消费品零售总额(亿元)	Retail Sales of Consumer Goods(100 million yuan)	1108.12	1192.06
* 批发和零售业商品销售额(亿元)	Total Sales of Wholesale and Retail Trade(100 million yuan)	13340.47	15071.94
外贸进出口总额(亿美元)	Total Value of Imports and Exports in Foreign Trade(USD 100 million)	812.38	903.17
# 出　口	Exports	308.64	311.45
实际直接利用外资(亿美元)	Actual Direct Utilization of Foreign Capital(USD 100 million)	98.41	110.00
实际利用内资(亿元)	Domestic Investment Actually Used(100 million yuan)	604.99	738.26
中资金融机构本外币存款余额(亿元)	RMB and Foreign Currencies Deposits of Chinese Financial Institutions(100 million yuan)	3964.32	4425.74
中资金融机构本外币贷款余额(亿元)	RMB and Foreign Currencies Loans of Chinese Financial Institutions(100 million yuan)	4571.24	6135.35
专利申请授权量(件)	Patent Applications Granted(item)	6682	8589
小学校数(所)	Number of Primary Schools(unit)	86	87
小学在校学生数(万人)	Students Enrollment of Primary Schools(person)	7.29	7.62
普通中学校数(所)	Number of Regular Secondary Schools(unit)	83	85
普通中学在校学生数(万人)	Students Enrollment of Regular Secondary Schools(person)	5.99	6.10
幼儿园数(所)	Number of Kindergartens(unit)	97	97
在园儿童数(万人)	Number of Children Enrolled in Kindergartens(10 000 persons)	2.35	2.40
卫生机构数(个)	Health Care Institutions(unit)	581	597
# 医院、卫生院	Hospitals and Health Care Centers	59	65
卫生机构床位数(张)	Beds in Health Care Institutions(unit)	6362	7244
# 医院、卫生院	Hospitals and Health Care Centers	5721	6583
每千人卫生机构床位数(张)	Beds in Health Care Institutions per 1 000 Persons(unit)	5.57	6.20
每千人执业（助理）医师(人)	Number of Certified Doctors per 1 000 Persons(person)	3.88	4.09
每千人注册护士(人)	Number of Registered Nurses per 1 000 Persons(person)	3.71	4.11

22-15 宁河县基本情况

Basic Statistics on Ninghe County

指　标	Item	2012	2013
常住人口(万人)	Permanent Population(10 000 persons)	44.32	45.82
户籍户数(万户)	Registered Households(10 000 households)	13.33	13.67
户籍人口(万人)	Registered Population(10 000 persons)	38.94	39.19
男　性	Male	19.76	19.87
女　性	Female	19.18	19.33
年平均人口(万人)	Average Annual Population(10 000 persons)	38.84	39.06
城镇非私营单位从业人员(万人)	Employment Personnel in Urban Non-private Units(10 000 persons)	5.40	6.28
新增就业人员(人)	Newly Increased Employment Personnel(person)	8037	8596
城镇非私营单位从业人员平均工资(元)	Average Remuneration of Employment Personnel in Urban Non-private Units(yuan)	47393	57925
区县生产总值(亿元)	Gross Domestic Product of District and County(100 million yuan)	280.14	407.70
第一产业	Primary Industry	26.15	28.38
第二产业	Secondary Industry	162.56	208.68
# 工　业	Industry	158.79	199.54
第三产业	Tertiary Industry	91.42	170.64
第三产业比重(%)	The Proportion of Tertiary Industry in GDP(%)	32.6	41.9
区县生产总值增速(%)	Increase Rate of Gross Domestic Product of District and County(%)	13.9	16.1
县级公共财政收入(亿元)	Public Finance Revenue at District Level(100 million yuan)	20.13	28.20
# 税收收入	Revenue from Taxes	7.40	9.00
县级公共财政支出(亿元)	Public Finance Expenditure at District Level(100 million yuan)	31.91	39.96
# 教育经费支出	Operating Expenses for Education	9.75	11.36
社会保障和就业	Social Security and Employment	1.72	2.34
医疗卫生	Health Care	2.27	2.65
粮食产量(万吨)	Total Yield of Grain(10 000 tons)	10.68	10.67
肉类总产量(万吨)	Output of Meat(10 000 tons)	10.32	10.38
水产品产量(万吨)	Output of Aquatic Products(10 000 tons)	4.98	6.11
蔬菜总产量(万吨)	Total Yield of Vegetables(10 000 tons)	50.16	52.29
农村居民人均可支配收入(元)	Per Capita Annual Disposable Income of Rural Households(yuan)	13105	14904

22–15续表 *Continued*

指 标	Item	2012	2013
规模以上工业企业	Industrial Enterprises above Designated Size		
单位数(个)	Number of Units(unit)	235	255
资产总值(亿元)	Total Assets(100 million yuan)	429.09	511.80
主营业务收入(亿元)	Revenue from Principal Business(100 million yuan)	530.69	677.13
利润总额(亿元)	Total Pre-tax Profits(100 million yuan)	54.04	75.87
工业总产值(亿元)	Gross Output Value(100 million yuan)	532.21	643.15
固定资产投资(亿元)	Investment in Fixed Assets(100 million yuan)	365.62	477.56
# 房地产开发	Real Estate Development	6.63	13.95
建筑业总产值(亿元)	Gross Output Value of Construction(100 million yuan)	15.48	27.65
社会消费品零售总额(亿元)	Retail Sales of Consumer Goods(100 million yuan)	71.68	87.99
批发和零售业商品销售额(亿元)	Total Sales of Wholesale and Retail Trade(100 million yuan)	131.10	197.06
外贸进出口总额(亿美元)	Total Value of Imports and Exports in Foreign Trade(USD 100 million)	5.99	6.06
# 出 口	Exports	2.22	2.77
实际直接利用外资(亿美元)	Actual Direct Utilization of Foreign Capital(USD 100 million)	2.11	2.53
实际利用内资(亿元)	Domestic Investment Actually Used(100 million yuan)	75.74	110.94
中资金融机构本外币存款余额(亿元)	RMB and Foreign Currencies Deposits of Chinese Financial Institutions(100 million yuan)	178.38	207.57
中资金融机构本外币贷款余额(亿元)	RMB and Foreign Currencies Loans of Chinese Financial Institutions(100 million yuan)	60.90	84.65
专利申请授权量(件)	Patent Applications Granted(item)	199	310
小学校数(所)	Number of Primary Schools(unit)	59	55
小学在校学生数(万人)	Students Enrollment of Primary Schools(10 000 persons)	2.46	2.58
普通中学校数(所)	Number of Regular Secondary Schools(unit)	30	30
普通中学在校学生数(万人)	Students Enrollment of Regular Secondary Schools(10 000 persons)	1.92	1.83
幼儿园数(所)	Number of Kindergartens(unit)	36	88
在园儿童数(万人)	Number of Children Enrolled in Kindergartens(10 000 persons)	0.84	0.94
卫生机构数(个)	Health Care Institutions(unit)	180	211
# 医院、卫生院	Hospitals and Health Care Centers	22	22
卫生机构床位数(张)	Beds in Health Care Institutions(unit)	1237	1247
# 医院、卫生院	Hospitals and Health Care Centers	1237	1247
每千人卫生机构床位数(张)	Beds in Health Care Institutions per 1 000 Persons(unit)	2.83	2.77
每千人执业(助理)医师数(人)	Number of Licensed (Assistant) Doctors per 1 000 Persons(person)	1.54	1.45
每千人注册护士数(人)	Number of Registered Nurses per 1 000 Persons(person)	1.08	1.05

22-16 静海县基本情况

Basic Statistics on Jinghai County

指　标	Item	2012	2013
常住人口(万人)	Permanent Population(10 000 persons)	71.20	74.87
户籍户数(万户)	Registered Households(10 000 households)	20.20	20.53
户籍人口(万人)	Registered Population(10 000 persons)	57.59	58.26
男　性	Male	29.30	29.64
女　性	Female	28.28	28.62
年平均人口(万人)	Average Annual Population(10 000 persons)	57.36	57.93
城镇非私营单位从业人员(万人)	Employment Personnel in Urban Non-private Units(10 000 persons)	6.59	7.05
新增就业人员(人)	Newly Increased Employment Personnel(person)	8037	8597
城镇非私营单位从业人员平均工资(元)	Average Remuneration of Employment Personnel in Urban Non-private Units(yuan)	52571	59071
区县生产总值(亿元)	Gross Domestic Product of District and County(100 million yuan)	415.45	502.21
第一产业	Primary Industry	19.10	21.02
第二产业	Secondary Industry	283.28	340.51
# 工　业	Industry	260.43	312.22
第三产业	Tertiary Industry	113.07	140.68
第三产业比重(%)	The Proportion of Tertiary Industry in GDP(%)	27.2	28.0
区县生产总值增速(%)	Increase Rate of Gross Domestic Product of District and County(%)	16.3	15.4
县级公共财政收入(亿元)	Public Finance Revenue at District Level(100 million yuan)	33.60	42.21
# 税收收入	Revenue from Taxes	19.43	23.69
县级公共财政支出(亿元)	Public Finance Expenditure at District Level(100 million yuan)	49.18	60.68
# 教育经费支出	Operating Expenses for Education	11.93	12.12
社会保障和就业	Social Security and Employment	3.33	4.78
医疗卫生	Health Care	3.50	4.43
粮食产量(万吨)	Total Yield of Grain(10 000 tons)	17.96	19.95
肉类总产量(万吨)	Output of Meat(10 000 tons)	6.40	6.06
水产品产量(万吨)	Output of Aquatic Products(10 000 tons)	2.40	2.44
蔬菜总产量(万吨)	Total Yield of Vegetables(10 000 tons)	41.69	48.03
农村居民人均可支配收入(元)	Per Capita Annual Disposable Income of Rural Households(yuan)	12920	14705

22−16续表 *Continued*

指　　标	Item	2012	2013
规模以上工业企业	Industrial Enterprises above Designated Size		
单位数(个)	Number of Units(unit)	533	556
资产总值(亿元)	Total Assets(100 million yuan)	857.99	977.88
主营业务收入(亿元)	Revenue from Principal Business(100 million yuan)	1422.89	1809.13
利润总额(亿元)	Total Pre-tax Profits(100 million yuan)	124.14	116.59
工业总产值(亿元)	Gross Output Value(100 million yuan)	1301.38	1586.05
固定资产投资(亿元)	Investment in Fixed Assets(100 million yuan)	400.48	500.38
# 房地产开发	Real Estate Development	50.64	58.05
建筑业总产值(亿元)	Gross Output Value of Construction(100 million yuan)	54.66	69.16
社会消费品零售总额(亿元)	Retail Sales of Consumer Goods(100 million yuan)	76.52	105.32
批发和零售业商品销售额(亿元)	Total Sales of Wholesale and Retail Trade(100 million yuan)	680.49	920.33
外贸进出口总额(亿美元)	Total Value of Imports and Exports in Foreign Trade(USD 100 million)	27.54	28.95
# 出　口	Exports	10.15	10.52
实际直接利用外资(亿美元)	Actual Direct Utilization of Foreign Capital(USD 100 million)	1.83	2.02
实际利用内资(亿元)	Domestic Investment Actually Used(100 million yuan)	64.08	91.03
中资金融机构本外币存款余额(亿元)	RMB and Foreign Currencies Deposits of Chinese Financial Institutions(100 million yuan)	394.59	436.20
中资金融机构本外币贷款余额(亿元)	RMB and Foreign Currencies Loans of Chinese Financial Institutions(100 million yuan)	152.95	196.12
专利申请授权量(件)	Patent Applications Granted(item)	563	524
小学校数(所)	Number of Primary Schools(unit)	99	98
小学在校学生数(万人)	Students Enrollment of Primary Schools(10 000 persons)	5.40	5.58
普通中学校数(所)	Number of Regular Secondary Schools(unit)	50	50
普通中学在校学生数(万人)	Students Enrollment of Regular Secondary Schools(10 000 persons)	3.57	3.51
幼儿园数(所)	Number of Kindergartens(unit)	212	233
在园儿童数(万人)	Number of Children Enrolled in Kindergartens(10 000 persons)	2.93	2.86
卫生机构数(个)	Health Care Institutions(unit)	403	413
# 医院、卫生院	Hospitals and Health Care Centers	22	28
卫生机构床位数(张)	Beds in Health Care Institutions(unit)	1552	1713
# 医院、卫生院	Hospitals and Health Care Centers	1331	1492
每千人卫生机构床位数(张)	Beds in Health Care Institutions per 1 000 Persons(unit)	2.24	2.35
每千人执业(助理)医师数(人)	Number of Licensed (Assistant) Doctors per 1 000 Persons(person)	1.51	1.54
每千人注册护士数(人)	Number of Registered Nurses per 1 000 Persons(person)	0.71	0.77

22-17 蓟县基本情况

Basic Statistics on Jixian County

指　　标	Item	2012	2013
常住人口(万人)	Permanent Population(10 000 persons)	88.42	89.81
户籍户数(万户)	Registered Households(10 000 households)	26.40	26.67
户籍人口(万人)	Registered Population(10 000 persons)	84.18	84.81
男　性	Male	42.90	43.21
女　性	Female	41.28	41.60
年平均人口(万人)	Average Annual Population(10 000 persons)	84.22	84.50
城镇非私营单位从业人员(万人)	Employment Personnel in Urban Non-private Units(10 000 persons)	6.13	6.65
新增就业人员(人)	Newly Increased Employment Personnel(person)	10559	11147
城镇非私营单位从业人员平均工资(元)	Average Remuneration of Employment Personnel in Urban Non-private Units(yuan)	54046	50660
区县生产总值(亿元)	Gross Domestic Product of District and County(100 million yuan)	291.52	313.70
第一产业	Primary Industry	26.50	28.71
第二产业	Secondary Industry	96.65	101.14
# 工　业	Industry	62.22	64.36
第三产业	Tertiary Industry	168.36	183.84
第三产业比重(%)	The Proportion of Tertiary Industry in GDP(%)	57.8	58.6
区县生产总值增速(%)	Increase Rate of Gross Domestic Product of District and County(%)	14.1	14.2
县级公共财政收入(亿元)	Public Finance Revenue at District Level(100 million yuan)	20.28	27.71
# 税收收入	Revenue from Taxes	9.95	12.20
县级公共财政支出(亿元)	Public Finance Expenditure at District Level(100 million yuan)	33.94	49.25
# 教育经费支出	Operating Expenses for Education	12.40	15.80
社会保障和就业	Social Security and Employment	3.52	4.42
医疗卫生	Health Care	3.73	4.07
粮食产量(万吨)	Total Yield of Grain(10 000 tons)	35.91	37.80
肉类总产量(万吨)	Output of Mcat(10 000 tons)	8.00	8.24
水产品产量(万吨)	Output of Aquatic Products(10 000 tons)	2.87	2.87
蔬菜总产量(万吨)	Total Yield of Vegetables(10 000 tons)	44.04	43.81
农村居民人均可支配收入(元)	Per Capita Annual Disposable Income of Rural Households(yuan)	12580	14338

22-17续表 *Continued*

指　　标	Item	2012	2013
规模以上工业企业	Industrial Enterprises above Designated Size		
单位数(个)	Number of Units(unit)	146	152
资产总值(亿元)	Total Assets(100 million yuan)	130.51	164.67
主营业务收入(亿元)	Revenue from Principal Business(100 million yuan)	158.31	189.56
利润总额(亿元)	Total Pre-tax Profits(100 million yuan)	10.79	20.78
工业总产值(亿元)	Gross Output Value(100 million yuan)	164.48	199.45
固定资产投资(亿元)	Investment in Fixed Assets(100 million yuan)	420.42	529.14
# 房地产开发	Real Estate Development	28.19	49.80
建筑业总产值(亿元)	Gross Output Value of Construction(100 million yuan)	44.46	50.44
社会消费品零售总额(亿元)	Retail Sales of Consumer Goods(100 million yuan)	121.18	144.14
批发和零售业商品销售额(亿元)	Total Sales of Wholesale and Retail Trade(100 million yuan)	101.75	137.06
外贸进出口总额(亿美元)	Total Value of Imports and Exports in Foreign Trade(USD 100 million)	0.74	0.83
# 出　口	Exports	0.71	0.77
实际直接利用外资(亿美元)	Actual Direct Utilization of Foreign Capital(USD 100 million)	1.15	1.28
实际利用内资(亿元)	Domestic Investment Actually Used(100 million yuan)	170.17	200.06
中资金融机构本外币存款余额(亿元)	RMB and Foreign Currencies Deposits of Chinese Financial Institutions(100 million yuan)	340.06	403.46
中资金融机构本外币贷款余额(亿元)	RMB and Foreign Currencies Loans of Chinese Financial Institutions(100 million yuan)	152.15	207.13
专利申请授权量(件)	Patent Applications Granted(item)	283	371
小学校数(所)	Number of Primary Schools(unit)	122	120
小学在校学生数(万人)	Students Enrollment of Primary Schools(10 000 persons)	4.32	4.43
普通中学校数(所)	Number of Regular Secondary Schools(unit)	64	64
普通中学在校学生数(万人)	Students Enrollment of Regular Secondary Schools(10 000 persons)	4.59	4.45
幼儿园数(所)	Number of Kindergartens(unit)	191	224
在园儿童数(万人)	Number of Children Enrolled in Kindergartens(10 000 persons)	2.77	2.81
卫生机构数(个)	Health Care Institutions(unit)	648	665
# 医院、卫生院	Hospitals and Health Care Centers	36	33
卫生机构床位数(张)	Beds in Health Care Institutions(unit)	1599	1679
# 医院、卫生院	Hospitals and Health Care Centers	1553	1633
每千人卫生机构床位数(张)	Beds in Health Care Institutions per 1 000 Persons(unit)	1.84	1.88
每千人执业(助理)医师数(人)	Number of Licensed (Assistant) Doctors per 1 000 Persons(person)	1.74	1.70
每千人注册护士数(人)	Number of Registered Nurses per 1 000 Persons(person)	0.95	1.00

中国统计出版社最新资料书简目

（仅供参考，以最后出书为准）

New Statistical Yearbooks Published by China Statistics Press

National Statistical Yearbook

China Statistical Yearbook-2014

China Statistical Abstract-2014

International Statistical Yearbook-2014

BRICS Joint Statistical Publication-2014

Statistical Compilation of Foreign Resources, Energy and Environment-2013

China Development Report-2014

China Statistical Yearbook of the Tertiary Industry-2014

China Statistical Yearbook for Regional Economy-2014

China Social Statistics Yearbook-2014

China City Statistical Yearbook-2014

China Labour Statistical Yearbook-2014

China Population and Employment Statistics Yearbook-2014

China Industry Economy Statistical Yearbook-2014

China Statistical Yearbook on Construction-2014

China Real Estate Statistics Yearbook-2014

China Securities and Futures Statistical Yearbook-2014

China Environment Statistical Yearbook-2014

China Energy Statistical Yearbook-2014

Statistical Yearbook of China Commodity Exchange Market-2014

China Trade and External Economics Statistical Yearbook-2014

China Regional Economic Monitoring Report-2014

China Civil Affairs' Statistical Yearbook-2014

China Rural Statistical Yearbook-2014

China Yearbook of Agricultural Price Survey-2014

China Educational Finance Statistical Yearbook-2014

Poverty Monitoring Report of Rural China-2014

China Science and Technology Statistical Yearbook-2014

China Statistics Yearbook on High Technology Industry-2014

Statistics on Science and Technology Activity of Industry Enterprises-2014

China Agricultural Production Cost and Yield Data-2014

China Price Yearbook-2014

China County Statistical Yearbook-2014

China Yearbook of Rural Household Survey-2014

Statistical Yearbook of China Chain Stores of Retail Trades and Catering Services-2014

Statistical Yearbook of Large and Medium-sized Enterprises of Wholesale & Retail Trades and Hotels & Catering Services-2014

China's Ethnic Statistical Yearbook-2014

The Brochure of Administrative Divisions of Township in P. R. China

China Human Resources Report-2012

Provincial Statistical Yearbook in 2014

Beijing Tianjin Hebei Shanxi Inner Mongolia Liaoning Jilin Heilongjiang Shanghai Jiangsu Zhejiang Anhui Fujian Jiangxi Shandong Henan Hubei Hunan Guangdong Guangxi Hainan Chongqing Sichuan Guizhou Yunnan Tibet Shaanxi Gansu Qinghai Ningxia Xinjiang Xinjiang PC Corps

City (or County) Statistical Yearbook in 2014

Tianjin Binhai New Area Shijiazhuang Tangshan Handan Taiyuan Datong Changzhi Yangquan Jincheng Shuozhou Jinzhong Yuncheng Xinzhou Linfen Hohhot Tongliao Baotou Shenyang Dalian Changchun Jilin Siping Harbin Heilongjiang Shanghai Pudong Nanjing Suzhou Wuxi Changzhou Xuzhou Nantong Taizhou Suqian LianyunGang Yancheng Zhenjiang Jiangyin Danyang Hangzhou Ningbo Shaoxing Taizhou Wenzhou Jinhua Jiaxing Quzhou Zhoushan Fuzhou Fuzhou Ningde Xiamen Nanchang Shangrao Jinan Qingdao Weifang Zaozhuang Zhengzhou Luoyang Sanmenxia Nanyang Shangqiu Wuhan Yichang Shiyan Jingzhou Xianning Changsha Guangzhou Dongguan Huizhou Shenzhen Guilin Nanning Liuzhou Laibin Hechi Haikou Sanya Chengdu Mianyang Guiyang Kunming Qingyang Xi'an Lanzhou Yinchuan Urumqi

Data on Population Census in 2010

Tabulation on the 2010 Population Census of China

Beijing Tianjin Hebei Shanxi Inner Mongolia Liaoning Jilin Heilongjiang Shanghai Jiangsu Zhejiang Anhui Fujian Jiangxi Shandong Henan Hubei Hunan Guangdong Guangxi Hainan Chongqing Sichuan Guizhou Yunnan Tibet Shaanxi Gansu Qinghai Ningxia Xinjiang Xinjiang PC Corps Ningbo Kunming

Tabulation on the 2010 Population Census by County

Tabulation on the 2010 Population Census by Township

Guangdong Cities Series

Shanxi Cities Series

Henan Cities Series

Address: No.57 Yuetan Nanjie, Sanlihe, Beijing 100826, P. R. China
China Statistics Press, National Bureau of Statistics of China
Editorial Department: Tel: 008610-63376877, 63376861
E-mail: yearbook@gj.stats.cn
Distribution Department: Tel: 008610-63376907, 68783171
Website http://csp.stats.gov.cn

图书在版编目（CIP）数据

天津统计年鉴. 2014：汉英对照 / 天津市统计局，国家统计局天津调查总队编. -- 北京：中国统计出版社，2014.9
ISBN 978-7-5037-7279-5

Ⅰ. ①天… Ⅱ. ①天… ②国… Ⅲ. ①统计资料－天津市－2014－年鉴－汉、英 Ⅳ. ①C832.21-54

中国版本图书馆 CIP 数据核字(2014)第 208897 号

天津统计年鉴-2014

作　　者/ 天津市统计局　国家统计局天津调查总队
责任编辑/ 佘竞雄　熊　威
责任校对/ 李　萍　戴　华
装帧设计/ 天津午阳印刷有限公司
出版发行/ 中国统计出版社
地　　址/ 北京市丰台区西三环南路甲 6 号　邮政编码/100073
电　　话/ 邮购（010）63376909　书店（010）68783171
网　　址/ http://csp.stats.gov.cn
印　　刷/ 天津午阳印刷有限公司
经　　销/ 新华书店
开　　本/ 890mm×1240mm　1/16
字　　数/ 976 千字
印　　张/ 30.5
版　　别/ 2014 年 9 月第 1 版
版　　次/ 2014 年 9 月第 1 次印刷
定　　价/ 420.00 元（含光盘）

本书附同版本 CD-ROM 一张，光盘内容以书面文字为准。
如有印装差错，由本社发行部调换。

天津精华石化有限公司

TIANJIN JINGHUA Petro-chemical Co.,Ltd

天津精华石化有限公司(以下简称公司)前身为天津石化公司下属的二级生产经营企业,成立于2001年6月,2007年3月实行改制。

公司注册资本11085.1万元,职工1300人,固定资产3.12亿元,年销售收入10亿元,是一个集生产、加工、销售、商贸、服务于一体的大型综合性经营实体。公司具有成品油批发、零售,溶剂油生产,氧气、氮气生产,以及物业管理等国家和行业主管部门批准颁发的生产经营资质22项;拥有国家发明专利2项、实用新型专利17项;已通过质量、环境和职业健康安全管理体系认证。2009年被认定为天津市高新技术企业和天津市企业技术中心,2012年被天津市科委认定为科技型企业。公司下设九个分公司和一个技术中心,九个分公司分别是:华鑫分公司、天泰分公司、福来士分公司、昌盛分公司、化工分公司、群力分公司、塑料添加剂分公司、海伦分公司和农贸分公司。

改制后,公司主要经营业务依托中国石化股份天津分公司和中沙(天津)石化有限公司,为其提供配套产品、技术和劳务服务。经营范围主要是:石化三剂产品、溶剂油、包装制品、石灰石制粉、氮气、氧气、医用氧、高纯气体、化纤等产品的生产和销售;成品油零售兼批发;石油化工设备清洗;炼油部产品装车出厂业务;PTA打包业务;石化厂区物业管理;印刷和服装加工,等。

当前,天津石化正全面推进"国内领先、世界一流的现代化石油化工企业"建设,公司将充分利用"大天津石化"的综合优势,坚持科学发展,突出质量效益,努力为天津石化和地方经济的发展做出新的更大贡献。

天津青发置业投资有限公司

天津市医药医疗器械工业园九合园项目是由青光村下属企业天津青发置业投资有限公司投资建设的工业地产项目。本项目位于天津市北辰区双口镇医药医疗器械工业园内，项目占地 92242.1 平方米，地上建筑面积 89655 平方米，建筑密度 33.9%，容积率 1.41，绿化率为 20%。本项目与蓝领公寓相毗邻，南为腾旺道，西侧为富源北路，东为京福路。现一期工程 53837 平方米的标准厂房已经竣工，二期工程正在施工中。本项目可提供 300~1500 平方米各种尺度，各类层高的厂房，于此同时与北侧的蓝领公寓相结合，共同形成有现代风格的建筑，有先进使用功能的厂房，又有符合技术研发和经营管理的办公楼。

哈尔滨银行天津分行

HARBIN BANK TIANJIN BRANCH

2013年，哈尔滨银行天津分行以“强基固本，稳中求进”为指导思想，有效结合天津市委市政府关于加快金融改革创新，支持实体经济发展的相关要求，全面强化风险管理，逐步完善内控体系，积极推进结构调整，保证了分行的稳健发展。截止2013年12月31日，天津分行资产总额168亿元， 存款总额139.08亿元，各项贷款余额62.83亿元，小额信贷占比54.03%。国际业务结算量3.12亿美元，卢布现钞兑换量突破千万卢布大关。营业网点11家，员工总数336人，综合实力逐年提升。 结合天津地区加大对小微企业融资支持的工作要求，天津分行及时成立了小微企业联盟，细化了业务发展策略，搭建了更加专业的金融服务平台，推动了小额信贷业务的持续增长；通过引入“专利权质押”的担保方式，以天津市品牌知名度较高、发展较为成熟的科技型小企业孵化器为依托，开辟了支持科技型小企业发展的新渠道， 提升了 特色业务品牌的知名度； 面向天津滨海新区及市区内重点产业园区、 市场商圈、商场商超、楼宇物业、港口仓储等优质客户，积极开展经营性物业贷款业务，带动了小企业及相关业务增长；同时，快速推进客户结构调整，对钢铁等“两高一剩”产业客户、建筑安装和房地产等行业客户实行严格的名单制管理，并坚持审慎准入，有效降低了贷款行业集中度，提高了资产质量，为能进一步促进区域经济建设奠定了良好基础。

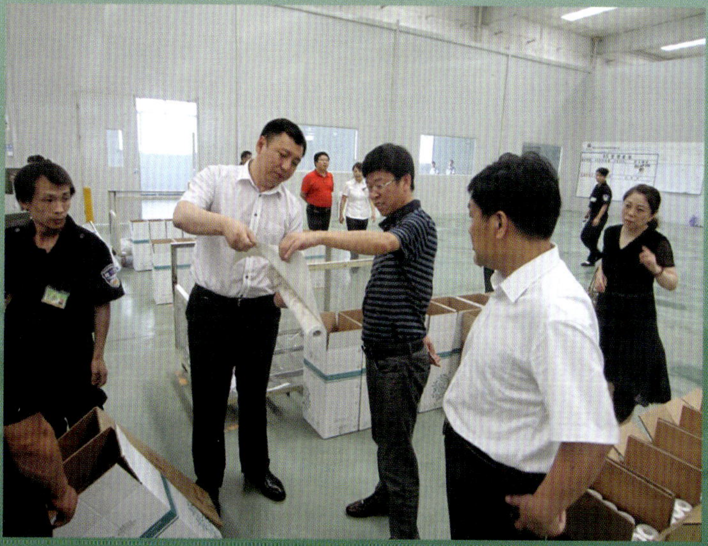

刘阳行长深入蓟县经济开发区企业调研

强基固本▪稳中求进

庆祝总行在港交所主板成功上市

召开2014年工作会议表彰2013年度先进...

天津银监局有关领导来分行召开审慎监...

组织开展消防安全知识培训增强员工...

天津医科大学总医院

TIANJIN MEDICAL UNIVERSITY GENERAL HOSPITAL ——三甲医院——

天津医科大学总医院始建于1946年，为当时全国五大中央医院之一，建院伊始，来自北京协和医院、齐鲁医学院、辽宁医学院、贵阳医学院等国内各著名医科院校及留学海外的医学专家和世家名医陆续汇聚。经过60多年的发展，医院已成为天津市最大的集医疗、教学、科研、预防为一体的综合性三级甲等医院、全国“百佳医院”、百姓放心示范医院和天津市医学中心。医院占地面积77,881.93平方米，建筑面积26.3万平方米，开放床位2468张。设有33个临床科室、8个医技科室、11个医疗服务中心、9个临床研究所和3个省部级研究基地，拥有3个国家级重点学科、4个国家“211工程”重点建设学科、8个国家临床重点专科、5个天津市卫生系统重点学科、6个天津医科大学重点学科，设有2个博士后流动站、29个博士学位授权点、30个硕士学位授权点。全院在编职工2881人，其中工程院院士1人、长江学者特聘教授1人、国家“千人计划”人才1人、教育部新世纪人才5人、人社部百千万人才1人、天津市千人计划2人、天津市“131”第一层次人才4人、天津市特聘讲座教授3人、天津市特聘教授1人，博士生导师75人、硕士生导师196人，拥有价值超过6亿元的各种先进设备，年门诊量230余万人次，出院病人5.5万人“十一五”建设至今，医院床位由1608张扩展到2468张，增加54%；门急诊人数由114万人次增加到230万人次，增加175%；出院人数由2.5万人增加到5.5万人，增加233%；手术例数由1万余台增加到2.4万余台，增加217%。进入21世纪，伴随着医学中心一期、二期建成投入使用和急诊综合楼、门诊楼的改造提升，医院的医疗水平、服务能力、科研实力、整体规模均得到显著提升，实现了跨越式发展。天津医科大学总医院正在向着国内领先、亚洲先进的现代化医学中心阔步前进。

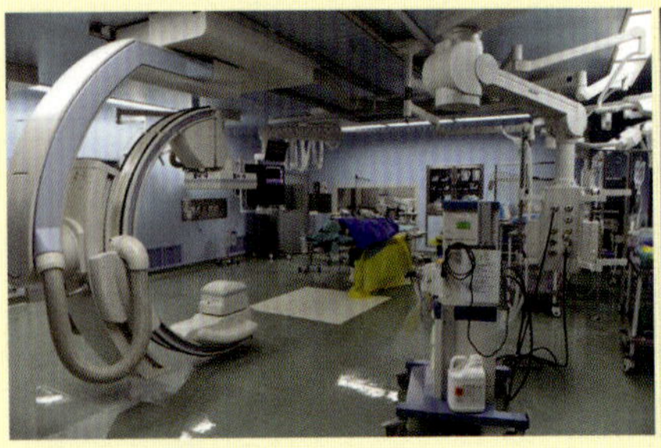

国际领先的杂交手术室

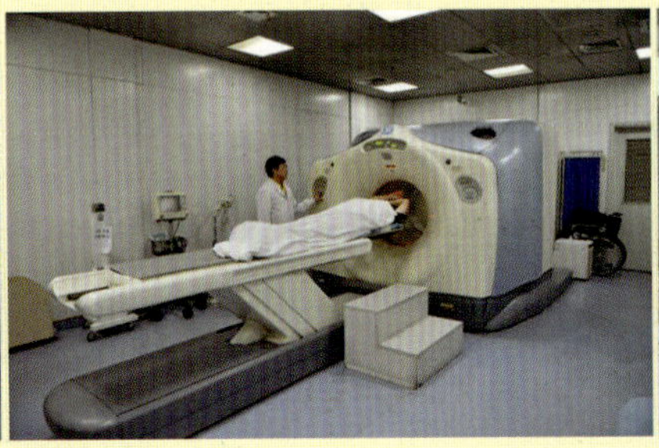

PET-CT

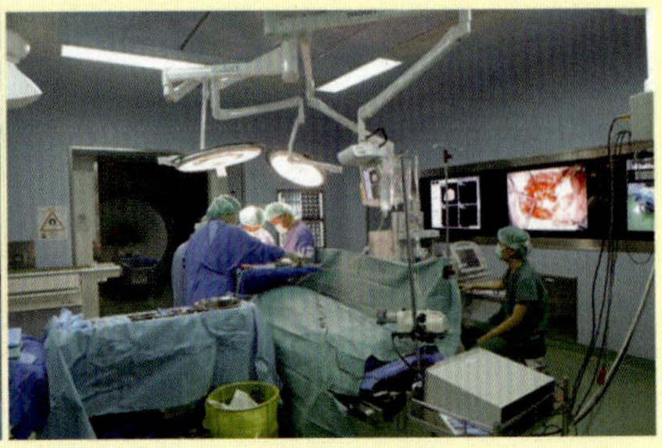

国际领先的术中核磁手术室

天津信托有限责任公司简介

天津信托有限责任公司创建于 1980 年 10 月 20 日，是国内最早成立的信托机构之一，现注册资本人民币 17 亿元。公司于 1988 年改制为国有股份制企业，2009 年完成了重新登记。

公司秉承特有的诚信谨慎的企业文化和务实创新的经营理念，紧随时代变迁，积极开展业务转型，以提升主动管理能力为主要发展方向，资产管理规模和资产管理能力逐渐提高。

2013 年，公司实现各项收入 11.36 亿元，税前利润总额 6.62 亿元，多项经营指标创历史最好水平。2013 年末，公司管理资产总额达到 1022.4 亿元，净资产总额达 25.89 亿元，资本实力不断增强，为各项业务的持续发展打下坚实的基础。

天津信托将继续严格按照《信托法》、《信托公司管理办法》等相关法规和行业监管要求开展各项业务，继续弘扬“对社会负责、对客户负责、对股东负责、对员工负责”的企业精神，恪守委托人利益至上的信托理念，不断强化业务创新能力，始终如一地为客户提供专业化的金融信托服务。

天津市禹神建筑防水材料有限公司

神塔 天津禹神节能保温材料有限公司

天津市禹神建筑防水材料有限公司成立于1997年，通过十几年来的不断努力，目前已是一个颇具规模、实力雄厚、发展迅速的行业佼佼者。主要产品有：自粘型防水卷材；玻纤毡沥青瓦；弹性体（SBS）改性沥青防水卷材；塑性体（APP）改性沥青防水卷材；种植屋面用耐根穿刺改性沥青防水卷材；耐盐碱改性沥青防水卷材；沥青复合胎柔性防水卷材；高分子（FS2）防水卷材；单（SPU）、双组分（MPU）聚氨酯防水涂料；聚合物水泥（JS）防水涂料；丙烯酸酯防水涂料；水泥基渗透结晶型（CCCW）防水材料；水泥基堵漏灵材料等。

2010年公司于北辰区双口镇津永公路北侧建立占地面积100亩，建筑面积45000平方米的新厂区。在扩大防水材料生产规模的基础上，又推出建筑节能保温材料产品。2010年5月，天津禹神节能保温材料有限公司正式成立。主要产品有：石墨模塑聚苯乙烯泡沫塑料保温板；挤塑聚苯乙烯泡沫塑料保温板（XPS）；模塑聚苯乙烯泡沫塑料保温板（EPS）；玻璃纤维网格布；保温板锚固钉；粘接砂浆；抹面砂浆；胶粉聚苯颗粒保温浆料；热镀锌电焊网；建筑外墙外保温用岩棉制品等。

面对竞争激烈的市场环境，天津禹神公司将以专业的队伍、严谨的管理、超卓的设备、一流的产品质量和优质的售后服务鼎力打造禹神建筑防水材料及建筑节能保温材料品牌，为天津市的城市建设、为推行绿色环保建筑节能产品作出新的贡献。

地址：天津市北辰区双口镇津永公路北侧（东方胜景园艺场内）

防水电话：20857165　26822188　保温电话：86886081　86886082

网址：http://www.tj-yushen.com

STARGIS

天津市星际空间地理信息工程有限公司

天津市星际空间地理信息工程有限公司(简称“星际空间”)成立于2005年8月。公司专注于三维数字城市建设，是一家集三维数据采集、三维地理信息平台研发于一体的地理信息产业服务商，具有“甲级测绘资质”，是国家认定的“高新技术企业”、“软件企业”，通过ISO9001质量管理体系和ISO27001信息安全管理体系认证。

公司主营业务范围：航空摄影测量、机载激光雷达测量、无人机航摄、车载激光雷达测量；工程测量、4D（DLG/DOM/DEM/DRG）数据生产与空间数据建库；二三维地理信息系统软件开发与集成；三维数字城市建模、三维动画制作;日照分析；互联网地图服务等。服务领域涉及基础测绘、城市规划、国土管理、智慧城建、城市应急、移动监管，以及公路、石油管道、水利行业勘察测绘等。具有“三维空间数据采集、三维建模、数据建库、GIS应用系统开发等全流程、一体化技术服务”的企业特色，已成长为国内测绘地理信息领域的生力军。

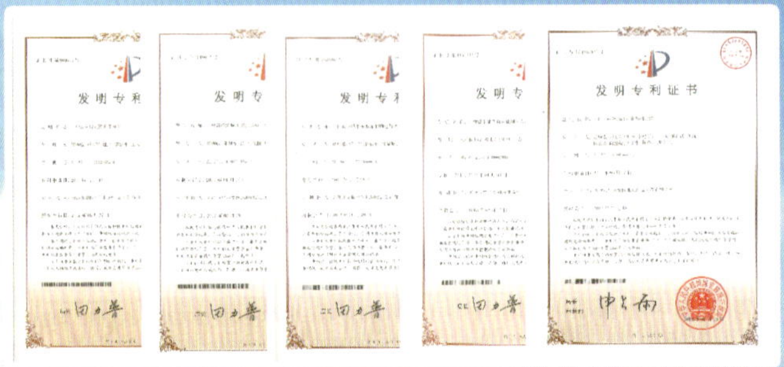

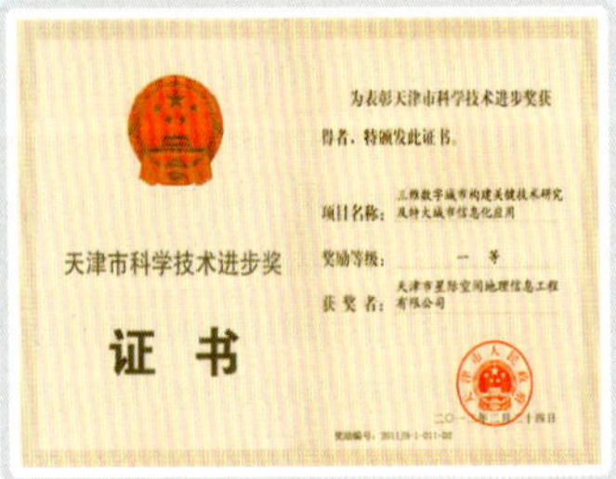

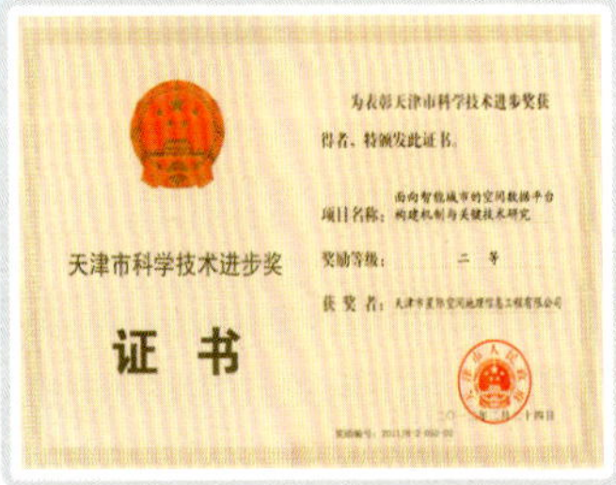

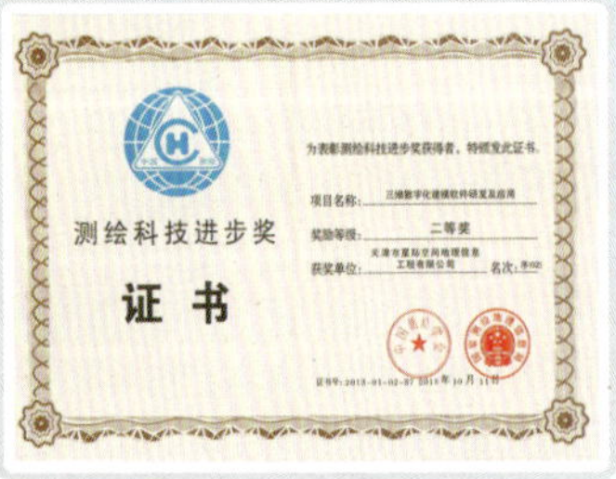